AF828404

Guttentagsche Sammlung
Nr. 65. Preußischer Gesetze. Nr. 65.
Kommentare und erläuterte Textausgaben.

Polizeiverwaltungsgesetz

vom 1. Juni 1931 (GS. S. 77)

und

Gesetz zur Aufhebung veralteter Polizei- und Strafgesetze

vom 23. März 1931 (GS. S. 33)

Mit den Ausführungsbestimmungen
vom 1. Oktober 1931 (MBl. d. inn. V. Sp. 924)
und einschlägigen Gesetzen.

Erläutert von

Dr. Fritz Stier-Somlo
ord. Universitätsprofessor in Köln.

Berlin und Leipzig 1932.
Walter de Gruyter & Co.
vormals G. J. Göschen'sche Verlagshandlung — J. Guttentag, Verlagsbuchhandlung — Georg Reimer — Karl J. Trübner — Veit & Comp.

Vorwort.

Diese erläuterte Ausgabe des Polizeiverwaltungsgesetzes will neben der möglichst selbständigen Stellungnahme zu wichtigen Einzelproblemen der außerordentlich zerstreuten Zeitschriftenliteratur Raum gewähren, die Absichten des Gesetzgebers überall feststellen und die Verbindung des alten mit dem neuen Rechte aufzeigen.

Köln, Weihnachten 1931.

Professor Dr. **Stier-Somlo.**

Archiv-Nr. 21 2 065.

Inhaltsverzeichnis.

Abschnitt VIII.

Die polizeilichen Verfügungen.

Abschnitt IX.

Die Zwangsmittel der Polizeibehörden.

Seite

Abschnitt X.

Die sonstigen Anordnungen der Polizeibehörden.

Abschnitt XI.

Die polizeilichen Strafverfügungen.

Abschnitt XII.

Schadensersatzansprüche aus polizeilichen Anordnungen.

Abschnitt XIII.

Übergangs- und Schlußbestimmungen.

Abkürzungsverzeichnis.

Die fettgedruckte Zahl bezeichnet den Band, die dahinter folgende Zahl die Seite.

Die auf die Paragraphenzahlen folgenden römischen Ziffern bezeichnen die Absätze.

ABl. = Amtsblatt der Post- und Telegraphenverwaltung.
Abs. = Absatz.
ALR. = Allgemeines Landrecht für die preußischen Staaten von 1794.
aM. = anderer Meinung.
abg. = abgeändert.
Anm. = Anmerkung.
Anw. = Anweisung.
Art. = Artikel.
AusfBest. = Ausführungsbestimmung.
AusfG. = Ausführungsgesetz.
AVBl. = Armeeverordnungsblatt.
Bek. = Bekanntmachung.
Best. = Bestimmung.
Bd. = Band.
Dekl. = Deklaration.
dG. = dieses Gesetzes.
E. = Entscheidung.
Ed. = Edikt.
EG. = Einführungsgesetz.
EisVBl. = Eisenbahnverordnungsblatt.
Erg. = Ergänzung.
erg. = ergänzt.
Erl. = Erlaß.
FinM. = Finanzminister.

FinMBl. = Finanzministerialblatt.
G. = Gesetz.
GewO. = Gewerbeordnung.
GS. = Gesetzsammlung.
GVG. = Gerichtsverfassungsgesetz.
HMBl. = Ministerialblatt der Handels- und Gewerbeverwaltung.
HVBl. = Heeresverordnungsblatt.
JKG. = Johows Jahrbuch der Entscheidungen des Kammergerichts.
JM. = Justizministerium.
JMBl. = Justizministerialblatt.
Instr. = Instruktion.
JW. = Juristische Wochenschrift.
KO. = Kabinettsorder.
KrO. = Kreisordnung.
LGO. = Landgemeindeordnung.
LMBl. = Ministerialblatt der Verwaltung für Landwirtschaft, Domänen und Forsten.
LVG. = Landesverwaltungsgesetz vom 30. Juli 1883.
MBliV. = Ministerialblatt für die preußische innere Verwaltung.
MindInn. = Preußischer Minister des Innern.
MMBl. = Ministerialblatt für Medizinal- und medizinische Unterrichtsangelegenheiten.
O. = Ordnung.
östl. = östlich für die östlichen Provinzen.
OTrib. = Obertribunal.
OVG. = Preußisches Oberverwaltungsgericht, amtliche Entscheidungensammlung.
PreußVerf. = Preußische Verfassung vom 30. September 1930.
ProvO. = Provinzialordnung.
PrVerwBl. = Preußisches Verwaltungsblatt.
R. = Reichs-.
RAnz. = Reichs- und Staatsanzeiger.
Reg. = Regierung.
Rgl. = Reglement.
Regul. = Regulativ.
RG. = Reichsgericht.

RGSt. = Entscheidungen des Reichsgerichts in Strafsachen.
RGZ. = Entscheidungen des Reichsgerichts in Zivilsachen.
Rhein. = rheinisch.
RKanzl. = Reichskanzler.
RMBl. = Reichsministerialblatt.
RuPrVerwBl. = Reichs- und Preußisches Verwaltungsblatt.
RV. = Reichsverfassung vom 11. August 1919.
StaatsminBeschl. = Staatsministerialbeschluß.
StGB. = Strafgesetzbuch.
StO. = Städteordnung.
StPO. = Strafprozeßordnung.
VBl. = Verordnungsblatt.
VerwArch. = Verwaltungsarchiv.
Vf. = Verfügung.
VMBl. = Volkswohlfahrt, Ministerialblatt des preußischen Ministeriums für Volkswohlfahrt.
VO. = Verordnung.
ZBl. = Zentralblatt für das Deutsche Reich.
ZBlU. = Zentralblatt für die gesamte Unterrichtsverwaltung in Preußen.
ZPO. = Zivilprozeßordnung.
ZustG. = Zuständigkeitsgesetz vom 1. August 1883.

Einführung.

Rechtsnatur und Tragweite des PolVerwG.

Aus der allgemeinen Begr. des Entw. und den Ausschußberatungen ergibt sich folgende grundsätzliche Einstellung des Gesetzgebers.

Das PolVerwG. ist neben dem PolizeibeamtenG. vom 31. Juli 1927 (GS. S. 151) und dem PolizeikostenG. vom 2. August 1929 (GS. S. 162) das dritte große G. für die moderne Polizei. Der vorliegende Entw. verfolgt ein doppeltes Ziel. Einmal bezweckt er die Kodifikation des allgemeinen Teiles des preußischen Polizeirechts in formeller und zum Teil auch in materieller Beziehung, zum anderen bringt er eine Anzahl von bedeutsamen Reformen zur Einführung.

1. Schon das an erster Stelle angedeutete Ziel, die Kodifikation des allgemeinen Teiles des preußischen Polizeirechts würde die Vorlage eines Gesetzentwurfes hinreichend rechtfertigen. Zurzeit bestehen in dieser Hinsicht insofern besondere Schwierigkeiten als einmal die einschlägigen gesetzlichen Bestimmungen in einer großen Anzahl von Einzelgesetzen verstreut sind, — (zu vgl. die 15 im § 82 des Entw., jetzt § 79 II dG. zur Aufhebung gebrachten Gesetze), zum andern und insbesondere deswegen, weil wesentliche Bestimmungen des preußischen Polizeirechts noch nicht in einem formellen Gesetz ihren Ausdruck gefunden haben, sondern lediglich durch die Rechtsprechung entwickelt sind. Diese Tatsachen bringen es mit sich, daß die Kenntnis der einschlägigen Rechtsnormen für die beteiligten Polizeibehörden und Gerichte, wie auch insbesondere für das Publikum nur mit großen Schwierigkeiten zu erlangen ist.

Diese Unklarheit des geltenden Rechts ist deswegen besonders unerwünscht, weil die Handhabung des Polizeirechts zu einem großen Teil in Händen von nicht juristisch vorgebildeten Beamten liegt, für die das Studium der einschlägigen Entscheidungen nicht immer leicht ist. Die Kodifikation des Polizeirechts entspringt daher einem dringenden Bedürfnis und ist wesentlich dazu angetan, die Rechtssicherheit zu erhöhen.

Die in dem Entw. vorgesehene Kodifikation umfaßt indessen nicht das gesamte Polizeirecht. Vorwiegend kam dafür nur das formelle Polizeirecht in Betracht, d. h. die Regelung der Normen, die die Organisation der Polizeibehörden und die Rechtsinstitute regeln, deren sich die Polizeibehörden bei ihren Maßnahmen gegenüber dem Publikum zu bedienen haben, sowie die Rechtsmittel, die dem Publikum gegen diese Maßnahmen zustehen. Von dem materiellen Recht, d. h. den Rechtsnormen, die bestimmen, welche Beschränkungen sich der Einzelne im Interesse der Allgemeinheit durch die Polizei gefallen lassen muß, sind nur die wichtigsten allgemeinen Grundsätze festgelegt worden (Aufgabe der Polizeibehörden überhaupt, polizeipflichtige Personen, zwangsweise polizeiliche Vorladungen, Eindringen in Privatwohnungen zur Nachtzeit, polizeiliche Verwahrung, die wichtigsten materiellrechtlichen Anforderungen an Polizeiverordnungen und Polizeiverfügungen, Festsetzung der Entschädigungsansprüche gegenüber polizeilichen Anordnungen, polizeiliche Strafverfügungen). Die Kodifikation auch der speziellen polizeirechtlichen Gesetze konnte nicht in Frage kommen. Einmal besteht dafür kein praktischer Anlaß, da die einschlägigen Bestimmungen bereits durch Sondergesetze geregelt sind, wie beispielsweise durch das WasserG. vom 7. April 1913 (GS. S. 53), das FischereiG. vom 11. Mai 1916

(GS. S. 55), die JagdO. vom 15. Juni 1907 (GS. S. 207), das G. betr. Bekämpfung übertragbarer Krankheiten vom 28. August 1905 (GS. S. 373), Allg. BergG. für die preußischen Staaten vom 24. Juni 1865 (GS. S. 705) in der Fassung des G. vom 24. Juni 1892 (GS. S. 131) usw. — zu vergleichen die §§ 84—86 des Entw., jetzt §§ 82, 83 dG. — zum anderen würde die Zusammenfassung der in diesem Gesetz enthaltenen polizeirechtlichen Sonderbestimmungen sehr unzweckmäßig sein, da damit der Zusammenhang zwischen den sonstigen in diesen Gesetzen geregelten Angelegenheiten zerrissen würde. Die Kodifikation des gesamten materiellen Polizeirechts ist überdies unmöglich, da die einschlägigen Bestimmungen sich zu einem großen Teil in Reichsgesetzen befinden, wie beispielsweise in dem Gesetz über den Verkehr mit Lebensmitteln und Bedarfsgegenständen vom 5. Juli 1927 (RGBl. I S. 314), in dem Gesetz, betr. die Bekämpfung gemeingefährlicher Krankheiten vom 30. Juli 1900 (RGBl. S. 306), dem ViehseuchenG. vom 26. Juni 1909 (RGBl. S. 519), und der Reichsgewerbeordnung. Die Kodifikation des materiellen Polizeirechts ist daher auf die allgemeinen Vorschriften beschränkt. Aber auch diese beschränkte Kodifikation bedeutet schon einen wesentlichen Fortschritt. Zur Frage der Kodifikation des Polizeirechts vgl. auch die Ausführungen des damaligen Ministers des Innern Grzesinski in der Zeitschrift „Die Polizei" (1930), S. 351 ff.

2. Der Entw. faßt indessen nicht nur das geltende Polizeirecht zusammen, sondern sieht gleichzeitig eine größere Anzahl von Reformen vor. An dem seit mehr als 100 Jahren in Preußen bewährten Grundsatz, daß die Handhabung der Polizeigewalt eine unmittelbare Aufgabe des Staates ist, wird dabei festgehalten. Wenn diese

Rechtslage nicht schon bestünde, so müßte sie gerade jetzt mit Rücksicht auf die Entwicklung des 20. Jahrhunderts mit ihrer Angleichung der verschiedenen Gebietsteile durch die verbesserten Verkehrsmittel eingeführt werden. Daneben würden verfassungsrechtliche Gründe die Einführung einer derartigen Rechtslage dringend erfordern, denn im parlamentarischen Staat können die mit polizeilichen Aufgaben betrauten Minister dem Parlament nur dann in einem tieferen Sinne verantwortlich sein, wenn sie einen unmittelbaren Einfluß auf die Handhabung der Polizeigewalt auch durch das letzte Exekutivorgan auszuüben in der Lage sind. Die vorgesehenen Reformen beschränken sich daher auf die Angelegenheiten, die, s t a a t s - p o l i t i s c h gesehen, verbesserungsbedürftig sind. Sie umfassen insbesondere die Schaffung einheitlicher Ortspolizeibehörden, die Umgestaltung des Polizei-Verordnungsrechts (Beschränkung der zum Erlaß von Polizei-Verordnungen befugten Behörden, automatisches Außerkrafttreten der Polizei-Verordnungen nach 30jähriger Geltungsdauer, Durchführung der Polizei-Verordnungen durch polizeiliche Zwangsmittel an Stelle von Übertretungsstrafen), die Vereinfachung des Rechtsmittelweges gegen polizeiliche Verfügungen (e i n e Verwaltungsinstanz zur Prüfung von Recht- und Zweckmäßigkeit, e i n Verwaltungsrecht zur Prüfung der Rechtmäßigkeit, e i n e Revisionsinstanz zur Sicherstellung einer einheitlichen Rechtsprechung), die Einführung der Beschwerde neben dem Antrag auf gerichtliche Entscheidung bei polizeilichen Strafverfügungen, sowie die Ziehung klarer Grenzen in einer großen Anzahl von Fragen, hinsichtlich deren die Praxis, die Theorie und die Rechtsprechung des Oberverwaltungs- und Kammergerichts bisher auseinandergingen. Die Zuständigkeitsgrenzen sind dabei allerdings grundsätzlich beweglich gestaltet, da vermieden werden soll, daß polizeilich notwendige Maßnahmen an Zuständigkeitsbedenken scheitern.

Aus dem Ausschußbericht ergibt sich nach der Darlegung des Berichterstatters ergänzend zu diesen Fragen folgendes:

Der Gesetzentw. regelte vorwiegend das formelle Recht, d. h. bezieht sich in erster Linie auf die Normen, die die Organisation der Polizeibehörden und die Rechtsinstitute betreffen, deren sich die Polizeibehörden bei ihren Maßnahmen gegenüber dem Publikum zu bedienen hätten, und auf die Rechtsmittel, die dem Publikum gegen diese Maßnahmen zuständen. Er greife aber auch über auf das materielle Polizeirecht, das bestimme, welche Beschränkungen sich der einzelne im Interesse der Allgemeinheit durch die Polizei gefallen lassen müsse, lege aber dafür nur die wichtigsten allgemeinen Grundsätze fest. Auch sehe der Entw. davon ab, die speziellen polizeirechtlichen Gesetze einzubeziehen, weil er dafür kein Bedürfnis anerkenne, da die speziellen polizeirechtlichen Fragen bereits durch Sondergesetze geregelt seien; außerdem würde die Zusammenfassung der in ihnen enthaltenen polizeilichen Sonderbestimmungen mit diesem Gesetz den Zusammenhang zwischen den sonstigen in diesen Gesetzen geregelten Angelegenheiten zerreißen. Schließlich werde in der Begründung noch darauf hingewiesen, daß die Kodifikation des gesamten materiellen Polizeirechts auch deshalb unmöglich sei, weil die einschlägigen Bestimmungen zu einem großen Teil in Reichsgesetzen niedergelegt worden seien. Wieweit sich der Umfang dieser Sondergesetze erstrecke, gehe aus den §§ 85 und 86 (jetzt §§ 82, 83 dG.) hervor, die die Verordnungen und Gesetze aufzählten, die durch das vorliegende Gesetz nicht berührt würden.

Aber auch diese beschränkte Kodifikation, deren

Umfang und Bedeutung die Bestimmungen über die Aufhebung bisheriger Gesetze und Verordnungen im § 82 (jetzt § 79 d. G.) ermessen ließ, sei bereits ein erhebliches Verdienst; denn die Gesetze, Verordnungen, Erlasse usw., Bestimmungen, die in dem vorliegenden Entw. erstmalig zusammengefaßt kodifiziert würden, erstreckten sich auf einen Zeitraum von mehr als einem Jahrhundert; sie seien im Allgemeinen Landrecht sowie in Gesetzen und Verordnungen zerstreut, die von 1821 bis 1912 erlassen worden seien, was sich störend für die allgemeine Rechtssicherheit für Publikum, Polizei und Gerichte bemerkbar mache.

Der Gesetzentwurf beschränke sich jedoch nicht auf die Kodifikation allein; er bringe auch Reformen des geltenden formellen und teilweise auch des materiellen Polizeirechts. Sie bewegten sich in der Richtung der Weiterbildung und der Umgestaltung des geltenden Rechts. Eine Weiterbildung finde an vielen Punkten statt, so z. B. da, wo bisher noch nicht legalisierte Begriffsbestimmungen erstmalig niedergelegt worden seien; hier werde auf diese Weise klares formelles Recht geschaffen; weiter finde man im Entwurf des Polizeiverwaltungsgesetzes eine vollkommene Systematisierung des Aufbaues der Organisation und Zuständigkeit der Polizei, während eine solche bisher nicht restlos durchgeführt worden sei. Schließlich werde das geltende Recht auch tatsächlich umgestaltet. Hinzuweisen sei dabei auf die Umgestaltung des Polizeiverordnungsrechts, auf die neuen Bestimmungen über Zwangsmittel und Strafen und auf das Rechtsmittelverfahren, das wesentlich verändert und vereinfacht werde.

Endlich wies ein Beauftragter des MindInn. auf die Grundsätze hin, die bei der Abfassung des Gesetzentw. eine Rolle gespielt hätten. Zunächst bringe der Entw. eine Kodifikation, um den Klagen aus dem Publikum und den Behörden über die Schwierigkeiten der Auffindung einschlägiger Bestimmungen ein Ende zu bereiten. Wenn das Gesetz nichts weiter brächte als die Kodifikation der gesamten augenblicklich gültigen Gesetze, so wäre schon damit ein erheblicher Fortschritt erzielt. Zweitens bringe der Entw. die gesetzliche Festlegung der Rechtssätze, die Oberverwaltungs- und Kammergericht in ständiger Rechtsprechung als Grundsätze proklamiert hätten, wobei zu betonen sei, daß das Oberverwaltungsgericht auf dem Gebiete des Polizeirechts in hervorragendem Maße rechtsschöpferische Arbeit geleistet habe.

Der Gesetzentwurf bringe aber auch Reformen, die der Berichterstatter bereits erwähnt habe und die nicht wiederholt zu werden brauchten. Natürlich werde eine Reform immer für den einen oder anderen ärgerlich sein. Daß man aber nicht ganz einseitig zugunsten oder zuungunsten einer bestimmten Stelle vorgegangen sei, zeige sich darin, daß man auf der einen Seite z. B. die Einschränkung des Polizeiverordnungsrechts für die ganz kleinen Ortspolizeibehörden gebracht habe, auf der anderen Seite aber auch den Polizeipräsidenten bei Polizeiverordnungen in sicherheitspolizeilichen Angelegenheiten entgegen dem bestehenden Zustand an die Zustimmung einer Selbstverwaltungskörperschaft gebunden habe.

Daß die bei den Rechtsmitteln vorgesehene starke Vereinheitlichung im Interesse des Publikums erfolgt sei, liege auf der Hand.

Zum Schluß sei noch darauf hinzuweisen, daß der Entw. über den Bereich des Polizeirechts hinaus bereits den Beginn einer Justizreform darstelle, da er darauf hinziele, Bagatellsachen den ordentlichen Gerichten abzunehmen.

Die Ausführungen des Beauftragten des MindJnn. blieben nicht ohne Widerspruch. So betonte ein Ausschußmitglied, daß, so sehr auch die Kodifikation zu begrüßen sei, doch den Reformen, die der Gesetzentwurf bringe, manches Bedenken entgegengehalten werden könne. Der Entw. verlege den Schwerpunkt der Polizeigewalt noch mehr in die Hände des Staates, als das bisher schon der Fall gewesen sei. Die Polizei sei Angelegenheit des Staates; aber man solle den Selbstverwaltungskörperschaften die Ausübung des Polizeirechts, das sie noch auftragsgemäß hätten, nicht beschneiden.

Eine weitere Verlagerung zugunsten des Staates sei darin zu sehen, daß der Entw. den ordentlichen Rechtsweg beschneide. Der Charakter und das Ziel des neuen G. sind durch diese Darlegungen ausreichend gekennzeichnet.

Der Entw. des PolVerwG. wurde dem Staatsrat mit Schreiben vom 18. November 1930 vorgelegt, am 22. Januar 1931 unter Berücksichtigung der Wünsche des Staatsrats dem Landtag zugeleitet (LTDr. Nr. 5933 der III. Wahlperiode). Die erste Lesung fand statt am 6. Februar 1931 (203. Sitzung, StenBer. S. 7792) und hierauf wurde der Entw. dem Ausschuß für Verfassungsfragen überwiesen. Dort fanden zwei Lesungen am 21., 22., 23. und 29. April 1931 statt. Der Ausschußbericht ist in der LTDr. Nr. 7282 veröffentlicht. Die 2. Lesung in der Vollversammlung des Landtages fand statt am 6., 7. und 8. Mai, die 3. Lesung am 12. Mai 1931 (StenBer. S. 20291 ff., 20318 ff., 20487 ff. und 20819 ff.). Das Gesetz ist vom 1. Juni 1931 datiert und in der GS. S. 77 verkündet worden. Es trat am 1. Oktober 1931 in Kraft. Eine Berichtigung des Gesetzestextes erfolgte GS. S. 136.

Polizeiverwaltungsgesetz.

Vom 1. Juni 1931 (GS. S. 77).

Inhaltsübersicht.

Abschnitt I.

Träger der Polizeigewalt.

§ 1.

Die Polizei ist Angelegenheit des Staates.

Abschnitt II.
Die Polizeibehörden.

§ 2.

(1) Die ordentlichen Polizeibehörden sind:
a) die Landespolizeibehörden;
b) die Kreispolizeibehörden;
c) die Ortspolizeibehörden.

(2) Sonderpolizeibehörden sind alle übrigen Polizeibehörden.

§ 3.

(1) Landespolizeibehörden sind die Regierungspräsidenten.

(2) Kreispolizeibehörden sind, soweit auf Grund des § 6 staatliche Polizeibehörden bestellt sind, die staatlichen Polizeibehörden, im übrigen in Landkreisen die Landräte, in Stadtkreisen die Bürgermeister.

(3) Ortspolizeibehörden sind, soweit auf Grund des § 6 staatliche Polizeibehörden bestellt sind, die staatlichen Polizeibehörden, im übrigen in Stadtkreisen und in den Städten, die nach einer der geltenden Städteordnungen (Rezesse) verwaltet werden, die Bürgermeister, auf dem Lande bis zum Erlaß eines besonderen Gesetzes über die Organisation der Ortspolizeibehörden auf dem Lande die nach den geltenden Gesetzen bestehenden Polizeibehörden.

(4) In Stadtkreisen kann durch die Landespolizeibehörde an Stelle des Bürgermeisters mit Zustimmung des Gemeindevorstandes ein besonderer Beamter mit der Verwaltung der orts- und kreispolizeilichen Angelegenheiten beauftragt werden. In Städten, in denen der Bürgermeister allein den Gemeindevorstand bildet, treten an dessen Stelle der Bürgermeister und die Beigeordneten als Kollegium. Die Zustimmung kann durch den Bezirksausschuß ersetzt werden.

(5) Die Zuständigkeit der Landes- und Kreispolizeibehörden regelt der Minister des Innern im Benehmen

mit dem fachlich zuständigen Minister. Anordnungen dieser Art sind in der Preußischen Gesetzsammlung zu veröffentlichen.

§ 4.

Der Polizeipräsident von Berlin vereinigt in sich die Zuständigkeit der Landes-, Kreis- und Ortspolizeibehörden, soweit nicht die Verwaltung einzelner Zweige der Polizei dem Oberbürgermeister in Berlin übertragen ist oder durch den Minister des Innern im Benehmen mit dem fachlich zuständigen Minister übertragen wird.

§ 5.

(1) In Landgemeinden, sofern in diesen nicht gemäß § 6 eine besondere staatliche Polizeibehörde bestellt ist, hat der Gemeindevorsteher als Organ der Ortspolizeibehörde

a) die ihm von dem Ortspolizeiverwalter besonders übertragenen polizeilichen Einzelaufgaben auszuführen,
b) sofern ein sofortiges polizeiliches Einschreiten notwendig ist, das Erforderliche vorläufig anzuordnen und auszuführen,
c) gemäß § 15*) dieses Gesetzes Personen vorläufig in polizeiliche Verwahrung zu nehmen,
d) die unter Polizeiaufsicht stehenden Personen zu beaufsichtigen,
e) die polizeilich vorgeschriebenen Meldungen entgegenzunehmen.

(2) Auf Vorschlag der Kreispolizeibehörde kann der Gemeindevorsteher auch zum Hilfsbeamten der Staatsanwaltschaft bestellt werden.

§ 6.

(1) Der Minister des Innern kann in einzelnen Ortspolizeibezirken oder Teilen von Ortspolizeibezirken

*) Druckfehler in der GS.

die Verwaltung der Ortspolizei ganz oder teilweise besonderen staatlichen Polizeibehörden übertragen. Die sachliche Zuständigkeit der staatlichen Polizeibehörden regelt der Minister des Innern im Benehmen mit dem sachlich zuständigen Minister. Anordnungen dieser Art sind in der Preußischen Gesetzsammlung zu veröffentlichen.

(2) Ist die Verwaltung der Ortspolizei teilweise besonderen staatlichen Polizeibehörden übertragen, so richtet sich die sachliche Zuständigkeit der Polizeibeamten nach der Zuständigkeit der Polizeibehörde, der sie zugeteilt sind. Sofern ein sofortiges polizeiliches Einschreiten notwendig ist, sind die staatlichen wie die kommunalen Polizeivollzugsbeamten an die auf Abs. 1 Satz 2 beruhende Zuständigkeitsregelung nicht gebunden, sie dürfen in allen Fällen das Erforderliche vorläufig anordnen und ausführen. Die zuständige Polizeibehörde ist unverzüglich zu benachrichtigen.

§ 7.

Der Minister des Innern und die nachgeordneten Polizeiaufsichtsbehörden können den Polizeibehörden Beamte der Landjägerei und in besonderen Fällen auch andere staatliche Polizeibeamte zur Unterstützung bei der Wahrnehmung polizeilicher Aufgaben zuteilen.

§ 8.

Die Sonderpolizeibehörden bleiben in ihrer Organisation und besonderen Zuständigkeit unberührt.

Abschnitt III.

Die Polizeiaufsichtsbehörden.

§ 9.

Die Polizeiaufsichtsbehörden über die ordentlichen Polizeibehörden sind:

a) für die Landespolizeibehörden und den Polizeipräsidenten in Berlin die zuständigen Minister,

b) für die Ortspolizeibehörden in den Stadtkreisen, für die Landräte als Ortspolizeibehörden, für die Kreispolizeibehörden und, soweit gemäß § 6 dieses Gesetzes staatliche Polizeibehörden bestellt sind, der Regierungspräsident und die zuständigen Minister, für den Oberbürgermeister in Berlin der Oberpräsident und die zuständigen Minister,

c) für die übrigen Ortspolizeibehörden der Landrat, der Regierungspräsident und die zuständigen Minister.

§ 10.

(1) Die allgemeine Dienstaufsicht über die Handhabung der Polizeigewalt durch die ordentlichen Polizeibehörden sowie über deren Einrichtung und Geschäftsführung steht dem Minister des Innern im Benehmen mit dem fachlich zuständigen Minister sowie den nachgeordneten Polizeiaufsichtsbehörden zu.

(2) Die fachliche Aufsicht über die Polizeibehörden führt jeder Minister innerhalb seines Zuständigkeitsbereichs.

§ 11.

Die Polizeiaufsichtsbehörden können innerhalb ihrer Zuständigkeit den ihrer Aufsicht unterstellten Polizeibehörden Anweisungen erteilen. Die Polizeibehörden haben diesen Anweisungen Folge zu leisten.

§ 12.

(1) Die Landes- und Kreispolizeibehörden können in den gesetzlich vorgesehenen Fällen oder bei Gefahr im Verzug die Befugnisse der nachgeordneten Polizeibehörden ausüben mit Ausnahme der Befugnis zum Erlaß von Polizeiverordnungen.

(2) Die nachgeordneten Polizeibehörden können bei Gefahr im Verzug die Befugnisse der vorgesetzten Polizeibehörden ausüben mit Ausnahme der Befugnis zum Erlaß von Polizeiverordnungen.

(3) In den Fällen der Abs. 1 und 2 ist die an sich zuständige Polizeibehörde unverzüglich über die getroffene Maßnahme zu unterrichten.

§ 13.

Personen, die mit der Wahrnehmung polizeilicher Aufgaben betraut werden, bedürfen, sofern es sich nicht um unmittelbare Staatsbeamte handelt, der Bestätigung durch die unmittelbar vorgesetzte Polizeiaufsichtsbehörde.

Abschnitt IV.

Die Aufgaben der Polizeibehörden.

§ 14.

(1) Die Polizeibehörden haben im Rahmen der geltenden Gesetze die nach pflichtmäßigem Ermessen notwendigen Maßnahmen zu treffen, um von der Allgemeinheit oder dem einzelnen Gefahren abzuwehren, durch die die öffentliche Sicherheit oder Ordnung bedroht wird.

(2) Daneben haben die Polizeibehörden diejenigen Aufgaben zu erfüllen, die ihnen durch Gesetz besonders übertragen sind.

§ 15.

(1) Personen in polizeiliche Verwahrung zu nehmen, sind die Polizeibehörden nur dann befugt, wenn diese Maßnahme erforderlich ist:

a) zum eigenen Schutze dieser Personen,

b) zur Beseitigung einer bereits eingetretenen Störung der öffentlichen Sicherheit oder Ordnung oder zur Abwehr einer unmittelbar bevorstehenden polizeilichen Gefahr, falls die Beseitigung der Störung oder die Abwehr der Gefahr auf andere Weise nicht möglich ist.

(2) Die in polizeiliche Verwahrung genommenen Personen müssen, soweit es sich nicht um gemeingefährliche Geisteskranke handelt, spätestens im Laufe des folgenden Tages aus der polizeilichen Verwahrung entlassen werden.

(3) Die vorstehenden Bestimmungen gelten nicht für Auslieferungs- und Ausweisungsangelegenheiten.

§ 16.

(1) In eine Wohnung wider den Willen des Inhabers während der Nachtzeit einzudringen, ist den Polizeibeamten nur gestattet:

a) soweit diese Maßnahme erforderlich ist zur Abwehr einer gemeinen Gefahr oder einer Lebensgefahr für einzelne Personen,
b) auf ein Ersuchen, das aus der Wohnung hervorgegangen ist.

(2) Diese Beschränkung bezieht sich nicht auf Räume, die während der Nachtzeit dem Publikum zugänglich sind oder dem vorhandenen Publikum zum ferneren Aufenthalt zur Verfügung stehen.

(3) Als Nachtzeit im Sinne des Abs. 1 gelten die jeweils in der Strafprozeßordnung als Nachtzeit bezeichneten Stunden.

§ 17.

(1) Die Vorladung von Personen im Zwangswege durchzuführen, sind die Polizeibehörden nur befugt, soweit diese Maßnahme zur Ermittlung oder Aufklärung einer Handlung oder Unterlassung erforderlich ist, die den Verdacht eines Verbrechens oder Vergehens rechtfertigt.

(2) Bei Festsetzung des Termins der polizeilichen Vorladung soll, soweit es tunlich ist, auf den Beruf und die sonstigen Lebensverhältnisse des Vorzuladenden Rücksicht genommen werden.

Abschnitt V.

Die polizeipflichtigen Personen.

§ 18.

Die Polizeibehörden haben die Maßnahmen, die durch das polizeiwidrige Verhalten von Personen oder den polizeiwidrigen Zustand von Sachen erforderlich werden, gegen diejenigen zu richten, die für das polizeimäßige Verhalten oder den polizeimäßigen Zustand verantwortlich (polizeipflichtig) sind.

§ 19.

(1) Wird die öffentliche Sicherheit oder Ordnung durch das Verhalten von Personen gestört oder gefährdet, so haben sich die Polizeibehörden an diejenigen Personen zu halten, die die Störung oder Gefahr verursacht haben.

(2) Für das polizeimäßige Verhalten von strafunmündigen Kindern und Personen, die wegen Geisteskrankheit oder Geistesschwäche entmündigt oder unter vorläufige Vormundschaft gestellt sind, ist auch derjenige verantwortlich, dem die Sorge für eine solche Person obliegt.

(3) Wer einen anderen zu einer Verrichtung bestellt, ist neben dem anderen dafür verantwortlich, daß dieser in Ausführung der Verrichtung sich polizeimäßig verhält.

§ 20.

(1) Für den polizeimäßigen Zustand einer Sache ist deren Eigentümer verantwortlich.

(2) Wer die tatsächliche Gewalt über eine Sache ausübt, ist für deren polizeimäßigen Zustand neben dem Eigentümer verantwortlich. Er ist hierfür an Stelle des Eigentümers verantwortlich, wenn er die tatsächliche Gewalt gegen den Willen des Eigentümers ausübt oder auf einen im Einverständnis mit dem Eigen-

tümer schriftlich oder protokollarisch gestellten Antrag von der zuständigen Polizeibehörde als allein polizeipflichtig anerkannt ist.

(3) Diese Bestimmungen gelten nicht für öffentliche Wege und Wasserläufe.

§ 21.

Zur Beseitigung einer bereits eingetretenen Störung der öffentlichen Sicherheit oder Ordnung oder zur Abwehr einer unmittelbar bevorstehenden polizeilichen Gefahr dürfen die Polizeibehörden, falls die Beseitigung der Störung oder die Abwehr der Gefahr auf andere Weise nicht möglich ist, Maßnahmen auch gegen Personen treffen, die nach den §§ 18 bis 20 nicht polizeipflichtig sind. Diese Maßnahmen dürfen indessen nur getroffen und aufrechterhalten werden, soweit oder solange die Polizeibehörde nicht andere zur Beseitigung der Gefahr führende Maßnahmen treffen kann.

Abschnitt VI.

Die örtliche Zuständigkeit der Polizeibehörden.

§ 22.

(1) Die Zuständigkeit der Polizeibehörden ist auf den Polizeibezirk beschränkt. Örtlich zuständig ist die Polizeibehörde, in deren Bezirke die polizeilich zu schützenden Interessen verletzt oder gefährdet werden.

(2) Befinden sich Polizeibeamte auf Anweisung der zuständigen Aufsichtsbehörde oder auf Ersuchen der zuständigen Polizeibehörde in einem fremden Polizeibezirke, so haben sie die Befugnisse der in diesem Bezirke zuständigen Polizeibeamten.

§ 23.

(1) Erfordert die Erfüllung polizeilicher Aufgaben auch polizeiliche Maßnahmen in den angrenzenden Polizeibezirken und ist die Mitwirkung der für diese

Maßnahmen zuständigen Polizeibehörden nicht ohne eine den Erfolg des Eingreifens beeinträchtigende Verzögerung zu erreichen, so ist die eingreifende Polizeibehörde berechtigt, auch in den angrenzenden Bezirken die notwendigen Maßnahmen zu treffen.

(2) Zur Verfolgung strafbarer Handlungen auf frischer Tat, zur unmittelbaren Verhinderung strafbarer Handlungen sowie zur Verfolgung und Wiederergreifung Entwichener können die polizeilichen Vollzugsbeamten auch außerhalb des Polizeibezirkes ihrer Behörde Amtshandlungen vornehmen.

(3) Die zuständige Polizeibehörde ist von den getroffenen Maßnahmen unverzüglich in Kenntnis zu setzen.

(4) Kann eine polizeiliche Angelegenheit in benachbarten Polizeibezirken zweckmäßig nur einheitlich geregelt werden, so bestimmt die den beteiligten Polizeibehörden gemeinsam vorgesetzte Polizeiaufsichtsbehörde die zuständige Polizeibehörde.

Abschnitt VII.

Die Polizeiverordnungen.

§ 24.

Polizeiverordnungen sind polizeiliche Gebote oder Verbote, die für eine unbestimmte Anzahl von Fällen an eine unbestimmte Anzahl von Personen gerichtet sind.

§ 25.

(1) Der Minister des Innern und die zuständigen Minister im Benehmen mit dem Minister des Innern können Polizeiverordnungen innerhalb ihres Geschäftsbereichs für den Umfang des Staatsgebiets oder für Gebietsteile erlassen, an denen mehr als eine Provinz beteiligt ist.

(2) Die von den Ministern erlassenen Polizeiverordnungen sind unverzüglich dem Landtage vorzulegen. Sie sind auf Verlangen des Landtags aufzuheben.

(3) Die Oberpräsidenten sind befugt, Polizeiverordnungen für den Umfang der ganzen Provinz oder für Gebietsteile zu erlassen, an denen mehr als ein Regierungsbezirk beteiligt ist; das gilt nicht für den Oberpräsidenten von Berlin.

(4) Die von den Oberpräsidenten zu erlassenden Polizeiverordnungen bedürfen der Zustimmung des Provinzialrats. In Fällen, die keinen Aufschub gestatten, kann die Polizeiverordnung auch ohne vorherige Zustimmung erlassen werden. Wird die Zustimmung nicht innerhalb von drei Monaten nach dem Tage der Veröffentlichung der Polizeiverordnung erteilt, so tritt diese außer Kraft.

§ 26.

(1) Die Regierungspräsidenten sind befugt, Polizeiverordnungen für den Umfang des ganzen Regierungsbezirkes oder für Gebietsteile zu erlassen, an denen mehr als ein Kreis beteiligt ist.

(2) Der Polizeipräsident in Berlin ist als Landespolizeibehörde berechtigt, nach Anhörung des Magistrats Polizeiverordnungen zu erlassen.

(3) Die von den Regierungspräsidenten oder von dem Polizeipräsidenten in Berlin als Landespolizeibehörde zu erlassenden Polizeiverordnungen bedürfen der Zustimmung des Bezirksausschusses. In Fällen, die keinen Aufschub gestatten, kann die Polizeiverordnung auch ohne vorherige Zustimmung erlassen werden. Wird die Zustimmung nicht innerhalb von drei Monaten nach dem Tage der Veröffentlichung der Polizeiverordnung erteilt, so tritt diese außer Kraft.

(4) Als Kreis- und Ortspolizeibehörde kann der Polizeipräsident in Berlin Polizeiverordnungen mit Zustimmung des Magistrats erlassen. In Fällen, die

keinen Aufschub erleiden, kann die Polizeiverordnung auch ohne vorherige Zustimmung erlassen werden. Wird die Zustimmung nicht innerhalb von sechs Wochen nach dem Tage der Veröffentlichung der Polizeiverordnung erteilt, so kann sie auf Antrag des Polizeipräsidenten durch den Bezirksausschuß ersetzt werden. Wird die Zustimmung des Bezirksausschusses nicht innerhalb von drei Monaten nach dem Tage der Veröffentlichung der Polizeiverordnung erteilt, so tritt diese außer Kraft.

§ 27.

(1) Die Landräte sind befugt, Polizeiverordnungen für den Umfang des Kreises sowie für einen einzelnen oder für mehrere Ortspolizeibezirke zu erlassen. Diese letzteren Befugnisse gelten nicht für die Ortspolizeibezirke, in denen den Ortspolizeibehörden auf Grund des § 28 ein besonderes Recht zum Erlaß von Polizeiverordnungen zusteht.

(2) Die Kreispolizeiverordnungen bedürfen der Zustimmung des Kreisausschusses. Sofern Kreispolizeiverordnungen nur für einzelne Gemeinden Geltung haben sollen, ist vor Erlaß der zuständige Gemeindevorstand zu hören.

(3) In Fällen, die keinen Aufschub erleiden, kann die Polizeiverordnung auch ohne vorherige Zustimmung oder Anhörung erlassen werden. Wird die Zustimmung nicht innerhalb von sechs Wochen nach dem Tage der Veröffentlichung der Polizeiverordnung erteilt, so kann sie auf Antrag der Kreispolizeibehörde durch den Bezirksausschuß ersetzt werden. Wird die Zustimmung des Bezirksausschusses nicht innerhalb von drei Monaten nach dem Tage der Veröffentlichung der Polizeiverordnung erteilt, so tritt diese außer Kraft.

§ 28.

(1) In Gemeinden von mehr als 5000 Einwohnern können die Ortspolizeibehörden mit Zustimmung des

Gemeindevorstandes Polizeiverordnungen erlassen. In Gemeinden, in denen der Bürgermeister (Gemeindevorsteher) allein den Gemeindevorstand bildet, treten an dessen Stelle der Bürgermeister (Gemeindevorsteher) und die Beigeordneten (Schöffen) als Kollegium. Die gleiche Befugnis haben in den Landesteilen mit Amtsverfassung die Bürgermeister der Ämter mit mehr als 5000 Einwohnern unter Zustimmung der Amtsvertretung, in den Landesteilen mit Amtsbezirksverfassung die Amtsvorsteher der Bezirke mit mehr als 5000 Einwohnern unter Zustimmung des Amtsausschusses.

(2) In Fällen, die keinen Aufschub erleiden, kann die Polizeiverordnung auch ohne vorherige Zustimmung erlassen werden. Wird die Zustimmung nicht innerhalb von sechs Wochen nach dem Tage der Veröffentlichung der Polizeiverordnung erteilt, so kann sie auf Antrag der Ortspolizeibehörde auf dem Lande und in den kreisangehörigen Städten durch den Kreisausschuß, in Stadtkreisen durch den Bezirksausschuß ersetzt werden. Wird die Zustimmung des Kreisausschusses oder des Bezirksausschusses nicht innerhalb von drei Monaten nach dem Tage der Veröffentlichung der Polizeiverordnung erteilt, so tritt diese außer Kraft.

§ 29.

(1) Soweit auf Grund des § 6 staatliche Polizeibehörden bestellt sind, können diese Polizeiverordnungen für das Gebiet ihres Verwaltungsbezirkes oder für einzelne Teile des Bezirkes erlassen. Sie bedürfen dazu der Zustimmung des Gemeindevorstandes. In Gemeinden, in denen der Bürgermeister (Gemeindevorsteher) allein den Gemeindevorstand bildet, treten an dessen Stelle der Bürgermeister (Gemeindevorsteher) und die Beigeordneten (Schöffen) als Kollegium.

(2) In Fällen, die keinen Aufschub erleiden, kann die Polizeiverordnung auch ohne vorherige Zustimmung oder Anhörung erlassen werden. Wird die Zu-

stimmung nicht innerhalb von sechs Wochen nach dem Tage der Veröffentlichung der Polizeiverordnung erteilt, so kann sie auf Antrag der staatlichen Polizeibehörde durch den Bezirksausschuß ersetzt werden. Wird die Zustimmung des Bezirksausschusses nicht innerhalb von drei Monaten nach dem Tage der Veröffentlichung der Polizeiverordnung erteilt, so tritt diese außer Kraft.

§ 30.

(1) Polizeiverordnungen dürfen keine Bestimmungen enthalten, die mit den Gesetzen oder mit Rechtsverordnungen einer höheren Behörde in Widerspruch stehen.

(2) Ist eine Angelegenheit durch Polizeiverordnung einer höheren Polizeibehörde geregelt, so darf sie nur insoweit durch Polizeiverordnung einer nachgeordneten Behörde ergänzend geregelt werden, als die Polizeiverordnung der höheren Behörde dies ausdrücklich zuläßt.

§ 31.

(1) Polizeiverordnungen dürfen nicht lediglich den Zweck haben, den Polizeibehörden die ihnen obliegende Aufsicht zu erleichtern.

(2) Polizeiverordnungen müssen in ihrem Inhalte bestimmt sein. Hinweise auf Anordnungen (z. B. Bekanntmachungen) außerhalb von Polizeiverordnungen sind in Polizeiverordnungen unzulässig, soweit diese Anordnungen Gebote oder Verbote von unbeschränkter Dauer enthalten.

(3) Soweit Polizeiverordnungen der Minister überwachungsbedürftige Anlagen betreffen, kann in diesen hinsichtlich der technischen Vorschriften auf Bekanntmachungen besonderer sachverständiger Stellen verwiesen werden. Die Art der Veröffentlichung dieser Bekanntmachungen ist zu bestimmen. Auf die erfolgte Veröffentlichung ist in der Preußischen Gesetzsammlung hinzuweisen.

§ 32.

Polizeiverordnungen müssen

a) eine ihren Inhalt kennzeichnende Überschrift tragen,

b) in der Überschrift als Polizeiverordnung bezeichnet werden,

c) die Gesetzesbestimmungen angeben, auf Grund deren sie erlassen sind,

d) den örtlichen Geltungsbereich enthalten,

e) soweit die Zustimmung oder Anhörung anderer Stellen gesetzlich vorgeschrieben ist, die Stellen angeben, mit deren Zustimmung oder nach deren Anhörung sie erlassen sind. In den Fällen des § 26 Abs. 3 Satz 2, des § 27 Abs. 3, des § 28 Abs. 2 und des § 29 Abs. 2 ist anzugeben, daß die Polizeiverordnung vorbehaltlich der Zustimmung oder Anhörung der vorgeschriebenen Stellen erlassen ist,

f) das Datum enthalten, unter dem sie erlassen sind,

g) die Behörde bezeichnen, die die Verordnung erlassen hat.

§ 33.

(1) In Polizeiverordnungen können für den Fall einer Nichtbefolgung das in dem § 55 Abs. 1 und 3 vorgesehene Zwangsgeld und die im § 56 vorgesehenen Ersatzzwangsmittel angedroht werden. Für die Festsetzung des Zwangsgeldes und der Ersatzzwangsmittel sind in diesen Fällen stets die Ortspolizeibehörden zuständig. Der im § 55 Abs. 3 zu a bestimmte Höchstsatz gilt auch für die Polizeiverordnungen der Minister und der Oberpräsidenten. In den Polizeiverordnungen der Minister darf gegen eine Zuwiderhandlung an Stelle dieser Zwangsmittel eine Geldstrafe bis zu 150 *RM* oder bei besonders schweren Fällen Haft bis zu zwei Wochen angedroht werden.

(2) Wegen der Nichtbefolgung einer Polizeiverordnung darf Zwangsgeld ohne vorherige besondere Androhung nur festgesetzt werden, wenn der Betroffene

die Polizeiwidrigkeit seines Verhaltens kannte oder kennen mußte.

(3) In Fällen, in denen ein schutzwürdiges Interesse weder verletzt noch bedroht wird, ist von einem polizeilichen Eingreifen wegen Nichtbefolgung der Polizeiverordnung abzusehen.

§ 34.

(1) Polizeiverordnungen sollen eine Beschränkung hinsichtlich ihrer Geltungsdauer enthalten. Die Geltung darf nicht über dreißig Jahre hinaus erstreckt werden. Polizeiverordnungen, die keine Beschränkung der Geltungsdauer enthalten, treten dreißig Jahre nach ihrem Erlaß außer Kraft.

(2) Diese Vorschriften gelten nicht für Polizeiverordnungen des im § 37 erwähnten Inhalts.

§ 35.

Polizeiverordnungen der Oberpräsidenten und der Landes-, Kreis- und Ortspolizeibehörden sind in den Regierungsamtsblättern, in Berlin in dem Amtsblatte für den Landespolizeibezirk Berlin, zu veröffentlichen. Polizeiverordnungen der Minister sind, soweit sie für den Umfang des Staatsgebiets Geltung haben sollen, in der Preußischen Gesetzsammlung zu veröffentlichen. Die übrigen Polizeiverordnungen der Minister sind in den Regierungsamtsblättern derjenigen Regierungsbezirke zu veröffentlichen, innerhalb deren sie Geltung haben sollen; auf die erfolgte Veröffentlichung ist in der Preußischen Gesetzsammlung hinzuweisen. Auf die erfolgte Veröffentlichung von Polizeiverordnungen ist in den amtlichen Kreisblättern oder auf sonstige ortsübliche Weise hinzuweisen.

§ 36.

Polizeiverordnungen treten, soweit in ihnen nichts anderes bestimmt ist, eine Woche nach dem Tage ihrer Veröffentlichung in Kraft.

§ 37.

Die Änderung oder Aufhebung einer Polizeiverordnung erfolgt durch Polizeiverordnung der Behörde, die die Polizeiverordnung erlassen hat.

§ 38.

(1) Jeder Minister ist befugt, innerhalb seines Zuständigkeitsbereichs die Polizeiverordnungen der nachgeordneten Polizeibehörden außer Kraft zu setzen.

(2) Die Regierungspräsidenten haben die gleiche Befugnis in bezug auf die Polizeiverordnungen der Kreis- und Ortspolizeibehörden ihres Bezirkes.

(3) Die Außerkraftsetzung ist gemäß § 35 Satz 1 zu veröffentlichen. Die Außerkraftsetzung wird, falls sie nicht ausdrücklich etwas anderes bestimmt, mit ihrer Veröffentlichung rechtswirksam.

§ 39.

(1) Werden Polizeibezirke durch Eingliederung neuer Gebietsteile erweitert, so werden die in dem ursprünglichen Polizeibezirk erlassenen Polizeiverordnungen mit der Erweiterung auf die neu eingegliederten Gebietsteile ausgedehnt. Die in den eingegliederten Teilen in Geltung befindlichen Polizeiverordnungen treten außer Kraft.

(2) Wird aus einzelnen Polizeibezirken oder Teilen von Polizeibezirken ein neuer Polizeibezirk gebildet, so treten die in den einzelnen Teilen in Geltung befindlichen Polizeiverordnungen mit Ablauf von sechs Monaten nach der Neubildung des Polizeibezirks außer Kraft.

Abschnitt VIII.

Die polizeilichen Verfügungen.

§ 40.

(1) Polizeiliche Verfügungen sind Anordnungen der Polizeibehörden, die an bestimmte Personen oder an einen bestimmten Personenkreis ergehen und ein Gebot

oder Verbot oder die Versagung, Einschränkung oder Zurücknahme einer rechtlich vorgesehenen polizeilichen Erlaubnis oder Bescheinigung enthalten.

(2) Die Anordnungen oder sonstigen Maßnahmen, welche die Polizeibehörden oder die Polizeibeamten auf Ersuchen einer Behörde, die nicht Polizei- oder Polizeiaufsichtsbehörde ist, treffen, oder welche Polizeibeamte nur in ihrer Eigenschaft als Hilfsbeamte der Staatsanwaltschaft treffen können, sind keine polizeilichen Verfügungen im Sinne dieses Gesetzes. Das gilt nicht für die Fälle des § 17.

§ 41.

(1) Polizeiliche Verfügungen sind, sofern sie nicht auf Grund einer Polizeiverordnung oder eines besonderen Gesetzes erlassen werden, nur gültig, soweit sie zur Beseitigung einer Störung der öffentlichen Sicherheit oder Ordnung oder zur Abwehr einer im einzelnen Falle bevorstehenden Gefahr für die öffentliche Sicherheit oder Ordnung erforderlich sind.

(2) Kommen zur Beseitigung einer Störung der öffentlichen Sicherheit oder Ordnung oder zur wirksamen Abwehr einer polizeilichen Gefahr mehrere Mittel in Frage, so genügt es, wenn die Polizeibehörde eines dieser Mittel bestimmt. Dabei ist tunlichst das den Betroffenen und die Allgemeinheit am wenigsten beeinträchtigende Mittel zu wählen. Dem Betroffenen ist auf Antrag zu gestatten, ein von ihm angebotenes anderes Mittel anzuwenden, durch das die Gefahr ebenso wirksam abgewehrt wird. Die Ablehnung dieses Antrags gilt als erneute polizeiliche Verfügung.

(3) Die Vorschriften des § 31 Abs. 1 und 2 Satz 1 gelten auch für polizeiliche Verfügungen.

§ 42.

(1) Die Zurücknahme oder nachträgliche Einschränkung einer polizeilichen Erlaubnis oder Bescheinigung

(§ 40) ist vorbehaltlich abweichender gesetzlicher Bestimmung nur zulässig,

a) wenn die Erteilung dem bestehenden Rechte widersprach,

b) wenn die Erteilung auf Grund von Angaben des Antragstellers erfolgt ist, die in wesentlicher Beziehung unrichtig oder unvollständig waren,

c) wenn und soweit im Falle der Änderung des bestehenden Rechtes von der Erlaubnis oder Bescheinigung noch nicht Gebrauch gemacht worden ist und Tatsachen vorliegen, die nach dem neuen Rechte deren Versagung rechtfertigen würden,

d) wenn Tatsachen nachträglich eintreten oder, abgesehen von b, der Polizeibehörde nachträglich bekannt werden, die die Polizeibehörden zur Versagung der erteilten Erlaubnis oder Bescheinigung berechtigt haben würden, sofern ohne die Zurücknahme der Erlaubnis oder Bescheinigung im einzelnen Falle eine Gefährdung polizeilich zu schützender Interessen eintreten würde.

(2) Die Zurücknahme oder nachträgliche Beschränkung einer polizeilichen Erlaubnis oder Bescheinigung kann im polizeilichen Interesse jederzeit erfolgen, wenn die Erteilung unter dem ausdrücklichen Vorbehalte des Widerrufs erfolgt oder die Widerruflichkeit gesetzlich ausdrücklich vorgeschrieben ist.

§ 43.

Fallen nach Erlaß einer polizeilichen Verfügung, die fortdauernde Wirkung ausübt, die Voraussetzungen für ihre Aufrechterhaltung fort, so kann der Betroffene die Aufhebung der Verfügung verlangen. Die Ablehnung der Aufhebung gilt als polizeiliche Verfügung.

§ 44.

(1) Polizeiliche Verfügungen können mündlich, schriftlich oder durch Zeichen erlassen werden. Die un-

mittelbare Ausführung einer polizeilichen Maßnahme steht dem Erlaß einer polizeilichen Verfügung gleich.

(2) Schriftlich erlassene polizeiliche Verfügungen sind bei ihrem Erlasse schriftlich zu begründen.

§ 45.

(1) Gegen eine polizeiliche Verfügung steht demjenigen, in dessen Rechte sie unmittelbar eingreift, innerhalb von zwei Wochen, nachdem die polizeiliche Verfügung ihm zugestellt, zugegangen oder zu seiner Kenntnis gekommen ist, die Beschwerde zu. Die Beschwerde ist schriftlich oder zu Protokoll bei derjenigen Stelle einzulegen, welche die Verfügung erlassen hat.

(2) Ist die Verfügung von einem Beamten der staatlichen Landjägerei oder einem andern auf Grund des § 7 einer Polizeibehörde zugeteilten staatlichen Polizeibeamten erlassen worden, so ist die Beschwerde bei dem Leiter der zuständigen Polizeibehörde einzulegen.

(3) Die Beschwerdefrist gilt als gewahrt, wenn die Beschwerde rechtzeitig bei einer unzuständigen Polizeibehörde eingelegt ist. In diesen Fällen ist die Beschwerde unverzüglich an die zuständige Polkzeibehörde weiterzuleiten.

§ 46.

Mit der Beschwerde kann sowohl die Rechtmäßigkeit als auch die Zweckmäßigkeit der polizeilichen Verfügung angefochten werden.

§ 47.

(1) Die nach § 45 zur Entgegennahme zuständige Behörde hat, falls sie nicht selbst für Abhilfe sorgt und einen entsprechenden Bescheid erteilt, die Beschwerde der zur Entscheidung zuständigen Behörde vorzulegen.

(2) Zur Entscheidung über die Beschwerde ist zuständig

a) gegen Verfügungen der Ortspolizeibehörden in kreisangehörigen Städten und Landgemeinden der Landrat, sofern er nicht selbst Ortspolizeibehörde ist,

b) gegen Verfügungen der Ortspolizeibehörden in Stadtkreisen, gegen Verfügungen der Landräte als Ortspolizeibehörden und gegen Verfügungen der staatlichen Polizeibehörden der Regierungspräsident,

c) gegen Verfügungen der Kreispolizeibehörden der Regierungspräsident,

d) gegen Verfügungen des Oberbürgermeisters in Berlin und gegen Verfügungen des Polizeipräsidenten in Berlin als Orts- und Kreispolizeibehörde der Oberpräsident von Berlin,

e) gegen Verfügungen der Regierungspräsidenten und des Polizeipräsidenten in Berlin als Landespolizeibehörde der Oberpräsident.

§ 48.

Ein abweisender Beschwerdebescheid in den Fällen des § 47 ist schriftlich zu erteilen. Er soll mit Gründen versehen sein und eine den Vorschriften des § 49 entsprechende Rechtsmittelbelehrung enthalten. Entspricht ein abweisender Beschwerdebescheid diesen Vorschriften nicht, so ist die Einlegung eines weiteren Rechtsmittels an eine Frist nicht gebunden.

§ 49.

Gegen einen abweisenden Beschwerdebescheid ist binnen zwei Wochen die Klage im Verwaltungsstreitverfahren in den Fällen des § 47 Abs. 2 zu a bis d bei dem Bezirksausschuß, im Falle des § 47 Abs. 2 zu e beim Oberverwaltungsgericht gegeben. Sofern ein Mitglied des Bezirksausschusses bei der Bearbeitung der anhängigen Angelegenheit beteiligt gewesen ist, gilt es als behindert. Die Klage ist gegen diejenige Behörde zu richten, die den Beschwerdebescheid erlassen hat.

§ 50.

(1) Die Klage kann nur darauf gestützt werden, daß der angefochtene Bescheid den Kläger in seinen Rechten beeinträchtige, weil der Bescheid das geltende Recht verletze.

(2) Eine unrichtige Anwendung der geltenden Gesetze liegt auch dann vor, wenn die Tatsachen nicht gegeben sind, die ein Einschreiten der Behörde gerechtfertigt haben würden.

§ 51.

Gegen die Entscheidung des Bezirksausschusses findet das Rechtsmittel der Revision beim Oberverwaltungsgericht statt.

§ 52.

Die Entscheidung im Beschwerde- und Verwaltungsstreitverfahren erfolgt unbeschadet aller privatrechtlichen Verhältnisse.

§ 53.

Die Einlegung eines Rechtsmittels hat aufschiebende Wirkung, soweit nicht das Gesetz ausdrücklich etwas anderes bestimmt oder diejenige Behörde, welche die Verfügung erlassen hat, aus überwiegenden Gründen des öffentlichen Interesses die sofortige Ausführung verlangt.

§ 54.

Die Rechtsmittel gegen polizeiliche Verfügungen in Angelegenheiten der Ausländerpolizei regelt der Minister des Innern durch Verordnung.

Abschnitt IX.

Die Zwangsmittel der Polizeibehörden.

§ 55.

(1) Die Polizeibehörden sind unbeschadet der strafgerichtlichen Verfolgung strafbarer Handlungen befugt, die Befolgung einer polizeilichen Verfügung, wenn diese

unanfechtbar geworden oder die sofortige Ausführung gemäß § 53 verlangt ist, durch Ausführung der zu erzwingenden Handlung auf Kosten des Pflichtigen durch Festsetzung von Zwangsgeld oder durch unmittelbaren Zwang durchzusetzen. Der Minister des Innern kann Grundsätze über die Anwendung unmittelbaren Zwanges, insbesondere über den Waffengebrauch, erlassen.

(2) Die Anwendung eines Zwangsmittels muß, abgesehen von dem Falle der unmittelbaren Ausführung einer polizeilichen Maßnahme (§ 44 Abs. 1 Satz 2), vorher angedroht werden. Die Androhung muß außer bei Gefahr im Verzug schriftlich erfolgen. Der Betrag des Zwangsgeldes ist in bestimmter Höhe anzudrohen. Wird die Ausführung der zu erzwingenden Handlung durch einen Dritten angedroht, so ist in der Androhung die Höhe des Kostenbetrags vorläufig zu veranschlagen. Für die Ausführung der zu erzwingenden Handlung ist außer bei Gefahr im Verzug eine angemessene Frist zu setzen.

(3) Die Höhe des Zwangsgeldes darf bei jeder Androhung

a) durch die Landespolizeibehörden . . . 150 RM,
b) durch die Kreispolizeibehörden . . . 100 RM,
c) durch die Ortspolizeibehörden . . . . 50 RM

nicht überschreiten.

(4) Das Zwangsgeld kann im Verwaltungszwangsverfahren beigetrieben werden. Die Beitreibung ist, sofern es sich nicht um die Durchsetzung eines Verbots handelt oder nicht ein Zwangsmittel auf Grund des § 33 ohne vorherige besondere Androhung festgesetzt ist, nur zulässig, solange der polizeiwidrige Zustand besteht.

(5) Ist die Handlung auf Kosten des Pflichtigen ausgeführt worden, so kann die Polizeibehörde von diesem den Kostenbetrag im Verwaltungszwangsverfahren einziehen. Auch der vorläufig festgesetzte Kostenbetrag kann im Verwaltungszwangsverfahren eingezogen werden.

(6) Die Zwangsmittel können bei polizeilichen Geboten wiederholt werden, bis der polizeiwidrige Zustand beseitigt ist. Bei polizeilichen Verboten kann das Zwangsmittel für jeden Fall der Nichtbefolgung festgesetzt werden.

§ 56.

(1) Für den Fall der Nichtbeitreibbarkeit des Zwangsgeldes kann eine Zwangshaft angedroht werden. Die Zwangshaft darf in den Fällen des § 55 Abs. 3 zu a drei, zu b zwei und zu c eine Woche nicht überschreiten. Die Androhung einer Zwangshaft muß stets schriftlich erfolgen und hinsichtlich der Dauer bestimmt sein. Die Zwangshaft kann vollstreckt werden, wenn die Beitreibung ohne Erfolg versucht ist oder feststeht, daß die Beitreibung keinen Erfolg haben wird. Die Vollstreckung ist bei polizeilichen Geboten nur zulässig, solange der polizeiwidrige Zustand besteht.

(2) Durch Verordnung des Ministers des Innern kann den betroffenen Personen freigestellt werden, die Zwangshaft durch Arbeit für eine Gemeinde oder einen Gemeindeverband abzuwenden. Die näheren Bestimmungen über die zu leistenden Arbeiten trifft die Verordnung des Ministers des Innern mit der Maßgabe, daß an Stelle einer Zwangshaft von einem Tage ein Arbeitstag tritt und daß sich der zur Arbeit Herangezogene durch die nachträgliche Vornahme der zu erzwingenden Handlung oder durch Zahlung des Zwangsgeldes von der Arbeit befreien kann.

§ 57.

(1) Gegen die Festsetzung eines Zwangsmittels im Falle des § 33 sind die gleichen Rechtsmittel gegeben wie gegen polizeiliche Verfügungen. Falls jedoch lediglich die Höhe des festgesetzten Zwangsmittels angegriffen wird, ist neben der Beschwerde nur die Klage gemäß § 49, nicht aber die Revision gemäß § 51 gegeben.

(2) Ist die Androhung eines Zwangsmittels im Falle des § 55 in der polizeilichen Verfügung enthalten, so kann sie nur zusammen mit der polizeilichen Verfügung angefochten werden. Ist die Androhung eines Zwangsmittels selbständig erfolgt, so sind dagegen die gleichen Rechtsmittel gegeben wie gegen die zugrunde liegende polizeiliche Verfügung. Mit der Anfechtung der Androhung kann in diesem Falle gleichzeitig die zugrunde liegende polizeiliche Verfügung selbst angefochten werden, sofern diese bei der Androhung nicht bereits unanfechtbar geworden war.

(3) Gegen die Androhung eines Zwangsmittels zur Durchführung einer unanfechtbar gewordenen polizeilichen Verfügung sowie gegen die Festsetzung oder Ausführung eines Zwangsmittels ist nur die binnen zwei Wochen zu erhebende Beschwerde an die Dienstaufsichtsbehörde gegeben.

(4) Die Anfechtung hat keine aufschiebende Wirkung; die Beitreibung von Zwangsgeld, die Vollstreckung einer Zwangshaft oder die Heranziehung zur Gemeindearbeit darf jedoch nicht erfolgen, bevor die Festsetzung unanfechtbar geworden ist.

Abschnitt X.

Die sonstigen Anordnungen der Polizeibehörden.

§ 58.

Soweit die Polizeibehörden auf Grund besonderer Reichs- oder Landesgesetze zum Erlaß rechtswirksamer Anordnungen, Festsetzungen, Bekanntmachungen usw. ermächtigt sind, gilt, falls das Gesetz nichts anderes bestimmt, folgendes:

a) Auf Anordnungen usw., die an bestimmte Personen gerichtet sind, finden die Bestimmungen über polizeiliche Verfügungen mit Ausnahme der Vorschrift des § 41 Abs. 1 und 2 Anwendung.

b) Allgemein verbindliche Vorschriften usw. müssen den Bestimmungen des § 32 zu a, c, d, e, f, g und den Vorschriften des § 31 Abs. 2 entsprechen. Sie sind gemäß § 35 zu veröffentlichen.

Abschnitt XI.

Die polizeilichen Strafverfügungen.

§ 59.

(1) Die Polizeibehörden können wegen der in ihrem Bezirke verübten, unter ihren Zuständigkeitsbereich fallenden Übertretungen die Strafe durch polizeiliche Strafverfügungen festsetzen sowie eine etwa verwirkte Einziehung verhängen. Eine zu verhängende Haftstrafe darf die Dauer von vierzehn Tagen nicht übersteigen. In leichteren Fällen ist von einer polizeilichen Strafverfügung abzusehen. Statt oder neben einer polizeilichen Strafverfügung kann eine polizeiliche Verfügung erlassen oder eine gebührenfreie polizeiliche Verwarnung erteilt werden.

(2) Gegen Militärpersonen und Jugendliche unter 18 Jahren findet die Festsetzung einer Haft- oder Ersatzstrafe nicht statt.

§ 60.

Die Festsetzung einer Strafe durch die Polizeibehörden findet nicht statt:

a) bei Übertretungen der Vorschriften über die Erhebung öffentlicher Abgaben oder Gefälle;

b) bei Übertretungen bergpolizeilicher Vorschriften.

§ 61.

Die polizeiliche Strafverfügung ist nach Maßgabe der zu erlassenden Ausführungsbestimmungen dem Beschuldigten durch einen öffentlichen Beamten zu behändigen oder zuzustellen.

§ 62.

(1) Statt des im § 413 StPO. vorgesehenen Antrags auf gerichtliche Entscheidung kann der Beschuldigte gegen die polizeiliche Strafverfügung binnen einer Frist von zwei Wochen nach Zustellung die Beschwerde an die unmittelbar vorgesetzte Polizeiaufsichtsbehörde erheben. Diese entscheidet endgültig.

(2) Ist gegen einen Beschuldigten im Alter von 14 bis 18 Jahren eine polizeiliche Strafverfügung erlassen, so kann auch sein gesetzlicher Vertreter die Beschwerde einlegen oder den Antrag auf gerichtliche Entscheidung stellen.

§ 63.

Die polizeiliche Strafverfügung muß außer den im § 413 Abs. 3 StPO. vorgeschriebenen Hinweisen die Kasse bezeichnen, an welche die Geldstrafe zu zahlen ist, und die Eröffnung enthalten, daß statt des Antrags auf gerichtliche Entscheidung binnen zwei Wochen nach Zustellung die Beschwerde an die bestimmt zu bezeichnende Polizeiaufsichtsbehörde gegeben ist.

§ 64.

Für dieses Verfahren (§§ 59 bis 63) sind weder Stempel noch Gebühren anzusetzen, die baren Auslagen aber fallen dem Beschuldigten nach näherer Maßgabe der zu erlassenden Ausführungsbestimmungen in allen Fällen zur Last, in welchen eine Strafe endgültig gegen ihn festgesetzt ist.

§ 65.

(1) Die auf Grund dieses Gesetzes endgültig festgesetzten Geldstrafen sowie die eingezogenen Gegenstände fallen dem Träger der unmittelbaren Polizei-

kosten für die Behörde zu, die die polizeiliche Strafverfügung erlassen hat.

(2) Diese Stelle ist verpflichtet, die durch die Festsetzung und Vollstreckung der Strafe entstehenden Kosten zu tragen, soweit sie nicht von dem Beschuldigten beigetrieben werden können.

§ 66.

(1) Ist die polizeiliche Strafverfügung vollstreckbar geworden, so findet wegen derselben Handlung eine fernere Anschuldigung nicht statt, es sei denn, daß die Handlung keine Übertretung, sondern ein Vergehen oder Verbrechen darstellt und daher die Polizeibehörde ihre Zuständigkeit überschritten hat.

(2) In diesem Falle ist während des gerichtlichen Verfahrens die Vollstreckung der Strafverfügung einzustellen; erfolgt eine rechtskräftige Verurteilung wegen eines Vergehens oder Verbrechens, so tritt die Strafverfügung außer Kraft.

§ 67.

Gegen Militärpersonen dürfen die Polizeibehörden Geldstrafen nur wegen solcher Übertretungen festsetzen, zu deren Aburteilung im gerichtlichen Verfahren die ordentlichen Gerichte zuständig sind.

§ 68.

Hat der Amtsanwalt Anklage erhoben, bevor die polizeiliche Strafverfügung dem Beschuldigten zugestellt worden ist, so ist diese wirkungslos.

§ 69.

Wird bei dem Amtsgerichte gerichtliche Entscheidung beantragt, so ist dem Antragsteller hierüber kostenfrei eine Bescheinigung auszuhändigen.

Abschnitt XII.
Schadensersatzansprüche aus polizeilichen Anordnungen.

§ 70.

(1) In den Fällen des § 21 kann, sofern die Entschädigungspflicht nicht in anderen gesetzlichen Vorschriften geregelt ist, derjenige, gegen den die polizeiliche Maßnahme getroffen ist, Ersatz des ihm durch die Maßnahme entstandenen Schadens verlangen. Dies gilt nicht, soweit die Maßnahme zum Schutze seiner Person oder seines Vermögens getroffen ist.

(2) Abs. 1 findet Anwendung auch in den Fällen des § 42 Abs. 1 zu c und d mit Ausnahme des Gebiets der Bergpolizei.

§ 71.

Im Falle des § 70 ist zum Schadensersatz verpflichtet der Träger der mittelbaren Polizeikosten für den Polizeibezirk, in dem die polizeiliche Maßnahme durchgeführt worden ist.

§ 72.

In den Fällen des § 70 Abs. 1 kann der zum Schadensersatz Verpflichtete Ersatz seiner Aufwendungen nach den Vorschriften des Bürgerlichen Gesetzbuchs über die Geschäftsführung ohne Auftrag von dem gemäß §§ 18 bis 20 dieses Gesetzes Polizeipflichtigen verlangen.

§ 73.

Über die Ansprüche auf Grund der §§ 70 bis 72 ist im ordentlichen Rechtswege zu entscheiden.

Abschnitt XIII.
Übergangs- und Schlußbestimmungen.

§ 74.

(1) Die Polizeiverordnungen, die bereits dreißig Jahre in Geltung sind, treten mit Ausnahme der Berg-

polizeiverordnungen mit dem Inkrafttreten dieses Gesetzes außer Kraft.

(2) Für die Bergpolizeiverordnungen tritt § 34 Abs. 1 Satz 3 erst mit dem 1. April 1932 in Kraft.

§ 75.

Die von den Ortspolizeibehörden erlassenen Polizeiverordnungen treten am 1. Oktober 1932 außer Kraft, sofern die ländlichen oder städtischen Polizeibezirke nicht mehr als 5000 Einwohner umfassen.

§ 76.

(1) In den bei dem Inkrafttreten dieses Gesetzes in Geltung befindlichen Polizeiverordnungen der Oberpräsidenten, Regierungspräsidenten, des Polizeipräsidenten in Berlin, des Verbandspräsidenten des Siedlungsverbandes Ruhrkohlenbezirk, der Landräte und Ortspolizeibehörden wird, soweit es sich nicht um Körordnungen handelt, die Strafandrohung aufgehoben. Statt dessen erhalten die Polizeiverordnungen der Ober- und Regierungspräsidenten, des Polizeipräsidenten in Berlin und des Verbandspräsidenten des Siedlungsverbandes Ruhrkohlenbezirk folgenden Zusatz: „Für jeden Fall der Nichtbefolgung dieser Polizeiverordnung wird hiermit die Festsetzung eines Zwangsgeldes in Höhe bis zu 150 *RM*, im Nichtbeitreibungsfalle die Festsetzung von Zwangshaft bis zu zwei Wochen angedroht.“ Die Polizeiverordnungen der Landräte und Ortspolizeibehörden erhalten den gleichen Zusatz mit der Maßgabe, daß an Stelle der Zahlen „150“ und „2“ in den Polizeiverordnungen der Landräte die Zahlen „100“ und „2“, in den Ortspolizeiverordnungen die Zahlen „50“ und „1“ treten.

(2) Unberührt bleiben Polizeiverordnungen, deren Übertretung in Gesetzen mit Strafe bedroht ist.

§ 77.

Soweit beim Inkrafttreten dieses Gesetzes die Verwaltung der Polizei staatlichen Polizeibehörden übertragen ist, behält es dabei sein Bewenden.

§ 78.

(1) In den §§ 71 Abs. 2 Satz 1, 75 Abs. 1 und 81 Abs. 2 des Feld- und Forstpolizeigesetzes vom 21. Januar 1926 (Gesetzsamml. S. 83) werden die Worte „der Ortspolizeibehörde“ durch die Worte „dem Gemeindevorstand“, im § 71 Abs. 2 Satz 2 das Wort „diese“ durch das Wort „dieser“ ersetzt.

(2) In den §§ 72 und 80 Satz 1 des Feld- und Forstpolizeigesetzes werden die Worte „der Ortspolizeibehörde“ durch die Worte „des Gemeindevorstandes“ ersetzt.

(3) § 76 des Feld- und Forstpolizeigesetzes erhält folgende Fassung:

> Der Pfändende hat von der geschehenen Pfändung binnen 24 Stunden dem Gemeindevorstand Anzeige zu erstatten. Der Gemeindevorstand bestimmt über die vorläufige Verwahrung der gepfändeten Tiere.

(4) Im § 78 Satz 1 a. a. O. werden die Worte „der Ortspolizeibehörde“ durch die Worte „dem Gemeindevorstand“ und das Wort „dieselbe“ durch das Wort „dieser“ ersetzt.

(5) Im § 79 Abs. 2 a. a. O. werden die Worte „die Polizeibehörde“, im § 81 Abs. 1 die Worte „die Ortspolizeibehörde“ durch die Worte „der Gemeindevorstand“ ersetzt.

§ 79.

(1) Das vorstehende Gesetz tritt am 1. Oktober 1931 in Kraft.

(2) Mit dem Zeitpunkte des Inkrafttretens dieses Gesetzes werden alle entgegenstehenden oder gleichlautenden gesetzlichen Bestimmungen sowie alle Bestim-

mungen gleichen Inhalts aufgehoben. Insbesondere werden aufgehoben:

a) der § 10 Teil II Titel 17 des Allgemeinen Landrechts;
b) die Verordnung über die anderweite Organisation der Gendarmerie vom 30. Dezember 1820 (Gesetzsamml. 1821 S. 1);
c) das Gesetz über die Zulässigkeit des Rechtsweges in Beziehung auf polizeiliche Verfügungen vom 11. Mai 1842 (Gesetzsamml. S. 192);
d) das Gesetz zum Schutze der persönlichen Freiheit vom 12. Februar 1850 (Gesetzsamml. S. 45);
e) das Gesetz über die Polizeiverwaltung vom 11. März 1850 (Gesetzsamml. S. 265);
f) der Allerhöchste Erlaß vom 30. Dezember 1850, betr. die anderweite Einrichtung der Gendarmerie in den Fürstentümern Hohenzollern (Gesetzsamml. 1851 S. 703);
g) die Polizeiverordnung für die Residenzstadt Hannover, die Vorstadt Glocksee und den Vorort Linden vom 21. Dezember 1859 (Gesetzsamml. für das Königreich Hannover S. 869);
h) die Verordnung über die Polizeiverwaltung in den neu erworbenen Landesteilen vom 20. September 1867 (Gesetzsamml. S. 1529);
i) die Verordnung, betr. die Organisation der Landgendarmerie in den neu erworbenen Landesteilen vom 23. Mai 1867 (Gesetzsamml. S. 777);
k) das Gesetz über die Polizeiverwaltung im Herzogtum Lauenburg vom 7. Januar 1870 (offizielles Wochenblatt für das Herzogtum Lauenburg S. 13);
l) das Gesetz, betr. den Erlaß polizeilicher Strafverfügungen wegen Übertretungen vom 23. April 1883 (Gesetzsamml. S. 65) — 21. Mai 1923 (Gesetzsamml. S. 271);

m) die Titel IV bis VI des Gesetzes über die allgemeine Landesverwaltung vom 30. Juli 1883 (Gesetzsamml. S. 195), soweit sie sich auf die Polizeibehörden beziehen;

n) das Gesetz, betr. die Übertragung polizeilicher Befugnisse in den Gemeinde- und Gutsbezirken der Umgebung von Potsdam an den Königlichen Polizeidirektor zu Potsdam vom 7. März 1908 (Gesetzsamml. S. 37);

o) das Gesetz über die Polizeiverwaltung in den Regierungsbezirken Düsseldorf, Arnsberg und Münster vom 19. Juli 1911 (Gesetzsamml. S. 147);

p) das Gesetz über die Polizeiverwaltung im Regierungsbezirk Oppeln vom 19. Juni 1912 (Gesetzsamml. S. 182).

§ 80.

An Stelle der nach § 79 aufgehobenen Vorschriften treten für die Zukunft die entsprechenden Bestimmungen dieses Gesetzes.

§ 81.

(1) § 208 des Allgemeinen Berggesetzes für die preuß. Staaten vom 24. Juni 1865 (Gesetzsamml. S. 705) in der Fassung des Gesetzes vom 24. Juni 1892 (Gesetzsamml. S. 131) erhält folgende Fassung:

Zuwiderhandlungen gegen Bergpolizeiverordnungen und die auf Grund der §§ 198 und 199 getroffenen bergpolizeilichen Anordnungen werden mit Geldstrafe bestraft.

(2) Im übrigen bleibt das Allgemeine Berggesetz für die preuß. Staaten vom 24. Juni 1865 in der zur Zeit des Inkrafttretens dieses Gesetzes geltenden Fassung unberührt.

§ 82.

Unberührt bleiben:

1. die Verordnung, betr. die Einführung des Allge-

meinen Berggesetzes vom 24. Juni 1865 in dem Gebiete des vormaligen Königreichs Hannover, vom 8. Mai 1867 (Gesetzsamml. S. 601);

2. das Gesetz, betr. die Rechtsverhältnisse des Stein- und Braunkohlenbergbaues in denjenigen Landesteilen, in welchen das kurfürstlich-sächsische Mandat vom 19. August 1743 Gesetzeskraft hat, vom 22. Februar 1869 (Gesetzsamml. S. 401);
3. das Gesetz, betr. die Ausdehnung verschiedener Bestimmungen des Allgemeinen Berggesetzes vom 24. Juni 1865 auf den Stein- und Kalisalzbergbau in der Provinz Hannover, vom 14. Juli 1895 (Gesetzsamml. S. 295);
4. das Gesetz, betr. die Ausdehnung einiger Bestimmungen des Allgemeinen Berggesetzes vom 24. Juni 1865 auf die Aufsuchung und Gewinnung von Erdöl, vom 6. Juni 1904 (Gesetzsamml. S. 105);
5. das Gesetz, betr. die Ausdehnung einiger Bestimmungen des Allgemeinen Berggesetzes auf die Arbeiten zur Aufsuchung von Stein- und Kalisalzen und von Solquellen in der Provinz Hannover, vom 26. Juni 1904 (Gesetzsamml. S. 135);
6. das Gesetz über phosphorhaltige Mineralien und Gesteine vom 9. Januar 1923 (Gesetzsamml. S. 13);
7. das Gesetz über einen erweiterten Staatsvorbehalt zur Aufsuchung und Gewinnung von Steinkohle und Erdöl vom 22. Juli 1929 (Gesetzsamml. S. 87);
8. das Polizeikostengesetz vom 2. August 1929 (Gesetzsamml. S. 162).

§ 83.

Unberührt bleiben, soweit sich nicht aus § 80 etwas anderes ergibt:

1. das Gesetz über Kleinbahnen und Privatanschlußbahnen vom 28. Juli 1892 (Gesetzsamml. S. 225);

2. das Ausführungsgesetz zum Fleischbeschaugesetz vom 28. Juni 1902 (Gesetzsamml. S. 229) — 23. September 1904 (Gesetzsamml. S. 257);
3. das Gesetz, betr. die Gründung neuer Ansiedlungen, vom 10. August 1904 (Gesetzsamml. S. 227) in der Fassung der Verordnung vom 6. Dezember 1918 (Gesetzsamml. S. 194);
4. das Gesetz über die Bekämpfung übertragbarer Krankheiten vom 28. August 1905 (Gesetzsamml. S. 73) in der zur Zeit geltenden Fassung;
5. das Ausführungsgesetz zum Viehseuchengesetz vom 25. Juli 1911 (Gesetzsamml. S. 149);
6. das Wassergesetz vom 7. April 1913 (Gesetzsamml. S. 53);
7. das Gesetz über die Landeskulturbehörden vom 3. Juni 1919 (Gesetzsamml. S. 101) — 25. Oktober 1920 (Gesetzsamml. S. 619) — 5. Oktober 1923 (Gesetzsamml. S. 143) — 19. Januar 1924 (Gesetzsamml. S. 46);
8. das Gesetz über die Sicherungen der Bewirtschaftung von Fischgewässern vom 18. Juli 1919 (Gesetzsamml. S. 140);
9. das Gesetz, betr. die Verbandsordnung des Siedlungsverbandes Ruhrkohlenbezirk, vom 5. Mai 1920 (Gesetzsamml. S. 286);
10. das Gesetz über den Staatsvertrag, betr. den Übergang der Wasserstraßen von den Ländern auf das Reich, vom 26. September 1921 (Gesetzsamml. S. 519);
11. das Gesetz über die Regelung des Körwesens und des Pferderennwesens durch Polizeiverordnung vom 4. August 1922 (Gesetzsamml. S. 225) und das Gesetz über die Änderung dieses Gesetzes vom 15. März 1927 (Gesetzsamml. S. 37);

12. das Gesetz über die Genehmigung von Siedlungen vom 1. März 1923 (Gesetzsamml. S. 374);
13. das Gesetz zur Bekämpfung der Tuberkulose vom 4. August 1923 (Gesetzsamml. S. 374);
14. das Moorschutzgesetz vom 10. August 1923 (Gesetzsamml. S. 400);
15. die Gesetze über die Verhütung von Hochwasserschäden.

§ 84.

Mit der Ausführung dieses Gesetzes wird der Minister des Innern betraut.

Polizeiverwaltungsgesetz.

Vom 1. Juni 1931 (GS. S. 77).

Inhaltsübersicht.

Abschnitt I.

Träger der Polizeigewalt.

Rechtsnatur der Polizei. **§ 1.**

Die Polizei ist Angelegenheit des Staates.

1. **Jede Art von Polizei,** sei es Zentral-, sei es Landes-,

Kreis- oder Ortspolizei (s. unten Anm. 2 u. 3 zu § 1 u. Anm. 1 zu § 2 u. Anm. 1 u. 2 zu § 3) ist **Staats**polizei. Es hat dies nichts zu tun mit der Frage, wie weit sie von staatlichen oder von Gemeindebehörden verwaltet wird (§§ 3—7). Auch die von anderen als staatlichen Polizeibehörden gehandhabte Polizei ist und bleibt demnach eine Staatsangelegenheit, wird niemals zu einer kommunalen. Nach der allgemein anerkannten Rechtslehre ist die Staatspolizei einheitlich zu verwalten, so daß jede Polizeibehörde die Anweisungen ihrer dienstlichen Aufsichtsbehörde zu befolgen hat (vgl. §§ 9—13), keine Behörde gegen eine vorgesetzte Behörde Beschwerde führen kann, und daß die mit der Polizei betrauten Gemeindebehörden nicht der Gemeindevertretung, sondern nur der vorgesetzten Dienstbehörde verantwortlich sind. Man nennt das die Lehre von dem übertragbaren Wirkungskreis der Gemeindebehörden; (vgl. aber auch die Vorschriften in §§ 28, 29 I). Über den jetzt gesetzlichen Begriff der Auftragsangelegenheiten Art. 72 I zu b der preuß. VerfUrk. vom 30. November 1920. Keine Polizeibehörde kann sich wegen ihrer Amtshandlungen vertragsmäßig binden; es ist keine Feststellungsklage gegen die Polizei zulässig und die Unterbehörde hat vor der Oberbehörde keine Amtsgeheimnisse (Friedrichs, Grundzüge S. 37). Der § 1 lehnt die gestellte Forderung ab, die Polizei zur Selbstverwaltungsangelegenheit der engeren und weiteren Kommunalverbände zu machen (s. unten Anm. 2 u. 3). Das ist richtig, denn „das Wesen des Staates verlangt es, daß der Schutz der öffentlichen Sicherheit und Ordnung im ganzen Staatsgebiet unbedingt ein einheitlicher ist; das ist nur möglich, wenn die Polizei auch in den Händen kommunaler Organe Auftragsangelegenheit des Staates bleibt" (Drews, RuPrVerwBl. v. 3. Januar 1931, 52 2). Vgl. Anm. 5.

2. **Grundsätzliches und Geschichtliches.** (Begr. Sp. 24 f.) Die Polizei sei in vollem Umfange eine Aufgabe des Staates und auch, soweit sie in der Ortsinstanz durch kommunale Organe wahrgenommen wird, als unmittelbarer Ausfluß der Staatshoheit anzusehen. Dementsprechend bestimmen die §§ 11

und 13, daß sämtliche Polizeibehörden die ihnen von den Polizeiaufsichtsbehörden erteilten Anweisungen, d. h. letzten Endes die Vorschriften der dem Landtage verantwortlichen Minister zu befolgen haben und daß Personen, die mit der Wahrnehmung polizeilicher Angelegenheiten betraut sind, soweit es sich nicht um unmittelbare Staatsbeamte handelt, der Bestätigung durch die unmittelbar vorgesetzte Polizeiaufsichtsbehörde bedürfen. Diese Regelung lehne sich an die Rechtslage an, wie sie in Preußen von jeher gegolten hat, und wie sie insbesondere auch in den zu Anfang des 19. Jahrhunderts eingeführten Reformgesetzen zur Durchführung gekommen ist. In dieser Hinsicht wird insbesondere verwiesen auf § 178d der Steinschen StO. vom 19. November 1808 (GS. S. 324), wo zum Ausdruck gebracht wird, daß der Magistrat in den Städten die Polizeiverwaltung „vermöge Auftrags“ führt, und auf den § 109 der revidierten StO. vom 17. März 1831 (GS. S. 9), wo es hinsichtlich der Polizeiverwaltung in den Städten heißt: „Er (der Magistrat oder Bürgermeister) handelt dabei aber bloß im Auftrage der vorgesetzten Regierung unabhängig von seinem Verhältnisse als Gemeindevorsteher“. Besonders klar ist diese Rechtslage im § 1 des G. über die PolVerw. vom 11. März 1850 (GS. S. 265) zum Ausdruck gebracht, wo bestimmt ist, daß die örtliche Polizeiverwaltung von dem nach den Vorschriften der Gesetze dazu bestimmten Beamten „im Namen des Königs“ geführt wird, und die Ortspolizeibeamten verpflichtet werden „die ihnen von der vorgesetzten Staatsbehörde in Polizeiangelegenheiten erteilten Anweisungen zur Ausführung zu bringen“. Ferner kommt dieser Grundsatz zum Ausdruck in § 4 II Entw., auf Grund dessen die Ernennung aller Polizeibeamten, deren Anstellung den Gemeindebehörden obliegt, der Bestätigung der Staatsregierung bedarf. Zu einer Änderung dieser Rechtslage bestand nach der Begr. keine Veranlassung (vgl. jetzt § 13 d. G.). Wenn demgegenüber von einzelnen Stellen gefordert worden sei, die Polizeigewalt in der örtlichen Instanz grundsätzlich dem Ermessen der Selbstverwaltungsorgane zu überlassen und nur eine Rechtskontrolle durch die Verwaltungsgerichte zu unterstellen, so lehnt der Entw. diese Forderung ab. Soweit die Trennung von Polizeigewalt und Selbstverwaltung an einzelnen Kreuzungspunkten tatsächlich zu einer Hemmung für die Verwirklichung praktisch bedeutsamer Aufgaben der Selbstverwaltung geführt hat, nämlich bei der Benutzung der Gemeindeanstalten (Wasserleitung, Kanalisation, Müllabfuhr, Reinigungsanstalten) würden die notwendigen Änderungen, meint die Begr., durch den Entw. des Selbstverwaltungsgesetzes zur Einführung kommen. Damit werde den berechtigten Forderungen der an der örtlichen Selbstverwaltung interessierten Kreise Rechnung getragen. Was diese Bezugnahme auf den Entw. des Selbstverwaltungsgesetzes, der noch nicht an den Landtag geleitet worden ist und lediglich in der Gestalt eines Referentenentwurfs 1930 bekannt geworden ist, so wird hier auf § 72 I desselben hingewiesen, wonach die Gemeinden und Gemeindeverbände berechtigt sind, sofern es die öffentliche Ordnung und Sicherheit erfordern, durch Satzung für sämtliche in dem Gebiet der Gemeinden oder Gemeindeverbände belegenen Grundstücke den Anschlußzwang an Wasserleitung, Kanalisation, Müllabfuhr und Straßenreinigung vorzuschreiben. Diese Vorschrift befindet sich im Ersten Buche, Sechster Teil, der die Überschrift trägt „Selbstverwaltungsangelegenheiten". Vgl. hierzu Peters, Der allgemeine Teil des Entwurfs eines Preußischen Selbstverwaltungsgesetzes, VerwArch. 35 321 ff., 330 ff.

3. **Polizei und Selbstverwaltung.** Bei den Verhandlungen im Staatsrat über den Entw. d. PolVerwG. war insbesondere am 15. Januar 1931 der § 1 lebhaft umstritten. Zu den Anregungen, auch in Preußen, wie in einigen süddeutschen Ländern, die Handhabung der Ortspolizei ganz oder teilweise als Selbstverwaltungsangelegenheit den Gemeinden zu übertragen, wurde seitens der Regierungsvertreter geltend gemacht, daß zwingende sachliche und staatspolitische Notwendigkeiten dafür sprechen, im Sinne der Jahrhunderte alten bewährten preußischen Tradition die Polizei auch in der Ortsinstanz als eine staatliche Angelegenheit anzusehen. Aber

hinsichtlich der Frage, welche Materien als polizeiliche Angelegenheiten anzusehen seien, sei eine enge Auslegung durchaus erwünscht mit dem Ziel, daß diejenigen Angelegenheiten, die zur Zeit noch als reine Polizeisachen angesehen werden, in Wirklichkeit aber mehr den Charakter der Wohlfahrtspflege haben, „entpolizeilicht" und den Gemeinden, sei es zur Selbstverwaltung, sei es als Auftragsangelegenheit zur mehr oder minder selbständigen Erledigung übertragen würden. (S. auch Kerstiens, Die preußischen Polizeireformgesetze und der Staatsrat, RuPrVerwBl. 52 146). Der Staatsrat hat sich dieser Auffassung angeschlossen und sich zu § 1 dahin geäußert: Er stimme dem Grundsatz zu, daß die Polizei nur Angelegenheit des Staates ist. Um so mehr müsse der Staatsrat verlangen, daß baldigst eine klare Trennung zwischen Polizei- und Selbstverwaltungsaufgaben im Wege der Grundsatzgesetzgebung oder durch Einzelgesetze erfolgt. Der Staatsrat wünscht, daß dabei der Begriff „Polizei" möglichst eng gefaßt wird und alle Aufgaben, die in ihrem Kern den Charakter der Wohlfahrtsaufgaben tragen, an die Selbstverwaltung übertragen werden, vorausgesetzt, daß eine befriedigende Regelung der Lastentragung erfolgt.

Die hier angeschnittene Frage hat auch in der Ausschußberatung den Landtag lebhaft beschäftigt. Dort wurde (AusschBer. Sp. 34) der Antrag gestellt, § 1 folgende Fassung zu geben: „Die Polizei ist die Betätigung des Staates, durch die die öffentliche Sicherheit und Ordnung aufrechterhalten und die der Gesamtheit oder ihrer einzelnen Mitglieder bevorstehenden Gefahren abgewehrt werden sollen (1). Der Staat kann sich zur Ausübung der Polizei der Hilfe von Selbstverwaltungsorganen bedienen (2)". Ein weiterer Antrag wollte dem § 1 des Entw. anfügen „soweit nicht die Gesetze etwas anderes bestimmen". Die Anträge wurden jedoch abgelehnt, weil der Begriff der Polizei nicht in das Gesetz aufgenommen werden sollte; im übrigen ist auf den § 14 d. G. zu verweisen.

4. Es tauchte die Frage auf, ob der § 1 „Recht schaf-

sen oder ob er einen Grundsatz für den Gesetzgeber darstellen soll". Wenn er Recht schaffe (so meinte man im Ausschuß Sp. 16), würden mit einem Schlage die polizeilichen Befugnisse der Gemeindevorstände, z. B. auf dem Gebiete des Wohnungswesens und auf dem Gebiete des Gesetzes zur Bekämpfung der Geschlechtskrankheiten beseitigt. Dem entgegnete ein Beauftragter des Ministeriums des Innern, daß das letzterwähnte Gesetz vom Entw. nicht berührt werde, da es Reichsgesetz sei. Weil auch hinsichtlich des Wohnungsgesetzes v. 28. III. 1918 (GS. S. 23) Zweifel aufgetaucht waren, wurden diese dahin ausgeräumt, daß es im Art. 6 § 1 des Wohnungsgesetzes heißt, die Aufsicht über das Wohnungswesen sei eine Gemeindeangelegenheit. Der 2. Satz des § 1 lautet: „Sie liegt, unbeschadet der allgemeinen gesetzlichen Befugnisse der Ortspolizeibehörden dem Gemeindevorstand ob." Hier ist klar vorgeschrieben, wie weit die Ortspolizeibehörde innerhalb des Wohnungsgesetzes zuständig ist. Es wäre deshalb ein Fehler, wenn man das Wohnungsgesetz im Polizeiverwaltungsgesetz als unberührt aufgeführt hätte; denn es hat als nicht baupolizeiliche Materie mit dem zweiten Gesetz nichts zu tun. Im § 3 heißt es dann, daß der Gemeindevorstand auf diesem Gebiete auch Anordnungen treffen könne. Gegen diese Anordnungen fänden die Rechtsmittel der §§ 127 ff. LVG. entsprechende Anwendung, soweit sie sich auf Maßnahmen der Ortspolizeibehörden bezögen. (Vgl. jetzt §§ 45 ff. dG.) Zur Zeit der Entstehung des Wohnungsgesetzes habe ein Rechtsmittelschutz gegen die Anordnungen eines Gemeindevorstandes nicht bestanden. Das Wohnungsgesetz habe es nicht als seine Aufgabe angesehen, auf diesem Gebiet eine grundsätzliche Neuerung einzuführen. Die Regelung ist daher etwas unklar, jedenfalls ist hier aber keine Polizeiangelegenheit vorhanden, sondern eine reine Gemeindeangelegenheit, bei der nur die Besonderheit besteht, daß als Rechtsmittelschutz der gleiche Instanzenzug gegeben sei, wie bei den Polizeiverfügungen. Der § 1 d. G. bedürfe in dieser Beziehung keiner Ergänzung. Der Berichterstatter im Ausschuß wies darauf hin, es sei irrtümlich, daß der Begriff der „Polizei" vollkommen starr sei, während der Gesetzgeber aus dem Polizeigebiet Angelegenheiten habe herausnehmen und zu Selbstverwaltungsangelegenheiten erklären wollen. Jedenfalls beabsichtigt die preußische Regierung in Zukunft bestimmte Grenzaufgaben zwischen Polizei und Wohlfahrtspflege nicht mehr als Polizeiangelegenheiten anzusehen, die sie bisher noch seien, sondern als Selbstverwaltungsangelegenheiten. Der Satz: „Die Polizei ist Angelegenheit des Staates" kann daher unbeschadet dieser Absicht bestehen bleiben. Denn bei den der Gemeinde überwiesenen Angelegenheiten handelt es sich eben nicht um polizeiliche. Jedenfalls bedeutet der § 1 d. G. nicht, daß die Polizei ausschließlich durch staatliche Organe ausgeübt werden könne, sondern er verhindert durchaus nicht, den Kommunalbehörden Möglichkeiten zu geben, polizeiliche Befugnisse oder Funktionen auszuüben. Aber wenn eine Kommunalbehörde als polizeiliche Behörde tätig wird, so kann sie das nur kraft der Autorität des Staates, dem die Polizei immanent zustehen müsse. Daraus folgt das Recht des Staates, den Kommunalbehörden Weisungen zu erteilen, denen sie nachzukommen haben (a. a. O., 16—18). Vgl. auch StenBer. 20290 f., wo der Entschließungsantrag behandelt worden ist: „Das Staatsministerium wird ersucht, baldigst gesetzliche Maßnahmen vorzubereiten, um Aufgaben, die bisher von den Polizeibehörden vorgenommen werden, die aber ihrem Wesen nach auf dem Gebiete der Wohlfahrtspflege liegen, Organen der Gemeinden oder Gemeindeverbände zu übertragen." Die in dem Entschlußantrag enthaltene Auffassung ist die der Regierung und wurde weit über die Regierungsparteien hinaus im Landtage geteilt.

5. Vgl. auch AusfBest. v. 1. 10. 1931 zum PolVerwG. (MBliV. 924).

Zu § 1: „Wer polizeiliche Aufgaben wahrnimmt, übt damit staatliche Hoheitsrechte aus. Dieser Tatsache hat sich jeder, der polizeiliche Aufgaben wahrnimmt, stets bewußt zu sein. Die Polizeihoheit darf nicht zur Erreichung nichtpolizeilicher Ziele mißbraucht werden." Vgl. Anm. 1.

Abschnitt II.

Die Polizeibehörden.

Arten der Polizeibehörden.

§ 2.

(1) Die ordentlichen Polizeibehörden sind:

a) die Landespolizeibehörden;

b) die Kreispolizeibehörden;

c) die Ortspolizeibehörden.

(2) Sonderpolizeibehörden sind alle übrigen Polizeibehörden.

1. **Entstehung der Vorschrift.** Die Begr. Sp. 25—27 führte zu den §§ 2 und 3 aus: „Die ordentlichen Polizeibehörden sind im Gegensatz zu den in den §§ 2 II und 8 erwähnten Sonderpolizeibehörden diejenigen Behörden, denen die Wahrnehmung der allgemeinen polizeilichen Aufgaben obliegt." Somit lehne sich der Entw. in organisatorischer Hinsicht im wesentlichen an die geltende Rechtslage an. Die Stellung der Regierungspräsidenten als Landespolizeibehörde bleibe unberührt. Hinsichtlich der Kreispolizeibehörden sei insofern eine Neuerung vorgesehen, als gegebenenfalls die staatlichen Polizeibehörden als Kreispolizeibehörden gelten sollen. Diese Regelung entspringe einem dringenden praktischen Bedürfnis, da es unzweckmäßig sei, falls eine Landgemeinde in einem staatlichen Polizeiverwaltungsbezirk mit einbezogen ist, in dieser den Landrat als Kreispolizeibehörde zu belassen. Das Nebeneinanderbestehen von dem Landrat und der staatlichen Polizeibehörde führe zu Schwierigkeiten in Zuständigkeitsfragen, die für die beteiligten Behörden wie für das Publikum mit gleichen Nachteilen verknüpft sind.

Hinsichtlich der Ortspolizeibehörden in den Städten führte der Entw. insofern eine Neuerung ein, als in den Städten, soweit nicht besondere staatliche Polizeibehörden bestellt sind, stets der Bürgermeister Ortspolizeibehörde ist. Diese Regelung entspricht den geltenden Bestimmungen in den östlichen Provinzen sowie in der Rheinprovinz, in Westfalen,

Schleswig-Holstein, Hessen-Nassau und Hohenzollern (zu vgl. § 62 Nr. I 1 der StO. für die 6 östlichen Provinzen vom 30. März 1853 [GS. S. 261], § 62 Nr. I 1 der StO. für die Provinz Westfalen vom 19. März 1856 [GS. S. 237], § 57 der StO. für die Rheinprovinz vom 15. Mai 1856 [GS. S. 406], § 67 der StO. für die Provinz Hessen-Nassau vom 4. August 1897 [GS. S. 254], § 89 d. G. betr. die Verfassung und Verwaltung der Städte und Flecken in der Provinz Schleswig-Holstein vom 14. April 1869 [GS. S. 589], § 71 der Hohenzollernschen GemO. vom 2. Juli 1900 [GS. S. 189]. Eine Änderung wird dadurch eingeführt für Hannover und Neuvorpommern, wo in den Städten zurzeit der Magistrat als Ortspolizeibehörde bestellt ist (zu vgl. die §§ 71, 78 der revidierten Hannoverschen StO. vom 24. Juni 1858 [hann. GS. S. 141] sowie die Stadtrezesse der Städte in Neuvorpommern, die hinsichtlich der Verwaltung der Ortspolizei durch d. G., betr. die Verfassung der Städte Neuvorpommerns und Rügens, vom 31. Mai 1853 [GS. S. 291] keine Änderung erfahren haben). Die Beibehaltung des Magistrats als Ortspolizeibehörde in diesen Bezirken sei nicht praktisch, und zwar einmal im Interesse der Rechtsangleichung an die übrigen Provinzen, zum andern mit Rücksicht darauf, daß eine kollegiale Behörde grundsätzlich als Polizeibehörde, die schnelle Entschlüsse zu fassen hat und die Verantwortlichkeit einer bestimmten Person erfordert, wenig geeignet erscheint. Demgegenüber haben sich die Bürgermeister als Ortspolizeibehörde durchaus bewährt. Der notwendige Einfluß der Staatsregierung auf die Bestellung der Bürgermeister als Ortspolizeibehörden sei durch das Bestätigungsrecht sichergestellt.

Hinsichtlich der Ortspolizeibehörden auf dem Lande hat der Entw. eine vollständige Vereinheitlichung nicht vorsehen wollen. Die Begr. stellt fest, Ortspolizeibehörden auf dem Lande seien zurzeit in den östlichen Provinzen die Amtsvorsteher, in den Provinzen Rheinland und Westfalen die Bürgermeister der Ämter, in Hessen-Nassau die Gemeindevorsteher, die dort ebenfalls die Bezeichnung

Bürgermeister führen, in Hannover die Landräte (zu vgl. § 59 der KreisO. für die östlichen Provinzen vom 13. Dezember 1872/19. März 1881 [GS. S. 155], die §§ 4, 41, 74 der LGO. für die Provinz Westfalen vom 19. März 1856 [GS. S. 265] in Verbindung mit dem § 29 der KreisO. für die Provinz Westfalen vom 31. Juli 1886 [GS. S. 217)], die §§ 78 und 108 der LGO. für die Rheinprovinz vom 15. Mai 1856 [GS. S. 435] in Verbindung mit § 28 der KreisO. für die Rheinprovinz vom 30. Mai 1887 [GS. S. 209], § 63 I der LGO. für die Provinz Hessen-Nassau vom 4. August 1897 [GS. S. 301] in Verbindung mit § 27 der KreisO. für die Provinz Hessen-Nassau vom 7. Juni 1885 [GS. S. 193], die §§ 24, 25, 28, 29 und 30 der KreisO. für die Provinz Hannover vom 6. Mai 1884 [GS. S. 181]. Die Begr. hat ferner die ernsthafte Erwägung berichtet, abgesehen von den Provinzen Rheinland und Westfalen in Anlehnung an die in Hannover geltende Regelung allgemein den Landrat als Ortspolizeibehörde zu bestellen. Nach sehr eingehender Prüfung sei indessen von dieser Regelung Abstand genommen worden. Soweit die Amtsverfassung besteht oder zur Einführung kommt, sollten die Bürgermeister der Ämter, die ebenso wie die städtischen Bürgermeister einer Bestätigung durch die Staatsbehörde bedürfen, Ortspolizeibehörde auf dem Lande sein, im übrigen hätten sich die Amtsvorsteher im wesentlichen bewährt. Diese sind aber im G. nicht zu Ortspolizeibehörden bestellt worden, s. unten Anm. 2 § 3.

2. Landespolizeibehörde war auch bisher der Regierungspräsident (3 I). Über die teilweise Neuordnung der Kreis- und Ortspolizeibehörden (§ 3 II—V) vgl. oben Anm. 1 und Anm. 7 zu § 3. Zu beachten bleiben AusfBest. v. 1. Oktober 1931 zum PolVerwG. (MBliV. 924).

Zu § 2:

„Die Ortspolizeibehörden führen folgende Bezeichnung:

1. die auf Grund des § 6 oder des § 77 bestehenden staatlichen Polizeibehörden „Der Polizeipräsident in ..... (Der Polizeidirektor in .....)". Bei staatlichen Polizeibehörden mit Polizeiämtern führen die Polizeiämter im inneren Ver-

kehr die Bezeichnung „Der Leiter des Polizeiamts .....", im übrigen führen die Polizeiämter die Bezeichnung „Der Polizeipräsident in ..... Polizeiamt .....".

2. Die Landräte in Hannover und Helgoland und die Distriktskommissare führen die ihrem Amte entsprechende Bezeichnung.

3. Die übrigen Ortspolizeibehörden führen die Bezeichnung „Der Bürgermeister (Oberbürgermeister, 1. Bürgermeister, Bürgermeister des Amtes ....., Amtsvorsteher) als Ortspolizeibehörde". Ist gemäß den AusfBest. zu § 3 Ziff. 1 ein Ersatzpolizeiverwalter bestellt, so führt dieser die Bezeichnung „Die Ortspolizeibehörde in .....".

3. Hinsichtlich der **Zuständigkeitsabgrenzung** zwischen den Landes-, Kreis- und Ortspolizeibehörden ging der Entw. von dem Grundsatz der ortspolizeilichen Zuständigkeit aus. Die Zuständigkeit der Kreis- und Ortspolizeibehörden soll nur gegeben sein, soweit die Zuständigkeit dieser Behörden durch ein von dem MindInn. im Benehmen mit den fachlich zuständigen Ministern zu erlassende und im Interesse der Rechtssicherheit in der Gesetzsammlung zu veröffentlichende Anordnung ausdrücklich bestimmt oder durch Gesetz besonders eingeführt wird. (Vgl. jetzt § 3 V). Beseitigt sind damit die landespolizeilichen Angelegenheiten im materiellen Sinne, die nach der herrschenden Meinung gegeben sind, sofern das polizeilich zu schützende Interesse nicht in der Hauptsache ein solches des örtlichen Polizeibezirks ist. Der Entw. erkannte, da die Entscheidung dieser Frage stets zu Zweifeln Veranlassung geben könnte, nur eine Zuständigkeit der Landespolizeibehörde in formellem Sinne an. Dem MindInn. müsse es überlassen bleiben, die Angelegenheiten, bei denen das zu schützende Interesse in der Hauptsache über die Notwendigkeiten des örtlichen Polizeibezirkes hinausgeht, ausdrücklich der Zuständigkeit der Landespolizeibehörden vorzubehalten. (Begr. Sp. 27. Vgl. im übrigen Anm. 1 zu § 3.)

4. Das Gesetz unterscheidet **ordentliche** und **Sonder**polizeibehörden. Zu den ersteren zählt es die Landes-, Kreis- und Ortspolizeibehörden. Nach der bisherigen Rechtsordnung unterschied man meist Zentral-, Landes- und Ortspolizeibehörden; die erstgenannte Gruppe ist in § 2 d. G. nicht erwähnt. Anderseits sind die Kreispolizeibehörden, was bisher nicht der Fall war, als förmliche Polizeiinstanz — zwischen den Landespolizeibehörden (Regierungspräsident) und den Ortspolizeibehörden — ausdrücklich hinzugefügt. Es gibt nur noch „formelle" nicht mehr „materielle" Kreis- und Landespolizei (s. oben, vorhergehende Anm.).

5. Insoweit man unter Zentralpolizeibehörden für Preußen diejenigen bezeichnet hat und auch heute bezeichnen kann, die für das ganze Land, nicht nur für Kreise und Orte zuständig sind, fehlt es in Wirklichkeit auch nicht an Zentralpolizeibehörden oder wenigstens an Zentralbehörden, die auch die für die Polizei wesentlichen Zuständigkeiten haben. Wenn der MindInn. in § 6 I zwei Zuständigkeiten erhalten hat, nämlich in einzelnen Ortspolizeibezirken oder Teilen von diesen die Verwaltung der Ortspolizei ganz oder teilweise besonderen staatlichen Polizeibehörden zu übertragen und wenn er die sachliche Zuständigkeit der staatlichen Polizeibehörden im Benehmen mit dem sachlich zuständigen Minister regelt, so ist er tatsächlich Zentralpolizeibehörde. Dasselbe ist zu sagen hinsichtlich § 7, wonach er und die nachgeordneten Polizeiaufsichtsbehörden den Polizeibehörden Beamte der Landjägerei und in besonderen Fällen auch andere staatliche Polizeibeamte zur Unterstützung bei der Wahrnehmung polizeilicher Aufgaben zuteilen kann. Außerdem kommt in § 9 „der zuständige Minister" als Polizeiaufsichtsbehörde, und zwar als Zentralbehörde in Betracht und in § 10 der MindInn. und der „sachlich zuständige Minister" als allgemeine Dienstaufsichtsbehörde. Vgl. Anm. 1 zu § 8.

6. Als **Zentral**polizeibehörden oder als Zentralbehörden mit polizeilichen Befugnissen sind aber auch alle Behörden anzusehen, die für das ganze Reich zuständig sind. So ist der Reichspräsident als Nachfolger des Kaisers ausschließlich zuständig zum Erlasse von Polizeiverordnungen über die Verhütung der Zusammenstöße auf See (vgl. SeestraßenO. v. 5. Februar 1906, RGBl. 115 u. SeewasserstraßenO. v. 31. März

1927, RGBl. II 157). Verhalten der Schiffe nach einem Zusammenstoß und Not- und Lotsensignale auf See- und Küstengewässern (vgl. auch StGB. § 141). Die Reichsregierung erläßt VerwaltungsVOen nach Art. 77 RV., wozu sie, wenn die Ausführung der Reichsgesetze den Landesbehörden zusteht, der Zustimmung des Reichsrats bedarf. Insbesondere erließ die Reichsregierung mit Zustimmung des Reichsrats die VOen über Grundsätze und Gebühren für die Benutzung der Verkehrseinrichtungen (RV. Art. 88 III), jetzt außer Kraft gesetzt durch § 55 II des RPostFinanzG. und erläßt noch VOen. über den Bau, den Betrieb und den Verkehr der Eisenbahnen (RV. Art. 91), kann aber die Befugnisse mit Zustimmung des Reichsrats auf den zuständigen Reichsminister übertragen. — Der Reichsrat hat das PolizeiVOrecht über Eisenbahnen, die dem allgemeinen Verkehr dienen. — Die Reichsminister können auf Grund von Gesetzen polizeiliche Zuständigkeiten haben und ausüben, insbesondere der ReichsMindInn. Hierzu gehören auch die ihm unterstellten Zentralbehörden: das Reichsgesundheitsamt, Reichsstelle für das Auswanderungswesen, welche unter Einschränkung des Aufgabenkreises an die Stelle des Reichsamts für deutsche Einwanderung, Rückwanderung und Auswanderung (Reichswanderungsamt) getreten ist (VO. vom 29. März 1924, RGBl. I 395), die Reichsfilmstelle und die Filmoberprüfungsstelle. Dem Reichsverkehrsminister unterstehen die Reichsbahn und die Wasserstraßen, das Luft- und Kraftfahrwesen und die Schiffahrt, namentlich auch die Binnenschiffahrt (Erlaß des Reichspräsidenten vom 1. April 1921, RGBl. S. 841). Auch die einzelstaatlichen Minister sind als solche vielfach Zentralpolizeiinstanzen. Das gilt für den Minister für Volkswohlfahrt in bezug auf das Gesundheitswesen, von dem Minister für Handel und Gewerbe in bezug auf das Bergwesen, den größten Teil der Gewerbesätze, Maße und Gewichte und die bei Preußen noch verbleibenden Wasserläufe I. Ordnung (G. vom 15. August 1921), vom Minister für Landwirtschaft hinsichtlich der Landwirtschaft, Forsten, Jagd, Fischerei, Viehseuchen und die Wasserläufe II. und III. Ordnung. Die gerichtliche Polizei untersteht dem Justizminister, bei Hochverrat gegen das Reich dem Oberreichsanwalt. Alle übrigen polizeilichen Angelegenheiten unterstehen dem MindInn. — Ferner stand den Ministern überhaupt die Befugnis zum Erlaß von PolizeiVOen. im Rahmen des § 136 LVG. zu und in den Fällen, in denen durch ReichsG. die VOen. der Landeszentralbehörden ausdrücklich zugelassen wurden. Dagegen konnten die Minister polizeiliche VOen. in eigenem Namen nicht erlassen (vgl. jetzt § 25 dG.). Die Aufsicht über die nachgeordneten Behörden hat jeder Minister für sein Fach zu führen. Vgl. § 10 d. G., wonach die allgemeine Dienstaufsicht über die Handhabung der Polizeigewalt durch die ordentlichen Polizeibehörden sowie über deren Einrichtung und Geschäftsführung dem MindInn. im Benehmen mit dem fachlich zuständigen Minister, sowie den nachgeordneten Polizeiaufsichtsbehörden zusteht, daß dagegen die *fachliche* Aufsicht über die Polizeibehörden jeder Minister innerhalb seines Zuständigkeitsbereichs führt. — In einem anderen als dem bisher erwähnten Sinne wird zuweilen der Ausdruck „Zentralpolizeibehörden" gebraucht, nämlich in dem, daß es Zentralstellen innerhalb des Polizeiwesens gibt, die nicht bloß in einem Teil Preußens zuständig sind. In diesem Sinne wurde in dem Schrifttum von „mittleren und niederen Zentralbehörden" gesprochen. So hat *Friedrichs*, Grundzüge S. 20, angenommen, daß außer den Ministern und unter ihnen es noch andere Zentralstellen gibt, deren Zuständigkeit nicht auf einen Teil von Preußen beschränkt ist. Es ist freilich zweifelhaft, ob es nicht ein innerer Widerspruch ist, als Zentralbehörden auch mittlere und niedere zu bezeichnen. Jedenfalls kennt das vorliegende G. diese Einteilungsart nicht.

Nähere Bestimmung der Arten der Polizeibehörden. § 3.

(1) **Landespolizeibehörden sind die Regierungspräsidenten.**

(2) **Kreispolizeibehörden sind, soweit auf Grund des § 6 staatliche Polizeibehörden bestellt sind, die staat-**

lichen Polizeibehörden, im übrigen in Landkreisen die Landräte, in Stadtkreisen die Bürgermeister.

(3) Ortspolizeibehörden sind, soweit auf Grund des § 6 staatliche Polizeibehörden bestellt sind, die staatlichen Polizeibehörden, im übrigen in Stadtkreisen und in den Städten, die nach einer der geltenden Städteordnungen (Rezesse) verwaltet werden, die Bürgermeister, auf dem Lande bis zum Erlaß eines besonderen Gesetzes über die Organisation der Ortspolizeibehörden auf dem Lande die nach den geltenden Gesetzen bestehenden Polizeibehörden.

(4) In Stadtkreisen kann durch die Landespolizeibehörde an Stelle des Bürgermeisters mit Zustimmung des Gemeindevorstandes ein besonderer Beamter mit der Verwaltung der orts- und kreispolizeilichen Angelegenheiten beauftragt werden. In Städten, in denen der Bürgermeister allein den Gemeindevorstand bildet, treten an dessen Stelle der Bürgermeister und die Beigeordneten als Kollegium. Die Zustimmung kann durch den Bezirksausschuß ersetzt werden.

(5) Die Zuständigkeit der Landes- und Kreispolizeibehörden regelt der Minister des Innern im Benehmen mit dem fachlich zuständigen Minister. Anordnungen dieser Art sind in der Preußischen Gesetzsammlung zu veröffentlichen.

1. Vgl. die Anm. 1 zu § 2 oben S. 64.

2. **Zur Entstehung der Vorschrift.** Gegenüber dem Entw. ist erheblich geändert nur Abs. III Satz 1 und 2. In jenem lauteten sie folgendermaßen: „Ortspolizeibehörden sind, soweit auf Grund des § 6 staatliche Polizeibehörden bestellt sind, die staatlichen Polizeibehörden, im übrigen in den Stadtkreisen und in den Städten, die nach einer der geltenden StOen. (Rezesse) verwaltet werden, die Bürgermeister, auf dem Lande *in den Landesteilen mit Amtsverfassung die Bür-*

germeister der Ämter, in den übrigen Landesteilen die Amtsvorsteher. In Stadtkreisen kann durch die Landespolizeibehörde an Stelle des Bürgermeisters ein besonderer Beamter mit der Verwaltung der orts- und kreispolizeilichen Angelegenheiten beauftragt werden".

In der ersten Ausschußlesung wurde 1. der Antrag gestellt, die Worte „soweit auf Grund des § 6 staatliche Polizeibehörden bestellt sind, die staatlichen Polizeibehörden, im übrigen" zu streichen. Diesem Antrage ist nicht entsprochen worden. Dagegen ist der 2. Antrag erfolgreich gewesen, in Abs. III Satz 1 die oben gesperrt gedruckten Worte „in den Landesteilen" bis „Amtsvorsteher" zu ersetzen durch die Worte: „die nach den geltenden Gesetzen bestehenden (Polizei) behörden". Ferner war 3. beantragt worden, im Abs. III letzten Satz die Worte: „ein besonderer Beamter" zu ersetzen durch die Worte: „mit dessen Zustimmung ein anderes Mitglied des Magistrats oder ein Beigeordneter". 4. wurde beantragt, dem Abs. III folgenden Satz anzufügen: „Die Zustimmung des Bürgermeisters kann durch den Bezirksausschuß ergänzt werden"; endlich 5. den Abs. IV (jetzt Abs. V) zu streichen. Der letzterwähnte Antrag hatte keinen Erfolg, dagegen haben die vorerwähnten Anträge ihre Spuren in der neuen Fassung des § 3 III tatsächlich hinterlassen. Endlich wurde noch verlangt 6. in § 3 III im letzten Satz nach dem Wort „Bürgermeisters" einzuschalten „mit Zustimmung des Gemeindevorstandes". Auch dies ist in dem Ausschuß erster Lesung beschlossen worden. — Die Gedanken, um die sich diese Anträge drehten, sind etwa folgendermaßen zusammenzufassen: Der Vorschlag des Entw., außer den Bürgermeistern der Ämter in den übrigen Landesteilen (also außer Rheinland-Westfalen) die Amtsvorsteher als Polizeibehörden zu bestellen, hat lebhaften Widerspruch gefunden. Das Ergebnis war, daß man eine vorläufige Entscheidung „bis zum Erlasse eines besonderen Gesetzes über die Organisation der Ortspolizeibehörden auf dem Lande" traf. Bis zu diesem Zeitpunkt sollten dort nach den geltenden Gesetzen die bestehenden Polizeibehörden die Ortspolizeibehörden sein; dagegen in Stadtkreisen und in den Städten, die nach einer der geltenden Städteordnungen (Rezesse) verwaltet werden, die Bürgermeister, es sei denn, daß besondere staatliche Polizeibehörden gemäß § 6 d. G. bestellt werden. Diese dreifache Gliederung hat den offensichtlichen Nachteil, daß eine Rückverweisung bezüglich der Ortspolizeibehörde auf dem Lande auf das bisher geltende Gesetzesrecht hinsichtlich der bestehenden Polizeibehörden stattfindet und so jene schon erwähnte Vorläufigkeit der Regelung einen Abschluß der polizeilichen gesetzlichen Regelung ausschließt. Ferner ist der Grundsatz, der den Bürgermeister in den Städten und Stadtkreisen zur Ortspolizeibehörde beruft, im Abs. IV Satz 1 ergänzt worden. Danach kann in Stadtkreisen die Landespolizeibehörde an Stelle des Bürgermeisters mit Zustimmung des Gemeindevorstandes einen besonderen Beamten mit der Verwaltung der orts- und kreispolizeilichen Angelegenheiten beauftragen. Dort wo der Bürgermeister in der Stadt allein den Gemeindevorstand bildet (in der Hauptsache im Rheinland), treten an dessen Stelle der Bürgermeister und die Beigeordneten als Kollegium (Satz 2). Die Zustimmung des Gemeindevorstandes kann durch den Bezirksausschuß ersetzt werden (Satz 3).

3. **Vorbehalt wegen der staatlichen Polizeibehörden** im Abs. I u. II. Im Ausschuß wurde beantragt, die Worte: „soweit auf Grund des § 6 staatliche Polizeibehörden bestellt sind, die staatlichen Polizeibehörden, im übrigen" zu streichen. Der Antrag fand keine Annahme. Seine Freunde haben ihn gestellt, weil sie es nicht für zweckmäßig hielten, die im übrigen sehr engbegrenzten polizeilichen Befugnisse, die dem Landrat als Kreispolizeibehörde oblägen, ebenfalls an die staatliche Polizeibehörde abzugeben. Es sei z. B. unzweifelhaft, daß nach der JagdO. vom 15. Juni 1907 der Landrat die Jagdpolizei habe. Falls nun die Jagdpolizei nicht eine Sonderpolizeibehörde im Sinne des § 2 II sei, sondern ein Ausfluß der allgemeinen Kreispolizei des Landrats, dann würde sie ihm nach der Fassung des Entwurfs in den Kreisen abgenommen werden, in denen staatliche Polizeibehörden bestellt sind. Das würde unerwünscht erscheinen (AusschBer. Sp. 20). Ein Beauftragter des MindInn.

trug hierzu die Stellungnahme des Ministeriums des Innern vor. Die Verstaatlichung der Polizeibehörde werde in der Weise durchgeführt, daß ein staatlicher Polizeiverwalter entweder für eine einzelne Stadt, bzw. einen einzelnen Kreis oder, was die Regel sei, für einen größeren Bezirk bestellt werde. So umfasse das Polizeipräsidium Recklinghausen fünf Stadtkreise, einige Landgemeinden usw. Es würde unerwünscht sein, wenn in einem solchen größeren Bezirk, in dem die Polizei verstaatlicht sei, neben dem staatlichen Polizeiverwalter noch auf gewissen Grenzgebieten der Landrat als Polizeibehörde tätig sein würde. Das würde ein Nebeneinander- und in gewissen Fällen auch ein Gegeneinanderarbeiten zur Folge haben. Im übrigen war in § 78 des Entw. vorgesehen, daß Jagdpolizeibehörde nicht mehr der Landrat, sondern die Kreispolizeibehörde sei. Es ist dies freilich nicht in das Gesetz gekommen.

4. Vgl. VO. zur Regelung der Zuständigkeit der Landes- und Kreispolizeibehörden. Vom 1. Oktober 1931 (GS. S. 213).

Auf Grund des § 3 Abs. 5 des PolVerwG. vom 1. Juni 1931 (GS. S. 77) wird im Benehmen mit dem zuständigen Minister folgendes bestimmt:

§ 1.

Die Landespolizeibehörden (§ 3 Abs. 1 PVG.) sind zuständig:

a) für Maßnahmen zum Schutze des Meeresufers, soweit dafür die Sonderpolizeibehörden bestehen,
b) für die Genehmigung und Schließung von öffentlichen Begräbnisplätzen,
c) für die Reichsverweisung von Ausländern,
d) für Angelegenheiten der Landeskriminalpolizei (vgl. I des Runderlasses, betr. Landeskriminalpolizei, vom 20. Mai 1925 II A 1220 — MBliV. S. 569 — und Runderlaß vom 18. Dezember 1928 — II 1000/1 — MBliV. S. 1198),
e) für die Genehmigung von Entwürfen für die dem allgemeinen Gebrauch dienenden Einrichtungen zur Versorgung mit Trink- und Wirtschaftswasser oder zur Fort-

schaffung der Abfallstoffe, jedoch unbeschadet der sich aus dem preußischen Wassergesetz vom 7. April 1913 (GS. S. 53) ergebenden Zuständigkeiten,

f) für die Angelegenheiten der Chausseebaupolizei.

§ 2.

Die Kreispolizeibehörden (§ 3 Abs. 2 PVG.) sind zuständig für Angelegenheiten der Chausseepolizei in Ortspolizeibezirken mit weniger als 5000 Einwohnern.

§ 3.

Alle den vorstehenden Bestimmungen entgegenstehenden Zuständigkeitsregelungen, die die ordentlichen Polizeibehörden (§ 2 Abs. 1 PVG.) betreffen, werden aufgehoben, soweit sich nicht aus den folgenden Paragraphen etwas anderes ergibt.

Wegen der Sonderpolizeibehörden (§ 2 Abs. 2 PVG.) gilt § 8 des Polizeiverwaltungsgesetzes.

§ 4.

Unberührt bleiben die Zuständigkeitsregelungen, die durch Gesetze, Verordnungen, Ausführungsbestimmungen zu Gesetzen, Kabinettsordern oder Erlasse getroffen sind, sofern diese in den älteren preußischen Provinzen nach dem 1. Januar 1850, in den neueren preußischen Provinzen und Helgoland nach deren Vereinigung mit Preußen erlassen sind.

§ 5.

Unberührt bleiben die im § 29 der Hannoverschen Kreisordnung vom 6. Mai 1884 in Verbindung mit der Hannoverschen Verordnung über die Rechtspflege und Verwaltung im Lande Hadeln vom 1. 9. 1852 (GS. S. 33) enthaltenen Zuständigkeitsregelungen, betr. die Ortspolizei des Landrats und der Kirchspielgerichte, soweit nicht einzelne der von den Kirchspielgerichten wahrgenommenen Geschäfte allgemein den Kreispolizeibehörden übertragen sind.

§ 6.

Unberührt bleiben die im § 399 Ziffer 39 des preußischen Wassergesetzes aufrechterhaltenen Bestimmungen der Hannoverschen Verordnung über das Wasserbauwesen vom 1. 9. 1852 (GS. S. 257).

§ 7.

Unberührt bleiben die durch die §§ 4 und 14 des Gesetzes über Eisenbahnunternehmungen vom 3. 11. 1838 (GS. S. 105) und den § 7 des Gesetzes, betr. die Anlagen von Eisenbahnen in den Hohenzollernschen Landen, vom 1. 5. 1865 (GS. S. 317) getroffenen Zuständigkeitsregelungen.

In einer früheren Fassung derselben VO. des MindInn. (II D 2087 III) waren noch folgende Bestimmungen zugefügt:

§ 7.

Unberührt bleiben die in dem Runderlaß des Ministers für Volkswohlfahrt über die Schädlingsbekämpfung in Gewächshäusern unter Verwendung von Calciumcyanid vom 13. Februar 1928 — I M I 111/ 28 (VMBl. Sp. 253) und in dem Runderlaß desselben Ministers über die Schädlingsbekämpfung mit hochgiftigen Stoffen vom 8. August 1931 — I M V 1752 — (VMBl. Sp. 791/92), auf Grund der Reichsverordnung über die Schädlingsbekämpfung mit hochgiftigen Stoffen vom 29. Januar 1919 (RGBl. I S. 165) und der hierzu ergangenen Ausführungsverordnungen der Herren Reichsminister des Innern und für Ernährung und Landwirtschaft vom 22. August 1927 (RGBl. I S. 297) und vom 25. März 1931 (RGBl. I S. 83) getroffenen Zuständigkeitsregelungen.

§ 8[1]).

Unberührt bleiben die in den von den Ministern für Volkswohlfahrt und für Landwirtschaft, Domänen und Forsten erlassenen Vorschriften über Impfstoffe und Sera vom 15. Juli 1929 — I M III 831 WM., V. 6125 MfLDuF. — (VMBl. Sp. 667, LMBl. Sp. 450), getroffenen Zuständigkeitsregelungen.

§ 9.

Unberührt bleiben die durch Abschnitt II des Runderlasses, betreffend die Organisation der politischen Polizei, vom

---

[1]) In einer früheren Fassung derselben VO. des MindInn. (II D 2087 III) wurden noch die folgenden §§ 8—18 eingefügt, die ihr besonderes Interesse behalten.

12. Dezember 1928 — II 1000/1 — (MBliV. S. 1198) getroffenen Zuständigkeitsregelungen.

§ 10.

Unberührt bleiben die durch Ziffer 2 der Ausführungsvorschrift des Preußischen Ministers des Innern vom 28. September 1928 — II 1603/13 — (MBliV. S. 985) zu dem Gesetz über Schußwaffen und Munition vom 12. April 1928 — RGBl. I S. 143 — und zu der Ausführungsverordnung vom 13. Juli 1928 — RGBl. I S. 198) — getroffenen Zuständigkeitsregelungen.

§ 11.

Unberührt bleiben die durch Abschnitt II der preußischen Verordnung vom 29. März 1930 — GS. S. 47 — und der preußischen Verordnung vom 5. April 1931 — GS. S. 53 — zur Ausführung des Reichsgesetzes zum Schutze der Republik vom 25. März 1930 — RGBl. I S. 91 — getroffenen Zuständigkeitsregelungen.

§ 12.

Unberührt bleiben die zur Ausführung der Verordnung des Reichspräsidenten zur Bekämpfung politischer Ausschreitungen vom 28. März 1931 (RGBl. I S. 79), 17. Juli 1931 (RGBl. I S. 371) und 10. August 1931 (RGBl. I S. 435) durch den Abschnitt I und II der preußischen Verordnung vom 30. März 1931 (GS. S. 45), durch Ziffer 2 des Runderlasses des Preußischen Ministers des Innern vom 1. April 1931 — II 1121 — (MBliV. S. 349), durch Abs. 2 des Runderlasses des Preußischen Ministers des Innern vom 17. April 1931 — II 1121 — (MBliV. S. 413), durch die preußische Verordnung vom 24. April 1931 (GS. S. 63), durch Abschnitt II der preußischen Verordnung vom 18. Juli 1931 (GS. S. 133) und durch den Runderlaß des Preußischen Ministers des Innern vom 31. Juli 1931 — II 1121 — (MBliV. S. 770) getroffenen Zuständigkeitsregelungen.

§ 13.

Unberührt bleibt die durch Ziffer 1 der Verordnung vom 19. Mai 1931 (MBliV. S. 545) zur Ausführung des Reichsgesetzes gegen Waffenmißbrauch vom 28. März 1931 (RGBl. I S. 77) getroffene Zuständigkeitsregelung.

§ 14.

Unberührt bleiben die durch die §§ 4 und 14 des Gesetzes über Eisenbahnunternehmungen vom 3. November 1838 — GS. S. 105 — und den § 7 des Gesetzes, betreffend die Anlagen von Eisenbahnen in den Hohenzollernschen Landen, vom 1. Mai 1865 — GS. S. 317 — getroffenen Zuständigkeitsregelungen.

§ 15.

Unberührt bleiben die durch Ziffer 2 bis 6 der Ausführungsanweisung zur Gewerbeordnung für das Deutsche Reich vom 1. Mai 1904 (HMBl. S. 123) in der Fassung der Erlasse vom 12. Juni und 28. Dezember 1908 (HMBl. S. 240, 1919 S. 9), vom 20. Mai, 29. Oktober und 25. November 1909 (HMBl. S. 273, 492, 506), vom 17. April, 24. Mai 1910 (HMBl. S. 151, 263), vom 22. April 1911 (HMBl. S. 132), vom 20. März und 26. August 1912 (HMBl. S. 92, 467), vom 13. Dezember 1913 (HMBl. S. 635), vom 7. Januar, vom 24. März und 16. Juli 1914 (HMBl. S. 10, 142, 438), vom 22. Februar, 11. November 1919 (HMBl. S. 59, 332), vom 10. September 1920 (HMBl. S. 284), vom 15. Februar und 5. Juli 1922 (HMBl. S. 35, 156), vom 28. Juni 1924 (HMBl. S. 228), vom 13. Februar 1926 (HMBl. S. 48), vom 5. November 1927 (HMBl. S. 421), vom 24. Juli 1929 (HMBl. S. 216) und vom 7. Januar 1930 (HMBl. S. 3) getroffenen Zuständigkeitsabgrenzungen.

Unberührt bleibt Abschnitt I der Verordnung zur Durchführung des Gaststättengesetzes vom 28. April 1930, vom 18. Juni 1930 (GS. S. 117).

§ 16.

Unberührt bleibt die durch den Runderlaß des Ministers für Handel und Gewerbe und des Ministers des Innern vom 26. November 1926 — V 13 942 und II M 35 Nr. 119 II — betreffend Änderung der Zuständigkeit bei der Zulassung von Kraftfahrzeugen und ihrer Führer getroffene Zuständigkeitsregelung.

§ 17.

Unberührt bleibt die durch die Anweisung des Ministers für Handel und Gewerbe und des Ministers des Innern vom 30. Oktober 1930 — Va 10 731 Kn und II M 51 Nr. 77/30 zur Ausführung der Verordnung über Luftverkehr getroffene Zuständigkeitsregelung.

§ 18.

Unberührt bleibt die durch den Runderlaß des Ministers des Innern, des Ministers für Landwirtschaft, Domänen und Forsten und des Ministers für Handel und Gewerbe vom 9. Januar 1931 — II M 31 Nr. 157/30, I 9248 und Va 15 913, betreffend Zuständigkeitsbestimmungen auf Grund des § 45 der Verordnung über Kraftfahrzeugverkehr, vom 15. Juli 1930 (RGBl. I S. 276, 420, 505) getroffene Zuständigkeitsregelung.

Durch die Aufrechterhaltung früherer Vorschriften gemäß § 4 VO. ergibt sich ferner eine Zuständigkeit der Landespolizeibehörden.

a) zur Genehmigung von Anlagen zur Feuerbestattung (G. v. 14. September 1911, GS. S. 193);

b) zum Erlaß von Polizeiverordnungen nach § 1 d. G. v. 4. August 1922, GS. S. 225, auf dem Gebiete des Kör- und Pferderennwesens sowie nach den Gesetzen v. 2. Juni 1902 und 15. Juni 1907, GS. S. 159 und 260, auf dem Gebiete des Schutzes landschaftlich hervorragender Gegenden;

c) zur äußeren Heilighaltung der Sonn- und Feiertage, jedoch nur in den neuen preuß. Provinzen einschl. Hohenzollern auf Grund d. G. v. 9. Mai 1892 (GS. S. 107); die gleiche Zuständigkeit der LandesPolBehörden für die älteren preuß. Provinzen, die bisher auf der KabO. v. 7. Februar 1837, GS. S. 119, beruhte, ist durch §§ 3, 4 der VO. beseitigt.

Durch den Vorbehalt im § 3 II der VO. ist die Zuständigkeit hinsichtlich der sonderpolizeilichen Aufgaben aufrechterhalten; hier kommen in Betracht:

d) Aufgaben auf dem Gebiete der Schiffahrts-, Hafen-, Wasser- und Deichpolizei (§§ 348 ff., § 306 WasserG.) und der Fischereipolizei (§ 124 FischG.).

Endlich bleibt die auf Reichsrecht beruhende Zuständigkeit bestehen

e) bei der Durchführung der Polizeiaufsicht (§§ 38, 39 StGB.);

f) bei der Reichsverweisung von Ausländern auf Grund rechtskräftiger Strafurteile (z. B. § 285a II, § 362 IV StGB.);

g) bei der Überweisung an die Landespolizeibehörde (§ 181a III, § 285a I, § 362 III StGB.);

h) bez. der Befugnis zum Erlaß von PolVOen. auf Grund der Bek. v. 5. Februar 1917, RGBl. S. 143 (Kollektenwesen).

Den Kreispolizeibehörden sind durch § 2 der VO. zugewiesen die Angelegenheiten der Chausseepolizei in Ortspolizeibezirken mit weniger als 5000 Einwohnern; im übrigen ist die Ortspolizeibehörde zuständig. Die bisher bestehende, auf § 10 des Regulativs v. 7. Juni 1844 (GS. S. 167) beruhende Regelung hatte dem Landrat die Chausseepolizei auf dem Lande zugewiesen (Näheres Anm. I 1b zu § 59). Es hat der Landrat eine Zuständigkeit auf dem Gebiete der Veterinär- und Gesundheitspolizei; § 1 AusfG. v. 25. Juli 1911 (GS. S. 149) zum ViehseuchenG. v. 26. Juni 1909 (RGBl. S. 519), § 12 d. G., betr. Bekämpfung übertragbarer Krankheiten, v. 28. August 1905, 23. Juni 1924, 25. Mai 1926 (GS. S. 373, 343, 165, teilw. Neufassung GS. 1927 S. 41).

Ortspolizeibehörde ist beim Fehlen einer besonderen staatlichen Polizeibehörde

a) in Stadtkreisen und in den Städten, die nach einer der geltenden Städteordnungen (Rezesse) verwaltet werden, der Bürgermeister. Die neue Regelung bedeutet eine Änderung für die Provinz Hannover, in der bisher der Magistrat Ortspolizeibehörde war (§§ 71, 78 der revidierten Hannov. StädteO. vom 24. Juni 1858, Hannov. GS. S. 141), und für die Städte in Neuvorpommern und Rügen, nach deren Stadtrezessen gleichfalls dem Magistrat die Ortspolizei zustand. Für die anderen Teile des Landes ergab sich bisher die Zuständigkeit des Bürgermeisters aus § 62 Abs. 1 Nr. I 1 der OstlStO., § 62 I Nr. I 1 der WestfStO., § 57 I

Nr. I 1 der RheinStO., § 67 I Nr. I 1 der HessNassStO., einschließlich Waldeck, § 89 der SchleswHolstStO., § 71 I Nr. I 1 der HohenzGemO.;

b) auf dem Lande vorläufig die nach den geltenden Gesetzen bestehenden PolBehörden.

1. Die Stadt Berlin gehört nicht zum Kommunalverband der Provinz Brandenburg (§ 2 der ProvOrdn. v. 29. Juni 1875, GS. S. 335) und ist auch hinsichtlich der allgemeinen Landesverwaltung aus der Provinz Brandenburg ausgeschieden (§ 1 LVG.). Die Stadtgemeinde Berlin wurde durch das G. v. 27. April 1920 (GS. S. 123) aus 5 Stadtgemeinden, 59 Landgemeinden und 27 Gutsbezirken neu gebildet. Sie hat den Oberpräsidenten als „Oberpräsidenten von Berlin" gemeinsam mit der Provinz Brandenburg, der RegPräs. fehlt, die ihm und der Regierung zustehenden Befugnisse sind auf andere Behörden übertragen (vgl. §§ 41 ff. LVG. und von Brauchitsch Bd. 1 S. 35 ff.). Diesen besonderen Verhältnissen entsprechend wird der PolPräs. in Berlin, der schon bisher Orts- und Landespolizeibehörde für Berlin war, als Orts-, Kreis- und Landespolizeibehörde bestimmt.

2. Aufrechterhalten und zulässig bleibt die Übertragung einzelner Zweige der Pol. an den Oberbürgermeister. Möglich ist es hiernach, daß dem ObBürgMstr. auch landes- und kreispolizeiliche Zuständigkeit übertragen wird. Praktisch ist der Fall bisher nicht. Dem ObBürgMstr. ist zur Zeit übertragen die Baupolizei, Straßenbaupolizei und Schulpolizei.

3. Soweit dem ObBürgMstr. polizeiliche Zuständigkeiten übertragen sind, wird man § 3 IV für anwendbar halten müssen; der Gedanke, der jener Vorschrift zugrunde liegt, gilt auch für Berlin. Die Beauftragung des besonderen Beamten müßte durch den PolPräs. erfolgen, da dieser Landespolizeibehörde für Berlin ist. § 3 V gilt gleichfalls unbedenklich für Berlin, ferner entspricht es dem Sinne des G., § 6 II entsprechend anzuwenden.

Zur Zeit sind Ortspolizeibehörden auf dem Lande:

die Amtsvorsteher in den Provinzen Ostpreußen, Brandenburg, Pommern, Niederschlesien, Oberschlesien,

Sachsen, in den ehemals zur Provinz Westpreußen gehörigen Teilen der Grenzmark und in der Provinz Schleswig-Holstein mit Ausnahme von Helgoland (§ 59 KrO. östl. Prov., § 51 KrO. Schleswig-Holstein);

die Bürgermeister der Ämter in den Provinzen Westfalen und Rheinland (§§ 4, 41, 74 LGO. Westfalen mit § 29 II KrO. Westfalen; §§ 76, 108 GO. Rheinprovinz, § 28 KrO. Rheinprovinz);

die Landräte in der Provinz Hannover und der Landrat auf Helgoland (§§ 24, 25, 28 bis 30 KrO. Hannover, § 2 II des G. über die Verwaltung von Helgoland vom 21. Juli 1922, GS. S. 169);

die Distriktskommissare in den ehemals zur Provinz Posen gehörigen Teilen der Grenzmark (KabO. vom 10. Dezember 1836, von Kamptz 20 S. 943, § 4 I des PolVerwG. vom 11. März 1850, § 3 Satz 2 des G. über die Neuordnung der kommunalen Verfassung und Verwaltung in der Ostmark vom 21. Juli 1922, GS. S. 171);

die Bürgermeister der Landgemeinden in der Provinz Hessen-Nassau einschl. Waldeck (§ 63 I Nr. 1 LGO. Hessen-Nassau mit § 27 KrO. Hessen-Nassau; B I 11 der VO. vom 15. März 1929, GS. S. 11; ausnahmsweise der Landrat; § 28 KrO., § 63 LGO.; RuPrVBl. 49, 313) und in Hohenzollern (§ 71 I Nr. I 1 d. HohenzLGO. vom 2. Juli 1900, GS. S. 189).

4a. Der Sinn der Bestimmung des Abs. IV. Im einzelnen ist folgendes zu beachten:

a) Vorgesehen ist ein „besonderer Beamter", worin liegt, daß es ein Beamter sein muß, d. h. ein Angestellter würde nicht genügen. Der Entw., der dem Staatsrat zugegangen war, hatte die Ersetzung des Bürgermeisters durch einen städtischen Beamten vorgesehen. Der Staatsrat hat die Streichung des Wortes „städtischer" beschlossen. Bei der Vorlage an den Landtag ist die Staatsregierung dem Beschluß des Staatsrats beigetreten. Im Ausschuß wurde beantragt, statt „ein besonderer Beamter" zu setzen: (Bürgermeister) „mit dessen Zustimmung ein anderes Mitglied des Magistrats oder ein Beigeordneter". Man wollte an der Praxis des Kommunallebens, daß die Bürgermeister der Städte gleichzeitig die ortspolizeilichen Funktionen haben, nicht rütteln. Einige Mitglieder des Staatsrats wollten diese Befugnis der LandesPolBehörde nur „auf Antrag und mit Zustimmung des Gemeindevorstandes" zugestehen, während andere der Auffassung waren, die für die LandesPolBehörde vorgesehene Befugnis ginge nicht weit genug; es müsse ihr vielmehr die Möglichkeit eröffnet werden, nicht nur einen besonderen „städtischen" Beamten an Stelle des Bürgermeisters zum PolVerwalter bestellen zu können, sondern auch erforderlichenfalls einen besonderen staatlichen Beamten. Ein Austrag der Meinungen fand erst im Plenum statt mit dem Ergebnis, daß sich für die letztere Auffassung eine Mehrheit fand. Die Staatsregierung hat sich in der Gesetzesvorlage an den Landtag dieser Auffassung angeschlossen. Kerstiens, RuPrVerwBl. 52 147 sagt, da der Landtag zustimmt, so sei damit der „Kommissar" für das Gebiet der OrtsPol. in Stadtkreisen legalisiert. Und wenn er in diesem Zusammenhange auf die hinsichtlich des „Kommissars" z. Zt. bestehenden Meinungsverschiedenheiten und auf meine Ausführungen im RuPrVerwBl. 52 101 ff. verweist, so ist dabei die Möglichkeit eines Mißverständnisses gegeben. Denn in meinen Ausführungen handelt es sich nur um den Staatskommissar auf dem Gebiete der kommunalen Selbstverwaltung, während hier die staatliche PolVerwaltung in Rede steht; b) der „besondere Beamte" soll an Stelle des Bürgermeisters beauftragt werden, dieser demnach ausscheiden; c) die Entscheidung hat die Landespolizeibehörde. Sie hat das Recht, den Auftrag an den besonderen Beamten zu erteilen. Der Gemeindevorstand muß die Zustimmung geben; sie kann durch den Bezirksausschuß ersetzt werden. Wer Gemeindevorstand ist, richtet sich nach dem geltenden Kommunalrecht; d) eine Zustimmung des Bürgermeisters selbst zum Auftrag ist nicht vorgesehen, demnach auch nicht erforderlich. Der Antrag, daß die Beauftragung eines anderen Beamten mit Zustimmung des Bürgermeisters erfolgen soll, ist nicht in das Gesetz gekommen. Nach diesem kann an Stelle des Bürgermeisters auch ein nichtkommunaler Beamter mit den polizeilichen Angelegenheiten beauftragt werden. Mit Rücksicht hierauf war im Ausschuß beantragt, daß die Polizeiverwaltung, wenn nicht schon dem Bürgermeister, so wenigstens einem Mitglied des Magistrats bzw. einem Beigeordneten übertragen werde. Man gab zu, daß die gegenwärtige Rechtslage für den Bürgermeister außerordentlich günstig sei; nur vom Bürgermeister konnte nach bisherigem Recht die Initiative zur Übertragung der Ortspolizei auf ein anderes Magistratsmitglied ausgehen. Anderseits erschien die vorgesehene Regelung, daß dem Bürgermeister als eine Art Strafmaßnahme die Verwaltung der Polizei von der Regierung entzogen werden kann, als sehr bedenklich. Einen gerechten Ausgleich zwischen den Erfordernissen der Staatsautorität und den Rechten der Selbstverwaltungsorgane hat der erwähnte Antrag darin gesehen, daß eine Zustimmung des Bürgermeisters zur Beauftragung eines anderen Mitglieds des Magistrats oder eines Beigeordneten gewünscht wurde. Der Antrag hatte keinen Erfolg. Ein Beauftragter des MindInn. (AusschBer. Sp. 21) betonte die Absicht, in den AusfBest. entsprechend der geltenden Rechtslage zum Ausdruck zu bringen, daß die Landespolizeibehörde von der Befugnis, einen anderen Beamten zu beauftragen, in der überwiegenden Mehrzahl der Fälle nur auf Antrag des betreffenden Gemeindevorstandes Gebrauch machen *solle*. Dementsprechend bestimmen die *AusfBest. vom 1. Oktober 1931 zum PolVerwG.* (MBliV. 924 f.) zu § 3 folgendes:

1. Gemäß § 3 Abs. 4 ist ein Polizeiverwalter in der Regel nur zu bestellen, wenn ein Bürgermeister aus triftigen Gründen einen dahingehenden Antrag stellt. In diesem Fall ist als Polizeiverwalter, sofern geeignete Beamte bei der Stadt vorhanden sind, einer dieser Beamten zu bestellen, wobei dem Vorschlage des Oberbürgermeisters nach Möglichkeit zu entsprechen ist. Ist ein geeigneter Beamter bei der Stadt nicht vorhanden, so kann, falls der Bürgermeister behindert ist, die Geschäfte als Ortspolizeiverwalter wahrzunehmen, auf seinen Antrag ein geeigneter Staatsbeamter als Ortspolizeiverwalter

bestellt werden, vorausgesetzt, daß die dadurch entstehenden Kosten von der Stadt übernommen werden.

Von Amts wegen soll ein Polizeiverwalter gemäß § 3 Abs. 4 nur bestellt werden, wenn eine solche Maßnahme durch Staatsnotwendigkeiten gefordert wird. In derartigen Fällen ist zunächst dem MindInn. zu berichten.

Abs. 1 und 2 gelten entsprechend für die Ersetzung des zunächst bestellten Polizeiverwalters, sowie für die Bestellung eines Stellvertreters für den Ortspolizeiverwalter.

2. Die Zuständigkeit der Landes- und Kreispolizeibehörden ist durch die VO. über die Zuständigkeit der Landes- und Kreispolizeibehörden vom 1. Oktober 1931 (GS. S. 213) geregelt. (s. oben S. 74 ff.). Alle polizeilichen Aufgaben, die nicht ausdrücklich den Landes- oder Kreispolizeibehörden übertragen sind, sind, soweit sie nicht zu der Zuständigkeit von Sonderpolizeibehörden (§ 8 PolVerwG.) gehören, ortspolizeiliche Angelegenheiten.

Die durch die angeführte VO. getroffene Zuständigkeitsregelung berührt nicht das Recht zum Erlaß von Polizeiverordnungen (§§ 25 ff.), die aus der Polizeiaufsicht sich ergebenden Befugnisse (§§ 10 ff. PolVerwG.) und die Zuständigkeit zur Erteilung von Baudispensen (§ 145 des ZuständigkeitsG.).

Eine gesetzliche Notwendigkeit besteht nicht, daß der Antrag von dem Gemeindevorstand ausgeht. Wohl bedarf es seiner Zustimmung. Daneben kann aber, wie der Beauftragte des Ministers im Ausschuß ausführte, in einigen wenigen Fällen die Lage so sein, daß aus zwingenden staatspolitischen Gründen Bedenken dagegen bestehen, den Bürgermeister eines Stadtkreises als Ortspolizeiverwalter zu belassen. In diesen wenigen Fällen müsse die Möglichkeit vorhanden sein, auch gegen den Willen des Bürgermeisters einen staatlichen oder auch städtischen Beamten als Ortspolizeiverwalter zu bestellen. Die Anwendung der Bestimmung über die Beauftragung eines besonderen Beamten soll immer ein seltener Ausnahmefall sein. (Berichterstatter im Ausschuß Sp. 22). Im Gesetz selbst ist freilich diese Auffassung nicht zum Ausdruck gekommen. e) (Siehe d auf S. 83.) Die Beauftragung eines besonderen Beamten kann geschehen mit der

Verwaltung der orts- und kreispolizeilichen Angelegenheiten. Was das erstere betrifft, so bezieht sich das auf den Grundsatz des § 3 III, wonach Ortspolizeibehörden, wenn nicht auf Grund des § 6 staatliche Polizeibehörden bestellt sind, in Stadtkreisen und in Städten, die nach einer der geltenden StOen. (Rezesse) verwaltet werden, die Bürgermeister sind. Das zweite bezieht sich nach Abs. 4 darauf, daß Kreispolizeibehörden, soweit auf Grund des § 6 staatliche Polizeibehörden bestellt sind, diese, im übrigen in Landkreisen die Landräte, in Stadtkreisen die Bürgermeister sind.

5. Der Ausdruck **„Rezesse"** entspricht einer Forderung des Staatsrats. Er bezieht sich nur auf Neuvorpommern und hat lediglich formale Bedeutung.

6. **Zum Abs.** V. Ein Antrag im Ausschuß verlangte die Streichung. Da die Ortspolizeikosten die Gemeinden, die Kosten der Kreis- und Landespolizei dem Staat oblägen, habe der Staat ein Interesse daran, aus finanziellen Gründen möglichst viele Aufgaben auf die Ortspolizei abzuschieben. Bisher sei darüber, was zur Ortspolizei und was zur Kreis- oder Landespolizei gehöre, durch den objektiven Richter im Verwaltungsstreitverfahren entschieden worden. Nunmehr soll die Regierung die Zuständigkeit der Landes- und Kreispolizeibehörden regeln, so daß sie freie Hand habe, wie viele Aufgaben sie auf die Ortspolizei abschieben wolle. Dem hielt ein Beauftragter des MindInn. entgegen, der Zweck des Abs. V sei, Meinungsverschiedenheiten, die sonst nur im Verwaltungsstreitverfahren entschieden werden könnten, zu vermeiden und von vornherein klare Zuständigkeitsregelungen zu ermöglichen. Sonst bestehe die Gefahr, daß an Zuständigkeitsbedenken dringende polizeiliche Maßnahmen scheiterten.

In der zweiten Ausschußlesung ist vorgeschlagen worden, den Abs. V im ersten Satz folgendermaßen zu fassen: „Die Abgrenzung der Zuständigkeit zwischen den Landes- und Kreispolizeibehörden regelt der MindInn. im Benehmen mit dem fachlich zuständigen Minister." Ein anderer Antrag wollte eine gesetzliche Regelung. Bedenken wurden im Ausschuß dagegen erhoben, daß der Minister die Möglichkeit habe, mit einem Federstrich die ganze ortspolizeiliche Verwaltung in kleinen

Städten und Gemeinden zu beseitigen. Wenn er alles das, was bisher zur Ortspolizei gehört habe, der Kreispolizei übertragen kann, so habe nur noch der Landrat zu bestimmen, der sich dann des betreffenden Gemeindevorstehers lediglich als eines Organes bediene. Ein Beauftragter des MindJnn. hob zunächst hervor, daß die Annahme des Antrags, gegen Verfügungen der Landespolizeibehörde solle der Beschwerdeweg an den Oberpräsidenten und weiter die Klage an das OVG. gegeben sein, bringe für die Regierung die Notwendigkeit mit sich, die Zahl der landespolizeilichen Zuständigkeiten noch mehr zu beschränken als ursprünglich beabsichtigt. Sodann erklärte er, als landespolizeiliche Angelegenheiten seien vorläufig zur Zeit in Aussicht genommen die Landeskriminalpolizei, die Verbrechen und Vergehen aufklären solle, deren Bedeutung über einen Ortspolizeibezirk hinausgeht, weiter die Abwehr der Gefahren, die durch Luftangriffe drohten, ferner der Schutz der Meeresküsten, soweit dafür nicht Sonderpolizeibehörden beständen, wie z. B. an der Ostseeküste hinsichtlich des Oberpräsidenten von Stettin und Königsberg. Als Kreispolizei sei zur Zeit nur in Aussicht genommen die Chaussee- und Chausseebaupolizei. Ferner schwebten Erwägungen, in den Landgemeinden auch die Baupolizei zur Kreispolizei zu erklären. Hierbei sei der Wohlfahrtsminister wesentlich beteiligt. Es handelt sich dabei um eine rein technische Frage. Jedenfalls bedeutet die Regelung, die die Regierung anstrebt, für die Gemeinden eine finanzielle Entlastung. Alle übrigen Aufgaben sollten nach den bisherigen Absichten der Ortspolizei verbleiben. Theoretisch habe der Antragsteller vielleicht Recht, praktisch aber sicher nicht; denn von wesentlicher Bedeutung sei doch die Kostenfrage, die ein dauerndes Sicherheitsventil gegen etwa zu weit gehende Bestrebungen, polizeiliche Zuständigkeiten der Ortspolizei zu entziehen, bleiben würde. Es darf nicht die Frage offen bleiben, was bei Streit- und Grenzfragen, die der Entw. habe beseitigen wollen, zur ortspolizeilichen Zuständigkeit gehöre und was nicht. Im übrigen wurde zugesagt, daß bei der Abgrenzung von orts- und kreispolizeilichen Angelegenheiten die Kommunalspitzenverbände wie bisher gehört werden sollen. Ein anderer Beauftragter des MindInn. hob kritischen Bemerkungen gegenüber hervor, daß im Augenblick nicht eine Generalrevision der ortspolizeilichen Befugnisse dahin vorgenommen werden soll, was an die Kreise abgegeben werden kann, sondern es werde im Einzelfalle, z. B. in der Frage der Baupolizei geprüft, ob es richtiger sei, die Baupolizei dem Kreise zu übertragen oder den Ortspolizeibehörden zu belassen. Der Berichterstatter des Ausschusses betonte, daß der Entw. die Angelegenheit im Sinne der ortspolizeilichen Zuständigkeit günstiger regele, als sie bisher geregelt gewesen sei, und zwar insofern, als er sie für gegeben voraussetze und es dem besonderen Ermessen des Ministers überlasse, wie weit er landes- und kreispolizeiliche Befugnisse von ihr abtrennen wolle (AusschBer. Sp. 96—98).

In der zweiten Beratung des Landtags (StenBer. 20388/91) machte der Abg. von Eynern kritische Bemerkungen zu dem jetzigen Abs. V § 3. Dieser schließe die Befugnis des MindInn. ein, abzugrenzen und zu bestimmen, was Ortspolizeisache, Kreispolizeisache und Landespolizeisache sein soll. Damit bekomme er eine Machtbefugnis, die er heute nicht habe. Denn heute werde aus der Natur der Sache nach dem Rechtsgrundsatz, daß die Ortspolizei diejenigen Rechtsgüter zu wahren hat, die in der örtlichen Gemeinschaft gefährdet werden können, und daß die Landespolizei die Rechtsgüter dann zu wahren hat, wenn die Interessen über das Ortspolizeiliche hinausgehen, von den Gerichten erkannt, ob es sich um eine orts- oder landespolizeiliche Sache handelt. Die Frage habe zwei Seiten, einerseits eine stark finanzielle, anderseits eine machtpolitische. Die ortspolizeilichen Kosten werden von den Gemeinden getragen, die landespolizeilichen vom Staat. Es kann also auf den Gebieten, auf denen voraussichtlich große Unkosten entstehen, der Staat sich aus fiskalischen Gründen dahin entscheiden, daß er die Dinge als ortspolizeiliche bezeichnet und keine Kosten zu tragen hat. Wo es sich dagegen um eine machtpolitische Rolle handelt, könnte der Minister erklären, daß man keine selbständig entscheidende Ortspolizei haben wolle, sondern daß die Landespolizei, der

Regierungspräsident, von sich aus jene Entscheidung trifft. Dann wird eine solche Sache zur Landespolizeisache gestempelt, obwohl sie ihrem Interessenkreis nach lediglich in den Ortsbereich gehört. Dem antwortete Ministerialdirektor Dr. Klausener, Beauftragter des MindInn.: § 3 Abs. V wolle größere Klarheit schaffen. Bisher sei die Abgrenzung zwischen orts-, kreis- und landespolizeilichen Angelegenheiten durch die Rechtsprechung erfolgt. Auf Grund des Gesetzes soll die Abgrenzung jetzt kasuistisch erfolgen. Ausgegangen werden soll auch in Zukunft von der ortspolizeilichen Zuständigkeit. Entsprechend den allgemeinen Grundsätzen, die bei der Preußischen Polizei in Übung sind, werde man alles nach Möglichkeit dekonzentrieren und nur diejenigen Dinge, die sich für die Kreis- und Landespolizei eignen, den Kreis- und Landespolizeibehörden übertragen.

7. **Wie** die Zuständigkeit der Landes- und Kreispolizeibehörden abzugrenzen sei, bestimmt der Abs. V nicht. Er sagt bloß, daß der MindInn. im Benehmen mit dem sachlich zuständigen Minister zur Regelung der Zuständigkeit befugt ist. Im Ausschuß (Ber. Sp. 19) hat ein Beauftragter des MindInn. erklärt, man beabsichtige die Zuständigkeit der einzelnen Polizeibehörden in der Weise abzugrenzen, daß genau wie bisher von dem Grundsatz der Zuständigkeit der Ortspolizei ausgegangen werde. Die Abgrenzung der kreis- und landespolizeilichen Aufgaben solle dagegen nicht auf vage Begriffe wie „größeres Interesse" usw. abgestellt sein, sondern es sollte kasuistisch geregelt werden, was der Landespolizei und was der Kreispolizei zustehe, wobei der Nachdruck auf die Kreispolizei gelegt und nur in Ausnahmefällen eine Aufgabe der Landespolizei zugewiesen werden solle. Die Trennung zwischen Kreis- und Ortspolizei solle in der Weise erfolgen, daß nur die Aufgaben, denen eine überörtliche Bedeutung zukommt, der Kreispolizei übertragen werden sollen. Dies stimmt mit der Erklärung des Ministerialdirektors Dr. Klausener (s. oben Anm. 6) überein. Die Veröffentlichung der Anordnungen der Minister muß in der preußischen Gesetzsammlung erfolgen.

PolPräs. von Berlin. **§ 4.**

Der Polizeipräsident von Berlin vereinigt in sich die Zuständigkeit der Landes-, Kreis- und Ortspolizeibehörden, soweit nicht die Verwaltung einzelner Zweige der Polizei dem Oberbürgermeister in Berlin übertragen ist oder durch den Minister des Innern im Benehmen mit dem sachlich zuständigen Minister übertragen wird.

1. Im Entwurf lautete die Bestimmung so wie im Gesetz. Nach der Begr. (Sp. 27) entspricht die besondere Regelung der polizeilichen Befugnisse des Polizeipräsidenten in Berlin den besonderen Verhältnissen der Stadt Berlin. Daneben bleibt die Zuständigkeit des Oberbürgermeisters der Stadt Berlin als Polizeibehörde bestehen, soweit die Verwaltung der Polizei diesem übertragen ist oder wird.

2. Im Ausschuß (Ber. Sp. 15) wurde bedauert, daß der Entw. zwischen der Eigenschaft des Polizeipräsidenten von Berlin als Landespolizeibehörde und als Ortspolizeibehörde nicht unterscheide. Dadurch entstehe der merkwürdige Zustand, daß der Magistrat von Berlin gegenüber dem Polizeipräsidenten Berlins ein geringeres Recht habe, als die Magistrate anderer Städte gegenüber ihren Polizeipräsidenten. Der Polizeipräsident von Berlin brauche den Magistrat nur zu hören, Polizeipräsidenten anderer Städte seien an die Zustimmung gebunden. Aus diesem Grunde wurde vorgeschlagen, in den § 26 einzufügen, daß sich der Abs. II nur auf die Eigenschaft des Polizeipräsidenten von Berlin als Landespolizeibehörde beziehe. Vgl. jetzt § 26 II.

Gemeindevorsteher als Ortspolizei. **§ 5.**

(1) In Landgemeinden, sofern in diesen nicht gemäß § 6 eine besondere staatliche Polizeibehörde bestellt ist, hat der Gemeindevorsteher als Organ der Ortspolizeibehörde

a) die ihm von dem Ortspolizeiverwalter besonders übertragenen polizeilichen Einzelaufgaben auszuführen,
b) sofern ein sofortiges polizeiliches Einschreiten notwendig ist, das Erforderliche vorläufig anzuordnen und auszuführen,
c) gemäß § 15*) dieses Gesetzes Personen vorläufig in polizeiliche Verwahrung zu nehmen,
d) die unter Polizeiaufsicht stehenden Personen zu beaufsichtigen,
e) die polizeilich vorgeschriebenen Meldungen entgegenzunehmen.

(2) **Auf Vorschlag der Kreispolizeibehörde kann der Gemeindevorsteher auch zum Hilfsbeamten der Staatsanwaltschaft bestellt werden.**

1. Diese Bestimmung ist vom Entw. an unverändert geblieben.

2. Nach der Begr. (Sp. 27) lehnt sich die Bestimmung des § 5 an die in den Landgemeinden der östl. Provinzen zurzeit geltende Regelung an (vgl. § 91 östl. LGO. v. 3. Juli 1893, GS. S. 233). Mit Rücksicht auf die räumliche Ausdehnung der Landgemeinden erscheint es zweckmäßig, die Verwaltung der Ortspolizei auf dem Lande hinsichtlich der im § 5 des Entw. genannten Gebiete zu dekonzentrieren. Machen die Gemeindevorsteher von den dort vorgesehenen Befugnissen Gebrauch, so handeln sie als Organe, d. h. als Beauftragte der Ortspolizeibehörde in gleicher Weise wie die Polizeivollzugsbeamten. Gegen ihre Maßnahmen sind daher die gleichen Rechtsmittel gegeben wie gegen die Maßnahmen der Ortspolizeibehörden (vgl. §§ 45 ff. des Entw.).

3. In Landgemeinden wird der Gemeindevorsteher als Organ der OrtsPolBehörde bestimmt, aber nicht allgemein, sondern nur in bezug auf die in § 5 angeführten Fälle a—e.

---

*) In der GS. ist irrtümlich die Zahl 10 gesetzt.

Diese dürften jedoch praktisch alle Fälle einer dringlichen Entscheidung umfassen. Eine Ausnahme ist auf alle Fälle dann vorgesehen, wenn eine besondere staatliche PolBehörde bestellt ist (vgl. Masson, Der Grundsatz der Spezialdelegation im Polizeirecht, Annalen d. Deutschen Reichs, 1931, S. 215 ff.). Im übrigen ist die Zuständigkeit des Gemeindevorstehers dahin formuliert, daß er die ihm von dem OrtsPolVerwalter besonders übertragenen polizeilichen Einzelaufgaben auszuführen hat. Eine selbständige Entscheidung ist damit dem Gemeindevorsteher nicht übertragen, ihm aber auch nicht versagt, nämlich dann, wenn der Auftrag seitens des Ortspolizeiverwalters die Entscheidung mit umfaßt. Die Frage der Haftung tritt hierbei deutlich in den Vordergrund. M. E. kommt es zwar auf den Einzelfall und dessen Tatbestand an, sicher ist aber, daß sowohl der OrtsPolVerwalter wie der Gemeindevorsteher gemäß § 839 BGB., § 131 RV. und den Beamtenhaftpflichtgesetzen bei Vorhandensein der Voraussetzungen dieser Bestimmungen haften. Ob eine gemeinsame Haftung gegeben ist, hängt davon ab, ob der OrtsPolVerwalter zu einer besonderen Übertragung polizeilicher Einzelaufgaben im konkreten Falle befugt war, ob er hierbei irgendwie Treu und Glauben verletzt hat, ob er vorsätzlich oder fahrlässig gehandelt, ob er eine dienststrafrechtlich zu ahndende Handlung begangen hat usw. Der Gemeindevorsteher hat ferner als Organ der OrtsPolBehörde das Erforderliche vorläufig anzuordnen und auszuführen, sofern ein sofortiges polizeiliches Einschreiten notwendig ist. Zu beachten ist hier zunächst der Begriff des „Erforderlichen"; hierüber entscheidet pflichtmäßiges Ermessen im Sinne des § 14, wobei alle die zu diesen Worten geltend gemachten Erwägungen auch hier ihre Bedeutung haben (vgl. unten zu § 14 Anm. 3 S. 114 ff.). Sodann ist hier der Gesichtspunkt zu berücksichtigen, daß das G. offen läßt, zu entscheiden, ob ein sofortiges polizeiliches Einschreiten notwendig ist. Es ist zu beachten, daß nicht die Notwendigkeit des polizeilichen Einschreitens überhaupt im Sinne des § 14 I („notwendige Maßnahmen") in Frage steht, sondern eines sofortigen Einschreitens. Damit ist der subsidiäre

Charakter der Tätigkeit des Gemeindevorstehers deutlich gemacht, er hat nur bei dringenden Fällen hier einzuschreiten. Sodann hat er als Organ der OrtsPolBehörden gemäß § 15 (nicht § 10, wie das G. irrtümlich sagt) Personen vorläufig in polizeiliche Verwahrung zu nehmen. Natürlich ist auch diese vorläufige Verwahrung an die Voraussetzungen des § 15 gebunden. Weiterhin hat der Gemeindevorsteher als Organ der OrtsPolBehörde die unter PolAufsicht stehenden Personen zu beaufsichtigen. Die LandesPolBehörde hat die Stellung unter PolAufsicht zu verfügen, wenn gemäß § 38 StGB. neben Freiheitsstrafe auf Zulässigkeit von PolAufsicht erkannt worden ist. Die höhere LandesPolBehörde erhält durch ein solches Erkenntnis die Befugnis, nach Anhörung der Gefängnisverwaltung den Verurteilten auf die Zeit von höchstens 5 Jahren unter PolAufsicht zu stellen. Die Fälle, in denen sie zulässig ist, sind teils im StGB., teils in Sondergesetzen, wie in der SeemannsO. § 105 II, SprengstoffG. § 11, SpionageG. vom 3. Juni 1914 § 14 ausdrücklich angeführt (vgl. die Instruktion des MindInn. vom 30. Juni 1900 § 3). Gegen die Anordnungen der LandesPolBehörde sind die Rechtsmittel wie gegen polizeiliche Verfügungen zulässig. Der Gemeindevorsteher hat endlich als Organ der OrtsPolBehörde die polizeilich vorgeschriebenen Meldungen entgegenzunehmen. Es kann im Wege der PolVO. angeordnet werden, daß auch ohne besondere Aufforderung Anmeldungen erstattet werden. Dahin gehört namentlich die Anmeldung von neuanziehenden Personen, eine Verpflichtung, die im älteren Preußen auf dem G. vom 31. Dezember 1842 (GS. 1843 S. 5) §§ 8, 9 beruhte, aufrechterhalten im G. vom 11. November 1867 über die Freizügigkeit (BGBl. 55) § 10. Für die neueren Landesteile konnte sie auf Grund des PolVerwG. vom 11. März 1850 § 6 e durch PolVO. begründet werden (KGJ. 24 C 109). Nach heutigem Rechte stützt sich das Meldewesen auf § 14 I bzw. auf PolVOen. und auf §§ 24 ff. d. G. Nach § 5 II dG. kann auf Vorschlag der KreisPolBehörde der Gemeindevorsteher auch zum Hilfsbeamten der Staatsanwaltschaft bestellt werden (vgl. GVG. § 152, StPO. §§ 98, 105, 443).

4. AusfBest. v. 1. Oktober 1931 zum PolVerwG. (MBliV. 925) zu § 5:

Der Gemeindevorsteher steht im Rahmen der Vorschriften des § 5 I a—e als Organ der Ortspolizeibehörde selbständig neben den zuständigen Polizeivollzugsbeamten. Ist ein Polizeivollzugsbeamter bereits eingeschritten, so soll der Gemeindevorsteher nur im Einvernehmen mit diesem tätig werden und umgekehrt. Soweit ein Gemeindevorsteher in den Fällen des § 5 I b—d ohne besondere Anweisung als Organ der Ortspolizeibehörde tätig wird, hat er den zuständigen Polizeiverwalter unverzüglich zu unterrichten.

Von der Kannvorschrift des § 5 II Gebrauch zu machen, bleibt dem pflichtgemäßen Ermessen der Kreispolizeibehörden überlassen. Die Bestellung des Gemeindevorstehers als Hilfsbeamten der Staatsanwaltschaft (vgl. die §§ 94, 98, 102, 103, 105 StPO.) wird im allgemeinen nur dann in Frage kommen, wenn die Gemeinde nicht Wohnsitz des Ortspolizeiverwalters oder eines Polizeivollzugsbeamten ist. Anträge, durch die Gemeindevorsteher als Hilfsbeamte der Staatsanwaltschaft in Vorschlag gebracht werden, sind durch die Hand des Reg.-Präs. zu leiten.

Staatliche Polizei. § 6.

(1) Der Minister des Innern kann in einzelnen Ortspolizeibezirken oder Teilen von Ortspolizeibezirken die Verwaltung der Ortspolizei ganz oder teilweise besonderen staatlichen Polizeibehörden übertragen. Die sachliche Zuständigkeit der staatlichen Polizeibehörden regelt der Minister des Innern im Benehmen mit dem fachlich zuständigen Minister. Anordnungen dieser Art sind in der Preußischen Gesetzsammlung zu veröffentlichen.

(2) Ist die Verwaltung der Ortspolizei teilweise besonderen staatlichen Polizeibehörden übertragen, so richtet sich die sachliche Zuständigkeit der Polizeibeamten nach der Zuständigkeit der Polizeibehörde, der

sie zugeteilt sind. Sofern ein sofortiges polizeiliches Einschreiten notwendig ist, sind die staatlichen wie die kommunalen Polizeivollzugsbeamten an die auf Abs. 1 Satz 2 beruhende Zuständigkeitsregelung nicht gebunden, sie dürfen in allen Fällen das Erforderliche vorläufig anordnen und ausführen. Die zuständige Polizeibehörde ist unverzüglich zu benachrichtigen.

1. Die Begr. Sp. 27, 28 führte aus:

„Schon § 2 G. über die Polizeiverwaltung v. 11. März 1850 (GS. S. 265) sieht in Weiterentwicklung der Steinschen StO. vom 19. November 1808 (GS. S. 324) vor, daß in Gemeinden, in denen sich eine Bezirksregierung oder ein Landgericht befindet, in Festungen und in Gemeinden von mehr als 10 000 Einwohnern die örtliche Polizeiverwaltung durch Beschluß des MindInn. besonderen Staatsbeamten übertragen werden kann. In anderen Gemeinden kann gemäß Satz 2 a. a. O. diese Einrichtung nur aus dringenden Gründen und nur zeitweise eingeführt werden. Ähnliche Vorschriften finden sich im § 2 der VO. über die Polizeiverwaltung in den neu erworbenen Landesteilen vom 20. September 1867 (GS. S. 1529). Die in diesem Paragraphen vorgesehene Beschränkung für die Verstaatlichung der Ortspolizei hat sich indessen nicht als zweckmäßig erwiesen, da es danach nicht möglich ist, für die Dauer die Polizeiverwaltung in wirtschaftlich zusammenhängendem Gebiete, innerhalb deren Gemeinden mit mehr als 10 000 Einwohnern und solche mit weniger als 10 000 Einwohnern im Gemenge liegen, zu verstaatlichen. Für die Gebiete, in denen sich aus dieser Rechtslage besondere Schwierigkeiten ergaben, sind daher die erforderlichen Rechtsunterlagen für eine dauernde Verstaatlichung durch Spezialgesetze geschaffen. In dieser Hinsicht wird verwiesen auf das G. betr. die Übertragung polizeilicher Befugnisse in Gemeinde- und Gutsbezirken der Umgebung von Potsdam an den Königlichen Polizeidirektor in Potsdam vom 7. März 1908 (GS. S. 37), das G. über die Polizeiverwaltung in den Regierungsbezirken Düsseldorf, Arnsberg und Münster vom 19. Juli

1911 (GS. S. 147) und d. G. über die Polizeiverwaltung im Regierungsbezirk Oppeln vom 19. Juni 1912 (GS. S. 182).

In Fortentwicklung der durch diese Gesetze, die im einzelnen durch den § 82 des Entwurfes (jetzt § 79 II dG.) zur Aufhebung gebracht werden, vorgesehenen Regelung, eröffnet der Entw. die Möglichkeit, in Ortspolizeibezirken ohne Rücksicht auf ihre Einwohnerzahl die Verwaltung der Ortspolizei besonderen staatlichen Polizeibehörden zu übertragen. Auch in sachlicher Hinsicht ist keine bestimmte Grenze festgelegt. Die Verwaltung der Ortspolizei kann vielmehr „ganz oder teilweise" übertragen werden. Diese Regelung, die sich an den § 2 des Polizeiverwaltungsgesetzes vom 11. März 1850 (GS. S. 265) anlehnt, kann allein als zweckmäßig angesehen werden, da sich nicht ein für allemal übersehen läßt, welche polizeilichen Befugnisse zweckmäßigerweise den kommunalen Ortspolizeiverwaltern überlassen und welche ortspolizeilichen Aufgaben den staatlichen Ortspolizeibehörden zu übertragen sind.

Der MindInn. kann eine Verstaatlichung der Ortspolizeiverwaltung im einzelnen natürlich nur vornehmen, soweit der Staatshaushaltsplan die notwendigen Stellen vorsieht.

Die Bestimmung des § 6 II des Entw. geht von dem in dem Entw. konsequent zur Durchführung gebrachten Grundsatz aus, daß die Wahrnehmung dringender polizeilicher Aufgaben nicht durch Zuständigkeitsgrenzen behindert werden soll. Wenn es auch im allgemeinen erwünscht ist, daß die der Zuständigkeit der einzelnen Polizeibehörden gezogenen Grenzen innegehalten werden, so muß dieses Ziel zurücktreten hinter der bei weitem wichtigeren Aufgabe, daß in dringenden Fällen sofort die polizeilich notwendigen Maßnahmen getroffen werden."

2. Die Vorschrift des § 6 wurde nur im Abs. II in der Ausschußlesung geändert. Dort lautete Satz 2: „Sofern ein sofortiges polizeiliches Einschreiten notwendig ist, sind die staatlichen wie die kommunalen Polizeivollzugsbeamten b e f u g t , u n g e a c h t e t der auf G r u n d d e s Abs. 1 Satz 2 e r f o l g t e n Zuständigkeitsregelung, in allen Fällen das Erforderliche an z u ordnen und aus z u führen". In der ersten Lesung des Ausschusses wurde der Satz folgendermaßen gefaßt: „Sofern ein

sofortiges polizeiliches Einschreiten notwendig ist, sind die staatlichen wie die kommunalen Polizeivollzugsbeamten an die auf Abs. I Satz 2 beruhende Zuständigkeitsregelung nicht gebunden, sie dürfen in allen Fällen das Erforderliche vorläufig anordnen und ausführen". Die Änderung beruhte auf dem Wunsche, daß auch das nicht zuständige Polizeiorgan in Fällen der Not zum Eingreifen verpflichtet sei. Das Publikum dürfe in Notfällen keineswegs von der Polizei mit dem Einwand der Unzuständigkeit abgewiesen werden. Ein Beauftragter des MindInn. wies darauf hin, daß, wenn im § 6 II eine Verpflichtung des nicht zuständigen Beamten zum Einschreiten statuiert werde, eine Fülle von Schadensersatzprozessen die Folge sein würde. Man müsse mit der Bestimmung des Entw. und den Anweisungen, die das Ministerium im inneren Dienstbetriebe seinen Beamten gebe, auskommen. In bezug auf die Regelung im § 14 (vgl. unten S. 114 ff. erwiderte ein Redner, daß die Regierung einer erweiterten Verpflichtung zum Schadensersatz dadurch entgehe, daß allgemein für die Polizei das Opportunitätsprinzip angenommen werden solle, wobei die Polizei nur nach pflichtmäßigem Ermessen eingreift. Auch das an sich unzuständige Polizeiorgan handele also, wenn es in Fällen der Not zum Eingreifen verpflichtet sei, selbstverständlich auch immer mit dem Vorbehalt des pflichtmäßigen Ermessens, wodurch die Schadensersatzpflicht sehr eingeschränkt werde. Der Beauftragte des Ministeriums wandte ein, daß § 6 bezwecke, den Polizeiorganen das Recht zum Eingreifen unter Aufhebung formeller Zuständigkeitsregelungen zu geben. Es wäre Aufgabe des Ministeriums, die Polizeibeamten anzuhalten, in solchen Fällen einzugreifen. Daraus eine Verpflichtung Dritten gegenüber zu machen, erscheine nicht zweckmäßig. Ein zweiter Beauftragter des MindInn. betonte, grundsätzlich sei es die Aufgabe eines PolVerwG., die Rechte der Polizei gegenüber dem Staatsbürger zu begrenzen, nicht aber, ihr Pflichten aufzugeben. Abgesehen davon ergebe sich, wenn das Wort „verpflichtet", sei es auch mit irgendeiner Einschränkung eingefügt würde, die große Gefahr der Schadensersatzansprüche.

Das ordentliche Gericht hätte lange Zeit später darüber zu entscheiden, ob in einem Falle objektiv ein polizeiliches Einschreiten notwendig gewesen wäre, ob also der nicht zuständige Polizeibeamte mit seiner Auffassung, ein sofortiges Eingreifen wäre nicht notwendig gewesen, weil ein Spezialauftrag wichtiger gewesen sei, recht gehabt habe. Die Formulierung des Entw. schließe diese Bedenken aus. Zu überwachen, daß von dieser Ermächtigung im Rahmen des Notwendigen und Vernünftigen Gebrauch gemacht werde, sei Sache der Aufsichtsbehörde. Der Abs. I Satz 2 § 6 lehne sich an eine Vorschrift des PolVerwG. vom 11. März 1850 an, auf Grund deren der MindInn. befugt sei, im Wege eines Regulativs die Zuständigkeit der staatlichen Polizeiverwaltung von der kommunalen abzugrenzen. Dadurch, daß in dem Entw. eine allgemeine Ermächtigung gegeben werde, die nicht an bestimmte Kautelen gebunden und nicht auf einzelne Sondergebiete beschränkt sei, werde die sehr erwünschte Möglichkeit geschaffen, endlich ein einheitliches Regulativ für alle staatlichen Polizeiverwaltungen zu erlassen, so daß die bisherige Buntscheckigkeit der Zuständigkeiten in Zukunft wegfallen könne. Die Best. habe also denselben Sinn wie die Best. in § 4 über die Zuständigkeit des Polizeipräsidenten von Berlin (AusschBer. Sp. 25 f.). Vgl. oben Anm. 1 zu § 4.

Zu Abs. I insbesondere.

3. Nach bisher geltendem Rechte ist die Einführung besonderer staatlicher Pol. in weitem Umfange durchgeführt. Staatliche PolVerwaltungen bestehen z. Zt. in Aachen, Altona, Berlin, Bielefeld (Erl. 6. Febr. 1926, MBliV. 138), Bitterfeld, Bochum-Witten (Erl. 24. Sept. 1925, MBliV. 989; 11. März 1927, MBliV. 293), Breslau, Dortmund-Hörde, Duisburg-Hamborn (Erl. 3. Febr. 1927 — MBliV. 132 —), Düsseldorf, Erfurt, Essen, Flensburg, Frankfurt (Main), Gladbach-Rheydt, Gleiwitz (vgl. hierzu Beschl. 31. Mai 1923, MBliV. 623; 8. Dez. 1923, MBliV. 1234), Görlitz, Hagen (Erl. 1. Febr .1927 — MBliV. 131 —), Halle, Hamm (Erl. 1. Febr. 1927 — MBliV. 131 —), Hanau, Hannover, Harburg (Erl. 14. Dez. 1926 — MBliV. 1099 —), Hindenburg, Kassel, Kiel, Köln,

Königsberg, Kottbus, Koblenz, Krefeld, Urdingen (Erl. 16. Juni 1927 — MBliV. 639 —), Magdeburg (Erl. 16. Juni 1927 — MBliV. 639 —), Merseburg, Oberhausen-Mülheim (Ruhr), Oppeln, Potsdam, Ratibor, Recklinghausen-Buer-Bottrop-Gladbeck, Gelsenkirchen, Schneidemühl, Sterkrade, Stettin, Suhl, Tilsit (Erl. 17. Jan. 1927 — MBliV. 83 —). Waldenburg, Weißenfels, Wesel, Wesermünde, Wiesbaden, Wilhelmshaven, Wuppertal-Remscheid-Solingen. Die Einrichtung staatlicher Verwaltungen für die gesamte Pol. oder Teile von ihr soll fortan für alle OrtsPolBehörden durch den MindInn. erfolgen, der dabei nur an die Schranken des Etats gebunden ist. Nach geltendem Recht ist eine vollständige oder teilweise Übertragung der OrtsPol. auf besondere staatliche PolBehörden durch den MindInn. zulässig. Vgl. auch Abs. I Satz 2 und 3. Für die teilweise Übertragung ist der Grundsatz des § 6 II Satz 1 wesentlich.

Zu Abs. II insbesondere.

4. Die beiden ersten Sätze des Abs. II müssen im Zusammenhang betrachtet werden. Der zweite Satz will irgendwelche Hemmungen wegen sachlicher Unzuständigkeit ausschließen. Infolge dessen ist die unzuständige Behörde nicht nur befugt, sondern auch verpflichtet, das Erforderliche zu veranlassen. Das „Erforderliche" muß im Sinne des § 14 („notwendige Maßnahmen") verstanden werden. Vgl. diesen Begriff auch in § 5 I zu b, § 14 I.

5. Der unzuständige Beamte, der für den zuständigen eintritt, handelt nur in demselben Rahmen, in dem der zuständige handeln würde, d. h. nach Maßgabe des § 14.

6. Die AusfBest. vom 1. Oktober 1931 zum PolVerwG. (MBliV. 925) bestimmte zu § 6:

„§ 6 II Satz 2 will sicherstellen, daß notwendige polizeiliche Maßnahmen nicht an Zuständigkeitsbedenken scheitern. Dem Sinne des PolVerwG. entsprechend beschränkt er sich in seiner Fassung darauf, die staatlichen wie die kommunalen Polizeivollzugsbeamten zu ermächtigen, ungeachtet der für die staatliche und kommunale Polizeiverwaltung geltenden Zuständigkeitsregelung das Erforderliche vorläufig zu veranlassen. Es wird indessen erwartet, daß die staatlichen und kommunalen Polizeivollzugsbeamten, sofern ein sofortiges polizeiliches Eingreifen erforderlich erscheint, stets von der Befugnis des § 6 II Satz 2 Gebrauch machen, es sei denn, daß sie dringend wichtige Aufgaben innerhalb des Zuständigkeitsbereiches der Polizeibehörde, der sie zugeteilt sind, auszuführen haben. Bei der Ausbildung der staatlichen und kommunalen Polizeivollzugsbeamten ist auf die richtige Anwendung des § 6 II Satz 2 besonderer Wert zu legen.

Die in § 6 II letzter Satz vorgesehene Benachrichtigung der an sich zuständigen Polizeibehörde ist, sofern nicht besondere Eile geboten ist, durch die unmittelbar vorgesetzte Dienststelle (Revier) vorzunehmen. Ist Eile geboten, so kann diese Benachrichtigung unmittelbar durch den Vollzugsbeamten, der eingeschritten ist, vorgenommen werden. In diesem Fall hat dieser die Behörde, der er zugeteilt ist, ebenfalls unverzüglich von den getroffenen Maßnahmen in Kenntnis zu setzen."

Landjägerei.

§ 7.

Der Minister des Innern und die nachgeordneten Polizeiaufsichtsbehörden können den Polizeibehörden Beamte der Landjägerei und in besondren Fällen auch andere staatliche Polizeibeamte zur Unterstützung bei der Wahrnehmung polizeilicher Aufgaben zuteilen.

1. Die Bestimmung blieb vom Entw. an unverändert.
2. Die Begr. Sp. 28 f. führte aus:

„Der § 7 enthält an Stelle der durch den § 82 des Entwurfes zur Aufhebung gebrachten Verordnungen über die Organisation der Gendarmerie die rechtliche Unterlage für den Einsatz der Landjägerei. Diese hat sich in den mehr als 100 Jahren ihres Bestehens außerordentlich bewährt und kann insbesondere auf dem Lande und in kleineren Städten praktisch nicht entbehrt werden. Daneben gibt der § 7 die Möglichkeit, in Ausnahmefällen auch sonstige staatliche Polizeibeamte mit bestimmten polizeilichen Aufgaben zu betrauen.

Die auf Grund des § 7 mit Wahrnehmung von polizeilichen Aufgaben betrauten staatlichen Polizeibeamten unterstehen stets dem verantwortlichen Ortspolizeiverwalter. Sie werden diesem lediglich zur Unterstützung zugeteilt." Aufgehoben ist nicht, wie die Begr. sagt, in § 82, sondern in § 79 d. G. die VO. über die anderweite Organisation der Gendarmerie vom 30. Dezember 1820 [GS. 1821 S. 1].

3. Über die Einordnung der Landjäger in den PolApparat soll unter Aufhebung des Gendarmerie-Edikts (VO. über die anderweite Organisation der Gendarmerie vom 20. Dezember 1820, GS. 1821 S. 1) der MindJnn. Bestimmung treffen. Im Ausschuß erster Lesung (Ber. Sp. 27) wurde bemerkt, daß im Lande vielfach Klage darüber geführt werde, daß sich die Beamten der Landjägerei, wenn sie im Einzelfall den örtlichen PolBehörden zugeteilt würden, nicht als die Untergebenen, sondern als die Vorgesetzten des PolVerwalters fühlten. Der Redner regte an, in § 7 die Bestimmung einzufügen: „Sie unterstehen in dieser Beziehung dem örtlichen Polizeiverwalter". Ein Beauftragter des MindJnn. bat, von der Einfügung einer solchen Bestimmung abzusehen und sagte zu, daß die Frage durch die AusfBest. klargestellt werden würde. Das geschah auch durch folgende AusfBest. vom 1. Oktober 1931, MBliV. 926:

„1. Die Beamten der Landjägerei bis zum Abteilungsleiter aufwärts werden hiermit dem Landrat und sämtlichen Ortspolizeibehörden des Kreises, in dem sie dienstlich verwendet werden, zur Unterstützung bei der Wahrnehmung polizeilicher Aufgaben zugeteilt. Durch diese Zuteilung erhalten sie der Bevölkerung gegenüber die Befugnisse der örtlich zuständigen Polizeivollzugsbeamten. Sie sind insoweit den Orts- und Kreispolizeiverwaltern unterstellt. Hinsichtlich des Beschwerdeweges gegen Verfügungen von Beamten der Landjägerei gilt der § 45 II PolVerwG. Für das Zusammenarbeiten mit den Gemeindevorstehern gelten die AusfBest. zu § 5 I. Im übrigen werden die Dienstverhältnisse der Landjägerbeamten durch eine Landjägerdienstanweisung geregelt.

2. Neben Beamten der Landjägerei können den nach-

geordneten Polizeibehörden auch Beamte der Schutzpolizei, der staatlichen Kriminalpolizei sowie staatliche Polizeiverwaltungsbeamte zur Unterstützung bei der Erledigung polizeilicher Aufgaben zugeteilt werden, und zwar sowohl allgemein wie für einzelne Fälle. Soweit es sich nicht um die Zuteilung von Beamten der Landjägerei handelt, bleibt die Zuteilung gemäß § 7 bis auf weiteres dem Reg.-Präs. vorbehalten. Dieser regelt gleichzeitig die Stellung und den Aufgabenkreis der zugeteilten Beamten, soweit nicht Sondererlasse gelten."

RdErl. d. MindInn. vom 2. Oktober 1931 — II C I 124 Nr. 94 — MBliV. 1001: Zur Beseitigung von Zweifeln weise ich darauf hin, daß durch die Aufhebung der „VO. über die anderweitige Organisation der Gendarmerie" vom 30. Dezember 1820 (GS. 1821 S. 1) durch § 79, 2, b des PolVerwG. vom 1. Juni 1931 (GS. S. 77) zum 1. Oktober 1931 die Gültigkeit der „Dienstvorschrift f. d. Pr. Landgendarmerie" vom 20. Juli 1906 nicht beseitigt worden ist. Bis zum Erlaß einer neuen Dienstvorschrift bleiben demnach diejenigen Bestimmungen, welche dem PolVerwG. oder den AusfBest. zu diesem Gesetz nicht widersprechen, in Kraft.

SonderpolBehörden. **§ 8.**

Die Sonderpolizeibehörden bleiben in ihrer Organisation und besonderen Zuständigkeit unberührt.

1. Die Begr. Sp. 29 führte aus:

„Sonderpolizeibehörden sind z. B. die Bergpolizeibehörden, die Bahnpolizeibehörden und der Verbandspräsident des Siedlungsverbandes Ruhrkohlenbezirk. Diese für einzelne polizeiliche Fachgebiete bestellten Polizeibehörden bleiben in ihrer Organisation und besonderen Zuständigkeit unberührt, da der Entwurf des Polizeiverwaltungsgesetzes wie in dem allgemeinen Teil der Begründung dargelegt ist, von einer Kodifikation der einschlägigen Gesetze absieht. Die allgemeine Zuständigkeit dieser Behörden richtet sich nach diesem Gesetz, soweit hier von „Polizeibehörden" die Rede ist."

2. Im Ausschuß wurde die Regierung in der ersten Lesung

(Sp. 27) gebeten, einen Katalog der Sonderpolizeibehörden, die bestehen bleiben sollten, vorzulegen. In der zweiten Lesung führte ein Beauftragter des MindInn. aus, daß in Reichsgesetzen, z. B. im LebensmittelG., die Möglichkeit gegeben sei, daß gewisse Sachverständige vorläufig polizeiliche Anordnungen treffen könnten; diese Sachverständigen seien aber nicht als Sonderpolizeibehörden anzusehen, sondern nur als Organe der zuständigen Ortspolizeibehörden, und infolgedessen seien die gleichen Rechtsmittel wie gegen Verfügungen dieser Ortspolizeibehörden gegeben. Infolgedessen habe er geglaubt, diese Stellen nicht besonders nennen zu sollen. Es handele sich neben den Sachverständigen im LebensmittelG. noch um die Baukontrolleure, den Kreismedizinalrat und den Kreisveterinärrat. Dann kämen die eigentlichen Sonderpolizeibehörden. Als solche seien zu bezeichnen die Bergpolizeibehörden, die Bahn- und die Wasserpolizeibehörden, ferner noch die Oberfischmeister in den Küstengewässern. Sie seien in besonderen Gesetzen oder gesetzähnlichen Verordnungen, z. B. in der Eisenbahnbau- und Betriebsordnung, geregelt. Innerhalb des Ressorts des Innenministeriums gebe es keine Sonderpolizeibehörden; diese seien lediglich den Fachressorts unterstellt.

Die Schutzpolizei sei nur ein materiell-rechtlicher Begriff.

Hierauf gab ein Beauftragter des Handelsministers über die Sonderpolizeibehörden im Bereiche des Handelsministeriums folgende Erklärungen ab:

An Sonderpolizeibehörden aus seiner Verwaltung seien zu nennen die Bergpolizei, die Gewerbeaufsicht, die Wasserpolizei und mit Einschränkungen auch die Luftpolizei.

In den Aufgabenkreis der Bergpolizei falle die Sicherheit der Grubenbaue, des Lebens und der Gesundheit der Arbeiter, der Schutz der Oberfläche im Interesse der persönlichen Sicherheit und des öffentlichen Verkehrs, der Schutz gegen gemeinschädliche Einwirkungen des Bergbaues u. dgl. Gegen polizeiliche Verfügungen, die regelmäßig der Bergrevierbeamte erlasse, finde der Rekurs an das Oberbergamt und weiter an den Handelsminister statt.

Ein Verwaltungsstreitverfahren sei für die im § 192 des Allgemeinen Berggesetzes genannten Fälle, insbesondere für Gerechtsams- und Verleihungsangelegenheiten vorgesehen.

In der Gewerbeaufsicht würden polizeiliche Verfügungen auf dem Gebiete des Arbeitsschutzes gemäß § 120 d der Reichsgewerbeordnung von dem Gewerberat erlassen. Sie könnten binnen 2 Wochen mit der Beschwerde beanstandet werden, über die dann der Regierungspräsident entscheide. Gegen die Entscheidung des Regierungspräsidenten sei binnen 4 Wochen die Beschwerde an den Handelsminister gegeben.

Die Luftpolizei gehöre nicht eigentlich zu den Sonderpolizeibehörden. Die Polizeiflugwachen seien Dienststellen der ordentlichen Polizei. Ihre Verfügungen unterlägen den nach den allgemeinen Vorschriften zulässigen Rechtsmitteln. Indessen seien gewisse Aufgaben, wie Ausstellung von Führerscheinen, Zulassung von Luftfahrtunternehmungen, von Fliegerschulen usw., die in der Verordnung über Luftverkehr den Landesregierungen überlassen worden seien, in Preußen den Oberpräsidenten übertragen. Gegen deren Entscheidungen gebe es neben der Dienstaufsichtsbeschwerde die Klage beim Oberverwaltungsgericht.

Die Wasserpolizei, zu der auch die Strom-, Schiffahrts- und Hafenpolizei gehöre, habe zur Aufgabe die Wahrung der Rechtsordnung auf den Wasserläufen, die Genehmigung der Errichtung und Anordnung der Beseitigung von Anlagen, die Festlegung der Uferlinie u. dgl.

Wasserpolizeibehörde sei für Wasserläufe erster Ordnung (nur insoweit sei das Handelsministerium beteiligt) der Regierungspräsident. Bei Wasserläufen erster Ordnung könne die Wasserpolizei über ganze Stromgebiete aber auch einem Regierungspräsidenten oder einem Oberpräsidenten übertragen werden. So sei der Regierungspräsident in Potsdam Chef der Märkischen Wasserstraßen. Erinnert sei ferner an die Rheinstrombauverwaltung beim OP. in Koblenz, die Elbstrombauverwaltung beim OP. in Magdeburg und die Oderstrombauverwaltung beim OP. in Breslau.

Organ der Wasserpolizei sei nach § 343 des Wassergesetzes

regelmäßig der Ortsbaubeamte, d. h. das Wasserbauamt. Außenbeamte der Wasserbauämter seien die Schiffahrtskontrolleure, Schiffahrtsmeister, Hafenmeister und Hafenkapitäne.

Gegen wasserpolizeiliche Verfügungen des Oberpräsidenten als Wasserpolizeibehörde sei innerhalb zwei Wochen die Beschwerde oder nach § 127 Abs. 3, 4 des Landesverwaltungsgesetzes die Klage beim Oberverwaltungsgericht gegeben. Über die Beschwerde entscheide bei Reichswasserstraßen nach §§ 11, 12 des Wasserstraßenvertrages der Reichsverkehrsminister, im übrigen der Landwirtschaftsminister und, wenn es sich um die Benutzung der Wasserläufe für den öffentlichen Schiffsverkehr handle, der Handelsminister. Im übrigen richteten sich die Rechtsmittel gegen wasserpolizeiliche Verfügungen nach den allgemeinen Vorschriften über die Anfechtung polizeilicher Verfügungen.

Zuständig für den Erlaß von Polizeiverordnungen auf dem Gebiet der Wasserpolizei seien die Wasserpolizeibehörden für den ihnen unterstellten Wasserpolizeibezirk.

Ein dritter Beauftragter des Ministers des Innern betonte, daß die Bahnpolizei, da sie reichsgesetzlich geregelt sei, von dem vorliegenden Gesetzentwurf nicht berührt werde.

Abschnitt III.

Die Polizeiaufsichtsbehörden.

Aufsicht über die ord. Polizeibehörden.

§ 9.

Die Polizeiaufsichtsbehörden über die ordentlichen Polizeibehörden sind:

a) für die Landespolizeibehörden und den Polizeipräsidenten in Berlin die zuständigen Minister,

b) für die Ortspolizeibehörden in den Stadtkreisen, für die Landräte als Ortspolizeibehörden, für die Kreispolizeibehörden und, soweit gemäß § 6 dieses Gesetzes staatliche Polizeibehörden bestellt sind, der

Regierungspräsident und die zuständigen Minister, für den Oberbürgermeister in Berlin der Oberpräsident und die zuständigen Minister,

c) für die übrigen Ortspolizeibehörden der Landrat, der Regierungspräsident und die zuständigen Minister.

1. **Zur Geschichte des Abschnitts.** Die §§ 9—13 entsprechen den §§ 19—23 des Entw. an den Staatsrat, dagegen den §§ 9—13 der Vorlage an den Landtag. Die Begr. zu diesen Paragraphen (Sp. 32) lautete: „Die §§ 19—23 bestimmen die PolAufsichtsbehörden und regeln deren Befugnisse. Im allgemeinen erfolgt die Regelung in Übereinstimmung mit dem bisherigen Rechtszustand. Die Befugnisse des Oberpräsidenten richten sich nach der Instruktion für die Oberpräsidenten vom 31. Dezember 1825 (GS. 1826 S. 1), die durch dieses G. nicht berührt wird. (Vgl. insbesondere die §§ 4 und 7 dieser Instruktion.) Die Bestimmung des § 21 (jetzt § 11 dG.), nach der die PolBehörden befugt sind, innerhalb ihrer Zuständigkeit den ihrer Aufsicht unterstellten PolBehörden Anweisungen zu erteilen, ist ein wesentlicher Grundsatz des gesamten PolRechts und der Ausfluß der Vorschrift, daß Polizei Angelegenheit des Staates ist. Nur durch dieses Anweisungsrecht der PolBehörden ist die einheitliche Leitung der gesamten Polizei im Staate gewährleistet. Die PolBehörden haben den ihnen von den Aufsichtsbehörden erteilten Anweisungen zu entsprechen. § 22, jetzt § 12 dG., spricht die Befugnis der PolBehörden aus, in den gesetzlich vorgesehenen Fällen oder bei Gefahr im Verzuge die Befugnisse der nachgeordneten oder vorgesetzten PolBehörde selbst zu übernehmen. Die öffentliche Meinung würde es nicht verstehen, wenn bei wirklich dringender Gefahr aus „Zuständigkeitsrücksichten" überhaupt nichts geschehen oder zu spät eingegriffen würde. Hervorzuheben ist, daß es sich bei dem Eingreifen dieser Art um Ausnahmefälle handeln soll. Auch hier handelt es sich um eine bewegliche Zuständigkeitsregelung im Sinne der Begr. zu § 6 II. Die Vorschrift des § 23 (jetzt § 13 dG.) entspricht der Regelung

des § 4 II PolVerwG. vom 11. März 1850 (GS. S. 265). Auch hier handelt es sich um eine Folgerung aus dem Grundsatz, daß die Polizei Angelegenheit des Staates ist, auf die praktisch nicht verzichtet werden kann." Im Ausschuß erster Lesung wurde § 9 unverändert angenommen. In zweiter Lesung lag der Antrag vor, daß in § 9 die Ziff. a folgende Fassung erhält: „a) für die Landespolizeibehörden und den Polizeipräsidenten in Berlin der zuständige Minister", während es im Entw. geheißen hatte: „a) für die Landespolizeibehörden und den Polizeipräsidenten in Berlin die zuständigen Minister." Der Antragsteller bemerkte, daß, da nach § 47 (abgeändert, jedoch auch § 47 dG.) die Beschwerden gegen die landespolizeilichen Verfügungen an den Oberpräsidenten gingen, auch eigentlich die Aufsicht vom Oberpräsidenten geführt werden müsse; denn Beschwerde- und Aufsichtsinstanz müssen eigentlich identisch sein. Er halte es für richtig, wenn der Oberpräsident hier eingeschaltet werde, obwohl das den Tendenzen der Verwaltungsreform widerspreche. Der Berichterstatter glaubt nicht, daß es notwendig sei, den Antrag anzunehmen, selbst wenn man den Oberpräsidenten als Beschwerdeinstanz wieder in das G. bringe; die Einschaltung des Oberpräsidenten als Beschwerdeinstanz entspreche dem geltenden Recht, das der Entw. habe vereinfachen wollen. Diese Vereinfachung habe der Ausschuß nicht mitmachen wollen, um nicht die Rechtsgarantien der Staatsbürger zu beeinträchtigen. Aber nun die Rechte des Oberpräsidenten instanziell zu erweitern, dazu scheint ihm keine Veranlassung vorzuliegen; das würde zu einer Verschleppung durch unzweckmäßige Häufung der Instanzen und zu einer vermehrten Belastung des Oberpräsidenten führen; es sei zu befürchten, daß dann die im Oberpräsidium tätigen Kräfte nicht ausreichten und ihre Vermehrung erforderlich sein würde. Hervorgehoben wurde auch im Ausschuß, daß es sich lediglich um landespolizeiliche Befugnisse, die über den Bezirk eines Ortsbereichs hinausgingen, handle. Da scheint es ihm richtig, wenn die Dienstaufsicht auch beim Oberpräsidenten liege, wodurch der Minister unmittelbar entlastet würde. Ein Beauftragter des MindInn. verneinte, daß diese Absicht erreicht werde, denn niemand werde sich bei der Entscheidung des Oberpräsidenten beruhigen, sondern doch an den Minister gehen. Ein zweiter Beauftragter des MindInn. betonte, daß die von der Regierung vorgeschlagene Regelung bereits seit 1883 bestehe; sie sei ein reines Verwaltungsinternum und habe sich durchaus bewährt. Die Annahme des obigen Antrages würde zu einer Erschwernis und zu einem Leerlauf in der Verwaltung führen, die nicht zu begrüßen seien. Der Antrag wurde abgelehnt und § 9 unverändert angenommen.

Die Hierarchie und die Stellung der PolAufsichtsbehörden wird nicht verändert; festgelegt wird in § 12 II der schon bisher tatsächlich anerkannte Grundsatz, daß bei Gefahr im Verzuge die Befugnis einer PolInstanz auch von einer anderen wahrgenommen werden können.

Allgemeine Dienstaufsicht. § 10.

(1) **Die allgemeine Dienstaufsicht über die Handhabung der Polizeigewalt durch die ordentlichen Polizeibehörden sowie über deren Einrichtung und Geschäftsführung steht dem Minister des Innern im Benehmen mit dem sachlich zuständigen Minister sowie den nachgeordneten Polizeiaufsichtsbehörden zu.**

(2) **Die fachliche Aufsicht über die Polizeibehörden führt jeder Minister innerhalb seines Zuständigkeitsbereichs.**

1. Die Vorschrift entspricht § 20 des Entw. an den Staatsrat und § 10 der Vorlage an den Landtag. Sie ist in der Ausschußlesung unverändert angenommen worden. Auf die Frage eines Ausschußmitgliedes nach dem Unterschiede zwischen der allgemeinen Dienstaufsicht und der fachlichen Aufsicht führte ein Beauftragter des MindInn. als Beispiel an, daß etwa beim Polizeipräsidium in Berlin, wo eine Reihe von Zuständigkeiten vereinigt sei, die Aufsicht über die Organisation der Behörde usw.

dem MindInn. zustehe, daß aber, wenn im Bereich des Polizeipräsidiums die Baupolizei eine Maßnahme treffe, die Beurteilung dem Wohlfahrtsminister obliege. Es handle sich hier um eine Regelung, die das Staatsministerium akzeptiert habe. (Begr. Sp. 27 f.).

2. AusfBest. vom 1. Oktober 1931 zum PolVerwG. (MBliV. 926). Zu § 10:

„Im Rahmen der allgemeinen Dienstaufsicht über die Handhabung der Polizeigewalt durch die ordentlichen Polizeibehörden sowie über deren Einrichtung und Geschäftsführung haben die Reg.-Präs. die ihnen unterstellten Polizeibehörden im allgemeinen wenigstens alle 3 Jahre, in baupolizeilichen Angelegenheiten etwa alle 5 Jahre, an Ort und Stelle durch Kommissare überprüfen zu lassen. Soweit es sich dabei um Ortspolizeibehörden handelt, die der Polizeiaufsicht der Landräte unterstehen, kann diesen die in Satz 1 vorgeschriebene Überprüfung übertragen werden. Soweit das nicht geschieht, ist der Landrat bei der Prüfung der seiner Polizeiaufsicht unterstehenden Ortspolizeibehörden zuzuziehen. Dabei sind insbesondere die für die Polizeiverordnungen, für die polizeilichen Strafverfügungen und für die Festsetzung von Zwangsgeld vorgeschriebenen Listen an Hand der dafür maßgeblichen Bestimmungen (vgl. die AusfBest. zu den §§ 24, 55 und 59) zu überprüfen. In diese Listen ist jeweils ein Vermerk über die Prüfung aufzunehmen."

Anweisungsrecht. **§ 11.**

Die Polizeiaufsichtsbehörden können innerhalb ihrer Zuständigkeit den ihrer Aufsicht unterstellten Polizeibehörden Anweisungen erteilen. Die Polizeibehörden haben diesen Anweisungen Folge zu leisten.

1. Vgl. Begr. zu § 9 oben S. 106. Die Bestimmung entsprach § 21 des Entw. an den Staatsrat und § 11 der Vorlage an den Landtag.

Zuständigkeit bei Gefahr im Verzuge.

§ 12.

(1) Die Landes- und Kreispolizeibehörden können in den gesetzlich vorgesehenen Fällen oder bei Gefahr im Verzug die Befugnisse der nachgeordneten Polizeibehörden ausüben mit Ausnahme der Befugnis zum Erlaß von Polizeiverordnungen.

(2) Die nachgeordneten Polizeibehörden können bei Gefahr im Verzug die Befugnisse der vorgesetzten Polizeibehörden ausüben mit Ausnahme der Befugnis zum Erlaß von Polizeiverordnungen.

(3) In den Fällen der Abs. 1 und 2 ist die an sich zuständige Polizeibehörde unverzüglich über die getroffene Maßnahme zu unterrichten.

1. Die Vorschrift entsprach § 22 des Entw. an den Staatsrat und § 12 der Vorlage an den Landtag. Vgl. §§ 24 ff. dG.

2. AusfBest. vom 1. Oktober 1931 zum PolVerwG. (MBliV. 926).

Zu § 12:

„§ 12 II bezieht sich nicht auf die aus der Polizeiaufsicht sich ergebenden Befugnisse" (vgl. auch oben S. 106).

Bestätigung der Polizeibeamten.

§ 13.

Personen, die mit der Wahrnehmung polizeilicher Aufgaben betraut werden, bedürfen, sofern es sich nicht um unmittelbare Staatsbeamte handelt, der Bestätigung durch die unmittelbar vorgesetzte Polizeiaufsichtsbehörde.

1. Die Bestimmung entspricht § 23 des Entw. an den Staatsrat und § 13 der Vorlage an den Landtag. Vgl. Begr. zu § 9 Anm. 1 oben S. 106 f.

2. AusfBest. vom 1. Oktober 1931 zum PolVerwG. (MBliV. 926 f.).

Zu § 13:

„§ 13 gilt nicht nur für die Beamten des polizeilichen Vollzugsdienstes, sondern auch für diejenigen Personen, die im polizeilichen Verwaltungsdienst tätig sind.

Die Bestätigung gilt nur für die Zeit der polizeilichen Verwendung und nur für die Wahrnehmung derjenigen polizeilichen Aufgaben, hinsichtlich deren sie erteilt ist. Bei jeder Beförderung ist eine erneute Bestätigung nachzusuchen."

Abschnitt IV.

Die Aufgaben der Polizeibehörden.

Begriff der PolAufgaben. § 14.

(1) Die Polizeibehörden haben im Rahmen der geltenden Gesetze die nach pflichtmäßigem Ermessen notwendigen Maßnahmen zu treffen, um von der Allgemeinheit oder dem einzelnen Gefahren abzuwehren, durch die die öffentliche Sicherheit oder Ordnung bedroht wird.

(2) Daneben haben die Polizeibehörden diejenigen Aufgaben zu erfüllen, die ihnen durch Gesetz besonders übertragen sind.

1. Die Vorschrift lautete im Entw.: „Die Polizeibehörden haben im Rahmen der geltenden Gesetze die nach *ihrem* Ermessen notwendigen Maßnahmen zu treffen *zur Erhaltung der* öffentlichen Sicherheit *und* Ordnung *und zur Abwehr der der Gesamtheit* oder *ihren* einzelnen *Mitgliedern bevorstehenden* Gefahren (I). Daneben haben die Polizeibehörden diejenigen Aufgaben zu erfüllen, die ihnen durch Gesetz besonders übertragen sind (II).

2. Die Begr. (Sp. 30 f.) hatte folgendes ausgeführt:

„Die kodifikatorische Aufgabe des neuen Gesetzes erfordert in erster Linie eine gesetzlich verbindliche Abgrenzung der Aufgaben der Polizei. Nach der übereinstimmenden Rechtsprechung des Reichsgerichts, des Kammergerichts und des Oberverwaltungsgerichts gelten die Befugnisse der Polizei als festgelegt durch § 10 II 17 des Preußischen Allgemeinen Landrechts, nach dem die Polizei lediglich berufen ist, Gefahren abzuwehren, nicht dagegen Wohlfahrtspflege zu betreiben. Diese Norm hat nach der Rechtsprechung des Oberverwaltungsgerichts als ein staatsrechtlicher Grundbegriff auch Geltung in denjenigen preußischen Landesteilen, in denen das Allgemeine Landrecht nicht als Gesetz eingeführt ist. So klar und bestimmt die genannten Höchsten Gerichtshöfe an dieser für die Praxis außerordentlich fruchtbaren Rechtsprechung bisher auch festgehalten haben, so ist die Schlußfolgerung, auf Grund deren sie zu dieser Rechtsprechung gelangt sind, doch nicht völlig unanfechtbar und nicht allgemein anerkannt. So hat z. B. noch bis in die letzte Zeit ein anderer Höchster Preußischer Gerichtshof, der Gerichtshof zur Entscheidung von Kompetenzkonflikten, eine von dieser Judikatur völlig abweichende Entscheidung dahin getroffen, daß Aufgabe der Polizeibehörden nicht nur die Gefahrenabwehr gemäß § 10 II 17 ALR., sondern gemäß § 3 der mit Gesetzeskraft versehenen Verordnung über die verbesserte Einrichtung der Provinzial-, Polizei- und Finanzbehörden vom 26. Dezember 1808 auch die Wohlfahrtspflege sei. Schon hieraus erhellt, daß eine gesetzliche Festlegung der Aufgaben der Polizeibehörden notwendig ist. Der Entwurf schlägt vor, die praktisch in jeder Beziehung bewährte Begriffsbestimmung des § 10 II 17 ALR. sachlich unverändert, nur im Wortlaut etwas modernisiert, gesetzlich festzulegen. Die Worte: „nach ihrem Ermessen" sind mit Rücksicht auf die Rechtsprechung eingefügt, um das Opportunitätsprinzip für die Polizeibehörden unzweideutig festzulegen.

Durch die Bestimmung der Aufgaben der Polizeibehörden werden deren Befugnisse dahin festgelegt, daß die Polizeibehörden das Recht haben, alle Maßnahmen zu treffen, die zur Erfüllung ihrer Aufgaben notwendig sind; in Ausübung dieser Befugnisse sind sie berechtigt, in den Rechtskreis Dritter einzugreifen. Sie sind dabei nur insoweit beschränkt, als ihnen für bestimmte polizeiliche Gebiete durch verfassungsrechtliche oder spezialgesetzliche Bestimmungen Schranken gezogen sind, z. B. auf dem Gebiete des Vereinsrechts, der Pressepolizei, der Gewerbepolizei usw. Über die in diesen Gesetzen gezogenen formellen und materiellen Grenzen dürfen sie bei der ihr obliegenden Gefahrenabwehr in keinem Falle hinausgehen.

§ 14 Abs. 2 sieht die Möglichkeit vor, durch Gesetz den Polizeibehörden auch Aufgaben zu übertragen, die über den Rahmen des Absatzes I hinausgehen. Diese Aufgaben werden damit polizeiliche Aufgaben, und es gelten, falls das Gesetz nicht etwas anderes vorschreibt, bezüglich der Zuständigkeit, der Verfügungen, der Verordnungen, der Rechtsmittel usw. die in diesem Gesetzentwurf vorgesehenen polizeilichen Normen.

Als Aufrechterhaltung der öffentlichen Sicherheit im Sinne des § 14 gilt der Schutz vor Schäden, die entweder den Bestand des Staates oder seiner Einrichtungen oder das Leben, die Gesundheit, Freiheit, Ehre oder das Vermögen der einzelnen bedrohen, sei es, daß die Gefährdung ausgeht

a) von Ereignissen oder Zuständen in der belebten oder unbelebten Natur,

b) von Handlungen oder Unterlassungen von Menschen, insbesondere von dem Bruch einer Norm der öffentlichen oder privaten Rechtsordnung. In letzterer Hinsicht hat die Polizei allerdings nur tätig zu werden, soweit nicht die Zuständigkeit anderer Behörden, insbesondere der ordentlichen Gerichte oder der Strafverfolgungsbehörden gegeben ist, es sei denn, daß ein besonderer, auf andere Weise nicht zu beseitigender Notstand vorliegt.

Die öffentliche Ordnung bedeutet den Inbegriff der Normen, deren Befolgung nach den jeweils herrschenden sozialen und ethischen Anschauungen als unentbehrliche Voraussetzung für ein gedeihliches Miteinanderleben der innerhalb eines Polizeibezirkes wohnenden Menschen angesehen wird. Zur öffentlichen Ordnung gehört insbesondere auch die Sorge für die Leichtigkeit des Verkehrs.

Im § 10 II 17 ALR. ist neben den Begriffen öffentliche

„Sicherheit" und „Ordnung" auch noch von der „öffentlichen Ruhe" die Rede. Diesem Begriff kommt jedoch nach der Rechtsprechung der obersten Gerichte eine besondere Bedeutung nicht zu. Er stellt vielmehr den Zustand dar, der sich ergibt, falls die öffentliche Sicherheit und Ordnung nicht gestört ist. Der Entwurf trägt dieser Rechtsprechung dadurch Rechnung, daß der Begriff „Ruhe" nicht wieder erwähnt ist.

Zur Zeit wird in Wissenschaft und Praxis der Begriff „Sicherheitspolizei" in verschiedenem Sinne gebraucht. Im Interesse einer einheitlichen Terminologie ist es erwünscht, wenn in Zukunft der Begriff „Sicherheitspolizei" im Sinne der Abwehr von Gefahren für die öffentliche „Sicherheit" gebraucht würde, wie sie vorstehend umrissen ist. Daneben würden die Begriffe „Ordnungspolizei" für die Abwehr von Gefahren für die öffentliche „Ordnung" im Sinne der vorstehenden Ausführungen und „Sonderpolizei" für die im § 14 Abs. 2 erwähnten Aufgaben einzuführen sein.

In § 14 ist allgemein von Polizeibehörden, nicht nur von den „ordentlichen" Polizeibehörden die Rede, da auch die Sonderpolizeibehörden, sofern nicht gesetzliche Sonderbestimmungen bestehen, bei ihren Maßnahmen sich innerhalb der Grenze des § 9 zu halten haben."

3. Im Ausschuß erster Lesung sind insbesondere folgende Fragen im einzelnen behandelt worden. 1. Welche Bedeutung haben die Worte „freies Ermessen", ferner 2. damit im Zusammenhange das sogenannte Opportunitätsprinzip, hierauf 3. die Frage der Schadensersatzpflicht der Polizei. Sie nahmen Bezug auf literarische Erörterungen, die von Walter Jellinek ausgingen. Er (RuPrVerwBl. 52 121) hält die Worte „nach ihrem Ermessen" nicht sowohl wegen ihres Inhalts als wegen ihrer Stellung vor dem Worte „notwendig" bedenklich; denn so wird der Anschein erweckt, die Frage, ob eine polizeiliche Anordnung das Maß des Nötigen überschreite, sei eine Ermessensfrage. Dies ist aber nach durchaus herrschender, vom OVG. durch seine Rechtsprechung erhärteter Ansicht nicht der Fall (z. B. 76 435, 77 464, 78 267). Allerdings bestimmt § 41 I,

daß polizeiliche Vfen., sofern sie nicht auf Grund einer PolVO. oder eines besonderen G. erlassen werden, nur gültig sein sollen, soweit sie „zur Beseitigung einer Störung oder zur Abwehr einer Gefahr erforderlich sind". Aber es ist nicht einzusehen, warum nicht auch PolVOen. wegen Übermaßes sollen ungültig sein können. Man nehme ein bekanntes Schulbeispiel: eine PolVO. bestimme, daß alle straßenseitigen Scheunentore nach innen aufgehen müssen, ein Landwirt bringe Schiebetüren an. Nach dem Entwurf dürfte die PolBehörde Umwandlung der Schiebetüren in nach innen aufgehende Türen verlangen, obgleich nicht das geringste polizeiliche Interesse dafür vorhanden ist. Der Gesetzgeber mache diese auch im Schrifttum vorkommende Gedankenlosigkeit nicht mit, sondern streiche im § 14 I die Worte „einer Polizeiverordnung oder" und setze im § 14 I die Worte „nach ihrem Ermessen" hinter „haben".

Da § 14 I offenbar nur eine etwas modernisierte Form des § 10 II 17 ALR. sein soll und demgemäß in seiner Anwendung an der vorbildlichen, dieser Best. gewidmeten Rechtsprechung des OVG. zehren wird, sei es nicht gerade pietätvoll, den berühmten Paragraphen im § 82 II unter a sang- und klanglos aufzuheben. Man sollte ihm vielmehr einen freundlichen Altersplatz im § 14 I einräumen, etwa durch einen Hinweis in einer Klammer auf ihn.

Es sei also folgende Fassung des § 14 I vorgeschlagen:

„Die Polizeibehörden haben nach ihrem Ermessen im Rahmen der geltenden Gesetze die notwendigen Maßnahmen . . . Gefahren (vgl. § 10 II 17 des Allgemeinen Landrechts)."

Außerdem wären in den §§ 41, 82 die vorgeschlagenen Streichungen vorzunehmen. Soweit Jellinek.

4. Im übrigen wurde im Ausschuß erster Lesung vorgeschlagen, im § 14 Abs. I die Worte „n a c h i h r e m E r m e s s e n" zu streichen. Ferner: im § 14 Abs. I Zeile 2 wird an Stelle des Wortes „ihrem" gesetzt „pflichtmäßigem". Ein Ausschußmitglied stellte fest, daß die Regierung die Absicht habe, § 10 II 17 ALR. durch die Neufassung so hindurchzusteuern, daß er möglichst keinen Schaden nehme. Es bestehe wohl nicht die Absicht, durch die Neuformulierung den PolBehörden neue Machtbefugnisse zu geben. Ein Beauftragter des MindInn. betonte, daß die Staatsregierung die Notwendigkeit erkannt habe, die Grundbegriffe des § 10 II 17 ALR. in dem neuen G. aufrechtzuerhalten, da sonst die gesamte Rechtsprechung des OVG. für die Zukunft keinen Wert mehr haben würde. Zweifelhaft war ein Ausschußmitglied, was die Worte „im Rahmen der geltenden Gesetze" bedeuten sollten. Entweder sollten sie bedeuten, die PolBehörden hätten die Maßnahmen im Rahmen der geltenden Gesetze zu treffen — das könnte man aber nicht in dem Augenblick sagen, wo man die geltenden Ge. aufhebe — oder die Bestimmung soll sich auf die Sondergesetze beziehen, die durch den Entw. nicht berührt wurden. Dann müßte man aber sagen: „Soweit nicht besondere gesetzliche Regelungen erfolgt sind". Daß Spezialgesetze für polizeiliche Sondergebiete — PreßPol., Vereinsrecht, SeuchenPol. — aufrechterhalten blieben, sei jedoch eine Selbstverständlichkeit. Daher sei es richtig, diese Worte in § 14 zu streichen und sie im § 1 hineinzuziehen, dem § 1 also folgende Fassung zu geben: „Die Polizei ist Angelegenheit des Staates, soweit nicht in besonderen Gesetzen etwas anderes bestimmt ist." In § 14 soll der Polizei eine allgemeine Befugnis gegeben werden. Von besonderen Gesetzen brauche man in diesem Paragraphen nicht zu sprechen. Die polizeilichen Sondergesetze enthielten zumeist nicht eine Ermächtigung für die Polizei, sondern eine Einschränkung der polizeilichen Befugnisse; ohne diese Gesetze könnte die Pol. mit § 10 II 17 ALR. dasselbe und sogar mehr tun. Diese Gesetze seien also nicht notwendig, um der Pol. ihre Machtbefugnisse zu geben, sondern schränkten die Macht der Pol. ein. Da diese Einschränkungen durch Reichsrecht erfolgt seien, brauchten sie hier nicht erwähnt zu werden. Ein Beauftragter des MindInn. erwiderte, die Worte „im Rahmen der geltenden Gesetze" sollten bedeuten, daß die Einschränkung, die die allgemeine Begriffsbestimmung durch Gesetze im Laufe der Zeit erfahren habe, bestehen bleiben solle. Die Anregung, in § 1 die Worte einzufügen: „soweit nicht in anderen Gesetzen etwas anderes bestimmt ist", müsse er auf das schärfste ablehnen;

dadurch würde das ganze G. unmöglich gemacht werden. Der Satz „Polizei ist eine Angelegenheit des Staates“ sei ein Kardinalpunkt, und es sei ausgeschlossen, daß in einem anderen G. etwas anderes bestimmt sei oder werde.

Ein zweiter Beauftragter des MindInn. betonte, den Worten „im Rahmen der geltenden Gesetze“ komme eine erheblich rechtliche Bedeutung zu. Durchaus nicht sämtliche speziellen PolGesetze seien Reichsgesetze; das Feld- und ForstPolG. und das WohnungsG. seien z. B. Landesgesetze. Wenn die Einschränkung des § 14 nicht bestünde, würde die Gefahr bestehen, daß nach dem Grundsatz des späteren G. die Auffassung vertreten werde, die Pol. könne auch Bestimmungen der speziellen polizeilichen Landesgesetze etwa im Wege der PolVO. abändern. Um diese Auslegung von vornherein auszuschließen, erscheint vom Standpunkt des Landespolizeirechts die vorgesehene Einschränkung zum mindesten erwünscht. Für die ReichsPolGesetze habe sie keine Bedeutung. Die Praxis sei in einem anderen Falle bereits in ähnlicher Weise verfahren. In § 30 des Feld- und ForstPolG. sei dem Min. und den nachgeordneten Behörden die Ermächtigung gegeben, Anordnungen zum Zwecke des Naturschutzes zu treffen, ohne daß die Einschränkung gemacht sei „im Rahmen der Gesetze“. Die Praxis habe von dieser Ermächtigung dahin Gebrauch gemacht, daß sie tatsächlich frühere Gesetze abgeändert habe.

5. Von grundlegender Bedeutung ist einem Ausschußmitglied die Einschaltung der Worte „nach ihrem Ermessen“ in § 14 erschienen. W. Jellinek käme zu dem Schlusse, daß die Worte an falscher Stelle ständen. Nach der Begr. des Entw. sollten diese Worte die Festlegung des Opportunitätsprinzips bedeuten. Es handle sich um die Frage, ob die Pol. sagen könne, daß sie etwas nicht sehen wolle, weil es ihr nicht opportun scheine, ob sie also gegenüber dem Publikum gar keine Pflichten habe. Diese Auffassung festzulegen, scheine ihm entschieden zu weit zu gehen. Das andere Extrem berühre Drews in seinem Artikel im RuPrVerwBl. 52 2, wenn er sage, wir hätten doch keine allgemeine Unfallversicherung, wenn irgend jemand einen Unfall erleide, könne doch

nicht der Staat für alles verantwortlich gemacht werden; man könne doch nicht neben jeden Menschen einen Schutzmann stellen. Auch eine solche Auffassung würde nach der Meinung des Ausschußmitgliedes zu weit gehen. Es sei aber zu bedenken, daß das RG. auch gar nicht diesen Standpunkt vertrete. Es stütze sich auf § 839 BGB. und gehe von der Frage aus, wo das Verhalten des Beamten pflichtwidrig sei, ob ihn ein Verschulden treffe. Richtig sei es, die Klärung dieser Frage der künftigen Rechtsprechung zu überlassen. Hier eine gesetzliche Schranke aufzurichten und zu sagen: es gelte das Opportunitätsprinzip, eine Vernachlässigung der notwendigen polizeilichen Aufsichtspflicht mache den Staat überhaupt nicht haftbar, bedeute eine Prämie auf Pflichtversäumnis. Die Fassung des § 10 II 17 ALR. habe den Vorteil, daß sie die Schwierigkeit überhaupt nicht aufdecke. Man müsse auch in § 14 einen ähnlichen indifferenten Ausdruck gebrauchen.

Zu dieser Frage bemerkte ein Beauftragter des MindInn., es sei selbstverständlich, daß die Pol. ihr Ermessen im Rahmen ihrer Pflicht walten lassen müsse. Für die Herauslassung des Wortes „pflichtgemäßem" sei lediglich der Gesichtspunkt maßgebend gewesen, daß in einer Reihe anderer Gesetze auch nur der Ausdruck „Ermessen" gebraucht wurde. Nach einem zweiten Beauftragten des MindInn. schneide die Einschaltung der Worte „nach ihrem Ermessen" grundsätzliche Fragen des PolRechts an. Man werde unterscheiden müssen. Einmal habe das PolVerwG. den Zweck, zu sagen, was die Pol. gegenüber dem Staatsbürger tun dürfe. Daneben stehe die andere Frage, was die Pol. tun müsse. Hier sei wieder zu unterscheiden, was die Pol. der Allgemeinheit gegenüber, vertreten durch die PolAufsichtsbehörde oder die Disziplinarbehörde, tun müsse, und was sie dem einzelnen Staatsbürger gegenüber zu tun verpflichtet sei, um sich nicht auf Grund des Art. 131 RV. schadensersatzpflichtig zu machen.

Dem Hauptzweck des PolVerwG., die Trennungslinie zwischen Pol. und Staatsbürger zu ziehen, würde es entsprochen haben, wenn die Bestimmung, die die Grundlage für das allgemeine Tätigwerden der Pol. biete, dahin formuliert worden wäre: die PolBehörden können die Maßnahmen treffen. Er glaube aber nicht, daß eine solche Formulierung allseitigen Beifall finden würde, weil die allgemeine Empfindung bestehe, daß diesem Können eine irgendwie geartete Pflicht entspreche, von dieser Befugnis Gebrauch zu machen.

Zu der zweiten Frage, ob die Pol. müsse, und wem gegenüber sie müsse, sei folgendes zu bemerken. Auf Grund der jetzigen Formulierung des § 10 II 17 ALR. „müsse" sie nach der Auslegung der Staatsregierung der Allgemeinheit, aber nicht dem einzelnen Staatsbürger gegenüber. Das KG. habe in einer E. vom 2. Juli 1929 hinsichtlich des § 163 der StrafprozeßO. den gleichen Standpunkt eingenommen und Schadensersatzansprüche gegenüber der Polizei abgewiesen. Das RG. dagegen lege im Gegensatz zu der Praxis des KG. und der Auffassung der Staatsregierung die Formulierung „ist das Amt der Polizei" so aus, daß sie nicht nur eine Pflicht gegenüber der Allgemeinheit, sondern auch eine Pflicht gegenüber dem einzelnen Staatsbürger statuiere. Damit komme man zu der polizeilich und auch allgemein staatlich gesehen sehr unerwünschten Konsequenz, daß über die Frage, ob eine PolBehörde diese oder jene Maßnahme hätte treffen müssen, nachher im Zivilrechtswege entschieden werde, und das dürfte doch wohl von allen Rechtsmittelzügen der am wenigsten geeignete sein.

Die Praxis des RG. auf diesem Gebiet wollte er an zwei grundlegenden E. illustrieren.

Der ersten E., die bei Reger, Entscheidungen, Bd. 42 S. 373 abgedruckt sei, liege folgender Tatbestand zugrunde. In einer Stadt habe bei der Jugend die Gewohnheit bestanden, im Winter auf den abschüssigen Straßen zu rodeln. Die PolBehörde habe erkannt, daß darin eine Gefahr für die öffentliche Sicherheit liegen könne, und habe eine entsprechende PolVO. erlassen. Bei Beginn des Winters habe sie in einer Bek. in der Presse auf das Verbot hingewiesen. Im Monat Dezember habe sie wegen Übertretung der VO. 14 StrafVfen. erlassen. Sie habe ferner PolBeamte hingeschickt, die im

Rahmen ihres sonstigen Streifendienstes auf die Befolgung der PolVO. geachtet hätten. Das RG. habe alle diese Maßnahmen als nicht ausreichend bezeichnet und erklärt, die Pol. hätte die Straßen so dicht mit Asche bestreuen müssen, daß ein Rodeln unmöglich gewesen wäre; mithin sei die Pol. für einen Unfall, der sich beim Rodeln ereignet habe, schadensersatzpflichtig.

In dem zweiten Fall, abgedruckt im MBliV. 1927, S. 381, handelte es sich darum, daß an einem Verkehrsknotenpunkt kein besonderes polizeiliches Warnungszeichen aufgestellt gewesen sei. Das RG. komme zu dem Ergebnis, daß die Pol. für den Schaden haften solle, der durch einen Kraftwagenzusammenstoß an diesem Verkehrspunkt entstanden sei.

Wenn man diese Kontrolle der Pol. durch das RG. wolle, dann müsse man die Worte „nach ihrem Ermessen" streichen. Wenn man das nicht wolle, dann müsse man allerdings in irgendeiner Form zu diesen Fragen Stellung nehmen. Wenn man einfach § 10 II 17 ALR. wiederhole, könne es keinem Zweifel unterliegen, daß jede irgendwie geartete Formulierung, die nicht lediglich sage: „die PolBehörden können", sondern in irgendeiner Form zum Ausdruck bringe: die PolBehörden sind gehalten, sollen, müssen usw., die Rechtsprechung des RG. veranlassen werde, auf dem beschrittenen Wege weiterzugehen und die PolBehörde zu einer allgemeinen Unfallversicherung für objektiv unvermeidbare Schäden zu machen. Er glaube, damit den Fragenkomplex genügend beleuchtet zu haben.

6. Von verschiedenen Seiten ist darauf hingewiesen worden, die Worte „nach ihrem Ermessen" bedeuteten nicht nur, daß die Pol. der richterlichen Nachprüfung der Notwendigkeit einer Maßnahme entzogen werde, sondern könnten so ausgelegt werden, daß die Pol. alles dürfe, was sie für nötig halte, daß also damit eine Erweiterung der polizeilichen Befugnisse gegeben werde. Bei der Prüfung dieser Frage müsse man § 41 heranziehen. § 10 II 17 ALR. sei heute die Unterlage für das allgemeine rein tatsächliche Tätigwerden der Pol. Weiter sei § 10 II 17 ALR. die alleinige Rechtsunterlage für den Erl. einer P o l V f. und in Verbindung mit den einschlägigen Bestimmungen des PolVerwG. und des LVG. auch für den Erl. von PolVOen. Nun habe das Ministerium bei der Formulierung des § 14 durchaus die Gefahr gesehen, daß, wenn es nur heiße, die Pol. könne nach ihrem Ermessen, das bedeuten würde, die Pol. könne bei Erlaß einer polizeilichen Vf. alles tun, was sie für richtig halte. Infolgedessen sei bei § 41 auf die Frage des rechtlichen Könnens noch einmal besonders eingegangen worden in dem Sinne, daß es heiße, polizeiliche Vfen. seien ..... nur gültig, soweit sie zur Beseitigung einer Störung ..... erforderlich seien. § 14 habe für die PolVfen. daneben aber noch die rechtliche Bedeutung, daß sich aus den Worten „nach ihrem Ermessen" in ihrer allgemeinen Formulierung auch für polizeiliche Vfen. ergebe, daß der einzelne Staatsbürger nicht klagen könne, wenn eine PolBehörde etwas unterlasse, was er persönlich in seinem Interesse für notwendig gehalten habe. Für die PolVfen. dürften also Bedenken hinsichtlich einer Erweiterung des Zuständigkeitsbereichs der PolBehörden durch die Einfügung der Worte „nach ihrem Ermessen" nicht bestehen.

7. Was die PolVOen. anlange, so werde nach dem Entw. der Erl. solcher VOen. immer an die Zustimmung eines Beschlußorgans geknüpft. Die PolBehörden seien also nicht ermächtigt, allein PolVOen. zu erlassen, mit Ausnahme der Minister, die dem Landtag gegenüber parlamentarisch verantwortlich seien, und die ja auch ihre VOen. nach Erlaß dem Staatsrat vorzulegen hätten. Nach Auffassung des Ministeriums liege in dieser Bindung an die Zustimmung eines Beschlußorgans eine genügende Sicherheit gegen E r m e s s e n s - m i ß b r ä u c h e auf dem Gebiete der PolVOen.

Eine weitere Kautel gegen Ermessensmißbräuche bei Erlaß von PolVOen. liege in folgendem. Das Ministerium des Innern habe in den letzten Jahren eine Nachprüfung der PolVOen. vorgenommen, die weit über jede rechtliche Kontrolle hinausgehe. Die Zahl der PolVOen., die 1926 noch auf 1 Million geschätzt worden seien, sei jetzt auf etwa 25 000 herabgedrückt. Die PolBehörden seien angewiesen worden, Pol-

VOen nur „in unabweisbar notwendigen Fällen“ zu erlassen. Es bestehe die Absicht, diese Anweisung auch in die AusfBest. zu dem vorliegenden G. aufzunehmen. Somit könne auch nach dieser Richtung die Einfügung der Worte „nach ihrem Ermessen“ als unbedenklich erscheinen.

Zu dem Vorschlag, zu sagen „nach pflichtmäßigem Ermessen“, sei zu bemerken, daß es sich von selbst verstehe, daß es sich nur um pflichtgemäßes Ermessen handeln könne. Es erscheine nur mit Rücksicht auf die anderen Gesetze, die nur von Ermessen sprächen, bedenklich, in dem vorliegenden G. diesen Ausdruck zu wählen. Wolle man sich über dieses Bedenken hinwegsetzen, dann liege kein weiteres Bedenken gegen die Einschaltung des Wortes „pflichtmäßigem“ vor.

Zu der Behauptung von Jellinek, daß die Worte „nach ihrem Ermessen“ an falscher Stelle ständen, bemerke er, daß sie, wenn man die Best. so auslege, wie er es getan habe, selbstverständlich vor das Wort „notwendig“ gehörten.

7a. Ein Ausschußmitglied führte aus, die Darlegungen des Regierungsvertreters hätten bei ihm sehr schwere Bedenken gegen das G. im ganzen nach der Richtung ausgelöst, ob es sich wirklich empfehle, in dieses Wespennest von Schwierigkeiten und Streitigkeiten der höchsten Gerichte hineinzustechen und durch Neufassungen neue Schwierigkeiten zwischen den höchsten Gerichten hervorzurufen. Er könne allerdings eine endgültige Erklärung für seine politischen Freunde noch nicht abgeben.

Die von einem Redner vorgeschlagene Fassung des § 1: Polizei ist Angelegenheit des Staates, soweit nicht durch besondere Gesetze etwas anderes verordnet ist, scheine ihm in scharfem Widerspruch mit dem zu stehen, was von der Regierung verschiedentlich erklärt worden sei. Die vorgeschlagene Fassung schließe in sich, daß auch polizeiliche Aufgaben den Selbstverwaltungsbehörden zu eigenem Recht, nicht nur als Auftragsangelegenheit, übertragen werden könnten. Dagegen hätten sich die Beauftragten der Regierung aufs äußerste gewehrt; sie wünschten unter allen Umständen eine Formulierung, die das ausschließe. Dadurch komme er zu einer

Fassung für § 1, die etwa lauten würde: „Polizei ist die Betätigung des Staates, durch welche die öffentliche Sicherheit und Ordnung aufrechterhalten und die der Gesamtheit oder ihren einzelnen Mitgliedern bevorstehenden Gefahren abgewendet werden sollen. Der Staat kann sich zur Ausübung der Polizei der Hilfe der Selbstverwaltungsorgane bedienen."

Durch die Ausführungen des Regierungsvertreters sei er überzeugt worden, daß es vielleicht nicht unzweckmäßig sei, die Worte „im Rahmen der bestehenden Gesetze" in § 14 einzuschalten.

Was die Worte „nach ihrem Ermessen" anlange, so stehe er für seine Person auf dem Standpunkt des RG. Er halte auch z. B. die angeführte E. des RG. über das Rodeln in den Straßen für durchaus richtig. Er sei daher durchaus geneigt, die Einschaltung der Worte „nach ihrem Ermessen" mit großem Bedenken zu betrachten.

Er könne sich der Auffassung der Regierung nicht anschließen, daß die Einführung des Wortes „pflichtmäßigem" an der Sache nichts ändern würde. Das RG. würde dann die Pflichtmäßigkeit nachprüfen und zu demselben Standpunkt wie bisher kommen. Ermessen sei gleich Willkür und könne überhaupt nicht mehr nachgeprüft werden. Die Fassung „pflichtmäßigem Ermessen" würde dem erkennenden Gericht das Recht und die Pflicht geben, nachzuprüfen, ob wirklich die Pflicht erfüllt sei.

8. Ein Beauftragter des MindJnn. trug zur Begründung des Standpunktes der Regierung einige Beispiele vor.

Jn einem Fall habe die Pol. auf den abschüssigen Wegen, auf denen das Rodeln verboten gewesen sei, gestreut. Die Kinder hätten trotzdem gerodelt. Das Gericht habe das Bestreuen nicht für ausreichend gehalten, sondern habe es als eine Pflichtverletzung bezeichnet, daß nicht außerdem Beamte dort aufgestellt worden seien.

Ein nicht seltener Fall sei der, daß nach politischen Versammlungen die Versammlungsteilnehmer durch die Straßen gingen, die Polizei es unterlasse, sie durch bestimmte Straßen abzudrängen, und es dann in bestimmten Straßen zu Zusammenstößen komme. Das RG. prüfe dann nachträglich genau nach, ob es nicht besser gewesen wäre, die Leute durch die und die Straßen umzuleiten. Eine solche Auffassung gehe zu weit. So etwas könne nur durch die Fassung, die § 14 in dem Entw. habe, ausgeschlossen werden.

9. Ein Ausschußmitglied sprach sich für die Fassung „nach pflichtmäßigem Ermessen" aus, zumal auch die Regierung erklärt habe, daß jetzt schon in diesem Sinne interpretiert werde. Dem Vorredner gebe er zu bedenken, daß, wenn ein pflichtwidriges Nichteinschreiten der Pol. vorliege wie in dem erörterten Falle, der die Grundlage für einen Schadensersatzanspruch gegeben habe, auch heute schon auf Grund des § 839 BGB. und Art. 131 RV. ein Entschädigungsanspruch gegeben sei. Das gelte natürlich auch für die Zukunft. Aber man stoße hierbei auf die Grenze, und man könne an den Begriff des pflichtmäßigen Ermessens nicht den strengen Maßstab anlegen wie der Vorredner. In dieser Beziehung erwecke das Urteil über das Nichtascheſtreuen in Solingen die lebhaftesten Bedenken. Es sei ganz unmöglich, eine Polizeiverwaltung zu zwingen, eine stark berodelte Straße mit Sand oder mit Asche zu bestreuen; dann würde es dahin führen, daß beim Schneefall alle Schupobeamten in Preußen mit Aschestreuen beschäftigt werden müßten. Gerade dieser Solinger Fall sei ein ausgezeichnetes Beispiel dafür, wieweit man bei der Statuierung der Haftpflicht des Staates zu gehen habe. Man müsse den Grundsatz, daß jeder einzelne die Verantwortung für sein Tun selbst tragen müsse, auch dann anwenden, wenn die Interessen des Staates in Betracht kämen. Daher müsse jeder, der auf einer solchen stark berodelten Straße gehe, damit rechnen, daß sie vielleicht nicht bestreut sein könne, daß er auf ihr zu Schaden kommen könne, und es sei z. B. Pflicht der Eltern, dafür zu sorgen, daß die Kinder auf solchen Straßen nicht verunglückten. Er betone jedoch, daß er bei pflichtwidrigem Einschreiten der Polizei den Anspruch des zu Schaden Gekommenen aufrechterhalten wolle. Dieser Anspruch scheine ihm jedoch durch § 839 BGB. und Art. 131 RV. gedeckt zu sein.

Er habe nichts dagegen, daß der Abs. 1 in § 14 so scharf umrissen werde, wie er es jetzt sei. Die Streitfrage, wo die Grenze des pflichtmäßigen Ermessens der Polizei zu setzen sei, brauche bei dieser Gelegenheit nicht geklärt zu werden. Um zu zeigen, daß man durch noch so langes Theoretisieren diese Grenzlinie nicht finden werde, führe er einen Fall an, bei dem er selbst fast zu Tode gekommen wäre. Sein Auto sei in einer sonst keine Gefahren bietenden abgelegenen Gegend bei Nacht und Nebel auf einen von der Straße abzweigenden, sich nicht von dieser unterscheidenden, zu einem Steinbruch führenden Fahrdamm abgekommen. Plötzlich kurz vor der abbrüchigen Wand des Steinbruchs habe dieser Fahrdamm aufgehört, und um ein Haar würde sein Auto die am Ende dieses Fahrdamms angebrachte Schranke überfahren haben und in den Steinbruch hineingestürzt sein. Nach seiner Meinung wäre der Steinbruchbesitzer verpflichtet gewesen, schon an der Abzweigung des Steinbruchfahrdamms von der Hauptstraße eine große Schranke aufzurichten und hätte für den durch Nichterrichtung dieser Schranke etwa entstandenen Schaden haften müssen. Ein Vorredner dagegen würde wohl den Staat haftbar gemacht haben, weil dieser die Errichtung der Schranke nicht erzwungen habe. Das scheine ihm zu weit zu gehen.

10. Ein Vorredner meinte, daß es nach der historischen Entwicklung der Rechtsverhältnisse in Deutschland keinerlei Art von aus eigenem Recht fließender Gemeindebetätigung gebe, die als polizeiliche Handlung vom Gericht oder irgendeiner Behörde angesprochen worden sei. Es gebe keine polizeiliche Tätigkeit, die die Gemeinde aus eigenem Recht ausübe; Auftragsangelegenheiten seien eine Sache für sich. Es sei unrichtig, zu sagen: Wenn bei einer Rodelbahn der Polizeipräsident einen Beamten hinstelle, so sei das ein Akt der Polizei; wenn es aber die Stadt tue, sei das nie und nimmer Polizei. Man könne also die Polizei nicht materiell abgrenzen, sondern nur formell. So hätten es bisher die Gesetze und die Gerichte gemacht, und es sei vollkommen logisch und richtig, wenn die Regierung in diesem Gesetz ebenso verfahre und sage: Polizei ist Angelegenheit des Staates. Wenn irgendwo in den Ge-

setzen von Polizei geredet werde, solle es sich immer um eine staatliche Funktion des Staates handeln. Alles andere führe nicht zu einer konkreten und präzisen Lösung des Problems.

11. Bezüglich der Frage des Rechtsschutzes, den der einzelne gegen polizeiliche Eingriffe haben müsse, werde verlangt, daß das pflichtmäßige Ermessen die Grundlage des Verhaltens der Polizei sein müsse —, nicht jedoch schlechthin das Ermessen. Man glaube auch nicht, daß die Regierung ohne weiteres Ermessen und pflichtmäßiges Ermessen gleichgestellt habe. Die Regierung habe vielmehr angesichts der befürchteten großen Zahl von Schadensersatzansprüchen den Versuch gemacht, hier das Pflichtmäßige aus dem polizeilichen Eingreifen herauszulassen. Jetzt allerdings wolle sie wieder das pflichtmäßige Ermessen zugestehen. Zu berücksichtigen sei, daß der Standpunkt, daß die Polizei nach pflichtmäßigem Ermessen zu handeln habe, auch die Grundlage der Entscheidungen des Reichsgerichts bei Schadensersatzansprüchen sei. Die Einfügung des pflichtmäßigen Ermessens sei genügend.

Der Berichterstatter habe sich durch seine Anträge in der Tat als ein finsterer Reaktionär erwiesen, weil er sich darin auf den Standpunkt des Polizeistaates ganz und gar stelle und die Rechtssphäre des Einzelnen gegenüber der Allmacht der Polizei durchaus mißachte. Der Berichterstatter sei sich in keiner Weise bewußt, daß die Polizei nicht nur in Bagatellsachen einzugreifen habe, wie z. B. im Falle des Sandstreuens auf der Rodelbahn; es seien noch ganz andere polizeiliche Eingriffe möglich: in das berufliche, wirtschaftliche, kulturelle Leben, in die gesamten Lebensverhältnisse eines Menschen, die dessen Existenz aufs schwerste erschüttern könnten. Wer nicht Reaktionär sein wolle, müsse, wenn der Staat nun einmal ein solches Gesetz vorlege, allen Staatsbürgern die Möglichkeit wahren, sich vor den ungeheuren Gefahren, die in der zweifellosen Allmacht der Polizei lägen, einer Allmacht, die mit keiner anderen Funktion des Staates verglichen werden könne, zu schützen. Der Berichterstatter dagegen begnüge sich nicht einmal mit dem Standpunkt der Regierung, sondern wolle durch seinen Antrag ausdrücklich alle Schadensersatzansprüche ausschließen.

12. Ein zweiter Beauftragter des Ministers des Innern bestritt, daß es keine materielle Begriffsbestimmung der Polizei gebe. Eine solche enthalte die Bestimmung § 10 II 17 des Allgemeinen Landrechts. Außerdem habe man noch den Grundsatz des Polizeiverwaltungsgesetzes von 1850, in dem es heiße: „Die Polizei wird ausgeübt im Namen des Königs.“ Auf die Jetztzeit übertragen, müßte diese Bestimmung lauten: Die Polizei wird ausgeübt im Namen des Staates. Das Gesetz von 1850 sei übrigens, so paradox es auch klingen möge, das ältere gegenüber der Bestimmung § 10 II 17 des Allgemeinen Landrechts; denn diese habe ihre rechtliche Bedeutung erst erlangt durch die Rechtsprechung des Oberverwaltungsgerichts.

Ein Nichteinschreiten der Polizei beim Verkaufen der Konsumvereine nach Ladenschluß, das ein Ausschußmitglied angeführt habe als Beispiel, um in der Frage der Schadensersatzpflicht die Vorlage zu bekämpfen, würde selbstverständlich eine Amtspflichtverletzung sein; denn die Zeit des Ladenschlusses sei gesetzlich festgelegt, und Zuwiderhandlungen dagegen seien unter Strafe gestellt. Das Legalitätsprinzip verpflichte die Polizei — diese Verpflichtung sei allerdings durch die Paragraphen 153 und 154 der StPO. ein klein wenig gemildert —, strafbare Handlungen zu ahnden. Daher würde in allen Fällen, in denen die Polizeibehörden durch Nichtverfolgung von strafbaren Handlungen Willkür üben würden, selbstverständlich eine Amtspflichtverletzung gegeben sein, die eine Schadensersatzpflicht nach sich ziehen würde. Bei allen in Rede stehenden strafbaren Handlungen habe die Polizei auf Grund des Legalitätsprinzips in Tätigkeit zu treten. Dies würde als Regierungserklärung bei der Auslegung dieser Vorschrift — wenn sie Annahme finden sollte — in der praktischen Handhabung des Gesetzes von Bedeutung sein.

Für die Regierung wäre pflichtmäßiges Ermessen genau so annehmbar wie einfaches Ermessen. Die Absicht der Regierung und besonders von Drews, die Polizeibehörden von Schadensersatzverpflichtungen freizustellen, werde wohl am besten durch den Antrag des Berichterstatters verwirklicht. Fiskalisch betrachtet, sei dies von geringerer Bedeutung, da es zwar 11 000 kommunale Polizeiverwaltungen, aber nur 40 staatliche Polizeiverwaltungen gebe. Die Schadensersatzpflicht würde also primär im wesentlichen die Kommunen treffen, natürlich sekundär im Wege des Finanzausgleichs auch den Staat. Dieser könne aber an den einzelnen Polizeibeamten Regreß nehmen. Daher bitte er, noch einmal zu erwägen, ob man dem Polizeibeamten, der ganz unmöglich die ganze Unsumme von Paragraphen beherrschen könne, einen Strick daraus drehen wolle, wenn er in einer bestimmten Lage nicht das Notwendige getan habe. Andererseits sei natürlich auch zu überlegen, ob es richtig wäre, dem Staat oder den Kommunen immer den Schaden aufzuhängen.

13. Ein Ausschußmitglied führte aus: Der Regierungsvertreter habe eine ganze Reihe von Bedenken aufgeführt, die gegen den Rechtszustand sprächen, wie er sich unter Geltung des § 839 BGB. und der gegenwärtigen Polizeigesetze herausgebildet habe. Es sei nicht zu verkennen, daß manche Punkte Bedenken erregen könnten. Hier handele es sich aber um die Frage, ob der Schutz gegen die polizeiliche Allmacht, die jetzt tatsächlich vorhanden sei, in den Vordergrund gestellt werden solle, oder der fiskalische Gesichtspunkt, daß der Fiskus einmal zum Regreß herangezogen werden könne, und der weitere Gesichtspunkt, daß der eine oder andere Polizeibeamte im Wege des Regresses vom Fiskus in Anspruch genommen werden könne. Seine Fraktion neige der Auffassung zu, daß der Schutz des Staatsbürgers gegenüber der polizeilichen Allmacht, wie sie sich besonders im neuen Staat herausgebildet habe, den Vorzug verdiene. Der Vertreter einer Partei habe ausgeführt, daß sie an dem Rechtszustand, wie er sich auf Grund des § 839 BGB. gegenwärtig herausgebildet habe, nicht rütteln wolle. Wenn man aber jetzt den Antrag 14 (oben S. 115), dessen rechtliche Zulässigkeit auf Grund des § 839 er keineswegs bestreite, annehmen würde, dann würde in der Tat für die Polizei keine Verpflichtung gegenüber dem Einzelnen bestehen, und dann könne irgendein Regreßanspruch mit einiger Aussicht auf Erfolg nicht erhoben werden. Die Auf-

fassung des Regierungsvertreters, daß im Falle einer Pflichtverletzung eines Polizeibeamten durch eine pure Willkürhandlung § 839 unter allen Umständen Platz greife, sei allerdings theoretisch ganz richtig, aber der Nachweis, daß eine Pflichtverletzung vorgekommen sei, werde sehr schwer zu erbringen sein. Wenn eine Pflichtverletzung durch Willkürhandlung behauptet werde, werde eingewandt werden, daß keine Willkür vorliege, sondern daß der Beamte in seinem Ermessen fehlgegriffen habe, und deshalb würde ein Regreßanspruch in den meisten Fällen nicht anerkannt werden. Deshalb könne seine Fraktion dem Antrag des Berichterstatters nicht folgen. Seine politischen Freunde hätten ursprünglich geglaubt, daß die Ersetzung von „nach ihrem Ermessen" durch „nach pflichtmäßigem Ermessen" genügen würde, um die in dem Wort „Ermessen" liegende Gefahr zu beseitigen, weil das erkennende Gericht in die Lage versetzt werden würde, zu prüfen, ob das Ermessen, das zu einer Handlung oder einer Unterlassung eines Polizeibeamten geführt habe, wirklich auf pflichtmäßiger Prüfung beruht habe oder nicht. Nachträglich sei er aber zweifelhaft geworden, und seine Fraktion behalte sich vor, in der zweiten Lesung ihren Standpunkt zu ändern und auf den schärferen Standpunkt der Deutschen Volkspartei zurückzugehen; denn seine Fraktion wolle unter allen Umständen, wenn durch ein Tätigwerden oder eine Unterlassung einer Polizeiperson, die einer ruhigen Prüfung des Gerichts nicht standhalte, die Interessen des Einzelnen verletzt seien, einen Schadensersatzanspruch gegen den Fiskus gesichert sehen. Dabei wolle er durchaus anerkennen, daß bei Vorkommnissen auf Chausseen es sich darum handeln könne, daß die Provinz oder sonst ein Wegeberechtigter in Anspruch genommen werden könne. In dem Falle, den der Redner der Wirtschaftspartei vorgetragen habe, würde er den Steinbruchbesitzer unbedingt für verpflichtet gehalten haben, schon an der Abzweigungsstelle von der Chaussee eine Schranke anbringen und diese bei Nacht beleuchten zu lassen.

Seine Fraktion könne also Antrag 14 nicht annehmen. Ob

Antrag 15 gegenüber der Regierungsvorlage eine Verbesserung sei, erscheine ihr zunächst noch zweifelhaft.

14. Der Beauftragte des Volkswohlfahrtsministers führte aus: Zu § 14 Abs. 2 möchte ich ausdrücklich feststellen, falls darüber etwa Zweifel entstehen könnten, daß hierdurch das Recht der Polizeibehörden, ästhetische Interessen wahrzunehmen — eine Aufgabe, soweit sie ihnen durch das Verunstaltungsgesetz von 1902, das Verunstaltungsgesetz von 1907 und das Wohnungsgesetz übertragen ist — aufrechterhalten werden soll.

Ich nehme an, daß auch der Antrag 15 den Abs. 2 aufrechterhalten will.

Ein letztgenannter Beauftragter des MindJnn. wies darauf hin, daß in der Aussprache der Ermessensmißbrauch in positiver Hinsicht und der Ermessensmißbrauch in negativer Hinsicht zusammengeworfen worden seien. Eine Überschreitung des pflichtmäßigen Ermessens würde auch nach dem Antrag des Berichterstatters schadensersatzpflichtig bleiben. Nur die Unterlassung, also der Fall, in dem der Polizeibeamte nicht das getan habe, was er, wie man nachher glaube, hätte tun müssen, sei von der Schadensersatzpflicht ausgeschlossen. Also nur insoweit sei eine Differenz vorhanden, und dadurch seien wohl die Bedenken verringert.

Der Berichterstatter erläuterte, daß es sich in seinem Antrag Nr. 14 nur um Unterlassungen handele, um Fälle, in denen die Polizei nicht tätig geworden sei und wegen dieser Nichttätigkeit gegenüber Dritten von den Gerichten in Anspruch genommen werde. Dadurch entfielen also auch alle politischen hier gegen ihn erhobenen Vorwürfe. Man könnte ihm eher vorwerfen, daß er der Polizei zu wenig statt zu viel zugeschoben habe; er habe nicht der Willkür der Polizei Tür und Tor geöffnet, sondern habe zu ihrer Entlastung gegenüber Dritten beigetragen in Fällen, in denen sie vermeintlich zu wenig tätig gewesen sei. Antrag 14 wolle nicht über die Regierungsvorlage hinausgehen, sondern wolle sie nur klarer deklarieren, um Mißverständnisse, die sich aus ihr ergeben könnten, zu entfernen.

Ein erster Vorredner erklärte es als zweifellos unrichtig, wenn der Regierungsvertreter ausgeführt habe, daß der Begriff der Polizei doch auch zu einem Teil materiellrechtlich festgelegt sei. Er könne den Regierungsvertreter widerlegen mit den Worten des Ministerialdirektors, der ganz zu Recht erklärt habe, es handele sich in § 14 nicht um eine materielle Festlegung des Begriffs der Polizei. In § 14 sei zwar gesagt, daß die Polizei Maßnahmen treffen dürfe zur Abwehr von Gefahren usw., aber deshalb könnten auch andere Stellen Maßnahmen zur Abwehr von Gefahren treffen. Daher könne keine Rede davon sein, daß hier irgendeine materielle Begriffsbestimmung der Polizei vorliege. Es gebe eben auch jetzt keine materielle Begriffsbestimmung der Polizei, sondern nur eine formelle. Daß hier im Gesetz die Aufgaben der Polizei aufgeführt würden, ändere nichts daran, daß die Polizei ein formeller Begriff sei und daß ein wesentlicher Bestandteil des Begriffs der Polizei das sei, daß sie Aufgabe des Staates sei.

Ein anderes Ausschußmitglied empfahl, sich auf die Regierungsvorlage mit dem deutschnationalen Abänderungsantrag „nach pflichtmäßigem Ermessen" zu einigen und den Antrag 14 des Berichterstatters, der erheblichen Bedenken unterliege, nicht anzunehmen. Den Antrag 15 bitte er nicht anzunehmen, da ihm die Formulierung der Regierungsvorlage, die sich an die bisherige Fassung des Allgemeinen Landrechts anlehne, glücklich erscheine. Zur Streichung des „Ermessens" überhaupt könne er sich nicht entschließen, da dadurch neue Bedenken entstehen würden.

15. Ein erster Vorredner glaubt, durch die von ihm verlesenen Reichsgerichtsurteile genügend dargetan zu haben, daß das Reichsgericht nicht etwa auf dem Standpunkt stehe, daß die Polizei in jedem Falle hafte, sondern nur dann, wenn sie negativ eine Pflicht versäumt habe, wenn sie negativ etwas nicht getan habe, wozu sie nach der Ansicht des Reichsgerichts verpflichtet gewesen wäre. Durch die Worte „nach pflichtmäßigem Ermessen" würde eine ganz neue Rechtslage geschaffen, das heißt die ganze bisherige Judikatur des Reichs-

gerichtsfalle fort, und alle schwebenden Prozesse würden wieder aufleben. Es würde eine vollkommene Rechtsunsicherheit entstehen; denn man könne nicht wissen, wie das „pflichtmäßige Ermessen" ausgelegt werde, besonders nachdem der Inhalt, den der Gesetzgeber diesem Begriff geben wolle, durch die Verhandlungen in diesem Ausschuß nicht klargestellt, sondern eher noch unklarer geworden sei. Er warne nochmals davor, an alten Begriffen und Formulierungen etwas zu ändern, weil dadurch das Verwaltungsrecht nicht reformiert, sondern ganz neue Möglichkeiten der Rechtsprechung eröffnet würden. Wenn auch wiederholt versichert worden sei, daß dies nicht beabsichtigt sei, so liege doch in diesem Paragraphen ganz zweifellos der Zweck, etwas ganz Neues einzuführen, nämlich sich von der Haftpflicht bei negativem Verschulden möglichst freizuhalten. Selbst wenn man — abweichend von ihm — der Meinung wäre, daß das Reichsgericht in seinem Urteil über die Haftung bei dem Rodelunfall zu weit gegangen sei, könne man doch auf Grund eines einzelnen Falles nicht eine Abänderung des Gesetzes grundsätzlich verlangen. Für den Fall aber, daß das „pflichtmäßige Ermessen" bestehenbleiben sollte, müßte man zum mindesten eine auch von Jellinek für nötig gehaltene Umstellung vornehmen, und er beantrage daher eventualiter die Fassung: „die Polizeibeamten haben im Rahmen der geltenden Gesetze nach pflichtmäßigem Ermessen die notwendigen Maßnahmen zu treffen" usw. Sonst würde man bei den Polizeiverordnungen auch die Frage der Notwendigkeit vollständig in das pflichtmäßige Ermessen stellen, d. h. den Richter von dieser Prüfung ausschließen. Das wäre aber eine ganz gefährliche Wirkung, wodurch evtl. die ganze Rechtsprechung des Reichsgerichts abgeändert werden würde. Im übrigen sei diese Umstellung auch in dem neuen Eventualantrag vorgenommen worden.

Die Worte „Gefahren abzuwenden, durch die die öffentliche Sicherheit und Ordnung gestört werden", in den Anträgen seien nicht ganz logisch; denn die Gefahren störten nicht, sondern sie drohten zu stören. Die Bestimmung, daß die Polizeibeamten die Ordnung aufrechtzuerhalten und Gefahren abzuwenden hätten, die drohten, sei eine stetige Grundlage der Rechtsprechung des Oberverwaltungsgerichts, und er sehe nicht ein, warum man den Wortlaut der Bestimmung 10 II 17 des Allgemeinen Landrechts auch noch in dieser Hinsicht ändern wolle.

16. In der 2. Aussch.-Lesung Sp. 102 f. gab ein erster Beauftragter des MindInn. folgende Erklärung zu § 14 ab:

Hinsichtlich der in Klarstellung des § 10 II 17 ALR. in dem § 14 des Entwurfes eingefügten Worte „nach pflichtmäßigem Ermessen" wird folgendes erklärt:

1. Die Worte „nach pflichtmäßigem Ermessen" schließen jede Willkür der Polizeibehörden aus, und zwar sowohl bei einem Tätigwerden wie bei einem Nichttätigwerden.

2. a) Bei einem Tätigwerden der Polizeibehörden durch polizeiliche Verfügung ist hinsichtlich der Voraussetzungen im § 41 Abs. 1, hinsichtlich der Frage des Mittels im § 41 Abs. 2 eine klare rechtliche Grenze gezogen, die einen sicheren Schutz gegen Ermessensmißbräuche gewährt.

b) Bei einem Tätigwerden der Polizeibehörden durch Erlaß einer Polizeiverordnung gilt hinsichtlich der Voraussetzungen der § 14 Abs. 1 (Abwehr einer der Gesamtheit oder ihren einzelnen Mitgliedern bevorstehenden Gefahr, Erhaltung der öffentlichen Sicherheit oder Ordnung). Hinsichtlich der Mittel zur Gefahrenbekämpfung wird eine Überschreitung des pflichtgemäßen Ermessens insbesondere dadurch vermieden, daß allgemein die Zustimmung einer Beschlußbehörde oder eines Selbstverwaltungsorganes vorgeschrieben ist. Ermessensmißbrauch macht die Polizeiverordnung ungültig.

3. Aus der Stellung der Worte „nach pflichtmäßigem Ermessen" vor „notwendigen" ergibt sich, daß die Polizeibehörden gehalten sein sollen, wenn die Voraussetzungen des § 14 vorliegen, tätig zu werden. Hinsichtlich der Wahl der Mittel sollen sie insofern frei sein, als eine Amts-

pflichtverletzung wegen Unterlassung nicht schon dann gegeben sein soll, wenn sie jeweils nicht das objektiv sicherste Mittel zur Beseitigung der Gefahr oder Störung anordnen, sondern daß es genügt, wenn sie je nach dem Grade ihrer Kenntnis der Gefahr oder Störung ein für die Beseitigung objektiv in Frage kommendes Mittel anwenden.

17. Ein Ausschußmitglied wies auf eine vermutlich auch den anderen Fraktionen bekannte Anfrage des Deutschen Städtetages hin, die sich mit der Betrachtung über die Zulässigkeit von Polizeiverordnungen befasse, ob Plakatierung an anderen als den vorgesehenen Anschlagsäulen usw. auf Grund des § 14 verboten werden könne.

Die von einem Ausschußmitglied berührte Auslegungsfrage im einzelnen Fall sei eine Frage, für die letzten Endes das Oberverwaltungsgericht zuständig sei. Das Oberverwaltungsgericht habe in einer grundsätzlichen Entscheidung zu dieser Frage in dem Sinne Stellung genommen, daß derartige Polizeiverordnungen an sich gültig seien, aber nicht insoweit Geltung beanspruchen könnten, als darunter auch Firmenschilder fielen, die keinerlei verkehrshindernde Wirkung hätten.

Der vorgenannte Beauftragte des MindInn. wies darauf hin, daß in der Begründung gesagt worden sei, daß als Störung der öffentlichen Ordnung auch eine Behinderung der Leichtigkeit des Verkehrs anzusehen sei. Dadurch sei diese Frage generell geregelt. Die neue Fassung bedeute keinerlei materiell-rechtliche Änderung des geltenden Rechts.

Ein Ausschußmitglied machte darauf aufmerksam, daß nach der bisherigen Judikatur der Verkehr nicht nur vor Gefahren zu schützen gewesen sei, sondern daß auch Polizeiverordnungen hätten erlassen werden können, die lediglich darauf hinausliefen, die Leichtigkeit des Verkehrs zu gewährleisten. Diese Möglichkeit stütze sich auf den § 6b des Gesetzes über die Polizeiverwaltung vom 11. März 1850. Da dieser Paragraph nun aufgehoben werden solle, sei ein Zusatz im Gesetz unentbehrlich.

Der zweite Beauftragte des MindInn.

meinte, nach der allgemeinen Definition des Begriffs „öffentliche Ordnung" umfasse dieser Begriff die Gesamtheit derjenigen ethischen und sozialen Grundsätze, deren Innehaltung von der Mehrheit jeweils als unerläßliche Voraussetzung für ein gedeihliches Zusammenleben angesehen wird. Im Jahre 1850 hätte man die „Sicherheit" und die „Leichtigkeit" des Verkehrs noch scheiden können. Jetzt im Zeitalter des Verkehrs sei das kaum mehr angängig. Jedenfalls herrsche wohl Übereinstimmung dahin, daß die öffentliche Ordnung auch die Leichtigkeit des Verkehrs umfasse. Es handle sich um eine rechtliche Streitfrage, die durch den entsprechenden Hinweis in der Begründung ausreichend geklärt sein dürfte.

Der Berichterstatter erklärte, daß er im Falle einer Aufnahme der Bestimmungen über die Leichtigkeit des Verkehrs in den § 14 im Plenum wieder beantragen werde, sie herauszustreichen. Sie gehörten nicht in den § 14. Aber es sei ihm überhaupt zweifelhaft, ob diese speziellen Bestimmungen, auf die man zufällig gekommen sei, aufgenommen werden müßten und nicht vielmehr durch § 14 gedeckt würden.

Der Vorredner hielt es für gefährlich, sich zu der herrschenden Judikatur in Gegensatz zu stellen. Die bisherige Judikatur des vierten Senats des OVG. stehe auf dem Standpunkt, daß der § 6b des PolVerwG. vom 11. März 1850 für den Erlaß von Verkehrspolizeiverordnungen unentbehrlich sei. Den kurzen Hinweis in der Begründung halte er nicht für ausreichend.

Nachdem der Vorsitzende festgestellt hatte, daß sich die Regierung und sämtliche Mitglieder des Ausschusses darin einig seien, daß die Regelung der Leichtigkeit des Verkehrs durch Polizeiverordnungen gesichert sein müsse, faßte der Vorsitzende die Auffassung des Ausschusses wie folgt zusammen:

Die öffentliche Ordnung umfaßt auch die Leichtigkeit des Verkehrs.

Die Prüfung der Frage, an welcher Stelle dieser Zusatz eingefügt werden solle, könne man dem Berichterstatter bis zur zweiten Beratung im Plenum überlassen.

18. **Begriff der Polizei. Altes und neues Recht.** A. Der heutige PolBegriff hat sich seit dem 16. Jahrhundert in Deutschland entwickelt. Nach dem Vorbilde von Frankreich waren seit dieser Zeit Reich und Einzelstaaten dabei, durch zahlreiche Vorschriften der verschiedensten Art eine größere Sicherheit und Ordnung im Lande, eine Verbesserung der Sitten, Einschränkungen des Luxus und Hebung des Wohlstandes einzuführen. Man griff nach dem Wort „Polizei". Wenn es auch in seiner Unbestimmtheit die erwünschte Gelegenheit gab für die Erweiterung der staatlichen Tätigkeit und die landesherrlichen Hoheitsrechte durch dieses PolRecht eine starke Ausdehnung erfahren haben, so hat sich doch die Grenzenlosigkeit der Formel während der Zeit bis zum Ende des 18. Jahrhunderts erhalten. Der aufgeklärte Despotismus versteht unter Polizei die ganze nach innen gerichtete Staatstätigkeit. Ohne feste Begrenzung umfaßte man unter Polizei die gesamte Tätigkeit der Obrigkeit im Innern des Reichs, des Territoriums, der Stadt zusammen. In Gebieten, wo infolge der Reformation der Landesherr als oberster Bischof auch die kirchliche Verwaltung zu leiten hatte, kam ihm auch zu „die Ordnung der christlichen Religion und der guten Polizei" (*Loening*, Lehrbuch des deutschen Verwaltungsrechts, 1884, § 2). Im 18. Jahrhundert hat man in Preußen die Polizei als denjenigen Teil der Landesverwaltung bestimmt, der nicht Rechtspflege und nicht Militär- und Finanzverwaltung war. Somit war im wesentlichen unter Polizei das verstanden worden, was wir heute *innere Verwaltung* nennen. Demgegenüber wurde im täglichen Leben mit dem Worte „Polizei" die Vorstellung eines von der Obrigkeit auszuübenden Zwanges verknüpft. Diesem Sprachgebrauch folgte zuerst Joh. Stephan *Pütter* (1770), nach dem die Polizei *diejenige Tätigkeit des Staates ist, die gerichtet ist auf die Vorbeugung künftiger Übel und Gefahren, verbunden mit Anwendung von Zwang.* Dagegen schied die Wohlfahrtspflege aus. Dieser Auffassung folgte dann auch das ALR. in § 10 II 17. Später und bis

heute ist die Polizei nicht mit innerer Verwaltung gleichgesetzt worden, sondern wird vielfach bezeichnet als diejenige Tätigkeit der Staatsgewalt auf dem Gebiete der inneren Verwaltung, die mit einem Zwang gegen Personen verbunden ist oder verbunden sein kann. Pol. ist danach eine staatliche Tätigkeit, die auf allen Gebieten der Verwaltung durch Gebote und Verbote zur Anwendung kommen kann und sich durch Zwangsmittel und Strafen äußert. Nach preußischem Rechte trat bisher hinzu das Begriffsmerkmal, daß sich jede polizeiliche Tätigkeit darstelle als die Abwendung der dem Publikum oder dessen Mitgliedern drohenden Gefahren durch Störungen der öffentlichen Ordnung, Ruhe und Sicherheit. Dem entsprach auch der erwähnte § 10 II 17 ALR., so daß grundsätzlich Pol. und SicherheitsPol. gleichbedeutend war. Dagegen bedeute die WohlfahrtsPol. eine positiv auf Förderung der Staatszwecke gerichtete Tätigkeit. Die beiden sind begrifflich Gegensätze (OVG. 9, 353; Peters, VerwArch. 29, 398; E. des Kompetenzkonfliktsgerichtshofs vom 29. Mai 1920, MinBliV. 330). Aus der Literatur sei nur auf Wichtiges zurückgegriffen. Otto Mayer, Deutsches Verwaltungsrecht, 3. Aufl., 1 Bd. (1924) S. 209 ff., nennt die umfassende Macht obrigkeitlicher Einwirkung auf die Untertanen PolGewalt. Sie ist die öffentliche Gewalt, die auf dem Gebiete der Verwaltung wirksam wird zur Abwehr von Störungen der guten Ordnung des Gemeinwesens aus dem Einzeldasein. Dies geschieht unter Berufung auf Seydel, Meyer-Anschütz, Rosin, Thoma. Unter Pol. würde dementsprechend die Verwaltungstätigkeit zu verstehen sein, die mit jener Gewalt arbeitet. Gegenüber der laxeren Verwendung, die dieses Wort im täglichen Leben findet, ist die Sprache der Wissenschaft sichtlich bemüht, ihm die Abgrenzung zu geben, die zu dem Begriffe der PolGewalt stimmt. — Fleiner, Institutionen des deutschen Verwaltungsrechts, 8. Aufl. (1928), S. 385 ff., betont, daß die Staatsgewalt seit dem 18. Jahrhundert zurückgeschraubt wurde auf die Sorge für Rechtsschutz und die Verfolgung des

Sicherheitszweckes. Die Entwicklung in Deutschland vollziehe sich in denselben Bahnen. Ihren Höhepunkt erreichte sie in dem § 10 II 17 ALR.: „Die nötigen Anstalten zur Erhaltung der öffentlichen Ruhe, Sicherheit und Ordnung und zur Abwendung der dem Publiko oder einzelnen Mitgliedern desselben bevorstehenden Gefahr zu treffen, ist das Amt der Polizei." Diese Auffassung sei in der Folge in ganz Deutschland zur Herrschaft gelangt. Die Gesetzgebung hat sie aufgenommen und dort, wo es an gesetzlichen Vorschriften fehlt, wie z. B. in Sachsen, ist sie vom Gewohnheitsrecht zu unbestrittener Geltung gebracht worden; sie bildet heute überall die Grundlage des PolRechts (a. a. O. S. 388).

Nach W. Jellinek, Verwaltungsrecht, 3. Aufl. 1931, S. 421 ff., genügt es, wenn man die Pol. noch allgemeiner umschreibt als Otto Mayer, nämlich als die Staatstätigkeit zur Abwehr von Störungen der öffentlichen Ordnung im Staatsinnern. Gegen die Begriffsbestimmung des zuletzt erwähnten Schriftstellers wendet er ein, daß es doch auch Pol. sei, wenn die Behörde für die Beseitigung des Felsblocks sorgt, der ohne menschliches Zutun auf die Straße gerollt ist; zum mindesten bei der Frage der PolKosten müsse man auch solche Fälle unter den PolBegriff bringen können. Pol. sei also nicht nur, wie Otto Mayer meint, „Verwaltungstätigkeit . . ., die mit der öffentlichen Gewalt arbeitet".

B. Den Begriff der Pol. hat auch das PolVerwG. vom 1. Juni 1931 nicht besonders definiert. Wie schon die Überschrift des Abschnitts IV „Die Aufgaben der PolBehörden" zeigt, wird vielmehr die Formulierung des § 14 unter den Gesichtspunkt gebracht, was Aufgaben der PolBehörden sind. Damit ist derselbe Rechtszustand gegeben wie bis zum 1. Oktober 1931 in Preußen. Denn auch unter der Herrschaft des § 10 II 17 ALR. hing die Aufgabe der Pol. eng mit der (außerhalb der letzterwähnten Gesetzesvorschrift befindlichen) Definition zusammen. Unbeschadet der verschiedenen Gestaltung des PolRechts in den einzelnen deutschen Ländern hatte sich weitgehende Gemeinsamkeit herausgebildet. Überall wurde als die Aufgabe der Pol. angesehen, die nötigen Anstalten zu treffen: a) zur Erhaltung der öffentlichen Ruhe, Sicherheit und Ordnung, b) zur Abwendung der dem Publikum oder einzelnen aus dem Publikum bevorstehenden Gefahr. Darüber hinaus darf sie zur Pflege der Wohlfahrt im allgemeinen mit ihren gesetzlichen Zwangsmitteln nicht einschreiten, wenn nicht besondere gesetzliche Vorschriften hierzu ermächtigen. Zweifelhaft war und ist, wieweit die Abwehr nicht nur von Gefahren, sondern auch von sonstigen Störungen zur Aufgabe der Pol. gehört. M. E. nur insoweit, als sie unter den Gesichtspunkt der Erhaltung der Sicherheit und Ordnung gebracht werden können.

C. Nach § 14 haben die PolBehörden im Rahmen der geltenden Gesetze die nach pflichtmäßigem Ermessen notwendigen Maßnahmen zu treffen, um von der Allgemeinheit oder dem einzelnen Gefahren abzuwehren, durch die die öffentliche Sicherheit oder Ordnung bedroht wird. Das Problem, das in den Worten „im Rahmen der geltenden Gesetze" und dasjenige, welches in den Worten „nach pflichtmäßigem Ermessen" liegt, ist in den obigen Anmerkungen auf Grund der Entstehungsgeschichte der Vorschrift dargelegt worden. Der Ausdruck „notwendigen Maßnahmen" entspricht dem § 10 II 17 ALR., wo von den „nötigen Anstalten" die Rede war. Der Zweck der polizeilichen Tätigkeit ist Abwehr von Gefahren; das schließt nicht aus, daß wie bisher nach geltendem Rechte auch sonstige Störungen abzuwehren zur Aufgabe der Pol. gehört, weil die Grenze zwischen Störungen und Gefahren außerordentlich schwer zu ziehen ist. Gefahr ist ein Schwebezustand, während dessen der Eintritt eines zukünftigen Schadens möglich ist, weil seine Voraussetzungen gegeben sind. Die Gefahr muß eine bevorstehende sein, um die Behörden zum Einschreiten zu berechtigen; eine entfernte Gefahr oder die Befürchtung einer möglichen Gefahr genügt nicht, vielmehr muß mit einer gewissen Wahrscheinlichkeit der Eintritt eines Schadens angenommen werden können. Wegen einer bloßen Belästigung oder der Gefahr einer solchen kann nur dann polizeilich vorgegangen werden, wenn zugleich entweder die öffentliche

Sicherheit und Ordnung oder die Leichtigkeit des Verkehrs auf öffentlichen Straßen usw. gestört wird (PrOVG. 39, 294, 402; 41, 324; KG. 23 C 15; 32 C 13). Der Ausschluß der Wohlfahrtspflege von der polizeilichen Befugnis ist grundsätzlicher Art, sollte WohlfahrtsPol. eingreifen, so mußte das schon nach bisherigem Recht durch eine sondergesetzliche Vorschrift bestimmt werden; jetzt greift § 14 I ein. Die Pol. hat ihre Aufgabe der Aufrechterhaltung der Sicherheit oder Ordnung und die Abwendung der Gefahr in der Richtung des Publikums, d. h. einer Personenmehrheit von unbestimmter Abgrenzung. § 14 I spricht von der „Allgemeinheit", um daneben noch die Gefahrabwendung von dem einzelnen hervorzuheben. Das bisherige Recht kannte die drei Begriffe: Ruhe, Ordnung und Sicherheit. Unter Ruhe verstand man nicht die Vermeidung von störendem Geräusch, auch nicht die Beherrschung großer Gemütserregungen, sondern ein der öffentlichen Ordnung und Sicherheit entsprechendes tatsächliches Verhalten. Der Begriff der Ruhe war und ist gegenüber dem der Sicherheit jedoch schwer abgrenzbar; § 14 hat den Begriff der Ruhe deshalb nicht übernommen. Unter Sicherheit ist die Abwesenheit von Gefahr zu verstehen. Der Begriff der öffentlichen Ordnung ist keineswegs mit absoluter Bestimmtheit zu umgrenzen; doch kommt es hierauf deshalb nicht so sehr an, weil das polizeiliche Einschreiten in allen Fällen zulässig ist, sei es, daß die Sicherheit oder die öffentliche Ordnung bedroht wird; unter einen dieser Begriffe muß das Verhalten gebracht werden können. Der Anlaß der Gefahrabwehr muß die Bedrohung der öffentlichen Sicherheit oder Ordnung sein. Gegenüber dem bisherigen Rechte ist aber die Frage des Ausmaßes der polizeilichen Befugnisse etwas genauer zu untersuchen. Früher wurden die Fragen gestellt: welche Zwecke verfolgt die Pol., auf welche Lebensgebiete erstreckt sie sich, wie weit kann sie in die Freiheit der einzelnen eingreifen? Was die erste Frage angeht, so ging die durchaus herrschende Meinung dahin, daß in Verfolg des § 10 II 17 ALR. die polizeiliche Befehlsgewalt nur die auf Sicherung gerichtete Staatstätigkeit ist, die daher von ihren Macht- und

Zwangsmitteln nur Gebrauch machen kann zur Abwendung von Unsicherheiten, aber nicht zur Förderung der Wohlfahrt. Dies galt ohne Unterschied für PolVOen. wie PolVerfen. (z. B. PrOVG. 11, 368; 26, 327; 31, 237; 41, 325; 44, 391; KG. 21 C. 18; RGSt. 22, 40). Von einer geringen Zahl von Schriftstellern wurde behauptet, daß § 10 II 17 sich nur auf die polizeiliche Verfügungsgewalt, nicht aber auf die polizeiliche Hilfstätigkeit, die PolGesetzgebung, auf das PolVerordnungsrecht beziehe (Rosin, Koehne, Rödenbeck). Doch ist die herrschende Meinung in Wissenschaft und Praxis dem überwiegend entgegengetreten. Nach heutigem Rechte ist in § 14 I d. G. mit aller Deutlichkeit der Hauptzweck der Pol. in die Wahrung der öffentlichen Sicherheit und Ordnung gelegt worden. Daneben hat § 14 II den Satz geprägt: „Daneben haben die Polizeibehörden diejenigen Aufgaben zu erfüllen, die ihnen durch Gesetz besonders übertragen sind." Es ist hier nicht ausgesprochen, daß es sich immer um Fragen der WohlfahrtsPol. handeln müsse. Die Sache ist aber die, daß die SicherheitsPol. einer anderen gesetzlichen Grundlage als in Abs. I nicht bedarf, daß es sich daher in Abs. II nur um etwas handeln könne, was nicht SicherheitsPol. ist. Die besondere gesetzliche Grundlage, die in Abs. II verlangt wird, läßt alle Pol., die nicht SicherheitsPol. ist, als Ausnahme und eben der besonderen gesetzlichen Grundlage bedürftig erscheinen, während die SicherheitsPol. durch Abs. I ein für allemal ihre Grundlage empfangen hat.

Die obenangedeutete Frage, auf welche Lebensgebiete sich die Pol. erstrecken darf, ist im PolVerwG. vom 11. März 1850 § 6 für das bisherige Recht beantwortet. Danach gehören zu den Gegenständen der polizeilichen Vorschriften: a) Schutz der Personen und des Eigentums; b) Ordnung, Sicherheit und Leichtigkeit des Verkehrs auf öffentlichen Straßen, Wegen und Plätzen, Brücken, Ufern und Gewässern; c) der Marktverkehr und das öffentliche Feilhalten von Nahrungsmitteln; d) Ordnung und Gesetzlichkeit bei dem öffentlichen Zusammensein einer größeren Anzahl von Personen; e) das öffentliche Interesse in bezug auf die Aufnahme und Beherbergung von Fremden; die Wein-, Bier- und Kaffeewirtschaften und sonstige Einrichtungen zur Verabreichung von Speisen und Getränken; f) Sorge für Leben und Gesundheit; g) Fürsorge gegen Feuersgefahr bei Bauausführungen sowie gegen gemeinschädliche und gemeingefährliche Handlungen, Unternehmungen und Ereignisse überhaupt; h) Schutz der Felder, Wiesen, Weiden, Wälder, Baumpflanzungen, Weinberge usw.; i) alles andere, was in besonderem Interesse der Gemeinden und ihrer Angehörigen polizeilich geordnet werden muß. Da nun gemäß § 79 II zu e) das PolVerwG. vom 11. März 1850 aufgehoben worden ist, fragt es sich, in welcher Weise jetzt die Antwort auf die Frage gefunden werden kann, auf welche Lebensgebiete sich die Pol. erstrecken darf. Man muß m. E. annehmen, daß der § 14 allgemeiner Natur ist und daß alle Fälle der SicherheitsPol. zu ihren Lebensgebieten gehören und zwar auf Grund des Abs. I, daß daneben alle anderen Arten von Pol. dazu gehören, wenn sie eine besondere gesetzliche Spezialdelegation haben und endlich, daß die §§ 15—17 weitere Zuständigkeiten eröffnen. Die Zuständigkeiten des PolVerwG. von 1850 stehen auch nach § 14 jedenfalls dann den PolBehörden zu, wenn die Voraussetzungen des Abs. I der letztgenannten Vorschriften vorliegen.

Eine erschöpfende Aufzählung der Aufgaben läßt sich kaum bewirken, ist auch nicht beabsichtigt, doch mögen einige wichtige Grundsätze, die das OVG. geprägt hat, hier beispielsweise Erwähnung finden. In der E. vom 15. März 1917, 72 292, hat das OVG. den Umfang der im Sicherheitsinteresse von der Pol. zu verlangenden Reinigung und Beleuchtung von Privatstraßen geprüft. Eine völlig straßenmäßige Beleuchtung, wie sie bei stark entwickeltem Verkehr auf öffentlichen Ortsstraßen von den Gemeinden in besonderer Fürsorge für die Gemeindeinteressen geschaffen wird, kann bei Privatstraßen nicht verlangt werden. — Eine Anordnung der OrtsPolBehörde, welche von einer Gemeinde die Übernahme und Ausführung der öffentlich-rechtlichen Reinigungspflicht hinsichtlich eines „in der geschlossenen Ortslage" befindlichen Weges fordert, ohne Näheres über Art, Maß, Zeit und Ort der Reinigung zu bestimmen, stellt sich nicht als Auflage einer Reinigungsleistung, sondern als Verlangen der Feststellung der polizeimäßigen Reinigungspflicht dar und ist deshalb nach §§ 2 und 7 des WegereinigungsG. vom 1. Juli 1912 (GS. S. 187) unzulässig. (OVG. vom 19. Februar 1920, 75 351.). — Was alles zu den polizeilichen Aufgaben zählt, beleuchtet eine E. des OVG. vom 19. Februar 1930, 75 339. Die Obdachlosigkeit ist ein polizeiwidriger Zustand, zu dessen Abstellung die Pol. verpflichtet ist, es sei denn, daß die Obdachlosigkeit eine Folgeerscheinung armenrechtlicher Hilfsbedürftigkeit ist, welcher in erster Linie der Ortsarmenverband abzuhelfen hat. Zur zwangsweisen Einweisung eines Obdachlosen in die leerstehende Wohnung eines Dritten ist die Pol. nur im Falle eines Notstandes berechtigt. Unter diesen Voraussetzungen darf jedoch die Pol. dem Dritten nicht die dauernde Aufnahme eines Obdachlosen aufgeben. Sie kann nur die vorläufige Aufnahme während angemessener Frist anordnen. Angemessen ist die Frist, der die Pol. bedarf, um ihrerseits die zur Aufnahme des Obdachlosen erforderliche Unterkunft zu beschaffen. — Der Grundsatz, daß die Pol. zu einem Einschreiten behufs Abwendung einer Gefahr auf Grund des § 10 II 17 ALR. (und jetzt des § 14 PolVerwG.) nur dann befugt ist, wenn tatsächlich eine Gefahr vorhanden ist, während die bloße Annahme einer solchen nicht ausreicht, gilt unbedingt nur dann, wenn die Pol. eine endgültige Anordnung erläßt. Greift die Pol. nur vorläufig und nur insoweit ein, als dies nötig ist, um die pflichtgemäße Aufklärung eines zweifelhaften Tatbestandes herbeiführen und die zur Gefahrbeseitigung nötigen Anstalten für jeden Fall treffen zu können, daß die Voraussetzungen polizeilichen Einschreitens sich als gegeben erweisen, so sind derartige einstweilige Anordnungen auch dann rechtsgültig, wenn die endgültige Prüfung ergibt, daß eine Gefahr tatsächlich nicht vorliegt. (OVG. vom 20. April 1922, 77 333.) — Auf Grund des § 10 II 17 ALR. (und jetzt des § 14) kann die Festsetzung von Fluchtlinien für eine zu einem Kinderspielplatze bestimmte Freifläche von den Gemeinden polizeilich nicht gefordert werden. Denn das Fluchtlinienwesen ist für Gemeinden durch das FluchtlinienG.

vom 2. Juli 1875 erschöpfend geregelt und bleibt auch Sache der zu dem Zweckverband Groß-Berlin gehörigen Gemeinden, soweit nicht durch Zweckverband auf Grund des ZweckverbandG. vom 19. Juli 1911 Fluchtlinien endgültig festgesetzt worden sind. Unter Plätzen im Sinne des FluchtlinienG. sind nur öffentliche Plätze zu verstehen, die als polizeiliche Verkehrsanstalten der Bestimmung der Pol. unterworfen sind und auch unterworfen bleiben, wenn sie mit dem Willen der Pol. vorübergehend oder dauernd für besondere Zwecke bestimmt und eingerichtet werden. Freiflächen im Sinne des § 1 Abs. 1 Ziff. 3 des ZweckverbandsG. gehören nicht zu den Straßen und Plätzen, für deren Anlegung und Veränderung § 1 des FluchtlinienG. die Festsetzung von Straßen- und Baufluchtlinien vorsieht. Sie können der Eigenschaft der Öffentlichkeit ermangeln und sind nicht polizeiliche Verkehrsanstalten, sondern kommunale Einrichtungen des Zweckverbandes. Ihre Bereitstellung sowie die Festsetzung von Fluchtlinien für ihre Umgebung ist Aufgabe des Zweckverbandes, nicht der zu diesem gehörigen Gemeinden. (OVG. vom 22. Juni 1916, **71** 341.) — Eine polizeiliche Vf. aus Anlaß der Kontrolle der Namenführung ist behandelt in der E. d. OVG. vom 5. Mai 1913, **65** 264. Eine allgemeine gültige Feststellung darüber, welcher Name einer Person rechtlich zukommt, steht der Pol. nicht zu. Die auf § 10 II 17 ALR. beruhende Aufgabe der Pol., darüber zu wachen, daß im bürgerlichen Verkehre richtige Namen geführt werden, liegt der Orts-, nicht der LandesPolBehörde ob. OVG. vom 5. Mai 1913, **65**, 265. — Über die polizeiliche Vf., betr. die Schreibweise eines Familiennamens. Zur Frage der Beweiskraft der Kirchenbücher für die Schreibweise von Familiennamen. (OVG. vom 18. März 1915, **70** 320.) Der Gerichtshof hat in den Urteilen vom 27. April 1909 und vom 5. Mai 1913 (PrVerwBl. Jahrg. 31 S. 24 und Entsch. d. OVG. **65** 264, bes. 275) ausgeführt, daß den ordnungsmäßig geführten Standesregistern zwar gemäß § 15 des PersonenstandsG. vom 6. Februar 1875 die Vermutung der Richtigkeit der in ihnen enthaltenen Eintragung zukomme, und zwar nicht nur der ursprünglichen

Eintragung, sondern auch der nach Durchführung des gesetzlich geregelten Verfahrens (§§ 65, 66 d. G. vom 6. Februar 1875, § 70 d. G. über die freiwillige Gerichtsbarkeit vom 17. Mai 1898) erfolgten Berichtigung. Weiter hat er dargelegt, daß der nach § 15 a. a. O. zulässige Gegenbeweis gegen die Richtigkeit des Inhalts der Register nicht lediglich den zur Anordnung einer Berichtigung der Standesregister berufenen Gerichten gegenüber, sondern auch gegenüber der PolBehörde in dem Verfahren aus den §§ 127 ff. des LandesverwaltungsG. vom 30. Juli 1883 erbracht werden könne, und daß es dem zur Nachprüfung der polizeilichen Vf. zuständigen Verwaltungsgericht obliege, selbständig zu prüfen und zu entscheiden, ob die Eintragung oder ihre Berichtigung richtig ist oder nicht. — Einer Gemeinde kann durch polizeiliche Anordnung nicht aufgegeben werden, daß sie in eine die Benutzung der Gemeindeanstalt regelnde Ordnung eine Vorschrift bestimmten Inhalts aufnehme, weil ein derartiges Eingreifen in die kommunale Selbstverwaltung der Pol., auch der LandesPol., bei dem Mangel eines entsprechenden Gesetzes nicht zusteht. E. d. OVG. vom 1. Dezember 1911, 61 130. — Eine polizeiliche Vf. gab einer preußischen Stadtgemeinde auf, wegen gesundheitsgefährlicher Beschaffenheit ihrer jetzigen Kläranlage einen Entw. ausarbeiten zu lassen, welcher die Reinigung der städtischen Abwässer in einer auf außerpreußischem Gebiete zu erbauenden Kläranlage vorsieht. Das OVG. hat in der E. vom 28. November 1916, 72 277, angenommen, daß wenn keine Unmöglichkeit der Errichtung der Kläranlage an der bezeichneten Stelle auf außerpreußischem Gebiete vorliegt, das geltende Recht, insbesondere § 10 II, 17, die PolBehörde auch nicht hindert, einer preußischen Gemeinde die Beseitigung eines innerhalb ihres Bezirkes bestehenden polizeiwidrigen Zustandes durch Inanspruchnahme außerpreußischen Gebietes aufzugeben, sofern diese Inanspruchnahme sich im Rahmen der nötigen Anstalt hält. Die Frage wird, wenn auch nicht ohne Bedenken, auch für das geltende Recht zu bejahen sein. Dagegen im Gegensatze zu OVG. die weitere Frage **nicht**, ob der Stadtgemeinde aufgegeben werden konnte, einen Entw. für eine gerade an der in der Vf. bezeichneten Stelle zu errichtende Kläranlage aufzustellen und einzureichen. Denn die Abfassung eines geistigen Produkts kann nicht polizeilich auferlegt werden. In derselben E. ist der Grundsatz ausgesprochen, daß eine polizeiliche Vf. nicht schon deshalb von vornherein rechtswidrig ist, weil die in ihr gebotene Handlung der Genehmigung eines Dritten bedarf. In dieser Allgemeinheit wird man zustimmen können, es bedarf aber stets m. E. der Prüfung im Einzelfalle. Zutreffend ist die in langer Praxis bewährte Feststellung der E. vom 28. November 1926 a. a. O., daß wenn mehrere Urheber eines polizeiwidrigen Zustandes vorhanden sind, die PolBehörde die Beseitigung von einem jeden, der in irgendwie wesentlichem Maße dazu beiträgt, verlangen kann. Vgl. aber jetzt auch § 18 ff. — Die Pflicht der Gemeinden, dem allgemeinen Gebrauche dienende Einrichtungen für die Versorgung mit Trink- oder Wirtschaftswasser herzustellen, wird in bezug auf die Grundstücke regelmäßig schon mit der Herstellung einer allgemeinen, den Grundstücken zugänglichen Trinkwasserleitung erfüllt, erstreckt sich aber bei der Versorgung des Publikums im allgemeinen Ortsverkehr in der Regel auch auf die Herrichtung von unmittelbaren Wasserentnahmestellen (Straßenbrunnen und dergleichen) nach Maßgabe des bestehenden Bedürfnisses. E. d. OVG. vom 24. Mai 1910, 57 294. — Eine polizeiliche Vf. war ergangen, die dem Besitzer eines Hotels mit Großbetrieb aufgab, einen in den Hotelräumen gefundenen Gegenstand gemäß §§ 965—967 BGB. als gefunden anzumelden und an die PolBehörde abzuliefern. Unter den Begriff der dem öffentlichen Verkehr dienenden Verkehrsanstalten im Sinne des § 978 BGB. fallen nicht nur Transportanstalten, d. i. Anstalten, welche der Beförderung von Personen, Gütern oder Nachrichten dienen, sondern auch Anstalten, die dem öffentlichen Verkehr im weiteren Sinne zugänglich sind oder dienen, wie z. B. Warenhäuser, Theater, Versammlungsräume und dergleichen. Ein Hotel mit Großbetrieb, in dem bezüglich der dort zurückgelassenen oder verlorengegangenen Sachen eine sorgfältige

Aufsicht eingerichtet ist, kann ebenfalls hierzu gerechnet werden. Liegen die Voraussetzungen dafür vor, so ist der Hotelbesitzer zur polizeilichen Anmeldung der im Hotel gefundenen Sachen nicht verpflichtet. (OVG. vom 30. November 1916, 72 264.) — Polizeiliche Anordnung zur Vertilgung von Ratten aus gesundheitspolizeilichen Gründen betrifft die E. d. OVG. vom 4. Mai 1915, 69 317. In einer E. ist die Annahme zutreffend als irrig bezeichnet, daß polizeiliche Vfen. zu ihrer Voraussetzung eine PolVO. haben. Fehlt es an besonderen Vorschriften, auf die sie sich stützen kann, so komme als ihre Grundlage die allgemeine Best. des § 10 II 17 ALR. in Betracht. Derselbe Grundsatz muß auch heute gelten unter Ersetzung der letzterwähnten Vorschrift durch § 14 PolVerwG. — Auch wenn für PolBehörden gemäß § 14 PolVerwG. (früher § 10 II 17 ALR.) ein selbständiger Grund zum Einschreiten vorliegt, kann dieses nicht dahingehen, daß einem Gewerbetreibenden unmittelbar aufgegeben wird, die Betriebseinrichtungen in einen polizeimäßigen Zustand zu versetzen. Das Einschreiten der Pol. muß sich darauf beschränken, den polizeiwidrigen Betrieb zu verhindern. Es handelt sich um einen Fall der landwirtschaftlichen Unfallversicherung und um Unfallverhütungsvorschriften. Die PolBehörden sind nicht befugt, auf Antrag der Berufsgenossenschaften, deren Mitgliedern unter Androhung polizeilichen Zwanges Auflagen zu machen, die lediglich die Befolgung der berufsgenossenschaftlichen Unfallverhütungsvorschriften bezwecken. OVG. vom 17. Dezember 1914, 68 309. — Der Zögling einer öffentlichen Lehranstalt im Sinne des § 1 Ziff. 2 des ReichsimpfG. vom 8. April 1864 ist auch ein aus Gesundheitsrücksichten vom Schulbesuch vorübergehend beurlaubtes, aus der Schule aber noch nicht entlassenes Kind. Im Falle des § 2 I a. a. O. kann die PolBehörde zur zwangsweisen Ausführung der Impfung erst dann schreiten, wenn feststeht, daß eine Gefahr für das impfpflichtige Kind seit Jahresfrist nicht mehr vorhanden war. E. d. OVG. vom 6. Oktober 1914, 68 343. — Der Eigentümer eines Miethauses ist nicht befugt, denjenigen Beamten, welche kraft obrigkeitlichen Auftrages zur Durchführung des ihnen im öffentlichen Interesse übertragenen Pflichtenkreises in dem Hause dienstliche Verrichtungen zu erledigen haben, die Benutzung des nach der Hausordnung „nur für Herrschaften" bestimmten Vordereinganges zu verbieten, muß ihnen vielmehr die Benutzung eines jeden Hauseinganges gestatten, der überhaupt dem gewöhnlichen Verkehr nach dem Hause offensteht. Die Beamten haben zu ermessen, welcher Hauseingang in jedem Falle zur Erledigung der ihnen aufgetragenen dienstlichen Verrichtungen geeignet und zweckentsprechend ist. E. d. OVG. vom 4. Januar 1910, 55 266. — Befindet sich der Mieter einer Wohnung noch in seinem Mietsbesitze, so kann dem Vermieter das Eindringen in die Wohnung polizeilich verboten werden, es sei denn, daß der Mieter den Mietsbesitz nur ausübt, um dem Vermieter Schaden zuzufügen. Dem polizeilichen Einschreiten steht nicht entgegen, daß dem Vermieter das Bewußtsein der Rechtswidrigkeit des Eindringens in die Wohnung fehlt. OVG. vom 12. März 1914, 67 309. — Die PolBehörde ist nicht befugt, einem Chemiker aufzugeben, daß er das an seinem Hause angebrachte Schild mit der Aufschrift „Öffentliches Chemisches Laboratorium Dr. M. . . ." oder wenigstens das Wort „Öffentliches" entferne und ihm zu untersagen, auf seinen Geschäftspapieren, in Zeitungsankündigungen oder sonst sein Laboratorium als ein „Öffentliches" zu bezeichnen. Nur gegen eine solche Bezeichnung „Chemisches Laboratorium" kann die PolBehörde einschreiten, welche einer Verwechselung der Anstalt mit einer „öffentlichen Anstalt zur technischen Untersuchung von Nahrungs- und Genußmitteln" im Sinne des § 17 des NahrungsmittelG. Vorschub leistet. E. d. OVG. vom 8. Oktober 1909, 55 252. — Die Aufstellung von Strandkörben am Seebadestrand ist ein Ausfluß des dem Publikum zustehenden Gemeingebrauchs des Meeresstrandes. Die Pol. ist befugt, sofern hinreichender Anlaß vorliegt, die Aufstellung der Strandkörbe nach Zeit und Ort zu regeln, insbesondere anzuordnen, daß sie außerhalb der Zeit ihrer Benutzung aus dem Bereiche des Strandverkehrs entfernt werden. Von der polizeilichen Verfügungsgewalt darf nicht zur Wahrung der Interessen des Fiskus oder der Gemeinden derart Gebrauch gemacht werden, daß die Aufstellung von Strandkörben beschränkt wird, um die Erhebung der Gebühr für diese Aufstellung durchzusetzen. E. d. OVG. vom 18. Mai 1909, 54 262. — Die eigenmächtige Entfernung eines polizeilich angebrachten Straßenschildes im Wege der Selbsthilfe ist unzulässig. E. d. OVG. vom 7. Januar 1909, 53 255. — Einem erklärten Trunkenbolde darf das Betreten eines zum Ausschanke geistiger Getränke bestimmten Lokals nicht ausnahmslos, sondern nur insoweit verboten werden, als das Betreten allein oder mit zu dem Zwecke geschieht, um dort geistige Getränke, sei es zum Mitnehmen oder zum Genuß auf der Stelle zu erwerben. Eine PolVO., die unter allen Umständen den Schankwirten verbietet, einem erklärten Trunkenbold in ihren Lokalen den Aufenthalt zu gestatten, ist wegen unzulässigen Eingriffs in die Handlungsfähigkeit ungültig. E. d. OVG. vom 1. Februar 1907, 50 261. — Derstelle, Die polizeiliche Zurückführung flüchtiger Kinder zu ihren Erziehungsberechtigten, in der Zeitschrift „Die Polizei" (1930), S. 356. — Was die Art, nicht die Lebensgebiete der polizeilichen Tätigkeit angeht, so ist einmal das Recht zu PolVfen., dann zu PolVOen. und zu Zwangsmitteln, §§ 40 ff., 24 ff., 55 ff., weiter zu sonstigen Anordnungen gemäß § 58 und zu PolStrafVerfen., §§ 95 ff., im G. selbst geregelt. — Die Frage, inwieweit die Pol. in die Freiheit der einzelnen eingreifen kann, war früher geregelt durch das PolVerwG. vom 11. März 1850 und zwar zunächst durch zwei Vorschriften: § 1 bestimmte, daß jeder, der sich in dem Verwaltungsbezirke der Pol. aufhält oder daselbst ansässig ist, ihren polizeilichen Anordnungen Folge leisten muß. Hierin war nicht nur die Regelung der örtlichen Zuständigkeit, sondern eine allgemeine Gehorsamspflicht ausgesprochen. Ferner bestimmte § 15 daselbst, daß in polizeiliche Vorschriften keine Bestimmungen aufgenommen werden dürfen, die mit den Gesetzen oder den VOen. einer höheren Instanz in Widerspruch stehen. Einerseits war daher die Pol. nicht auf bestimmte einzelne Befugnisse beschränkt, sondern sie hatte alle diejenigen, die ihr nicht durch § 15 und etwaige besondere Gesetze entzogen sind. Andererseits hat der Staatsbürger gegenüber der Pol. nur diejenigen Freiheitsrechte, die ihm in Gesetzen (natürlich auch in der RV.) ausdrücklich verliehen sind. M. E. besteht kein „freies, gesetzloses Gebiet"; vielmehr war dies durch § 15 zugunsten der Pol. ausgefüllt. Nach heute geltendem Rechte ist die örtliche Zuständigkeit der PolBehörden durch die §§ 22, 23 näher geregelt, im übrigen gilt inhaltlich dasselbe wie früher auf Grund des § 15 des früheren PolVerwG. Jedenfalls ist aber die Einschränkung der PolGewalt auch heute noch Rechtens, daß sie lediglich eintreten kann im Interesse der öffentlichen Sicherheit oder Ordnung und nicht bei privaten Angelegenheiten. Verboten ist der Polizei, eine ausdrückliche Vorschrift zu ändern; eine erschöpfende Vorschrift zu ergänzen, so daß ein G., das eine Materie erschöpfend geregelt hat, nicht durch PolVOen. vervollständigt werden kann; auch kann die Pol. nicht in ein ausdrücklich gewährtes Freiheitsrecht eingreifen, wie solche heute nach der RV. in großem Umfange vorhanden sind (Art. 109—165).

D. Zum PolRecht gehört auch das sogenannte Staatsnotrecht, das in den §§ 74, 75 der Einleitung zum ALR. enthalten ist: Einzelne Rechte und Vorteile der Mitglieder des Staates müssen den Rechten und Pflichten zur Förderung des gemeinschaftlichen Wohls, wenn zwischen beiden ein wirklicher Widerspruch (Kollision) eintritt, nachstehen (§ 74). Dagegen ist der Staat denjenigen, welcher seine besonderen Rechte und Vorteile dem Wohle des gemeinen Wesens aufzuopfern genötigt wird, zu entschädigen gehalten (§ 75). Diese Vorschriften sind durch das PolVerwG. vom 1. Juni 1931 nicht aufgehoben, wie insbesondere § 79 II zeigt. Dagegen ist dort ausdrücklich die Aufhebung des G. über die Zulässigkeit des Rechtsweges in Beziehung auf polizeiliche Verfen. vom 11. Mai 1842 (GS. S. 192) ausgesprochen. Damit ist natürlich auch der für das bisherige Recht besonders wichtige § 4 d. G. nicht mehr rechtens, ebenso nicht § 6, wonach, wenn eine polizeiliche Verf. im Wege der Beschwerde als gesetzwidrig oder unzulässig aufgehoben wird, den Beteiligten ihre Gerechtsamen nach den allgemeinen Bestimmungen über die Vertretungsverbindlichkeit der Beamten vorbehalten bleiben.

E. In der Sitzung des Landtages vom 7. Mai 1931 (Sten-Ber. 20392 ff.) wurde von dem Abgeordneten von Eynern § 14 als der Kern- und Angelpunkt des ganzen G. bezeichnet. Während man über die allgemeine Struktur desselben in den Verhandlungen und darin einig gegangen war, daß die beiden in dem jetzigen § 4 nebeneinander bestehenden Aufgabenkreise: Erhaltung der öffentlichen Sicherheit und Ordnung und Abwehr der Gefahren, die der Allgemeinheit oder ihren einzelnen Mitgliedern drohen, nebeneinander gelten sollen, ist in der zweiten Ausschußlesung vom Berichterstatter der Gedanke vertreten worden, die Vorschrift umzubauen und sie lediglich auf die Gefahrenabwehr abzustellen. Es beruht dies auf einer Anregung von Drews, der auf dem Standpunkt steht, daß auch die Erhaltung der öffentlichen Sicherheit und Ordnung eigentlich einen Teil der Gefahrenabwehr darstellt, die Erhaltung der Ordnung stelle nichts anderes dar, als daß man sie gegen drohende Gefahren verteidigt; denn wenn sie nicht irgendwie durch Gefahren bedroht sei, so brauche man sie nicht zu erhalten Diese Meinung brauche aber nach von Eynern nicht dazu zu dienen, eine Formulierung zu ändern, die doch nun einmal durch alle Verwaltungsgerichtsurteile hindurch ihren Bestand behalten hat. Von Eynern gebrauchte folgendes Beispiel: Bisher sei man immer von der Auffassung ausgegangen, daß die polizeilichen Funktionen im wesentlichen zwei Ziele hätten: einmal wirkt die Pol. präventiv und ein andermal repressiv. Die Erhaltung der öffentlichen Sicherheit und Ordnung bedeute einerseits, daß man sich vor ihrer Störung bewahre, dann aber auch, daß man nach einer Störung den ordnungsmäßigen Zustand wieder herstellt. Wenn man sich nun vorstellt, daß der ordnungsmäßige Zustand gestört ist, daß aber dieser gestörte Zustand, an den sich die Leute gewöhnt haben, gar keine Gefahr bedeutet, z. B. bei einem kleinen Verstoß gegen eine BauPolVO., dann werde nach bisherigem Rechte geprüft, ob der Bau, wie er dasteht, auch allen Erfordernissen der BauPolVOen., der Bauvorschriften, entspricht; man braucht aber nicht zu prüfen, ob dieser Zustand eine Gefahrenquelle ist. Wenn man nun ausdrücklich sagt, lediglich der

Schutz der Gefahr ist das Amt der Pol., dann könnte man auf den naheliegenden Gedanken kommen: das mag richtig sein, der Betreffende hat einen halben Meter mit seinen Gebäuden näher an die Straße herangebaut, als er durfte; während die BauPolVO. 20 m vorschreibt, ist er nur 19,50 m entfernt geblieben; dieser Zustand entspricht zwar nicht der BauPolVO., er ist ordnungswidrig, er stellt aber doch nach keiner Richtung eine Gefahr dar. An dieser Rechtslage etwas zu ändern sei weder notwendig noch nützlich.

Auch zu der Frage, ob die Worte „nach pflichtgemäßen Ermessen" angefügt werden sollen, hat von Eynern a. a. O. Stellung genommen. Zunächst sollen sie die Pol. vor der Aufhebung ihrer VOen. im weiteren Umfang schützen, als es heute geschieht. Die bisherige Rechtsprechung hat auf die objektive Notwendigkeit abgestellt. Es braucht nicht schon eine konkrete Gefahr vorzuliegen, es genügt eine abstrakte, diese muß aber objektiv vorhanden sein. Nach der neuen Fassung komme es nicht darauf an, ob die Gefahr objektiv vorhanden war, sondern ob nach dem subjektiven Ermessen des die PolVO. Erlassenden die Maßnahme notwendig ist. Zwar würde ein Ermessensmißbrauch, eine Willkür, die PolVO. ungültig machen, nicht aber ein gebrauchtes freies Ermessen. Die Worte „nach pflichtgemäßem Ermessen" haben auch eine zweite Seite: sie sollen das Opportunitätsprinzip klarstellen. Es bedeutet bei der Pol. nichts anderes, als daß der Grundsatz des zwangsweisen Eingreifens, wie es z. B. bei Strafverletzungen für alle Strafverfolgungsbehörden besteht, bei der Pol. nicht gilt. Dieser Satz ist von fundamentaler Bedeutung und an ihm ist auch nicht zu rütteln. Die Grenze für die Verantwortlichkeit der Pol. muß da sein, wo der betreffende Beamte anfängt, seine Pflicht zu versäumen, wenn eine Nachlässigkeit, eine Nichtachtung der ihm obliegenden Pflichten vorliegt. Etwas anderes hat die Judikatur des RG. niemals festgestellt und wird es nicht tun (a. a. O. 20395 ff.). Sachlich ist hierzu zu bemerken, daß in der Tat auch schon nach bisherigem Rechte das Opportunitätsprinzip galt und daß die Pol. nach pflichtmäßigem Ermessen handeln mußte; daß dort, wo sie dieses überschritt oder

Willkür sich zuschulden kommen ließ, eine Schadenshaftung insbesondere nach § 839 BGB., Art. 131 RV. in Verbindung mit den Beamtenhaftpflichtgesetzen in Frage kam. Die große Gefahr, auf die mehrfach im Ausschuß hingewiesen wurde, besteht darin, daß die Frage, ob das pflichtmäßige Ermessen vorlag oder nicht, einer sehr verschiedenen Beurteilung zugänglich ist und ferner, daß die Frage offenbleibt, ob diese Ermessensfrage nach der Auffassung der Vorgesetzten des tätigwerdenden PolBeamten oder ob sie nach der Meinung der ordentlichen Gerichte oder der Verwaltungsgerichte zu beurteilen ist. Zweifellos ist letzteres an und für sich möglich, aber nicht notwendig; die Pol. kann sich in gewissen Fällen auf den Standpunkt stellen und dann wird man gegen sie mit einer Schadensersatzklage nicht durchdringen, daß sie sehr wohl im Rahmen ihrer Ermessenspflicht geblieben ist und daß hierüber nur die Pol., insbesondere die Vorgesetzten zu entscheiden haben. Wenn daher auch der Text dG. bei gewissenhaftester Handhabung der polizeilichen Tätigkeit voraussichtlich keine großen Schäden verursachen wird, so ist doch die Abstellung auf das Ermessen nicht ohne Bedenken. Immerhin wird die Gefahr, die in der restlosen Anerkennung des Opportunitätsprinzips liegt, dadurch gemildert, daß den Worten „nach pflichtmäßigem Ermessen" die anderen Worte folgen „notwendigen Maßnahmen". Damit ist der Rahmen des pflichtmäßigen Ermessens abgesteckt nach dem Grundsatz der Notwendigkeit. Der Beauftragte des MindInn. hat erklärt, aus der Stellung der Worte „nach pflichtmäßigem Ermessen" vor „notwendigen" ergebe sich auch, daß die PolBehörden gehalten sein sollen, tätig zu werden, wenn die Voraussetzungen des § 14 vorliegen. Hinsichtlich der Wahl der Mittel sollen sie insofern frei sein, als eine Amtspflichtverletzung wegen Unterlassung nicht schon dann gegeben sein soll, wenn sie jeweils nicht das objektiv sicherste Mittel zur Beseitigung der Gefahr oder Störung anordnen, sondern daß es genügt, wenn sie je nach dem Grunde ihrer Kenntnis der Gefahr oder Störung ein für die Beseitigung objektiv in Frage kommendes Mittel anwenden. Zu dieser amtlichen Erklärung ist zu bemerken, daß man sich über die Frage des freien Ermessens hinsichtlich der Mittel sehr wohl verständigen kann, wenn auch hier gerade der Grundsatz, daß das betreffende Mittel das notwendige war, im G. selbst einen Anhaltspunkt zur Anfechtung erhält. Dabei ist noch zu berücksichtigen, nach § 41 II gilt, daß, wenn zur Beseitigung einer Störung der öffentlichen Sicherheit oder Ordnung oder zur wirksamen Abwehr einer polizeilichen Gefahr mehrere Mittel in Frage kommen, es genügt, wenn die PolBehörde eines dieser Mittel bestimmt; daß dabei tunlichst das den Betroffenen und die Allgemeinheit am wenigsten beeinträchtigende Mittel zu wählen ist, daß aber endlich dem Betroffenen auf Antrag zu gestatten ist, ein von ihm angebotenes anderes Mittel anzuwenden, durch das die Gefahr ebenso wirksam abgewehrt wird. Man erkennt in dieser Vorschrift zweifellos eine Einengung des polizeilichen Ermessens hinsichtlich der Mittel, wenn auch der obenerwähnte Antrag des Betroffenen abgelehnt werden kann und dies dann als erneute polizeiliche Vf. gilt (§ 41 II letzter Satz). Aber es handelt sich doch nicht nur um das Ermessen in bezug auf die Mittel, sondern auch darum, ob überhaupt in die persönliche Sphäre polizeilich eingegriffen werden soll. Gewiß setzt dies die Erfüllung der Voraussetzungen des § 14 I 41 und insbesondere voraus, daß der Rahmen der Gesetze beachtet wird, daß eine Gefahrenabwehr von der Allgemeinheit oder dem Einzelnen vorliegt, und daß durch jene Gefahr die öffentliche Sicherheit oder Ordnung bedroht wird. Aber hinsichtlich aller dieser Einzelmerkmale ist wiederum freies, wenn auch pflichtmäßiges Ermessen zugesichert, demnach auch darüber, ob die Voraussetzungen des Eingriffs vorliegen. Vgl. auch die Bedenken von von Eynern a. a. O. 20 397 ff. Die Pol. braucht nur ein objektiv in Frage kommendes Mittel anzuwenden. Selbst wenn jeder sagt: das hat man doch voraussehen können, daß das nichts hilft, das ist doch nicht das richtige Mittel — so heißt es einfach: nach den Kenntnissen, die dieser PolVerwalter von der Gefahr hatte, hat er geglaubt, daß das das richtige Mittel sei. Jedenfalls ist m. E. darauf Gewicht zu legen, daß die Einfügung der Worte „nach pflichtmäßigem Ermessen“ nicht zu einer Verminderung der Haftung der Pol. in denjenigen Fällen führen darf, in denen ein polizeiliches Einschreiten oder ein polizeiliches Mittel nicht angebracht war und die Voraussetzungen des § 14 I nur willkürlich mit dem Begriff des „pflichtmäßigen Ermessens“ gedeckt werden. Kein Zweifel darf darüber bestehen, daß das Einschreiten der Pol. in strafrechtlichen Angelegenheiten nur im begrenzten Maße (§ 153 StPO.) dem Opportunitätsprinzip unterworfen ist.

F. Die Bestimmung des § 17 dG., daß die PolBehörden die Befugnis haben, die Vorladung von Personen im Zwangswege durchzuführen „soweit diese Maßnahme zur Ermittlung oder Aufklärung einer Handlung oder Unterlassnug erforderlich ist, die den Verdacht eines Verbrechens oder Vergehens gegen ein StrafG. oder eine PolVO. rechtfertigt“, ist aus der Vorschrift des Entw. § 17 I entstanden: „soweit diese Maßnahme zur Ermittlung oder Aufklärung einer Handlung oder Unterlassung erforderlich ist, die den Verdacht des Verstoßes gegen ein Strafgesetz oder eine Polizeiverordnung rechtfertigt“. Nach einem vom Abgeordneten Eichhoff (vgl. auch StenBer. 20402) vertretenen Antrag sollte die Befugnis der Pol. auf die Fälle beschränkt werden, in denen die Pol. im Auftrage der Staatsanwaltschaft nach § 161 oder des Untersuchungsrichters nach § 89 StPO. handelt. Nach der bisherigen Rechtslage ist die Pol. nach reichsrechtlicher Vorschrift befugt, Beschuldigte und Zeugen vorzuladen und zu vernehmen. Eine Pflicht der von der Pol. vorgeladenen Personen, zu erscheinen und auszusagen, ist durch die StPO. nicht begründet worden. Diese beschränkte sich vielmehr darauf, in § 27 II einen Fall hineinzunehmen, in dem sie bestimmt, daß die Pol. zur vorläufigen Festnahme eines Verdächtigen schreiten darf, wenn die Voraussetzungen eines Haftbefehls vorliegen und Gefahr im Verzuge obwaltet. Die StPO. kennt dagegen für die Pol. keinerlei Zwangsmittel gegenüber einem Zeugen. Es ist streitig gewesen und geblieben, ob die Pol. von der Zwangsgewalt, die sie auf Grund der Landesgesetze etwa besitzt, Gebrauch machen darf. Die Ausübung der Zwangsgewalt ist aber auf Grund landesrechtlicher Vorschriften nicht möglich. § 6 I EGStPO. lautet: „Die prozeßrechtlichen Vorschriften der Landesgesetze treten für alle Strafsachen, deren Entscheidung gemäß des § 3 nach den Vorschriften der StPO. zu erfolgen hat, außer Kraft, insoweit nicht in der StPO. auf sie verwiesen wird". Nach § 3 findet sie auf alle Strafsachen Anwendung, welche vor die ordentlichen Gerichte gehören." Nach Eichhoff a. a. O. ist es nicht möglich, durch LandesG. der Pol. eine weitere Befugnis zu geben, als sie reichsrechtlich bereits hat. Die Frage kann nur reichsrechtlich in einer Novelle zur StPO. geklärt werden. Demgegenüber hat ein Vertreter des MindInn. im Ausschuß ausgeführt, daß die Vorschrift im Interesse einer rechtzeitigen polizeilichen Tätigkeit notwendig sei. Eichhoff und von Eynern halten aber den § 17 insoweit für überflüssig. Denn der Grundsatz, daß der Pol. im Vorbereitungsverfahren keine Zwangsgewalt gegen Zeugen zusteht, gilt anerkannten Rechtes nicht unbeschränkt. Bei Gefahr im Verzuge ist sie z. B. berechtigt, Zeugen, die die Angabe ihres Namens verweigern, vorläufig festzuhalten und zur Feststellung ihrer Persönlichkeit auch vorzuführen. § 17 aber wollte der Pol. ganz allgemein das Recht geben, in jedem Falle eines Verdachtes oder eines Verstoßes gegen ein StrafG., sogar eines Verstoßes gegen eine PolVO., mit Zwangsmaßnahmen gegen Beschuldigte und Zeugen vorzugehen. Die Neufassung scheint mir die Bedenken der beiden Abgeordneten auszuschalten.

19. Zum Schrifttum. **A.** Das allgemeine m a t e r i e l l e PolRecht beruhte bisher fast ganz allein auf dem einzigen § 10 II 17 ALR., den das OVG. in dem berühmten „Kreuzbergerkenntnis" (E. **9** 353) aus der Vergessenheit, in der er bis dahin geruht hatte, zu neuem Leben erweckt hat. Diese E. vom 14. Juni 1882 warf die Frage auf, ob jener § 10 II 17 ALR. die Aufgabe der Pol. in dem Sinne erschöpfend umschreibe, daß danach im allgemeinen das PolVORecht nur in den daselbst vorgezeichneten Richtungen geübt werden darf. Es wurde festgehalten an dem Satze, daß die VerwGerichte die Rechtsgültigkeit von PolVOen., insbesondere auch in der

Richtung zu prüfen haben, ob die Behörde, von welcher die BO. erlassen ist, sich hierbei auf einem ihrer Zuständigkeit unterstellten Gebiete bewegt. M. a. W., ob der Gegenstand der BO. einer polizeilichen Regelung von seiten jener Behörde überall unterliegt und im wesentlichen aus eben denjenigen Gründen, die bereits in dem Urteil das OVG. vom 10. Juni 1880 des näheren entwickelt hat (abgedruckt 9 363—366 in der dortigen Anm.).

B. Die Richtigkeit der grundlegenden Deduktion dieser E. 9 353 wird von manchen Seiten stark angefochten (Drews, Preußisches Polizeirecht, 3. Aufl. S. 4—6). Schon aus diesem Grunde ist eine unzweideutige gesetzliche Feststellung des Inhalts und Umfangs der PolGewalt angezeigt (Drews, Der Entwurf eines Preußischen Polizeiverwaltungsgesetzes, RuPrVerwBl. 52 2). Der § 9 der Vorlage an den Staatsrat, § 14 an den Landtag, bringt eine etwas modernisierte Fassung des § 10 II 17 ALR., an dessen sachlichem Inhalt, wie die Begründung ausdrücklich hervorhebt, nichts geändert werden soll. Dieser Standpunkt wird von Drews a. a. O. restlos gebilligt; der mit dem gemeinen deutschen Recht übereinstimmende PolBegriff des ALR. hat sich völlig in die Rechtsüberzeugung des Volkes eingelebt und sich als ein ebenso ausreichendes wie notwendiges staatliches Mittel zur Wahrung der öffentlichen Interessen erwiesen. Jede sachliche Änderung würde die Kontinuität unseres Gemeinschaftslebens bedenklich stören. Drews hat vorgeschlagen, im Interesse der Einfachheit und Deutlichkeit die aus § 10 II 17 ALR. übernommene Zweiteilung im ersten Absatze zu beseitigen und zu sagen: Die PolBehörden haben im Rahmen der geltenden Gesetze die nach ihrem Ermessen notwendigen Maßnahmen zu treffen, um von der Allgemeinheit oder den einzelnen Gefahren abzuwehren, durch die die öffentliche Sicherheit oder Ordnung gestört wird. Denn um Gefahrenabwehr handelt es sich im Sinne von § 10 II 17 ALR., wie allseitig anerkannt ist, auch bei der Erhaltung der öffentlichen Sicherheit und Ordnung, und anderseits sind, wie ebenfalls allgemein anerkannt ist, und wie übrigens auch die Fassung des § 14 der Vorlage an den

Staatsrat (§ 19 der Vorlage an den Landtag) ergibt, Gefahren auch von den einzelnen nur insoweit abzuwehren, als die öffentliche Sicherheit und Ordnung durch sie berührt werden. Die Worte des ersten Absatzes „im Rahmen der geltenden Gesetze" sowie der zweite Absatz weisen auf die Einschränkungen und Erweiterungen der polizeilichen Generalvollmacht hin, die einerseits durch die bestehende Behördenorganisation, die den Gefahrschutz auf bestimmten Lebensgebieten anderen Behördenorganisationen als der Polizei überträgt, und anderseits durch die zahlreichen Normen des speziellen PolRechts begründet sind. Die Worte „nach ihrem Ermessen" sollen die Geltung des Opportunitätsprinzips für die Polizei unzweideutig festlegen. Eine solche bestimmte Norm ist nötig insbesondere im Hinblick auf die neuere Rechtsprechung des Reichsgerichts, die immer mehr dahin neigt, eine der Polizei jedem Dritten gegenüber gesetzlich obliegende Pflicht zum Einschreiten gegen alle möglichen ihn betreffenden Gefahren anzunehmen und die Pol. für jeden Schaden, dessen Verhinderung objektiv möglich gewesen wäre, aus § 839 BGB. haftpflichtig zu machen. Eine derartige Auslegung würde im Endergebnis zu einer Art allgemeiner Unfallversicherung auf Kosten der Pol. führen. Es dürfte sich empfehlen, das Opportunitätsprinzip für die Pol. im Gesetz noch klarer und bestimmter zum Ausdruck zu bringen (a. a. O. S. 2, 3).

C. Aus der Generalklausel des § 10 II 17 ALR. hat die Rechtsprechung und die Wissenschaft bisher fast das gesamte übrige allgemeine materielle PolRecht entwickelt. Die Entwicklung ist jetzt soweit fortgeschritten, daß ein großer Teil der einschlägigen Normen in voller Übereinstimmung mit der herrschenden Rechtsüberzeugung zur formellen gesetzlichen Fixierung reif ist. Dementsprechend bildet der Entwurf das geltende Recht weiter, § 4 dG. wird gebilligt (Drews, AllgTeil S. 6 ff.).

D. Die Aufgaben der PolBehörden werden verbindlich abgegrenzt. § 10 II 17 ALR. wird übernommen mit der Erweiterung, daß die notwendigen Maßnahmen nach dem E r m e s s e n der PolBehörden zu treffen sind, womit eindeutig festgelegt ist, daß die Staatsbehörden keinen Anspruch auf

Schutz durch die PolBehörden haben, der etwa zu Schadensersatzansprüchen gegen die Pol. Veranlassung sein könnte (Richardt, PrGemZ. 24 18 vom 11. Januar 1931).

20. AusfBest. vom 1. Oktober 1931 zum PolVerwG. (MBliV. 927).

Zu § 14:

„Der Aufgabenkreis der Polizeibehörden ist der gleiche geblieben wie bisher. Der Begriff der öffentlichen Ordnung umfaßt auch die Sorge für die Leichtigkeit des Verkehrs. Die Rechtsgültigkeit von polizeilichen Verfügungen ist durch die §§ 41 und 42 besonders geregelt.

Die Worte „nach pflichtmäßigem Ermessen" schließen jede Willkür der Polizeibehörden aus, und zwar sowohl bei einem Tätigwerden wie bei einem Nichttätigwerden. Aus der Stellung dieser Worte vor dem Wort „notwendigen" ergibt sich, daß die Polizeibehörden gehalten sein sollen, wenn die Voraussetzungen des § 14 vorliegen, tätig zu werden. Hinsichtlich der Wahl der Mittel sollen sie insofern frei sein, als eine Amtspflichtverletzung wegen Unterlassung nicht schon dann gegeben sein soll, wenn sie jeweils nicht das objektiv sicherste Mittel zur Beseitigung der Gefahr oder Störung anordnen, sondern daß es genügt, wenn sie je nach dem Grade ihrer Kenntnis der Gefahr oder Störung ein für die Beseitigung objektiv in Frage kommendes Mittel anwenden."

Voraussetzungen der polizeilichen Verwahrung.

§ 15.

(1) Personen in polizeiliche Verwahrung zu nehmen, sind die Polizeibehörden nur dann befugt, wenn diese Maßnahme erforderlich ist:

a) zum eigenen Schutze dieser Personen,

b) zur Beseitigung einer bereits eingetretenen Störung der öffentlichen Sicherheit oder Ordnung oder zur Abwehr einer unmittelbar bevorstehenden polizei-

lichen Gefahr, falls die Beseitigung der Störung oder die Abwehr der Gefahr auf andere Weise nicht möglich ist.

(2) Die in polizeiliche Verwahrung genommenen Personen müssen, soweit es sich nicht um gemeingefährliche Geisteskranke handelt, spätestens im Laufe des folgenden Tages aus der polizeilichen Verwahrung entlassen werden.

(3) Die vorstehenden Bestimmungen gelten nicht für Auslieferungs- und Ausweisungsangelegenheiten.

1. Die Begr. Sp. 32 bemerkte zu den §§ 15—17: „Die Entziehung der persönlichen Freiheit, das Eindringen in eine Wohnung und die Vorladung einer Person auf die Polizeibehörde können an sich gegebenenfalls schon als notwendige Maßnahme im Sinne des § 14 dG. in Frage kommen. Es erscheint jedoch geboten, mit Rücksicht auf den starken Eingriff in die Rechte der Staatsbürger, den diese Maßnahme bedeutet, besondere Voraussetzungen zu bestimmen, unter denen es allein der Polizei gestattet ist, diese Maßnahme zu treffen." Zu § 15 insbesondere hieß es a. a. O.: „Die Zulässigkeit der Maßnahmen nach § 15 besteht unabhängig von den gemäß § 127 StPO. zulässigen Maßnahmen." Während dieser Paragraph der Verfolgung s t r a f b a r e r Handlungen dient, begründet § 15 eine Befugnis der PräventivPol. Die Festnahme gemäß § 15 darf nur dann erfolgen, wenn einer der in dieser Bestimmung enthaltenen Tatbestände vorliegt. Da es sich um Handlungen präventivpolizeilicher Natur handelt, so ist eine Anordnung der Staatsanwaltschaft oder eine Bestellung der tätigwerdenden Beamten zu Hilfsbeamten der Staatsanwaltschaft nicht notwendig. Der Festgenommene muß seitens der Polizeibehörde grundsätzlich stets am folgenden Tage entlassen werden. Das schließt nicht aus, daß, falls das G. die Überweisung an eine andere Behörde angeordnet hat, eine solche Überweisung erfolgt. — Der § 15 deckt sich im wesentlichen mit dem § 6 dG. zum Schutze der persönlichen

Freiheit vom 12. Februar 1850 (GS. S. 45) mit der Änderung, daß in Abs. I zu b eine Verschärfung der Voraussetzungen, unter denen die gesetzliche Verwahrung nur vorgenommen werden darf, eingeführt worden ist. In den Fällen des § 15 III muß eine Ausnahme gelten, da anderenfalls die FremdenPol. lahmgelegt sein würde.

2. Gegen diese Bestimmung in Buchstabe I b wandte sich ein Antrag im Ausschuß, die Fassung folgendermaßen vorzunehmen: „Zur Erreichung eines polizeilich gerechtfertigten Zweckes, falls die polizeiliche Verordnung hierzu dringend notwendig ist." So war der Wortlaut des Antrages in dem G. zum Schutze der persönlichen Freiheit, während im Entw. die Möglichkeit der polizeilichen Verwahrung an andere Voraussetzungen geknüpft ist. Erstmal ist hier rein gesetzestechnisch noch einmal die persönliche Sicherung, Abwehr persönlicher Gefahr usw. betont, sodann ist bestimmt, daß die polizeiliche Verwahrung nur dann Platz greifen dürfe, wenn die Beseitigung einer Störung der öffentlichen Sicherheit, der Ordnung oder die Abwehr einer Gefahr auf andere Weise nicht möglich sei. Von einer unmittelbar bevorstehenden polizeilichen Gefahr wird nicht gesprochen. Die Rechtsprechung des OVG. geht schon jetzt dahin, daß die Gefahr, die zu einem polizeilichen Eingreifen ermächtigt, eine unmittelbar bevorstehende sein muß. Z. B. darf die Pol. nicht eingreifen, wenn sie annimmt, daß vielleicht erst in 14 Tagen Störungen von Ruhe und Ordnung, etwa hervorgerufen durch politische Dinge, eintreten würden, und demgemäß ist in einem Urteil ausgesprochen worden, daß die Gefahr unmittelbar sein müsse. Der den Antrag Stellende führte aus, wenn man hier „unmittelbar" noch einmal hervorhebe, so wisse er nicht, wie man dann mit der Voraussetzung fertig werden soll, „falls die Beseitigung oder die Abwehr der Gefahr auf andere Weise nicht möglich ist". „Nicht möglich" sei ein Begriff, der nicht möglich sei. In dem denkbaren Falle einer von einem Geisteskranken verursachten Brandstiftung könne man entweder alle feuergefährlichen Gegenstände aus dessen Nähe ent-

fernen, einfacher aber würde es sein, und das wäre die natürliche Art, die Gefahr zu beseitigen, den Mann festzusetzen. Er glaube daher, daß der Begriff „nicht möglich" die Pol. zu stark einenge. „Dringend notwendig" sei der Ausdruck des G. zum Schutze der persönlichen Freiheit. Mit dieser Fassung komme man als Bürger aus und auch die Rechtsprechung des OVG. habe sich ihr angeschlossen. Es würden der Regierung dadurch die gemachten Befugnisse belassen, die sie gehabt habe. Weiterzugehen, liegt kein Anlaß vor. Wenn nun auch der Antrag keinen Erfolg hatte und die Bestimmung des § 15 I b dem Entw. entsprechend in das G. gekommen ist, so ist doch für die Auslegung bedeutsam, was ein Beauftragter des MindInn. auf die dargelegten Bemerkungen des Antragstellers erwidert hat. Es sei Zweck des Entw., die Befugnisse der Pol. dem Publikum gegenüber zu begrenzen. Daher scheine es richtig zu sein, die außerordentlich bedeutsame Befugnis der Pol., eine Person lediglich aus präventivpolizeilichen Gesichtspunkten ihrer Freiheit zu berauben und in polizeiliche Verwahrung zu nehmen, an besonders klare und eindeutige Formulierungen zu binden, und es sei in dieser Absicht der Begriff verwendet worden: „zur Abwehr einer unmittelbar bevorstehenden Gefahr". Die Judikatur des OVG. sei nicht ganz so wie der Vorredner es dargestellt habe. Das OVG. unterscheide schon jetzt zwischen der einfachen bevorstehenden Gefahr, die immer die Voraussetzung für ein polizeiliches Eingreifen sein müsse, und der unmittelbar bevorstehenden Gefahr, die ein Plus an polizeilichen Maßnahmen rechtfertige. Dieser Unterschied sei besonders entwickelt für Vorkehrungen, die, wenn keine andere Möglichkeit sich biete, gegen an sich nicht polizeipflichtige Personen zu treffen seien. Zu vergleichen sei auch Art. 123 II RV. Daher seien zwecks Vereinfachung der Terminologie die Worte „unmittelbar bevorstehende Gefahr" in § 15 ebenso verwendet wie in § 21, wo die PolBehörden zur Beseitigung einer bereits eingetretenen Störung der öffentlichen Sicherheit oder Ordnung oder zur Abwehr einer unmittelbar bevorstehenden polizeilichen Gefahr ermächtigt würden, Maßnahmen zu treffen, die sie sonst nicht treffen dürften. Die Bestimmung wolle also klar und eindeutig zum Ausdruck bringen, daß der Eingriff in die persönliche Freiheit, den die polizeiliche Verwahrung aus präventivpolizeilichen Gesichtspunkten darstelle — nicht aus repressiven Gesichtspunkten, wofür besondere Bestimmungen der StPO. gälten — nur zulässig sein soll bei einer unmittelbar bevorstehenden Gefahr und habe deshalb im Interesse der Rechtsgleichheit und zur Vermeidung von Schwierigkeiten bei der Auslegung dieselbe Formulierung gewählt wie in § 21. Eine Auslegung des Wortes „möglich" als „abstrakt möglich" würde selbstverständlich nicht richtig sein. Aber kein Gericht würde es so auslegen, vor allem dann nicht, wenn hier erklärt würde, daß unter „möglich" konkret und subjektiv möglich zu verstehen sei. Danach würde also der PolBeamte, wenn er bei seiner Überlegung in einer bestimmten Situation zu dem Schluß komme, daß er mit seinen physischen Kräften keine anderen Maßnahmen durchführen könne, befugt sein, die unmittelbar bevorstehende polizeiliche Gefahr dadurch zu dämmen, daß er den Betreffenden in polizeiliche Verwahrung nehme. Er glaube, mit dieser Bestimmung würde sich durchaus praktische Arbeit leisten lassen und auch die über diese Bestimmung gehörten PolPraktiker hätten keinerlei Bedenken geltend gemacht. Ein Ausschußmitglied gab zu bedenken, daß die Möglichkeit der Haftbarmachung für unzulässiges Eingreifen der Pol. natürlich in sehr vielen Fällen sehr leicht gegeben sei; denn das Gericht könne anzweifeln, ob ein anderes Verhalten des Beamten tatsächlich nicht möglich gewesen sei. Dem einzelnen Beamten, den die Regierung sonst sehr ungern mit der Verantwortlichkeit belastet, würde die Verantwortung durch diese Fassung außerordentlich stark aufgehalst.

3. Zum Schrifttum.

Drews führte aus: „Unmittelbar beschränkt in der Wahl ihrer Mittel zur Erreichung des polizeilichen Zweckes wird die Pol. durch den Entw. bezüglich der Eingriffe in die persönliche Freiheit und in die Freiheit der Wohnung sowie hinsichtlich der Befugnis zur zwangsweisen Durchführung einer Vorladung von Personen. Die §§ 15 und 16 — die ebenso wie § 17 besser in den Abschnitt über polizeiliche Vfen. gestellt würden, da es sich lediglich um Beschränkungen in der Auswahl der Mittel bei deren Erlaß handelt — ersetzen die bisher noch geltenden, aber reichlich veralteten Vorschriften dG. zum Schutze der persönlichen Freiheit vom 12. Februar 1850 und bilden an dessen Stelle ein AusfG. zu Art. 114 der RV. Nach § 15 soll die Pol. zur Beschränkung der persönlichen Freiheit — abgesehen von ihrer Tätigkeit als Strafverfolgungsbehörde, die sich nach den Vorschriften der StPO. richtet — nur insoweit berechtigt sein, als sie Personen „in polizeiliche Verwahrung nehmen" darf, wenn diese Maßnahme erforderlich ist entweder zum eigenen Schutze dieser Personen oder zur Abwehr einer dringenden, auf andere Weise nicht zu beseitigenden polizeilichen Gefahr. Die „verwahrten" Personen müssen aber spätestens im Laufe des folgenden Tages wieder freigelassen werden. Diese Regelung dürfte allen berechtigten Interessen entsprechen. Länger zurückbehalten werden dürfen nur gemeingefährliche Geisteskranke. Diese Vorschrift schafft endlich einen zweifelsfreien Rechtsboden für die Anordnungen der Pol. zur zwangsweisen Unterbringung gefährlicher Irrer. Die Notwendigkeit einer eingehenden Regelung unseres Irrenrechts bleibt natürlich trotzdem unverändert bestehen. In § 16 ist die Befugnis zum Eindringen der Pol. in Wohnungen während der Nachtzeit gegen den Willen des Inhabers auf bestimmte sachliche Voraussetzungen und bestimmte Stunden beschränkt. Die sachlichen Voraussetzungen sind gut abgegrenzt; weshalb aber andere Stunden festgesetzt sind als in den entsprechenden Vorschriften der StPO., ist nicht recht ersichtlich.

Die PolBehörden sind nach der Rechtsprechung des OVG. befugt, zur Erfüllung ihrer polizeilichen Aufgaben Personen zum Zwecke ihrer Vernehmung, Auskunfterteilung usw. vorzuladen und die Befolgung einer solchen Vorladung durch Exekutivstrafen oder unmittelbaren Zwang durchzuführen. Zu Aussagen dagegen kann die Pol. die Vorgeladenen nicht zwingen. Die Befugnis der Pol. hat also Widerstrebenden gegenüber nur einen höchst problematischen Wert. Der MindInn. hat deshalb schon längst die PolBehörden angewiesen, von dieser — im Publikum sehr lästig empfundenen — Befugnis nur dann Gebrauch zu machen, wenn die Auskünfte usw. von den Betreffenden aus besonderen Gründen nicht auf andere Weise, insbesondere durch Befragen in ihrer Wohnung, erhalten werden können. Das G. schränkt in § 17 das Recht der Pol. zur zwangsweisen Gestellung auf diejenigen Fälle ein, in denen das persönliche Erscheinen vor der Pol. erforderlich ist zur Aufklärung von Verstößen gegen das Strafrecht, das Disziplinarrecht oder eine PolVO. Dagegen wird nichts einzuwenden sein. Weiterhin soll die zwangsweise Gestellung aber auch zulässig sein zum Zwecke der Erteilung einer polizeilichen Verwarnung. Dieses Rechtsinstitut wird hier zum erstenmal legalisiert. Eine Verwarnung ist keine polizeiliche Vf., die der Rechtskontrolle des Verwaltungsstreitverfahrens unterliegt. Sie schmeckt stark nach der Verhängung einer Disziplinarstrafe der Pol. gegen den beteiligten Staatsbürger, gegen die es kein Rechtsmittel gibt. Warum soll, wenn der Betroffene diese Eröffnung nicht persönlich entgegennehmen will, eine schriftliche Mitteilung, daß in künftigen Fällen polizeilich gegen ihn vorgegangen werden müsse, nicht genügen?" (Drews, RuPrVerwBl. 52 3, 4). Die polizeilichen Zwecke der Verwahrung sind im § 15 I erschöpfend angegeben. In anderen Fällen ist sie daher nicht zulässig, im übrigen nur unter Beachtung der Vorschrift von Abs. II und mit der Bestimmung, daß für Auslieferungs- und Ausweisungsangelegenheiten § 15 I und II nicht gelten. Vergleiche auch Richardt, PrGemZ. 24 18. — Die Schutzhaft gegen politisch verdächtige Personen hat nicht den Schutz der Interessen einer örtlich begrenzten nachbarlichen Gemeinschaft, sondern den Schutz von Interessen des Reichs zur Aufgabe. Die durch Verhängung dieser Schutzhaft erwachsenden Kosten fallen nicht dem Träger der Kosten der örtlichen PolVerwaltung zur Last (OVG. vom 15. Februar 1917, 72 274). Gilt das heute noch? Nein.

4. AusfBest. v. 1. Oktober 1931 zum PolVerwG. (MBliV. 927).

Zu den §§ 15, 16 und 17: Die einschlägigen Vorschriften der StPO. bleiben unberührt (zu vgl. insbesondere die §§ 51, 94, 98, 102, 103, 105, 112, 114, 127, 131, 164, 230 StPO.).

5. Zu Abs. II und III:

Erweist sich im Verwaltungsstreitverfahren gegen eine polizeiliche Vf., durch welche die Unterbringung eines gemeingefährlichen Geisteskranken in einer Irrenanstalt angeordnet oder dessen Entlassung aus der Anstalt abgelehnt worden ist, die Klage als begründet, so darf nicht auf die Entlassung des Klägers aus der Anstalt erkannt oder die beklagte PolVerwaltung verurteilt werden, in die Entlassung zu willigen, vielmehr ist die angefochtene Vf. lediglich außer Kraft zu setzen. Der beklagten PolVerwaltung liegt in solchem Verfahren nicht ob, die Fortdauer der gemeingefährlichen Geisteskrankheit zu beweisen, vielmehr muß der Kläger, der die Aufhebung seiner für die Dauer verfügten Unterbringung in der Irrenanstalt begehrt, den Beweis führen, daß die tatsächlichen Voraussetzungen dieser Anordnung fortgefallen waren, als er seine Entlassung beantragte. OVG. vom 20. April 1914, 67 311. — Mit der Klage gegen eine polizeiliche Vf., durch welche die Unterbringung eines Geisteskranken in einer Irrenanstalt angeordnet worden ist, kann nur die Aufhebung dieser Vf., aber nicht die Anordnung der Entlassung aus der Anstalt verlangt werden. Ob ein auf Veranlassung der Pol. in einer Irrenanstalt untergebrachter gemeingefährlicher Geisteskranker aus der Anstalt — endgültig, zeitweilig oder versuchsweise — zu entlassen sei, ist nicht nach den für die Irrenanstalt ergangenen Reglements oder nach sonstigen Verwaltungsanordnungen zu bestimmen, vielmehr steht die Entscheidung darüber, ob der Geisteskranke weiter in der Anstalt festzuhalten sei, lediglich der PolBehörde — vorbehaltlich der gesetzlich vorgesehenen Rechtsmittel — nach Maßgabe des von ihr wahrzunehmenden polizeilichen Interesses zu. OVG. vom 13. Dezember 1912 und 29. September 1913, **65** 247 ff. Abweichend E. vom 2. Juli 1907, OVG. **51** 221, 227. Hat ein auf Grund polizeilicher Vf. in einer Irrenanstalt untergebrachter nichtentmündigter Geisteskranker im Verwaltungsstreitverfahren gegen die Vf. geklagt, so muß seine Prozeßfähigkeit für dieses Verfahren vom Verwaltungsrichter besonders geprüft werden. Die Geisteskrankheit hat die Prozeßunfähigkeit nicht ohne weiteres zur Folge. Wird im Verwaltungsstreitverfahren die Klage wegen Prozeßunfähigkeit des Klägers abgewiesen, so dürfen die Kosten nur ihm, nicht seinem Prozeßvertreter zur Last gelegt werden. OVG. vom 20. Januar 1914, **66** 311. — Der polizeilichen Unterbringung eines gemeingefährlichen Geisteskranken in die Irrenanstalt steht der Umstand nicht entgegen, daß der Geisteskranke sich infolge völkerrechtlicher Auslieferung im Inlande befindet. Der Grundsatz, daß Gegenstand des polizeilichen Schutzes vor Geisteskranken nicht nur Leben und Gesundheit, sondern alle Rechtsgüter, insbesondere auch das Vermögen sind, und daß rechtswidrige Angriffe gegen diese Rechtsgüter seitens eines Geisteskranken unter den Begriff der Gemeingefährlichkeit fallen, findet auch auf das strafgesetzliche Verhalten der Geisteskranken im rechtsgeschäftlichen Verkehr Anwendung. (OVG. vom 12. Juni 1922, **77** 341.) — Eine polizeiliche Vf., durch welche die Unterbringung eines Geisteskranken in einer Anstalt angeordnet ist, kann angefochten werden; die Erben des Geisteskranken verlieren durch seinen Tod während des Anfechtungsverfahrens nicht das Recht, die Aufhebung der polizeilichen Vf. weiter zu betreiben. Auch die in einer Instanz unterlegene PolBehörde kann, selbst wenn der Geisteskranke vor Einlegung ihres Rechtsmittels verstorben ist, verlangen, daß über letzteres sachlich entschieden werde. OVG. vom 1. Juli 1925, **69** 314. — Ausweisung einer strafrechtlich bestraften Person aus einem Orte, in den sie neu anziehen will auf Grund des Gesetzes vom 31. Dezember 1842 betraf die E. d. OVG. vom 15. Februar 1910, **56** 285. Von Interesse ist hier die Feststellung, daß unter den Begriff des vorübergehenden Aufenthalts, der nach diesem G. nicht untersagt werden darf, nicht ein Aufenthalt fällt, der an einem Orte zum Zwecke der Umgehung des Gesetzes genommen wird, und ferner, daß, wenn durch Tatsachen die Annahme gerechtfertigt ist, eine strafrechtlich bestrafte Person will ihren Aufenthalt an einem bestimmten Orte nehmen, die PolBehörde befugt ist, sie unter den gesetzlichen Voraussetzungen von dem Aufenthalt daselbst auszuschließen, noch ehe sie in den Ort einzieht. Auch hier ist jetzt § 14 dG. maßgebend. — Maßregeln, welche die Auslieferung von Ausländern in Erfüllung völkerrechtlicher Verträge betreffen, insbesondere zur Vorbereitung oder Durchführung der Auslieferung dienen, gehören nicht zu den polizeilichen Vfen., weder im Sinne des § 127 LVG., noch des § 14 PolVerwG. E. d. OVG. vom 22. Dezember 1911, **60** 292.

Eindringen in die Wohnung zur Nachtzeit. **§ 16.**

(1) In eine Wohnung wider den Willen des Inhabers während der Nachtzeit einzudringen, ist den Polizeibeamten nur gestattet:

a) soweit diese Maßnahme erforderlich ist zur Abwehr einer gemeinen Gefahr oder einer Lebensgefahr für einzelne Personen,

b) auf ein Ersuchen, das aus der Wohnung hervorgegangen ist.

(2) Diese Beschränkung bezieht sich nicht auf Räume, die während der Nachtzeit dem Publikum zugänglich sind oder dem vorhandenen Publikum zum ferneren Aufenthalt zur Verfügung stehen.

(3) Als Nachtzeit im Sinne des Abs. 1 gelten die jeweils in der Strafprozeßordnung als Nachtzeit bezeichneten Stunden.

1. Die Begr. (Ber. Sp. 32) führte aus: Der § 16 entspricht im wesentlichen den §§ 7—10 dG. zum Schutze der persönlichen Freiheit vom 12. Februar 1850 (GS. S. 45). Eine materielle Änderung ist nur hinsichtlich der Bestimmung der Nachtzeit im Abs. III eingefügt. Im übrigen haben sich die Bestimmungen des genannten G. bewährt, so daß zu einer Änderung keine Veranlassung besteht. Die Vorschrift blieb vom Entw. an unverändert, doch wurde im Ausschuß (Ber. Sp. 52) beantragt, im § 16 dem Abs. I folgenden Abs. voranzustellen: „In eine Wohnung darf wider den Willen des

Inhabers niemand eindringen, außer auf Grund einer aus amtlicher Eigenschaft folgenden Befugnis oder eines von einer gesetzlich dazu ermächtigten Behörde erteilten Auftrages." Diese Fassung stimmt mit § 7 dG. zum Schutze der persönlichen Freiheit überein. Der Antragsteller wies darauf hin, daß hier nicht nur die Pol., sondern auch der Gerichtsvollzieher in Betracht kommt. Durch § 16 falle der Schutz der Wohnung außerhalb der Nachtzeit fort. Ein Beauftragter des MindInn. bezog sich auf Art. 115 der RV.: „Die Wohnung eines Deutschen ist für ihn eine Freistätte und unverletzlich. Ausnahmen sind nur auf Grund von Gesetzen zulässig." Eine solche Ausnahme sei eben das vorliegende G. Ein zweiter Beauftragter des MindInn. erläuterte, aus den §§ 15, 16 und 17 ergebe sich, daß es sich hier um eine spezielle Regelung gewisser „notwendiger Maßnahmen" handle. Wenn im § 14 die Pol. ermächtigt werde, das zu tun, was zur Abwehr einer bestehenden Gefahr notwendig sei, so folge daraus auch die Befugnis, notfalls in eine Wohnung hineinzugehen. Da es jedoch immerhin Bedenken erwecken könnte, diese Befugnis, wenn sie rein in das Ermessen gestellt würde, auch allgemein auf die Nachtzeit zu erstrecken, sei das Eindringen in eine Wohnung zur Nachtzeit auf einige Fälle beschränkt worden. Da bei Tage aber im Rahmen des § 14 zur Abwehr einer bevorstehenden Gefahr in die Wohnung eingedrungen werden könne, ist § 7 dG. zum Schutze der persönlichen Freiheit durchaus entbehrlich. Der Gerichtsvollzieher unterstehe der Reichsjustizgesetzgebung und komme bei diesem preußischen G. nicht in Frage. Ein anderes Ausschußmitglied beantragte, den § 16 unverändert zu lassen, aber in § 82 nicht das ganze G. zum Schutze der persönlichen Freiheit, sondern nur einzelne Paragraphen aufzuheben. Dann würde § 7 dG. stehen bleiben. Auch diesem Antrage entsprach der Landtag nicht. Im § 79 II zu d ist dG. zum Schutze der persönlichen Freiheit vom 12. Februar 1850 (GS. S. 45) aufgehoben worden.

2. Droht eine strafbare Handlung, so ist das Recht zum nächtlichen Eindringen in eine Wohnung schon aus §§ 163, 104 StPO. anzunehmen.

3. Nachtzeit (§ 104 Abs. 3 StPO.) ist vom 1. April bis 30. September die Zeit von 9 Uhr abends bis 4 Uhr morgens und vom 1. Oktober bis 31. März die Zeit von 9 Uhr abends bis 6 Uhr morgens.

Vorladung im Zwangswege.

§ 17.

(1) Die Vorladung von Personen im Zwangswege durchzuführen, sind die Polizeibehörden nur befugt, soweit diese Maßnahme zur Ermittlung oder Aufklärung einer Handlung oder Unterlassung erforderlich ist, die den Verdacht eines Verbrechens oder Vergehens rechtfertigt.

(2) Bei Festsetzung des Termins der polizeilichen Vorladung soll, soweit es tunlich ist, auf den Beruf und die sonstigen Lebensverhältnisse des Vorzuladenden Rücksicht genommen werden.

1. Im Entw. lautete § 17 wie folgt: „Die Vorladung von Personen im Zwangswege durchzuführen sind die PolBehörden nur befugt, soweit diese Maßnahme erforderlich ist, a) zur Ermittlung oder Aufklärung einer Handlung oder Unterlassung, die einen Verstoß gegen ein Strafgesetz oder eine Polizeiverordnung darstellt, b) zur Erteilung einer polizeilichen Verwarnung." Nach der Begr. (Ber. Sp. 32) legalisiert § 17 im wesentlichen die geltende Praxis. Die Formulierung bringt zum Ausdruck, daß die PolBehörden befugt sein sollen, Personen auch in anderen als den in dem § 17 genannten Fällen vorzuladen. Eine zwangsweise Durchführung einer erfolgten Vorladung soll dagegen nur in den in diesem Paragraphen genannten Fällen zulässig sein. Infolge der Ausschußberatungen, die im wesentlichen bereits oben zu § 14 S. 155 wiedergegeben worden sind, hat eine Änderung im Sinne des Gesetzestextes stattgefunden. Der Sinn desselben ist aus den in bezug genommenen Ausführungen ersichtlich.

2. In der zweiten Ausschußlesung wurde beantragt, Abs. I in der jetzt aus dem Gesetzestext ersichtlichen Weise zu fassen. Vgl.

AusschBer. Sp. 105 f. § 17 bedeute eine Einschränkung der geltenden Praxis. Es soll eine klare Grenze hinsichtlich dessen gezogen werden, was die Polizei tun dürfe. Es sei notwendig, ihr das Recht der Vorführung zu geben im Interesse einer rechtzeitigen polizeilichen Tätigkeit, bevor die Staatsanwaltschaft ein Ersuchen gestellt habe. Ein Konflikt könne sich aber aus einem anderen Grunde nicht ergeben, da die Polizei die Sachen nicht so lange behalten könne wie sie wolle; sie habe nach § 163 StPO. ihre Verhandlungen ohne Verzug der Staatsanwaltschaft zuzuleiten, die im übrigen Herr des Verfahrens sei. Die Kriminalpolizei müsse, wenn sie Erfolge erzielen solle, die Möglichkeit haben, von Anfang an, nachdem sie in eine Ermittlung eingetreten sei, die erforderlichen Personen, die zunächst als Zeugen in einem späteren Verfahren, vielleicht als Angeklagte in Betracht kämen, zu holen (Äußerungen von Regierungsvertretern). Vgl. Art. Auskunft als Recht der Polizei in Stier-Somlo: Elster, H. d. R. I, 414 und Art. Auskunfterteilung in von Bitter, Handwörterbuch der preußischen Verwaltung, 3. Aufl., von Drews und Hoffmann, 1928, S. 125 f.

Abschnitt V.

Die polizeipflichtigen Personen.

Adressat der polizeilichen Maßnahme.

§ 18.

Die Polizeibehörden haben die Maßnahmen, die durch das polizeiwidrige Verhalten von Personen oder den polizeiwidrigen Zustand von Sachen erforderlich werden, gegen diejenigen zu richten, die für das polizeimäßige Verhalten oder den polizeimäßigen Zustand verantwortlich (polizeipflichtig) sind.

1. Zu den §§ 18—21 hat die Begr. (Sp. 33) erklärt: „Diese Vorschriften stellen eine Kodifikation des geltenden Rechts dar, wobei in den §§ 19 I und III und 20 eine feste Begrenzung eingeführt ist. Zu einer weiteren Änderung besteht keine Veranlassung. Der § 21 lehnt sich an den § 74 der Ein-

leitung zum ALR. an in der Auslegung, die diese Best. durch die ständige Rechtsprechung des OVG. erfahren hat. Der § 70 sieht für Eingriffe auf Grund des § 21 eine Schadensersatzpflicht nicht vor. Nur auf diese Weise ist ein Ausgleich der einander entgegenstehenden öffentlichen und privaten Interessen möglich." In der AusschBeratung wurde § 18 in der ersten und zweiten Lesung ohne Kritik angenommen.

2. Es ist eine bisher ungeschriebene Voraussetzung unseres PolRechts, daß niemand sein Handeln (oder dasjenige der von ihm zu vertretenden Personen) oder den Zustand der in seiner Gewalt stehenden Sachen so einrichten oder lassen darf, daß daraus eine polizeiliche Gefahr entsteht. Tritt letzteres ein, so kann die Pol. die betreffende Person zur Beseitigung der Gefahr in Anspruch nehmen. Das G. führt in §§ 18—20 für derartige Personen den Begriff „polizeipflichtig" ein und umgrenzt in zutreffender Weise den Umfang der „Handlungshaftung" und der „Zustandshaftung". In § 21 wird das polizeiliche Notstandsrecht geregelt, d. h. das Recht der Pol. zur Beseitigung einer dringenden Gefahr, die sie im Augenblick durch Heranziehung eines nach §§ 18—20 Polizeipflichtigen oder mit eigenen Mitteln nicht abwenden kann, auch eine dritte unbeteiligte Person in Anspruch zu nehmen. Die Rechtsprechung des OVG. hat in den letzten Jahren dieses Recht in besonders eingehender Weise behandelt und im Interesse der Bevölkerung sehr scharf eingeschränkt. Der § 21 gibt das Ergebnis dieser Rechtsentwicklung wieder (Drews, RuPrVerwBl. 52 3).

3. Gegen nicht polizeipflichtige Personen dürfen die PolBehörden Maßnahmen nur dann treffen, wenn ein Eingreifen zur Beseitigung einer bereits eingetretenen Störung der öffentlichen Sicherheit oder Ordnung oder zur Abwehr einer unmittelbar bevorstehenden polizeilichen Gefahr notwendig und die Beseitigung der Störung oder die Abwehr der Gefahr auf andere Weise nicht möglich ist. In solchen Fällen kann der Betroffene Ersatz des ihm durch die Maßnahmen entstandenen Schadens verlangen, soweit die Maßnahmen nicht zum Schutze seiner Person oder seines Eigentums ge-

troffen worden sind. Schadensersatzpflichtig ist der Träger der mittelbaren PolKosten für den Bezirk, in dem die polizeilichen Maßnahmen durchgeführt sind. Diese klare Abgrenzung der Entschädigungsansprüche bedeutet gegenüber dem bisherigen Zustande eine wertvolle Neuerung (Richardt, a. a. O.).

4. Der Begriff der PolPflichtigkeit ist dahin gefaßt, daß sie Personen trifft, die für das polizeimäßige Verhalten oder den polizeimäßigen Zustand verantwortlich sind.

Grundsätzliche Inanspruchnahme des Störers der öffentlichen Sicherheit oder Ordnung.

§ 19.

(1) Wird die öffentliche Sicherheit oder Ordnung durch das Verhalten von Personen gestört oder gefährdet, so haben sich die Polizeibehörden an diejenigen Personen zu halten, die die Störung oder Gefahr verursacht haben.

(2) Für das polizeimäßige Verhalten von strafunmündigen Kindern und Personen, die wegen Geisteskrankheit oder Geistesschwäche entmündigt oder unter vorläufige Vormundschaft gestellt sind, ist auch derjenige verantwortlich, dem die Sorge für eine solche Person obliegt.

(3) Wer einen anderen zu einer Verrichtung bestellt, ist neben dem anderen dafür verantwortlich, daß dieser in Ausführung der Verrichtung sich polizeimäßig verhält.

1. Vgl. die Begr. zu den §§ 18—21 oben Anm. 1 zu § 18. Der Entw. unterscheidet ganz sachgemäß zwischen Haftung für Verursachung einer PolWidrigkeit (§ 19) und Haftung für den polizeiwidrigen Zustand einer Sache (§ 20). „Daß bei der Zustandshaftung ein Verschulden des Eigentümers nicht verlangt wird, ist gut; der Satz „casum sentit dominus" gilt auch im PolRecht. Dagegen ist nicht einzusehen, warum man ohne Verschulden für die Verursachung einer Pol-

Widrigkeit haften soll. Der Entwurf folgt hier allerdings einer im Schrifttum vertretenen Lehrmeinung, der er aber nicht trauen solle, da jene Meinung offenbar die Haftung für Verursachung mit der Zustandshaftung verwechselt und jede Gerechtigkeit vermissen läßt. Der Bombenleger A beauftragte z. B. den ahnungslosen B, ein eine Höllenmaschine enthaltendes Paket im Hause H abzugeben. Dort explodiert die Bombe und zertrümmert das Haus so, daß es, um nicht die Öffentlichkeit zu gefährden, abgetragen werden muß. Da der Hauseigentümer nicht erreichbar und der Bombenleger A geflüchtet ist, verlangt die Behörde den Abbruch des Hauses vom gänzlich unschuldigen B. Eine solche Möglichkeit, die der Entwurf offenbar will, ist für jeden billig und gerecht Denkenden unerträglich." Auch das OVG. hat in einem berühmten Falle hiergegen Front gemacht (Entsch. 44 418. Vgl. auch W. Jellinek, Gesetz, Gesetzesanwendung, 1913 S. 312). W. Jellinek empfiehlt daher, im § 19 I das Wort „verursacht" durch das Wort „verschuldet" zu ersetzen. Nichts einzuwenden wäre gegen eine Fassung folgenden Wortlauts: „verschuldet oder, soweit das bürgerliche Recht eine Haftung ohne Verschulden kennt, verursacht haben." Zu denken wäre hier z. B. an den Tierhalter (W. Jellinek, RuPrVerwBl. 52 121 f.). In der ersten AusschLesung wurde beantragt, an Stelle des Wortes „verursacht" das Wort zu setzen „verschuldet". Gegen das Wort „verursacht" bestehe das Bedenken, daß sein Begriff der Sache unendlich weit sei. Ein Beauftragter des MindInn. trat dem Antrag entgegen. Im preußischen PolRechte bestehe allgemein die Überzeugung, daß die Pol. sich an den Verursacher eines polizeiwidrigen Zustandes halten dürfte. Das Verschuldensprinzip sei eine persönliche Auffassung von W. Jellinek, der sich dabei zu Unrecht auf eine E. des OVG. berufe. Polpraktisch sei die Verursachungstheorie die einzig mögliche. Beim Verschuldensprinzip könnte z. B. ein PolBeamter Kinder, die auf der Straße spielten, nicht auf den Bürgersteig führen, sondern müßte an den Vater eine entsprechende Verfügung richten. Der Antrag wurde abgelehnt.

2. Abs. I unterscheidet einmal Störung und Gefährdung, so

daß der bereits zu § 14 ausgesprochene Zweifel, ob in dem Begriff der Gefahr auch der Begriff der Gefährdung liegen kann, ausgeschaltet ist. Vgl. oben S. 131 f., 138. Sodann entspricht dieser Unterscheidung die nach der Störung oder Gefahr. Der Grundsatz des Abs. I ist jedoch nicht ohne Ausnahme. So entspricht es der Sache, daß für das polmäßige Verhalten von strafunmündigen Kindern und von Personen, die wegen Geisteskrankheit oder Geistesschwäche entmündigt oder unter vorläufige Vormundschaft gestellt sind, auch derjenige verantwortlich ist, dem die Sorge für eine Person obliegt (Abs. II). Das bürgerliche Recht ist dafür maßgebend, wem die Sorge für eine Person obliegt. Hierher gehört auch die Frage der Sorge für das uneheliche Kind (§§ 1696, 1698 BGB.). Es ist demnach eine Ausnahme von dem Abs. I in Abs. II gegeben. Eine weitere Ausnahme stellt dann § 20 II und § 21 dar. Abs. III hat eine kumulative Haftung für eine polwidrige Handlung bestimmt. Wer einen anderen zu einer Verrichtung bestellt, ist neben dem anderen dafür verantwortlich, daß dieser in Ausführung der Verrichtung sich polmäßig hält. Der Begriff der Verrichtung kommt im bürgerlichen Rechte vor, aber es ist nicht so, als ob nur eine Verrichtung im Sinne des bürgerlichen Rechtes hier gemeint wäre. Es ist auch denkbar, jemanden zu einer Verrichtung in einer Angelegenheit zu bestellen, die auf dem Boden des öffentlichen Rechts liegt. Zu beachten ist, daß es sich um ein Verhalten in Ausführung der Verrichtung handelt. Also bei Gelegenheit der Verrichtung fiele nicht unter diese Best.

Polizeiliche Verantwortung des Eigentümers.

§ 20.

(1) Für den polizeimäßigen Zustand einer Sache ist deren Eigentümer verantwortlich.

(2) Wer die tatsächliche Gewalt über eine Sache ausübt, ist für deren polizeimäßigen Zustand neben dem Eigentümer verantwortlich. Er ist hierfür an Stelle des Eigentümers verantwortlich, wenn er die tatsäch-

liche Gewalt gegen den Willen des Eigentümers ausübt oder auf einen im Einverständnis mit dem Eigentümer schriftlich oder protokollarisch gestellten Antrag von der zuständigen Polizeibehörde als allein polizeipflichtig anerkannt ist.

(3) Diese Bestimmungen gelten nicht für öffentliche Wege und Wasserläufe.

1. Die Vorschrift blieb vom Entw. an unverändert. Vgl. die Begr. zu §§ 18—21 oben Anm. 1 zu § 18. In der Ausschußberatung erwiderte auf die Frage eines Ausschußmitgliedes, was die Regierung zu dem letzten Halbsatz in Abs. II veranlaßt habe, der Regierungsvertreter, daß die Pol. sich an jemanden müsse halten können, wenn der Eigentümer im Auslande wohne. Vgl. Stier-Somlo, Pflicht des Eigentümers zur Erhaltung des Eigentums in polizeigemäßem Zustande, VerwArch. **6** 275—357 und desselben Rechtstaat, Verwaltung und Eigentum in VerwArch **18** 140—154 und **19** 43—127. Aus der Rechtsprechung seien hervorgehoben OVG. **8** 329, **11** 367, **12** 387, 390, 397, **13** 314, 323, 420, **14** 323, **19** 372, **21** 413 f., **23** 351, **24** 399, **25** 410. Weitere Beispiele: Gültig ist eine polizeiliche Vf., die einem Hauseigentümer im gesundheitspolizeilichen Interesse untersagt, die Abwässer von seinem Grundstücke fernerhin wie bisher in einen unterirdischen Kanal zu leiten, weil dieser auf einem unterhalb liegenden Grundstücke verstopft sei und sich deshalb durch die stehenbleibenden Abwässer polizeiwidrige Zustände auf seinem Grundstücke bildeten. Die öffentlich-rechtliche Pflicht zur Reinigung von Wasserläufen umfaßt nicht die Verpflichtung zur Ermöglichung des ungehinderten Abflusses von Haus- und Wirtschaftsabwässern. E. d. OVG. vom 21. Dezember 1910, **58** 277. Über die Zulässigkeit des polizeilichen Einschreitens gegen einen Grundstückseigentümer, der vertragsmäßig einem Dritten gegen Entgelt das Recht zur Benutzung eines Teils seines Grundstücks zur Aufstellung von Reklametafeln eingeräumt hat. E. d. OVG. vom 30. Mai

1913, 64 466, 476. Der Eigentümer einer dem öffentlichen Verkehre gewidmeten Wegefläche ist verpflichtet, alle Einschränkungen seines Eigentums an dem Wegekörper zu dulden, die im Rahmen des Gemeingebrauchs und der Wegebaupflicht liegen oder sich notwendig aus dem Zwecke des Weges und den Anforderungen des öffentlichen Verkehrs ergeben. Die Beleuchtung eines öffentlichen Weges steht in so inniger Beziehung zu dem Zwecke des Weges, daß der Eigentümer des Wegekörpers infolge der Widmung desselben für den öffentlichen Verkehr sich alle für die Anlage der Wegebeleuchtung erforderlichen Einwirkungen auf den Wegekörper gefallen lassen muß (OVG. vom 17. Oktober 1918, 74 360 f.).

Polizeiliche Maßnahmen gegen Nichtpolizeipflichtige.

§ 21.

Zur Beseitigung einer bereits eingetretenen Störung der öffentlichen Sicherheit oder Ordnung oder zur Abwehr einer unmittelbar bevorstehenden polizeilichen Gefahr dürfen die Polizeibehörden, falls die Beseitigung der Störung oder die Abwehr der Gefahr auf andere Weise nicht möglich ist, Maßnahmen auch gegen Personen treffen, die nach den §§ 18 bis 20 nicht polizeipflichtig sind. Diese Maßnahmen dürfen indessen nur getroffen und aufrechterhalten werden, soweit oder solange die Polizeibehörde nicht andere zur Beseitigung der Gefahr führende Maßnahmen treffen kann.

1. Auch diese Vorschrift ist vom Entw. an unverändert geblieben. In der AusschBeratung (Ber. Sp. 58) hatte ein Ausschußmitglied Bedenken, einen Unterschied zwischen einer unmittelbar bevorstehenden und einer gewöhnlichen polizeilichen Gefahr zu machen, da die polizeiliche Gefahr immer unmittelbar sein müsse. Vgl. die Begr. zu §§ 18—21 oben Anm. 1 zu § 18.

Abschnitt VI.

Die örtliche Zuständigkeit der Polizeibehörden.

Örtliche Zuständigkeit. **§ 22.**

(1) Die Zuständigkeit der Polizeibehörden ist auf den Polizeibezirk beschränkt. Örtlich zuständig ist die Polizeibehörde, in deren Bezirke die polizeilich zu schützenden Interessen verletzt oder gefährdet werden.

(2) Befinden sich Polizeibeamte auf Anweisung der zuständigen Aufsichtsbehörde oder auf Ersuchen der zuständigen Polizeibehörde in einem fremden Polizeibezirke, so haben sie die Befugnisse der in diesem Bezirke zuständigen Polizeibeamten.

1. Die Begr. Sp. 33 hat zu den §§ 22 und 23 folgendes erklärt: „Der Abschnitt regelt die örtliche Zuständigkeit der PolBehörden und ihrer Beamten. Wenn sich auch regelmäßig die Zuständigkeit der PolBehörden und Beamten auf ihren Polizeibezirk beschränkt, so ist doch die Möglichkeit vorgesehen, daß die PolOrgane dort eingreifen können, wo es erforderlich ist, ohne durch Bezirksgrenzen daran gehindert zu werden, polizeiliche Maßnahmen zu treffen." Vgl. auch Begr. zu § 6 II.

2. Die Zuständigkeit der PolBehörden ist grundsätzlich auf den PolBezirk beschränkt. Hiervon mußten in dringenden Fällen Ausnahmen gemacht werden, die sich im Abs. II und in § 23 geregelt finden.

3. Die örtliche Zuständigkeit aller PolBehörden bleibt grundsätzlich auf ihren Bezirk beschränkt; als Ausnahmen hiervon werden das Recht der „Nacheile" in angrenzende Bezirke und das Recht aller polizeilichen Vollzugsbeamten, zur Verfolgung strafbarer Handlungen auf frischer Tat, zur unmittelbaren Verhinderung strafbarer Handlungen und zur Wiederergreifung Entwichener auch außerhalb ihres Bezirkes Amtshandlungen vorzunehmen, in Übereinstimmung mit der Rechtsprechung des OVG. anerkannt. Kann eine Angelegenheit in benachbarten PolBezirken zweckmäßig nur ein-

heitlich geregelt werden, so bestimmt die den beteiligten PolBehörden gemeinsame vorgesetzte PolAufsichtsbehörde die zuständige PolBehörde (§§ 23, 24). Die sachliche Zuständigkeit der PolBehörden ist auf dem Grundsatze der ortspolizeilichen Zuständigkeit aufgebaut. Die sachliche Zuständigkeit der Kreis- und LandesPolBehörden soll in einer vom MindJnn. im Benehmen mit den sachlich zuständigen Ministern zu erlassenden Anordnung, die in der Gesetzessammlung veröffentlicht werden soll, abgegrenzt werden. Vgl. die VO. vom 1. Oktober 1931 oben S. 74 ff. Darüber hinaus ist ihre Zuständigkeit nur in den Fällen gegeben, in denen sie in Einzelgesetzen besonders festgelegt wird. Durch diese Festlegung der Zuständigkeit wird manche jetzt noch bestehende Unzweckmäßigkeit beseitigt. So wird z. B. die Zuständigkeitsabgrenzung auf dem Gebiete der ChausseePol. als sinnwidrig gekennzeichnet.

Ausnahmen von § 22. **§ 23.**

(1) **Erfordert die Erfüllung polizeilicher Aufgaben auch polizeiliche Maßnahmen in den angrenzenden Polizeibezirken und ist die Mitwirkung der für diese Maßnahmen zuständigen Polizeibehörden nicht ohne eine den Erfolg des Eingreifens beeinträchtigende Verzögerung zu erreichen, so ist die eingreifende Polizeibehörde berechtigt, auch in den angrenzenden Bezirken die notwendigen Maßnahmen zu treffen.**

(2) **Zur Verfolgung strafbarer Handlungen auf frischer Tat, zur unmittelbaren Verhinderung strafbarer Handlungen sowie zur Verfolgung und Wiederergreifung Entwichener können die polizeilichen Vollzugsbeamten auch außerhalb des Polizeibezirkes ihrer Behörde Amtshandlungen vornehmen.**

(3) **Die zuständige Polizeibehörde ist von den getroffenen Maßnahmen unverzüglich in Kenntnis zu setzen.**

(4) **Kann eine polizeiliche Angelegenheit in benachbarten Polizeibezirken zweckmäßig nur einheitlich geregelt werden, so bestimmt die den beteiligten Polizeibehörden gemeinsam vorgesetzte Polizeiaufsichtsbehörde die zuständige Polizeibehörde.**

1. In der Ausschußberatung wünschte ein Antragsteller das Wort „berechtigt" im Abs. 1 zu ersetzen durch „verpflichtet". Er wies zur Begründung darauf hin, daß, wenn in Grenzbezirken ein sofortiges Eingreifen notwendig sei, die Sicherheit vorhanden sein müsse, daß der angerufene PolBeamte auch trotz örtlicher Unzuständigkeit eingreift. Der Berichterstatter hielt die Fassung der Vorlage von Bedenken frei, weil darin vorausgesetzt werde, daß eine PolBehörde bereits eingegriffen habe. Daß sie an der Ortsgrenze Halt machen werde, sei nicht zu befürchten. Dem wurde entgegnet, daß aus der Fassung des § 23 keineswegs herzuleiten sei, daß die nichtzuständige Behörde bereits eingegriffen habe. Wenn ein PolBeamter, der sich auf einem örtlich zuständigen Gebiet befinde, im Nachbargebiet ein polizeiwidriges Verhalten sehe, dann müsse er gleichfalls verpflichtet sein, einzugreifen. Ein Beauftragter des MindJnn. machte darauf aufmerksam, daß es sich im vorliegenden Abschnitt nur um eine Zuständigkeitsregelung handle. § 23 bezwecke, daß die Pol. bei der Verfolgung eines Verbrechers nicht an der Ortsgrenze Halt mache, sondern ihm nachzugehen berechtigt sei. Eine Pflicht brauche nicht statuiert zu werden, da die Pol. schon von selbst eingreife. Ein Ausschußmitglied befürchtete, daß die Abs. II und III zu großen Zuständigkeitsstreitigkeiten führen könnten. Er empfehle dem Abs. II anzufügen: „Sie hat das Recht, über die in ihrem Dienstbezirk vorgenommenen oder erforderlich werdenden Maßnahmen selbständig Entscheidung zu treffen." Zum mindesten müsse in den AusfBesten. eine entsprechende Best. erscheinen. Ein Beauftragter des MindJnn. betonte, daß die Abs. II und III nur einen gewissen Schutz der zuständigen PolBehörden bezweckten. Er erblicke in § 23 eine wesentliche Verbesserung des jetzigen Zustandes, indem Grenzen die Tätigkeit der Pol. nicht mehr hemmen könnten.

Abschnitt VII.

Die Polizeiverordnungen.

Begriff der PolVO. **§ 24.**

Polizeiverordnungen sind polizeiliche Gebote oder Verbote, die für eine unbestimmte Anzahl von Fällen an eine unbestimmte Anzahl von Personen gerichtet sind.

1. Bisheriges Recht. a) PolVO. ist eine im öffentlichen Interesse ergehende, sich an die Allgemeinheit wendende und diese rechtlich bindende, Gebote und Verbote und eine Strafandrohung enthaltende allgemeine Vorschrift der PolBehörde. Im Gegensatz zu der PolVerf., welche ein Verwaltungsakt ist, erscheint die PolVO. als eine Rechtsquelle. Sie brachte den eigenartigen Rechtszustand in die Erscheinung, daß die Pol. auch eine rechtsetzende Funktion hat, demnach in weitem Umfange an die Stelle der gesetzgebenden Gewalt tritt. Materiell ist die PolVO. Gesetz, d. h. RechtsVO. Die Begriffsbestimm. des preuß. OVG. greift auf § 10 II 17 ALR. zurück, die Literatur auch auf §§ 2, 3 II 13 ALR. Danach beschränkte sich auch das PolVORecht ebenso wie das PolVerfRecht grundsätzlich auf die SicherheitsPol., während eine freilich nicht sehr maßgebliche Literatur auch wohlfahrtspolizeiliche Elemente einzubeziehen sich bemühte. Das KG. beschränkt das PolVORecht sogar meistens auf Gefahrenabwehr, macht freilich auch gewisse Ausnahmen (KGJ. 24 C 14, s. aber auch daselbst 23 C 68 und 24 C 87).

b) Eine PolVO. konnte nur erlassen werden auf Grund gesetzlicher Ermächtigung. Die Delegation konnte sich entweder beziehen auf Norm- und StrafG. oder auf die Normfeststellung, d. h. auf die Feststellung der strafbaren Tatbestände, die Verletzung von Verboten oder Geboten. Von einem BlankettstrafG. mit Delegation zur Normfeststellung sprach man, wenn die Strafandrohung im ermächtigenden G. enthalten, darin im allgemeinen auf die von der zuständigen PolBehörde über den Gegenstand zu erlassende PolVO. Bezug genommen wurde. In Preußen war die Ermächtigung auf den ganzen Umfang der polizeilichen Betätigung durch § 6 des PolVerwG. vom 11. März 1850 erstreckt worden. Fehlte es formell oder materiell an der Ermächtigung, so war die PolVO. nichtig; es war jedoch möglich, daß durch ein SonderG. eine Ergänzung, Erweiterung oder sonstige Abänderung der generellen Ermächtigung vorgenommen worden ist. Im Verhältnis zu § 10 II 17 ALR. bedeutete § 6 PolVerwG. von 1850 nach dem preuß. OVG. (PrVerwBl. 15, 410) eine Ausführungsbestimmung; nach anderer Meinung das Tätigkeitsfeld für die PolVO., während § 10 II 17 ALR. die allgemeine Richtung angebe, in der sich jede polizeiliche Betätigung hauptsächlich zu bewegen habe, und § 15 PolVerwG. von 1850, wonach die PolVO. den Gesetzen oder Verordnungen einer höheren Instanz nicht widersprechen darf, die Schranke für die Betätigung des PolVORechts aufrichte.

c) Die Form, von deren Beobachtung die Gültigkeit orts- und kreispolizeilicher Vorschriften abhing, bestimmte nach § 144 II LVG. der Regierungspräsident, im Landespolizeibezirk Berlin der Polizeipräsident (LVG. § 42 II; G. vom 13. Juni 1900, GS. S. 247 § 2 1). Machten Regierungs- oder Polizeipräsident von ihrer Befugnis keinen Gebrauch, so galt die früher bestimmte oder ortsübliche Form. Die PolVOen. des Ministers, des Ober- und Regierungspräsidenten sowie der unmittelbar dem Minister für Handel und Gewerbe nachgeordneten Behörden mußten unter der Bezeichnung „Polizeiverordnung" und unter Bezugnahme auf §§ 136, 137 oder 138 LVG. sowie auf die dort angezogenen gesetzlichen Bestimmungen durch die Amtsblätter bekanntgemacht werden (§ 140 LVG.). Wurde eine PolVO. vom Regierungspräsidenten in Fällen erlassen, welche keinen Aufschub erlitten (§ 139 a. a. O.), also ohne Zustimmung des Bezirksausschusses, oder von der Ortspolizeibehörde ohne Zustimmung des Gemeindevorstandes, soweit diese Zustimmung gesetzlich erforderlich war, so mußte es in der PolVO. zum Ausdruck gelangen, daß sie ohne oder vor Einholung der Zustimmung erfolgte und daß es sich um einen Fall handelte, der keinen Aufschub erleiden konnte. Sonst war die PolVO. ungültig, ebenso wie in dem Falle des Erlasses auf Grund des § 120e II GewO. zwecks Unfall- oder Krankheitsverhütung und in den Fällen, in welchen die gesetzlich vorgeschriebenen oder von den gesetzlich zuständigen Behörden festgesetzten Formen unbeachtet geblieben sind.

d) Inhaltliche Bestimmung. Die auf Grund einer besonderen Ermächtigung erlassene PolVO. ist durch diese inhaltlich begrenzt. Handelte es sich dagegen um eine allgemeine Ermächtigung im Sinne des § 10 II 17 ALR. oder der §§ 6, 12, 15 des alten PolVerwG., so ist zwar alles darunter begriffen, „was im besonderen Interesse der Gemeinden oder ihrer Angehörigen polizeilich geordnet werden muß", doch handelt es sich stets um die Nachprüfung, was polizeilich im engeren Sinne ist. Auch hier tauchte die Frage auf, ob in Preußen ein polizeilicher Zwang, der eine die Wohlfahrt fördernde Handlung oder Unterlassung zum Gegenstand hat, begrifflich in Frage kommt. Die Meinung von Rosin ist im wesentlichen vereinzelt geblieben. Das OVG. und die Praxis standen auf verneinendem Standpunkt und beschränkten den Polizeibegriff auf die Sicherheitspolizei (Anschütz, Bornhak, Jebens, Schultzenstein, Stier-Somlo u. a.). Nach der Ermächtigung richtete sich auch der die Strafe androhende Inhalt der PolVO. Die Strafe konnte absolut bestimmt angedroht werden oder innerhalb eines Strafrahmens. Im übrigen durften in die PolVO. keine Bestimmungen aufgenommen werden, die mit den Gesetzen oder den VOen. einer höheren Instanz im Widerspruche stehen (§ 15 altes PolVerwG.). Zur Rechtsgültigkeit der PolVO. bedurfte es, neben der gesetzlichen Ermächtigung: der Zuständigkeit der erlassenden Behörde; des Vorhandenseins der erforderlichen Zustimmung oder Beratung; formgerechter Verkündung; Bestimmtheit des Inhalts; wirksamer Geldstrafenandrohung.

e) Die Verkündung der PolVO. gehörte zu ihrer Rechtsgültigkeit. Sie erfolgte entweder in der für Gesetze und VOen. vorgeschriebenen Weise in Amts- oder Regierungsblättern, auch in den für amtliche Publikationen bestimmten

Tageszeitungen, bei OrtsPolVOen. auch in sonst ortsüblicher Weise. Der Regierungspräsident hatte über die Art der Verkündung orts- und kreispolizeilicher Vorschriften zu bestimmen (§§ 140, 144 I LVG.). Die Wirksamkeit der PolVO. begann, wenn sie nicht selbst den Zeitpunkt ihres Inkrafttretens bestimmte, mit dem 8. Tage nach dem Ausgabetage des betr. Amtsblatts (LVG. § 141).

f) Befugt zum Erlasse von PolVOen. waren nach dem ALR. II 13 § 6 lediglich die Minister. Die Regierungen hatten diese Befugnis (die in § 137 III LVG. ausdrücklich aufgehoben worden ist) nur unter Vorbehalt ministerieller Genehmigung. Die OrtsPolBehörde hatte geringfügige Befugnisse auf dem Gebiete der FeldPol. Die bisherigen rechtlichen Grundlagen für das PolVORecht sind in §§ 5—29 PolVerwG. vom 11. März 1850 und in den §§ 136 ff. LVG. sowie in den KreisOen. seit dem Jahre 1881 enthalten. Danach galt folgendes. Soweit die Gesetze ausdrücklich auf den Erlaß besonderer polizeilicher Vorschriften (Verordnungen, Anordnungen, Reglements usw.) durch die Zentralbehörden verweisen, sind die Minister befugt, innerhalb ihres Geschäftsbereiches dergleichen Vorschriften für den ganzen Umfang des Staates oder für einzelne Teile desselben zu erlassen und gegen die Nichtbefolgung Geldstrafen anzudrohen. Demnach bedürfen auch Minister besonderer gesetzlicher Ermächtigung. Die gleiche Befugnis steht zu dem Minister für Handel und Gewerbe in betreff der zur Regelung der Strom-, Schiffahrts- und HafenPol. zu erlassenden Vorschriften, sofern dieselben sich über das Gebiet einer einzelnen Provinz hinaus erstrecken sollen. Zum Erlaß der im § 367 Nr. 5 StGB. gedachten VOen. sind auch die zuständigen Minister befugt; sie können also über Aufbewahrung oder Beförderungen von Giftwaren, Schießpulver oder Feuerwerken oder Aufbewahrung, Beförderung, Verausgabung oder Verwendung von Sprengstoffen oder anderen explodierenden Stoffen oder über die Ausübung der Befugnis zur Zubereitung oder Feilhaltung dieser Gegenstände sowie der Arzeneien PolVOen. erlassen. Vgl. hierzu die PolVO. über Sprengstofferlaubnisscheine vom 15. Juli

1924 (HMinBl. 201). Der Oberpräsident war befugt, VOen. für mehrere Kreise, sofern dieselben verschiedenen Regierungsbezirken angehören, für mehr als einen Regierungsbezirk oder für den Umfang der ganzen Provinz gültige PolVOen. zu erlassen und gegen die Nichtbefolgung Geldstrafen anzuordnen (§§ 6, 12, 15 altes PolVerwG., § 137 I LVG.). Die gleiche Befugnis steht dem Regierungspräsidenten für mehrere Kreise oder für den Umfang des ganzen Regierungsbezirkes zu. Die Befugnis der Regierung zum Erlasse von PolVOen. wurde aufgehoben (§ 137 II, III LVG.). Die Befugnis, PolVorschriften über Gegenstände der Strom-, Schiffahrts- und HafenPol. zu erlassen, steht, wenn nicht der Minister für Handel und Gewerbe zuständig ist, ausschließlich dem Regierungspräsidenten und, wenn die Vorschriften sich auf mehr als einen Regierungsbezirk oder auf die ganze Provinz erstrecken sollen, dem Oberpräsidenten, soweit aber mit der Verwaltung dieser Zweige der Pol. besondere, unmittelbar von dem Minister für Handel und Gewerbe ressortierten Behörden beauftragt sind, den letzteren zu. Die Befugnis des Regierungspräsidenten erstreckt sich auch auf den Erlaß solcher PolVorschriften für einzelne Kreise oder deren Teile. Für Zuwiderhandlungen gegen diese VOen. konnten Geldstrafen angedroht werden (§ 138). Die von dem Oberpräsidenten (gemäß der oben erwähnten §§ 137, 138 LVG.) zu erlassenden PolVorschriften bedürfen der Zustimmung des Provinzialrats, die von dem Regierungspräsidenten zu erlassenden PolVorschriften der Zustimmung des Bezirksausschusses. In Fällen, die keinen Aufschub zulassen, war der Oberpräsident sowie der Regierungspräsident befugt, die PolVorschrift vor Einholung der Zustimmung des Provinzialrats bzw. des Bezirksausschusses zu erlassen. Wird diese Zustimmung nicht innerhalb drei Monaten nach dem Tage der Verkündung der PolVorschrift erteilt, so hat der Oberpräsident bzw. Regierungspräsident die Vorschrift außer Kraft zu setzen (§ 139 LVG.). Die Oberbergämter haben das PolVORecht für den ganzen Umfang ihres Verwaltungsbezirkes oder dessen Teile (vgl. Allg. BergG. vom 24. Juni 1865 [GS. S. 705], mit zahlreichen

Novellen, §§ 196, 197, 189—191, 198—202; QuellenschutzG. vom 14. Mai 1908 [GS. S. 105] § 18). Die Chaussee**bau**polizei steht dem Regierungspräsidenten zu (§ 3, 2c der RegInstr. vom 23. Oktober 1817 [GS. S. 248] und preuß. OVG. 21, 242), die Chaussee**verkehrs**polizei dem Landrat (§ 10 des Regulativs vom 7. Juni 1844 [GS. S. 167], preuß. OVG. 33, 288 und MinErl. vom 5. Juli 1900 [MBliV. 233], außer in den Städten. **Jagd**polizei ist der Landrat, in Stadtkreisen die Ortspolizeibehörde [preuß. JagdO. vom 15. Juli 1907] [mit vielen Novellen] §§ 69 ff.). Ein besonderes PolVORecht ist für diese Gebiete jedoch nicht eingeführt. — Verordnungsberechtigte war ferner: der **Landrat**. Er war befugt, unter Zustimmung des Kreisausschusses für mehrere OrtsPolBezirke oder für den ganzen Umfang des Kreises gültige PolVorschriften zu erlassen und gegen die Nichtbefolgung Geldstrafen anzudrohen (§ 142 LVG.). **Ortspolizeiliche** Vorschriften (§§ 5 ff. PolVerwG. vom 11. März 1850) bedurften, soweit sie nicht zum Gebiete der SicherheitsPol. gehören, in Städten der Zustimmung des Gemeindevorstandes, auf dem Lande in den östlichen Provinzen und Schleswig-Holstein der Zustimmung des Amtsausschusses (§ 62 östl. KrO., § 54 schlesw. KrO.). Versagt der Gemeindevorstand die Zustimmung, so kann sie auf Antrag der Behörde durch Beschluß des Bezirksausschusses ergänzt werden. In Fällen, die keinen Aufschub zulassen, ist die OrtsPolBehörde befugt, die PolVorschrift vor Einholung der Zustimmung des Gemeindevorstandes zu erlassen. Wird diese Zustimmung nicht innerhalb vier Wochen nach dem Tage der Verkündung der PolVorschrift erteilt, so hat die Behörde die Vorschrift außer Kraft zu setzen (§ 143 LVG.). In Stadtkreisen war die OrtsPolBehörde befugt, gegen die Nichtbefolgung der von ihr erlassenen polizeilichen Vorschriften Geldstrafen anzudrohen. Im übrigen stand der Erteilung der Genehmigung zum Erlasse ortspolizeilicher Vorschriften mit einer Strafandrohung bis zum Betrage von 30 *RM* dem Regierungspräsidenten zu (LVG. § 144 I, altes PolVerwG. § 5). Im westfälischen Amt, das aus einer Gemeinde (Gutsbezirk) besteht, bedurfte es der Beratung der PolVO. mit dem Gemeinde- (Guts-) Vorsteher; bestand es aus mehreren Gemeinden (Gutsbezirken), der Beratung mit allen Gemeinde- (Guts-) Vorstehern. In Hannover war Zustimmung des Kreisausschusses (§ 142 LVG.) erforderlich; nur wenn die PolVO. lediglich für eine Gemeinde gelten soll, bedarf es der Beratung mit dem Gemeindevorstande (§ 5 VO. vom 20. September 1867 [GS. S. 1529]). In der Rheinprovinz bedurfte es außer in landwirtschaftlichen Angelegenheiten (in denen in ganz Preußen für Orts-PolVOen. die Zustimmung der Gemeindevertretung [-versammlung] erforderlich ist [§ 7 altes PolVerwG.]), keiner Beratung oder Zustimmung.

Im Gegensatz zu einem früheren Rechte durften sämtliche zum Erlaß von PolVOen. berechtigten Behörden ohne Genehmigung irgendeiner höheren Stelle 150 *RM* androhen (Art. III VO. vom 5. Februar 1924 [RGBl. I, 44], Erl. vom 29. November 1923 [MBliV. 1191], 30. April 1925 [MBliV. 747]).

g) Die Aufhebung einer PolVO. konnte ausdrücklich oder stillschweigend, im letzteren Falle etwa durch eine spätere, die gleiche Materie regelnde, von derselben oder einer übergeordneten PolBehörde erlassene PolVO. oder durch Landes- oder ReichsG. erfolgen (OVG. im PrVerwBl. 11, 32). Die Befugnis, orts- oder kreispolizeiliche Vorschriften außer Kraft zu setzen, stand dem Regierungspräsidenten zu. Mit Ausnahme von Fällen, welche keinen Aufschub zulassen, durfte diese Befugnis nur unter Zustimmung des Bezirksausschusses ausgeübt werden. Bei der Befugnis des MindInn., jede (orts-, kreis-, bezirks- oder provinzial-) polizeiliche Vorschrift, soweit Gesetze nicht entgegenstanden, außer Kraft zu setzen, behielt es mit der Maßgabe sein Bewenden, daß diese Befugnis hinsichtlich der Strom-, Schiffahrts- und HafenPolVorschriften auf den Minister für Handel und Gewerbe übergeht (§ 145 LVG.).

h) Die Anfechtung von PolVOen. war seitens der Staatsbürger unmittelbar nicht möglich. Sie konnten nur Rechtsmittel gegen die polizeiliche Verfügung einlegen (LVG.

§§ 127 ff.), welche auf Grund der für ungültig gehaltenen PolVOen. ergangen sind.

Schrifttum zu Polizeiverordnung.

v. Arnstedt, Preuß. Polizeirecht, I, 1905. — Bernatzik, Polizei und Kulturpflege (in Hinneberg, Kultur der Gegenwart II, 8), 2. Aufl., 1913. — Biermann, Privatrecht und Polizei in Preußen, 1897. — Degenhardt-Koch-Peters, Polizeirecht, 1926. — Drews, Preuß. PolRecht I, 3. Aufl. 1931, S. 95 ff. — Fleiner, Institutionen des VerwR., 8. Aufl., 1928, S. 76 f. — Friedrichs, Das Polizeigesetz, 1911. — Ders., Kommentar zum Landesverwaltungsgesetz, 1910. — Ders., Grundzüge des Polizeirechts, 1923. — Genzmer, Die Polizei (Bd. VII des Hdb. der Gesetzgebung von Hue de Grais, 1905. — Gerland, Das Recht der Polizeiverordnung, 2. Aufl., 1901. — Ders., in PrVerwBl. 28, 176 ff. — Hatschek, Lehrbuch des deutschen und preuß. VerwRechts, 3./4. Aufl., 1925, S. 113 ff., 6. u. 7. Aufl. 1930. — v. Hippel, Handb. der Polizeiverwaltung, 2. Aufl., 1910. — Jebens, Verwaltungsrechtliche Aufsätze, 1899. — Ders., Zur neueren Sicherheits- und Wohlfahrtspolizei in den Städten, PrVerwBl. 23, 625 ff. — W. Jellinek, Gesetz, Gesetzesanwendung und Zweckmäßigkeitserwägung, 1913. — Ders., VerwR., 3. Aufl., 1931, S. 127 ff. — Koehne, Grundzüge des Verwaltungspolizeirechts, I, 1906. — Ders., Grenzen der Polizeigewalt, PrVerwBl. 28, 850 ff. — Landé und Hermes, Das Allgemeine Landrecht, Berlin 1902—1905, neue Aufl., 1931. — Lindemann, Gesetzgebung über Polizeiverordnung in Preußen, 2. Aufl., 1912. — Oppenhoff, Gesetzgebung über die Ressortverhältnisse zwischen den Gerichten und den Verwaltungsbehörden in Preußen, 2. Aufl., 1904, S. 380 ff. — Peters in Hue de Grais, Handb. d. Verf. u. Verw., 23. Aufl., 1926, S. 356 ff. — Rödenbeck, Polizeiverordnungsrecht, 1884. — von Rönne, Ergänzungen und Erläuterungen des Allgemeinen Landrechts, 7. Aufl., 1885—1888, 4, 612—629. — Rosin, Das Polizeiverordnungsrecht in Preußen, 2. Aufl., 1895. — Ders.,

Der Begriff der Polizei und der Umfang des polizeilichen Verfügungs- und Verordnungsrechts in Preußen, VerwArch. 3, 249—365. — Ders., Art. „Polizeiverordnung" in v. Stengel-Fleischmanns Wörterbuch des Deutschen Staats- und Verwaltungsrechts, 2. Aufl. 3, 149 ff. — Rotering, Polizeiübertretungen und Polizeiverordnungsrecht, 1888. — Schilling, Beiträge zur Entwicklung des Polizeibegriffs nach preußischem Recht, VerwArch. 2, 474—520. — Stier-Somlo, Das freie Ermessen in Rechtsprechung und Verwaltung, Staatsrechtliche Abhandlungen, Festgabe für Laband, II, 1908, S. 443 ff. — Thoma, Der Polizeibefehl im badischen Recht, I, 1906. — Vossen, Der Schutz der Gewerbefreiheit und der Verfassungsrechte durch das preußische OVG., 1910. — Wolf, Die Gesetzgebung über das Polizeiverordnungsrecht in Preußen, 1910. — Wolzendorff, Die Grenzen der Polizeigewalt, Marburg 1905 und 1906.

2. Neues Recht. a) Die Begr. zu Abschnitt VII Sp. 33—37 führte aus:

Über den wesentlichen Unterschied zwischen Polizeiverordnung und Polizeiverfügung (vgl. darüber Abschnitt VIII) gehen die Meinungen stark auseinander. Die einen sehen in der Polizeiverordnung im Gegensatz zu der polizeilichen Verfügung als einer an bestimmte Personen gerichteten polizeilichen Anordnung eine an einen unbestimmten Personenkreis gerichtete polizeiliche Anordnung, zu deren rechtswirksamer Mitteilung an jeden, den es angeht, die vorgeschriebene Publikation genügt. Die geltende Regelung, daß bei der Polizeiverordnung die Nichtbefolgung nicht, wie bei der polizeilichen Verfügung, mit Exekutivstrafe oder anderen Zwangsmitteln, sondern mit Kriminalstrafe bedroht ist, erscheint ihnen nicht als wesentlich. Die andern sehen in der Polizeiverordnung in erster Linie ein im Wege der Delegation erlassenes Strafgesetz, das diesen seinen Charakter eben durch die einen wesentlichen Bestandteil jeder Polizeiverordnung bildende, auf seine Nichtbefolgung gesetzte Kriminalstrafe deutlich dokumentiere.

Der Entwurf schließt sich der ersteren Auffassung an. Die Begriffsbestimmung des § 24 enthält keinerlei Hinweis auf eine Strafe. Im § 33 ist vorgesehen, daß in einer Polizeiverordnung für den Fall der Zuwiderhandlung entsprechend dem Grundsatz, daß die Polizeiverordnung ein Ausfluß der Polizeihoheit, nicht der Justizhoheit des Staates ist, nur polizeiliche Zwangsmittel (Zwangsgeld, Zwangshaft) angedroht werden können. Dabei ist zur Vermeidung von Mißbräuchen ausdrücklich vorgeschrieben, daß ein Zwangsgeld ohne ausdrückliche Androhung im einzelnen Fall nur festgesetzt werden darf, wenn feststeht, daß die Zuwiderhandlung vorsätzlich oder fahrlässig polizeiwidrig erfolgt ist, da andernfalls das Publikum schlechter gestellt sein würde als bei Androhung von Übertretungsstrafen. Nur für die Polizeiverordnungen der Minister ist auch die Möglichkeit vorgesehen, Übertretungsstrafen anzudrohen, da in diesen Polizeiverordnungen z. T. Angelegenheiten geregelt werden müssen, die nicht so sehr ein Polizeiunrecht darstellen als vielmehr auf dem Gebiet des kriminellen Unrechts liegen. Grundsätzlich würde es erwünscht sein, alle Angelegenheiten dieser Art durch Gesetz zu regeln. Mit Rücksicht darauf indessen, daß die Grenze zwischen Polizeiunrecht und kriminellem Unrecht nicht immer eindeutig festliegt, mit Rücksicht ferner darauf, daß es sich zum Teil um Verhältnisse handelt, die im Flusse sind und daher eine gesetzliche Regelung nicht angezeigt erscheinen lassen, ist es zweckmäßig, für die ministeriellen Polizeiverordnungen die Möglichkeit der Androhung einer Übertretungsstrafe auch weiterhin vorzusehen. Von dieser Möglichkeit soll indessen nur ein beschränkter Gebrauch gemacht werden.

Im übrigen waren für die Neuregelung des Polizeiverordnungswesens folgende Gesichtspunkte maßgebend:

Die seit längerer Zeit durch das Ministerium des Innern in Angriff genommene Nachprüfung der von den nachgeordneten Behörden erlassenen Polizeiverordnungen hat ergeben, daß eine Vereinheitlichung der polizeilich zu regelnden Angelegenheiten nicht nur möglich, sondern auf vielen Gebieten dringend erwünscht ist. Die Angelegenheiten, die einer einheitlichen polizeilichen Regelung zugänglich sind, sollen, soweit es sich um stabile Verhältnisse handelt, durch ein Polizeistrafgesetzbuch geregelt werden, das im Anschluß an das neue Reichsstrafgesetzbuch zu erlassen sein wird. Diejenigen Angelegenheiten, die eine einheitliche polizeiliche Regelung erwünscht erscheinen lassen, die aber nicht stabiler Natur sind, sollen im Wege der ministeriellen Polizeiverordnung geregelt werden (§ 25). Ein Polizeiverordnungsrecht ist danach nur für die Minister gegeben, denen polizeiliche Zuständigkeiten nach der Geschäftsverteilung des Staatsministeriums zustehen, und nur für ihren besonderen Zuständigkeitsbereich. Im Interesse der Einheitlichkeit des Polizeiverordnungswesens ist dabei die Beteiligung des Ministers des Innern vorgeschrieben. Die Einführung des ministeriellen Polizeiverordnungsrechts bedeutet eine erhebliche Vereinfachung gegenüber dem gegenwärtigen Zustande, da viele Angelegenheiten eine einheitliche polizeiliche Regelung nicht zuletzt auch im Interesse der betroffenen Staatsbürger dringend erheischen. Bisher haben sich die zuständigen Minister damit behelfen müssen, zur Herbeiführung einheitlicher polizeilicher Regelungen Musterpolizeiverordnungen zu erlassen. Dieses Verfahren ist aber höchst umständlich, da die von dem Minister ausgearbeiteten Polizeiverordnungen jeweils von einer großen Anzahl von Polizeibehörden erlassen werden müssen. Die bisher erlassenen Musterpolizeiverordnungen betrafen folgende Angelegenheiten:

die äußere Heilighaltung der Sonn- und Feiertage;

das Meldewesen;

die Prüfung von Lichtspielvorführungen; die Vorlegung von Spielplänen, Zulassungskarten und Reklamematerial der Lichtspieltheater; den Schutz der Jugend in Lichtspieltheatern; die Prüfung von technischen Bühnenvorständen;

die allgemeine Verkehrspolizei; den Betrieb und Verkehr in Flughäfen, das Überfliegen von Ortschaften und Menschenansammlungen; Sperrungen zu Wasser und zu Lande für Zwecke der Reichswehr, der Staatspolizei und des Reichswasserschutzes;

den Feld- und Forstschutz;

die Ausdehnung des Beschauzwanges für Hausschlachtungen; den Verkehr mit Kuhmilch für Zwecke des menschlichen Genusses; die Bekämpfung der sogenannten wilden Pferderennen;

die Bekämpfung der Kurpfuscherei; die Regelung des Verkehrs mit Arzneimitteln außerhalb der Apotheken; den Verkehr mit Geheimmitteln und ähnlichen Arzneimitteln; Vorschriften über Anlage, Bau und Einrichtung von Krankenanstalten;

die Abwendung von Feuersgefahr bei der Errichtung von Gebäuden und der Lagerung von Materialien in der Nähe von Eisenbahnen; die bauliche Anlage, innere Einrichtung und den Betrieb von Theatern, öffentlichen Versammlungsräumen und Zirkusanlagen; die Bauordnungen für Städte und das platte Land; die Sonderbauordnung für Kleinhäuser; den Bau von Anlagen zur Unterbringung von Kraftfahrzeugen; die Anlage und Einrichtung von Lichtspieltheatern; die baupolizeiliche Behandlung von Außenantennen; die Baubeschränkungen für Überschwemmungsgebiete; die Arbeiterfürsorge auf Bauten; den Schutz der Arbeiter bei Eisenbauten mit über 6 m hohen Räumen; die Unterbringung von Arbeitern in Massenquartieren;

die Wohnungsordnung;

den Verkehr mit Mineralölen und Mineralölmischungen;

die Einrichtung und den Betrieb von Bierdruckvorrichtungen; die Aufstellung, Einrichtung und den Betrieb von beweglichen Kraftmaschinen; die Beförderung von Dampfpflügen auf Chausseen sowie den Betrieb von Dampfpflügen in der Nähe von Chausseen und anderen öffentlichen Wegen; die Einrichtung und den Betrieb von Dampffässern; die Herstellung kohlensaurer Getränke und den Verkehr mit solchen Getränken; den Schutz der elektrischen Stromanlagen; die Einrichtung und den Betrieb von Aufzügen; den Verkehr mit verflüssigten und verdichteten Gasen; die Herstellung, Aufbewahrung und Verwendung von Azetylen sowie die Lagerung von Kalzium und Karbid.

Neben den Ministern ist das Polizeiverordnungsrecht für die Oberpräsidenten vorgesehen, soweit es sich um Dinge handelt, die mit Rücksicht auf die Eigenart der einzelnen Provinzen einer polizeilichen Regelung bedürfen.

Die Angelegenheiten, die lediglich für einzelne Bezirke von Bedeutung sind, sind den Polizeiverordnungen der Regierungspräsidenten vorbehalten, und nur die Angelegenheiten, die ihrer Natur nach nur einen räumlich begrenzten Bereich betreffen, sollen durch Kreis- oder Ortspolizeiverordnung geregelt werden. Die notwendigen Verwaltungsmaßnahmen zur Erreichung dieses Zieles sind bereits in die Wege geleitet.

Hinsichtlich der Ortspolizeibehörden auf dem Lande und in Städten mit nicht mehr als 10 000 Einwohnern kann auf ein Polizeiverordnungsrecht verzichtet werden. Die Erfahrung hat gezeigt, daß in diesen nur in beschränktem Umfange von dem Polizeiverordnungsrecht Gebrauch gemacht worden ist und daß die erlassenen Polizeiverordnungen nach Form und Inhalt es nicht erwünscht erscheinen lassen, diesen Ortspolizeibehörden das Polizeiverordnungsrecht weiter zu belassen. Die wesentlichen Aufgaben dieser Polizeibehörden liegen vielmehr auf dem Gebiet der Durchführung von polizeilichen Anordnungen im einzelnen Fall. Infolgedessen steht ihnen das Recht zum Erlaß von polizeilichen Verfügungen (zu vgl. die §§ 40 ff. und von polizeilichen Strafverfügungen zu vgl. die §§ 59 ff.) zu. Die Befugnis zum Erlaß von Polizeiverordnungen, die generelle Regelungen darstellen, bleibt dagegen zweckmäßiger den Behörden vorbehalten, die über einen größeren Erfahrungskreis verfügen.

Der Wegfall des Polizeiverordnungsrechts für die Ortspolizeibehörden in den Landgemeinden sowie den Städten und Ämtern mit nicht mehr als 10 000 Einwohnern zieht insbesondere eine wesentliche Herabsetzung der Zahl der Polizeiverordnungen nach sich, die in der Öffentlichkeit allgemein lebhaft befürwortet worden ist.

In Zukunft werden die Befugnis zum Erlaß von Polizeiverordnungen nur haben:

5 Minister,
12 Oberpräsidenten,
34 Regierungspräsidenten,
40 staatl. Polizeiverwalter,
418 Landräte,
283 städt. Polizeiverwalter,
36 Bürgermeister der Ämter in der Rheinprovinz,
68 Bürgermeister der Ämter in Westfalen,

insgesamt: **896 Behörden**

an Stelle von rund 12 000 Polizeibehörden, die die Befugnis zum Erlaß von Polizeiverordnungen bisher besaßen. Es leuchtet ohne weiteres ein, daß auf diese Weise am wirksamsten eine Vereinheitlichung des Polizeiverordnungswesens und eine Beschränkung der Zahl der Polizeiverordnungen herbeigeführt wird.

Der Entwurf legt im übrigen Wert darauf, daß Polizeiverordnungen der nachgeordneten Behörden grundsätzlich der Mitwirkung von Vertretern der Selbstverwaltung bedürfen. Die Polizeiverordnungen der Oberpräsidenten bedürfen der Zustimmung des Provinzialrats, die der Regierungspräsidenten bedürfen der Zustimmung des Bezirksausschusses, dessen vier von den Provinzialausschüssen gewählte Mitglieder die Mehrheit gegenüber den drei ernannten Mitgliedern haben. Polizeiverordnungen der Kreis- und Ortspolizeibehörden bedürfen der Zustimmung der Verwaltungsorgane der in Frage kommenden Gemeindeverbände. Das bedeutet eine Erweiterung des gemeindlichen Mitwirkungsrechts, da bisher die Zustimmung der Gemeindevorstände, falls es sich um Angelegenheiten der SicherheitsPol. handelte, nicht vorgeschrieben war. Dem erweiterten Mitwirkungsrecht der Gemeindevorstände entspricht es, daß zur Verhinderung von sachlich unbegründeten Widerständen einer örtlichen Gemeindevertretung deren Zustimmung durch die übergeordnete Verwaltungsbeschlußbehörde ersetzt werden kann. Für Berlin empfahl sich eine besondere Regelung.

b) Zum Entw. schrieb W. Jellinek: § 24 bringt folgende Begriffsbestimmung der Polizeiverordnung: „Polizeiverordnungen sind polizeiliche Gebote oder Verbote, die für eine unbestimmte Anzahl von Fällen an eine unbestimmte Anzahl von Personen gerichtet sind."

Um zu beurteilen, ob hieran etwas auszusetzen ist, muß man den Satz mit der Definition der PolVf. im § 40 I vergleichen:

„Polizeiliche Verfügungen sind Anordnungen der Polizeibehörden, die an bestimmte Personen oder an einen bestimmten Personenkreis ergehen und ein Gebot oder Verbot oder die Versagung, Einschränkung oder Zurücknahme einer rechtlich vorgesehenen polizeilichen Erlaubnis oder Bescheinigung enthalten."

Sofort muß auffallen, daß beide Begriffsbestimmungen nicht aufeinander abgestimmt sind. Die Richtung gegen eine unbestimmte Anzahl von Personen bei der PolVO. und die gegen bestimmte Personen oder einen bestimmten Personenkreis bei der polizeilichen Vf. ergänzen sich allerdings gut. Dagegen hat die Einschränkung „für eine unbestimmte Anzahl von Fällen" bei der PolVO. kein entsprechendes Gegenstück. Polizeiliche Gebote oder Verbote, die sich für eine bestimmte Anzahl von Fällen an eine unbestimmte Anzahl von Personen richten, wären demnach weder VOen. noch Vfen., und doch besteht eine Notwendigkeit für sie; man denke etwa an eine allgemeine Anordnung über das Verhalten in der Silvesternacht. Er schlage daher Streichung der Worte „für eine unbestimmte Anzahl von Fällen" vor. Auch ein für einen bestimmten Fall an eine unbestimmte Anzahl von Personen gerichtetes polizeiliches Gebot oder Verbot ist eine VO. In Thüringen z. B. zweifelt man nicht daran, daß allgemeine Anordnungen über die Silvesternacht 1930 in VOForm zu erlassen waren (RuPrVerwBl. 52 122).

c) Die alte Streitfrage, ob eine PolVO. dem Wesen nach ein Akt delegierter Kriminalstrafgesetzgebung oder eine an einen unbestimmten Personenkreis gerichtete polizeiliche Anordnung sei, wird vom Entw. in letzterem Sinne gelöst. Gegenwärtig besteht bei weitem der größte Teil aller Straftaten in Übertretungen von PolVOen. Daß die übergroße Häufigkeit von Kriminalstrafen für Handlungen, in denen auch der rechtsliebende Teil der Staatsbürger in der Regel „an sich nichts Schlimmes" sieht, das Gefühl für den Ernst und die Bedeutung der Kriminalstrafe als solcher im Volke in höchst bedenklicher Weise abstumpft, liegt ohne weiteres auf der Hand. Schon aus diesem Grunde ist es durchaus zu billigen, daß der Entwurf das Zuwiderhandeln gegen Vorschriften von PolVOen. aus der Sphäre des Kriminellen überhaupt herausnehmen, von der Androhung und Verhängung von Kriminalstrafen aus diesem Grunde gänzlich absehen und die Befolgung von PolVOen. lediglich mit rein polizeilichen Zwangsmitteln durchsetzen will. Nach § 33 II sollen in PolVOen. wegen ihrer Nichtbefolgung nicht mehr kriminelle Geld- oder Haftstrafen, sondern nur noch ein rein polizeiliches Zwangsmittel — das Zwangsgeld — angedroht werden; lediglich die Minister sollen in ihren PolVOen. noch die kriminellen Übertretungsstrafen androhen dürfen — also nur sie sollen gewissermaßen delegierte Strafgesetzgeber bleiben. Im übrigen werden PolVOen. durch die neue Regelung zweifelsfrei zu einer rein polizeilichen allgemeinen Anordnung „an jeden, den es angeht" und damit verbundener Androhung des gesetzlichen polizeilichen Zwangsmittels — Zwangsgeld — im Zuwiderhandlungsfall erklärt. Um den gutgläubigen Kontravenienten, die die PolWidrigkeit ihres Verhaltens nicht kannten und auch den Umständen nach nicht kennen mußten, einen gegenüber dem jetzigen Strafverfahren in Übertretungssachen erhöhten Schutz zu gewähren, ist bestimmt, daß gegen sie Zwangsgeld nur nach nochmaliger vorheriger individueller Androhung festgesetzt werden darf. Gegen die Festsetzung von Zwangsgeld sollen dem Betroffenen die allgemein gegen polizeiliche Vfen. vorgesehenen Rechtsmittel, also Beschwerde, Klage und — soweit nicht lediglich die Höhe des Zwangsgeldes angefochten wird — Revision zustehen. In sämtlichen bestehenden PolVOen. soll gesetzlich an die Stelle der angedrohten Kriminalstrafe die Androhung des polizeilichen Zwangsmittels treten. (So Drews, RuPrVerwBl. 52 5, 6.)

d) Neu ist die gesetzliche Begriffsbestimmung der PolVOen., die der schon bisher herrschenden Auffassung entspricht. Zum Erlasse von PolVOen. soll befugt sein der Regierungspräsident für den Umfang des ganzen Regierungsbezirks oder für mehr als einen Kreis, der PolPräsident von Berlin für Berlin, die KreisPolBehörden für den Umfang des Kreises sowie für einzelne oder für mehrere OrtsPolBezirke. Die KreisPolBehörden sollen aber nicht das Recht haben, OrtsPolBezirke, in denen den OrtsPolBehörden selbst das Recht zum Erlaß von PolVOen. zusteht, einzubeziehen. Das OrtsPolVORecht ist im übrigen auf die OrtsPolBehörden in den Städten und Ämtern mit 5000 Einwohnern beschränkt. Im Schrifttum ist diese Regelung mit der Begründung, daß sie den berechtigten Interessen der Städte und Ämter mit weniger als 5000 Einwohnern nicht entspricht, bekämpft worden (vgl. PrGemZ. 1930 Nr. 35). Der Regierungspräsident bedarf zum Erlaß von PolVOen. der Zustimmung des Bezirksausschusses, die Landräte der Zustimmung des Kreisausschusses und die OrtsPolBehörden in Stadtkreisen und in Städten mit mehr als 5000 Einwohnern der Zustimmung des Gemeindevorstandes. In den Ämtern soll die Zustimmung der Amtsvertretung eingeholt werden. Dagegen, daß die Amtsvertretungen beteiligt werden sollen, hat sich im Schrifttum Widerspruch gezeigt, weil dann leichter die Möglichkeit gegeben ist, ebenso wie dies in den Städten bei einer Mitwirkung der Stadtverordnetenversammlung der Fall wäre, daß Widerstände erhoben werden, die sachlich nicht gerechtfertigt sind. Es wird anzunehmen sein, daß die Zustimmung der Gemeinde v o r st ä n d e in den Städten absichtlich festgelegt worden ist, weil von ihnen eine ordnungsmäßige sachliche Mitarbeit angenommen werden kann. Die gleichen Gründe müßten aber dann dazu führen, in den Ämtern nicht die Amtsvertretungen, sondern entweder die Beigeordneten oder die Gemeindevorsteher zur Mitwirkung heranzuziehen, weil nur dann eine Regelung vorliegt, wie sie sachlich gerechtfertigt und für die Städte vorgesehen ist. Allerdings ist auch im G. bestimmt, daß, wenn die Zustimmung versagt wird, sie durch den Bezirksausschuß ersetzt werden kann.

Dieser Weg verursacht aber in jedem Falle eine Mehrarbeit und Umständlichkeiten und würde nur in wenigen Ausnahmefällen in Frage kommen (Richardt, a. a. O. S. 19).

e) Lebhaft umstritten war im Staatsrat die Bestimmung, daß die PolVOen. ebenso wie polizeiliche Vfen. in Zukunft nicht wie bisher durch die Androhung einer Übertretungsstrafe, sondern durch die Androhung von polizeilichen Zwangsmitteln (Zwangsgeld, Zwangshaft) durchgeführt werden sollen. Es wurde behauptet, der gegen die Festsetzung eines Zwangsgeldes auf Grund einer PolVO. gegebene Rechtsmittelzug: Beschwerde an die PolAufsichtsbehörde (Landrat bzw. Regierungspräsident), Klage beim Bezirksausschuß, Revision an das OVG., würde eine außerordentliche Belastung der Verwaltungsbehörden und der Verwaltungsgerichte mit sich bringen, zumal der Bezirksausschuß und das OVG. mit je 7 Personen besetzt sei.

Weiter wurde die Frage aufgeworfen, wie zu verfahren sei, wenn in Blankettbestimmungen des Strafgesetzbuches die Zuwiderhandlung gegen eine PolVO. mit einer Übertretungsstrafe bedroht sei, die PolVO. selbst aber die Androhung von Zwangsgeld enthalte.

Auch machte man im Staatsrat den Einwand, daß Zwangsgeld eine verschleierte Strafe bleibe, infolgedessen gegen den Verfassungsgrundsatz verstoßen würde, daß niemand seinem ordentlichen Richter entzogen werden dürfte. Demgegenüber macht Kerstiens, PrVerwBl. 52 147, folgendes geltend. Im Strafrecht wird seit langem je nach der Schwere der strafbaren Handlungen und der Höhe der angedrohten Strafe zwischen Verbrechen, Vergehen und Übertretungen unterschieden. Unter letzteren werden dabei alle geringfügigen Straftatbestände zusammengefaßt. Eine nähere Prüfung könne es indessen nur als billig erscheinen lassen, wenn die Unzahl von Übertretungstatbeständen, die sich zurzeit in den verschiedenen Reichs- und Landesgesetzen sowie vor allem in RechtsVOen. finden, in zwei Gruppen aufgeteilt werden. Unter Hinweis auf § 366 StGB. wird gefragt, wer werde nicht zugeben, daß derjenige, der Hunde auf Menschen hetzt

(§ 366 Ziff. 6) oder wer Steine oder harte Gegenstände oder Unrat auf Menschen wirft (§ 366 Ziff. 7), strafwürdiger ist, als jemand, der in Städten mit Schlitten ohne feste Deichsel oder Geläut der Schelle fährt (§ 366 Ziff. 4). Ebenso werde man ohne weiteres zugeben müssen, daß jemand, der öffentlich oder in ärgerniserregender Weise Tiere boshaft quält oder boshaft mißhandelt (§ 360 Ziff. 13 StGB.), in einer ganz anderen Weise strafwürdig ist, als jemand, der in falscher Richtung in eine Einbahnstraße einfährt, an einem Donnerstag statt an einem Freitag Teppiche klopft, die polizeiliche Ummeldung seiner Hausangestellten auf dem gleichen Formular wie seine Familienmitglieder vornimmt, statt auf einem Sonderformular, oder etwa als ein Droschkenschofför, der als elfter auf einem Droschkenhalteplatz hält, an dem gemäß polizeilicher Vorschrift nur zehn Droschken halten dürfen, oder ein Hauseigentümer, der es unterläßt, Rattengift zu streuen, ein Nummernschild an sein Haus anzubringen oder bei Glatteis Asche zu streuen. Dabei ergebe sich, daß die Strafwürdigkeit dieser verschiedenen Übeltäter nicht dem Grunde, sondern dem Prinzip nach eine verschiedene ist. Auf der einen Seite asoziale Handlungen, die wegen der Gesinnung des Täters und der Folgen der Tat eine wenn auch geringe *kriminelle* Strafe verdienen, auf der anderen Seite Gefährdungsdelikt, Ordnungswidrigkeiten, die zwar ebenfalls nicht sein dürfen, und im Notfall durch Zwangsmittel zu verhindern sind, die aber doch in keiner Weise als kriminell strafbar angesehen werden können. Grundsätzlich werde man daher, wenn auch die Grenze im einzelnen flüssig sein mag und die theoretische Begründung nicht leicht ist, zwischen *Polizeiunrecht* und *kriminellem Unrecht* unterscheiden müssen. Das kriminelle Unrecht ist durch Strafe zu ahnden, das Polizeiunrecht durch Zwangsmittel zu verhindern bzw. zu beseitigen. Wer die Unterscheidung annehme, wird auch die Folgerungen hinnehmen müssen. Der Antrag auf gerichtliche Entscheidung gegen eine polizeiliche StrafVf. komme z. B. für viele Staatsbürger mit Rücksicht auf den damit verbundenen Zeitverlust und die öffentlichen Verhandlungen mit Presseberichterstattern praktisch als Rechtsmittel gar nicht in Frage. Die Beschwerdemöglichkeit mit anschließendem Verwaltungsstreitverfahren dagegen sei mit weniger Unannehmlichkeiten verbunden und nimmt das Odium des Beschuldigten von diesen Personen ab. Die Nachprüfung der PolVOen. erfolgt in letzter Instanz einheitlich durch das OVG., so daß die für die Praxis höchst unerwünschten Meinungsverschiedenheiten zwischen OVG. und KG. vermieden werden. Die Strafrechtler werden von allen Lappalien befreit, die nur dazu angetan sind, ihr Ansehen zu schädigen, und wesentlich entlastet. Die Belastung der Verwaltungsgerichte ist nicht zu groß, da ein großer Teil der eingelegten Rechtsmittel bereits in der Beschwerdeinstanz erledigt werden wird und im übrigen gemäß §§ 64, 67 LVG. verfahren werden kann (Bescheid und Vorbescheid). Die PolAufsichtsbehörden bekommen durch die eingehenden Beschwerden über die Festsetzung von Zwangsgeldern ein viel besseres Bild von der Tätigkeit der ihnen nachgeordneten PolBehörden als bisher und können durch einzelne oder allgemeine Maßnahmen dafür Sorge tragen, daß eine vernünftige Handhabung der PolGewalt stattfinde. Was die Frage der Blankettvorschrift angeht, so ist das eine Übergangserscheinung, da das neue StGB derartige Vorschriften nicht kennt. In der Zwischenzeit werde auf Grund des § 153 StPO. erreicht werden können, daß eine doppelte Inanspruchnahme der zuwiderhandelnden Personen vermieden wird.

Zu dem Einwande, das Zwangsgeld sei eine verschleierte Strafe, infolgedessen sei der Rechtsmittelzug an die Verwaltungsgerichte unzulässig, wird bemerkt: § 413 I StPO. spricht von „Strafen", die durch „Strafgesetze" angedroht werden. Es ist unbestritten, daß es neben „Strafen" nicht auch „polizeiliche Zwangsmittel" gibt. Von keiner Seite ist daher behauptet worden, die §§ 132 ff. LVG. seien wegen Verstoßes gegen Reichsrecht ungültig, soweit sie sich auf die Androhung oder Festsetzung einer „Zwangsstrafe" beziehen. Wird aber die Androhung einer derartigen „Zwangsmaßnahme" im einzelnen Falle für gültig angesehen, so besteht kein Grund, derartige Zwangsmittel nicht auch in generellen polizeilichen Anordnungen anzudrohen. Hier ist der Landesgesetzgeber reichsrechtlich nicht gebunden. Ist er der Auffassung, daß die Androhung eines polizeilichen Zwangsmittels zweckmäßiger sei, so ist es ihm unbenommen, eine entsprechende Bestimmung zu erlassen. Allenfalls kommt man zu dem durch nichts zu rechtfertigenden Schluß, dem Landesgesetzgeber stehe nicht das Recht zu, durch eine gesetzliche Definition den Begriff der PolVO. festzulegen. Der § 413 StPO. kennt als Rechtsmittel sogar bei eigentlichen „Strafen" auch die Beschwerde an die höhere PolBehörde, und niemand hat bisher behauptet, daß durch diese Vorschrift der „ordentliche Richter" ausgeschaltet werde. Wenn das G. als Rechtsmittel gegen die Festsetzung von polizeilichen „Zwangsmitteln" das Verwaltungsstreitverfahren gewährt, so begünstigt diese Regelung rechtspolitisch gesehen den in Anspruch genommenen Staatsbürger über die reichsrechtlich für „Strafen" vorgesehene Regelung hinaus. Der Staatsrat hat sich diesen Gedankengängen nicht verschlossen und den vorgesehenen Bestimmungen zugestimmt.

f) Im Ausschuß wurde der Antrag gestellt, die Worte „für eine unbestimmte Anzahl von Fällen" zu streichen. Man bezog sich auf die Ansicht von W. Jellinek, daß man eine PolVO. auch für einen bestimmten Fall erlassen könne, wenn nur die Verordnung sich an eine unbestimmte Anzahl von Personen richte. Als Beispiel erwähne Jellinek, allerdings wenig glücklich, die Vorschriften für das Verhalten in der Silvesternacht. Er halte es überhaupt für zweifelhaft, ob das Gesetz eine Definition der Polizeiverordnung geben solle.

Ein zweiter Beauftragter des MindInn. betonte hierzu, daß Jellinek eine gewisse Lücke zwischen den Definitionen der PolVO. und der PolVf. bemängele. Diese Lücke sei vorhanden, aber beabsichtigt. Denn die Neuregelung des PolVOWesens gehe dahin, unnötige PolVOen. zu vermeiden, insbesondere solche, die sich nur auf einen Tag bezögen. Als Vorschriften für die Silvesternacht kämen höchstens nur Verwaltungsanweisungen in Frage, nicht aber PolVOen. Es komme häufig vor, daß sich wenige Tage vor einem großen Ereignis die Notwendigkeit herausstelle, Anordnungen für eine große Zahl von Personen zu treffen. In diesem Falle sei es praktisch, eine entsprechende Notiz in die Presse zu bringen, beispielsweise: Morgen wird der Zeppelin in Staaken landen; zur Aufrechterhaltung der öffentlichen Ordnung und Sicherheit werden die Beamten angewiesen, das und das anzuordnen; das Publikum wird gebeten, ihnen den Dienst zu erleichtern und sich entsprechend zu verhalten. Notfalls werde eine PolVf. erlassen. Dadurch sei der Erlaß einer PolVO. für einen einzigen Tag überflüssig, was ganz im Sinne einer Vereinfachung liege.

Die Worte „für eine unbestimmte Anzahl von Fällen" seien nicht entbehrlich, da es auch Allgemeinverfügungen gebe, z. B. die Sperrung einer Straße oder eines Häuserblocks oder die Aufforderung zum Weitergehen.

Der Grundgedanke der neuen Regelung der PolVOen. bringt die Scheidung zwischen PolUnrecht und kriminellem Unrecht. Vgl. Erik Wolf in der Festschrift für Frank, 1930, Bd. 2 S. 516 ff.; von Hippel, Deutsches Strafrecht, Band 2 (1930), S. 103, 104, 118 und von Liszt-Schmidt, Lehrbuch des Strafrechts, 1925, § 26 III Anm. 6. Zwei Gründe haben den preußischen Gesetzgeber hauptsächlich dazu geführt, dem Gedanken der Trennung zu entsprechen (vgl. dazu die Erklärungen des Vertreters des JustizMin. bei den Ausschußberatungen vom 22. April 1931, Ber. S. 71).

Zu §§ 24 ff.

Vgl. Abegg, Die Vereinigung des Polizeiverordnungswesens in Preußen in RuPrVerwBl. 52 61.

Kerstiens, Der Entw. eines Gesetzes zur Aufhebung veralteter Polizei- und Strafgesetze in der Zeitschrift „Die Polizei" (1930), S. 580 ff.

Über die Aufgabe des PolVerwG., Ordnung in das verfahrene Polizeiverordnungswesen zu bringen und die Zahl der PolVOen. zu vermindern, vgl. die Ausführungen des damaligen MindInn. Grzesinski in der Zeitschrift „Die Polizei" 1930, S. 352 ff.

3. Die AusfBest. vom 1. Oktober 1931 (MindBBl. 924) zu § 24 lauten:

1. Polizeiverordnungen sind nur in unabweisbar notwendigen Fällen zu erlassen. Dabei ist insbesondere zu prüfen, ob bereits einschlägige Bestimmungen in Gesetzen oder Verordnungen der vorgesetzten Behörden vorhanden sind sowie ob es sich um Polizeiverordnungen handelt, deren Übertretung in Gesetzen mit krimineller Strafe bedroht ist oder nicht (vgl. dazu die Ausführungsbestimmungen zu § 33).

Sachlich zusammenhängende oder miteinander verwandte Gebiete sind durch einheitliche Polizeiverordnungen zu regeln.

Auf eine bestimmte, sorgfältige und allgemeinverständliche Fassung der Polizeiverordnungen ist besonders Bedacht zu nehmen.

2. Die Landräte und Ortspolizeibehörden haben die von ihnen beabsichtigten Polizeiverordnungen im Entwurf dem Regierungspräsidenten vorzulegen, die der Polizeiaufsicht der Landräte unterstellten Ortspolizeibehörden durch die Hand der Landräte. Die Regierungspräsidenten prüfen, ob die Bestimmungen unter 1. und die übrigen für Polizeiverordnungen geltenden Vorschriften, insbesondere auch die Ausführungsbestimmungen zu den §§ 33 und 34, beachtet sind. Weiter prüfen sie, soweit erforderlich nach Anhörung der übrigen Polizeibehörden ihres Bezirks, ob sich eine einheitliche Regelung für den ganzen Regierungsbezirk oder für die Provinz empfiehlt.

3. Jede Polizeibehörde hat die von ihr erlassenen Polizeiverordnungen in ein Verzeichnis oder eine Kartei einzutragen, aus der der Inhalt der Verordnung, etwa vorgenommene Änderungen und der Tag des Außerkrafttretens ersichtlich sind.

Die den Regierungspräsidenten unterstellten Polizeibehörden haben den Regierungspräsidenten von jeder erlassenen Polizeiverordnung unverzüglich eine Abschrift vorzulegen, die der Polizeiaufsicht der Landräte unterstellten Ortspolizeibehörden durch die Hand der Landräte.

4. Die Regierungspräsidenten führen über die sämtlichen in ihrem Bezirk erlassenen Orts-, Kreis- und Regierungs-

polizeiverordnungen Verzeichnisse nach dem Muster der Anlage a. Das gleiche gilt für die Oberpräsidenten und den Polizeipräsidenten in Berlin hinsichtlich der von diesen erlassenen Polizeiverordnungen.

Verordnungsberechtigte. **§ 25.**

(1) **Der Minister des Innern und die zuständigen Minister im Benehmen mit dem Minister des Innern können Polizeiverordnungen innerhalb ihres Geschäftsbereichs für den Umfang des Staatsgebiets oder für Gebietsteile erlassen, an denen mehr als eine Provinz beteiligt ist.**

(2) **Die von den Ministern erlassenen Polizeiverordnungen sind unverzüglich dem Landtage vorzulegen. Sie sind auf Verlangen des Landtags aufzuheben.**

(3) **Die Oberpräsidenten sind befugt, Polizeiverordnungen für den Umfang der ganzen Provinz oder für Gebietsteile zu erlassen, an denen mehr als ein Regierungsbezirk beteiligt ist; das gilt nicht für den Oberpräsidenten von Berlin.**

(4) **Die von den Oberpräsidenten zu erlassenden Polizeiverordnungen bedürfen der Zustimmung des Provinzialrats. In Fällen, die keinen Aufschub gestatten, kann die Polizeiverordnung auch ohne vorherige Zustimmung erlassen werden. Wird die Zustimmung nicht innerhalb von drei Monaten nach dem Tage der Veröffentlichung der Polizeiverordnung erteilt, so tritt diese außer Kraft.**

1. Vgl. die Begr. Sp. 33—37 oben zu § 24 Anm. 2. Während die Polizeiverordnungsberechtigten nach bisherigem Rechte in Anm. 1 zu f zu § 24 dargelegt sind, ist nach neuem Rechte im Gegensatz zu dem früheren der MindJnn., und es sind die zuständigen Minister im Benehmen mit ihm zum Erl. von PolVOen. berechtigt. Hiergegen richtete sich im Ausschuß

die Bemühung, das bisherige Recht wiederherzustellen, wonach der Minister kein PolVORecht hat. Es sei dies auch überflüssig, da dem Staat der Weg der ordentlichen Gesetzgebung, evtl. der NotVO. freistehe. Sollte den Ministern das Recht gewährt werden, so müsse eine Überwachungsstelle beantragt werden. An Stelle einer solchen ist in der zweiten Lesung des Ausschusses Abs. II eingefügt worden. Im übrigen ist aus der Entstehungsgeschichte folgendes festzuhalten:

A. Ein Beauftragter des MindInn. sah in der Bestimmung des § 25 ein wichtiges Stück Verwaltungsreform. Während bisher, wenn einheitliche Vorschriften notwendig geworden seien, 36 Regierungspräsidenten vom Minister zum Erl. einer PolVO. angewiesen werden mußten, könne nunmehr eine einzige PolVO. durch den Minister selbst erlassen werden. Die Befürchtung, daß diese technische Frage sich zu einer politischen Frage entwickeln könne, hege er nicht. Den Antrag Nr. 17, dem Minister nur das PolVOR. für Gebietsteile zu geben, an denen mehr als eine Provinz beteiligt ist, könne er nicht befürworten, da für den Westen andere Anordnungen, z. B. über den Straßenverkehr, empfehlenswert sein könnten als für den Osten.

Ein anderes Ausschußmitglied betonte, jener Antrag wolle nur verhindern, daß der Minister an Stelle eines für einen bestimmten Bezirk zuständigen PolVerwalters eine PolVO. erlasse. Das wäre namentlich zu befürchten, wenn ein Regierungspräsident die Zustimmung des Bezirksausschusses nicht erhalte. Der Antrag, die Worte „oder für Teilgebiete" zu streichen, sei bedenklich, da dadurch den Ministern geringere Rechte gegeben würden als allen anderen PolVerwaltern. Die Befürchtung, daß das PolVORecht des Ministers politisch mißbraucht werden könnte, brauche nicht gehegt zu werden. Man brauche sich nur einmal die bisher erlassenen MusterPolVOen. anzusehen, die in Zukunft unmittelbar vom Minister erlassen würden. Im übrigen sei daran zu erinnern, daß sich die PolVOen. stets im Rahmen der geltenden Gesetze zu halten hätten.

Ein Ausschußmitglied war der Ansicht, daß der § 25 nicht nur vom technischen Gesichtspunkt zu betrachten sei, sondern auch eine politische Bedeutung habe. Es sei zu befürchten, daß ein Minister, wenn er ein G. nicht durchbringen könne, dann den PolVOWeg beschreite. Die Versuchung, diesen Weg zu beschreiten, sei erfahrungsgemäß groß.

Ein anderes Ausschußmitglied betonte hierzu, daß nach dem geltenden Recht die Gültigkeit der PolVOen. von den ordentlichen Gerichten nachgeprüft werden könne. Jedenfalls sei es wesentlich, daß festgestellt werde, daß den erkennenden Gerichten das Recht zustehe, nachzuprüfen, ob eine durch PolVO. getroffene Maßnahme zu Recht erlassen sei oder auf gesetzlichem Wege zu erfolgen habe. Die Anregung, über den Minister eine Kontrollinstanz zu setzen, sei zu begrüßen. Vielleicht werde es sich empfehlen, anzuordnen, daß alle PolVOen. der Minister alsbald dem Staatsrat vorzulegen seien.

Ein zweiter Beauftragter des MindInn. wies darauf hin, daß nach der PreußVerf. der Staatsrat über die Staatsgeschäfte auf dem laufenden zu halten sei. Auf Grund dieser Bestimmung würden die PolVOen. der Minister nachträglich dem Staatsrat zur Kenntnis zugeleitet werden. Im übrigen würden sie in der Gesetzsammlung veröffentlicht.

B. Ein Beauftragter des Ministers für Handel und Gewerbe führte aus:

Die Staatsregierung, insbesondere das Preußische Handelsministerium, ist der Ansicht, daß durch den § 25 Abs. 1 des PolVerwG. dem Handelsminister auch das Recht eingeräumt werden soll, BergPolVOen. zu erlassen. Dies erscheint auch zunächst selbstverständlich, denn die betreffende Bestimmung ist ganz allgemein gehalten, und es soll jeder Minister das Recht erhalten, für sein Ressort PolVOen. zu erlassen. Trotzdem sind gerade in der letzten Zeit Zweifel in dieser Richtung laut geworden. Die Gegner des Rechtes des Handelsministers, BergPolVOen. zu erlassen, begründen ihre Auffassung wie folgt: Nach dem bisherigen Rechtszustande (§ 197 des Allg. BergG.) seien allein die Oberbergämter befugt, BergPolVO. zu erlassen. Nach § 8 des Entwurfes sollten die Sonderpolizeibehörden in ihrer Organisation und besonderen Zuständigkeit unberührt bleiben. Es bedeute aber eine Einschränkung der Zuständigkeit der Oberbergämter, wenn außer ihnen noch der Handelsminister das Recht erhalte, BergPolVOen. zu erlassen. Demgegenüber ist, um von vornherein in dieser Hinsicht jeden Zweifel auszuschalten, folgendes zu betonen: Bei den Ressortbesprechungen über den Entwurf des PolVerwG. hat kein Zweifel darüber bestanden, daß der Handelsminister das Recht zum Erl. von BergPolVOen. erhalten sollte. Dies ergibt sich aber auch aus dem Entwurf selbst, wenn auch nicht direkt, so doch indirekt aus dem § 84. Diese Bestimmung sieht eine Änderung des § 208 des Allg. BergG. dahin vor, daß Zuwiderhandlungen gegen BergPolVOen. mit Geldstrafe bestraft werden sollen, während die frühere Fassung des § 208 dahin lautet, daß Zuwiderhandlungen gegen die von den Oberbergämtern erlassenen BergPolVOen. bestraft werden sollten. Diese Änderung des § 208 ist gerade und allein mit Rücksicht auf die BergPolVO. des Handelsministers notwendig geworden (s. Entw. § 81 dG.).

Die Übertragung des Rechtes, BergPolVOen. zu erlassen, an den Handelsminister bedeutet im übrigen aber auch keine Einschränkung der Zuständigkeit der Oberbergämter, denn diese behalten nach wie vor das Recht, für ihren Bezirk PolVOen. zu erlassen. Keinesfalls kann der § 197 des Allg. BergG. dahin ausgelegt werden, daß den Oberbergämtern das ausschließliche Recht zum Erl. von BergPolVOen. hierdurch sichergestellt werden sollte. Der Sinn dieser Bestimmungen war lediglich der, den bereits durch § 8 dG. vom 10. Juni 1861 über den Erl. von BergPolVOen. durch die Oberbergämter geschaffenen Rechtszustand auch nach dem Inkrafttreten des Allg. BergG. vom 24. Juni 1865 aufrechtzuerhalten.

In der zweiten Lesung ist der dem jetzigen Abs. I entsprechende Antrag angenommen worden (Ber. Sp. 106).

Zuständigkeit des Regierungspräsidenten und Polizeipräsidenten zu Berlin.

§ 26.

(1) Die Regierungspräsidenten sind befugt, Polizeiverordnungen für den Umfang des ganzen Regierungsbezirkes oder für Gebietsteile zu erlassen, an denen mehr als ein Kreis beteiligt ist.

(2) Der Polizeipräsident in Berlin ist als Landespolizeibehörde berechtigt, nach Anhörung des Magistrats Polizeiverordnungen zu erlassen.

(3) Die von den Regierungspräsidenten oder von dem Polizeipräsidenten in Berlin als Landespolizeibehörde zu erlassenden Polizeiverordnungen bedürfen der Zustimmung des Bezirksausschusses. In Fällen, die keinen Aufschub gestatten, kann die Polizeiverordnung auch ohne vorherige Zustimmung erlassen werden. Wird die Zustimmung nicht innerhalb von drei Monaten nach dem Tage der Veröffentlichung der Polizeiverordnung erteilt, so tritt diese außer Kraft.

(4) Als Kreis- und Ortspolizeibehörde kann der Polizeipräsident in Berlin Polizeiverordnungen mit Zustimmung des Magistrats erlassen. In Fällen, die keinen Aufschub erleiden, kann die Polizeiverordnung auch ohne vorherige Zustimmung erlassen werden. Wird die Zustimmung nicht innerhalb von sechs Wochen nach dem Tage der Veröffentlichung der Polizeiverordnung erteilt, so kann sie auf Antrag des Polizeipräsidenten durch den Bezirksausschuß ersetzt werden. Wird die Zustimmung des Bezirksausschusses nicht innerhalb von drei Monaten nach dem Tage der Veröffentlichung der Polizeiverordnung erteilt, so tritt diese außer Kraft.

1. In der ersten Ausschußlesung wurden folgende Anträge gestellt:

Im § 26 wird

1. in Abs. 2 Zeile 1 hinter „ist" eingeschaltet „als Landespolizeibehörde",
2. in Abs. 3 Zeile 2 hinter „Berlin" eingeschaltet „als Landespolizeibehörde",
3. folgender Absatz 4 angefügt:

   (4) Als Kreis- und Ortspolizeibehörde kann der Polizeipräsident von Berlin Polizeiverordnungen mit Zustimmung des Magistrats erlassen. In Fällen, die keinen Aufschub erleiden, kann die Polizeiverordnung auch ohne vorherige Zustimmung erlassen werden. Wird die Zustimmung nicht innerhalb von 3 Monaten nach dem Tage der Veröffentlichung der Polizeiverordnung erteilt, so tritt diese außer Kraft. Wird die Zustimmung versagt, so kann sie auf Antrag des Polizeipräsidenten durch den Bezirksausschuß ersetzt werden. Der Bezirksausschuß entscheidet endgültig.

Ein Ausschußmitglied betonte, daß der Antrag Nr. 23 einem vom Städtetag geäußerten Wunsche entspreche. Durch ihn werde für Berlin das gleiche Recht festgesetzt, wie es die anderen Städte hätten; d. h. er unterscheide zwischen dem Polizeipräsidenten in Berlin als LandesPolBehörde und dem Polizeipräsidenten in Berlin als Orts- und KreisPolBehörde. Die von ihm als LandesPolBehörde zu erlassenden VOen. solle er nach Anhörung des Magistrats mit Zustimmung des Bezirksausschusses erlassen, die von ihm als Orts- und KreisPolBehörde zu erlassenden VOen. mit Zustimmung des Magistrats, was auch schon rechtens sei. Da eine solche Zustimmung des Magistrats in allen anderen Städten vorgesehen sei, sei es billig, dem Magistrat von Berlin das gleiche Recht zu übertragen.

Antrag Nr. 23 wurde angenommen. Mit dieser Änderung wurde § 26 angenommen (Sp. 63, 64).

In der zweiten Ausschußlesung lag der Antrag Nr. 3 (Berichterstatter) vor: Im § 26 der Beschlüsse erster Lesung

a) ist im Abs. 1 Zeilen 3 und 4 statt der Worte „für mehr als einen Kreis zu erlassen" zu setzen:

„für Gebietsteile zu erlassen, an denen mehr als ein Kreis beteiligt ist".

b) ist Abs. 4 wie folgt zu fassen:

(4) Als Kreis- und Ortspolizeibehörde kann der Polizeipräsident in Berlin Polizeiverordnungen mit Zustimmung des Magistrats erlassen. In Fällen, die keinen Aufschub erleiden, kann die Polizeiverordnung auch ohne vorherige Zustimmung erlassen werden. Wird die Zustimmung nicht innerhalb von 6 Wochen nach dem Tage der Veröffentlichung der Polizeiverordnung erteilt, so kann sie auf Antrag des Polizeipräsidenten durch den Bezirksausschuß ersetzt werden. Wird die Zustimmung des Bezirksausschusses nicht innerhalb von drei Monaten nach dem Tage der Veröffentlichung der Polizeiverordnung erteilt, so tritt diese außer Kraft.

Der Antrag wurde angenommen und mit diesen Änderungen der § 26 in der Fassung der ersten Lesung (Sp. 106, 107).

Zuständigkeit der Landräte.

§ 27.

(1) Die Landräte sind befugt, Polizeiverordnungen für den Umfang des Kreises sowie für einen einzelnen oder für mehrere Ortspolizeibezirke zu erlassen. Diese letzteren Befugnisse gelten nicht für die Ortspolizeibezirke, in denen den Ortspolizeibehörden auf Grund des § 28 ein besonderes Recht zum Erlaß von Polizeiverordnungen zusteht.

(2) Die Kreispolizeiverordnungen bedürfen der Zustimmung des Kreisausschusses. Sofern Kreispolizeiverordnungen nur für einzelne Gemeinden Geltung haben sollen, ist vor Erlaß der zuständige Gemeindevorstand zu hören.

(3) In Fällen, die keinen Aufschub erleiden, kann die Polizeiverordnung auch ohne vorherige Zustimmung oder Anhörung erlassen werden. Wird die Zustimmung nicht innerhalb von sechs Wochen nach dem Tage der Veröffentlichung der Polizeiverordnung erteilt, so kann sie auf Antrag der Kreispolizeibehörde durch den Bezirksausschuß ersetzt werden. Wird die Zustimmung des Bezirksausschusses nicht innerhalb von drei Monaten nach dem Tage der Veröffentlichung der Polizeiverordnung erteilt, so tritt diese außer Kraft.

1. In der ersten Ausschußlesung lagen folgende Anträge vor:

Nr. 9 zu 2: Im § 27 Abs. 2 sind die Worte „ist vor Erlaß der zuständige Gemeindevorstand zu hören" zu ersetzen durch „bedürfen sie der Zustimmung des zuständigen Gemeindevorstandes".

Nr. 10: Im § 27 Abs. 2 erhält der letzte Satz folgende Fassung:

Sofern Kreispolizeiverordnungen nur für einzelne Gemeinden Geltung haben sollen, ist zum Erlaß die Zustimmung des zuständigen Gemeindevorstandes notwendig.

Nr. 19 zu II: Im § 27 ist

a) im Absatz 2 der 3. Satz zu streichen,

b) im Absatz 3 Satz 1 die Worte „oder Anhörung" zu streichen.

Zunächst wurde als Druckfehlerberichtigung in § 27 Abs. 2 Zeile 3 das Wort „Städten" durch „Stadtkreisen" ersetzt.

Ein Ausschußmitglied hielt die Bestimmung des § 27 für bedenklich. Während der Minister PolVOen. nur für einen größeren Teil als eine Provinz erlassen könne, der Oberpräsident nur für einen größeren Teil als einen Regierungsbezirk, der Regierungspräsident nur für einen größeren Teil als einen Kreis, solle der KreisPolBehörde das Recht gegeben werden, auch für einzelne Ortspolizeibezirke

PolVOen. zu erlassen. Dadurch würden die Gemeinden ihres bisherigen Rechts vollständig entkleidet. Um das bis zu einem gewissen Grade zu verhindern, halte er die im Antrag Nr. 9 geforderte Änderung des Entwurfs für notwendig.

Ein Ausschußmitglied betonte, daß der Landrat an die Zustimmung des Kreisausschusses gebunden sei. Damit sei die Beteiligung der Selbstverwaltung gewahrt. Im übrigen könne der Kreisausschuß die Vertreter der einzelnen Gemeinden vorher anhören.

Ein Ausschußmitglied wandte sich gleichfalls gegen den § 27, der die ländlichen PolBehörden ihres PolVORechts entkleide. Die hierfür angeführte Begründung, daß das Übermaß von PolVOen. vermieden werden solle, gehe daneben, da die große Zahl der bisher erlassenen und kürzlich aufgehobenen PolVOen. sich nicht durch die große Zahl der zuständigen PolVerwaltungen, sondern durch die Länge der Zeit erkläre. Nach seiner Ansicht würden PolVOen. in den ländlichen Gebieten nur in geringem Umfange erlassen. Er glaube nicht, daß durch die Neuregelung die Zahl der PolVOen. eingeschränkt werde, sondern befürchte das Gegenteil. Ein zwingendes Bedürfnis zur Änderung des gegenwärtigen Rechtszustandes könne er deshalb nicht anerkennen. Der Vorschlag des Zentrums im Antrag Nr. 13, das PolVORecht nur den Städten unter 5000 Einwohnern zu nehmen, sei wenig glücklich, da die im G. festgelegte Zahl von 10 000 historisch gewachsen sei und die Einwohnerzahl angebe, bis zu der die Städte unter die PolAufsicht des Landrats gestellt gewesen seien.

Ein zweiter Beauftragter des MindInn. wies darauf hin, daß zurzeit 12 000 PolBehörden zum Erl. von PolVOen. zuständig seien. Die Zahl der bisher erlassenen PolVOen. sei von berufener Seite auf etwa eine Million geschätzt worden. Die kürzlich vorgenommene Vereinigungsaktion habe diese Zahl erheblich herabgedrückt.

Es handele sich nun darum, ob es im Interesse der Rechtssicherheit und der Rechtsgleichheit wünschenswert erscheine, die Zahl der PolVOen. zu vermindern, und bejahendenfalls, ob zu diesem Zweck die Zahl der zuständigen Behörden verringert werden sollte. Der Gesetzentwurf stehe auf diesem Standpunkt auf Grund von sehr umfassenden praktischen Untersuchungen. Es treffe zu, daß ein großer Teil der ländlichen PolVerwalter von dem PolVORecht bisher keinen Gebrauch gemacht habe. Der Entwurf folgere daraus, daß diese Zuständigkeit überflüssig sei. Auf der anderen Seite habe ein großer Teil der ländlichen OrtsPolBehörden von diesem Recht in einer Weise Gebrauch gemacht, daß schon bald nach Übertragung dieses Rechts der erste einschränkende Ministerialerlaß habe ergehen müssen, dahingehend, daß die Ortspolizeiverwalter angewiesen seien, jeden Entwurf dem Landrat und dem Regierungspräsidenten vorzulegen. Die Kontrolle des Regierungspräsidenten habe sich aber nicht als durchgreifend genug erwiesen.

Die kleineren OrtsPolBehörden hätten nach wie vor das Recht, PolVfen. und StrafVfen. zu erlassen. Die Befugnis zum Erl. von PolVOen. sei ihnen dagegen zu nehmen. Die PolVO. sei ein Gesetz polizeilichen Inhalts mit örtlich beschränktem Geltungsbereich. Der Aufbau der kleineren OrtsPolBehörden sei nun aber nicht so, daß man diesen Behörden die Befugnis eines Gesetzgebers anvertrauen könne. Vielfach seien sie nicht in der Lage, die VOen. zweckentsprechend zu formulieren. Daraus ergebe sich auch die Unzahl von PolVOen. auf dem Lande.

Ein Vorredner wies auf eine Lücke in den Absätzen 3 und 4 hin. Wenn nämlich der Kreisausschuß in den drei Monaten zu der PolVO. überhaupt nicht Stellung nehme, dann habe die PolBehörde keine Möglichkeit, den Bezirksausschuß anzurufen. Eine solche Möglichkeit müsse aber geschaffen werden.

Antrag Nr. 19 zu IIa wurde abgelehnt.

Antrag Nr. 10 wurde angenommen, damit war Antrag Nr. 9 zu 2 erledigt.

Antrag Nr. 19 zu IIb wurde angenommen.

Mit diesen Änderungen wurde § 27 angenommen.

Der Berichterstatter wies darauf hin, daß § 27 durch die jetzt angenommene Fassung eine Unebenheit enthalte; während für die Stadtkreise, in denen der Bürgermeister allein den Gemeindevorstand bilde, die Zustimmung des Bürgermeisters und der Beigeordneten statuiert sei, sei für die Städte, die nicht Stadtkreise seien, die Zustimmung des Bürgermeisters allein als ausreichend festgesetzt. Diese nicht gewollte Differenzierung müsse in der zweiten Lesung beseitigt werden. (AusschBer. Sp. 64—66.)

In der zweiten Ausschußlesung lag der Antrag Nr. 4 (Berichterstatter) vor: Im § 27 der Beschlüsse erster Lesung

a) ist im Abs. 1 Zeile 3 statt „einzelne" zu setzen: „einen einzelnen",

b) ist im Abs. 2 die Regierungsvorlage wiederherzustellen,

c) erhalten Abs. 3 und 4 folgende Fassung:

In Fällen, die keinen Aufschub erleiden, kann die Polizeiverordnung auch ohne vorherige Zustimmung oder Anhörung erlassen werden. Wird die Zustimmung nicht innerhalb von 6 Wochen nach dem Tage der Veröffentlichung der Polizeiverordnung erteilt, so kann sie auf Antrag der Kreispolizeibehörde durch den Bezirksausschuß ersetzt werden. Wird die Zustimmung des Bezirksausschusses nicht innerhalb von 3 Monaten nach dem Tage der Veröffentlichung der Polizeiverordnung erteilt, so tritt diese außer Kraft.

Der Berichterstatter wies darauf hin, daß der Antrag Nr. 4 zu b nur die Wiederherstellung der Regierungsvorlage beantrage, weil der in der ersten Lesung gefaßte Beschluß nicht aufrechterhalten werden könne; die Zustimmung von 2 Organen der Selbstverwaltung sei sonst nirgends vorgesehen. Da ohnehin die Ersetzung eines Beschlusses des Gemeindevorstandes durch den Kreisausschuß entsprechend den Beschlüssen in den anderen Paragraphen vorzusehen sei, so bleibe ohnehin der Kreisausschuß entscheidend. Man müsse also wieder zur Anhörung zurückkehren.

Antrag Nr. 4 wurde angenommen und mit der dadurch bedingten Änderung § 27. (Ber. Sp. 107.)

PolVOen. in Gemeinden. § 28.

(1) In Gemeinden von mehr als 5000 Einwohnern können die Ortspolizeibehörden mit Zustimmung des Gemeindevorstandes Polizeiverordnungen erlassen. In Gemeinden, in denen der Bürgermeister (Gemeindevorsteher) allein den Gemeindevorstand bildet, treten an dessen Stelle der Bürgermeister (Gemeindevorsteher) und die Beigeordneten (Schöffen) als Kollegium. Die gleiche Befugnis haben in den Landesteilen mit Amtsverfassung die Bürgermeister der Ämter mit mehr als 5000 Einwohnern unter Zustimmung der Amtsvertretung, in den Landesteilen mit Amtsbezirksverfassung die Amtsvorsteher der Bezirke mit mehr als 5000 Einwohnern unter Zustimmung des Amtsausschusses.

(2) In Fällen, die keinen Aufschub erleiden, kann die Polizeiverordnung auch ohne vorherige Zustimmung erlassen werden. Wird die Zustimmung nicht innerhalb von sechs Wochen nach dem Tage der Veröffentlichung der Polizeiverordnung erteilt, so kann sie auf Antrag der Ortspolizeibehörde auf dem Lande und in den kreisangehörigen Städten durch den Kreisausschuß, in Stadtkreisen durch den Bezirksausschuß ersetzt werden. Wird die Zustimmung des Kreisausschusses oder des Bezirksausschusses nicht innerhalb von drei Monaten nach dem Tage der Veröffentlichung der Polizeiverordnung erteilt, so tritt diese außer Kraft.

1. Im Ausschuß wurde geltend gemacht:

Im Westen des Landes gebe es sehr viele alte Städte, die seit jeher das Verordnungsrecht hätten. Wenn diesen Städten nunmehr dieses Recht genommen werde, entstehe der Eindruck, daß eine Einschränkung des Selbstverwaltungsrechts der Gemeinden beabsichtigt sei. In Hessen-Nassau bestehe heute der wenig zweckmäßige Zustand, daß Gemeinden mit nur 100 Einwohnern das Polizeiverordnungsrecht hätten. Die Festsetzung der Zahl 5000 erscheine wenig glücklich, insbesondere für Hannover, wo die Landgemeinden, die zum Teil über 5000 Einwohner hätten, keinen besoldeten Bürgermeister haben dürften. Zweckmäßiger wäre es, wenn man allen kreisangehörigen Städten das Polizeiverordnungsrecht nähme.

Ein erster Beauftragter des MindInn. gab seiner Freude darüber Ausdruck, daß der Grundgedanke des Entwurfs, die Zahl der zum Erlaß von PolVOen. zuständigen Stellen zu vermindern, im Ausschuß Anklang gefunden habe. Durch diese Reform solle auch eine größere Rechtssicherheit geschaffen werden. Die Zahl 10 000 sei um der Einheitlichkeit willen gewählt, da sie bereits in vielen Gesetzen zugrunde gelegt sei. Würde man auf 5000 heruntergehen, dann sollte man eine einheitliche Regelung für das ganze Land treffen. Das erreiche man aber nur, wenn man statt „Städte, Stadtkreise und Gemeinden" den Begriff „Ortspolizeibezirk" einfüge.

Ein Ausschußmitglied betonte, daß seine Freunde nicht davon überzeugt seien, daß eine Einschränkung der zum Erlaß von PolVOen. zuständigen Stellen notwendig sei. Die Zahl der PolVOen. würde durch solche Einschränkung nicht vermindert. Das Gefühl, daß eine polizeiliche Vergewaltigung der kleinen Städte beabsichtigt sei, bestehe auch im Osten.

Ein anderes Ausschußmitglied hielt eine Beschränkung der zum Erlaß von PolVOen. zuständigen Stellen aus den angeführten Gründen für bedenklich und auch für unzweckmäßig. Während bislang die kleinen Amtsvorsteher vielfach von dem Erlaß einer PolVO. Abstand genommen hätten, weil sie sich unsicher fühlten, würden in Zukunft wahrscheinlich sehr oft die Gemeinden beim Landratsamt den Erlaß einer PolVO. nachsuchen, und das Landratsamt werde als eine bürokratische Behörde eher geneigt sein, einem solchen Ersuchen nachzukommen als der ehrenamtlich tätige Amtsvorsteher. Vielfach hätten die PolVOen. nur rein örtliche Bedeutung, und die örtlichen Bedürfnisse würden von der OrtsPolBehörde viel besser berücksichtigt werden können als vom Landratsamt.

(Vgl. auch AusschBer. Sp. 107—109.)

2. Alle im Ausschuß geltend gemachten Erwägungen haben den Grundsatz nicht zu verändern vermocht, wonach das PolVORecht nur den Gemeinden mit mehr als 5000 Einwohnern zusteht. In der Rheinprovinz ist es die Regel, daß der Bürgermeister (Gemeindevorsteher) allein den Gemeindevorstand bildet, ebenso in den Landgemeinden. § 28 I Satz 3 nimmt Bezug auf die Amtsverfassung in Rheinland und Westfalen. Amtsbezirksverfassung haben Schleswig-Holstein und die östl. Provinzen (vgl. StenBer. S. 2496 ff.). Wenn der Landrat als Ortspolizeibehörde die PolVO. erläßt, gilt § 28 ebenfalls. Vgl. übrigens die §§ 37, 69, 73, 75 GewO. und § 27 III dG.

Zustimmung zu PolVOen. § 29.

(1) **Soweit auf Grund des § 6 staatliche Polizeibehörden bestellt sind, können diese Polizeiverordnungen für das Gebiet ihres Verwaltungsbezirkes oder für einzelne Teile des Bezirkes erlassen. Sie bedürfen dazu der Zustimmung des Gemeindevorstandes. In Gemeinden, in denen der Bürgermeister (Gemeindevorsteher) allein den Gemeindevorstand bildet, treten an dessen Stelle der Bürgermeister (Gemeindevorsteher) und die Beigeordneten (Schöffen) als Kollegium.**

(2) **In Fällen, die keinen Aufschub erleiden, kann die Polizeiverordnung auch ohne vorherige Zustimmung oder Anhörung erlassen werden. Wird die Zustimmung nicht innerhalb von sechs Wochen nach dem Tage der Veröffentlichung der Polizeiverordnung erteilt, so kann sie auf Antrag der staatlichen Polizeibehörde durch den Bezirksausschuß ersetzt werden. Wird die Zustimmung des Bezirksausschusses nicht innerhalb**

von drei Monaten nach dem Tage der Veröffentlichung der Polizeiverordnung erteilt, so tritt diese außer Kraft.

1. Im Ausschuß wies der Berichterstatter auf die von § 27 abweichenden Bestimmungen des § 29 hin. Wenn ein staatlicher PolVerwalter als KreisPolBehörde für einen Bezirk, der über eine einzelne Gemeinde hinausgehe, eine PolVO. erlasse, dann bedürfe er der Zustimmung eines jeden Gemeindevorstandes. Damit sei er dem Landrat gegenüber zurückgesetzt, da dieser für eine KreisPolVO. für mehrere Gemeinden nicht der Zustimmung der Gemeindeorgane bedürfe.

Ein Ausschußmitglied hielt diese Unterscheidung nicht für bedenklich, da der Landrat auch Selbstverwaltungsbehörde sei und nicht ein rein staatliches Organ. Daß der staatliche Polizeiverwalter an die Zustimmung der Gemeindevorstände gebunden sei, halte er für notwendig. Wenn die PolVO. eines staatlichen Polizeiverwalters nur für einen Teil seines Bezirks ergehe, dann bedürfe er nur der Zustimmung der Gemeinden, die von der PolVO. erfaßt würden. Da für ihn das dem Kreisausschuß entsprechende Zustimmungsorgan fehle, könne man eben nicht umhin, die Zustimmung der einzelnen Gemeindevorstände zu statuieren. In der Praxis werde der Bezirksausschuß das übliche Organ sein, da nach seiner Ansicht für die staatlichen Polizeibezirke im Westen nur sehr wenige Gemeinden unter 10 000 Einwohnern existierten. In den meisten Fällen werde wahrscheinlich von dem Abs. 2 Gebrauch gemacht werden.

(Vgl. auch AusschBer. Sp. 109—110.)

2. Die jetzige Fassung der Vorschrift kam im Plenum des Landtages zustande (StenBer. S. 2497). Jetzt gilt, daß staatliche PolBehörden im Sinne des § 6 beim Erl. von PolVOen. stets der Zustimmung des Gemeindevorstandes bedürfen. Es genügt nicht bloße Anhörung. Der Gebrauch dieses Wortes in Abs. II ist daher ein Gesetzesfehler. Im übrigen gilt § 29 für Orts- wie auch für KreisPolVOen. Hat der Bezirk der staatlichen PolBehörde mehrere Gemeinden, so müssen alle Ge-

meindevorstände zustimmen. Dies gilt auch für KreisPol-VOen., die nur für Teile des Kreises erlassen werden. (AusschBer. Sp. 69.)

3. Bei dringenden PolVOen. kann nach Abs. II die Zustimmung vorläufig fehlen; sie muß aber in der vom Gesetzestext bezeichneten Weise nachgeholt bzw. ersetzt werden, da sonst Außerkraftsetzung erfolgt.

Materielle Voraussetzungen im einzelnen.

§ 30.

(1) **Polizeiverordnungen dürfen keine Bestimmungen enthalten, die mit den Gesetzen oder mit Rechtsverordnungen einer höheren Behörde in Widerspruch stehen.**

(2) **Ist eine Angelegenheit durch Polizeiverordnung einer höheren Polizeibehörde geregelt, so darf sie nur insoweit durch Polizeiverordnung einer nachgeordneten Behörde ergänzend geregelt werden, als die Polizeiverordnung der höheren Behörde dies ausdrücklich zuläßt.**

1. Die Begr. führte hierzu aus: Die Bestimmung des § 30 Abs. I entspricht dem zurzeit geltenden § 15 des PolVerwG. vom 11. März 1850 (GS. S. 265). Die Bestimmung des § 30 Abs. II bringt zum Ausdruck, daß die PolVO. einer höheren PolBehörde grundsätzlich als abschließende Regelung anzusehen ist. Zurzeit bestehen in dieser Hinsicht Unklarheiten, die im Interesse der Vereinigung des Polizeiverordnungswesens beseitigt werden sollen.

2. Grundsatz des Nichtwiderspruchs gegen Gesetze und Rechtsverordnungen. Die Gesetze können sein Reichsgesetze, bei denen schon Art. 13 I RV. (Reichsrecht bricht Landesrecht) durchgreift; im übrigen zivilrechtliche oder öffentlich-rechtliche Gesetze, ferner Landesgesetze. Praktisch wird § 30 in denjenigen zahlreichen Fällen, in denen im StGB. und in strafrechtlichen Nebengesetzen eine Prüfung notwendig ist, ob eine Vollständigkeit der reichsrechtlichen Regelung vorliegt oder ob und inwieweit eine PolVO. in Wider-

spruch steht mit einem Reichsgesetze. Wenn dieses nach der PolVO. erlassen wird, hebt es ohne weiteres beim Widerspruch mit der PolVO. diese auf.

3. Ein Widerspruch mit einer RechtsVO. einer höheren Behörde macht die PolVO. ebenfalls ungültig. Es ist hier genau darauf zu achten, daß ein Widerspruch mit einer VerwaltungsVO. keine Rechtsungültigkeit bedingt.

4. Eine ergänzende Regelung durch eine PolVO. einer nachgeordneten PolBehörde ist zwar zulässig, setzt aber die ausdrückliche Zulassung in der VO. der höheren PolBehörde voraus.

Unerlaubter Zweck der PolVO. usw.

§ 31.

(1) **Polizeiverordnungen dürfen nicht lediglich den Zweck haben, den Polizeibehörden die ihnen obliegende Aufsicht zu erleichtern.**

(2) **Polizeiverordnungen müssen in ihrem Inhalte bestimmt sein. Hinweise auf Anordnungen (z. B. Bekanntmachungen) außerhalb von Polizeiverordnungen sind in Polizeiverordnungen unzulässig, soweit diese Anordnungen Gebote oder Verbote von unbeschränkter Dauer enthalten.**

(3) **Soweit Polizeiverordnungen der Minister überwachungsbedürftige Anlagen betreffen, kann in diesen hinsichtlich der technischen Vorschriften auf Bekanntmachungen besonders sachverständiger Stellen verwiesen werden. Die Art der Veröffentlichung dieser Bekanntmachungen ist zu bestimmen. Auf die erfolgte Veröffentlichung ist in der Preußischen Gesetzsammlung hinzuweisen.**

1. Die Begr. (Sp. 37) führte hierzu aus: Die Bestimmungen des Abs. I kodifizieren das geltende Recht, wie es durch die ständige Rechtsprechung des RG. und OVG. entwickelt ist. Der Abs. II lehnt sich ebenfalls an die Rechtsprechung der genann-

ten Gerichte an, entwickelt diese aber insofern weiter, als er die Möglichkeit auf Hinweise außerhalb der PolVOen. im Interesse der Rechtssicherheit weiter einschränkt.

2. Es ist längst anerkannten Rechts, daß eine PolVO. nicht lediglich den Zweck haben darf, die polizeiliche Aufsicht zu erleichtern. (KG. 21 C., 62; 26 C., 5; 44 C, 406; OVG. 49, 211; E. vom 2. Mai 1930, RuPrVerwBl. 1931, 255; OVG. 61, 119).

3. Der Grundsatz der Bestimmtheit der PolVO. ist ebenfalls schon seit langem anerkannt. Vgl. KGJ. 46 C. 321; daselbst ErgBd. 6, 289; GoltdArch. 69, 240; KG. vom 13. März 1931, RuPrVerwBl. 1931, 579 und vom 17. März 1931, I S. 96/31. Auch die Folgen einer Nichtbefolgung einer PolVO. müssen unbedingt ausgesprochen werden (§ 33). Anderseits genügt es nicht, wenn eine PolVO. nur Androhungen für Verstöße gegen solche Gebote oder Verbote enthält, die erst im Einzelfall nach dem Ermessen einer PolBehörde oder eines PolBeamten erlassen werden können. Dagegen sind Hinweise auf ordnungsmäßig veröffentlichte Ortsgesetze zur Bezeichnung derjenigen, denen ein Gebot auferlegt wird, in der PolVO. zulässig.

Aufzählung der Voraussetzungen der PolVO.

§ 32.

Polizeiverordnungen müssen

a) eine ihren Inhalt kennzeichnende Überschrift tragen,

b) in der Überschrift als Polizeiverordnung bezeichnet werden,

c) die Gesetzesbestimmungen angeben, auf Grund deren sie erlassen sind,

d) den örtlichen Geltungsbereich enthalten,

e) soweit die Zustimmung oder Anhörung anderer Stellen gesetzlich vorgeschrieben ist, die Stellen angeben, mit deren Zustimmung oder nach deren Anhörung sie erlassen sind. In den Fällen des § 26 Abs. 3 Satz 2, des § 27 Abs. 3, des § 28 Abs. 2 und

des § 29 Abs. 2 ist anzugeben, daß die Polizeiverordnung vorbehaltlich der Zustimmung oder Anhörung der vorgeschriebenen Stellen erlassen ist,

f) das Datum enthalten, unter dem sie erlassen sind,

g) die Behörde bezeichnen, die die Verordnung erlassen hat.

1. Die Begr. (Sp. 37) führte hierzu aus: Der § 32 enthält in Anlehnung an das geltende Recht die formellen Vorschriften, von deren Innehaltung die Gültigkeit der PolVO. abhängen soll. Diese Vorschriften ergeben sich aus der Natur der PolVO. als eine für einen unbeschränkten Personenkreis geltende Rechtsnorm.

Mit dem unter e (Halbsatz 1) zur Verwendung gekommenen Worte „Stellen" sind nicht nur die in dem Gesetzentw. genannten Behörden gemeint, sondern auch andere Organisationen, deren Beteiligung durch Reichs- und Landesgesetze vorgeschrieben ist. Das gilt insbesondere hinsichtlich der im § 120 e GewO. vorgeschriebenen Anhörung der Berufsgenossenschaften. Diese Regelung entspricht der Rechtsprechung des KG.

2. Die AusfBest. vom 1. Oktober 1931 (MinBBl. 924) zu § 32 lauten: Die Vorschrift des § 32 e Satz 2 gilt auch für den Fall des § 26 Abs. IV.

3. Die in § 32 enthaltenen formellen Voraussetzungen bei Erl. der PolVO. entsprechen im wesentlichen dem bisherigen Rechte. Jedenfalls ist sie nur gültig bei Beobachtung dieser formellen Vorschriften. Unrichtige Angabe der Gesetzesbestimmungen schadet dann nichts, wenn es sich um erkennbare Druckfehler handelt (KG. vom 18. Oktober 1929, I S. 397/29).

Zwangsgeld und Ersatzzwangsmittel.

§ 33.

(1) **In Polizeiverordnungen können für den Fall einer Nichtbefolgung das in dem § 55 Abs. 1 und 3 vorgesehene Zwangsgeld und die im § 56 vorgesehenen Ersatzzwangsmittel angedroht werden. Für die Festsetzung des Zwangsgeldes und der Ersatzzwangsmittel**

sind in diesen Fällen stets die Ortspolizeibehörden zuständig. Der im § 55 Abs. 3 zu a bestimmte Höchstsatz gilt auch für die Polizeiverordnungen der Minister und der Oberpräsidenten. In den Polizeiverordnungen der Minister darf gegen eine Zuwiderhandlung an Stelle dieser Zwangsmittel eine Geldstrafe bis zu 150 *RM* oder bei besonders schweren Fällen Haft bis zu zwei Wochen angedroht werden.

(2) Wegen der Nichtbefolgung einer Polizeiverordnung darf Zwangsgeld ohne vorherige besondere Androhung nur festgesetzt werden, wenn der Betroffene die Polizeiwidrigkeit seines Verhaltens kannte oder kennen mußte.

(3) In Fällen, in denen ein schutzwürdiges Interesse weder verletzt noch bedroht wird, ist von einem polizeilichen Eingreifen wegen Nichtbefolgung der Polizeiverordnung abzusehen.

1. Die Vorschrift ist gegenüber dem Entw. nur darin geändert worden, daß in Abs. I Satz 2 durch die Ausschußberatung folgender Satz eingefügt worden ist: „Für die Festsetzung des Zwangsgeldes und der Ersatzzwangsmittel sind in diesen Fällen stets die Ortspolizeibehörden zuständig" und daß der Abs. III hinzukam: „In Fällen, in denen ein schutzwürdiges Interesse weder verletzt noch bedroht wird, ist von einem polizeilichen Eingreifen wegen Nichtbefolgung der Polizeiverordnung abzusehen." (AusschBer. Sp. 127.)

2. Ein erster Beauftragter des Justizministers bemerkte in erster Lesung, daß die Gründe, aus denen die Justizverwaltung den § 33 begrüße, in der Begr. nicht zum Ausdruck gebracht seien. Es seien die folgenden: Man stehe vor der bedauerlichen Tatsache, daß nach der Reichskriminalstatistik jährlich etwa 600 000 Personen wegen Verbrechen und Vergehen bestraft würden. Dazu komme die große Zahl derer, die wegen Übertretungen und Vergehen gegen Landesgesetze bestraft würden. In der Presse nähmen

die Aufsätze darüber kein Ende, daß dieser Zustand nicht mehr so bleiben könne. Auch die Wissenschaft befasse sich schon seit 30 bis 40 Jahren mit diesem Problem, und die Gelehrten aller Richtungen, auch der klassischen Schule, stimmten darin überein, daß Mittel und Wege gefunden werden müßten, um die große Zahl der Bestrafungen zu verringern. Durch die große Zahl der Strafen sei die Autorität der Strafe so gering geworden wie in keinem anderen Lande. Man müsse wieder zu erreichen versuchen, daß jeder sich davor scheue, vorbestraft zu sein. Wie wenig dies zurzeit der Fall sei, beweise die Tatsache, daß nicht weniger als drei Verbände beständen, die Vorbestrafte und Verurteilte umfaßten und die nicht nur an die Gerichte, sondern auch an die Ministerien Eingaben richteten.

Der Entw. schlage nun unter Billigung der gesamten Wissenschaft vor, die Zahl der Strafen dadurch zu verringern, daß man eine besondere Art von Unrecht, das Polizeiunrecht oder Verwaltungsunrecht, schaffe, das grundsätzlich nicht mit Strafe geahndet werden solle. Dadurch werde es erforderlich, die Begriffe Zwangsgeld und Zwangshaft einzuführen, die mit Strafe nichts mehr zu tun hätten. Beispielsweise solle künftig derjenige, der seine Teppiche am Montag statt am Freitag klopfe, nicht bestraft, sondern mit Zwangsgeld belegt werden. Dadurch würden zugleich die Gerichte von der Befassung mit geringfügigen Polizeistrafsachen entlastet.

Aus der Mitte des Ausschusses seien grundsätzliche Bedenken in der Richtung geäußert, daß der Entw. eine zu weitgehende Ausschaltung des ordentlichen Richters mit sich bringe. Es sei sogar gesagt worden, der Entw. öffne der polizeilichen Willkür Tür und Tor. Diese Bedenken vermöge der Justizminister nicht zu teilen. Zunächst sei zu beachten, daß der Weg zum ordentlichen Richter gerade in den wichtigsten Fällen bestehen bleibe: Bei Übertretungen gegen Polizeiverordnungen der Minister nämlich, die die Androhung von Geldstrafen enthielten, bleibe der Weg zu den ordentlichen Gerichten offen. In Fällen polizeilicher Willkür gebe Art. 131 der RV. den

Schutz der ordentlichen Gerichte. Im übrigen aber werde durch den Entw. der Weg an das OVG. vorgesehen. Dieses Gericht sei mit den gleichen Garantien für richterliche Unabhängigkeit ausgestattet wie die ordentlichen Gerichte. Wenn es in Zukunft die Nachprüfung der Gültigkeit der PolizeiVOen., die bisher dem Kammergericht in Strafsachen obgelegen habe, übernehme, so sei nicht einzusehen, warum es nicht dasselbe Vertrauen wie bisher das Kammergericht verdiene. Wenn ferner gesagt sei, der MindInn. erhalte durch den Entw. Vollmachten, die es ihm ermöglichten, materielles Strafrecht in einem Umfang zu schaffen, das schließlich den ganzen Strafrechtsausschuß des Reichstags überflüssig mache, so sei darauf hinzuweisen, daß sich PolizeiVOen. doch nur auf dem Gebiete der Übertretungen bewegen könnten. Wenn aber auf diesem Gebiete das Reichsstrafrecht eine größere Zurückhaltung üben und durch PolVOen. mehr und mehr ersetzt werde, so sei dies durchaus im Sinne auch der Reichsministerien der Justiz und des Innern. Auch im EG. zum neuen StGB. finde sich das Bestreben, Verfehlungen von minderer Bedeutung aus dem Gebiet des Kriminalunrechts herauszunehmen und nur mit Ordnungsstrafe zu bedrohen.

Ein zweiter Beauftragter des MindInn. erwähnte, daß im letzten Jahre über eine Million polizeiliche Strafverfügungen erlassen worden seien, und zwar zu 80% auf Grund von PolizeiVOen. Von dieser einen Million seien nur 40 000 durch Antrag auf gerichtliche Entscheidung angegriffen worden. Man dürfe daraus nicht folgern, daß die übrigen 96% sich als mit Recht bestraft fühlten. Denn das Rechtsmittel des Antrags auf gerichtliche Entscheidung sei tatsächlich kein Rechtsmittel, sondern eine Formalie, die in Anspruch zu nehmen sich der überwiegende Teil der Staatsbürger nicht erlauben könne. Er weise darauf hin, daß auf Grund der VO. über das Streuen von Rattengift Minister, Staatssekretäre, Ministerialdirektoren bestraft worden seien. Würden diese Herren Antrag auf gerichtliche Entscheidung stellen, dann würde sofort die Presse ein willkommenes Ereignis für ihre Berichterstattung haben.

Die Zuwiderhandlungen gegen PolizeiVOen. verdienten im allgemeinen nicht eine kriminelle Strafe, sondern stellten häufig ein einfaches Polizeiunrecht dar, das anders geahndet werden müsse. Die Entlastung der Gerichte führe natürlich zu einer Belastung der Verwaltungsgerichte. Die Bezirksausschüsse könnten sich aber unter Anwendung der §§ 64 und 67 des LVG. weitgehend entlasten, da, wenn die Sach- und Rechtslage klar sei, der Vorsitzende allein entscheiden könne.

Es bestehe durchaus kein Legalitätsprinzip, sondern sei bestimmt, daß die Polizeibehörden Zwangsmittel festsetzen *könnten*.

Ein zweiter *Beauftragter des MindInn.* meinte, es handle sich um so geringfügige Ordnungswidrigkeiten, daß die Androhung einer Übertretungsstrafe als zu schwer erscheine. Die organisatorischen Bedenken seien reiflich geprüft worden. Es bestehe doch die Möglichkeit, daß eine Anzahl von Fällen auf Grund der §§ 64 und 67 des LVG. im Wege des Bescheides durch den Bezirksausschuß vereinfacht erledigt werde, nämlich dann, wenn die Tatsachen und Rechtsverhältnisse klar seien. Die Entlastung des OVG. werde dadurch herbeigeführt, daß nur wegen der Frage der Gültigkeit oder Ungültigkeit der PolVO. an dieses Gericht gegangen werden könne. Davon werde nur ein verhältnismäßig geringer Prozentsatz der Fälle betroffen. Da diese Fragen das grundsätzliche Verhältnis zwischen Staat und Staatsbürger beträfen, sei eine Nachprüfung durch das OVG. im Interesse des Rechtsschutzes angebracht. Eine Entlastung des OVG. werde sich auch durch andere Maßnahmen erreichen lassen.

Die Frage, ob der Landtag berechtigt sei, in der Straffestsetzung über 150 RM hinauszugehen, sei bisher nicht beantwortet.

Derselbe *Beauftragte des MindInn.* erklärte, daß dem Innenministerium von dem angeblichen Gutachten des Kammergerichts bisher nichts bekanntgeworden sei. Weder im preußischen noch im Reichsjustizministerium hätten Bedenken bestanden. Nach Art. II Abs. 2 der VO. über Vermögensstrafen und Bußen vom 6. Februar 1924 sei die Höchstgrenze für Zwangs- und Ordnungsstrafen 1000 *RM*. Nach Art. VIII Abs. 2 a. a. O. könne landesrechtlich etwas anderes bestimmt werden.

Der Berichterstatter sah keine Veranlassung, von der ursprünglich festgesetzten Strafhöhe abzugehen. Im übrigen könne die rechtliche Seite der Angelegenheit bis zur zweiten Beratung im Plenum noch weiter geprüft werden.

(Vgl. AusschBer. Sp. 110—112.) Vgl. auch §§ 55, 56 und die dortige Höhe des Zwangsgeldes.

4. Die AusfBest. zu § 33 lauten:

1. In Polizeiverordnungen, deren Übertretung in Gesetzen mit Strafe bedroht ist, ist im Sinne des § 76 Abs. 2 des PVG. von der Androhung der im § 33 Abs. 1 vorgesehenen Zwangsmittel abzusehen. Übertretungen derartiger Polizeiverordnungen sind kriminell strafbar, ohne daß es der Androhung einer Übertretungsstrafe in diesen bedarf. In diesen Polizeiverordnungen ist auf die Strafandrohung hinzuweisen. Gesetzliche Bestimmungen, in denen die Übertretung von Polizeiverordnungen mit Strafe bedroht ist, sind beispielsweise die §§ 366 Ziff. 1, 366 Ziff. 10, 367 Ziff. 2, 368 Ziff. 1, 368 Ziff. 2 und 368 Ziff. 8 StGB. sowie die §§ 30, 36 Abs. 1 Ziff. 1 und 2, 37, 39, 42 des Feld- und Forstpolizeiges. Bestehen irgendwelche Zweifel, ob es sich um eine Polizeiverordnung handelt, deren Übertretung in Gesetzen mit krimineller Strafe bedroht ist oder nicht, so ist vor deren Erlaß dem MdI. zu berichten.

2. Die formellen Bestimmungen für die Androhung und Festsetzung von Zwangsgeld folgen. (MBliV. Sp. 928.)

5. Aus alledem ergibt sich, daß die Grundgedanken der neuen Regelung folgende waren. Einmal solle grundsätzlich den Zuwiderhandlungen gegen polizeiliche VOen. der Charakter krimineller Übertretungen genommen werden; das PolVerwG. läßt nicht mehr Strafe, sondern nur „Zwangsgeld" zu und überträgt dessen Festsetzung nebst der Rechtsmittelkontrolle — unter Ausschluß der ordentlichen Gerichte — den PolBehörden bzw. Verwaltungsgerichten. Das Zwangsgeld darf, je nachdem es in einer PolVO. einer Orts-, einer

Kreis- oder einer LandesPolBehörde angedroht ist, 50, 100, 150 *RM* nicht überschreiten. Primäre Haft ist nicht zulässig (§ 56 III). Nur in PolVOen. der Fachminister sollen auch künftig kriminelle Strafen (Geldstrafe bis zu 150 Mark oder Haft bis zu zwei Wochen) angedroht werden können, mit Rücksicht darauf, daß darin im allgemeinen Angelegenheiten von besonderer Bedeutung geregelt werden (§§ 25, 33 I Satz 4, 55 III). Der § 33 wird auch dadurch eingeschränkt, daß kriminelle Strafe da eintreten muß, wo die Zuwiderhandlungen gegen eine PolVO. in Gesetzen, also Reichs- oder Landesgesetzen, mit Strafe bedroht ist (§ 76 II). Mit dieser Regelung ist für das preußische Strafrecht im Grundsatz eine Forderung erfüllt, die seit langem im Schrifttum erhoben worden ist: die Scheidung des Polizeiunrechts vom kriminellen Unrecht (Schäfer, Das „Zwangsgeld" nach dem neuen preußischen PolVerwG., Juristische Rundschau 1931, Sp. 168 ff., Erik Wolf in der Festgabe für Frank (1930) Band II, S. 516 ff., von Hippel, Deutsches Strafrecht, Band 2 (1930), S. 103, 104 und 118 und von Liszt-Schmidt, Lehrbuch des Strafrechts, 25. Aufl., § 26 III, Anm. 6). Die Gründe, die zu dieser Forderung geführt haben, sind von Schäfer a. a. O. folgendermaßen zusammengefaßt.

a) Der Umstand, daß das bisherige Recht als Folge des Ungehorsams gegen eine staatliche Norm nur e i n e Form der Reaktion — eben die kriminelle Strafe — vorsah, brachte es mit sich, daß der schwerste Rechtsfriedensbruch ebenso wie die harmloseste Ordnungswidrigkeit eine kriminelle Strafe auslöste, wobei die Übertretungsstrafen die Zahl der wegen Verbrechens und Vergehens erkannten Strafen bei weitem überragen. Im Reichsgebiet sind i. J. 1928 wegen Verbrechens und Vergehens gegen Reichsgesetze 588 492 Personen von den ordentlichen Gerichten verurteilt worden, wovon etwa zwei Drittel auf Preußen entfallen mögen; dagegen beträgt die Zahl allein derjenigen, gegen die in Preußen in der Zeit vom 1. Oktober 1929 bis 30. September 1930 durch polizeiliche Strafverf. eine Übertretungsstrafe festgesetzt worden ist, 1 048 843. Diese weitgehende Anwendung der kriminellen

Strafe aber mußte unausbleiblich dazu führen, daß die Scheu davor sich verflüchtete und damit die Achtung vor dem StrafG. und dem Strafgericht in erschreckendem Maße sank. Die Strafe „hat ihre alte Majestät eingebüßt, sie ist von dem Throne herabgestiegen, sie wandelt unter den Sterblichen als eine vertraute Erscheinung, die wie Krankheit und Tod den Guten und den Bösen, den Gerechten und Ungerechten treffen kann. Da ist es denn nicht zu verwundern, wenn sie von ihrem Ansehen und damit von ihrer abschreckenden Wirkung verloren hat" klagte schon i. J. 1897 Frank (ZStW. 18, 737). Und wer sich noch an die Zerstörung des Rechtsbewußtseins und das Sinken der staatlichen Autorität infolge des Übermaßes krimineller Strafandrohungen und -festsetzungen in der Kriegs- und unmittelbaren Nachkriegszeit erinnert, muß die Berechtigung der Forderung anerkennen, der kriminellen Strafe wieder den ihr gebührenden Platz dadurch zu verschaffen, daß sie nur als Reaktion auf kriminelles Unrecht, nicht als Folge bloßer „Polizeiwidrigkeit" eintritt.

b) Damit verbindet sich ein zweiter Reformgedanke: die Befreiung der ordentlichen Strafgerichte von Bagatellsachen, deren Bedeutung die Inanspruchnahme des gerichtlichen Apparates nicht lohnt, um das Ansehen der Gerichte zu heben und sie für die wichtigeren Aufgaben der Verbrechensbekämpfung freizumachen. Auch dieser Gedanke ist schon so oft in den verschiedensten Formen vorgebracht worden, daß sich ein näheres Eingehen darauf erübrigt. Die den ordentlichen Gerichten zuteil werdende Entlastung bedeutet freilich eine Mehrarbeit für die Verwaltungsbehörden und -gerichte; doch erwartet man, die Neubelastung der Verwaltungsgerichte werde sich in mäßigen Grenzen halten, weil ein Teil der eingelegten Rechtsmittel wohl bereits in der Beschwerdeinstanz erledigt werde und der Bezirksausschuß gemäß §§ 64, 67 LVG. (Entscheidung durch Vorbescheid oder Bescheid ohne mündliche Verhandlung) verfahren könne (so Kerstiens RuPrVerwBl. 1931, 148; Erklärung des RegVertr. bei den Ausschußberatungen, LTDrucks. Nr. 7282 S. 72 und 112). Ob sich diese Erwartung erfüllen wird, bleibt abzuwarten.

c) Und schließlich läßt sich für die Neuregelung noch ein dritter Grund anführen: dadurch, daß bisher die Rechtsmittelkontrolle hinsichtlich polizeilicher Vfen., die auf Grund einer PolVO. erlassen wurden, in der Hand der Verwaltungsbehörden und Gerichte, die Ahndung der Zuwiderhandlungen gegen die PolVOen. aber in der Hand der ordentlichen Gerichte lag, ist es in Preußen wiederholt dazu gekommen, daß Meinungsverschiedenheiten zwischen dem OVG. als dem letztinstanzlichen Verwaltungsgericht und dem KG. als dem letztinstanzlichen Strafgericht hervortraten. Wenn sich auch in den letzten Jahren die Rechtsprechung beider Gerichtshöfe auf den weitaus meisten Gebieten im Einklang befunden hat, ganz sind diese Meinungsverschiedenheiten nicht verschwunden. Auch dieser Umstand hat dazu beigetragen, daß im Schrifttum die Forderung laut wurde, die Ahndung von Polizeiwidrigkeiten einheitlich in die Hand der Verwaltungsgerichte zu legen (vgl. z. B. Klee, GoltdA. 71, 3 f. und Stier-Somlo, DJZ. 1928, 700).

Wegen der rechtlichen Natur des Zwangsgeldes vgl. unten zu § 55.

6. Über die Vereinbarkeit des § 33 mit dem Reichsrecht ist bereits eine kleine Literatur entstanden.

a) Wie Jellinek darzulegen gesucht hat, verstößt die hier zum erstenmal erfundene Androhbarkeit von Zwangsgeld in PolVOen. gegen Reichsrecht. Denn eine Geldauflage, die allgemein durch VO. und nicht durch EinzelVf. angedroht wird, die ihren Grund darin hat, daß jemand schuldhafterweise eine VO. nicht befolgt hat, und die bei Übertretung eines Verbots auch dann verfügt werden kann, wenn die Erzwingung eines Verhaltens für die Zukunft nicht mehr in Frage kommt — z. B. ist der mit Krätze Behaftete und daher vom Verkehr in öffentlichen Lokalen polizeilich Ausgeschlossene inzwischen gesund geworden —, eine solche Geldauflage trägt so sehr die Merkmale einer echten Strafe an sich, daß es dem Landesgesetzgeber nicht gestattet sein kann, den Streit über die Berechtigung der Geldauflage den ordentlichen Gerichten zu entziehen. Der Landesgesetzgeber macht sich einer glatten Umgehung des § 413 StPO. schuldig, wenn er die, wie zuzugeben ist, sehr schlauen Bestimmungen über das Zwangsgeld bei PolVOen. im Entwurf stehenläßt. Doppelt verstößt der Entwurf gegen die StPO. Die Strafbefugnis der Pol. beschränkt sich auf Übertretungen, der Entwurf kennt aber Zwangsgeld bis zur Höhe von 500 *RM*. Ferner steht dem durch die PolBehörde Bestraften der Weg zu den ordentlichen Gerichten offen, während der Entwurf den ordentlichen Rechtsweg bewußt verschließt. Falls der preußische Gesetzgeber die Reichsrechtswidrigkeit dieses Versuchs eines reinen Verwaltungsstrafrechts bezweifelt, sei er doch wenigstens so vorsichtig, vor Verabschiedung des G. ein Gutachten des Kammergerichts und des Reichsjustizministeriums einzuholen, damit diese Stellen nicht nach Inkrafttreten des G. einen Strich durch die Rechnung machen, das Kammergericht mit den Mitteln des Strafprozesses, das Reichsjustizministerium durch Anrufung des Reichsgerichts nach RVerf. Art. 13 II. (W. Jellinek, RuPrVerwBl. 52 122.)

b) Schäfer a. a. O. führte aus:

Im Schrifttum und auch bei den parlamentarischen Erörterungen des Gesetzes ist die Auffassung vertreten worden, daß das Zwangsgeld in der ihm vom G. gegebenen Gestalt mit den Vorschriften des Reichsrechtes nicht vereinbar sei. Jellinek (RuPrVerwBl. 1931 S. 42 u. S. 122) — und mit ihm Waldecker „Justiz" Bd. VI S. 517 — sieht in den Vorschriften der §§ 33, 55 eine „glatte Umgehung des Reichsrechts". Eine Geldauflage, die, wie § 33 Abs. 2 dies vorsieht, als Folge der Nichtbefolgung einer PolVO. rechtsmäßig angedroht wird und die im Falle schuldhafter Zuwiderhandlung ohne weiteres verwirkt ist, sei in Wirklichkeit eine kriminelle Strafe, auch wenn sie als „Zwangsgeld" bezeichnet werde. Die endgültige Entscheidung in kriminellen Strafsachen stehe aber kraft Reichsrechts den ordentlichen Gerichten zu. Nach § 6 Abs. 2 Ziff. 3 EGStPO. sei zwar das Landesrecht zur Regelung des polizeilichen Strafverfügungsrechtes zuständig, jedoch mit dem Vorbehalt, daß der Betroffene gemäß § 413 StPO. gegen die Strafverfügung die Entscheidung des ordentlichen Strafrichters nachsuchen könne. Mit diesen Ausführungen greift Jellinek auf die in seinem „Verwaltungsrecht" (2. Aufl. 1929) S. 335 ff. aufgestellte These zurück, daß der Landesgesetzgeber nicht in der Lage sei, ein Verwaltungsstrafrecht zu schaffen, zustimmend E. Wolf, Festgabe f. Frank (1930 Bd. II S. 516 Anm. 2). Die gleichen Bedenken sind auch bei den parlamentarischen Erörterungen geltend gemacht worden; nach der Auffassung des Abg. Hallensleben (234. Sitzung vom 7. Mai Sten. Ber. Sp. 20418) ist dem Betroffenen dadurch, daß er nicht mehr den ordentlichen Strafrichter angehen kann, „eins der Grundrechte genommen, das er nach der Verfassung hat".

Diese Bedenken gegen die Reichsrechtsmäßigkeit des Gesetzes sind nach Schäfer nicht begründet. Mit der durchaus h. M. ist allerdings davon auszugehen, daß in Strafsachen, d. h. in Sachen, in denen es sich um die Festsetzung einer kriminellen Strafe handelt, grundsätzlich die ordentlichen Gerichte zuständig sind; der Landesgesetzgeber kann davon lediglich im Rahmen des § 6 Abs. 2 Ziff. 3 EGStPO. insofern abweichen, als er das Verfahren über den Erlaß von polizeilichen Strafverfügungen und von Strafbescheiden zu regeln befugt ist. Nach dieser Vorschrift kann dem Beschuldigten aber nicht das Recht genommen werden, auf richterliche Entscheidung gegen die verwaltungsmäßige Straffestsetzung anzutragen. Darüber hinaus die Aburteilung von Strafsachen Verwaltungsbehörden zu übertragen, steht nicht in der Macht des Landesgesetzgebers (vgl. statt aller Löwe-Rosenberg Anm. 4 zu § 13 GVG.; a. M. wohl nur Stein, Grenzen und Beziehungen zwischen Justiz und Verwaltung (1912) S. 43 ff., nach dessen Ansicht § 13 GVG. dem Landesrecht die Befugnis gibt, Strafsachen nach freiem Ermessen den ordentlichen Gerichten zu entziehen). Aber nur, wenn es sich um die Verhängung krimineller Strafen handelt, ist der Landesgesetzgeber durch das Reichsrecht gebunden; hinsichtlich der Bemessung und des Verfahrens bei der Festsetzung anderer nichtkrimineller Rechtsnachteile wegen Ungehorsams gegen verbindliche Anordnungen der Staatsgewalt ist er vollkommen frei und durch keine Vorschrift des materiellen oder prozessualen Reichsrechtes in seiner

Gestaltungsfreiheit beschränkt. Auch hierüber besteht vollkommene Einhelligkeit (vgl. Löwe-Rosenberg Anm. 2 b zu § 3 EGStPO.; LeipzKom. Anm. 4 zu § 6 EGStGB.). Eine solche nichtkriminelle Ungehorsamsfolge ist aber das Zwangsgeld, soweit es den Charakter einer Ordnungsstrafe hat; es ist keineswegs, wie Jellinek und Waldecker meinen, eine „verschleierte“ kriminelle Strafe, sondern unterscheidet sich von einer solchen grundlegend.

Der grundsätzliche Unterschied wird zunächst schon durch die Benennung selbst zum Ausdruck gebracht, die das G. dem Rechtsnachteil gegeben hat. Das ist kein leeres, sachlich bedeutungsloses Spiel mit Worten. Indem vielmehr der Gesetzgeber die Bezeichnung „Strafe“ streng vermeidet und nur von „Zwangsgeld“ spricht, bringt er zum Ausdruck, daß dieser Rechtsnachteil etwas anderes — und zwar eine leichtere Form der Reaktion — als eine kriminelle Strafe sein solle, eine Maßnahme, die in weit stärkerem Maße als die kriminelle Strafe erzieherische Zwecke verfolge, die mehr den Charakter eines Zuchtmittels, einer Mahnung zu künftigem Wohlverhalten habe, während der Gedanke einer Vergeltung für den Bruch des Rechtsfriedens mehr zurücktreten solle. Es liegt in der gewählten Bezeichnung zugleich die autoritative Erklärung des Gesetzgebers, daß ein Verstoß gegen eine PolVO. keine kriminelle Zuwiderhandlung darstelle, weil sie nicht das Maß asozialer Gesinnung des Täters dokumentiere und weil die Folgen der Zuwiderhandlung nicht so bedeutend seien, daß Polizeiwidrigkeiten mit Taten, die krimineller Strafe wert seien, auf eine Stufe gestellt werden müßten oder dürften. Daß der Gesetzgeber — wie hier — ein Werturteil über die ethische und soziale Bedeutung einer bestimmten Handlungsweise durch eine von der üblichen abweichende Bezeichnung des verwirkten Rechtsnachteils zum Ausdruck bringt, ist übrigens auch sonst nichts Ungewöhnliches. So ist z. B. bei den mit echten Kriminalstrafen bedrohten Handlungen durch die Wahl von Ausdrücken wie „Ordnungsstrafe“ (so z. B. § 413 RAbgO. i. d. F. der Bekanntmachung vom 22. Mai 1931, RGBl. I S. 161, §§ 18, 19 des pr. Stempelsteuergesetzes i. d.

F. vom 27. Oktober 1924, GS. S. 627) oder „Buße" (§ 18 des Schwerbeschädigtengesetzes vom 12. Januar 1923, RGBl. I S. 57) wiederholt zum Ausdruck gebracht, daß es sich um Verfehlungen besonders leichter, nicht ehrenrühriger Art handele (vgl. RGSt. 22, 90, betr. „Ordnungsstrafe", 64, 195, betr. „Buße"). Warum sollte es also nicht möglich sein, allein durch die Bezeichnung „Zwangsgeld" hinreichend deutlich im G. zum Ausdruck zu bringen, daß der Verstoß gegen eine PolVO. keine kriminelle Übertretung sei und daß deshalb nicht Strafe, sondern andere, leichtere Maßnahmen eintreten sollten? Sinnfällig zeigt sich dieser Unterschied in der Bewertung darin, daß der mit Zwangsgeld Belegte nicht „vorbestraft" im verkehrsüblichen Sinne ist; er kann auf Fragen nach „Vorstrafen", worunter üblicherweise nur kriminelle Strafen verstanden werden, unbedenklich verneinend antworten. Auch darin kommt die leichtere Bewertung der Polizeiwidrigkeit deutlich zum Ausdruck, daß für die Festsetzung von Zwangsgeld nicht das das Strafrecht grundsätzlich beherrschende Legalitäts-, sondern das Opportunitätsprinzip gilt. Das Zwangsgeld, so ist die Absicht, das den Verwaltungsbehörden als Mittel zur Aufrechterhaltung der guten Ordnung in die Hand gegeben ist, soll entsprechend dem die Verwaltung beherrschenden Zweckmäßigkeitsprinzip nur da angewandt werden, wo dies im polizeilichen Interesse angebracht erscheint, sei es, daß ein Bedürfnis besteht, den Zuwiderhandelnden selbst für die Zukunft zu polizeigemäßem Verhalten zu erziehen, sei es, daß aus Gründen der Generalprävention eine Sühne erforderlich erscheint. Schließlich ist — beabsichtigtermaßen — für die Wertung der Tat in den Augen des Betroffenen selbst wie der Mitwelt auch der Umstand nicht ganz ohne Bedeutung, daß die Ahndung nicht in einem Strafprozeß mit öffentlicher Verhandlung, sondern in den Formen eines Verwaltungsverfahrens erfolgt, wobei (wenigstens im Verwaltungsstreitverfahren) der Betroffene nicht „Angeklagter", sondern seinerseits „Kläger" und die OrtsPolBehörde, die das Zwangsgeld festgesetzt hat, Beklagte ist. Das Zwangsgeld ist also, um zusammenzufassen, keine kriminelle

Strafe, und der Landesgesetzgeber ist daher nicht gehindert, dessen Verhängung und die Rechtsmittelkontrolle ausschließlich den Verwaltungsbehörden und -gerichten zu übertragen.

Eine andere Überlegung führt zu dem gleichen Ergebnis. Dem Reichs- und Landesrecht ist der Begriff der „Ordnungsstrafe" geläufig, der sich in zahlreichen Gesetzen findet (vgl. aus der reichen Literatur darüber etwa Löwe-Rosenberg Anm. 2 c zu § 3 EGStPO. und die Art. „Ordnungsstrafe" von Meyer-Anschütz in Stengel-Fleischmann, Wörterbuch des deutschen Staats- und Verw.-Rechts, Bd. 3 S. 37, Friedrichs in HdR. Bd. IV S. 282, von Bitter, Handwörterbuch d. Preuß. Verwaltung (3. Aufl.) Bd. II S. 242, Krakenberger, a. a. O. S. 63 ff.). Darunter wird freilich an den verschiedenen Stellen nicht das gleiche verstanden: teils handelt es sich um kriminelle Strafen für leichtere Vergehen (so insbes. § 413 RAbgO.), teils um Zwangs- (Beuge-) Strafen, teils um Disziplinarmaßnahmen, teils schließlich um die sog. Ungebühr- oder Ungehorsamsstrafen. Diese letzteren stellen sich als Sühne für Unbotmäßigkeiten von geringerer Bedeutung dar, und ihre Festsetzung ist, soweit es sich nicht um Ungehorsam und Ungebühr im gerichtlichen Verfahren selbst handelt (vgl. §§ 56, 84 GVG., 380, 390, 409 ZPO., 70, 77 StPO. usw.), den ordentlichen Gerichten vollständig zugunsten der Verwaltungsbehörden und -gerichte entzogen. Sie interessieren hier allein, da ihre rechtliche Natur derjenigen des „Zwangsgeldes" entspricht. Es genügt, auf die wichtigsten Anwendungsfälle solcher Ordnungsstrafen hinzuweisen. Im Reichsrecht finden sie sich namentlich in der RVO. Nach § 529 kann der Krankenkassenvorstand gegen Versicherte, die die Krankenordnung oder Anordnungen des behandelnden Arztes übertreten oder bestimmte Mitteilungen unterlassen, Geldstrafen festsetzen; auf die Beschwerde entscheidet das Versicherungsamt endgültig. § 530 bedroht die Versäumung der Anmeldung mit Strafe; die Entscheidung trifft das Versicherungsamt, in letzter Instanz das Oberversicherungsamt. Entsprechende Ordnungsstrafen, bei deren Festsetzung die ordentlichen Gerichte nicht beteiligt sind, sind in den §§ 680, 908, 909, 973, 1043, 1044,

1144, 1502, 1503, 1577 vorgesehen. Auch die GewO. kennt derartige Ordnungsstrafen. Nach § 92 c kann der Innungsvorstand gegen Innungsmitglieder bei Verstößen gegen statutarische Vorschriften Geldstrafen verhängen; über Beschwerden entscheidet die Aufsichtsbehörde. Weitere Beispiele sind die „Ordnungsstrafe" des § 3 des Gesetzes über eine Erhebung in der Erwerbslosenfürsorge vom 25. Juni 1926 (RGBl. I S. 316); die Ordnungsstrafe gegen säumige Beisitzer des See- und Oberseeamts (§§ 12, 29 des Seeunfallgesetzes vom 27. Juli 1877, RGBl. S. 549) oder gegen Mitglieder eines Steuerausschusses (§ 40 RAbgO.); ferner — aus neuester Zeit — die Geldbuße, die nach § 18 der VO. über den Bezug von Spiritus zu Treibstoffzwecken vom 4. Juli 1930 (RGBl. I S. 199) das Reichsmonopolamt für Branntwein demjenigen auferlegen kann, der seiner Spiritusbezugspflicht nicht genügt oder den ihm in der VO. sonst auferlegten Verpflichtungen nicht nachkommt. Auch im preuß. Recht gibt es „Ordnungsstrafen", die sich als Sühne für begangene Unbotmäßigkeit darstellen und deren Festsetzung den ordentlichen Gerichten entzogen ist. Im Verfahren zur Bildung von Genossenschaften kann nach § 78 des Fischereigesetzes vom 11. Mai 1916 (GS. S. 55) der die Verhandlungen leitende Kommissar gegen Beteiligte, Sachverständige und andere Personen, die sich einer Ungebühr schuldig machen, Ordnungsstrafen festsetzen; über Beschwerden beschließt endgültig der Bezirksausschuß. Entsprechende Vorschriften sind in § 261 des Wassergesetzes vom 7. April 1913 (GS. S. 53) und in § 13 des Gesetzes über die Bildung von Bodenverbesserungsgenossenschaften vom 5. Mai 1920 (GS. S. 351) enthalten. Weitere Fälle dieser Art im preuß. und außerpreuß. Landesrecht bei Stein, Grenzen usw. S. 53.

Daß es sich in allen diesen Fällen nicht um kriminelle Strafen, sondern um Rechtsnachteile anderer, minder schwerer Art handelt, wird fast durchweg anerkannt (vgl. Krakenberger a. a. O. S. 93 ff., 113 ff. und die dort angegebene Literatur). Die Befugnis des Landesgesetzgebers, derartige Ordnungsstrafen zu schaffen und ihre Festsetzung unter Ausschluß der ordentlichen Gerichte den Verwaltungsbehörden zu übertragen, ist bisher nicht bezweifelt, sondern teils ausdrücklich anerkannt [z. B. von Stein, Grenzen usw. S. 43 ff., 53; Kaufmann in Stengel-Fleischmann Bd. 3 S. 699; Haenel, Deutsches Staatsrecht (1892) Bd. 1 S. 456 ff. (460)], teils stillschweigend vorausgesetzt worden (so in der oben erwähnten Literatur über „Ordnungsstrafen"). Jellinek selbst (VerwR. S. 334) erkennt die Befugnis des Landesrechts an, die Ahndung bestimmter Fälle von Ungehorsam gegen verbindliche Anordnungen durch nichtkriminelle Strafen den Verwaltungsbehörden zu übertragen. Er will dieses Recht jedoch auf die Fälle beschränkt wissen, wo es sich um „eine Ungebühr-, eine Verbands-, eine Disziplinarstrafe oder eine ähnliche, für den Schutz besonderer Gewaltverhältnisse vorgesehene Strafe" handele. Mit dem von Jellinek in RuPrVerwBl. 1931, 42 und 122 eingenommenen Standpunkt aus erscheint es freilich unverträglich, daß er sich überhaupt zu dieser Konzession bereit findet. Denn auch bei „Verbands-" und ähnlichen Strafen handelt es sich ja um rechtssatzmäßig angedrohte Reaktionen auf die Nichtbefolgung verbindlicher Befehle, nicht anders als bei kriminellen Strafen (Meyer-Anschütz in Stengel-Fleischmann WVR. Bd. III S. 37 § 4); folgerichtig müßte J. also jede Abweichung von dem Grundsatz, daß die Festsetzung rechtssatzmäßig angedrohter Geldauflagen als Sühne des Ungehorsams gegen verbindliche Anordnungen letzten Endes den ordentlichen Strafgerichten zustehe, für unzulässig halten. Jedenfalls aber erscheint die Beschränkung des Anwendungsgebietes der Ordnungsstrafe, wie sie Jellinek vornimmt, nicht gerechtfertigt. Worin soll der begriffliche Unterschied bestehen zwischen einer „für den Schutz bestimmter Gewaltverhältnisse vorgesehenen Strafe", also etwa der Strafe, die von einer durch den Landesgesetzgeber mit Strafnormierungsgewalt ausgestatteten öffentlich-rechtlichen Körperschaft gegen ein Zwangsmitglied wegen Unterlassung der ihm obliegenden Anzeige eines Wohnungswechsels festgesetzt worden ist, und dem Zwangsgeld, das wegen Unterlassung einer durch PolVO. geforderten Anzeige gleichen Inhalts verhängt worden ist?

In beiden Fällen handelt es sich um Sühne für Ungehorsam gegen verbindliche Anordnungen, deren Nichtbefolgung geeignet ist, die gute Ordnung zu stören. Der Unterschied besteht allenfalls darin, daß der Personenkreis, dessen gute Ordnung in Frage steht, bei PolVOen. meist größer sein wird als bei „Verbandsstrafen" usw. Aber ein qualitativer Unterschied besteht nicht. Vielleicht geht Jellinek von der früher im Schrifttum (vgl. z. B. Meyer-Anschütz in Stengel-Fleischmann III 37) vertretenen Auffassung aus, die den Unterschied zwischen Ordnungs- und Kriminalstrafe in einer Verschiedenheit der geschützten Interessen sah. Allein so wenig es möglich ist — das dürfte nicht mehr zweifelhaft sein —, das kriminelle Unrecht vom Polizeiunrecht nach der Art des geschützten Interesses abzusondern, so wenig ist es möglich, durch dieses Unterscheidungsmerkmal die kriminelle Strafe von der Ordnungsstrafe zu scheiden (so zutreffend Friedrichs HdR. Bd. IV S. 282). Der Unterschied ist lediglich darin zu suchen, ob der Gesetzgeber selbst die auf die Verwirklichung eines bestimmten Tatbestandes gesetzte Reaktion als Strafe oder als einen Rechtsnachteil geringerer Art kennzeichnet. Schäfer a. a. O.

Aber zwingender als aus diesen Überlegungen ergibt sich die Reichsrechtmäßigkeit des Zwangsgeldes und entsprechender landesrechtlicher Ordnungsstrafen nach demselben Verf. unmittelbar aus den Vorschriften des Reichsrechts selbst. Art. II der VO. über Vermögensstrafen und Bußen vom 6. Februar 1924 (RGBl. I S. 44) befaßt sich mit den „Geldstrafen, die nicht bei Verbrechen, Vergehen oder Übertretungen angedroht sind oder werden, insbesondere Zwangs- und Ordnungsstrafen", und gibt Vorschriften über deren Höchst- und Mindestmaß usw. Zu den „Ordnungsstrafen" i. S. dieser Bestimmung gehören unzweifelhaft auch diejenigen nach der RVO. und den anderen obengenannten Gesetzen, die sich als Sühne für begangenes Unrecht darstellen. Nach Art. VIII (vgl. auch Art. XIV Ziff. 3) gelten die im Art. II enthaltenen Vorschriften auch für das Landesrecht; die VO. vom 6. Februar 1924 geht also ohne weiteres davon aus, daß auch das Landesrecht befugt sei, Ordnungsstrafen nach Art derjenigen in der RVO. selbständig anzudrohen. In einer jeden Zweifel ausschließenden Weise ist dieses Recht der Länder ferner in den Art. 13, 58, 59 des Entw. eines EG. zum StGB. und zum StrafvollzugsG. anerkannt. Nach Art. 13 dürfen Rechtsnachteile, die nicht bei Verbrechen, Vergehen oder Übertretungen angedroht werden, in Vorschriften des Reichs- und des Landesrechtes nicht als Geldstrafe oder Haft bezeichnet werden. „Zu den ‚Rechtsnachteilen', von denen im Art. 13 die Rede ist" — so heißt es in der amtlichen Begr. zu Art. 13 — „gehören .... die nichtkriminellen Strafen im eigentlichen Sinne, die Strafcharakter haben und den kriminellen Strafen verwandt sind, da sie ebenso wie die kriminellen Strafen zur Sühne einer vom Täter begangenen Rechtsverletzung angedroht und verhängt werden." In Art. 59 wird bestimmt, daß bei Rechtsnachteilen nichtkrimineller Natur (und zwar sowohl bei „Ordnungsstrafen" in dem vorgedachten Sinne wie bei den sog. Erzwingungsstrafen), die in Reichsgesetzen angedroht sind, die Bezeichnung „Geldstrafe" oder „Haft" durch „Ordnungsstrafe in Geld" oder „Ordnungshaft" ersetzt wird. Für das Landesrecht ist eine entsprechende Vorschrift nicht getroffen worden, weil, wie die Begründung zu Art. 58, 59 ausführt, dem Reichsgesetzgeber die Zuständigkeit dazu ermangele.

Die Reichsrechtmäßigkeit des Zwangsgeldes steht danach außer Zweifel.

c) Stienen hat (Strafgerichtsbarkeit und preußisches PolVerwG., DJZ. 1931, Sp. 1299 ff.) behauptet, §§ 33, 76 seien rechtsungültig. Sie greifen in die Strafgerichtsbarkeit ein, entzögen dem Staatsbürger seinen ordentlichen Richter unter erheblicher Verschlechterung seiner Rechtsstellung, unter fernerer Einführung eines auch unmittelbar für den Staatsbürger teureren, verwickelteren und länger dauernden Verfahrens, verletzen die Art. 7, 12, 13, 105 RV., §§ 5 ff. EGStGB. und seien verfassungswidrig. Nach der Begr. des Entw. und den Darlegungen der Regierungsvertreter in den Landtagsberatungen sei der Wille des PolVerwGesetzes, die Folge einer Zuwiderhandlung nicht mehr als Strafe anzuerkennen, sondern als „Zwangsgeld“ und „Zwangshaft“. Sie sei lediglich „polizeiliches Zwangsmittel“. Diese eindeutig gesetzlich festgelegte Regelung sei verfassungswidrig. Die §§ 5 ff. EGStGB., die für ganz Deutschland gelten, bestimmen, daß dem Landesstrafrecht nur die dem StGB. entsprechenden kriminellen Strafen zur Verfügung stehen für entsprechende deliktische Handlungen. Diese Annahme ist nach Ansicht von Stier-Somlo unrichtig. § 5 a. a. O. bestimmt, daß in landesgesetzlichen Vorschriften über Materien, welche nicht Gegenstand des StGB. sind, nur Gefängnis bis zu zwei Jahren, Haft, Geldstrafe, Einziehung einzelner Gegenstände und die Entziehung öffentlicher Ämter angedroht werden darf. § 6 bestimmt, daß vom 1. Januar 1871 (1872) ab nur auf die in dem StGB. enthaltenen Strafarten erkannt werden darf. Wenn in Landesgesetzen anstatt der Gefängnis- oder Geldstrafe Forst- oder Gemeindearbeit angedroht oder nachgelassen ist, so behält es hierbei sein Bewenden. In diesen Bestimmungen ist keinerlei Bestätigung dafür enthalten, daß nicht die Landesgesetze Maßregeln anwenden können, die nicht „Strafen“ sind. (So auch die Ausgabe des Strafgesetzbuches von Kohlrausch, 28. Aufl., 1928, S. 8.) Zu bestimmen, daß etwas nicht Strafe, sondern nur Polizeibeugungsmittel ist, sind aber die Landesgesetze befugt. Schon an dieser Tatsache scheitert die Konstruktion von Stienen. Er führt aus, daß bisher die Zuwiderhandlungen gegen polizeiliche VOen. sämtlich Übertretungen im Sinne des Reichsstrafrechts waren. Daraus folgt aber m. E. nicht, daß ein LandesG. berechtigt ist, die Zuwiderhandlungen eben nicht mehr als kriminelle Strafe zu gestalten. Dadurch, daß man das Wort „Strafe“ im neuen PolVerwG. vermeide, statt dessen „Zwangsgeld“ und „Zwangshaft“ verwende, sei zwar das Etikett geändert, aber nicht der Inhalt der Zuwiderhandlungen. Dem ist zu entgegnen, daß eben der Inhalt der Zuwiderhandlungen durch LandesG. zu einer anderen als einer strafbaren Handlung geworden ist. Wenn gesagt wird, daß es auf den Wesensgehalt einer Rechtsfunktion rechtlich ankommt, nicht auf ihren Namen, so bleibt uns Stienen den Beweis schuldig, daß das LandesG. nicht befugt sein sollte, auch den Wesensgehalt zu bestimmen und ihn dadurch willkürlicher Auslegung zu entziehen. Die Tatsache, daß Zwangsgeld und Zwangshaft ein Übel sind, bedeute nicht, daß sie kriminelle Strafen darstellen. Es ist also tatsächlich so, daß sie wohl polizeiliches Zwangs- und Beugemittel sind, die ein künftiges Verhalten herbeiführen sollen. Die Anführung der Meinung von Drews, daß polizeiliche Beugemittel nicht durch PolVOen. angedroht werden können, ist durch das G. widerlegt. Wenn Schäfer erklärt, daß das dem PolVerwG. zugrunde gelegte sogenannte Polizeiunrecht inhaltlich nicht von dem Kriminalrecht zu differenzieren sei, so hat dies mit dem Willen des G., nur das Polizeiunrecht zu strafen und es nicht als ein Kriminalunrecht zu diffamieren, kaum etwas zu tun. Der Streit, ob es sich um eine neue „Ordnungsstrafe" handelt oder nicht, ist ziemlich müßig, weil das Rechtssystem die „Ordnungsstrafe" in zahllosen Gesetzen gebraucht, ohne ihre rechtliche Natur festzulegen. Man kann sich nicht darauf versteifen, daß eine vom G. nicht gewollte Kriminalität einer Handlung gleichwohl eine Kriminalität bedeutet. Wie §§ 5 ff. EGStGB. m. E. nicht verletzt sind durch §§ 33, 76 des PolVerwG., sind auch die Art. 13, 7 Ziff. 2, 105 RV. ebenfalls nicht verletzt. Gegen Stienen s. Kerstiens, Strafgerichtsbarkeit und PolVerwG., DJZ. 1931, Sp. 1493. Nach Art. 9 RV. hat das Reich auf dem Gebiete des PolRechts nur die Bedarfsgesetzgebung. Nach Art. II Abs. 1 der VO. über Vermögensstrafen und -bußen vom 6. Februar 1924 ergibt sich, daß das Reichsrecht nach der geltenden positivrechtlichen Regelung neben Kriminalstrafen auch andere Strafen, insbesondere Zwangs- und Ordnungsstrafen kennt, und zwar wie sich aus Art. 8 ergibt, auch für das Landesrecht. Das StGB. wie das EGStGB. und die EStPO. beziehen sich nur auf kriminelle Strafen. Bezüglich der Fragen, ob der Landesgesetzgeber „Zwangs- oder Ordnungsstrafen" androhen kann und welches Verfahren er dabei gewähren will, ist er frei. Das „Zwangsgeld" ist nichts Neues, sondern dasselbe wie die „Zwangsstrafe" des § 132 LVG. Durch die im § 33 PolVerwG. vorgesehene Verweisung auf „das in dem § 55 I und III vorgesehene Zwangsgeld und die in § 56 vorgesehenen Ersatzzwangsmittel“ ist zum Ausdruck gebracht, daß das „Zwangsgeld“ in PolVOen. das gleiche ist wie in polizeilichen Vfen. Der Landesgesetzgeber ist, reichsrechtlich gesehen, frei, ob er überhaupt ein G. erlassen will und ebenso, ob er in einem G. eine kriminelle oder aber eine „Ordnungs- bzw. Zwangsstrafe“ androhen will.

d) Schnitzler, Der Ausschuß des Rechtsweges vor den Strafgerichten durch die §§ 33, 76 des PolVerwG., DJZ. 1931, Sp. 1357 ff., will die praktische Tragweite und den Umfang, mit welchem der Rechtsweg vor den Strafgerichten durch die §§ 33, 76 ausgeschlossen wird, erläutern. Dabei stellt er drei Grenzen des neuen G. selbst zu den §§ 33, 76 fest, einmal in § 30, sodann § 76 II, und endlich § 81, wonach Zuwiderhandlung gegen die BergPolVOen. nach wie vor mit Geldstrafe bestraft würde. Bei dieser Gelegenheit untersucht er auch, was unter Gesetzen im Sinne der §§ 30, 76 II zu verstehen ist und meint, daß auch die NotVOen. auf Grund des Art. 48 II RV. dazu gehören. Denn unter den Begriff Gesetze fallen Ermächtigungen, die auf Grund eines Reichsgesetzes erteilt sind; die RV. sei aber ein ReichsG. Ich halte diese Auffassung für unrichtig, denn das ReichsG. erteilt zwar dem Reichspräsidenten ein Recht zum Erlasse von NotVOen., aber man kann das nicht als Ermächtigung ansehen, weil hierunter nur spezielle konkrete Aufgaben verstanden werden können; außerdem ist die NotVO. nach Art. 48 II kein ReichsG. im Sinne der verfassungsmäßigen Terminologie. Es handelt sich vielmehr um eine gleiche Rechtswirkung unter sehr genau begrenzten Voraussetzungen, insbesondere zeitlichen Voraussetzungen.

7. Das Zwangsgeld kann nach § 33 I in der PolVO. „für den Fall der Nichtbefolgung“ angedroht werden. Danach kann also derjenige mit Zwangsgeld belegt werden, an den die PolVO. sich richtet, von dem sie ein Tun oder Unterlassen verlangt und der dieser Verpflichtung zuwiderhandlt. Gegen den Anstifter und den Gehilfen kann demnach Zwangsgeld

nicht festgesetzt werden; ebensowenig kann der Versuch geahndet werden. Die mangelnde Strafbarkeit des Versuches und der Beihilfe entspricht dem bisher geltenden Recht. Die Festsetzung von Zwangsgeld setzt nach § 33 II voraus: entweder eine vorhergehende Androhung oder Kenntnis bzw. fahrlässige Unkenntnis des Pflichtigen von der Polizeiwidrigkeit seines Verhaltens. Schäfer a. a. O. führte hierzu aus:

a) Kommt er trotz Androhung (von der er natürlich Kenntnis erhalten und die er verstanden haben muß) der PolVO. nicht nach, so kann er sich nicht darauf berufen, daß er die PolVO. für ungültig oder sich trotz der Androhung infolge falscher Auslegung der VO. oder aus einem anderen Grunde nicht für verpflichtet gehalten habe, sie zu befolgen. Doch tritt auch bei vorangegangener Androhung eine Bestrafung nur ein, wenn die Zuwiderhandlung entweder mit Wissen oder Willen begangen worden ist, oder wenn sie auf einer Außerachtlassung der dem Pflichtigen obliegenden Sorgfalt beruht. Bei unverschuldeter Nichtbefolgung darf nach dem Sinne des § 33 Abs. 2 in keinem Falle eingeschritten werden.

b) Neu ist der Begriff der „Kenntnis (bzw. fahrlässigen Unkenntnis) der Polizeiwidrigkeit seines Verhaltens". Der Begriff der Polizeiwidrigkeit entspricht dem der Rechtswidrigkeit auf dem Gebiete des kriminellen Strafrechts. Über „Polizeiwidrigkeit und ihre Beziehungen zur Rechtswidrigkeit" vgl. Peters, VerwArch. Bd. 29 S. 369 ff. insb. 398. Ebenso wie dort kann man auch hier zwischen einer formellen und einer materiellen Polizeiwidrigkeit unterscheiden. Formell polizeiwidrig ist ein Verhalten, das die Voraussetzungen erfüllt, an das die PolVO. die Androhung von Zwangsgeld knüpft. Materiell polizeiwidrig ist ein Verhalten, das mit der guten Ordnung des Gemeinlebens in Widerspruch steht. Diese Unterscheidung ist nicht ohne praktische Bedeutung.

c) Ein Zwangsgeld darf zunächst nicht festgesetzt werden, wenn der Pflichtige infolge eines unverschuldeten, auf tatsächlichem Gebiete liegenden Irrtums nicht erkannte, daß er eine PolVO. übertrat. Aber auch der unverschuldete Rechtsirrtum hat maßgebliche Bedeutung. Damit vollzieht das Gesetz die Angleichung an die neuere Rechtsentwicklung, die der unverschuldeten Unkenntnis der Rechtswidrigkeit strafbefreiende Wirkung beilegt. Im geltenden Recht ist dieser Gedanke bekanntlich auf Teilgebieten verwirklicht. Nach der sog. IrrtumsVO. vom 18. Januar 1917 (RGBl. S. 58; vgl. dazu auch Art. I der VO. vom 12. Februar 1920, RGBl. S. 230) sowie nach § 395 RAbgO. (neuer Zählung) ist straflos, wer in unverschuldetem Irrtum über das Bestehen oder die Anwendbarkeit der in Betracht kommenden Vorschriften die Tat für erlaubt gehalten hat. Als allgemeiner Grundsatz ist die Berücksichtigung des Rechtsirrtums in den § 20 Abs. 2 des StGBEntw. übernommen worden, der insoweit bei den mehrfachen Beratungen des Entw. im Strafrechtsausschuß der verschiedenen Reichstage jedesmal Zustimmung gefunden hat. Danach ist der Täter straffrei, wenn er in einem entschuldbaren Rechtsirrtum gehandelt hat, der ihn das Unrechtmäßige seiner Tat nicht erkennen ließ. Diese Vorschriften sind auch für die Auslegung des § 33 Abs. 2 PolVerwG. von Bedeutung. Der Pflichtige darf danach nicht mit Zwangsgeld belegt werden, wenn er in einem entschuldbaren Rechtsirrtum handelte, der ihn nicht erkennen ließ, daß sein Verhalten polizeiwidrig war, oder — positiv ausgedrückt — der ihn glauben ließ, daß sein Verhalten polizeigemäß sei. Der Rechtsirrtum kann durch Unkenntnis oder Mißdeutung der PolVO. selbst oder von Bestimmungen des öffentlichen oder bürgerlichen Rechts hervorgerufen sein. Die zur Straflosigkeit erforderliche unverschuldete Unkenntnis muß sich aber, wie anzunehmen ist, nicht nur auf die Polizeiwidrigkeit im formellen, sondern auch auf die im materiellen Sinn beziehen. Eine unverschuldete Unkenntnis liegt mithin nicht schon dann vor, wenn der Täter zwar nicht wußte und auch nicht wissen konnte, daß sein Tun gerade der verletzten oder überhaupt einer PolVO. widersprach, wenn er aber selbst glaubte oder damit rechnete, einer gesetzlichen oder einer sonstigen Vorschrift zuwiderzuhandeln. Und das gleiche muß auch dann gelten, wenn der Pflichtige trotz unverschuldeter Unkenntnis der betreffenden PolVO. sich selbst sagen mußte und konnte, daß sein Verhalten mit den Anforderungen einer guten Ordnung des Gemeinlebens nicht vereinbar sei.

d) Was das Maß der Sorgfalt anlangt, das der Pflichtige aufwenden muß, um den Vorwurf der Fahrlässigkeit zu vermeiden, so sind, entsprechend dem präventiven Zweck polizeilicher Vorschriften, hohe Anforderungen zu stellen (O. Mayer, VerwR. Bd. I [3. Aufl.] S. 268). Soweit es sich darum handelt, wann ein Rechtsirrtum als unverschuldet angesehen werden kann, ist die Auslegung, die die IrrtumsVO. und § 395 RAbgO. gefunden haben (vgl. dazu Becker, RAbgO. (7. Aufl.) Anm. 2 zu § 377 [alter Zählung]) auch hier von Bedeutung.

e) Wie sich aus § 19 Abs. 2 ergibt, können auch Strafunmündige, relativ Unverantwortliche (§ 3 JGG., § 58 StGB.) und Nichtzurechnungsfähige (§ 51 StGB.) polizeiwidrig handeln und als polizeipflichtig in Anspruch genommen werden. Soweit sie nach ihrer geistigen Beschaffenheit imstande sind, die Polizeiwidrigkeit ihres Verhaltens einzusehen und soweit sie durch psychische Zwangsmittel von künftigen Zuwiderhandlungen abgeschreckt werden können, besteht kein rechtliches Hindernis, sie mit Zwangsgeld zu belegen, wie denn ja auch gegen Strafunmündige Erzwingungsstrafen angewandt werden können (O. Mayer a. a. O. S. 278). Eine solche Verantwortlichkeit im natürlichen Sinne wird freilich bei Unzurechnungsfähigen und den nach § 3 JGG., § 58 StGB. nicht verantwortlichen Personen nicht in Betracht kommen. Bei Strafunmündigen wird regelmäßig gemäß § 33 Abs. 3 ein Einschreiten nicht in Frage kommen oder doch jedenfalls nicht zweckmäßig sein.

8. In Ermangelung einer entsprechenden gesetzlichen Bestimmung wird weder die Festsetzung eines Zwangsgeldes noch dessen Beitreibung durch Verjährung ausgeschlossen (Sächs. OVG. vom 11. Februar 1921 Bd. 26 S. 83). Den erforderlichen Ausgleich bringt die Vorschrift des § 33 Abs. 3,

wonach in Fällen, in denen ein schutzwürdiges Interesse nicht (mehr) bedroht ist, von einem polizeilichen Eingreifen wegen Nichtbefolgung der PolVO. abgesehen werden muß; im übrigen wird der Mangel der Verjährbarkeit dadurch gemildert, daß sowohl die Festsetzung wie die Beitreibung eines festgesetzten Zwangsgeldes (vgl. hierzu OVG. 79, 144) im freien Ermessen der PolBehörde steht.

Auch das Außerkrafttreten einer PolVO. steht mangels einer dem § 2 Abs. 2 StGB. entsprechenden Vorschrift der Verfolgung vorher begangener Verstöße nicht entgegen (Rosin, PolVORecht [2. Aufl.] S. 273). Auch hier ergibt sich aber die erforderliche Einschränkung aus den gleichen Gesichtspunkten wie bei der Verjährung.

9. Zuwiderhandlungen gegen PolVOen. sind in zahlreichen Fällen durch Vorschriften des Reichs- oder Landesrechtes mit krimineller Strafe bedroht. Dies gilt namentlich für die besonders häufigen Vorstöße gegen verkehrspolizeiliche Anordnungen. Hier bedroht § 366 Ziff. 10 StGB. mit Übertretungsstrafe, „wer die zur Erhaltung der Sicherheit, Bequemlichkeit, Reinlichkeit und Ruhe auf den öffentlichen Wegen, Straßen, Plätzen oder Wasserstraßen erlassenen PolVOen. übertritt". § 21 des Kraftfahrzeuggesetzes bedroht mit der gleichen Strafe, „wer den zur Erhaltung der Ordnung und Sicherheit auf den öffentlichen Wegen oder Plätzen erlassenen polizeilichen Anordnungen über den Verkehr mit Kraftfahrzeugen zuwiderhandelt". Der nach derartigen Vorschriften bei Zuwiderhandlung gegen eine PolVO. entstehende Strafanspruch und der damit kraft Reichsrechts verbundene Verfolgungszwang wird durch das vorliegende G. nicht berührt; es kann sich nur fragen, ob neben der kriminellen Bestrafung auch noch die Festsetzung eines Zwangsgeldes zulässig ist. In RuPrVerwBl. 1931 S. 148 hat Kerstiens mit Rücksicht auf die grundsätzliche Verschiedenheit von Zwangsgeld und krimineller Strafe diese Frage bejaht. Dem Bedenken, daß der Betroffene dann wegen der gleichen Zuwiderhandlung zweimal belangt werden könnte, tritt K. mit der Erwägung entgegen, daß es sich nur um eine Übergangserscheinung han-

dele, da das neue StGB. derartige Blankettvorschriften nicht kenne, und daß in der Zwischenzeit mit Hilfe des § 153 StPO. eine doppelte Inanspruchnahme des Täters vermieden werden könne. Von K.s damaligem Standpunkt aus, daß es sich bei dem Zwangsgeld stets um eine Erzwingungsstrafe handele, war die Auffassung, daß Strafe und Zwangsgeld nebeneinander zulässig seien, wie Schäfer darlegt, nur folgerichtig. Denn nach der im Schrifttum überwiegenden Ansicht (über den Stand der Frage vgl. Jellinek S. 325), der sich jetzt auch das PrOVG. in der Plenarentscheidung vom 13. Februar 1929 (Bd. 84, S. 276 ff. [278]) angeschlossen hat, schließt die Möglichkeit krimineller Strafe eine gleichzeitige Durchsetzung des Polizeibefehls durch Beugestrafen nicht aus. Rechtspolitisch freilich ist diese Auffassung durchaus unbefriedigend, zumal der Entw. des StGB. — was K. verkennt — in noch weiterem Umfange als das geltende Recht Polizeiwidrigkeiten mit Übertretungsstrafe bedroht (vgl. §§ 402—407 a. a. O.). Von dem oben eingenommenen Standpunkt aus, daß das Zwangsgeld, soweit es ohne vorherige Androhung festgesetzt werden kann, eine Ordnungsstrafe ist, die sich als Sühne für begangenen Ungehorsam darstellt, muß jedoch angenommen werden, daß neben der reichsgesetzlichen Strafe eine weitere inhaltlich gleichartige Sühne mit dem reichsrechtlichen Grundsatz „ne bis in idem" unvereinbar wäre. Allerdings ist in § 178 GVG. die Verhängung einer Ordnungsstrafe wegen Ungebühr vor Gericht „vorbehaltlich der strafgerichtlichen Verfolgung", also neben einer etwaigen kriminellen Strafe wegen des gleichen Sachverhaltes zulässig. Allein aus dieser Vorschrift läßt sich nichts gegen die hier vertretene Auffassung herleiten. Die Ordnungsstrafe wird in diesem Falle verhängt wegen der Störung der guten Ordnung bei der gerichtlichen Verhandlung; die daneben etwa verwirkte Kriminalstrafe dagegen wegen der Verletzung eines davon verschiedenen Rechtsgutes, etwa des Körpers oder der Ehre eines Prozeßbeteiligten. Dabei wird der Fall, daß eine Ungebühr vor Gericht Ordnungs- und Kriminalstrafe nach sich zieht, verhältnismäßig selten sein. Dagegen würde, wenn bei Zuwiderhandlungen gegen PolVOen. neben der Übertretungsstrafe Zwangsgeld zulässig wäre, stets eine doppelte Reaktion eintreten, obwohl es hier an einer Verschiedenheit der geschützten Interessen fehlt. Es muß daher davon ausgegangen werden, daß dann, wenn nach Reichsrecht eine kriminelle Strafe verwirkt ist, nicht auch Zwangsgeld festgesetzt werden darf. Sofern freilich gem. § 153 StPO. von der Verhängung einer kriminellen Strafe abgesehen wird, würde der Festsetzung einer Ordnungsstrafe nichts im Wege stehen. Nur insofern bestünde ein gewisses Bedenken, als die Einstellung des Verfahrens gem. § 153 Abs. 1 die StA. nicht hindert, es demnächst wieder aufzunehmen (Löwe-Rosenberg Anm. 6 zu § 153); es bliebe daher stets — freilich wohl nur theoretisch — die Möglichkeit, daß die StA. das eingestellte Verfahren nach der inzwischen erfolgten Festsetzung eines Zwangsgeldes wieder aufnimmt. Nur wenn das Gericht das Verfahren eingestellt hat (§ 153 Abs. 3), ist der Strafanspruch verbraucht und es könnte daher ohne die Gefahr einer doppelten Bestrafung das Zwangsgeld festgesetzt werden. Indessen ist die Frage der Zulässigkeit von Zwangsgeld nach Einstellung des Strafverfahrens ohne praktische Bedeutung, da in diesen Fällen regelmäßig auch ein Einschreiten im Verwaltungswege wegen der Vorschrift des § 33 Abs. 3 des vorliegenden Gesetzes nicht in Frage kommt. Das gleiche gilt für den Fall, daß die Verhängung einer kriminellen Strafe infolge Verjährung ausgeschlossen ist. Praktisch wird also in den Fällen, in denen die Strafdrohung in einer gesetzlichen Vorschrift enthalten ist, auch schon die Androhung von Zwangsgeld unterbleiben müssen. Auf diesem Standpunkt steht auch das G. selbst. In § 76 ist vorgesehen, daß in den am 1. Oktober in Kraft befindlichen PolVOen. die Strafdrohung durch die Androhung von Zwangsgeld ersetzt wird. Dies gilt jedoch nach dem erst im Plenum bei der 2. Lesung eingeführten Abs. 2 nicht, wenn die Übertretung in einem Gesetz mit Strafe bedroht ist. Für die erst künftig zu erlassenden PolVOen. bedurfte es einer derartigen Bestimmung nicht, da nach § 30 PolVOen. keine Bestimmungen enthalten dürfen, die mit den Gesetzen in Widerspruch stehen. Es ist beabsichtigt, in den Ausführungsbestimmungen die PolBehörden darauf hinzuweisen, daß in PolVOen., deren Übertretung in gesetzlichen Vorschriften mit Strafe bedroht ist, Zwangsgeld nicht angedroht werden darf (vgl. Kerstiens, RuPrVerwBl. 1931 S. 312). Die Ahndung der Verstöße gegen PolVOen. liegt also insoweit in der Hand der ordentlichen Gerichte, denen mithin ein weites Tätigkeitsfeld — man kann wohl sagen: der weitaus größte Teil ihrer bisherigen Zuständigkeit — auf dem Gebiete des Polizeiunrechtes verblieben ist.

10. *Prozessuales* behandelt *Schäfer* so: Die Festsetzung des Zwangsgeldes und der Ersatzzwangsmittel erfolgt stets durch die OrtsPolBehörde. Gegen die Festsetzung von Zwangsgeld sind nach § 57 die gleichen Rechtsmittel gegeben wie gegen polizeiliche Vfen. Es ist also zunächst die Beschwerde an die Aufsichtsbehörde (binnen zwei Wochen nach Zustellung der Vf.) zulässig, mit der sowohl die Rechtmäßigkeit als auch die Zweckmäßigkeit der Festsetzung angefochten werden kann (§§ 45, 47). Gegen den abweisenden Beschwerdebescheid kann binnen zwei Wochen Klage im Verwaltungsstreitverfahren beim Bezirksausschuß erhoben werden (§ 49). Diese Klage kann nur darauf gestützt werden, daß der Bescheid den Kläger in seinen Rechten beeinträchtige, weil der Bescheid das geltende Recht verletze (§ 50). Eine unrichtige Anwendung der geltenden Gesetze liegt auch dann vor, wenn die Tatsachen nicht gegeben sind, die ein Einschreiten der Behörde gerechtfertigt haben würden. Gegen die Entscheidung des Bezirksausschusses findet die Revision beim OVG. statt (§ 51), außer wenn lediglich die Höhe des Zwangsmittels angegriffen wird.

Bis zum Eintritt der Rechtskraft kann die Festsetzung des Zwangsgeldes jederzeit von der OrtsPolBehörde zurückgenommen werden.

11. Die Androhung von Zwangsgeld (§ 55 I und III) und von Ersatzzwangsmitteln (§ 56) *kann*, muß aber nicht in PolVOen. für den Fall einer Nichtbefolgung geschehen. Inhaltlich richtet sich die Frage der Befolgung oder Nichtbefolgung natürlich nach den betreffenden Vorschriften. Zweifel-

haft kann sein, ob eine teilweise Nichtbefolgung ebenfalls zur Androhung von Zwangsgeld und Ersatzzwangsmitteln berechtigt. Denkbar wäre es, hier unter Umständen den Abs. III anzuwenden, d. h. die Androhung zu unterlassen, wenn ein schutzwürdiges Interesse weder verletzt noch bedroht wird. Die Frage ist aber zweifelhaft, weil überhaupt ein polizeiliches Eingreifen in dem Falle des Abs. III nicht erfolgen soll. Immerhin kann der Fall so gelagert sein, daß eine teilweise Nichtbefolgung ein nicht schutzwürdiges Interesse betrifft.

12. Für die Festsetzung des Zwangsgeldes und der Ersatzzwangsmittel sind hier stets die OrtsPolBehörden zuständig. Mithin ist der Ausschluß der Landes- und KreisPolBehörden gesetzlich ausgesprochen.

13. Der Höchstsatz nach § 55 III zu a) ist 150 *RM*. Dieser gilt auch für die PolVOen. der Minister und der Oberpräsidenten. In den PolVOen. der Minister darf gegen eine Zuwiderhandlung an Stelle dieser Zwangsmittel eine Geldstrafe bis zu 150 *RM* oder bei besonders schweren Fällen Haft bis zu zwei Wochen angedroht werden. Es ist hier die bereits erwähnte Ausnahme vorhanden, daß es sich bei ministeriellen PolVOen. um eine Geldstrafe handeln kann.

14. Die vorherige besondere Androhung des Zwangsgeldes ist die Regel. Zwangsgeld darf ohne sie nur (ausnahmsweise) festgesetzt werden, wenn der Betroffene die Polizeiwidrigkeit seines Verhaltens kannte oder kennen mußte.

15. Die Frage, ob ein schutzwürdiges Interesse besteht, konnte zweifelhaft sein. Allein in Frage kommt nur ein solches öffentliches Interesse, das zu wahren, Aufgabe der Pol. ist. Ob es schutzwürdig ist, steht im Rahmen des § 14 der Pol. selbst zu beantworten zu. Eine Ermessensüberschreitung ist auch hier der Prüfung der Rechtsmittelinstanzen unterworfen.

16. Die Merkmale der Vorschrift des § 33 III weisen auf ausschließlich polizeirechtliche Gesichtspunkte hin, im Gegensatz zu § 53 StPO., der rein strafrechtliche Grundbegriffe erkennbar macht. Die Bestimmung schließt auch diejenigen Fälle ein, in denen zwar Willensbeugung für die Zukunft in Frage kommt, der Fall aber als belanglos anzusehen ist. § 33 III stellt Gültigkeitsvoraussetzungen für die Festsetzungsverfügungen auf, regelt also nicht eine lediglich auf dem Gebiete der Zweckmäßigkeit liegende Frage. Demnach ist auch der Verwaltungsrichter zur Nachprüfung berufen (§ 50 im Gegensatze zu § 46). Auch die Höhe des Zwangsmittels kann von dem Bezirksausschuß abgeändert werden, da anderenfalls § 57 I Satz 2 unverständlich wäre. (So auch Begründung.) Das gleiche Recht hätte z. B. das OVG., wenn es auf eine in der Hauptsache eingelegte Revision die Entscheidung des Bezirksausschusses aufheben und bei freier Beurteilung den Sachverhalt spruchreif finden würde. So zutreffend Dronsch, RuPrVerwBl. 52 928 l. u. r.

17. W. Jellinek, Stienen und Schnitzker sehen, auch Friedrichs, GoltdArch. 75 321 ff. und, wenn auch zweifelnd, Eichhoff, DJZ. 1931, 804 ff., Zwangsgeld und die Ersatzzwangsmittel als „verschleierte Kriminalstrafen" an und kommen zu dem Schluß, daß bei dem Rechtsmittelzuge eine Umgehung reichsrechtlicher Vorschriften vorliegt. Meine Auffassung, daß die Zwangsmittel rein polizeiliche Exekutivmaßnahmen sind, und daß gegen ihre Gültigkeit keine Bedenken bestehen, teilt auch Drews, RuPrVerwBl. 52 2 ff., derselbe, Preußisches Polizeirecht I, 3. Aufl. 1931 S. 95 ff., Kerstiens a. a. O. und RuPrVerwBl. 52 146 ff., vgl. aber auch 310 ff., Lassar, daselbst S. 595 ff., Küchenhoff, daselbst S. 788 ff., Klausener, Die Polizei, 1930 S. 403 ff., Richardt, Preuß. GemeindeZtg. 1931 S. 17 ff., Eisentraut, Staats- und Selbstverwaltung, 1931 S. 450, Bovensiepen, Deutsche RichterZtg. 1931 S. 241 und Dronsch, Zwangsgeld und Ersatzzwangsmittel in PolVOen. nach dem PolVerwG. vom 1. Juni 1931, RuPrVerwBl. 52 925 (vgl. unten S. 252 ff.). Nach einer dritten, bereits wiedergegebenen Meinung von Schäfer a. a. O., JurRundsch. 1931 S. 169 haben die PolBehörden durch die §§ 33 I Satz 2, 55 I und III, 56 und 57 I eine mit dem Reichsrecht vereinbare Ordnungsstrafbefugnis erhalten.

Dronsch geht von dem Wesen des Zwangsgeldes und der Ersatzzwangsmittel aus und hat folgende Beweisgründe: a) Schon in dem § 24 ziehe das PolVerwG. eine Trennungslinie nach dem Strafrechte. Die gesetzliche Begriffsbestimmung lehnt die Ansicht ab, daß die PolVOen. delegierte Strafgesetze seien. Die PolVO. soll vielmehr als Ausfluß der Polizei-, nicht der Justizhoheit gekennzeichnet werden. Eine kriminelle Strafandrohung sei nicht begriffswesentlich, sondern nur ein möglicher Bestandteil (so in den Fällen der §§ 33 I Satz 4, 76 II). b) Als Rechtsnachteil tritt bei einer Nichtbefolgung Zwangsgeld oder ein Ersatzzwangsmittel ein. Die Verfasser dieser Worte haben nur an polizeiliche Beugemittel gedacht, die mit Strafe nichts gemein haben sollten. c) Der begriffliche Unterschied zwischen Zwangsmitteln nach dem PolVerwG. und Strafe komme nicht nur in dem Namen, sondern auch in § 55 zum Ausdruck, daß der polizeiliche Zwang „unbeschadet der strafgerichtlichen Verfolgung strafbarer Handlungen" ausgeübt werden kann. Dies entspricht der Auslegung des § 132 LVG. in der Plenarentscheidung des OVG. vom 13. November 1929, 84 276. Vgl. auch Drews, Preuß. Polizeirecht, 3. Aufl. I S. 86. d) Daß das Mittel zur Verwirklichung einer PolVO. in Geldbeträgen und ersatzweiser Zwangshaft oder Gemeindearbeit besteht, spricht nur dafür, daß die Zwangsmittel, die Ordnungs- und die Kriminalstrafe einen gemeinsamen Oberbegriff haben, den des „Übels" oder „Rechtsnachteils". Auch aus den Höchstgrenzen des Zwangsgeldes (§§ 33 I Satz 3, 55 III) können irgendwelche Rückschlüsse auf einen strafrechtlichen Charakter des Zwangsgeldes nicht gezogen werden. Zwangsgeld und Übertretungsstufe unterliegen völlig verschiedenen rechtlichen Bestimmungen. Rechtsgrundlage für die Höhe des landesrechtlichen Zwangsgeldes sind die Art. II, VIII der VO. über Vermögensstrafen und Bußen vom 6. Februar 1924 (RGBl. I S. 44), in denen „Zwangs- und Ordnungsstrafen" ausdrücklich hervorgehoben sind. e) Die an Stelle der Zwangshaft mögliche Gemeindearbeit (§ 56 II PolVerwG.) ist nicht mit der in dem § 6 EGStGB., §§ 14, 34 des ForstdiebstahlG.

erwähnten Gemeinde- und Forstarbeit zur Abwendung von „Straf“haft gleichzusetzen, sondern ist „eine dankenswerte Einrichtung, die zur Entkriminalisierung polizeilicher Zuwiderhandlungen“ eingeführt ist und zu ihr beitragen wird (Drews, a. a. O. S. 86). f) Auch in dem letzten der drei Abschnitte zur Verwirklichung einer PolVO. (1. Androhung, 2. Festsetzung, 3. zwangsweise Ausführung) kommt der Beugecharakter des Zwangsgeldes und der Ersatzzwangsmittel zum Ausdruck. (So auch Schäfer, a. a. O. S. 171.) (§ 55 IV Satz 2, § 56 I Satz 5 PolVerwG.) g) Bei einer Nichtbefolgung einer PolVO. ist nach § 33 II PolVerwG. noch eine besondere Androhung des in der PolVO. vorgesehenen Zwangsmittels notwendig, es sei denn, daß der Betroffene die Polizeiwidrigkeit seines Verhaltens kannte oder kennen mußte. Die besondere Androhung bildet die Regel. Daß das Bewußtsein der Rechtswidrigkeit im strafrechtlichen Sinne besondere Voraussetzungen hat, ergibt sich schon, wenn man auf den von James Goldschmidt (Das Verwaltungsstrafrecht, 1902) entwickelten Begriff des Bewußtseins der Verwaltungswidrigkeit zurückgeht. Im Sinne des PolVerwG. hat Bewußtsein der Polizeiwidrigkeit derjenige, der weiß, daß er durch eine Handlung oder Unterlassung für die Allgemeinheit oder den einzelnen eine Gefahr verursacht oder nicht abwendet, durch die die öffentliche Sicherheit oder Ordnung bedroht wird. Kenntnis der objektiv zugrunde zu legenden Bestimmung der PolVO. ist also in den Fällen des § 33 II nicht erforderlich. Wer sich in diesem Sinne bewußt polizeiwidrig verhält, handelt einer inneren Norm zuwider; das soll aber nicht im strafrechtlichen Sinne „gesühnt“ werden, vielmehr darf nach dem dargelegten Wesen der Zwangsmittel nur eingeschritten werden, um den fehlerhaften Willen des Polizeipflichtigen für die Zukunft polizeimäßig zu gestalten. Die Bedeutung einer Willensbeeinflussung, und zwar einer Willensschärfung, haben die Zwangsmittel auch, wenn gegenüber der Nichtbefolgung einer PolVO. nachweisbar ist, daß der Betroffene das Bewußtsein der Polizeiwidrigkeit bei pflichtgemäßer Sorgfalt hätte haben müssen. § 33 II PolVerwG. ist hiernach von polizeirechtlichen

Gesichtspunkten beherrscht. h) Besonders scharf wird zwischen kriminellem Unrecht und der Verwirklichung von PolVOen. durch polizeiliche Zwangsmittel in dem § 76 I Satz 1 und 2 PolVerwG. bei der Aufhebung der bestehenden Strafandrohungen in nicht gesetzlich mit Kriminalstrafe versehenen PolVOen. unterschieden. i) Der Rechtsmittelzug gegen die Festsetzungsverfügungen spreche ebenfalls dafür, daß es sich bei dem Zwangsgeld und den Ersatzzwangsmitteln lediglich um Verwaltungsmaßnahmen handeln soll. k) Im Strafrecht besteht grundsätzlich eine Pflicht zum Einschreiten (Legalitätsprinzip). Übertretungen sind allerdings nach § 153 StPO. in der Verbindung mit Kap. I § 2 des sechsten Teils der NotVO. vom 6. Oktober 1931 (RGBl. I S. 537, 563) nicht zu verfolgen, wenn die Schuld des Täters gering ist, die Folgen der Tat unbedeutend sind und das öffentliche Interesse eine Verfolgung nicht erfordert. Das stellt aber eine Durchbrechung des Legalitätsprinzips dar. Das PolVerwG. hat bei Zuwiderhandlungen gegen eine unter Zwangsandrohung stehende PolVO. das Opportunitätsprinzip voll durchgeführt (§ 33 I Satz 1, § 55 I Satz 1). l) Daß das Zwangsgeld und die Ersatzzwangsmittel nicht den Strafen gleichstehen, geht aus dem Fehlen von Vorschriften über Strafregistermitteilungen, Vermerken in polizeilichen Führungszeugnissen usw. hervor. Bei der Strafliste in der Anweisung vom 1. Oktober 1931 (MBliV. S. 940, 943, 968) handelt es sich nur um ein Tagebuch. m) Wenn das PolVerwG. danach das Zwangsgeld und die Ersatzzwangsmittel als Beugemaßnahmen nur für die Zukunft ansieht und von Strafe (Kriminal- und Ordnungsstrafe) trennen will, so wird doch eingewendet, es handle sich nur um eine formelle Scheidung (Stienen, DJZ. S. 1300, Friedrichs, GoltdArch. 75 323, Jellinek, RuPrVerwBl. 52 122). Demgegenüber kommt Dronsch zu der Schlußfolgerung a) daß das Zwangsgeld und die Ersatzzwangsmittel zur Verwirklichung von PolVOen. reine Exekutivmaßnahmen sind und mit denen der polizeilichen Vfen. übereinstimmen; b) daß durch den § 33 III PolVerwG. es auch in Grenzfällen ausgeschlossen ist, daß ein Zwangsmittel den Charakter einer Kriminal- oder Ordnungsstrafe annimmt; c) daß durch bloßen Zeitablauf ein polizeiliches Einschreiten mit Zwangsmitteln nicht unzulässig werden kann, auf eine weiter zurückliegende Zuwiderhandlung nur zurückgegriffen werden dürfe, wenn noch für die Zukunft polizeiliche Belange wahrzunehmen sind und diese auch noch als schutzwürdig angesehen werden können (§ 33 III); d) eine Begnadigung komme gegenüber der Festsetzung eines Zwangsmittels nicht in Betracht (MinErl. vom 16. März 1875, MBliV. S. 104; von Bitter, Handwörterbuch der Verwaltung Bd. I 3. Aufl. S. 209), da es sich nicht um Strafen, sondern um Verwaltungsmaßnahmen handelt. Ein zur Staatskasse vereinnahmter Zwangsgeldbetrag darf aus Billigkeitsgründen nur unter den Voraussetzungen des § 18 des StaatshaushaltsG. vom 16. Mai 1898 (GS. S. 77) zurückerstattet werden. Davon, daß Ratenzahlungen und Erlaß von Zwangsgeldbeträgen zulässig sind, geht die Anweisung vom 1. Oktober 1931 (MBliV. S. 940, 941, 945, Ziff. 21) aus; e) ist ein natürlicher Wille, der für die Zukunft zu beugen wäre, bei an sich Polizeipflichtigen (§§ 18 ff. PolVerwG.) nicht vorhanden, z. B. bei Geisteskranken, Kindern, so widerspricht es dem Wesen der Zwangsmittel, sie gegen diese festzusetzen.

Beschränkte Dauer der PolVOen.

§ 34.

(1) Polizeiverordnungen sollen eine Beschränkung hinsichtlich ihrer Geltungsdauer enthalten. Die Geltung darf nicht über dreißig Jahre hinaus erstreckt werden. Polizeiverordnungen, die keine Beschränkung der Geltungsdauer enthalten, treten dreißig Jahre nach ihrem Erlaß außer Kraft.

(2) Diese Vorschriften gelten nicht für Polizeiverordnungen des im § 37 erwähnten Inhalts.

1. Die Begr. führte aus (Sp. 37): „Der § 34 bezweckt die ständige Erneuerung des Polizeiverordnungswesens. Die in dem Entw. vorgesehene Geltungsdauer von 30 Jahren soll

als Höchstgrenze gelten. Im Verwaltungswege wird darauf hingewirkt werden, daß in den Fällen, in denen mit einer schnellen Änderung der Verhältnisse zu rechnen ist, eine kürzere Geltungsdauer vorgeschrieben wird."

2. In der ersten Ausschußlesung betonte ein Beauftragter des MindInn., daß das Wort „sollen" in der ersten Zeile deshalb gewählt sei, weil die Beschränkung der Geltungsdauer in den PolVOen. nicht enthalten sein müsse, damit nicht das Fehlen einer derartigen Bestimmung die Ungültigkeit nach sich ziehe. Im allgemeinen bestehe der Wunsch, daß in der PolVOen. die Bestimmung stehe, wann sie außer Kraft träten, weil das für den, der sie lese, bequemer sei. Enthalte eine PolVO. diese Bestimmung jedoch nicht, weil man es nicht absehen könne, dann trete sie automatisch mit 30 Jahren außer Kraft. (Sp. 74.)

3. Die AusfBest. zu § 34 lauten:

Soweit es sich nicht um BauPolVOen. handelt, die eine längere Geltungsdauer haben sollen, ist die im § 34 Abs. 1 für PolVOen. vorgesehene Geltungsdauer von 30 Jahren als Ausnahme anzusehen. Im allgemeinen wird eine kürzere Geltungsdauer angemessen sein. Bei der Bemessung der Geltungsdauer ist im allgemeinen zu berücksichtigen, ob es sich um die Regelung von Angelegenheiten handelt, die mehr oder minder im Fluß sind oder hinsichtlich deren bereits genügende Erfahrungen bestehen oder nicht. Der Zeitpunkt für das Außerkraftsetzen ist tunlichst auf das Ende eines Vierteljahrs festzusetzen. (MBliV. Sp. 928 f.)

4. Es steht jetzt gesetzlich fest, daß jede PolVO. die Zeit ihrer Geltung ausdrücklich bestimmen muß. Die höchste Zeitgeltung beträgt 30 Jahre. Sollte von der Bestimmung der Beschränkung der Geltungsdauer kein Gebrauch gemacht worden sein, so treten die PolVOen. 30 Jahre nach ihrem Erlaß außer Kraft. Die Rechtsfrage ist hier die, ob diese Bestimmung auch für solche PolVOen. gilt, die vor dem Erlaß des PolVerwG. entstanden sind. M. E. ist diese Frage zu bejahen, da eine dahingehende Absicht des Gesetzgebers an-

genommen werden muß und ferner eine Art rückwirkende Kraft im eigentlichen Sinne hierdurch nicht bestimmt wird.

5. Die Vorschriften hinsichtlich der Geltungsdauer der PolVOen. gelten nicht für solche, die eine Änderung oder Aufhebung einer PolVO. zum Gegenstande haben (§ 37). Es bleibt die Frage offen, ob eine geänderte PolVO. nunmehr 30 Jahre lang Geltungsdauer, gerechnet von der Änderung oder von dem ursprünglichen Erlasse ab, hat. Die Frage ist im Sinne der ersteren Alternative zu beantworten. Bei der Aufhebung einer PolVO. ist die Bestimmung bezüglich der 30 Jahre schon deshalb nicht nötig, weil ja eine vorhergehende Aufhebung in Frage kommt. Immerhin ist die Vorschrift des § 37 merkwürdig genug.

Veröffentlichung der PolVOen.

§ 35.

Polizeiverordnungen der Oberpräsidenten und der Landes-, Kreis- und Ortspolizeibehörden sind in den Regierungsamtsblättern, in Berlin in dem Amtsblatte für den Landespolizeibezirk Berlin, zu veröffentlichen. Polizeiverordnungen der Minister sind, soweit sie für den Umfang des Staatsgebiets Geltung haben sollen, in der Preußischen Gesetzsammlung zu veröffentlichen. Die übrigen Polizeiverordnungen der Minister sind in den Regierungsamtsblättern derjenigen Regierungsbezirke zu veröffentlichen, innerhalb deren sie Geltung haben sollen; auf die erfolgte Veröffentlichung ist in der Preußischen Gesetzsammlung hinzuweisen. Auf die erfolgte Veröffentlichung von Polizeiverordnungen ist in den amtlichen Kreisblättern oder auf sonstige ortsübliche Weise hinzuweisen.

1. Die Begr. Sp. 37/38 führte aus: „Der § 35 bezweckt eine Vereinheitlichung des Polizeiverordnungswesens hinsichtlich der Veröffentlichung. § 35 Satz 2 beschränkt die auf Grund des Gesetzes vom 9. August 1924 (GS. S. 597), be-

treffend die Verkündung von Rechtsverordnungen, gegebenen Möglichkeiten für die Veröffentlichung von ministeriellen Rechtsverordnungen hinsichtlich der PolVOen. grundsätzlich auf die Gesetzsammlung, da die übrigen in dem genannten G. zugelassenen Veröffentlichungsmöglichkeiten (der Preuß. Staatsanzeiger, die Ministerialblätter der einzelnen Ressortminister) von den OrtsPolBehörden nur in sehr beschränktem Umfange gehalten werden, so daß stets eine besondere Benachrichtigung durch die vorgesetzten Behörden erforderlich ist. Nur PolVOen., die beschränkte Geltung haben, sind in den sog. Amtsblättern zu veröffentlichen. Jedoch ist ein Hinweis auf die Veröffentlichung in der Gesetzsammlung vorzunehmen.

Die Veröffentlichung der Kreis- und OrtsPolVOen. wird zur Zeit auf Grund des § 144 Abs. II LVG. durch die Regierungspräsidenten geregelt. Mit Rücksicht auf die große Verschiedenheit dieser Vorschriften erscheint im Interesse der Rechtssicherheit eine einheitliche Regelung angebracht. Es ist babsichtigt, im Verwaltungswege dafür Sorge zu tragen, daß auf die erlassenen PolVOen. durch eingehende Pressenotizen in der Tagespresse aller Richtungen verwiesen wird.

2. Im Ausschuß erster Lesung hielt ein Ausschußmitglied es für auffallend, daß die Publikation lediglich durch die Amtsblätter erfolgen könne. Das scheine für die OrtsPolVOen. nicht ausreichend zu sein; denn die Amtsblätter könne das große Publikum nicht lesen. Demnach müsse dafür gesorgt werden, daß solche Veröffentlichungen nicht nur im allgemeinen durch die Presse, sondern neben der Publikation im Regierungsamtsblatt auch amtlich in den Lokalblättern erfolge.

Ein Beauftragter des MindInn. wies demgegenüber darauf hin, daß ein der Gesetzsammlung entsprechendes Blatt für die Provinzen und Kreise nicht bestehe. Es sei bekannt, welche außerordentlichen Schwierigkeiten, die auf politischem Gebiete lägen, augenblicklich gerade dadurch entstanden seien, daß eine Reihe von Zeitungen Amtsblätter geworden sei, die zu lesen ein Teil der Bevölkerung ablehne. Nun müsse man entweder die gesamte Bevölkerung zwingen, ein bestimmtes Blatt zu lesen, oder man müsse mehrere Blätter zu Amtsblättern erklären. Dann entstehe aber die Schwierigkeit, daß eine VO. ungültig sei, wenn sie nicht in allen Blättern erschienen sei. Daher bleibe nur übrig, es bei dem gegenwärtigen Verfahren zu belassen. Die Zeitungen hätten das allergrößte Interesse daran, solche Dinge, entsprechend den Wünschen ihres Leserkreises, abzudrucken. Dieser Weg werde augenblicklich in einigen Regierungsbezirken ausprobiert und habe bisher Schwierigkeiten noch nicht ergeben.

Ein Ausschußmitglied riet an, den Behörden die Möglichkeit zu geben, außer der notwendigen Veröffentlichung im Regierungsblatt auch in anderen Blättern veröffentlichen zu dürfen, ähnlich wie es bei Zwangsversteigerungen geschehe.

Ein zweiter Beauftragter des MindInn. gab zu bedenken, daß es sich bei PolVOen. nicht um einen Verwaltungsakt von einmaliger Bedeutung handle, sondern um den Erlaß einer Rechtsnorm, die vielleicht 30 Jahre gelten solle. Für Gerichte, Behörden und Publikum sei es aber sehr wesentlich, zu wissen, wo derartige Bestimmungen zu finden seien (Begr. Sp. 74—75).

3. In der zweiten Lesung erklärte ein Beauftragter des MindInn., daß von der Bekanntmachung der PolVOen. durch die Regierungsamtsbätter nicht abgegangen werden könne, weil sonst eine Sicherheit über die sachgemäße Veröffentlichung nicht gegeben sei. In manchen Kreisen seien drei oder vier Blätter Amtsblätter. Eine Rechtsunsicherheit müsse auf jeden Fall vermieden werden. Der Antrag Nr. 8 komme den Antragstellern entgegen, ohne die Rechtssicherheit zu berühren, indem er den Zusatz vorschlage, daß auf die erfolgte Veröffentlichung von Kreis- und OrtsPolVOen. in den amtlichen Kreisblättern hinzuweisen sei. In den Ausführungsanweisungen werde ausdrücklich darauf aufmerksam gemacht werden, daß dieser Hinweis mit der Wiedergabe des wesentlichen Inhalts der VO. verbunden sein müsse (Begr. Sp. 113).

4. Man muß unterscheiden: In den Regierungs-

amtsblättern sind PolVOen. zu veröffentlichen, wenn sie von den Oberpräsidenten, den Landes-, Kreis- und Orts-PolBehörden ergangen sind; in dem Amtsblatte für den Landespolizeibezirk Berlin, wenn sie von den PolBehörden in Berlin erlassen sind. In der preußischen Gesetzessammlung sind die PolVOen. der Minister, soweit sie für den Umfang des Staatsgebietes Geltung haben sollen, aber auch nur soweit, zu veröffentlichen; alle anderen PolVOen. der Minister sind in den Regierungsamtsblättern derjenigen Regierungsbezirke zu veröffentlichen, innerhalb deren sie Geltung haben sollen. Auf die erfolgte Veröffentlichung dieser letzteren PolVOen. der Minister ist in der Gesetzessammlung hinzuweisen. Der letzte Satz des § 35 ist nicht ganz klar. Er besagt, auf die erfolgte Veröffentlichung von PolVOen. ist in den amtlichen Kreisblättern oder auf sonst ortsübliche Weise hinzuweisen. Welche PolVOen. sind hier gemeint? Offenbar nicht diejenigen ministeriellen PolVOen., die nicht für den ganzen Umfang des Staatsgebietes Geltung haben, denn auf diese ist ja in der Gesetzsammlung hinzuweisen. Es kann sich also nur um PolVOen. handeln, die von den Landes- und OrtsPolBehörden erlassen sind, soweit sie den Kreis irgendwie angehen. Soweit sie PolVOen. der Kreisbehörden sind, sind sie nach Satz 1 in den Regierungsamtsblättern zu veröffentlichen. Ein Hinweis „auf sonstige ortsübliche Weise" kann natürlich außerordentlich unwirksam sein, so bei Aushang oder mündlicher Verkündung in kleinen Ortschaften. Rickelt, Bekanntmachung in ortsüblicher Weise, RuPrVerwBl. 52 1008.

5. Die AusfBest. zu § 35 lauten:

1. In den gemäß § 35 letzter Satz vorzunehmenden Hinweisen ist neben der Überschrift, dem Datum und der Fundstelle auch der wesentliche Inhalt der erlassenen PolVO. wiederzugeben.

2. Wird in den Fällen des § 26 Abs. 3 letzter Satz, § 26 Abs. 4 letzter Satz, § 27 Abs. 3 letzter Satz, § 28 Abs. 2 letzter Satz, § 29 Abs. 2 letzter Satz die Zustimmung des Bezirksausschusses erteilt, so ist der Zustimmungsbeschluß durch diesen

unverzüglich gemäß § 35 Satz 1 zu veröffentlichen. (MBliV. Sp. 929.)

Inkrafttreten der PolVOen. § 36.

Polizeiverordnungen treten, soweit in ihnen nichts anderes bestimmt ist, eine Woche nach dem Tage ihrer Veröffentlichung in Kraft.

1. Die Bestimmung ist gegenüber dem bisherigen Rechte neu. Grundsätzlich wird danach eine PolVO. eine Woche nach dem Tage ihrer — gemäß § 35 korrekten — Veröffentlichung in Kraft treten. Natürlich kann auch etwas anderes bestimmt werden und zwar entweder eine kürzere oder eine längere Frist; im ersteren Falle wird am häufigsten eine sofortige Inkraftsetzung in Betracht kommen. Mit Rücksicht auf die Notwendigkeit, daß die von der PolVO. Betroffenen rechtzeitig Kenntnis erhalten müssen, kann dies freilich auch bedenklich sein.

Änderung oder Aufhebung der PolVOen. § 37.

Die Änderung oder Aufhebung einer Polizeiverordnung erfolgt durch Polizeiverordnung der Behörde, die die Polizeiverordnung erlassen hat.

1. Über das bisherige Recht bei Änderung und Aufhebung einer PolVO. vgl. oben S. 187. Eine Aufhebung bedeutet auch die im § 38 I zugelassene Außerkraftsetzung einer PolVO. durch den Minister.

Befugnis jedes Ministers bzw. Regierungspräsidenten zur Außerkraftsetzung. § 38.

(1) Jeder Minister ist befugt, innerhalb seines Zuständigkeitsbereichs die Polizeiverordnungen der nachgeordneten Polizeibehörden außer Kraft zu setzen.

(2) Die Regierungspräsidenten haben die gleiche Befugnis in bezug auf die Polizeiverordnungen der Kreis- und Ortspolizeibehörden ihres Bezirkes.

(3) Die Außerkraftsetzung ist gemäß § 35 Satz 1 zu veröffentlichen. Die Außerkraftsetzung wird, falls sie nicht ausdrücklich etwas anderes bestimmt, mit ihrer Veröffentlichung rechtswirksam.

1. Die Begr. (Sp. 38) führte aus: „Die Vorschriften des § 38 haben den Zweck, die beschleunigte Beseitigung von veralteten oder ungültigen PolVOen. zu ermöglichen. Die vorgesehene Best. entspricht der geltenden Rechtslage (zu vgl. § 145 LVG.) mit der Abweichung, daß nach dem Entw. nicht wie bisher grundsätzlich der MindJnn. allein die Befugnis zur Außerkraftsetzung von PolVOen. der nachgeordneten Behörden haben soll, sondern jeder Minister innerhalb seines Zuständigkeitsbereiches. Diese Regelung entspricht der neueren Entwicklung, wonach nicht nur der MindJnn., sondern auch der Minister für Landwirtschaft, Domänen und Forsten, der Minister für Handel und Gewerbe und der Minister für Volkswohlfahrt mit polizeilichen Zuständigkeiten betraut sind."

2. In der ersten Ausschußlesung lag folgender Antrag Nr. 31 vor:

Nach § 38 wird folgender neuer § 38a eingefügt:

§ 38a.

Innerhalb eines Jahres nach Erlaß einer Polizeiverordnung kann jeder deutsche Reichsangehörige, der in dem Geltungsbereiche der Polizeiverordnung seinen Wohnsitz hat, auf Ungültigkeit der Polizeiverordnung Klage im Verwaltungsstreitverfahren erheben.

Ein erster Beauftragter des MindJnn. führte aus, daß der Antrag Nr. 31 den Anreiz zum Mißbrauch schon gewissermaßen in sich schlösse; es könne sehr leicht eine große Agitation gegen die PolBehörden eingeleitet werden, die unzählige derartige Ungültigkeitsklagen zur Folge haben würden. Bei Annahme des Antrages würde nichts anderes übrigbleiben, als am Tage nach dem Erlaß einer PolVO. jemand zur Klage zu veranlassen, damit man wisse, ob sie rechtsgültig sei.

Ein Ausschußmitglied glaubte nicht, daß die vom

Vorredner angedeutete Gefahr durch den Antrag hervorgerufen werden könne. Denn ein Verwaltungsstreitverfahren koste Geld. Aber es liege die Tatsache vor, daß es PolVOen. gebe, die außerordentlich selten angewendet würden, infolgedessen nicht bekannt und vollkommen ungültig seien, bei denen es aber den Betroffenen nachher nicht möglich sei, ihre Ungültigkeit im einzelnen Falle zu beweisen. Er halte es für notwendig, daß die Möglichkeit, auf die der Antrag Nr. 31 hinweise, geschaffen werde.

Antrag Nr. 31 wurde abgelehnt und § 38 unverändert angenommen. (Ber. Sp. 75.)

3. Jeder Minister — gemeint sein kann nur ein Fachminister, nicht ein sogenannter Minister ohne Portefeuille — ist befugt, innerhalb seines Zuständigkeitsbereichs, demnach in dem begrenzten sachlichen Bereiche, die PolVOen. der nachgeordneten PolBehörden, demnach aller Landes-, Kreis- und OrtsPolBehörden, außer Kraft zu setzen. Vgl. auch die Anm. 1 zu § 37. Zu einer Änderung ist er nach § 38 I nicht befugt. Man kann auch nicht sagen, daß das Mehr an Befugnissen, nämlich die Außerkraftsetzung, das Minder einschließt. Im übrigen kann eine Außerkraftsetzung, besonders wenn es sich um eine auch vom Standpunkt der Staatsbürger unpraktische Bestimmung handelt, ein Vorteil sein, während bei einer Änderung sehr erhebliche Interessen der Betroffenen ungünstiger gestaltet werden könnten. Im übrigen ist anzunehmen, daß, weil nach § 37 die Änderung einer PolVO. der sie erlassenden Behörde zugewiesen ist, eine Änderung durch den Minister eine Zuständigkeitsverletzung darstellen würde.

4. Die Regierungspräsidenten haben jedenfalls die Befugnis, innerhalb ihres Zuständigkeitsbereichs die PolVOen. der Kreis- und OrtsPolBehörden ihres Bezirkes außer Kraft zu setzen. Auch hier ist anzunehmen, daß eine Änderung der PolVO. nicht ihres Amtes ist. Selbstverständlich kann der Regierungspräsident keine Außerkraftsetzung bewirken, wenn die PolVO. nicht nur innerhalb seines Bezirkes gilt.

5. Für beide Fälle (§ 38 I und II) ist anzunehmen, daß

die Außerkraftsetzung sowohl mit sofortiger Wirkung, als auch mit einer Frist erfolgen kann. Welche Bedeutung das im einzelnen vom rechtspolitischen Standpunkte haben kann, ist hier nicht zu erörtern. § 38 III Satz 2 bestimmt überdies, daß die Außerkraftsetzung mit ihrer Veröffentlichung rechtswirksam wird, falls nicht ausdrücklich etwas anderes bestimmt wird. Das Normale ist also die Sofortwirkung der Außerkraftsetzung. Die Außerkraftsetzung ist nach III Satz 1 zu veröffentlichen nach den Vorschriften des § 35, s. oben S. 257.

Ausdehnung der PolVOen. auf neue Gebietsteile.

§ 39.

(1) **Werden Polizeibezirke durch Eingliederung neuer Gebietsteile erweitert, so werden die in dem ursprünglichen Polizeibezirk erlassenen Polizeiverordnungen mit der Erweiterung auf die neu eingegliederten Gebietsteile ausgedehnt. Die in den eingegliederten Teilen in Geltung befindlichen Polizeiverordnungen treten außer Kraft.**

(2) **Wird aus einzelnen Polizeibezirken oder Teilen von Polizeibezirken ein neuer Polizeibezirk gebildet, so treten die in den einzelnen Teilen in Geltung befindlichen Polizeiverordnungen mit Ablauf von sechs Monaten nach der Neubildung des Polizeibezirkes außer Kraft.**

1. Die Begr. zu § 39 (Sp. 38) führte aus: „Der § 39 lehnt sich an die gelegentlich von Eingemeindungen entwickelte Rechtsprechung des OVG. an unter Festlegung einer bestimmten zeitlichen Grenze im Falle der Neubildung eines Polizeibezirkes. Der Begriff Polizeibezirk umfaßt dabei nicht nur Ortspolizeibezirke, sondern auch Kreis- und Landespolizeibezirke."

2. Der bisherige Rechtszustand war bezüglich der Geltung von PolVOen. im Falle der Eingemeindung folgender. Alle

öffentlichrechtlichen Verhältnisse sind bei der Eingemeindung nach den Normen zu regeln, welche für den neu zusammengesetzten Kommunalbezirk gelten. Grundsätzlich war daher zu sagen, daß im Falle der Erweiterung einer Stadtgemeinde durch Eingemeindung einer Landgemeinde das örtliche Recht der ersteren in der einverleibten Gemeinde, ebenso in Teilen von solchen, ohne weiteres in Kraft tritt, wenn nicht ausdrücklich Ausnahmen vorgesehen sind oder die Anwendung der Regel zu offenbar unpraktischen Folgen führt. Bei Eingemeindungen trat in den eingemeindeten Teilen die Ortsverfassung der Gemeinde, der sie zugelegt worden sind, ohne weiteres in Kraft. Dasselbe galt grundsätzlich von den Ortsgesetzen, Observanzen und Polizeiverordnungen. Vgl. Einzelheiten Stier-Somlo, Handbuch des kommunalen Verfassungsrechts, 2. Aufl., 1928, S. 198 ff., 211, mit der dort bezeichneten Literatur und Rechtsprechung. Vgl. auch die dort nach dem bisherigen Rechte vorhandenen Ausnahmen gemäß Anm. 79 a. a. O. S. 201 f. Das geltende Recht bestimmt in Übereinstimmung mit dem bisherigen Rechte in § 39 I Satz 1, daß wenn PolBezirke durch Eingliederung neuer Gebietsteile erweitert werden, die in den ursprünglichen PolBezirken erlassenen PolVOen. mit der Erweiterung auf die neueingegliederten Gebietsteile ausgedehnt werden. Neu ist Satz 2 a. a. O., daß die in den eingegliederten Teilen in Geltung befindlichen PolVOen. außer Kraft treten, was bisher nur in dem Sinne anzuwenden war, daß die bisherigen PolVOen. mit denen des neuen Bezirkes in Widerspruch standen.

3. Nicht geregelt und auch grundsätzlich durch die Praxis und Rechtsprechung nicht anerkannt war der Grundsatz, den § 39 II nunmehr festlegt: Wenn aus einzelnen PolBezirken oder Teilen von PolBezirken ein neuer PolBezirk gebildet wird, so treten die in den einzelnen Teilen in Geltung befindlichen PolVOen. mit Ablauf von 6 Monaten nach der Neubildung des PolBezirks außer Kraft. In welcher Weise etwaige Kollisionen innerhalb dieser 6 Monate beseitigt werden können, muß evtl. durch AusfBesten. geregelt werden.

Abschnitt VIII.

Die polizeilichen Verfügungen.

Polizeiverfügungen, Begriff.

§ 40.

(1) Polizeiliche Verfügungen sind Anordnungen der Polizeibehörden, die an bestimmte Personen oder an einen bestimmten Personenkreis ergehen und ein Gebot oder Verbot oder die Versagung, Einschränkung oder Zurücknahme einer rechtlich vorgesehenen polizeilichen Erlaubnis oder Bescheinigung enthalten.

(2) Die Anordnungen oder sonstigen Maßnahmen, welche die Polizeibehörden oder die Polizeibeamten auf Ersuchen einer Behörde, die nicht Polizei- oder Polizeiaufsichtsbehörde ist, treffen, oder welche Polizeibeamte nur in ihrer Eigenschaft als Hilfsbeamte der Staatsanwaltschaft treffen können, sind keine polizeilichen Verfügungen im Sinne dieses Gesetzes. Das gilt nicht für die Fälle des § 17.

1. Altes und neues Recht. A. Altes Recht.

Polizeiliche Verfügung ist ein Verwaltungsbefehl der Pol. oder das Gebot oder Verbot einer PolBehörde, durch das diese in Ausübung der PolGewalt im Einzelfall (oder in mehreren Einzelfällen) auf Grund eines Rechtssatzes die Handlungsfreiheit des Staatsbürgers einschränkt, sei es indem Leistungen, sei es indem Unterlassungen verlangt werden. Vorausgesetzt ist, daß die PolBehörde berechtigt ist, ihre polizeilichen Verfügungen durch Anwendung der gesetzlichen Zwangsmittel durchzusetzen (PolVerwG. vom 11. März 1850 § 20 II; Erl. des MindInn. vom 31. Januar 1902 IIa 147 und PrVerwBl. 23, 660; MBliV. 1902, 56). Wer es unterläßt, dasjenige zu tun, was ihm von der PolBehörde in Ausübung dieser Befugnis geboten ist, hat zu gewärtigen, daß es auf seine Kosten zur Ausführung gebracht wird, vorbehaltlich der etwa verwirkten Strafe und der Verpflichtung zum

Schadensersatz (§ 20 IIIa PolVerwG.). Zulässig ist 1. unmittelbare Zwangsanwendung, von der nur dann Gebrauch zu machen ist, wenn der Erfolg auf keine andere Weise erreicht werden kann; 2. Ausführung durch einen Dritten, falls dies tunlich ist, wobei der vorläufig zu bestimmende Kostenbetrag von dem Verpflichteten im Zwangswege beizutreiben ist; 3. wenn die zu erzwingende Handlung nicht durch einen Dritten geleistet werden kann oder es feststeht, daß der Verpflichtete nicht imstande ist, die aus der Ausführung durch einen Dritten entstehenden Kosten zu tragen, oder eine Unterlassung erzwungen werden soll: Androhung und Festsetzung von Geldstrafen im Betrage von einer bis höchstens tausend Mark (§ 132 LVG.; Art. II VO. vom 23. November 1923, RGBl. 1117; VO. vom 6. Februar 1924, RGBl. I S. 44, Art. III Abs. 1). Eine gesetzliche Abstufung der Geldstrafe gab es nicht. Doch hat der preußische MindInn. eine solche in seiner Vf. vom 29. November 1923 (MinBl. 1192) in 150, 300, 500 und 1000 Mark (gemäß § 132 LVG. Ziff. 2a—d) vorgenommen und diese Vf. durch eine vom 30. Juni 1925 (MinBl. 747) bestätigt. Die für den Unvermögensfall eintretende Geldstrafe ist zwar nach StGB. §§ 28, 29 festzusetzen (s. Art. I VO. vom 6. Februar 1924 und PrVerwBl. 46, 277), aber tatsächlich kam nur § 29 in Betracht; für § 132 II Ziff. 2: Die Dauer der Haft ist mindestens ein Tag und höchstens vier Wochen. Im übrigen richtet sich das Maß der Haftstrafe nach freiem Ermessen der Behörde. Der Ausführung durch einen Dritten sowie der Festsetzung einer Strafe muß immer eine schriftliche Androhung vorhergehen, in der, sofern eine Handlung erzwungen werden soll, die Frist zu bestimmen ist, innerhalb welcher die Ausführung gefordert wird. Gegen die Androhung eines Zwangsmittels finden nach § 133 LVG. dieselben Rechtsmittel statt (s. unten S. 270) wie gegen die Anordnungen in der PolVf., um deren Durchsetzung es sich handelt. Die Rechtsmittel erstrecken sich zugleich auf diese Anordnungen, sofern dieselben nicht bereits Gegenstand eines besonderen Beschwerde- oder Verwaltungsstreitverfahrens geworden sind. Gegen die Festsetzung und Ausführung eines Zwangsmittels findet jedoch in allen Fällen nur die Beschwerde im Aufsichtswege innerhalb zwei Wochen statt. Haftstrafen, die an Stelle einer Geldstrafe festgesetzt sind, dürfen vor ergangener endgültiger Beschlußfassung oder rechtskräftiger Entscheidung auf das eingelegte Rechtsmittel bzw. vor Ablauf der zur Einlegung desselben bestimmten Frist nicht vollstreckt werden.

Die gesetzliche Grundlage für den Erlaß der PolVf. war § 10 II, 17 ALR. „Die nötigen Anstalten zur Erhaltung der öffentlichen Ruhe, Sicherheit und Ordnung und zur Abwendung der dem Publikum oder einzelnen Mitgliedern desselben bevorstehenden Gefahr zu treffen, ist das Amt der Polizei." Gegenstand der PolVf. kann dasselbe sein wie der PolVO., deshalb sind auch §§ 6, 12 PolVerwG. unmittelbar anwendbar gewesen. Auch die PolVf. muß einen polizeilichen Inhalt haben. Eine weit verbreitete Praxis der Verwaltungsgerichte verlangt, daß der Eigentümer sein Eigentum von Rechts wegen und ohne besondere staatliche Aufforderung stets in polizeilichem Zustande halten und bei seiner Nutzung alles Polizeiwidrige vermeiden müsse (vgl. Stier-Somlo, Die Pflicht des Eigentümers zur polizeigemäßen Erhaltung seines Eigentums, VerwArch. 3, 275 ff. [1898]; Ders., Rechtsstaat, Verwaltung und Eigentum, daselbst 18, 140 ff. [1911]; 19, 43 ff. [1912]). Vorbeugung und Abwehr müssen verhältnismäßig, d. h. den Besonderheiten des konkreten Falles entsprechend sein, vorbehaltlich von Spezialgesetzen und Spezialermächtigungen.

Was die Zuständigkeit zum Erlaß von PolVfen. angeht, so ist sie eine ausschließliche, gesetzliche und kann im Verwaltungsstreitverfahren von Amts wegen geprüft werden. Eine von der unzuständigen PolBehörde erlassene PolVf. begründet keine Rechte und ist aufzuheben. Die PolVfGewalt kann auch nicht durch die Minister delegiert, d. h. weiterübertragen werden. Die örtliche Zuständigkeit der PolVfBehörden ist vom Wohnsitz oder Aufenthalt des durch die PolVf. Betroffenen in der Regel unabhängig. Sie wird entweder durch die Lage eines Grundstücks bestimmt oder aber durch den Betriebsort oder den Ort, wo die Polizeiwidrigkeit begangen wird. Die sachliche Zuständigkeit wird durch den Instanzenweg der PolBehörden bestimmt, soweit nicht gesetzliche Ausnahmen bestehen. Die OrtsPol. hat die Vermutung für ihre Zuständigkeit für sich; ihre Organe sind zum Erlaß der PolVf. zuständig, soweit nicht LandesPol. vorliegt. Hiernach kommen als PolBehörden, die zum Erlaß der polizeilichen Vf. in Preußen zuständig sind, in Betracht: a) die Minister, soweit ihnen gewisse polizeiliche Angelegenheiten besonders übertragen sind (s. preuß. OVG. 44, 407), b) der Oberpräsident in seltenen gesetzlich bestimmten Sonderfällen, c) der Regierungspräsident in gesetzlich genau bestimmten Fällen, d) der Landrat, e) die OrtsPolBehörden, und zwar in den Städten regelmäßig der Bürgermeister oder ein anderes Magistratsmitglied; auf dem Lande der Amtsvorsteher in den östlichen Provinzen und in Schleswig-Holstein; der Amtmann (BM.) in der Provinz Westfalen; der Bürgermeister der Bürgermeistereiverbände in der Rheinprovinz; der Bürgermeister als Gemeindevorsteher in der Provinz Hessen-Nassau usw. Ferner kommen in Frage besondere PolBehörden, wie Fischerei-, Berg-, Deich-, Strom-, Schiffahrts-, HafenPolBehörden usw.

Hinsichtlich der Form der polizeilichen Vf. besteht kein Zwang, sie kann schriftlich oder mündlich erfolgen. Eine Begründung ist nicht unbedingt nötig, ebensowenig eine Rechtsmittelbelehrung. Jede polizeiliche Vf. kann von Amts wegen oder auf Antrag erlassen, auch in derselben Weise zurückgenommen werden, wenn sich nachträglich ergibt, daß sie auf falschen Voraussetzungen beruhte (z. B. preuß. OVG. in PrVerwBl. 5, 211; 23, 532; Entsch. 11, 397; 39, 363). Ein Recht auf Wiederaufhebung besteht nicht. Die PolVf. kann durch eine neue, inhaltlich gleichgerichtete ersetzt werden, wodurch die frühere hinfällig wird (s. z. B. OVG. 19, 222 f.; 37, 333). Bezüglich der Rechtswirkungen der polizeilichen Verfügung ist hinzuweisen auf die Verpflichtung des Staates oder der Gemeinde usw. zum Ersatz des durch ihren Erlaß entstandenen Schadens.

Die Anfechtung der PolVfen. ist schon nach der

VO. vom 26. Dezember 1808 wegen verbesserter Einrichtung der Provinzial-, Polizei- und Finanzbehörden (§§ 38—40) und durch das sie ersetzende G. über die Zulässigkeit des Rechtsweges in Beziehung auf polizeiliche Vfen. vom 11. Mai 1842 (GS. S. 192) zugelassen worden. Hier war nur Aufsichtsbeschwerde, d. h. Beschwerde an die vorgesetzte Dienstbehörde der die Verfügung erlassenden PolBehörde gegeben, die sich aber auf Gesetzmäßigkeit, Notwendigkeit und Zweckmäßigkeit der Vf. erstrecken konnte. Der ordentliche (Zivil-)Prozeßweg war in Beziehung auf PolVfen. zulässig, wenn die Verletzung eines zum privaten Eigentum gehörigen Rechts und bei Auferlegung einer Verpflichtung die Befreiung von ihr auf Grund einer besonderen gesetzlichen Vorschrift oder eines speziellen Rechtstitels behauptet wurde. Nach den §§ 30 ff. ZG. vom 26. Juli 1876 wurde wahlweise die Beschwerde oder nach deren fruchtloser Erledigung das Verwaltungsstreitverfahren bei polizeilichen Orts- und kreisbehördlichen Vfen. zulässig, ohne daß der ordentliche Rechtsweg dadurch behindert worden wäre, falls er sonst nach den Gesetzen zulässig war. Die Entwicklung wurde abgeschlossen durch das OrganisationsG. vom 26. Juli 1880 und das jetzt geltende LVG. vom 30. Juli 1883. Danach sind maßgebend die §§ 127—130 LVG. Gegen polizeiliche Verfügungen der Orts- und KreisPolBehörden findet, soweit das Gesetz nicht ausdrücklich anders bestimmt, die Beschwerde statt und zwar a) gegen die Vfen. der OrtsPolBehörden auf dem Lande oder in einer zu einem Landkreise gehörigen Stadt, deren Einwohnerzahl bis zu 10 000 Einwohnern beträgt, an den Landrat und gegen dessen Bescheid an den Regierungspräsidenten; b) gegen die Vfen. der OrtsPolBehörden eines Stadtkreises, mit Ausnahme von Berlin, einer zu einem Landkreise gehörigen Stadt mit mehr als 10 000 Einwohnern oder des Landrats an den Regierungspräsidenten und gegen dessen Bescheid an den Oberpräsidenten; c) gegen ortspolizeiliche Vfen. in Berlin an den Oberpräsidenten. Gegen den in letzter Instanz ergangenen Bescheid des Regierungspräsidenten bzw. des Oberpräsidenten findet die Klage bei dem OVG. statt. Sie kann nur darauf gestützt werden 1. daß der angefochtene Bescheid durch Nichtanwendung oder unrichtige Anwendung des bestehenden Rechts, insbesondere auch der von den Behörden innerhalb ihrer Zuständigkeit erlassenen Verordnungen den Kläger in seinen Rechten verletze; 2. daß die tatsächlichen Voraussetzungen nicht vorhanden seien, welche die PolBehörde zum Erlaß der Vf. berechtigt haben würden. Die Entscheidung ist endgültig, unbeschadet aller privatrechtlichen Verhältnisse (§ 127). An Stelle der Beschwerde in allen diesen Fällen findet die Klage statt und zwar a) gegen die Vfen. der OrtsPolBehörden auf dem Lande oder einer zu einem Landkreise gehörigen Stadt, deren Einwohnerzahl bis zu 10 000 Einwohnern beträgt, bei dem Kreisausschusse; b) gegen die Vfen. des Landrats oder der OrtsPolBehörden eines Stadtkreises oder einer zu einem Landkreise gehörigen Stadt mit mehr als 10 000 Einwohnern bei dem Bezirksausschusse. Die Klage kann nur auf die gleichen Behauptungen gestützt werden, wie die Klage beim OVG. (s. oben). Beschwerde und Klage sind bei derjenigen Behörde anzubringen, gegen deren Verfügung sie gerichtet sind. Die Behörde, bei welcher die Beschwerde oder Klage angebracht ist, hat sie an diejenige Behörde abzugeben, welche darüber zu beschließen oder zu entscheiden hat. Der Beschwerdeführer bzw. Kläger ist hiervon in Kenntnis zu setzen. Die Frist zur Einlegung der Beschwerde und zur Anbringung der Klage gegen die polizeiliche Vf. sowie gegen den auf Beschwerde ergangenen Bescheid beträgt zwei Wochen. Die Anbringung des einen Rechtsmittels schließt das andere aus. Ist die Schrift, mittels deren das Rechtsmittel angebracht wird, nicht als Klage bezeichnet oder enthält dieselbe nicht ausdrücklich den Antrag auf Entscheidung im Verwaltungsstreitverfahren, so gilt sie als Beschwerde. Bei gleichzeitiger Anbringung beider Rechtsmittel ist nur der Beschwerde Fortgang zu geben. Das hiernach unzuverlässigerweise angebrachte Rechtsmittel ist durch Vf. zurückzuweisen. Hiergegen findet innerhalb zwei Wochen die Beschwerde an die zur Entscheidung auf die Klage berufene Behörde statt. Wird die Beschwerde oder Klage der Vorschrift zuwider innerhalb der gesetzlichen Frist bei derjenigen Behörde angebracht, welche zur Beschlußfassung oder Entscheidung darüber zuständig ist, so gilt die Frist als gewahrt. Die Beschwerde oder Klage ist in solchen Fällen von der angerufenen Behörde zur weiteren Veranlassung an diejenige Behörde abzugeben, gegen deren Beschluß sie gerichtet ist. Gegen polizeiliche Vfen. des Regierungspräsidenten findet innerhalb zwei Wochen die Beschwerde an den Oberpräsidenten und gegen den vom Oberpräsidenten auf die Beschwerde erlassenen Bescheid innerhalb gleicher Frist die Klage beim OVG. statt. Gegen polizeiliche Vfen. des Regierungspräsidenten in Sigmaringen findet innerhalb zwei Wochen unmittelbar die Klage beim OVG. statt (§§ 128 bis 130 LVG.).

Schrifttum:

Vgl. Literatur zu Art. „Polizei, Polizeirecht" und Friedrichs, Kommentar zum Polizeiverwaltungsgesetz, 1911, S. 5 ff., 89 ff. — Ders., Kommentar zum LVG., 1910. — Ders., Grundzüge des Polizeirechts, 1923. — Jebens, Zur Formulierung polizeilicher Verfügungen, PrVerwBl. 19, 221 ff. — W. Jellinek, Gesetz, Gesetzesanwendung und Zweckmäßigkeitserwägung; zugleich ein System der Ungültigkeitsgründe von Polizeiverordnungen und -verfügungen, 1913. — Koehne, Polizeiliche Verfügungen nach dem G. vom 11. Mai 1842 über die Zulässigkeit des Rechtsweges in Beziehung auf polizeiliche Verfügungen, 1895. — Rosin, Der Begriff der Polizei und der Umfang des polizeilichen Verfügungs- und Verordnungsrechts in Preußen, VerwArch. 3, 249—365. — Ders., Art. „Polizeiliche Verfügungen" in von Stengel-Fleischmanns Wörterbuch des deutschen Staats- und Verwaltungsrechts 2. Aufl. 3, 105 ff. — Schultzenstein, Die Grenzen der Polizeigewalt beim Schutze gegen sich selbst, DJZ. 1904, 81 ff., 129 ff. — Ders., Polizeiwidriges Handeln und Vertretung, VerwArch. 14, 1 ff. — Thoma, Der Polizeibefehl im Badischen Recht, I, 1906. — Vossen, Über das Grenzgebiet zwischen Enteignung und polizeilichem Eingriff ins Privateigentum, Arch. öff. R. 22, 246 ff. — Wolzendorff, Richtlinien des polizeilichen

Wirkens im preußischen Recht, PrVerwBl. 32, 257 ff. — Ders., Staatsnotrecht, Arch. öff. R. 27, 220 ff. — Ders., Polizeidienstpflicht, VerwArch. 15, 523 ff. — Ders., Die Grenzen der Polizeigewalt, 1905 und 1906. — Ferner Art. „Polizeiverfügungen", „Öffentliche Ruhe, Sicherheit und Ordnung" in v. Bitter, Hdw. der Preuß. Verw., 2. Aufl. (1911), 2, 290 ff., 212 ff.

B. Neues Recht. Die Begr. (Sp. 38, 39) führte aus: „Der Begriff der polizeilichen Verfügung ist bisher gesetzlich überhaupt noch nicht festgelegt, trotzdem er schon im Hinblick auf den Rechtsschutzanspruch gegenüber polizeilichen Verfügungen eine bedeutsame Rolle spielt. Eine gesetzliche Definition des Begriffs der polizeilichen Verfügung ist daher ein wichtiger Punkt der kodifikatorischen Aufgaben dieses Entwurfs. Die im Entwurf gegebene Definition steht im Einklang mit der durch Wissenschaft und Gerichtsgebrauch fast durchweg gleichmäßig vertretenen Auffassung.

Ein wesentliches Merkmal der polizeilichen Verfügung besteht darin, daß sie an bestimmte Personen — Einzelpersonen oder Personengruppen — gerichtet ist, im Gegensatz zur Polizeiverordnung, die sich an alle wendet, die es angeht. Die betroffenen Personen müssen nicht immer mit Namen genannt werden; es muß aber aus den Umständen zu ersehen sein, daß sie individuell durch die Anordnung getroffen werden sollen.

Weiterhin gehört es zum Wesen der polizeilichen Verfügung, daß sie sich auf bestimmte Fälle oder eine bestimmte Anzahl von Fällen beschränkt. Die Zahl braucht allerdings nicht im einzelnen bezeichnet zu sein. Es genügt, wenn die Beschränkung der Fälle darin zum Ausdruck kommt, daß es sich um eine vorübergehende Regelung handelt.

Endlich gehört es zum Wesen der polizeilichen Verfügung, daß sie eine polizeiliche Anordnung sein, d. h., daß die Angelegenheit, welche die polizeiliche Verfügung betrifft, gemäß § 14 Abs. 1 oder 2 zum gesetzlichen Aufgabenkreis der Polizei gehören muß. Erläßt eine Polizeibehörde eine Verfügung in einer Angelegenheit, die nicht zu ihrem gesetzlichen Aufgabenkreis gehört (z. B. eine Maßregel zur Beitreibung von Abgaben oder eine Anordnung auf dem Gebiet der zur Zuständigkeit der Kommunalverwaltungen gehörigen Wohnungsfürsorge), so überschreitet die Polizei damit ihre Befugnisse; eine solche Verfügung ist demgemäß als rechtlich unzulässig aufzuheben. Die Vorschrift des § 40 Abs. 2, daß Anordnungen, die seitens der Polizeibehörde auf Ersuchen von Behörden, die nicht Polizei- oder Polizeiaufsichtsbehörden sind, insbesondere der Gerichte, der Staats- oder Amtsanwaltschaft, getroffen werden, nicht als polizeiliche Verfügungen im Sinne des Gesetzes gelten, entspricht dem bestehenden Rechtszustande. Dies ist z. B. der Fall bezüglich der Erteilung von Zeugnissen zur Erlangung des „Armenrechts" nach der Zivilprozeßordnung (vgl. Entscheidungen des OVG. Bd. XI, S. 372) sowie namentlich bei allen Maßnahmen, welche die Polizeibeamten zur Verfolgung strafbarer Handlungen nur in ihrer Eigenschaft als Hilfsbeamte der Staatsanwaltschaft treffen können.

In Übereinstimmung mit der maßgebenden Rechtsprechung bestimmt der Entwurf ferner, daß eine polizeiliche Verfügung ein Gebot oder Verbot enthalten oder die Versagung oder Beschränkung einer rechtlich erforderlichen Erlaubnis oder Bescheinigung enthalten muß. Kundgebungen oder Maßnahmen der PolBehörde, welche diesen Voraussetzungen nicht entsprechen, die also keine auf die Rechtssphäre Dritter unmittelbar einwirkende Maßregel darstellen, sind keine polizeilichen Verfügungen im Rechtssinne. Eine solche liegt z. B. dann nicht vor, wenn eine PolBehörde ein bei ihr beantragtes Vorgehen gegen eine dritte Persönlichkeit auf Grund pflichtgemäßen Ermessens ablehnt. Der Antragsteller hat demgemäß gegen einen solchen ablehnenden Bescheid nicht die gegen die polizeilichen Verfügungen vorgesehenen Rechtsmittel, sondern lediglich die an keine besonderen Formen und Fristen gebundene Aufsichtsbeschwerde an die übergeordnete Instanz."

2. In der ersten Ausschußlesung lag folgender Antrag Nr. 38 vor:

Im § 40 Abs. 1 Zeile 4 werden hinter den Worten „Verbot oder" eingefügt die Worte:

„die Gewährung,"

Ein Ausschußmitglied hielt die Annahme des Antrags 38 für notwendig. Wenn jemand durch eine polizeiliche Erlaubnis, die einem anderen gegeben werde, geschädigt werde, müsse er die Möglichkeit zur Klage haben. Ohne diese Einfügung würde die Fassung des § 40 Abs. 1 unvollständig sein.

Demgegenüber wies ein zweiter Beauftragter des MindInn. darauf hin, daß das Ministerium die Angelegenheit eingehend geprüft habe und glaube, daran festhalten zu müssen, daß eine Vf. nur dann vorhanden sei, wenn es sich um einen Eingriff in die persönliche Freiheit handle. Wenn eine Erlaubnis so erteilt werden sollte, daß darin gleichzeitig die Anweisung an einen Dritten zu erblicken wäre, etwas zu tun oder zu dulden, dann sei das natürlich an diesen eine Vf., die er angreifen könne.

Ein Beauftragter des Ministers für Volkswohlfahrt machte darauf aufmerksam, daß das OVG. stets den Standpunkt vertreten habe, daß die Gewährung einer Baugenehmigung keine polizeiliche Vf. sei. Würde man nunmehr den entgegengesetzten Standpunkt einnehmen, so könne das wirtschaftlich zu unerträglichen Weiterungen führen, wie Verlangsamung oder Verhinderung des Bauens durch Nachbarn, so daß es sehr bedenklich sei, die Klage so allgemein gegen die Gewährung einer polizeilichen Erlaubnis zu geben. Der betreffende Dritte sei genügend geschützt, wenn er vor den ordentlichen Gerichten seinen Schaden geltend machen könne.

Antrag Nr. 38 wurde abgelehnt und § 40 unverändert angenommen. (Sp. 76.)

Neu ist die Regelung über die Zurücknahme oder nachträgliche Einschränkung einer polizeilichen Erlaubnis oder Bescheinigung.

3. Schrifttum. Zu §§ 40, 41 II, 42, 43. Die Pol. erläßt ihre Anordnungen, durch die sie polizeipflichtige Personen zur Gefahrabwehr in Anspruch nimmt, entweder durch polizeiliche Vfen. oder durch PolVOen. § 40 bringt eine — mit der Rechtsprechung und Wissenschaft übereinstimmende — Legaldefi-

nition der polizeilichen Vf. als einer an bestimmte Personen oder einen bestimmten Personenkreis ergehenden Anordnung, die ein Gebot oder Verbot oder die Versagung, Einschränkung oder Zurücknahme einer rechtlich vorgesehenen polizeilichen Erlaubnis oder Bescheinigung enthält. Der in dem dem Reichsrat vorliegenden GEntw. über das Reichsverwaltungsgericht enthaltene Fehler, auch die Erteilung einer Erlaubnis oder Bescheinigung als polizeiliche Vf. zu erklären, ist wohlweislich vermieden. Zutreffend wird in § 41 I festgestellt, daß bei einer PolVf. im Gegensatz zur PolVO. nicht nur eine potentielle oder abstrakte, sondern eine im betreffenden Falle aktuelle, konkrete Gefahr vorliegen muß. Ebenso entsprechen auch die Vorschriften, daß die polizeiliche Vf. nicht lediglich zum Zwecke der Erleichterung der polizeilichen Kontrolle dienen dürfen, und daß sie inhaltlich bestimmt sein müssen, d. h., daß der Empfänger klar erkennen kann, welche Handlungen oder Unterlassungen die Pol. von ihm verlangt, der bestehenden Rechtsübung. Nach Drews, RuPrVBl. 52 3 empfiehlt sich noch ein Zusatz, daß die Pol. nichts Unmögliches, nichts rechtlich Verbotenes und nichts sittlich Unzulässiges verlangen darf.

„Auch die viel umstrittene Frage wird geregelt, was die Pol. verlangen darf, wenn zur wirksamen Abwehr einer Gefahr — wie dies meist der Fall sein wird — eine Mehrzahl von Mitteln gegeben ist. In Übereinstimmung mit der neueren Rechtsprechung des OVG. wird festgesetzt (§ 41 II), daß die Pol. in diesem Falle berechtigt ist, in ihrer Vf. nach ihrem pflichtmäßigen Ermessen eines dieser Mittel zu bestimmen, daß sie aber dem Betroffenen auf seinen Antrag zu gestatten hat, ein von ihm angebotenes anderes Mittel, durch das die Gefahr ebenso wirksam abgewehrt wird, anzuwenden. Die Ablehnung eines solchen Antrags gilt als erneute polizeiliche Vf., die mit den vorgeschriebenen Rechtsmitteln angefochten werden kann. Ebenso entspricht der § 43 der geltenden Praxis, daß, wenn nach Erlaß einer dauernde Wirkungen ausübenden polizeilichen Vf. die Voraussetzung für ihre Aufrechterhaltung fortfallen, die Aufhebung der Vf. verlangt werden kann. Die Voraussetzungen der Aufrechterhaltung fallen — nebenbei bemerkt — nach einer in der letzten Zeit ergangenen Entsch. des OVG. auch dann fort, wenn der Betroffene zur Abwehr der konkreten Gefahr nachträglich ein anderes wirksames Mittel anzuwenden bereit und in der Lage ist (Entsch. OVG. 85 283).

In § 42 werden mit dem Stande der maßgebenden Rechtsprechung übereinstimmende Vorschriften für die Zurücknahme „gebundener" und den Widerruf „freier" polizeilicher Erlaubnisse gegeben. Über die sehr schwierige Frage, unter welchen Voraussetzungen durch PolVO. eine nach polizeimäßigem Ermessen frei zu versagende und frei zu widerrufende oder nur eine „gebundene" Erlaubnis vorgeschrieben werden kann, sagt das G. nichts. Es ist das aber nicht als ein Fehler anzusehen; denn nach dem derzeitigen Stande der Judikatur und der Wissenschaft ist diese Frage zur gesetzlichen Fixierung noch nicht reif. Das gleiche ist auch noch bezüglich anderer Fragen der Fall — z. B. unter welchen Umständen absolute Nichtigkeit oder bloße Anfechtbarkeit einer polizeilichen Vf. vorliegt." (Drews, a. a. O.)

Zu §§ 40 ff. insbesondere.

4. Unübersehbare Schwierigkeiten befürchtete Jellinek a. a. O. von der Begriffsbestimmung der PolVf. dadurch, daß sie die Arten der Vfen. einzeln aufzählt. Im Gegensatze zu Drews meint Jellinek z. B., daß auch eine PolErlaubnis eine anfechtbare PolVf. sein kann, jedenfalls dann, wenn sie in die Rechte Dritter eingreift. Warum soll ferner nicht auch z. B. der polizeiliche Einspruch gegen die Verleihung der Rechtsfähigkeit, warum nicht die Eintragung eines Mannes in die Raufboldliste, die ja nicht gleich mit einem Verbot verbunden zu sein braucht, eine anfechtbare Vf. sein? In Thüringen hat man schlechte Erfahrungen mit einer derartigen kasuistischen Aufzählung der VfArten gemacht (vgl. Buchmann, Die Anfechtungsklage des thüringischen Verwaltungsrechts 1929 S. 39 ff., ferner „Verwaltungsrecht" 2. Aufl. 1929 S. 411 f.) und daher bei der vorjährigen Verwaltungsreform wenigstens an der wichtigsten Stelle des

Gesetzes die Aufzählung beseitigt. (Vgl. Knauth, RuPrVerwBl. 1931 S. 86 f.). PolVfen. sind einfach alle Verwaltungsakte, die eine PolBehörde in Ausübung ihrer, wenn auch falsch verstandenen oder mißbräuchlich gehandhabten PolGewalt vornimmt. Da aber der Ausdruck „Verwaltungsakt" vorläufig fast nur der gelehrten Rechtssprache angehört, sei für § 40 I folgende Fassung vorgeschlagen:

„Polizeiliche Vfen. sind obrigkeitliche Maßnahmen der PolBehörden als solcher, durch die bestimmte Personen oder ein bestimmter Personenkreis getroffen werden."

Das „als solcher" ist nötig, da die PolBehörde z. B. auch vorgesetzte Dienstbehörde oder Kommunalaufsichtsbehörde sein kann und die von ihr in diesen ihren Eigenschaften erlassenen Vfen. keine polizeilichen Vfen. sind. Außerdem wäre zu erwägen, ob nicht nach französischem Vorbild eine Best. angefügt werden sollte, wonach ein viermonatiges Schweigen auf einen in einer polizeilichen Angelegenheit gestellten Antrag als Ablehnung dieses Antrags zu gelten habe und wie eine polizeiliche Vf. anzufechten sei. (Vgl. Jellinek, Verwaltungsrecht, S. 245.) So Jellinek, RuPrVerwBl. 52 122 f.

Zu Abs. I insbesondere.

5. In Übereinstimmung mit dem bisherigen Rechte bestimmt § 40 I, daß polizeiliche Vfen. Anordnungen der PolBehörden sind, die an bestimmte Personen oder an einen bestimmten Personenkreis ergehen. Auch darin ist kein Unterschied gegenüber früher, daß der Inhalt dieser Anordnungen ein Gebot oder Verbot ist. Dagegen hat das neue Recht durch Hereinnahme der Worte „Versagung, Einschränkung oder Zurücknahme einer rechtlich vorgesehenen polizeilichen Erlaubnis oder Bescheinigung" eine besondere Spezialisierung erhalten, die bereits einer kritischen Behandlung unterworfen worden ist (vgl. oben Anm. 4). Mag man nun auch vom rechtspolitischen Standpunkte sich insbesondere zu der Auffassung von Jellinek und zu der des Thüringischen Verwaltungsrechts bekennen, so kann doch kein Zweifel daran sein, daß die hier soeben erwähnten Besonderheiten der polizeilichen Vf. geltendes Recht und demnach zu behandeln sind.

Zu Abs. II insbesondere.

6. Es wird hier positivrechtlich ohne Rücksicht auf eine irgendwie geartete prinzipielle Stellungnahme eine Anzahl von Anordnungen oder sonstigen Maßnahmen nicht für polizeiliche Vfen. erklärt. Natürlich gilt dies nur „im Sinne dieses Gesetzes". Es handelt sich um solche Anordnungen und sonstige Maßnahmen, welche die PolBehörden oder PolBeamten auf Ersuchen einer solchen Behörde treffen, die nicht Pol. oder PolAufsichtsbehörde ist, und ferner um solche Anordnungen oder sonstige Maßnahmen, welche PolBeamte nur in ihrer Eigenschaft als Hilfsbeamte der Staatsanwaltschaft treffen können. Zu beachten ist die verschiedene Ausdrucksweise des Gesetzes bei der ersten und bei der zweiten Alternative; im ersteren Falle handelt es sich darum, daß Anordnungen oder sonstige Maßnahmen getroffen werden, und bei der zweiten Alternative darum, daß sie getroffen werden können. Zu beachten bleibt auch die Unterscheidung von Anordnungen und sonstigen Maßnahmen. Unter Anordnungen wird man wohl solche Verwaltungsakte der Pol. ansehen können, die ein Gebot oder Verbot notwendigerweise in sich schließen, während die sonstigen Maßnahmen nicht notwendig Gebote oder Verbote sind. Vielleicht ist auch der Hinweis auf die Überschrift des Abschnittes X über § 58 „Die sonstigen Anordnungen der Polizeibehörden" angemessen. Wenn man die vorhergehenden Abschnitte hierzu in Gegensatz bringt, so scheint das G. PolVOen., PolVfen. und Zwangsmittel der PolBehörden als die normalen Anordnungen anzusehen, während alle anderen, die im § 58 aufgezählt sind, als „sonstige Anordnungen" bezeichnet werden müssen. Hieraus ergibt sich, daß der Gegensatz von Anordnungen und sonstigen Maßnahmen im § 40 II sich für die Auslegung noch schwieriger gestaltet als ohne § 58, denn unter den Begriff der Anordnungen sind auch die sonstigen Anordnungen hinzuzurechnen, neben der polizeilichen Vf., der polizeilichen VO. und den Zwangsmitteln. Welche „sonstigen Maßnahmen" in Frage kommen, dürfte daher lediglich in der Form des Gegensatzes zu den Anordnungen festzustellen sein. Sonstige

Maßnahmen sind also alle diejenigen polizeilichen Verwaltungsakte, die weder polizeiliche Vfen., noch PolVOen., noch polizeiliche Zwangsmittel, noch auch sonstige Anordnungen der PolBehörden sind. Die Vorschrift des Abs. II Satz 1 gilt nicht für die Fälle des § 17, welcher die Vorladung von Personen im Zwangswege und die Festsetzung des Termins der polizeilichen Vorladung betrifft. Diese sind daher sehr wohl polizeiliche Vfen.

Voraussetzungen der Gültigkeit der PolVfen.

§ 41.

(1) Polizeiliche Verfügungen sind, sofern sie nicht auf Grund einer Polizeiverordnung oder eines besonderen Gesetzes erlassen werden, nur gültig, soweit sie zur Beseitigung einer Störung der öffentlichen Sicherheit oder Ordnung oder zur Abwehr einer im einzelnen Falle bevorstehenden Gefahr für die öffentliche Sicherheit oder Ordnung erforderlich sind.

(2) Kommen zur Beseitigung einer Störung der öffentlichen Sicherheit oder Ordnung oder zur wirksamen Abwehr einer polizeilichen Gefahr mehrere Mittel in Frage, so genügt es, wenn die Polizeibehörde eines dieser Mittel bestimmt. Dabei ist tunlichst das den Betroffenen und die Allgemeinheit am wenigsten beeinträchtigende Mittel zu wählen. Dem Betroffenen ist auf Antrag zu gestatten, ein von ihm angebotenes anderes Mittel anzuwenden, durch das die Gefahr ebenso wirksam abgewehrt wird. Die Ablehnung dieses Antrags gilt als erneute polizeiliche Verfügung.

(3) Die Vorschriften des § 31 Abs. 1 und 2 Satz 1 gelten auch für polizeiliche Verfügungen.

1. Die Begr. (Sp. 39 f.) führte aus:

„Die vorgesehenen Bestimmungen stellen im wesentlichen eine Kodifikation der durch die Rechtsprechung des OVG.

entwickelten Rechtssätze dar. Neu ist die Darstellung, daß die Ablehnung des angebotenen Ersatzmittels als neue polizeiliche Verfügung gilt."

2. In der ersten Ausschußlesung lagen folgende Anträge vor:

Nr. 39: Im § 41 Abs. 2 Satz 1 werden die Worte „so genügt es, wenn die Polizeibehörde eines dieser Mittel bestimmt" ersetzt durch:

„so ist tunlichst das den Betroffenen und die Allgemeinheit am wenigsten beeinträchtigende Mittel zu wählen".

Nr. 41: Im § 41 Abs. 1 Zeile 2 werden die Worte „einer Polizeiverordnung oder" gestrichen.

Ein Ausschußmitglied wies darauf hin, daß es ihm bedenklich erscheine, hier wieder eine neue Formulierung vorzunehmen. Es sei ganz merkwürdig, daß man durch die falsche Stellung der Worte: „nach pflichtmäßigem Ermessen" in § 14 gezwungen sei, nunmehr für die polizeilichen Vfen. das zu wiederholen, was in § 14 allgemein gesagt werde. Er glaube, man hätte besser getan, den § 41 wegzulassen und § 14 anders zu fassen.

Im übrigen halte er die Fassung: „zur Abwehr einer im einzelnen Fall bevorstehenden Gefahr" für außerordentlich eng. Es sei mißlich, daß man hier eine Definition gebe. Vielleicht wäre es besser zu sagen: Pol. Vfen. sind Anordnungen usw. der Pol., soweit sie nicht PolVOen. sind.

Zu Abs. 2 führe er an, daß bisher die Auswahl der Mittel vom Oberverwaltungsgericht aus dem Wort „notwendig" herausdestilliert worden sei. Es handle sich hier um eine Angelegenheit, die zweifellos durch die herrschende Judikatur sehr genau umgrenzt werde, und die man nun wieder neu formuliere, so daß nachher niemand zurechtkommen könne. Viel klarer wäre es, wenn man entweder den ganzen Abs. 2 wegließe; dann könne man es beim Wort „erforderlich" belassen. Wenn man ihn aber aufrechterhalten wolle, müsse man eine andere Fassung wählen und zum mindesten das sagen, was der Antrag 39 vorschlage; denn eine Direktive müsse die Polizei haben.

Ein Ausschußmitglied sprach sich für die Annahme des Antrags 39 aus, da er für die PolVerwaltung eine begrüßenswerte Direktive enthalte.

Ein zweiter Beauftragter des MindInn. hob hervor, daß der Paragraph an die letzte Rechtsprechung des OVG., vor allem an die des PolSenats angelehnt und vom Präsidenten dieses Senats, Exzellenz Drews, besonders begrüßt worden sei.

Sodann heiße es: „im einzelnen Fall", und zwar ebenfalls durchaus in Anlehnung an die Rechtsprechung; denn zur Gültigkeit einer PolVf., die zur Zeit lediglich auf den § 10 II 17 gestützt werde, müsse eine konkrete Gefahr vorhanden sein, während es zur Gültigkeit einer PolVO. genüge, daß eine abstrakte Gefahr vorliege.

Ein Ausschußmitglied äußerte ebenfalls Bedenken gegen die Fassung des Abs. 1 des § 41. Bis zur zweiten Lesung müsse daher eine Änderung gefunden werden. Im Augenblick sehe er keinen anderen Weg, als die Worte „einer Polizeiverordnung oder" zu streichen, wie das der Antrag Nr. 41 wolle, den er anzunehmen bitte.

Ein zweiter Beauftragter des MindInn. erklärte, daß der Antrag Nr. 41 unmöglich angenommen werden könne. Die Versagung einer Bauerlaubnis stelle eine polizeiliche Vf. dar. Wenn nun gesagt würde: polizeiliche Vfen. sind nur gültig usw., dann würde jede Versagung einer Bauerlaubnis, die auf Grund einer PolVO. erfolgte, ungültig sein, es sei denn, daß im einzelnen Fall eine Gefahr vorliege.

Ein Vorredner glaubte, daß die Antragsteller ihren Zweck mit ihrem Antrag nicht erreichten. Wenn in § 41 stehe: „auf Grund einer Polizeiverordnung", so entbinde das den Verwaltungsrichter nicht von seiner Pflicht, zu untersuchen, ob die PolVO. gültig sei. Dabei sei hier auf den schweren in § 14 gemachten Fehler hinzuweisen, durch den die richterliche Nachprüfung außerordentlich eingeschränkt werde, und er halte es für dringend geboten, die Worte „nach pflichtmäßigem Ermessen" umzustellen.

Antrag Nr. 41 wurde zurückgezogen. Antrag Nr. 39 wurde abgelehnt und § 41 unverändert angenommen. (Sp. 76 ff.)

3. In der zweiten Ausschußlesung lagen folgende Anträge vor:

Nr. 25: Im § 41 wird Abs. 2 gestrichen.

Nr. 26: Eventualantrag für den Fall der Ablehnung des Antrages Nr. 25:

Im § 41 Abs. 2 Zeile 5 wird hinter dem Worte „bestimmt" folgender Satz eingefügt:

„Dabei ist tunlichst das den Betroffenen und die Allgemeinheit am wenigsten beeinträchtigende Mittel zu wählen."

Ein Antragsteller meinte, man dürfe nicht an dem rütteln, was jetzt aus dem Worte „Notwendigkeit" von der Judikatur des Oberverwaltungsgerichts herausgelesen worden sei. Mit jeder Regelung werde die Geltung der jetzt herrschenden Judikatur zerstört. Deshalb sei es das beste, den § 41 Abs. 2 zu streichen.

Der Antrag Nr. 25 wurde abgelehnt, der Antrag Nr. 26 wurde angenommen und mit dieser Änderung § 41. (Sp. 113 f.)

Zu Abs. I insbesondere.

4. Das G. bestimmt, wenn auch nicht vollständig, wann polizeiliche Vfen. gültig sind. Zunächst müssen sie zur Beseitigung einer Störung der öffentlichen Sicherheit oder Ordnung oder zur Abwehr einer im einzelnen Falle bevorstehenden Gefahr für die öffentliche Sicherheit oder Ordnung erforderlich sein. Ein Vergleich mit § 14 ergibt, daß dort eine Bedrohung der öffentlichen Sicherheit und Ordnung vorausgesetzt wird, was im § 41 I nicht ausdrücklich hervorgehoben ist. Dagegen ist in dem letzteren ausdrücklich erklärt, daß die polizeiliche Vf. zur Beseitigung einer Störung der öffentlichen Sicherheit oder Ordnung oder zur Abwehr einer im einzelnen Falle bevorstehenden Gefahr erforderlich sein muß. Es stimmt dies mit § 14 I insofern überein, daß dort als Aufgabe der PolBehörden bezeichnet ist, die not-

wendigen Maßnahmen zu treffen, um von der Allgemeinheit oder dem Einzelnen Gefahren abzuwehren, durch die die öffentliche Sicherheit oder Ordnung bedroht wird. Demnach ist eine polizeiliche Vf., um die es sich in der Mehrzahl der Fälle bei der Erfüllung der Aufgaben der PolBehörden handelt, nicht gültig, wenn sie zu dem bezeichneten Zwecke nicht erforderlich ist, wenn also entweder überhaupt eine polizeiliche Vf. unterbleiben könnte ohne Schaden für Sicherheit und Ordnung oder wenn durch sie eine Maßnahme oder ein Gebot oder Verbot erfolgt, das in diesem Ausmaße in dieser Form nicht erforderlich ist. Während ferner der § 14 nur die Abwehr einer der öffentlichen Sicherheit oder Ordnung drohenden Gefahr im Auge hat, ist hier zweierlei gegeben, nämlich außerdem noch die Beseitigung einer Störung, d. h. einer erfolgten Störung der öffentlichen Sicherheit oder Ordnung.

Zu Abs. II insbesondere.

5. Hat schon Abs. I die Frage des Mittels durch den Ausdruck „erforderlich" rechtlich erfaßt, so ist im Abs. II eine offenbar für den Betroffenen günstig gemeinte Regelung vorgesehen, die die Möglichkeit mehrerer Mittel zur Voraussetzung hat. Kommen zur Beseitigung einer Störung der öffentlichen Sicherheit oder Ordnung oder zur wirksamen Abwehr einer polizeilichen Gefahr mehrere Mittel in Frage, so genügt es, wenn die PolBehörde eines dieser Mittel bestimmt. Dabei ist tunlichst das den Betroffenen und die Allgemeinheit am wenigsten beeinträchtigende Mittel zu wählen. Dem Betroffenen ist auf Antrag zu gestatten, ein von ihm angebotenes anderes Mittel anzuwenden, durch das die Gefahr ebenso wirksam abgewehrt wird. Die Ablehnung dieses Antrages gilt als erneute polizeiliche Vf. Diese Wahlmöglichkeit unter den verschiedenen Mitteln ist natürlich in erster Reihe für den Fall von Bedeutung, wenn es sich um solche Personen handelt, die nach §§ 18—20 polizeipflichtig sind. Es hat aber diese Regelung auch Bedeutung für den Fall, daß der Nichtpolizeipflichtige nach § 21 in Anspruch genommen wird. Vgl. auch § 70 dG.

Zu Abs. III insbesondere.

6. Die PolVOen. dürfen nicht lediglich den Zweck haben, den PolBehörden die ihnen obliegende Aufsicht zu erleichtern. Sie müssen ihrem Inhalte nach bestimmt sein (§ 31 I und II Satz 1). Zur Gültigkeit der PolVfen. gehören auch die Voraussetzungen, die aus dem bisherigen Rechte auf Grund einer reichhaltigen Rechtsprechung des OVG. übernommen worden sind.

Zurücknahme oder Einschränkung einer polizeilichen Erlaubnis.

§ 42.

(1) Die Zurücknahme oder nachträgliche Einschränkung einer polizeilichen Erlaubnis oder Bescheinigung (§ 40) ist vorbehaltlich abweichender gesetzlicher Bestimmung nur zulässig,

a) wenn die Erteilung dem bestehenden Rechte widersprach,

b) wenn die Erteilung auf Grund von Angaben des Antragstellers erfolgt ist, die in wesentlicher Beziehung unrichtig oder unvollständig waren,

c) wenn und soweit im Falle der Änderung des bestehenden Rechtes von der Erlaubnis oder Bescheinigung noch nicht Gebrauch gemacht worden ist und Tatsachen vorliegen, die nach dem neuen Rechte deren Versagung rechtfertigen würden,

d) wenn Tatsachen nachträglich eintreten oder, abgesehen von b, der Polizeibehörde nachträglich bekannt werden, die die Polizeibehörden zur Versagung der erteilten Erlaubnis oder Bescheinigung berechtigt haben würden, sofern ohne die Zurücknahme der Erlaubnis oder Bescheinigung im einzelnen Falle eine Gefährdung polizeilich zu schützender Interessen eintreten würde.

(2) Die Zurücknahme oder nachträgliche Beschränkung einer polizeilichen Erlaubnis oder Bescheinigung kann im polizeilichen Interesse jederzeit erfolgen, wenn die Erteilung unter dem ausdrücklichen Vorbehalte des Widerrufs erfolgt oder die Widerruflichkeit gesetzlich ausdrücklich vorgeschrieben ist.

1. Die Begr. (Sp. 40) führte aus:

„Das bisher geltende Recht hat die Zurücknahme polizeilicher Verfügungen nicht ausdrücklich geregelt, trotzdem eine derartige Regelung im Interesse der Rechtssicherheit von großer Bedeutung ist. Vom Standpunkt des einzelnen Staatsbürgers aus gesehen würde es richtig erscheinen, wenn abgesehen von dem unter b) geregelten Fall die Zurücknahme oder nachträgliche Einschränkung einer polizeilichen Erlaubnis oder Bescheinigung stets ausgeschlossen wäre. Vom rein polizeilichen Gesichtspunkt aus gesehen würde es demgegenüber zweckmäßig erscheinen, wenn die Möglichkeit bestünde, eine polizeiliche Erlaubnis stets zurücknehmen zu können, sofern sich objektiv polizeiliche Bedenken ergeben. Der Entwurf sieht einen Ausgleich der entgegenstehenden Interessen dahin vor, daß grundsätzlich das öffentliche Interesse höher gewertet wird als das private Interesse, daß aber die Fälle, in denen eine Zurücknahme statthaft sein soll, genau begrenzt werden."

2. Im Ausschuß erster Lesung lag folgender Antrag Nr. 40 vor: Im § 42 wird Abs. 2 wie folgt gefaßt:

> (2) Eine polizeiliche Erlaubnis darf nur dann auf Widerruf erteilt werden, wenn Gründe vorliegen, welche die Versagung gerechtfertigt haben würden und wenn der die Erlaubnis Beantragende sich ausdrücklich und schriftlich mit der Widerruflichkeit einverstanden erklärt oder wenn die Widerruflichkeit gesetzlich ausdrücklich vorgeschrieben ist.

Ein Ausschußmitglied vermißte in Abs. 2 des § 42 jede Direktive, wann eine Widerruflichkeit vorgeschrieben werden dürfe. Um hier klares Recht zu schaffen, habe er den Antrag 40 eingebracht.

Ein Beauftragter des Ministers für Handel und Gewerbe erhob gegen die Annahme des Antrags Nr. 40 vom Standpunkt der Grubensicherheit Bedenken. Im Bergwesen würden polizeiliche Genehmigungen in der Regel widerruflich erteilt, und zwar auf Grund von Bergpolizeiverordnungen. Das sei im Interesse der Grubensicherheit unbedingt erforderlich; denn im Falle einer Gefahr müsse die Bergbehörde die Möglichkeit haben, ihre Genehmigung sofort zurückziehen zu können. Das werde erschwert, wenn sich der Bergwerksbesitzer jedesmal vorher einverstanden erklären müsse.

Ein zweiter Beauftragter des MindInn. machte darauf aufmerksam, daß nach § 40 Abs. 1 auch die Einschränkung einer Erlaubnis als polizeiliche Vf. gelte, und die widerruflich erteilte Erlaubnis sei eine eingeschränkte Erlaubnis. Es bestehe also die Möglichkeit, wegen des Vorbehalts das Rechtsmittelverfahren in Anspruch zu nehmen. Damit dürfte ein großer Teil der Bedenken ausgeräumt sein.

Über die Frage des Widerrufs in polizeilichen Vfen. und des Vorbehalts gebe es eine sehr ausgedehnte Literatur; aber die Dinge seien noch ungeklärt, und der Gesetzgeber könne daher noch nicht dazu Stellung nehmen. Die Ausführungsanweisung werde in dem Sinne ergehen, daß auf die wirtschaftliche Lage usw. der betroffenen Person Rücksicht zu nehmen sei.

Ein Vorredner wies darauf hin, daß die bergpolizeilichen Angelegenheiten offenbar unter Abs. 1b fielen.

Bei der ganzen Angelegenheit handle es sich darum, daß sich die widerrufliche Erlaubnis in der Praxis zu einem großen Schaden für die Betroffenen entwickeln könne. Er halte eine Spezialisierung für notwendig und schlage vor, wenn die Frage noch nicht geklärt sei, den Abs. 2 ganz zu streichen. Jedenfalls weise die gegenwärtige Fassung des Abs. 2 auf den falschen Weg der Widerruflichkeit hin.

Antrag Nr. 40 wurde abgelehnt und § 42 unverändert angenommen. (Sp. 78.)

3. Im Ausschuß zweiter Lesung lag der Antrag Nr. 27 vor:

Im § 42 wird Abs. 2 wie folgt gefaßt:

(2) Eine polizeiliche Erlaubnis darf nur dann auf Widerruf erteilt werden, wenn Gründe vorliegen, welche die Versagung gerechtfertigt haben würden und wenn der die Erlaubnis Beantragende sich ausdrücklich und schriftlich mit der Widerruflichkeit einverstanden erklärt oder wenn die Widerruflichkeit gesetzlich ausdrücklich vorgeschrieben ist.

Ein Antragsteller erklärte, er sei ein Feind jeder widerruflichen Vf. Dadurch werde das freie Recht der Persönlichkeit auf ein Minimum herabgesetzt.

Der Antrag Nr. 27 wurde abgelehnt und § 42 unverändert angenommen. (Sp. 114.)

4. Für den Rechtsstaat ist es von größter Bedeutung, daß Verwaltungsakte, die dem Staatsbürger eine Erlaubnis oder eine für ihn auf jeden Fall wichtige Bescheinigung erteilen, nicht oder nur unter erschwerenden Bedingungen zurückgenommen werden können. Es handelt sich hier um einen Ausschnitt aus dem Gebiet der Rechtskraft der polizeilichen Vfen. und der Verwaltungsakte überhaupt. In Anerkennung dieses Grundsatzes hat § 42 die Zurücknahme oder nachträgliche Einschränkung einer polizeilichen Erlaubnis oder Bescheinigung (vorbehaltlich abweichender gesetzlicher Bestimmung) zugelassen in den vier ausdrücklich aufgezählten Fällen. Wohl aber kann (II) diese Zurücknahme oder nachträgliche Beschränkung einer polizeilichen Erlaubnis oder Bescheinigung im polizeilichen Interesse jederzeit erfolgen, wenn die Erteilung unter dem ausdrücklichen Vorbehalt des Widerrufs erfolgt oder die Widerruflichkeit gesetzlich ausdrücklich vorgeschrieben ist. Ich betrachte es jedoch als einen Mißbrauch des Ermessens (vgl. § 14 I), wenn ohne sachlichen Grund der Vorbehalt des Widerrufs gerade zu dem Zwecke gemacht wird, um je nachdem in näherer oder fernerer Zeit die Zurücknahme aussprechen zu dürfen. Die Frage ist daher die, ob nicht bei der Beurteilung eines Falls nach

§ 42 II auch die Frage des Ermessensmißbrauchs mit herangezogen werden kann.

. 5. Die A u s f B e st. zu § 42 lauten:

„Der § 42 steht hinsichtlich der in ihm geregelten polizeilichen Verfügungen rechtlich selbständig neben dem § 41.

Bei der Zurücknahme oder nachträglichen Einschränkung einer polizeilichen Erlaubnis oder Bescheinigung ist, abgesehen von dem Fall des § 42 Abs. 1 b, auf die wirtschaftlichen Auswirkungen Rücksicht zu nehmen (vgl. auch § 17 Abs. 2).

Wird in einer polizeilichen Erlaubnis oder Bescheinigung der Widerruf vorbehalten, so ist die widerruflich erteilte Erlaubnis oder Bescheinigung eine polizeiliche Verfügung. Der Widerruf wird nur ausnahmsweise, und zwar nur dann vorzubehalten sein, wenn eine Gefahr im Sinne des § 41 Abs. 1 bei der Erteilung der Erlaubnis noch nicht vorliegt, jedoch nach objektiven Erfahrungen damit gerechnet werden darf, daß eine solche Gefahr, falls von der Erlaubnis oder Bescheinigung Gebrauch gemacht wird, in absehbarer Zeit erwartet werden kann. Ein Widerruf ist jeweils nur aus objektiven polizeilichen Gründen zulässig. Einschlägige Entscheidungen des OVG. sind unverzüglich in Abschrift dem MindJnn., soweit sie Angelegenheiten aus dem Zuständigkeitsgebiet der übrigen Minister betreffen, auch dem zuständigen Fachminister zuzuleiten." (MBliV. Sp. 929.)

6. Bedenklich erschien Jellinek (RuPrVerwBl. 52 123) die B e s c h r ä n k u n g d e r W i d e r r u f l i c h k e i t e i n e r P o l E r l a u b n i s im § 42 II:

„Die Zurücknahme oder nachträgliche Einschränkung einer polizeilichen Erlaubnis oder Bescheinigung kann im polizeilichen Interesse jederzeit erfolgen, wenn die Erteilung unter dem ausdrücklichen Vorbehalte des Widerrufs erfolgt oder die Widerruflichkeit gesetzlich ausdrücklich vorgeschrieben ist."

Wohl unter dem Eindruck einer verfehlten E. des OVG. (vgl. Jellinek, RuPrVerwBl. 47 [1926] 574 f.) schränkt der Entw. hier die Bewegungsfreiheit der Pol. ohne Not ein. Die PolBehörde genehmigte z. B. mit Zustimmung der Gemeinde den Bau eines Gartenhäuschens über die Fluchtlinie hinaus auf jederzeitigen Widerruf, weil sie die Beeinträchtigung des öffentlichen Interesses durch die laufende Zahlung einer Geldsumme an die Gemeinde als aufgewogen ansieht. Der Erlaubnisempfänger baut, verweigert aber nach einem Jahre die Weiterzahlung der Summe. Da die PolBehörde bei der Erlaubniserteilung sich durch keinerlei polizeiliche Beweggründe hatte leiten lassen, sondern dem Antragsteller aus freien Stücken entgegenkam unter der Voraussetzung, daß er seine Verpflichtung zur Geldzahlung erfüllte, so würde es ein Unbefangener kaum verstehen, wenn die Behörde hier nicht ohne weiteres sollte widerrufen können, ohne irgendwelche polizeiliche Begründung, einfach mit dem Hinweis auf den Bruch des Zahlungsversprechens. Willkür und Schikane sind allerdings auch hier verboten. Es empfiehlt sich daher, die Worte „im polizeilichen Interesse" nicht einfach zu streichen, sondern durch die Worte „nach pflichtmäßigem Ermessen der Behörde" zu ersetzen. (Jellinek, RuPrVerwBl. 52 123.)

Aufhebung der polizeilichen Vf. auf Antrag.

§ 43.

Fallen nach Erlaß einer polizeilichen Verfügung, die fortdauernde Wirkung ausübt, die Voraussetzungen für ihre Aufrechterhaltung fort, so kann der Betroffene die Aufhebung der Verfügung verlangen. Die Ablehnung der Aufhebung gilt als polizeiliche Verfügung.

1. Die Begr. (Sp. 40) führte aus:

„Die vorgesehene Regelung dient dem erweiterten Rechtsschutz der Bevölkerung. Im Anschluß an die maßgebende Rechtsprechung schlägt der Entw. vor, daß ein Anspruch auf Zurücknahme einer polizeilichen Vf. dann gegeben sein soll, wenn nach dem Erlaß der polizeilichen Vf. tatsächliche oder rechtliche Umstände eintreten, nach denen die polizeiliche Vf., die ihre formell rechtsverbindliche Wirkung fortdauernd weiter ausübt, unzulässig sein würde. Die Ablehnung eines auf derartige Behauptungen gestützten Antrages auf Aufhebung soll einer neuen PolVf. gleichstehen und demgemäß auch mit den gleichen Rechtsmitteln angefochten werden können."

2. Die Voraussetzungen für eine polizeiliche DauerVf. können im Augenblick des Erl. vorhanden gewesen sein, später aber fortfallen. Der Betroffene kann durch die Vf. sehr stark belastet werden. Wenn die Pol. an der Aufrechterhaltung der Vf. kein Interesse hat, d. h. das öffentliche Interesse nicht vorliegt, dann kann die Aufhebung verlangt werden. Natürlich besteht die Möglichkeit eines Gegensatzes der Meinungen zwischen der Pol. und dem Betroffenen. Jene kann daher die Aufhebung ablehnen. Dies gilt wieder als polizeiliche Vf., gegen die die Rechtsmittel der §§ 45 ff. eingelegt werden können.

Form des Erlasses der polizeilichen Vfen.

§ 44.

(1) Polizeiliche Verfügungen können mündlich, schriftlich oder durch Zeichen erlassen werden. Die unmittelbare Ausführung einer polizeilichen Maßnahme steht dem Erlaß einer polizeilichen Verfügung gleich.

(2) Schriftlich erlassene polizeiliche Verfügungen sind bei ihrem Erlasse schriftlich zu begründen.

1. Die Begr. (Sp. 40) führte aus:

„Daß polizeiliche Vfen. mündlich, schriftlich oder durch Zeichen erlassen werden können und daß die unmittelbare Ausführung einer polizeilichen Maßnahme, auch wenn eine vorherige Aufforderung zu Handlungen oder Unterlassungen an den Betroffenen nicht ergangen ist, einer polizeilichen Vf. gleichsteht, entspricht dem bisherigen Rechtszustande. Diese Regelung ist praktisch unentbehrlich."

2. Im Ausschuß erster Lesung erschien einem Ausschußmitglied der Paragraph zu weit gefaßt, so daß die allergrößten Befürchtungen begründet seien. Wenn man polizeiliche Vfen. mündlich, schriftlich oder durch Zeichen erlassen könne, so heiße das im Grunde genommen, daß eine polizeiliche Vf. durch eine einfache Hand-

bewegung erlassen werden könne. Er denke dabei nicht nur an den Verkehr, sondern z. B. an Veranstaltungen der Arbeiterklasse, Umzüge u. dgl.

Aber noch schlimmer sei der zweite Satz, durch den es der Polizei sogar ermöglicht werde, ohne jede Vf. sofort in Aktion zu treten; sie könne also jeden Demonstrationszug auseinanderschlagen, Versammlungen auflösen usw. (Sp. 79.)

3. Der Erlaß der polizeilichen Vf. ist in der Regel ein schriftlicher, doch hat es sich schon seit längerer Zeit nicht vermeiden lassen, auch mündliche polizeiliche Vfen. zuzulassen, sei es solche in der Gegenwart des Betroffenen, sei es auf dem Wege des Fernsprechers. Ob auch durch Radio polizeiliche Vfen. erlassen werden können, ist wohl zu bejahen. In allen Fällen ist es aber erforderlich, daß der mündliche Erlaß derart geschieht, daß ein Zweifel an der Zuständigkeit der Pol. sowie an dem Inhalt der Vf. nicht entstehen kann. Auch muß der Adressat der polizeilichen Vf. derjenige sein, den die Pol. gemeint hat. Ein Erlaß durch Zeichen ist zuweilen unentbehrlich, so wenn ein PolBeamter im städtischen Verkehr in dieser Weise Anordnungen gibt oder etwas verbietet, was gegen die Verkehrsvorschriften verstößt. Freilich ist die Möglichkeit des Erlasses durch Zeichen schlechthin nicht unbedenklich.

4. Was mit unmittelbarer Ausführung einer polizeilichen Maßnahme gemeint ist, sagt das G. nicht ohne weiteres. Logisch sind zwei Dinge hier zusammengekoppelt, einmal die polizeiliche Maßnahme und sodann ihre unmittelbare Ausführung. Letztere wird dem Erlaß einer polizeilichen Vf. gleichgestellt. In Frage kommen kann z. B. eine Straßenabsperrung, eine Behinderung eines Staatsbürgers, bestimmte Straßen zu betreten, bestimmte Handlungen vorzunehmen, wie z. B. ein Gebäude, etwa das eines Botschafters, zu betreten und ähnliches mehr.

5. Schriftlich erlassene polizeiliche Vfen. sind bei ihrem Erlaß schriftlich zu begründen, demnach ist eine nachträgliche Begründung nicht ausreichend. Was die mündlichen oder durch Zeichen erlassenen polizeilichen Vfen. angeht, so ist bei den letzteren natürlich eine besondere Be-

gründung selten möglich und unpraktisch, dagegen bei mündlichen Vfen. wäre sie wohl denkbar. Vorgeschrieben ist sie aber im § 44 nicht.

Rechtsmittel gegen polizeiliche Vfen.

§ 45.

(1) **Gegen eine polizeiliche Verfügung steht demjenigen, in dessen Rechte sie unmittelbar eingreift, innerhalb von zwei Wochen, nachdem die polizeiliche Verfügung ihm zugestellt, zugegangen oder zu seiner Kenntnis gekommen ist, die Beschwerde zu. Die Beschwerde ist schriftlich oder zu Protokoll bei derjenigen Stelle einzulegen, welche die Verfügung erlassen hat.**

(2) **Ist die Verfügung von einem Beamten der staatlichen Landjägerei oder einem andern auf Grund des § 7 einer Polizeibehörde zugeteilten staatlichen Polizeibeamten erlassen worden, so ist die Beschwerde bei dem Leiter der zuständigen Polizeibehörde einzulegen.**

(3) **Die Beschwerdefrist gilt als gewahrt, wenn die Beschwerde rechtzeitig bei einer unzuständigen Polizeibehörde eingelegt ist. In diesen Fällen ist die Beschwerde unverzüglich an die zuständige Polizeibehörde weiterzuleiten.**

1. Die Begr. (Sp. 40 ff.) führte aus:

„Einer Neuregelung dringend bedürftig ist die Regelung der Rechtsmittel gegen polizeiliche Verfügungen. Die außerordentlich verwickelte Rechtslage auf diesem Gebiete hat schon lange zu Klagen Anlaß gegeben und zu den verschiedensten Reformvorschlägen geführt, von denen bisher aber keiner verwirklicht worden ist. Zur Zeit sind gegen orts- und kreispolizeiliche Verfügungen gemäß den §§ 127 ff. des LVG. zwei verschiedene Rechtsmittel gegeben:

1. die sogenannte Wahlklage beim Verwaltungsgericht, die schließlich beim Oberverwaltungsgericht endet,
2. die Beschwerde bei den vorgesetzten Instanzen mit nach-

folgender sogen. Anschlußklage beim Oberverwaltungsgericht.

Sowohl die Wahlklage wie die Anschlußklage sind beschränkt auf die Prüfung der Gesetzmäßigkeit des polizeilichen Einschreitens, wobei in einer wenig scharfen Formulierung noch besonders auf die Möglichkeit hingewiesen ist, das Vorhandensein der tatsächlichen Voraussetzungen für dieses Einschreiten zu prüfen. Die Beschwerde dagegen ermöglicht neben der Nachprüfung der Rechtmäßigkeit auch eine Prüfung der Zweckmäßigkeit der polizeilichen Verfügung.

Die Möglichkeit, von vornherein gegen eine polizeiliche Verfügung den Klageweg zu beschreiten, hat zu einer unnötigen Belastung der Verwaltungsgerichte geführt, ohne daß dem Publikum daraus ein Vorteil erwachsen wäre. Die Beschwerde bietet ja dem Publikum größere Möglichkeiten, die Aufhebung der polizeilichen Verfügung zu erreichen, weil mit der Beschwerde auch die Zweckmäßigkeit angefochten werden kann. Die gegenwärtige verwickelte Rechtslage bedarf daher einer Verbesserung durch Beseitigung des wahlweisen Nebeneinanders von Klage und Beschwerde. Der Entw. sieht demgemäß in allen Fällen zunächst die Beschwerde vor und erst nach deren Erschöpfung die Rechtsprüfung durch das Verwaltungsstreitverfahren.

Gegen alle polizeiliche Verfügungen kann zunächst die Beschwerde bei der Behörde eingelegt werden, die die Verfügung erlassen hat. Auf die Beschwerde hin kann diese Behörde dem Wunsch des von der Verfügung Betroffenen entsprechen. Dann ist die Angelegenheit erledigt. Andernfalls sind die Orts- und Kreispolizeibehörden verpflichtet, die Beschwerde der ihr vorgesetzten Polizeiaufsichtsbehörde weiterzuleiten, die darauf einen Beschwerdebescheid zu erteilen hat. Die Landespolizeibehörden, denen der Polizeipräsident in Berlin in allen Fällen seines Tätigwerdens gleichgestellt wird, haben stets von sich aus einen schriftlichen Bescheid zu erteilen. Gegen den ablehnenden Beschwerdebescheid ist dann die Klage im Verwaltungsstreitverfahren gegeben. Der Entwurf legt ganz besonderen Wert auf das Rechtsmittel der Beschwerde, da sehr oft die Beschwerde bereits genügen wird, um eine Einigung zwischen Behörde und Publikum zu erzielen, und auf diese Weise die unnötige Anrufung höherer Behörden und die damit verbundene Zeitversäumnis und Schreiberei erspart wird.

Die Beschwerde soll grundsätzlich bei derjenigen Behörde erhoben werden, welche die angefochtene Anordnung erlassen hat; die Beschwerdefrist soll aber auch dann als gewahrt gelten, wenn die Beschwerde rechtzeitig bei einer unzuständigen Behörde eingelegt ist. Die Behörde, bei welcher die Beschwerde eingelegt ist, ist dann dafür verantwortlich, daß die Beschwerde an die sachlich, örtlich und instanzenmäßig zuständige Stelle weitergeleitet wird.

Ist die polizeiliche Verfügung nicht von dem gesetzlichen Träger der Polizeibehörde selbst, sondern von einem nach der Organisation der Polizeiverwaltung dazu befugten Organ erlassen (z. B. die Anordnung eines Polizeibeamten zur Ordnung des Straßenverkehrs), so ist die Beschwerde bei dem Leiter der Polizeibehörde einzulegen. Die von einem Organ der Polizeibehörde erlassene polizeiliche Verfügung gilt als Verfügung der Behörde. Das gilt auch für den Fall der §§ 5 und 7 des Entw.

Die Beschwerde steht nach dem Wortlaute des Entwurfs demjenigen zu, in dessen Rechte die angegriffene Verfügung unmittelbar eingreift. Durch diese Begriffsbestimmung wird der bisherige Rechtszustand aufrechterhalten, wie er sich auf Grund der maßgebenden Rechtsprechung entwickelt hat. Hiernach ist zur Einlegung von Rechtsmitteln nicht nur derjenige befugt, an den die Verfügung ausdrücklich gerichtet ist, sondern auch eine dritte Person, in deren Rechte sie unmittelbar eingreift."

2. Die Neuregelung der Rechtsmittel gegen polizeiliche Vfen. beseitigt eine unnötige Belastung der Verwaltungsgerichte, wie sie bisher durch die Möglichkeit der Wahlklage als erstes Rechtsmittel gegen die Vf. hervorgerufen war,

3. An Schrifttum ist zu beachten: Drews, Vom Ausbau der preußischen Verwaltungsgerichtsbarkeit; Zeitschr. für die gesamte Staatswissenschaft 1924, S. 586 ff. und RuPrVerwBl. 52 4: Eine starke Veränderung des bestehenden Rechtes bringen die Bestimmungen über die Rechtsmittel gegen polizeiliche Vfen. (§§ 45 bis 54). In den verwickelten, mit vielen Fallstricken versehenen Bestimmungen der §§ 127 ff. des LVG. konnte sich bisher ein Laie überhaupt nicht zurechtfinden; der Verlust des Rechtsmittels war in vielen Fällen die Folge und gab zu großer Unzufriedenheit Anlaß. Der erste Rechtsmittelschritt gegen polizeiliche Vfen. ist ein einheitlicher — nämlich die innerhalb zwei Wochen zu erhebende Beschwerde. Sie soll bei derjenigen Behörde eingelegt werden, gegen deren Vf. sie gerichtet ist; die rechtzeitige Einlegung bei einer unzuständigen PolBehörde soll aber zur Wahrung der Frist auch genügen. Die Beschwerde soll wie bisher sowohl die Zweckmäßigkeit wie die Rechtmäßigkeit der Vf. angreifen können. Falls die erlassende Behörde ihre Vf. nicht selbst abändern will, hat sie die Beschwerde der zur Entscheidung berufenen Stelle vorzulegen, Beschwerden gegen die OrtsPol. auf dem Lande oder in den kreisangehörigen Städten dem Landrat, gegen die OrtsPol. in Stadtkreisen oder gegen staatliche PolVerwaltungen oder gegen KreisPolBehörden dem Regierungspräsidenten. Abweisende Beschwerdebescheide dieser Stellen müssen schriftlich begründet und mit einer zutreffenden Rechtsmittelbelehrung versehen sein, widrigenfalls die Rechtsmittelfrist nicht zu laufen beginnt. Gegen den abweisenden Beschwerdebescheid ist die Klage beim Bezirksausschuß gegeben, die nur darauf gestützt werden kann, daß der Kläger in seinen Rechten beeinträchtigt sei, weil der Bescheid das bestehende Recht verletze. Gegen die E. des Bezirksausschusses findet die Revision beim OVG. statt.

Diese Regelung entspricht nach Drews dem Geiste moderner Verwaltungsreform und erscheint hervorragend zweckmäßig und glücklich — insbesondere die Beschränkung der Nachprüfung der Zweckmäßigkeit auf e i n e Beschwerdeinstanz, die Beschränkung der verwaltungsrichterlichen Nachprüfung der tatsächlichen Voraussetzungen auf die einheitliche Bezirksausschußinstanz und namentlich auch die Statuierung des OVG. als reines Revisionsgericht. „Das OVG. befand sich bisher in einer eines höchsten Gerichtshofs geradezu unwürdigen Stellung, wenn es über die Frage der Bissigkeit eines Hundes oder den größeren oder geringeren Gestank eines Schweinestalles tatsächlichen Beweis erheben mußte."

4. Die Beschwerde ist an Stelle der sofortigen Klage oder der Anschlußklage des bisherigen Rechtes als erstinstanzliches Rechtsmittel gegeben. Zur Einlegung berechtigt ist derjenige, „in wessen Rechte sie unmittelbar eingreift". Der Unterschied demnach von Rechten und Interessen, wie er in dem Schrifttum der früheren Zeit häufig auftauchte, auch bei Lorenz vom Stein und Rudolf von Gneist, ist hier nicht zu finden. Es müssen also Eingriffe in Rechte sein; dagegen bestimmt das G. nicht, daß es Verletzungen von Rechten sein müssen. Das läßt offen, daß die Rechte zwar berührt und unter Umständen ihre Gefährdung vorliegen kann, daß aber eine Verletzung nicht notwendig ist. Allerdings wird dies in der Regel der Fall sein. Das G. verlangt ferner einen unmittelbaren Eingriff; es wird Sache der Rechtsmittelinstanz sein, jeweils zu prüfen, ob vielleicht ein für die Beschwerde nicht in Frage kommender mittelbarer Eingriff vorliegt. Zeitlich muß die Beschwerde eingelegt werden innerhalb von zwei Wochen. Diese werden berechnet von dem Zeitpunkte ab, in dem die polizeiliche Vf. entweder zugestellt oder dem Betroffenen zugegangen oder zu seiner Kenntnis gekommen ist. Die ersten beiden Fälle der Zustellung und des Zuganges erscheinen durchaus gerechtfertigt; daß von der Kenntnisnahme einer polizeilichen Vf. aber ebenfalls die Frist läuft, ist nicht ohne Bedenken. Es kann sein, daß der Betroffene zwar von der Vf. von dritter Seite, vielleicht von ihm ganz Unbekannten, Kenntnis erhalten und Zweifel in der Richtigkeit der Tatsache hat. Daß nun die Frist gleichwohl für und gegen ihn läuft, scheint Schwierigkeiten unnötigerweise herauszufordern. Im übrigen kann die Beschwerde schriftlich

oder zu Protokoll derjenigen Stelle eingelegt werden, die die Vf. erlassen hat. Zu beachten ist, daß hier nicht davon die Rede ist, daß die Beschwerde auch mündlich oder durch Zeichen eingelegt werden kann. Das letztere wird wohl auch nicht ausreichen, warum aber eine mündliche, persönliche oder telephonische Einlegung einer Beschwerde nicht anerkannt werden sollte, ist nicht einzusehen. Man würde mit ungleichen Maßen messen, wenn der Erl. der polizeilichen Vf. mündlich erfolgen könnte, die Beschwerde gegen sie aber nicht. Die Praxis wird auch in dieser Beziehung sicherlich andere Wege gehen, als sie nach dem Texte des § 45 allein möglich zu sein scheinen.

5. Eine besondere Stellung wird der Vf. angewiesen, die von einem Beamten der staatlichen Landjägerei oder einem anderen zur Unterstützung bei der Wahrnehmung polizeilicher Aufgaben zugeteilten staatlichen PolBeamten erlassen worden war. Diese Kategorie von Beamten kommt nur für Vertreter gemäß § 7 dG. in Betracht. § 45 II bestimmt deshalb, daß die Beschwerde bei dem Leiter der zuständigen PolBehörde einzulegen ist.

6. Die Beschwerdefrist ist nicht nur gewahrt, wenn die Beschwerde bei der zuständigen, sondern auch wenn sie rechtzeitig bei einer unzuständigen PolBehörde eingelegt ist. In diesem Falle ist die Beschwerde unverzüglich an die zuständige PolBehörde weiterzuleiten (§ 45 III). Wird diese Weiterleitung verzögert, so trifft den Beschwerdeführer kein Schaden. Wie ist es aber, wenn die Beschwerde, sei es irrtümlicherweise, sei es durch ein Verschulden der unzuständigen PolBehörde, überhaupt nicht weitergeleitet wird? Nach dem Wortlaut dG. wird auch hier den Betroffenen, falls er die Einlegung der Beschwerde nachweisen kann, kein Nachteil treffen dürfen; immerhin werden sich sehr erhebliche Schwierigkeiten ergeben, weil der Text der Beschwerde bei der auf sie entscheidenden Behörde nicht vorliegt. Zweckmäßigerweise wird der Beschwerdeführer zu einer nochmaligen Einlegung der Beschwerde zu veranlassen sein.

Prüfung der Rechtmäßigkeit und Zweckmäßigkeit.

§ 46.

Mit der Beschwerde kann sowohl die Rechtmäßigkeit als auch die Zweckmäßigkeit der polizeilichen Verfügung angefochten werden.

1. Die Begr. (Sp. 42) führte zu § 46 folgendes aus: „Entsprechend dem bestehenden Recht soll mit der Beschwerde sowohl die Rechtmäßigkeit als auch Zweckmäßigkeit der polizeilichen Verfügung angegriffen werden können. Es ist also im Beschwerdeverfahren nicht nur nachzuprüfen, ob eine Rechtsverletzung vorliegt, sondern auch, ob zum Erlaß der Verfügung eine praktische Notwendigkeit vorlag, endlich, ob sie nicht zweckmäßigerweise anders zu lauten gehabt häte."

2. Daß mit der Beschwerde sowohl die Rechtmäßigkeit als auch die Zweckmäßigkeit der polizeilichen Vf. angefochten werden kann, muß als ein Vorteil und ein Fortschritt gegenüber dem bisherigen Rechte insofern angesehen werden, als bei der Klage nur die Rechtmäßigkeit, nicht aber die Zweckmäßigkeit nachgeprüft werden konnte. Die Stellung des Beschwerdeführers hat sich daher gegen früher verbessert. In den Bereich der Zweckmäßigkeit gehört auch die Frage der „notwendigen" Maßnahmen im Sinne des § 14 I, d. h. der Beschwerdeführer kann diese Notwendigkeit bezweifeln; allerdings wird das auch zur Frage der Rechtmäßigkeit gehören, aber nicht notwendigerweise. Unter Zweckmäßigkeit ist aber nicht nur diejenige im Interesse der Öffentlichkeit zu erachten, obwohl dies auf den ersten Blick die einzige Zweckmäßigkeit zu sein scheint. Denn nach § 41 II, wenn für die Beseitigung einer Störung der öffentlichen Sicherheit oder Ordnung oder zur wirksamen Abwehr einer polizeilichen Gefahr mehrere Mittel in Frage kommen, genügt es zwar, wenn die PolBehörde eins dieser Mittel bestimmt, aber es ist dabei tunlichst das den Betroffenen und die Allgemeinheit am wenigsten beeinträchtigende Mittel zu wählen. Daraus ergibt sich, daß auch die Zweckmäßigkeit im Interesse des Betroffenen zu beachten ist. Ihm ist auch auf Antrag zu gestatten, ein

von ihm angebotenes anderes Mittel anzuwenden, durch das die Gefahr ebenso wirksam abgewehrt wird (a. a. O.). Es kann also durchaus auch eine Zweckmäßigkeit im Sinne des Betroffenen sein. Natürlich darf sie nicht unzweckmäßig im Sinne der Allgemeinheit erscheinen.

3. Vgl. auch OVG. vom 13. April 1916, 71 331: Über die Genehmigung zur Anlegung neuer Begräbnisplätze hat die PolBehörde nach pflichtmäßigem Ermessen zu befinden. Dem Verwaltungsrichter steht eine Nachprüfung der Gründe, welche die PolBehörde zur Ablehnung eines Gesuchs um Anlegung eines neuen Begräbnisplatzes bewogen haben, nur insoweit zu, als die Behörde aus anderen als objektiven Gründen zur Ablehnung des Gesuchs gelangt ist. Kann wohl nach heutigem Rechte auch die Zweckmäßigkeit nach § 46 geprüft werden?

4. Das OVG. hat in der E. vom 21. Dezember 1916, 72 288 angenommen, der Grundsatz, daß bei polizeilichen Vfen. die Zweckmäßigkeit des Verfügten durch den Verwaltungsrichter nachzuprüfen ist, steht einer Prüfung insoweit nicht entgegen, als es sich um die Feststellung handelt, ob die streitige Anordnung sich innerhalb der durch § 10 II 17 gesteckten Grenzen hält, d. h. nicht mehr fordert, als zur Abwendung der dem Publikum oder einzelnen Mitgliedern desselben bevorstehenden Gefahr notwendig ist. Diese Auffassung muß auch bei Anwendung des § 14 PolVerwG. angenommen werden.

Zuständigkeit zur Entscheidung über die Beschwerde.

§ 47.

(1) **Die nach § 45 zur Entgegennahme zuständige Behörde hat, falls sie nicht selbst für Abhilfe sorgt und einen entsprechenden Bescheid erteilt, die Beschwerde der zur Entscheidung zuständigen Behörde vorzulegen.**

(2) **Zur Entscheidung über die Beschwerde ist zuständig**

a) gegen Verfügungen der Ortspolizeibehörden in kreisangehörigen Städten und Landgemeinden der Landrat, sofern er nicht selbst Ortspolizeibehörde ist,

b) gegen Verfügungen der Ortspolizeibehörden in Stadtkreisen, gegen Verfügungen der Landräte als Ortspolizeibehörden und gegen Verfügungen der staatlichen Polizeibehörden der Regierungspräsident,

c) gegen Verfügungen der Kreispolizeibehörden der Regierungspräsident,

d) gegen Verfügungen des Oberbürgermeisters in Berlin und gegen Verfügungen des Polizeipräsidenten in Berlin als Orts- und Kreispolizeibehörde der Oberpräsident von Berlin,

e) gegen Verfügungen der Regierungspräsidenten und des Polizeipräsidenten in Berlin als Landespolizeibehörde der Oberpräsident.

1. Im Entw. lautete § 47:

(1) Richtet sich die Beschwerde gegen eine polizeiliche Verfügung einer Landespolizeibehörde oder des Polizeipräsidenten in Berlin, so ist darauf durch diese Behörde nach Prüfung stets ein Bescheid zu erteilen.

(2) Abgesehen von den Fällen des Abs. 1 ist die Beschwerde von der nach § 45 für ihre Entgegennahme zuständigen Behörde der nach Abs. 3 zur Entscheidung zuständigen Behörde vorzulegen. Das gilt nicht, falls die zur Entgegennahme zuständige Behörde selbst für Abhilfe sorgt und einen entsprechenden Bescheid erteilt.

(3) Zur Entscheidung über die Beschwerde im Falle des Abs. 2 Satz 1 ist zuständig

a) gegen Verfügungen der Ortspolizeibehörde in kreisangehörigen Städten und Landgemeinden der Landrat,

b) gegen Verfügungen der Ortspolizeibehörde in Stadtkreisen und gegen Verfügungen der staatlichen Polizeibehörden der Regierungspräsident,

c) gegen Verfügungen der Kreispolizeibehörde der Regierungspräsident,

d) gegen Verfügungen des Oberbürgermeisters in Berlin der Oberpräsident.

Die Begr. (Sp. 42) führte zu § 47 folgendes aus: „Sehr umstritten ist die Frage, wieweit der Beschwerdeweg innerhalb der Behördenhierarchie reichen soll, ob nur eine oder zwei Beschwerdeinstanzen gegeben werden sollen.

Der Entw. hält e i n e Beschwerdeinstanz für ausreichend und vereinfacht in dieser Beziehung den Instanzenzug. Je e i n e Verwaltungsinstanz für die Kontrolle der Recht- und Zweckmäßigkeit und e i n e verwaltungsgerichtliche Instanz für die Kontrolle der Rechtmäßigkeit muß als ausreichend angesehen werden. Dazu kommt die Revisionsinstanz, die im Interesse einer einheitlichen Rechtsprechung erforderlich ist."

2. Im Ausschuß erster Lesung lag der A n t r a g N r. 42 vor, aus dem der heutige Text entstand. Zu dem bisherigen Texte wurde folgendes geltend gemacht:

Ein erster B e a u f t r a g t e r d e s M i n d I n n. gab zu, daß in Abs. 1 eine Unebenheit vorliege. Das Ministerium wolle in der AusfAnw. vorschreiben, daß der Regierungspräsident oder sein Vertreter persönlich den Beschwerdebescheid zu zeichnen habe, um damit eine Sicherheit zu schaffen, daß die Angelegenheit wirklich noch einmal überprüft und mit der notwendigen Verantwortlichkeit erwogen werde. Die Einschaltung des Oberpräsidenten hätte die Unannehmlichkeit, daß man gegen seinen Entscheid die Klage beim Bezirksausschuß haben müßte. Das passe nicht in den Rahmen der Verwaltung hinein. Den Provinzialrat hier einzufügen, sei untunlich, weil zweifelhaft sei, ob er bei einer Verwaltungsreform bestehen bleibe. Außerdem sei er auch kein Verwaltungsgericht. Man solle nach Möglichkeit verhindern, daß der

Oberpräsident instanziell tätig werde, und daher sei es zweckmäßig, die Fassung des Entw. bestehen zu lassen.

Ein Ausschußmitglied betonte, daß der Gesetzentwurf hier eine sehr komplizierte Fassung habe, die durch den Antrag Nr. 42 wesentlich vereinfacht werde.

Ferner bringe der Antrag die Einschaltung des Oberpräsidenten als Beschwerdeinstanz.

Ein zweiter Beauftragter des MindInn. bemerkte, daß durch den § 30 des LVG. eine hinreichende Kautele gegeben sei, um den Bezirksausschuß zu einem wirklich unabhängigen Gericht zu gestalten. Der Entw. hätte niemals den in ihm enthaltenen Vorschlag gemacht, wenn nicht eingehende Prüfungen angestellt worden wären. Die Einschaltung des Oberpräsidenten als Bezirksinstanz würde ein Rückschritt sein. Das würde bedeuten, das OVG. wieder mit Tatsachenfeststellungen zu belasten, wovon man doch habe abkommen wollen.

Eine Zusammenstellung darüber, welche Behörden in Zukunft als Landespolizei gelten sollten, sei im Ministerium augenblicklich in Arbeit. Es handele sich aber nur um wenige Punkte, so daß tatsächlich überhaupt keine Schwierigkeiten entstehen würden. In Frage kämen z. B. der Schutz der Meeresufer, der äußere Schutz des Gottesdienstes, gewisse verkehrspolizeiliche Vorschriften auf Durchgangsstraßen und gewisse fremdenpolizeiliche Dinge. Aber Dinge, die die Einfügung einer neuen Instanz als wünschenswert erscheinen ließen, kämen als landespolizeiliche Angelegenheiten nicht in Frage, so daß es sich empfehlen würde, den Antrag 42 abzulehnen.

Ein Ausschußmitglied hielt die Fassung des Entw. für unerträglich und war der Auffassung, daß es nicht übermäßig bedenklich wäre, den Oberpräsidenten und dann das OVG. als eine Stelle einzuschalten, die auch Tatsachen festzustellen habe, zumal es sich, wie der Vorredner ausgeführt habe, um sehr wenige Dinge handle, die die Landespolizeibehörden zu entscheiden hätten.

Der Berichterstatter erklärte, daß ihn die Ausführungen des Regierungsvertreters nicht überzeugt hätten. Man könne dem Staatsbürger nicht das Recht nehmen, sich gegenüber einer landespolizeilichen Vf. bei einer Stelle, die mit ihrem Erlaß nicht befaßt gewesen sei, zu beschweren; deswegen werde man um die Einfügung des Oberpräsidenten als Beschwerdeinstanz nicht herumkommen, und zweifellos würde das die geringste der Unebenheiten sein, die nach dem gegenwärtigen Verwaltungsrecht an dieser Stelle unvermeidlich seien.

Im übrigen neige er auch dazu, hier an die Stelle des Bezirksausschusses als Klageinstanz das OVG. einzusetzen, da es sich nur um wenige Fälle handeln würde, bei denen es mit Tatsachennachprüfung zu belasten wäre. Vom Bezirksausschuß möchte er deswegen absehen, weil der Bezirksausschuß von Berlin nicht mit den Bezirksausschüssen bei den Regierungen gleichzusetzen sei. Manche Provinzen, z. B. Oberschlesien und Grenzmark, deckten sich mit Regierungsbezirken, so daß dann weitere Schwierigkeiten dadurch auftauchen würden, daß die Oberpräsidenten, die Regierungspräsidenten und die Vorsitzenden der Bezirksausschüsse identisch sein würden.

Antrag Nr. 42 wurde angenommen und mit dieser Änderung § 47. (Sp. 79 ff.)

3. Im Ausschuß zweiter Lesung lag der Antrag Nr. 9 (Berichterstatter) vor:

Im § 47 der Beschlüsse erster Lesung erhält Abs. 3 folgende Fassung:

(3) Zur Entscheidung über die Beschwerde ist zuständig

a) gegen Verfügungen der Ortspolizeibehörden in kreisangehörigen Städten und Landgemeinden der Landrat, sofern er nicht selbst Ortspolizeibehörde ist,

b) gegen Verfügungen der Ortspolizeibehörden in Stadtkreisen, gegen Verfügungen der Landräte als Ortspolizeibehörden und gegen Verfügungen der staatlichen Polizeibehörden der Regierungspräsident,

c) gegen Verfügungen der Kreispolizeibehörden der Regierungspräsident,

d) gegen Verfügungen des Oberbürgermeisters in Berlin und gegen Verfügungen des Polizeipräsidenten in Berlin als Orts- und Kreispolizeibehörde der Oberpräsident in Berlin,

e) gegen Verfügungen der Regierungspräsidenten und des Polizeipräsidenten in Berlin als Landespolizeibehörde der Oberpräsident.

Der Berichterstatter führte zu seinem Antrage folgendes aus: Durch die neue Fassung des Abs. 3 zu a werde sichergestellt, daß der Landrat nur dann gegen Verfügungen der Ortspolizeibehörden zuständig sei, wenn er nicht selbst Ortspolizeibehörde sei. Dieser Zusatz sei notwendig gewesen, weil der Landrat in Hannover Ortspolizeibehörde sei. In Abs. 3 zu b sei eingefügt worden „gegen Verfügungen der Landräte als Ortspolizeibehörden". In Abs. 3 zu d und e seien die Zuständigkeiten des Polizeipräsidenten in Berlin als Orts- und Kreispolizeibehörde einerseits und als Landespolizeibehörde andererseits auseinandergezogen worden.

Der Antrag Nr. 9 wurde angenommen und mit dieser Änderung § 47 in der Fassung der ersten Lesung. (Sp. 114 f.)

4. Die AusfBest. zu § 47 lauten:

„Bei der Vorlage der Beschwerde an die zur Entscheidung zuständige Behörde sind die Vorgänge und eine Stellungnahme beizufügen." (MBliV. Sp. 929.)

5. Zur Entgegennahme einer Beschwerde ist die Behörde zuständig, welche die Vf. erlassen hat. Sie kann selbst für Abhilfe sorgen, z. B. durch Aufhebung einer sog. DauerVf. im Sinne des § 43. Sie muß jedenfalls dann einen entsprechenden Bescheid erteilen. Wenn sie nicht selbst für die Abhilfe sorgt, hat sie die Beschwerde der für die Entscheidung zuständigen Behörde vorzulegen (I). Der § 47 II bestimmt, wer zur Entscheidung über die Beschwerde zuständig ist unter a—e.

Abweisender Beschwerdebescheid.

§ 48.

Ein abweisender Beschwerdebescheid in den Fällen des § 47 ist schriftlich zu erteilen. Er soll mit Gründen versehen sein und eine den Vorschriften des § 49 entsprechende Rechtsmittelbelehrung enthalten. Entspricht ein abweisender Beschwerdebescheid diesen Vorschriften nicht, so ist die Einlegung eines weiteren Rechtsmittels an eine Frist nicht gebunden.

1. Die Begr. (Sp. 42) führte folgendes aus: „Die Vorschrift, daß der Beschwerdebescheid eine Rechtsmittelbelehrung enthalten soll, ist zur größeren Sicherheit des rechtlich unerfahrenen Publikums aufgenommen. Entspricht der Beschwerdebescheid dieser Vorschrift nicht, so bleibt er zwar an sich gültig; jedoch soll dann die Ausschlußfrist bezüglich des Rechtsmittels gegen den Betroffenen nicht laufen."

2. Im Ausschuß erster Lesung lag folgender Antrag Nr. 43 (Berichterstatter) vor:

Im § 48 Zeilen 1/2 werden die Worte „in den Fällen des § 47" gestrichen.

Der Berichterstatter machte darauf aufmerksam, daß im § 48 offenbar durch Übernahme der fraglichen Worte aus dem § 49 ein Irrtum unterlaufen sei, den der Antrag 43 beheben wolle.

Antrag Nr. 43 wurde angenommen und mit dieser Änderung § 48. (Ber. Sp. 81.)

3. Im Ausschuß zweiter Lesung lag der Antrag Nr. 10 (Berichterstatter) vor:

Im § 48 der Beschlüsse erster Lesung ist die Regierungsvorlage wiederherzustellen.

Der Berichterstatter meinte, die Stellung des § 48 zwischen den §§ 47 und 49 lasse erkennen, daß die Absicht vorhanden gewesen sei, nur das für die allgemeine Verwaltung gültige Recht festzustellen, also die Sonderpolizei nicht einzubeziehen. Damit zu erkennen sei, daß sich die §§ 47 und folgende auf die allgemeine Regelung bezögen, habe die Regierungsvorlage wiederhergestellt werden müssen.

Der Antrag Nr. 10 wurde angenommen und § 48 in der Fassung der Regierungsvorlage angenommen. (Sp. 115.)

4. Falls eine Beschwerde — aber nur in dem Falle des § 47 — abgewiesen wird, muß der Bescheid schriftlich erteilt werden. Es genügt demnach weder eine mündliche, noch weniger eine durch Zeichen erfolgende Abweisung. Der Beschwerdebescheid soll mit Gründen versehen sein und eine Rechtsbelehrung enthalten. Es ist nicht ohne Bedenken, daß hier nur eine Sollvorschrift in beiden Beziehungen vorliegt. Der Mangel der Begründung kann für den Betroffenen verhängnisvoll sein, da ihm die Möglichkeit einer Anfechtung in höherer Instanz erschwert wird.

Klage im Verwaltungsstreitverfahren.

§ 49.

Gegen einen abweisenden Beschwerdebescheid ist binnen zwei Wochen die Klage im Verwaltungsstreitverfahren in den Fällen des § 47 Abs. 2 zu a bis d bei dem Bezirksausschuß, im Falle des § 47 Abs. 2 zu e beim Oberverwaltungsgericht gegeben. Sofern ein Mitglied des Bezirksausschusses bei der Bearbeitung der anhängigen Angelegenheit beteiligt gewesen ist, gilt es als behindert. Die Klage ist gegen diejenige Behörde zu richten, die den Beschwerdebescheid erlassen hat.

1. Im Entw. lautete § 49:

Gegen einen abweisenden Beschwerdebescheid ist binnen zwei Wochen die Klage im Verwaltungsstreitverfahren bei dem Bezirksausschuß gegeben. Die Klage ist gegen diejenige Behörde zu richten, die den Beschwerdebescheid erlassen hat.

Die Begr. (Sp. 49 f.) führte zu den §§ 49 und 50 folgendes aus: „Die als weiteres Glied des Rechtsmittelzuges vorgesehene Klage beim Bezirksausschuß soll, wie dies schon bisher gemäß §§ 127, 128 des LVG. rechtens war, nur darauf gestützt werden können, daß der angefochtene Bescheid den Kläger durch Verletzung der geltenden Gesetze in seinen Rechten beeinträchtige, und zwar entweder durch Außerachtlassung oder durch unrichtige Anwendung des bestehenden Rechts, insbesondere auch der von den Behörden innerhalb ihrer Zuständigkeit erlassenen VOen. Eine unrichtige Anwendung der geltenden Gesetze liegt auch dann vor, wenn die Tatsachen nicht gegeben sind, die ein Einschreiten der Behörde gerechtfertigt haben würden. Die Änderung des Entw. gegenüber dem Wortlaute des LVG. hat in dieser Hinsicht lediglich redaktionelle Bedeutung. Die Frist zur Erhebung der Klage beträgt entsprechend der bisherigen Regelung zwei Wochen. Die Bestimmung, daß die Klage gegen die Behörde zu richten ist, die den Beschwerdebescheid erlassen hat, entspricht dem geltenden Recht. Es ist ernstlich erwogen worden, eine Änderung in dem Sinne vorzunehmen, daß als Prozeßgegner diejenige Behörde zu gelten habe, die die angefochtene Verfügung selbst erlassen hat. Diese Absicht ist jedoch fallen gelassen, da die Ortspolizeibehörden sehr häufig nicht in der Lage sind, den Rechtsstreit durchzufechten. Dazu kommt, daß die Beschwerdebescheide nicht selten eine andere Begründung enthalten als die zugrunde liegende Polizeiverfügung, oder diese sogar teilweise aufheben. Auch aus diesen sachlichen Gründen erscheint es richtig, der Beschwerdeinstanz die Rolle des Beklagten zuzuweisen."

2. Im Ausschuß erster Lesung lagen folgende Anträge vor.

Nr. 44:

Dem § 49 wird folgender Abs. 2 angefügt:

(2) Der Bezirksausschuß wird für diese Entscheidungen wie folgt zusammengesetzt:

1. Den Vorsitz führt der Verwaltungsgerichtsdirektor.
2. Als beamtete Mitglieder dürfen nur die auf Lebenszeit ernannten mitwirken.

3. Der Bezirksausschuß entscheidet in der Zusammensetzung von 3 beamteten Mitgliedern und 4 gewählten Mitgliedern.
4. Zur Ergänzung der Zahl der beamteten Mitglieder treten dem Kollegium ein oder zwei richterliche Beamte hinzu, die vom Oberlandesgerichtspräsidenten aus der Zahl der Oberlandesgerichtsräte und Landgerichtsräte bestimmt und nach einer zu Beginn jeden Jahres festzustellenden Reihenfolge einberufen werden.

Nr. 45 (Berichterstatter):

Im § 49 wird
1. in Zeilen 2/3 nach dem Worte „Verwaltungsstreitverfahren" eingefügt „in den Fällen des § 47 Abs. 3 Ziffern a bis d",
2. in Zeile 3 nach dem Worte „Bezirksausschuß" eingefügt „, im Falle des § 47 Abs. 2 Buchst. e beim Oberverwaltungsgericht".

Ein Ausschußmitglied bemerkte, daß der Bezirksausschuß die Tatsachen endgültig feststelle, woran dann das OVG. nichts mehr ändern könne. Der Bezirksausschuß habe aber seiner Zusammensetzung nach nicht volle richterliche Qualitäten, da an der Rechtsfindung immer ein Herr teilnehme, der nicht Richter sei, sondern den Anweisungen des Regierungspräsidenten als dessen Vertreter unterliege, er sei also vom Regierungspräsidenten abhängig. Dazu komme, daß die Mitglieder des Bezirksausschusses bei kleineren Regierungen auch mit Dezernatgeschäften betraut werden könnten, so daß also die Möglichkeit bestehe, den Referenten im Bezirksausschuß zu treffen, dem die zu behandelnde Angelegenheit bereits vorgelegen habe. Außerdem sei es noch möglich, daß im Bezirksausschuß ein Herr referiere, der gar nicht Mitglied des Gerichts sei. Nach dem Disziplinargesetz sei dies zwar verboten, finde aber dennoch statt. Ein so zusammengesetztes Gremium, das man als Gericht nicht bezeichnen könne, stelle nun die Tatsachen endgültig fest. Das sei mit einer modernen richterlichen Auffassung nicht zu vereinbaren. Die Laienrichter würden nach politischen Gesichtspunkten gewählt. Vielleicht müßte man aus diesem Grunde das Laienelement möglichst ausschalten, wenn der Bezirksausschuß wirklich ein ordentliches Gericht sein sollte. Es käme in Frage, den Laien nur beratende Stimme zu geben und die Richter aus den richterlichen Beamten, vielleicht vom Oberlandesgericht, auszuwählen.

Ein Ausschußmitglied wendet sich gegen die beabsichtigte Ausschaltung des Laienelements.

Ein anderes Ausschußmitglied fragte, wie es sich bei § 49 in der Fassung des Berichterstatters bezüglich der bergpolizeilichen Vfen. verhalte.

Hinsichtlich des Antrages Nr. 44 hätten seine politischen Freunde Bedenken. Sie behielten sich ihre Stellungnahme einstweilen noch vor.

Ein Beauftragter des Ministers für Handel und Gewerbe führte aus, daß nach § 8 des Gesetzentwurfs die SonderPolBehörden aufrechterhalten blieben. Die Rechtsmittel gegen die Vfen. der BergPolBehörden seien gesetzlich geregelt; es gebe den Rekurs. Das Verwaltungsstreitverfahren sei im Berggesetz nur in besonderen Fällen vorgesehen; danach gingen die Klage an den Bergausschuß und die Revision an das OVG.

Antrag Nr. 44 wurde abgelehnt. Antrag Nr. 45 wurde angenommen und mit der dadurch bedingten Änderung § 49. (Sp. 81 f.)

3. Im Ausschuß zweiter Lesung lagen folgende Anträge vor:

Nr. 11 (Berichterstatter):

§ 49 der Beschlüsse erster Lesung erhält folgende Fassung:

§ 49.

Gegen einen abweisenden Beschwerdebescheid ist binnen 2 Wochen die Klage im Verwaltungsstreitverfahren in den Fällen des § 47, Abs. 3 zu a bis d bei dem Bezirksausschuß, im Falle des § 47 Abs. 3 zu e beim Oberverwaltungsgericht gegeben. Sofern ein Mitglied des Bezirksausschusses bei der Bearbeitung der anhängigen Angelegenheit beteiligt gewesen ist, gilt es als behindert. Die Klage ist gegen diejenige Behörde zu richten, die den Beschwerdebescheid erlassen hat.

Nr. 28: Dem § 49 wird folgender Absatz angefügt:

(2) Richtet sich die Klage gegen einen abweisenden Beschwerdebescheid des Regierungspräsidenten, so dürfen als beamtete Mitglieder nur die beiden auf Lebenszeit ernannten Mitglieder mitwirken. Auch deren Mitwirkung ist ausgeschlossen, wenn sie die gleiche Angelegenheit vorher verwaltungsmäßig bearbeitet haben. An die Stelle der hiernach behinderten beamteten Mitglieder treten richterliche Beamte, die vom Oberlandesgerichtspräsidenten aus der Zahl der Oberlandesgerichtsräte und Landgerichtsräte bestimmt und nach einer zu Beginn jeden Jahres festzustellenden Reihenfolge einberufen werden.

Der Berichterstatter machte darauf aufmerksam, daß der erste Satz des Antrags Nr. 11 lediglich die Wiederholung der Beschlüsse erster Lesung darstelle. Der zweite Satz sei dazu bestimmt, denjenigen Bedenken entgegenzukommen, die in bezug auf die Selbständigkeit der verwaltungsrichterlichen Instanz des Bezirksausschusses bei der ersten Lesung geäußert worden seien. Der Antrag der Deutschen Volkspartei laufe auf eine Änderung der Zusammensetzung des Bezirksausschusses hinaus. Diese vorzunehmen, scheine im Rahmen dieses Gesetzes nicht angebracht. Dagegen werde im Antrag Nr. 11 festgelegt, daß ein Mitglied des Bezirksausschusses, sofern es bei der Bearbeitung der anhängigen Angelegenheit beteiligt gewesen sei, als behindert gelte. Dadurch werde verhindert, daß etwa der Polizeidezernent, wenn er in einer Beschwerdesache eine Vf. erlassen habe, als nichternanntes Mitglied des Bezirksausschusses an der Sitzung dieses Ausschusses teilnehmen dürfe. Dasselbe gelte für den Verwaltungsgerichtsdirektor und das andere ernannte Mitglied des Bezirksausschusses, falls diese durch Übertragung von Dezernaten der Regierung an sie außerhalb des Bezirksausschusses tätig und bei der Bearbeitung der fraglichen Sache beteiligt gewesen seien. Ferner werde sichergestellt, daß, wenn etwa ein Assessor im Landratsamt an der Bearbeitung einer Sache beteiligt, inzwischen aber an den Bezirksausschuß versetzt worden sei, er nunmehr als behindert gelte und ein anderes Mitglied einzutreten hätte. Es könne also in keinem Falle jemand, der die Angelegenheit bearbeitet habe, also als Beklagter gelten könne, als Richter über sie tätig sein. Damit werde die Unabhängigkeit der verwaltungsrichterlichen Instanz erhöht. Der Antrag gehe nicht so weit wie der von der Deutschen Volkspartei gestellte Antrag, er stelle aber sicher, daß irgendeine Beeinflussung der E. durch interessierte Persönlichkeiten im Bezirksausschuß nicht möglich sei.

Ein Ausschußmitglied war der Auffassung, daß das Ziel nicht erreicht sei, daß der Bezirksausschuß tatsächlich aus unabhängigen Richtern bestehe; es wirke in ihm vielmehr nach wie vor ein Verwaltungsbeamter mit, der dem Regierungspräsidenten unmittelbar unterstehe. Darin liege eine Gefahr, zumal der Bezirksausschuß auch sonst von dem Regierungspräsidenten stark beeinflußt werde. Das Ideal wäre, den Bezirksausschuß von der ihm zugedachten Aufgabe überhaupt auszuschalten. Eine unabhängige Verwaltungsjustiz sei unentbehrlich. Das mindeste dessen, was für die Rechtssicherheit gefordert werden müsse, sei die Anfügung des in dem Antrag Nr. 28 geforderten Absatzes.

Ein Ausschußmitglied erklärte, seine politischen Freunde hätten zwar für die von dem Vorredner angeführten Gründe Verständnis, hielten es aber nicht für angängig, in das PolVerwG., ein Spezialgesetz, eine so grundlegende Änderung unseres Verwaltungsgerichtssystems hineinzubringen.

Der Berichterstatter machte darauf aufmerksam,

daß die in dem Antrag Nr. 28 gewünschte Regelung schon aus rein praktischen Gründen (zeitliche Inanspruchnahme der Richter, wechselnde Zahl der in Anspruch zu nehmenden Herren bei den verschiedenen Sachen, die an einem Tage erledigt würden usw.) kaum durchführbar sei.

Der Antrag Nr. 28 wurde abgelehnt, der Antrag Nr. 11 wurde angenommen und mit dieser Änderung § 49. (Sp. 115 f.)

4. Klage ist nur in einem Fall gegeben, nämlich gegen einen abweisenden Beschwerdebescheid, und zwar beim OVG. gegen die Entsch. des Oberpräsidenten auf Bsen. der Regierungspräsidenten und des Polizeipräsidenten in Berlin als LandesPolBehörde (§ 47 e). In allen anderen Fällen ist die Klage beim Bezirksausschuß einzulegen. Sofern ein Mitglied des Bezirksausschusses bei der Bearbeitung der Angelegenheit beteiligt ist, gilt es als behindert. Der Bezirksausschuß besteht aus dem Regierungspräsidenten als Vorsitzenden und aus sechs Mitgliedern. Zwei dieser Mitglieder, von denen eins zum Richteramte, eins zur Bekleidung von höheren Verwaltungsämtern befähigt sein muß, werden vom Staatsministerium auf Lebenszeit ernannt. Aus der Zahl dieser Mitglieder ernennt das Staatsministerium gleichzeitig den Stellvertreter des Regierungspräsidenten im Vorsitze mit dem Titel Verwaltungsgerichtsdirektor. Zur sonstigen Stellvertretung des Regierungspräsidenten im Bezirksausschuß und zur Stellvertretung jedes der beiden auf Lebenszeit ernannten Mitglieder ernennt das Staatsministerium ferner aus der Zahl der am Sitze des Bezirksausschusses ein richterliches oder ein höheres Verwaltungsamt bekleidenden Beamten einen Stellvertreter. § 28 I und II LVG., G. vom 25. Juli 1922 (GS. S. 195, 280). Die Ernennung der Stellvertreter erfolgt auf die Dauer ihres Hauptamtes am Sitze des Bezirksausschusses. Die vier anderen Mitglieder des Bezirksausschusses werden aus den Einwohnern seines Sprengels durch den Provinzialausschuß gewählt, in gleicher Weise wählt letzterer acht Stellvertreter, deren Einberufung das Geschäftsregulativ bestimmt (III. a. a. O.). Die Best. des § 49 Satz 2 dG. bezieht sich

natürlich nur auf die beamteten Mitglieder. Wählbar ist übrigens zum Mitgliede des Bezirksausschusses mit Ausnahme des Oberpräsidenten, der Regierungspräsidenten, der Vorsteher staatlicher PolBehörden, der Landräte und der Beamten des Provinzialverbandes jeder zum Provinziallandtage wählbare Angehörige des Deutschen Reichs. Mitglieder des Provinzialrats können nicht Mitglieder des Bezirksausschusses sein (LVG. § 28 IV). Die Klage ist gegen diejenige Behörde zu richten, die den Beschwerdebescheid erlassen hat, also nicht an den Bezirksausschuß und nicht an das OVG.

Begründung der Klage. **§ 50.**

(1) **Die Klage kann nur darauf gestützt werden, daß der angefochtene Bescheid den Kläger in seinen Rechten beeinträchtige, weil der Bescheid das geltende Recht verletze.**

(2) **Eine unrichtige Anwendung der geltenden Gesetze liegt auch dann vor, wenn die Tatsachen nicht gegeben sind, die ein Einschreiten der Behörde gerechtfertigt haben würden.**

1. Vgl. Anm. 1 zu § 49.

2. Die Klage kann nur darauf gestützt werden, daß der angefochtene Bescheid den Kläger in seinen Rechten beeinträchtige, weil der Bescheid das geltende Recht verletze (I). Demnach wird hier eine Verletzung des objektiven und eine Beeinträchtigung des subjektiven Rechtes gefordert. In Wirklichkeit ist aber die Verletzung des objektiven Rechtes zur Klage ausreichend, denn bei seiner Verletzung kann die Vf. nicht mehr Rechtens sein. So wie das G. lautet, wäre es möglich, daß eine objektive Gesetzesverletzung die Klage dann nicht begründen würde, wenn der Kläger nicht in seinen Rechten beeinträchtigt wäre. Denkbar ist bei dieser Formulierung allerdings, daß das G. eine sog. Popularklage ausschließen wollte, d. h. es sollte nicht jeder, der die objektive Gesetzesverletzung erkannt hat, sie auch in der Form der

Klage anfechten können, sondern nur dann, wenn er gleichzeitig in seinen Rechten beeinträchtigt ist. „Beeinträchtigen" ist weniger als verletzen; es kann sich auch um eine moralische Beeinträchtigung handeln, nicht bloß um eine materielle Minderung. Nach dem bisherigen Rechte konnte gemäß § 127 III LVG. die Klage nur darauf gestützt werden, 1. daß der angefochtene Bescheid durch Nichtanwendung oder unrichtige Anwendung des bestehenden Rechtes, insbesondere auch der von den Behörden innerhalb ihrer Zuständigkeit erlassenen VOen. den Kläger in seinen Rechten verletzt; 2. daß die tatsächlichen Voraussetzungen nicht vorhanden seien, welche die PolBehörde zum Erlasse der Vf. berechtigt haben würden. — Vergleicht man damit die Fassung des § 50 I, so ist in einem Punkte vollkommene Übereinstimmung, nämlich daß eine Verletzung des geltenden Rechtes von der Klage behauptet werden muß; denn die Nichtanwendung oder unrichtige Anwendung des bestehenden Rechtes ist dasselbe wie die Verletzung des geltenden Rechtes. Wenn § 127 III LVG. noch die VOen. hervorgehoben hat, so hat das keinerlei besondere Bedeutung, denn sie sind auch, ihre Rechtsgültigkeit vorausgesetzt, geltendes Recht. Den zweiten Fall der Klagemöglichkeit nach § 127 III LVG. finden wir im § 50 II dG. vor, wonach eine unrichtige Anwendung der geltenden Gesetze auch dann vorliegt, wenn die Tatsachen nicht gegeben sind, die ein Einschreiten der Behörden gerechtfertigt haben würden.

Revision beim OVG. **§ 51.**

Gegen die Entscheidung des Bezirksausschusses findet das Rechtsmittel der Revision beim Oberverwaltungsgericht statt.

1. Die Begr. (Sp. 43) führte folgendes aus:

„Gegen das Urteil des Bezirksausschusses findet nur das Rechtsmittel der Revision statt. Das OVG., dessen Aufgabe es ist, die Rechtseinheit auf dem Gebiete des Verwaltungsrechts zu wahren, muß, wie alle Höchsten Gerichtshöfe, die mit einer solchen Aufgabe betraut sind, von einer Nachprüfung der von dem Vorderrichter getroffenen tatsächlichen Feststellungen grundsätzlich freigehalten werden.

Um einer Überlastung des OVG. vorzubeugen, erscheint es geboten, die Revision auszuschließen, wenn lediglich die Höhe der festgesetzten Zwangsmittel angefochten wird. (Zu vgl. § 57 Abs. 1 des Entwurfs)."

2. Falls die Klage vom Bezirksausschuß entschieden worden ist (§§ 49 Satz 1, 45 II a—d), ist die Revision beim OVG. gegeben. Dies ist der einzige im G. vorgesehene Fall dieses Rechtsmittels.

Vorbehalt der privatrechtlichen Verhältnisse.

§ 52.

Die Entscheidung im Beschwerde- und Verwaltungsstreitverfahren erfolgt unbeschadet aller privatrechtlichen Verhältnisse.

1. Die Begr. (Sp. 43) bemerkte hierzu:

„Der § 52 übernimmt den allseitig anerkannten Rechtsgrundsatz des § 7 Abs. 1 Satz 2 des Landesverwaltungsgesetzes."

2. Daß die Rechtsmittel der Beschwerde, der Klage und der Revision sich nur auf die öffentlich-rechtlichen, nicht aber auf die privatrechtlichen Verhältnisse beziehen, wird hier ausdrücklich hervorgehoben, wäre aber auch ohne diese Hervorhebung selbstverständlich. Als Beispiel mag der Fall der Einweisung von Mietern in die bisher innegehabte Wohnung durch die Pol. wegen Obdachlosigkeit, die aus der Wohnung herausgesetzt worden sind, erwähnt werden. Vgl. oben bei § 14 S. 143.

Aufschiebende Wirkung des Rechtsmittels.

§ 53.

Die Einlegung eines Rechtsmittels hat aufschiebende Wirkung, soweit nicht das Gesetz ausdrücklich etwas anderes bestimmt oder diejenige Behörde, welche die Verfügung erlassen hat, aus überwiegenden Gründen

des öffentlichen Interesses die sofortige Ausführung verlangt.

1. Die Begr. (Sp. 43) bemerkte hierzu:

„Die Vorschriften des § 53 lehnen sich an an die Bestimmung des § 53 LVG. Sie sind praktisch unentbehrlich.“

2. Daß die Einlegung eines Rechtsmittels grundsätzlich aufschiebende Wirkung hat, liegt in der Natur der Sache, da sonst die sofortige Vollstreckung der mit dem Rechtsmittel angefochtenen Entscheidung für den Betroffenen von großem und ungerechtfertigtem Schaden sein könnte. Immerhin sind Ausnahmen vorgesehen. Entweder kann das G. ausdrücklich etwas anderes bestimmen oder diejenige Behörde, welche die Vf. erlassen hat, verlangt aus überwiegenden Gründen des öffentlichen Interesses die sofortige Ausführung. Ob in dem letzteren Falle, der sicherlich weitgehendes Ermessen in sich schließt, eine polizeiliche Vf. gesehen werden kann, die wieder ihrerseits durch ein Rechtsmittel anzufechten ist, bleibt offene Frage.

Regelung in Sachen der AusländerPol.

§ 54.

Die Rechtsmittel gegen polizeiliche Verfügungen in Angelegenheiten der Ausländerpolizei regelt der Minister des Innern durch Verordnung.

1. Die Begr. (Sp. 43) bemerkte hierzu folgendes:

„Der Sonderstellung der AusländerPol. wird dadurch Rechnung getragen, daß die Frage, welche Rechtsmittel in Sachen der AusländerPol. zugelassen werden, vom MindInn. durch eine VO. geregelt wird.“

2. Ein Ausschußmitglied äußerte Bedenken gegen die Regelung, die hier von der Regierung beabsichtigt zu sein scheine. Er denke dabei an Danzig und das Memelgebiet. Die Danziger und Memelländer könnten es als Härte empfinden, wenn sie anders behandelt werden sollten als die reichsangehörigen Deutschen. Es werde notwendig sein, bei

der zweiten Lesung auf diesen Paragraphen noch etwas näher einzugehen.

Ein erster Beauftragter des MindJnn. wies darauf hin, daß der Paragraph auf Wunsch der Abteilung III des Ministeriums in den Gesetzentwurf eingefügt worden sei. Er sei notwendig, weil sonst die Staatsverträge nicht ausgeführt werden könnten.

3. Daß die Rechtsmittel gegen polizeiliche Vfen. in Angelegenheiten der AusländerPol. durch den MindJnn. durch VO. geregelt werden, stellt eine Ausnahme von sämtlichen Vfen., die nach dG. in Frage kommen können, dar.

§ 54 wurde angenommen. (Sp. 82.)

4. **Verordnung über Rechtsmittel in Angelegenheiten der Ausländerpolizei.** Vom 1. Oktober 1931 (GS. S. 214). Auf Grund des § 54 des Polizeiverwaltungsgesetzes vom 1. Juni 1931 (Gesetzsamml. S. 77) wird für das preußische Staatsgebiet verordnet, was folgt:

§ 1.

(1) Gegen eine polizeiliche Verfügung, die in einer Angelegenheit der Ausländerpolizei erlassen wird, steht demjenigen, in dessen Rechte sie unmittelbar eingreift, innerhalb zweier Wochen, nachdem die polizeiliche Verfügung ihm zugestellt, zugegangen oder zu seiner Kenntnis gekommen ist, die Beschwerde zu.

(2) Zu den Angelegenheiten der Ausländerpolizei im Sinne dieser Verordnung gehören, soweit nicht etwas anderes bestimmt ist, auch die Angelegenheiten, bei denen es sich um Anträge nichtreichsangehöriger Personen auf Erteilung einer in den geltenden Paßvorschriften vorgesehenen polizeilichen Erlaubnis oder Bescheinigung handelt.

§ 2.

Zur Entscheidung über die Beschwerde ist zuständig:

a) gegen Verfügungen der Orts- und Kreispolizeibehörden der Regierungspräsident;

b) gegen Verfügungen der Regierungspräsidenten und des Polizeipräsidenten in Berlin der Oberpräsident.

§ 3.

Die §§ 45, 46, 47 Abs. 1, 48, 52 und 53 des Polizeiverwaltungsgesetzes vom 1. Juni 1931 finden im übrigen entsprechende Anwendung.

§ 4.

Diese Verordnung tritt am 1. Oktober 1931 in Kraft.

Abschnitt IX.

Die Zwangsmittel der Polizeibehörden.

Ausführung der zu erzwingenden Handlung durch Zwangsgeld oder unmittelbaren Zwang.

§ 55.

(1) Die Polizeibehörden sind unbeschadet der strafgerichtlichen Verfolgung strafbarer Handlungen befugt, die Befolgung einer polizeilichen Verfügung, wenn diese unanfechtbar geworden oder die sofortige Ausführung gemäß § 53 verlangt ist, durch Ausführung der zu erzwingenden Handlung auf Kosten des Pflichtigen durch Festsetzung von Zwangsgeld oder durch unmittelbaren Zwang durchzusetzen. Der Minister des Innern kann Grundsätze über die Anwendung unmittelbaren Zwanges, insbesondere über den Waffengebrauch, erlassen.

(2) Die Anwendung eines Zwangsmittels muß, abgesehen von dem Falle der unmittelbaren Ausführung einer polizeilichen Maßnahme (§ 44 Abs. 1 Satz 2), vorher angedroht werden. Die Androhung muß außer bei Gefahr im Verzug schriftlich erfolgen. Der Betrag des Zwangsgeldes ist in bestimmter Höhe anzudrohen. Wird die Ausführung der zu erzwingenden Handlung durch einen Dritten angedroht, so ist in der Androhung die Höhe des Kostenbetrags vorläufig zu veranschlagen. Für die Ausführung der zu erzwingenden Handlung ist außer bei Gefahr im Verzug eine angemessene Frist zu setzen.

(3) Die Höhe des Zwangsgeldes darf bei jeder Androhung

a) durch die Landespolizeibehörden . . . 150 *RM*,
b) durch die Kreispolizeibehörden . . . 100 *RM*,
c) durch die Ortspolizeibehörden . . . . 50 *RM*

nicht überschreiten.

(4) Das Zwangsgeld kann im Verwaltungszwangsverfahren beigetrieben werden. Die Beitreibung ist, sofern es sich nicht um die Durchsetzung eines Verbots handelt oder nicht ein Zwangsmittel auf Grund des § 33 ohne vorherige besondere Androhung festgesetzt ist, nur zulässig, solange der polizeiwidrige Zustand besteht.

(5) Ist die Handlung auf Kosten des Pflichtigen ausgeführt worden, so kann die Polizeibehörde von diesem den Kostenbetrag im Verwaltungszwangsverfahren einziehen. Auch der vorläufig festgesetzte Kostenbetrag kann im Verwaltungszwangsverfahren eingezogen werden.

(6) Die Zwangsmittel können bei polizeilichen Geboten wiederholt werden, bis der polizeiwidrige Zustand beseitigt ist. Bei polizeilichen Verboten kann das Zwangsmittel für jeden Fall der Nichtbefolgung festgesetzt werden.

1. Im Entw. lautete § 55:

(1) Die Polizeibehörden sind unbeschadet der strafgerichtlichen Verfolgung strafbarer Handlungen befugt, die Befolgung einer polizeilichen Verfügung, wenn diese unanfechtbar geworden oder die sofortige Ausführung gemäß § 53 verlangt ist, durch Ausführung der zu erzwingenden Handlung auf Kosten des Pflichtigen, durch Festsetzung von Zwangsgeld oder durch unmittelbaren Zwang durchzusetzen.

(2) Die Anwendung eines Zwangsmittels muß, abgesehen von dem Fall der unmittelbaren Ausführung

einer polizeilichen Maßnahme (§ 44 Abs. 1 Satz 2), vorher angedroht werden. Die Androhung muß außer bei Gefahr im Verzuge schriftlich erfolgen. Der Betrag des Zwangsgeldes ist in bestimmter Höhe anzudrohen. Wird die Ausführung der zu erzwingenden Handlung durch einen Dritten angedroht, so ist in der Androhung die Höhe des Kostenbetrages vorläufig zu veranschlagen. Für die Ausführung der zu erzwingenden Handlung ist außer bei Gefahr im Verzuge eine angemessene Frist zu setzen.

(3) Die Höhe des Zwangsgeldes darf bei jeder Androhung

a) durch die Landespolizeibehörden . . . . . 500 *RM*
b) durch die Kreispolizeibehörden . . . . . 200 *RM*
c) durch die Ortspolizeibehörden . . . . . 100 *RM*

nicht überschreiten.

(4) Das Zwangsgeld kann im Verwaltungszwangsverfahren beigetrieben werden. Die Beitreibung ist, sofern es sich nicht um die Durchsetzung eines Verbots handelt oder nicht ein Zwangsmittel auf Grund des § 33 ohne vorherige besondere Androhung festgesetzt ist, nur zulässig, solange der polizeiwidrige Zustand besteht.

(5) Ist die Handlung auf Kosten des Pflichtigen ausgeführt worden, so kann die Polizeibehörde von diesem den Kostenbetrag im Verwaltungszwangsverfahren einziehen. Auch der vorläufig festgesetzte Kostenbetrag kann im Verwaltungszwangsverfahren eingezogen werden.

(6) Die Zwangsmittel können bei polizeilichen Geboten wiederholt werden, bis der polizeiwidrige Zustand beseitigt ist. Bei polizeilichen Verboten kann das Zwangsmittel für jeden Fall der Nichtbefolgung festgesetzt werden.

2. Die Begr. (Sp. 43 f.) führte zu §§ 55, 56 folgendes aus: „Die Bestimmungen über die Zwangsmittel der Pol-Behörden lehnen sich im wesentlichen an die Vorschriften über die Zwangsbefugnisse der Behörden im Titel 5 des LVG. an. Der Entw. weicht jedoch in folgenden Punkten vom LVG. ab:

1. Der § 132 des LVG. sieht für die Anwendung der Zwangsmittel eine bestimmte Reihenfolge vor. Die Behörde hat in erster Linie, soweit es tunlich ist, die zu erzwingende Handlung durch einen Dritten ausführen zu lassen; ist dies nicht möglich, so kann Geldstrafe angedroht werden; unmittelbarer Zwang darf nur dann angewendet werden, wenn die Anordnung ohne einen solchen unausführbar ist. Diese Reihenfolge der anzuwendenden Zwangsmittel trägt den praktischen Bedürfnissen nicht Rechnung. Praxis und Rechtsprechung haben daher den § 132 LVG. sehr weitherzig interpretiert. Es wird indessen richtig sein, bei der Kodifizierung jedes Mißverständnis auszuschließen und es in Übereinstimmung mit der tatsächlich bestehenden Rechtsübung der pflichtgemäßen freien Entscheidung der PolBehörde zu überlassen, welches Zwangsmittel sie als das den Umständen angemessenste zur Anwendung bringen will.

2. An Stelle des Ausdrucks „Geldstrafe" ist der Ausdruck „Zwangsgeld" gesetzt, um dem im Publikum weitverbreiteten und eingewurzelten Irrtum entgegenzuwirken, daß das polizeiliche Zwangsmittel der Exekutivstrafe und die eigentliche Kriminalstrafe dasselbe seien.

3. Die Höchstgrenzen für das Zwangsgeld sind entsprechend der Entwertung des Geldes erhöht worden.

4. Eine Neuerung bringt die Vorschrift des § 56, Abs. 2, der bestimmt, daß die Zwangshaft durch Arbeiten für eine Gemeinde oder einen Gemeindeverband abgewendet werden kann. Dem sozialen Empfinden unserer Zeit entspricht es, daß derjenige, welcher die polizeiliche Ordnung stört und durch sonstige Zwangsmittel nicht zu ihrer Beobachtung angehalten werden kann, nicht wie ein kriminell Strafbarer untätig einige Tage in Haft zubringen muß und mit dem Makel des Vorbestraften behaftet ist, sondern die Möglichkeit hat, die Zwangshaft durch nutzbringende Arbeit für die Allgemeinheit abzuwenden. Es erscheint geboten, die näheren Bestimmungen über die Art der Arbeit einer Ministerialverordnung zu überlassen."

3. Im Ausschuß erster Lesung lagen folgende Anträge vor:

Nr. 46:

Im § 55 Abs. 3 ist

1. unter a) die Zahl „500" zu ersetzen durch „300",
2. unter b) die Zahl „200" zu ersetzen durch „100",
3. unter c) die Zahl „100" zu ersetzen durch „50".

Nr. 47 (Berichterstatter):

Im § 55 erhält Abs. 1 folgenden Zusatz:

Der Minister des Innern kann Grundsätze über die Anwendung unmittelbaren Zwanges, insbesondere über den Waffengebrauch, erlassen.

Ein Antragsteller wies darauf hin, daß die Vorschriften über das Zwangsgeld für jeden einzelnen Fall gelten. Deshalb könnten die Höchstsummen herabgesetzt werden; denn bleibe die Festsetzung des Zwangsgeldes einmal unwirksam, so könne sofort ein erneutes Zwangsgeld angedroht werden. Die in Antrag 47 enthaltene Bestimmung halte er für selbstverständlich; es handele sich auch um eine interne Angelegenheit des Ministeriums.

Ein zweiter Beauftragter des MindInn. erklärte, auch der Entw. habe eine ausdrückliche Ermächtigung zum Erl. einer Anweisung über die Ausübung des unmittelbaren Zwanges nicht für notwendig gehalten. Um jedoch den Bedenken, die in der Praxis und Rechtsprechung auftreten könnten, zu begegnen, dürfte es sich empfehlen, durch die Annahme des Antrages 47 eine einwandfreie rechtliche Grundlage zu schaffen. Hinsichtlich des Antrages 46, der das Zwangsgeld herabsetzen wolle, bestünden keine Bedenken.

Die Anträge 46 und 47 wurden angenommen und mit dieser Änderung § 55. (Sp. 83.)

4. Die AusfBest. zu § 55 lauten:

Für die Anwendung unmittelbaren Zwanges, insbesondere des Waffengebrauchs, gelten folgende Grundsätze:

I. Arten des unmittelbaren Zwanges.

Der unmittelbare Zwang (§ 55 Abs. 1 des PolVerwG.) im Sinne dieser Grundsätze umfaßt

1. die einfache körperliche Gewalt,
2. die Anwendung von Hilfsmitteln der körperlichen Gewalt,
3. die Anwendung von Waffen, und zwar
   a) von Hieb- und Stichwaffen,
   b) von Schußwaffen bzw. Explosivmitteln.

Zu 1: Die einfache körperliche Gewalt umfaßt jede körperliche Einwirkung auf Personen oder Sachen, wie z. B. Handauflegen, Wegführen einer Person am Arm, Wegtragen einer Sache.

Zu 2: Zu den Hilfsmitteln der körperlichen Gewalt gehören Polizeigriffe, Boxen, die Anwendung von Knebeln und Fesseln, die Benutzung von Wasser- und Gasspritzen und ähnliche Hilfsmittel sowie die Verwendung von Polizeihunden.

Zu 3a: Hiebwaffe im Sinne dieser Grundsätze ist der Polizeiknüppel, Hieb- und Stichwaffe das Polizeiseitengewehr (Säbel).

Zu 3b: Schußwaffen bzw. Explosivmittel sind: Pistole, Karabiner, Revolver, Maschinenpistole, Maschinengewehr, Handgranate, Gasbombe.

II. Allgemeiner Grundsatz für die Anwendung unmittelbaren Zwanges.

Für die Anwendung unmittelbaren Zwanges gilt als oberster Grundsatz der § 41 Abs. 2 Satz 2 des PolVerwG., wonach tunlichst das Mittel zu wählen ist, welches den Betroffenen und die Allgemeinheit am wenigsten beeinträchtigt. Die selbstverständliche Voraussetzung dabei ist, daß die notwendigen polizeilichen Ziele erreicht werden.

III. Die Anwendung unmittelbaren Zwanges gegen Personen.

A. Durch einzelne Beamte.

1. Die allgemeine Voraussetzung für die Anwendung unmittelbaren Zwanges gegen Personen.

Die Anwendung unmittelbaren Zwanges gegen Personen ist vorbehaltlich der Vorschriften unter V nur statthaft

a) zur Durchführung einer polizeilichen Vf., einschl. der Fälle der §§ 15, 16 und 17 des PolVerwG. und der Sicherheitsverwahrung von Ausländern zur Durchführung der Ausweisungen.

b) zur Durchführung sonstiger obrigkeitlicher Befugnisse, die die Anwendung unmittelbaren Zwanges erfordern. Derartige Befugnisse sind die Vornahme einer Verhaftung (§§ 112, 114, 131 StPO.), die vorläufige Festnahme aus eigener Entschließung oder auf Ersuchen einer Behörde (§ 127 StPO.), die Festnahme von Personen, welche Amtshandlungen stören (§ 164 StPO.), die zwangsweise Vorführung von Zeugen (§ 51 StPO.) oder Angeklagten (§ 230 StPO.), die Durchsuchung durch Hilfsbeamte der Staatsanwaltschaft oder auf Anordnung von solchen (§§ 102, 103, 105 StPO.), die Beschlagnahme durch Hilfsbeamte der Staatsanwaltschaft oder auf Anordnung von solchen (§§ 94, 98 StPO.), die körperliche Besichtigung im Rahmen des § 163 StPO.

c) im Fall der Notwehr (§ 53 StGB.).

2. Die besonderen Voraussetzungen für die Anwendung unmittelbaren Zwanges.

Unmittelbarer Zwang darf in den Fällen 1a und b nur gegen solche Personen angewendet werden, deren Verhalten die Erreichung des polizeilichen Zieles unmöglich macht oder gefährdet, wie z. B. durch aktiven oder passiven Widerstand oder Flucht.

Die Entscheidung darüber, welche Art des unmittelbaren Zwanges (vgl. I) anzuwenden ist, bleibt im Rahmen der unter II gegebenen Bestimmungen dem pflichtgemäßen Ermessen des ausführenden Beamten überlassen.

Im Fall der Notwehr dürfen, soweit das nach § 53 StGB. zulässig ist, auch andere als die unter I angeführten Waffen gebraucht werden.

Für den Gebrauch der unter I 3b angeführten Schußwaffen und Explosivmittel gilt folgendes:

Von Schußwaffen oder Explosivmitteln darf, abgesehen von dem Fall III 1c, nur nach vorheriger Androhung, gegen eine Volksmenge nur nach dreimaliger Androhung Gebrauch gemacht werden. Die Androhung kann durch Worte erfolgen, wie „Halt oder ich schieße", „Zurück oder ich schieße". Die Androhung, auch die dreimalige, kann durch eine schriftliche, an Ort und Stelle anzubringende Bekanntmachung ersetzt werden. Schreckschüsse, d. h. Schüsse, die bewußt fehl gezielt sind, gelten ebenfalls als Ersatz für die Androhung. Gegen Personen, die sich nach ihrem äußeren Eindruck im Kindesalter befinden, dürfen Schußwaffen oder Explosivmittel nur in dem Fall III 1c angewendet werden. Auf fliehende Personen darf nur geschossen werden, wenn sie eines Verbrechens überführt oder dringend verdächtig sind.

B. Bei geschlossenem Einsatz von Polizeibeamten.

Geschlossener Einsatz der Pol. im Sinne dieser Bestimmungen ist gegeben, wenn mehrere PolVollzugsbeamte unter Führung eines von der zuständigen PolBehörde Beauftragten oder, falls ein solcher nicht bestimmt oder anwesend ist, unter Führung des jeweils anwesenden Dienstältesten, soweit dieser die Übernahme der Führung den beteiligten Bamten gegenüber ausdrücklich kundgetan hat, tätig werden.

Bei geschlossenem Einsatz wird die Anwendung unmittelbaren Zwanges durch den Führer angeordnet, es sei denn, daß bei einzelnen Beamten der Tatbestand des § 53 StGB. (Notwehr) gegeben ist.

Für die Anwendung unmittelbaren Zwanges bei geschlossenem Einsatz der Pol. gelten die vorstehend unter A festgelegten Grundsätze entsprechend.

IV. Die Anwendung unmittelbaren Zwanges gegen Sachen.

Unmittelbare Gewalt gegen Sachen kann angewendet werden

a) zur Durchführung einer polizeilichen Vf., vgl. dazu insbesondere § 44 Abs. 1 Satz 2 PolVerwG.,

b) zur Durchführung einer Durchsuchung durch Hilfsbeamte der Staatsanwaltschaft oder auf Anordnung von solchen (§§ 102, 103, 105 StPO.),

c) im Falle des § 54 StGB. (Notstand).

Für die Anwendung unmittelbaren Zwangs gegen Sachen werden neben dem allgemeinen Grundsatz unter II Sonderbestimmungen nicht erlassen.

V. Sondervorschriften.

1. Polizeigefängnisdienst.

Für die im PolGefängnisdienst dauernd tätigen sowie die mit der Bewachung der Begleitung, Beaufsichtigung oder Wiederergreifung von Gefangenen vorübergehend beauftragten oder aus eigener Entschließung tätigen PolVollzugsbeamten gelten die unter III A und B erlassenen Grundsätze entsprechend, mit der Ergänzung, daß als Voraussetzung für die Anwendung unmittelbaren Zwanges zu den unter III A 1a—c angeführten Fällen noch der Fall hinzukommt, daß die Anwendung von Zwangsmitteln gestattet ist, wenn Gefangene vereinzelt oder gemeinsam fliehen oder zu fliehen versuchen, sowie in den Fällen des § 122 StGB. Als Gefangene gelten dabei nicht diejenigen Personen, die gemäß § 15 des PolVerwG. in polizeiliche Verwahrung genommen oder die gemäß § 16 des PolVerwG. zwangsweise vorgeführt oder gemäß § 56 des PolVerwG. in Zwangshaft genommen sind.

Von der Schußwaffe (Explosivmitteln) darf dabei Gebrauch gemacht werden

a) in den Fällen des § 122 StGB. nach den Grundsätzen unter III A 1 und 2 Abs. 1 und 2 und B,

b) im Falle der Flucht oder des Fluchtversuchs, wenn Gefangene sich der Wiederergreifung tätlich oder durch gefährliche Drohungen widersetzen oder auf wiederholte Aufforderung von dem Fluchtversuch nicht ablassen, unabhängig davon, aus welchem Grunde sie gefangen genommen sind. Ist die Zahl des Aufsichts- oder Begleitpersonals größer als die Zahl der Gefangenen, so darf von der Schußwaffe oder von Explosivmitteln nur Gebrauch gemacht werden bei Gefangenen, die wegen eines Verbrechens gefangen gehalten werden.

2. Grenzwachtdienst.

Die PolVollzugsbeamten, die gemäß § 20 des VereinszollG. vom 1. Juli 1869 (Bundesgesetzbl. S. 317) im Grenzwachtdienst tätig werden, gehören während dieser Tätigkeit zu den im Grenzaufsichtsdienst der Reichsfinanzverwaltung tätigen Personen und haben insoweit das Recht zum Waffengebrauch im Rahmen des ReichsG. vom 2. Juli 1921 (RGBl. S. 935) und der dazu erlassenen Anweisungen. (MinBliV. Sp. 930 ff.)

5. Die Bestimmungen über die Zwangsmittel weichen in einigen Punkten von den Vorschriften über die Zwangsbefugnisse der Behörden im LVG. § 132 ab. Dort war die Reihenfolge der Zwangsmittel vorgeschrieben. Jetzt ist es den PolBehörden überlassen, welches Zwangsmittel — Ausführung der zu erzwingenden Handlung auf Kosten des Pflichtigen oder Festsetzung eines Zwangsmittels oder unmittelbarer Zwang — zur Anwendung kommen soll. Neu ist auch die Best., daß durch VO. des MindInn. den betroffenen Personen freigestellt werden kann, die Zwangshaft durch Arbeit für eine Gemeinde oder für einen Gemeindeverband abzuwenden (§ 56 f.). Für Aufnahme dieser Bestimmung ist die soziale Erwägung maßgebend, daß derjenige, der die polizeiliche Ordnung stört, nicht mehr wie ein kriminell Strafbarer mit dem Makel des Vorbestraften behaftet werde, sondern möglichst die Zwangshaft durch nutzbringende Arbeit für die Allgemeinheit abwenden soll. Die näheren Bestimmungen sollen einer VO. des MindInn. vorbehalten sein. Die Gemeinden wollten (vgl. Richardt, a. a. O. S. 20), daß in dieser VO. auch die Frage der Haftung bei Unfällen oder für Schäden Dritter besonders geregelt wird, da sonst die Gemeinden durch die Ableistung dieser Zwangsarbeit erheblichen finanziellen Nachteilen unterworfen sein können. Es werden gegen Festsetzung eines Zwangsmittels die gleichen Rechtsmittel wie gegen polizeiliche Vfen. vorgesehen, mit der Einschränkung, daß, wenn lediglich die Höhe des festgesetzten Zwangsmittels angegriffen wird, neben der Beschwerde nur die Klage, nicht aber die Revision zulässig sein soll (§ 57 I)

6. Drews a. a. O. meint, daß die Auswahl, welches der drei Zwangsmittel anzuwenden ist, dem pflichtgemäßen Ermessen der Pol. überlassen bleiben soll, ebenso zweckmäßig ist wie die Umtaufe der Geld-Exekutivstrafe in „Zwangsgeld". Der bisherige Name „Exekutivstrafe" gab in der Bevölkerung zu ihrer dauernden Verwechslung mit Strafe in eigentlichem Sinne, d. h. Kriminalstrafe, Anlaß. Eine im Nichtbeitreibungsfalle substituierte Zwangshaft soll der Betroffene durch persönliche Arbeit für die Gemeinde abwenden können — eine dankenswerte Einrichtung, die zur Entkriminalisierung polizeilicher Zuwiderhandlungen beitragen wird. Warum aber bei Androhung der Ausführung durch einen Dritten auf Kosten des PolPflichtigen in der Vf. stets sogleich die Höhe des Kostenbetrags vorläufig veranschlagt werden muß, ist nicht ersichtlich. Die bisherige Vorschrift, daß die Pol. einen diesbezüglichen Kostenbetrag in geeigneten Fällen vorläufig festsetzen und ihn vor endgültiger Abrechnung einziehen kann, erscheint weit praktischer. Eine nicht gerechtfertigte unmittelbare Verringerung des Rechtsschutzes für das Publikum bringt nach Drews § 57 II, III durch die Vorschrift, daß die Anfechtung einer nach Erlaß der sachlichen Anordnung selbständig ausgesprochenen Androhung nur dann die Anordnung selbst mit ergreift, wenn letztere noch nicht anfechtbar geworden ist, während bisher die Anordnung selbst nur dann nicht mit ergriffen wurde, wenn über sie allein bereits in einem besonderen gegen sie angestrengten Beschwerde- oder Streitverfahren entschieden war. Im übrigen ist auch nicht einzusehen, warum im Rechtsstaat nicht auch die Festsetzung und Ausführung eines Zwangsmittels der Rechtskontrolle im Verwaltungsstreitverfahren unterliegen soll, wenn der Betroffene behauptet, daß Festsetzung oder Ausführung ihn in seinen Rechten verletzen — indem z. B. ein anderes Zwangsmittel als das angedrohte festgesetzt oder ein anderes als das festgesetzte ausgeführt sei.

7. Was die rechtliche Natur des Zwangsgeldes angeht, führt Schäfer (Juristische Rundschau 1931, S. 170) folgendes aus. „Von den Verfassern der Gesetzes-

vorlage war das „Zwangsgeld" nicht als Sühne für begangenes Polizeiunrecht, sondern lediglich als Mittel zur Erzwingung polizeigemäßen Verhaltens für die Zukunft gedacht, entsprechend den Exekutivstrafen des § 132 LVG. (vgl. die Ausführungen der amtl. Begr. zum VII. Abschnitt, S. 33 und noch deutlicher Kerstiens in RuPrVerwBl. 1931, 48). Auch der Landtagsausschuß hat bei den Beratungen des Gesetzes das Zwangsgeld als „Exekutivmaßnahme" angesehen (Berichterstatter Dr. Hamburger in der 233. Sitzung vom 6. Mai 1931, StenBer. S. 20 308). Soweit es sich dabei um die Fälle handelt, in denen gemäß § 33 II der Festsetzung des Zwangsgeldes eine Androhung vorauszugehen hat, bestehen keine Bedenken, es als ein reines Beugemittel anzusehen. Es soll hier in der Tat lediglich ein psychologischer Zwang zu künftigem Verhalten ausgeübt werden. Dies ergibt sich ohne weiteres daraus, daß nach § 55 IV S. 2 das bereits festgesetzte Zwangsgeld, sofern nicht gegen ein Verbot verstoßen worden ist, nicht beigetrieben werden darf, wenn die durch die PolVO. geforderte Handlung nachträglich noch vorgenommen wird. Anders aber, wenn die Belegung mit Zwangsgeld gemäß § 33 Abs. II ohne vorherige Androhung zulässig ist. Hier kann das Zwangsgeld unabhängig davon beigetrieben werden, ob der Pflichtige sich nachträglich auf seine Pflicht besonnen hat. Die Ausübung eines Zwanges zu künftigem Verhalten durch die Vollstreckung des Zwangsgeldes ist dann nur so denkbar, daß der Betroffene dazu angehalten werden soll, in Zukunft solche Zuwiderhandlungen gegen die PolVO. zu überlassen. In ähnlicher Weise hat man ja auch gelegentlich die Disziplinarstrafe nicht als Sühne begangenen Unrechts, sondern als Mittel zur Erzwingung künftigen pflichtgemäßen Verhaltens aufgefaßt: sie solle den damit belegten Beamten, oder, sofern die Strafe auf Amtsverlust lautet, die übrigen Amtsgenossen zur Erfüllung ihrer Pflichten anhalten (so z. B. Löwe-Rosenberg Anm. 2b zu § 3 EGStPO.). Die Charakterisierung des Zwangsgeldes als Exekutivstrafe auch in den vorgedachten Fällen erscheint indessen selbst dann bedenklich, wenn in Zukunft weitere Verstöße des Betroffenen gegen die PolVO. an sich möglich sind. Das Zwangsgeld ist vielmehr hier in erster Linie Strafe für begangenes Unrecht. Allerdings verfolgt es — wie jede, auch die kriminelle Strafe — zugleich den Zweck, den Betroffenen von künftigen Zuwiderhandlungen abzuhalten; aber die Spezialprävention ist zwar der wichtigste, jedoch nicht — wie bei der Zwangsstrafe — der einzige Zweck. Auch die Disziplinarstrafe betrachtet demgemäß der weitaus überwiegende Teil des Schrifttums als Strafe für begangenes Unrecht, nicht als Zwang zu künftigem Verhalten (vgl. die Lit.-Nachweise bei Krakenberger, Die rechtl. Natur der Ordnungsstrafe, Strafrechtl. Abhandl. Heft 156 S. 27 Anm. 3). Ebenso ist in RGZ. 77, 222 ausgesprochen, daß die Zivilstrafe nach § 890 ZPO., obwohl sie den Zweck der Willensbeugung verfolge, doch wirkliche Strafe, Sühne für begangenes Unrecht sei. Allenfalls ließe sich die Auffassung vertreten, daß das Zwangsgeld in den in Frage stehenden Fällen sowohl Strafe wie Beugemittel sei. Keinesfalls kann aber — worauf schon Jellinek RuPrVerwBl. 1931, 122 mit Recht hingewiesen hat — die Charakterisierung als psychologisches Zwangsmittel in den Fällen aufrecht erhalten werden, in denen ein Zwang zur Begutachtung der PolVO. für die Zukunft nicht mehr in Frage kommt. Dies ist der Fall, wenn diese inzwischen aufgehoben worden ist oder ihre Bedeutung verloren hat, wie z. B. eine PolVO., die eine einmalige, an einem ganz bestimmten Zeitpunkt vorzunehmende Handlung fordert; ferner, wenn der Betroffene nicht mehr zu dem Personenkreis gehört, an den sich die VO. richtet. In diesem Falle stellt sich das Zwangsgeld als r e i n e Sühne für eine in der Vergangenheit liegende Polizeiwidrigkeit dar, als O r d n u n g s strafe, wie solche Strafen nicht krimineller Art gewöhnlich bezeichnet werden (so Kerstiens selbst RuPrVerwBl. 1931 S. 312)."

Über die Vereinbarkeit des § 33 mit dem Reichsrecht siehe die Ausführungen von Schäfer, Juristische Rundschau 1931, S. 171, siehe oben S. 231 ff. zu § 33.

Aus der rechtlichen Natur des Zwangsgeldes und aus dem nichtkriminellen Charakter der Verstöße gegen PolVOen. ergibt sich nach Schäfer a. a. O. die weittragende Folgerung, daß die allgemeinen Vorschriften des Reichsstrafrechts über die Schuld, Strafmündigkeit, Teilnahme, Verjährung usw. keine Anwendung finden.

8. Die bisherige Regelung der Zwangsmittel überhaupt fand in §§ 132 f. LVG. statt. Dieselben lauteten wie folgt:

§ 132. Der Regierungspräsident, der Landrat, die Ortspolizeibehörde und der Gemeinde- (Guts-) Vorsteher (-Vorstand) sind berechtigt, die von ihnen in Ausübung der obrigkeitlichen Gewalt getroffenen, durch ihre gesetzlichen Befugnisse gerechtfertigten Anordnungen durch Anwendung folgender Zwangsmittel durchzusetzen:

1. Die Behörde hat, sofern es tunlich ist, die zu erzwingende Handlung durch einen Dritten ausführen zu lassen und den vorläufig zu bestimmenden Kostenbetrag im Zwangswege von den Verpflichteten einzuziehen.

2. Kann die zu erzwingende Handlung nicht durch einen Dritten geleistet werden, — oder steht es fest, daß der Verpflichtete nicht imstande ist, die aus der Ausführung durch einen Dritten entstehenden Kosten zu tragen, — oder soll eine Unterlassung erzwungen werden, so sind die Behörden berechtigt, Geldstrafen anzudrohen und festzusetzen, und zwar:

[a) die Gemeinde- (Guts-) Vorsteher bis zur Höhe von fünf Mark;

b) die Ortspolizeibehörden und die städtischen Gemeindevorsteher (-Vorstände) in einem Landkreise bis zur Höhe von sechzig Mark;

c) die Landräte, sowie die Polizeibehörden und Gemeindevorsteher (-Vorstände) in einem Stadtkreise bis zur Höhe von einhundertfünfzig Mark;

d) der Regierungspräsident bis zur Höhe von dreihundert Mark.]*)

---

*) Wenn eine Behörde oder ein Beamter ermächtigt ist, Geldstrafen anzudrohen oder festzusetzen, ist ein Mindestbetrag von 1 M. und als Höchstbetrag 1000 M. vorgeschrieben. VO. vom 23. November 1923 (RGBl. S. 1117) Art. II und vom 6. Februar 1924 (RGBl. I S. 44) Art. III Abs. 1.

im Betrage von mindestens einer Mark und höchstens eintausend Mark.

Gleichzeitig ist nach Maßgabe der §§ 28, 29 des Strafgesetzbuchs für das Deutsche Reich die Dauer der Haft festzusetzen, welche für den Fall des Unvermögens an die Stelle der Geldstrafe treten soll. [Der Höchstbetrag dieser Haft ist

in den Fällen zu a = ein Tag,
" " " " b = eine Woche,
" " " " c = zwei Wochen,
" " " " d = vier Wochen.]

Die Dauer der Haft ist mindestens ein Tag und höchstens vier Wochen. Im übrigen richtet sich das Maß der Haftstrafe nach freiem Ermessen der Behörde*).

Der Ausführung durch einen Dritten (Nr. 1), sowie der Festsetzung einer Strafe (Nr. 2) muß immer eine schriftliche Androhung vorhergehen; in dieser ist, sofern eine Handlung erzwungen werden soll, die Frist zu bestimmen, innerhalb welcher die Ausführung gefordert wird.

3. Unmittelbarer Zwang darf nur angewendet werden, wenn die Anordnung ohne einen solchen unausführbar ist.

§ 133. Gegen die Androhung eines Zwangsmittels finden dieselben Rechtsmittel statt, wie gegen die Anordnungen, um deren Durchsetzung es sich handelt. Die Rechtsmittel erstrecken sich zugleich auf diese Anordnungen, sofern dieselben nicht bereits Gegenstand eines besonderen Beschwerde- oder Verwaltungsstreitverfahrens geworden sind.

Gegen die Festsetzung und Ausführung eines Zwangsmittels findet in allen Fällen nur die Beschwerde im Aufsichtswege innerhalb zwei Wochen statt.

Haftstrafen, welche an Stelle einer Geldstrafe nach § 132 Nr. 2 festgesetzt sind, dürfen vor ergangener endgültiger Beschlußfassung oder rechtskräftiger Entscheidung auf das eingelegte Rechtsmittel bzw. vor Ablauf der zur Einlegung desselben bestimmten Frist nicht vollstreckt werden.

---

*) Vgl. letzte Anm.

Die Exekutivstrafe des § 132 LVG. ist stets als unzulässig angesehen worden, wenn anstatt einer Beugeabsicht das Ziel, begangenes Unrecht zu sühnen, erkennbar war. Nach einhelliger Rechtsauffassung durfte die PolBehörde eine solche Exekutivstrafe nicht verhängen, wenn vor der Festsetzung der Zweck des Zwangsmittels hinfällig geworden, insbesondere die schuldige Leistung nachträglich, wenn auch nach der gesetzten Frist bewirkt worden war. (Vgl. von Brauchitsch, Bd. I 22. Aufl. S. 261, 24. Aufl. S. 253; Drews, Preuß. Polizeirecht, 2. Aufl. S. 71; Hatschek, Lehrbuch des deutschen und preußischen Verwaltungsrechts, 1927 S. 428; OVG. 2 382, 414; 7 347; von Bitter, Handwörterbuch der preuß. Verwaltung, 2 3. Aufl. S. 1180; Friedrichs, PrVerwBl. 31 403 ff. Auch dies ist auch jetzt noch geltendes Recht in den Fällen, in denen die §§ 132 f. §§ 132 f. LVG. nach § 79 II m anwendbar geblieben sind. So Dronsch, RuPrVerwBl. 926 links, 927 rechts, mit folgendem Beispiel. Der Landrat und Vorsitzender des Kreisausschusses gibt einem Gemeindevorsteher unter Androhung einer Exekutivstrafe gemäß § 132 LVG. auf, bis 1. Dezember einen versäumten Bericht zu erstatten. Am 3. Dezember geht dieser ein. Eine am 4. Dezember erlassene Festsetzungsverfügung wäre unzulässig.

9. Die Vereinbarkeit von Zwangsgeld und Ersatzzwangsmittel mit dem Reichsrechte verficht Dronsch im RuPr-VerwBl. 52 925, 929 in folgender Weise:

a) Die Zuständigkeitsvorschriften der Reichsverfassung sind nicht verletzt. Art. 9 RV. gibt dem Reich die Bedarfskompetenz hinsichtlich des Schutzes der öffentlichen Ordnung und Sicherheit. Nach dem gegenwärtigen Stande der Reichsgesetzgebung stellt Giese (Die Verfassung des Deutschen Reichs, 1931 Anm. 3 zu Art. 9) mit Recht fest, daß „das Polizeiwesen die Domäne des Landesrechts sei". Das Reich hat keine Grundsätze über Wesen und Inhalt landesrechtlicher PolVOen. aufgestellt. Das Recht, in dem § 24 PolVerwG. eine landesrechtliche Begriffsbestimmung für PolVOen. zu geben, kann daher dem preußischen Gesetzgeber nicht bestritten werden. (So auch Schorn, Jur. Rundsch. 1931 S. 178.) Nach Art. 7 RV. ist das Reich u. a. zuständig für das Strafrecht, jedoch nicht ausschließlich. Es bleibt deshalb den Ländern nach Art. 12 die Gesetzgebung auf landesstrafrechtlichem Gebiet, solange und so weit das Reich von seinem Gesetzgebungsrechte keinen Gebrauch macht. Durch diese Artikel ist allerdings auch das Polizeistrafrecht erfaßt (Giese, a. a. O. Anm. 2 zu Art. 7 Nr. 2, Anschütz (1929) Anm. 4 zu Art. 7), aber nur, soweit es sich um die Androhung und Verhängung krimineller Übertretungsstrafen handelt. (Statt aller anderen: Löwe-Rosenberg, Die StPO., 18. Aufl. S. 49 Anm. 2 zu § 3 EGStPO.). Da das Zwangsgeld und die Ersatzzwangsmittel reine Exekutivmaßnahmen ohne jeden Strafcharakter sind, ist Art. 7 RV. unanwendbar. (So mit Recht schon in bezug auf Art. 4 Nr. 13 der alten RV.: Krakenberger, a. a. O. S. 131.) Zu Unrecht wird (s. Stienen, DJZ. 1931 S. 1300) Drews dafür in Anspruch genommen, daß Zwang nicht allgemein in einer PolVO. angedroht werden dürfe. Bei seinem entsprechenden Hinweis in der 2. Auflage des Pr. Polizeirechts (S. 87) hat er eine Schlußfolgerung aus dem früher geltenden Recht gezogen; sein Vorschlag de lege ferenda war (Preuß. Polizeirecht I, 3. Aufl. S. 99), PolVOen. und PolVfen. auf dem gleichen Wege, durch rein polizeiliche Zwangsmaßnahmen, zu verwirklichen. Alles das sind Maßnahmen, die nach den Art. 9, 12 RV. in dem freien Ermessen des Landesgesetzgebers stehen. Dieser ist auch befugt, den theoretisch kaum erfaßbaren Begriff (Hatschek, a. a. O. S. 156 ff., Schäfer, Jur. Rundsch. 1931 S. 170. Eine formelle Trennung war z. B. auch bei den ebenso flüssigen Begriffen „Verbrechen" und „Vergehen" notwendig.) „Polizeiunrecht" in formellem Sinne, d. h. durch gesetzliche Bestimmung, aus dem Strafrecht auszuscheiden. Einen Rechtssatz: „Was Strafrecht ist, muß auch Strafrecht bleiben" gibt es nicht.

b) Es bleibe noch zu erörtern, ob etwa ein besonderes ReichsG. zu Ausnahmen von diesen Feststellungen nötigt.

aa) Wenn in den §§ 5, 6 EGStGB. dem Landesgesetzgeber hinsichtlich der Strafarten Beschränkungen auferlegt sind, so ist dies nach einhelliger Rechtsauffassung nur für außerhalb des StGB. vorhandene strafrechtliche Materien geschehen. „Die Vorschrift trifft nur das Strafrecht, nicht auch das Disziplinarstrafrecht und autonomes Strafrecht, auch nicht Unrechtsfolgen, die keine Strafen sind" (Leipz. Komm. zum StGB. [1929] S. 1252 Anm. 7 zu § 5 EGStGB.). Gerade die letztere Ausnahme trifft auf die Zwangsgelder und Ersatzzwangsmittel in PolVOen. zu; niemals ist auch die Rechtsgültigkeit von Exekutivstrafen nach den §§ 132 ff. LVG. bestritten worden.

bb) In dem § 6 EGStPO. und den §§ 413 ff. StPO. ist die Gültigkeit landesgesetzlicher Bestimmungen auf strafprozessualem Gebiet mit der Maßgabe geregelt, daß gegen polizeiliche StrafVfen. neben der Beschwerde an die höhere PolBehörde der Rechtsmittelweg vor dem ordentlichen Strafrichter zugelassen werden muß. In Rechtswissenschaft und Praxis besteht aber Übereinstimmung darüber (Löwe-Rosenberg, a. a. O. Anm. 2 zu § 3, 1 zu § 6 EGStPO., Anm. 1 zu § 413 StPO.), daß sich der Begriff „Strafsache" im Sinne dieser Vorschriften aus dem materiellen Strafrecht ergibt. Es ist also ein Verfahren vorausgesetzt, in dem es sich um die Verhängung einer kriminellen Strafe (im weiteren Sinne dieses Ausdrucks) handelt. Bei Löwe-Rosenberg heißt es ausdrücklich (a. a. O. S. 50 Anm. 2b zu § 3 EGStPO.): „Zu den Strafsachen im Sinne der StPO. gehören nicht diejenigen Sachen, bei denen es sich um die Verhängung . . . . einer Zwangsstrafe (Exekutivstrafe) handelt. Diese Strafen unterscheiden sich von der Kriminalstrafe dadurch, daß sie nicht der Repression, sondern der Prävention dienen; sie sollen nicht vergangenes Unrecht sühnen, sondern zukünftiges Recht erzwingen."

c) Hinzukomme, daß durch eine ausdrückliche reichsgesetzliche Bestimmung, nämlich durch die Art. II, VIII der sehr sorgfältig redigierten VO. über Vermögensstrafen und Bußen vom 6. Februar 1924 (RGBl. I S. 44) dem Landesgesetzgeber auf dem Gebiete der Zwangsmittel ausdrücklich reichsgesetzliche Vollmacht erteilt ist. Bei der Wesensungleichheit der Zwangsmittel und der kriminellen Strafen, die insbesondere durch die Plenarentscheidung des OVG. vom 13. Februar 1929 anerkannt ist, hätte von dieser Vollmacht auch dahin Gebrauch gemacht werden können, daß neben kriminellen Strafen allgemein auch Zwangsmittel angedroht wurden. Wenn der pr. Gesetzgeber nach § 76 II PolVerwG. nicht soweit gegangen ist, so kann das nur als Zweckmäßigkeitserwägung anerkannt werden. Mit Recht mache Schäfer (Jur. Rundsch. 1931 S. 171 ff.) von seinem hier nicht geteilten Standpunkte aus geltend, daß auch eine landesrechtliche Ordnungsstrafe schon früher zulässig war und nunmehr durch die angezogenen Artikel der VO. vom 6. Februar 1924 in ihrer Vereinbarkeit mit dem Reichsrecht außer Zweifel gestellt ist.

d) Wenn auf einwandfreier gesetzlicher Grundlage die Zuständigkeit des Strafrichters zur Nachprüfung der Zuwiderhandlungen gegen PolVOen. in den Fällen beseitigt ist, in denen nach den §§ 24 ff., 76 I PolVerwG. nicht mehr Kriminalstrafen, sondern Zwangsmittel angedroht sind, so ist der Strafrichter nicht mehr „gesetzlicher Richter" im Sinne des Art. 105 RV.; denn diese Vorschrift schützt den Staatsbürger nur nach dem jeweiligen Stande der zivil-, straf- und verwaltungsgerichtlichen Regelung.

e) Durch Art. 116 RV. (angezogen von Friedrichs, GoltdArch. 75 323) soll der Staatsbürger vor willkürlichen Strafen geschützt werden. Wird unterstellt, daß auch reine Verwaltungsmaßnahmen unter diese Vorschrift fallen, so wären keine Bedenken gegen das PolVerwG. herzuleiten. Denn die Voraussetzungen und das Maß des polizeilichen Einschreitens mit Zwangsmitteln sind hinreichend bestimmt umschrieben. Vgl. noch Schäfer und Dronsch, RuPrVerwBl. 52 989, 992 f.

Aus der rechtlichen Natur des Zwangsgeldes und aus dem nichtkriminellen Charakter der Verstöße gegen PolVOen. ergibt sich die weittragende Folgerung, daß die allgemeinen Vorschriften des Reichsstrafrechtes über die Schuld, Strafmündigkeit, Teilnahme, Verjährung usw. keine Anwendung finden.

Zwangshaft. **§ 56.**

(1) Für den Fall der Nichtbeitreibbarkeit des Zwangsgeldes kann eine Zwangshaft angedroht werden. Die Zwangshaft darf in den Fällen des § 55 Abs. 3 zu a drei, zu b zwei und zu c eine Woche nicht überschreiten. Die Androhung einer Zwangshaft muß stets schriftlich erfolgen und hinsichtlich der Dauer bestimmt sein. Die Zwangshaft kann vollstreckt werden, wenn die Beitreibung ohne Erfolg versucht ist oder feststeht, daß die Beitreibung keinen Erfolg haben wird. Die Vollstreckung ist bei polizeilichen Geboten nur zulässig, solange der polizeiwidrige Zustand besteht.

(2) Durch Verordnung des Ministers des Innern kann den betroffenen Personen freigestellt werden, die Zwangshaft durch Arbeit für eine Gemeinde oder einen Gemeindeverband abzuwenden. Die näheren Bestimmungen über die zu leistenden Arbeiten trifft die Verordnung des Ministers des Innern mit der Maßgabe, daß an Stelle einer Zwangshaft von einem Tage ein Arbeitstag tritt und daß sich der zur Arbeit Herangezogene durch die nachträgliche Vornahme der zu erzwingenden Handlung oder durch Zahlung des Zwangsgeldes von der Arbeit befreien kann.

1. Vgl. Anm. 1 zu § 55.

2. Im Ausschuß erster Lesung lag Antrag 48 vor:

Im § 56 Abs. 2 Zeile 2 ist hinter „kann" einzufügen: im Einvernehmen mit dem Gemeindevorstand.

Ein Antragsteller vertrat die Auffassung, daß die Möglichkeit, Arbeit für Gemeinden leisten zu lassen, nur dann voll ausgenutzt werden könne, wenn das im Einvernehmen mit dem Gemeindevorstande geschehe.

Ein zweiter Beauftragter des MindJnn. bemerkte, nach der Fassung des Antrages 48 müßte der Minister das Einverständnis sämtlicher Gemeindevorstände haben.

Etwas anderes sei es, wenn die Worte „im Einvernehmen mit dem Gemeindevorstand" hinter „freigestellt werden," eingefügt werden würden.

Der Berichterstatter unterstrich, daß die Arbeit eingeführt werde, um die Haft abwenden zu können. Dieser soziale Gedanke des Gesetzentwurfs könne dadurch, daß den Gemeinden in dieser Beziehung Handlungsfreiheit gegeben werde, unter Umständen verlorengehen. Er bitte, die Entscheidung bis zur zweiten Lesung zurückzustellen.

Ein Ausschußmitglied hielt die Erwägungen des Berichterstatters für berechtigt, glaubte aber, demgegenüber auf die ungeheure Arbeitslosigkeit hinweisen zu müssen. Die Worte „im Einvernehmen mit dem Gemeindevorstand" sollten nicht hinter „kann", sondern hinter „freigestellt werden," eingefügt werden.

Ein erster Beauftragter des MindJnn. wies darauf hin, daß man ursprünglich in das G. habe schreiben wollen, die Zwangshaft könne durch Arbeit abgewendet werden. Jetzt sei nur hineingekommen, daß der MindJnn. das verordnen könne. Das werde er nur im Benehmen mit den kommunalen Spitzenverbänden tun.

Antrag 48 wurde zurückgezogen und § 56 unverändert angenommen. (Sp. 83 f.)

3. Im Ausschuß zweiter Lesung lag der Antrag Nr. 29 vor:

Im § 56 Abs. 2 Zeile 2 wird hinter „kann" eingefügt:
im Einvernehmen mit dem Gemeindevorstand

Der Antrag Nr. 29 wurde abgelehnt und § 56 unverändert angenommen. (Sp. 117.)

4. S. Anm. 2—10 zu § 33, Anm. 2 zu § 56, Anm. 4 zu § 76 II.

Rechtsmitel gegen Festsetzung eines Zwangsmittels.

§ 57.

(1) Gegen die Festsetzung eines Zwangsmittels im Falle des § 33 sind die gleichen Rechtsmittel gegeben

wie gegen polizeiliche Verfügungen. Falls jedoch lediglich die Höhe des festgesetzten Zwangsmittels angegriffen wird, ist neben der Beschwerde nur die Klage gemäß § 49, nicht aber die Revision gemäß § 51 gegeben.

(2) Ist die Androhung eines Zwangsmittels im Falle des § 55 in der polizeilichen Verfügung enthalten, so kann sie nur zusammen mit der polizeilichen Verfügung angefochten werden. Ist die Androhung eines Zwangsmittels selbständig erfolgt, so sind dagegen die gleichen Rechtsmittel gegeben wie gegen die zugrunde liegende polizeiliche Verfügung. Mit der Anfechtung der Androhung kann in diesem Falle gleichzeitig die zugrunde liegende polizeiliche Verfügung selbst angefochten werden, sofern diese bei der Androhung nicht bereits unanfechtbar geworden war.

(3) Gegen die Androhung eines Zwangsmittels zur Durchführung einer unanfechtbar gewordenen polizeilichen Verfügung sowie gegen die Festsetzung oder Ausführung eines Zwangsmittels ist nur die binnen zwei Wochen zu erhebende Beschwerde an die Dienstaufsichtsbehörde gegeben.

(4) Die Anfechtung hat keine aufschiebende Wirkung; die Beitreibung von Zwangsgeld, die Vollstreckung einer Zwangshaft oder die Heranziehung zur Gemeindearbeit darf jedoch nicht erfolgen, bevor die Festsetzung unanfechtbar geworden ist.

1. Die Begr. (Sp. 44 f.) führte aus:

„Für die Anfechtung der Zwangsmittel ist ein differenziertes Verfahren vorgesehen, das den verschiedenen Möglichkeiten gerecht werden soll. Maßgebend war dabei der Grundsatz, auch hier eine Vereinfachung des Rechtszuges durchzuführen.

Wird auf Grund der Androhung eines Zwangsgeldes in einer Polizeiverordnung gemäß § 33 im einzelnen Fall ein

Zwangsgeld festgesetzt, so muß gegen diese Festsetzung das gleiche Rechtsmittel gegeben werden wie gegen eine polizeiliche Vf., da die Festsetzung der erste Verwaltungsakt ist, der die Person, gegen die die Festsetzung erfolgt ist, als solche betrifft. Die Festsetzung kann somit im Wege der Beschwerde mit nachfolgender Klage angefochten werden. Zur Vermeidung von Zweifeln ist dabei bestimmt, daß auch die Höhe der festgesetzten Zwangsmittel im Wege der Klage angefochten werden kann. Dagegen ist die Revision im Interesse der Entlastung des OVG. ausgeschlossen, sofern lediglich die Höhe der festgesetzten Zwangsmittel angegriffen wird.

§ 57 Abs. 2 geht von dem Fall aus, daß die polizeiliche Vf. zugleich die Androhung des Zwangsmittels enthält. In diesem Fall kann die Androhung im Interesse eines vereinfachten Verfahrens nur zusammen mit der zugrunde liegenden polizeilichen Vf. angefochten werden. Ist die Androhung des Zwangsmittels nach Erl. der polizeilichen Vf. nachgeholt, so soll gegen die Androhung des Zwangsmittels der gleiche Rechtsmittelzug gegeben werden wie gegen die polizeiliche Vf. selbst, es sei denn, daß diese bereits unanfechtbar geworden ist. In diesem letzteren Fall ist gemäß § 57 Abs. III gegen die Androhung eines Zwangsmittels nur die Beschwerde ohne Klage gegeben. Das gleiche gilt hinsichtlich der Festsetzung oder Ausführung eines Zwangsmittels.

Die Bestimmungen des § 57 Abs. II und III liegen in der Richtung der geltenden Vorschrift des § 133 LVG. Ist die polizeiliche Vf. unanfechtbar geworden, so können wesentliche Beschwerdepunkte hinsichtlich der Zwangsmittel nicht mehr in Frage kommen.

Die Best. des § 57 Abs. IV hat den Zweck, zu verhindern, daß polizeiliche Maßnahmen durch die Anfechtung über Gebühr behindert werden. Anderseits will sie das Publikum vor unbilligen Eingriffen der PolBehörden schützen. Die Beitreibung von Zwangsgeld, die Vollstreckung einer Zwangshaft oder die Heranziehung zur Gemeindearbeit darf daher nur erfolgen, wenn die Festsetzung dieser Zwangsmittel unanfechtbar geworden ist."

2. Im Ausschuß erster Lesung wies ein Ausschußmitglied auf ein Bedenken hin, das von dem Präsidenten des OVG., Drews, in einem Artikel erörtert worden sei. Es frage sich, ob man im Absatz 3 lediglich die Beschwerde an die Dienstaufsichtsbehörde zulassen solle.

Ein zweiter Beauftragter des MindInn. bemerkte, daß § 57 Abs. 3 das geltende Recht wiedergebe. Lege jemand gegen eine polizeiliche Vf. nicht das Rechtsmittel ein, so gebe er damit zu erkennen, daß er die Vf. für berechtigt halte. Die Festsetzung des Zwangsmittels stelle einen Akt dar, der weniger rechtlicher als vielmehr formaler Natur sei. Deshalb habe schon das LVG. von 1883 in § 133 nur die Beschwerde gegeben. Letzte Instanz in diesen Fällen sei das Ministerium, und es habe sich erwiesen, daß die Beschwerden, die übrigens selten erhoben würden, einen genügenden Rechtsschutz böten. (Sp. 84.)

3. Vgl. die Anmerkungen zu den §§ 55, 56.

Abschnitt X.

Die sonstigen Anordnungen der Polizeibehörden.

Verweisungen. **§ 58.**

Soweit die Polizeibehörden auf Grund besonderer Reichs- oder Landesgesetze zum Erlaß rechtwirksamer Anordnungen, Festsetzungen, Bekanntmachungen usw. ermächtigt sind, gilt, falls das Gesetz nichts anderes bestimmt, folgendes:

a) **Auf Anordnungen usw., die an bestimmte Personen gerichtet sind, finden die Bestimmungen über polizeiliche Verfügungen mit Ausnahme der Vorschrift des § 41 Abs. 1 und 2 Anwendung.**

b) **Allgemein verbindliche Vorschriften usw. müssen den Bestimmungen des § 32 zu a, c, d, e, f, g und den Vorschriften des § 31 Abs. 2 entsprechen. Sie sind gemäß § 35 zu veröffentlichen.**

1. Die Begr. (Sp. 45) führte hierzu folgendes aus: „Einzelne Gesetze ermächtigen die PolBehörden zu dem Erl. von Anordnungen, Bekanntmachungen usw., die über den Rahmen des § 14 Abs. I hinausgehen, z. B. Anordnungen zu Zwecken des Naturschutzes im Falle des § 30 des Feld- und Forst-PolG. vom 1. April 1880 (GS. S. 230). Auch hinsichtlich dieser Anordnungen ist eine Regelung in formeller Hinsicht erforderlich. Der Entw. verweist auf die wesentlichen Bestimmungen über PolVOen. und polizeiliche Vfen. Im Interesse der Vereinheitlichung des formellen Verwaltungsrechts erscheint diese Regelung besonders zweckmäßig."

Abschnitt XI.

Die polizeilichen Strafverfügungen.

Voraussetzungen der Verhängung.

§ 59.

(1) Die Polizeibehörden können wegen der in ihrem Bezirke verübten, unter ihren Zuständigkeitsbereich fallenden Übertretungen die Strafe durch polizeiliche Strafverfügungen festsetzen sowie eine etwa verwirkte Einziehung verhängen. Eine zu verhängende Haftstrafe darf die Dauer von vierzehn Tagen nicht übersteigen. In leichteren Fällen ist von einer polizeilichen Strafverfügung abzusehen. Statt oder neben einer polizeilichen Strafverfügung kann eine polizeiliche Verfügung erlassen oder eine gebührenfreie polizeiliche Verwarnung erteilt werden.

(2) Gegen Militärpersonen und Jugendliche unter 18 Jahren findet die Festsetzung einer Haft- oder Ersatzstrafe nicht statt.

1. Altes und neues Recht. A. Altes Recht. I. Begrifflich ist die polizeiliche StrafVf. die Festsetzung einer öfffentlichen Strafe durch ein Pol-Organ wegen einer Übertretung, unter Vorbehalt des

Rechtsweges, wenn auch die Aufsichtsbeschwerde an die höhere PolBehörde gesetzlich zulässig bleibt. Das Kennzeichnende ist die Verbindung der Verwaltung mit der Justiz. Sachlich bedeutet die polizeiliche StrafVf. einen Verwaltungsakt, der aber inhaltlich eine E. darstellt über einen Tatbestand, der sonst der Beurteilung der Justiz unterliegt. Lediglich aus Zweckmäßigkeitsgründen wird in sogenannten Bagatellsachen so verfahren; der Gegensatz zu den Straffestsetzungen als Mittel polizeilichen Zwanges (insbesondere §§ 132—134 LVG.) ist offensichtlich. Die Bezeichnung der polizeilichen StrafVf. als ein bedingtes Strafurteil ist freilich nicht zu billigen. Nicht bloß in Preußen, sondern auch in Baden, Sachsen und Württemberg ist die polizeiliche StrafVf. eingeführt.

II. Die reichsrechtliche Grundlage ist die StPO. in ihren §§ 414 ff. (früher §§ 453 ff.) und § 6 Nr. 3 EG-StPO. Sie wird hier bezeichnet als eine im Verwaltungswege ergehende, so daß sie nicht als eine gerichtliche auftritt. Den Landesgesetzen wird die Befugnis erteilt, abweichend von den Vorschriften der StPO. das Verfahren zu regeln. § 413 I bestimmt, daß, wo nach den Bestimmungen der Landesgesetze die PolBehörden befugt sind, eine in den Strafgesetzen angedrohte Strafe durch Vf. festzusetzen, sich diese Befugnis nur auf Übertretungen erstreckt. Auch kann die PolBehörde keine andere Strafe als Haft bis zu 14 Tagen oder Geldstrafe (Art. II VO. über Vermögensstrafen und Bußen vom 6. Februar 1924 [RGBl. I, 44]) und Haft, welche für den Fall, daß die Geldstrafe nicht beigetrieben werden kann, an ihre Stelle tritt, sowie eine etwa verwirkte Einziehung verhängen (§ 413 II). Vorausgesetzt ist daher, daß durch Landesgesetz die bezeichnete Befugnis der PolBehörde zusteht; fehlt sie, so gewährt die StPO. nicht eine unmittelbare Berechtigung zum Erl. polizeilicher StrafVfen. Ferner bezieht sich die Zuständigkeit der Landesgesetze nur auf die Bestandteile des Verfahrens, die als Verwaltungsstrafverfahren vor PolBehörden zu gelten haben und in denen öffentliche Strafe durch polizeiliche Vf. festgesetzt wird. Ferner ist die landesgesetzliche Befugnis inhaltlich dadurch beschränkt, daß die

StrafVf. außer der Festsetzung der Strafe noch enthalten muß die Bezeichnung der strafbaren Handlung, des angewandten Strafgesetzes und die Beweismittel. Auch muß sie die Eröffnung enthalten, daß der Beschuldigte, sofern er nicht eine nach den Gesetzen zugelassene Beschwerde an die höhere PolBehörde ergreift, gegen die StrafVf. binnen einer Woche nach der Bek. bei der PolBehörde, welche diese Vf. erlassen hat, oder bei dem zuständigen Amtsgericht auf gerichtliche E. antragen kann. Die StrafVf. wirkt in betreff der Unterbrechung der Verjährung wie eine richterliche Handlung (StPO. § 413 III, IV).

III. Für das Verfahren ist bestimmt, daß der Antrag auf gerichtliche E. bei der PolBehörde schriftlich oder mündlich, bei dem Amtsgerichte schriftlich oder zu Protokoll des Gerichtsschreibers angebracht werden kann. Die PolBehörde entsendet, falls sie nicht die StrafVf. zurücknimmt, die Akten an die zuständige Staatsanwaltschaft, welche sie dem Amtsrichter vorlegt (§ 414 StPO.). Gegen die Versäumung der Antragsfrist ist die Wiedereinsetzung in den vorigen Stand zulässig unter der Voraussetzung, daß der Antragsteller durch Naturereignisse oder andere unabwendbare Zufälle an der Einhaltung der Frist verhindert worden ist. Als unabwendbarer Zufall ist es anzusehen, wenn der Antragsteller von einer Zustellung ohne sein Verschulden keine Kenntnis erlangt hat. Das Gesuch um Wiedereinsetzung in den vorigen Stand muß binnen einer Woche nach Beseitigung des Hindernisses unter Angabe und Glaubhaftmachung der Versäumungsgründe angebracht werden. Mit dem Gesuch ist zugleich die versäumte Handlung selbst vorzunehmen. Anzubringen ist das Gesuch bei der PolBehörde oder bei dem Amtsrichter bzw. zu Protokoll des Gerichtsschreibers. Über das Gesuch entscheidet der Amtsrichter. Die dem Gesuche stattgebende E. unterliegt keiner Anfechtung. Gegen die das Gesuch verwerfende E. findet sofortige Beschwerde statt (§§ 415 mit 44, 45, 46 II, III StPO.). Ist der Antrag auf gerichtliche E. rechtzeitig angebracht, so wird zur Hauptverhandlung vor dem Amtsrichter geschritten, ohne daß es der Einreichung einer Klageschrift oder einer E. über die Eröffnung des Hauptverfahrens bedarf. Bis zum Beginn der Hauptverhandlung kann der Antrag zurückgenommen werden. Das Verfahren vor dem Amtsrichter ist dasselbe wie im Falle einer von der Staatsanwaltschaft erhobenen und zur Hauptverhandlung verwiesenen Anklage. Der Angeklagte kann sich durch einen mit schriftlicher Vollmacht versehenen Verteidiger vertreten lassen. Bei der Urteilsfällung ist das Gericht an den Ausspruch der PolBehörde nicht gebunden. Stellt sich nach dem Ergebnis der Hauptverhandlung die Tat des Angeklagten als eine solche dar, bei welcher die PolBehörde zum Erl. einer StrafVf. nicht befugt war, so hat das Gericht die letztere durch Urteil aufzuheben, ohne in der Sache selbst zu entscheiden (§§ 416—418 StPO.).

IV. In Preußen bildete das G., betr. den Erl. polizeilicher StrafVfen. wegen Übertretungen, vom 23. April 1883 (GS. S. 65 [mit NachtragsG. vom 26. Juli 1897, GS. S. 387, in der Fassung des G. vom 22. Juni 1907, GS. S. 145, und vom 31. März 1923, GS. S. 241, und RFürsorgeVO. vom 6. Februar 1924, RGBl. I, 44]) die gesetzliche Grundlage des polizeilichen Strafverfügungsrechts. Hierzu ist eine AusfAnw. des MindInn. vom 8. Juni 1883 (MBliV. 152) und eine abändernde Anweisung vom 12. Juli 1907 (MBliV. 354), endlich eine allgemeine Vf. vom 2. Juli 1883 (JMBl. 223) ergangen. Das Gesetz war auch in Pyrmont in Geltung (VO. vom 31. März 1922 [GD. 70]). Es bestimmt, daß, wer die PolVerwaltung in einem bestimmten Bezirke auszuüben hat, befugt ist, wegen der in diesem Bezirke verübten, in seinen Verwaltungsbereich fallenden Übertretungen die Strafe durch Vf. festzusetzen sowie eine etwa verwirkte Einziehung zu verhängen. Wird die Geldstrafe festgesetzt, so ist zugleich die für den Fall des Unvermögens an die Stelle der Geldstrafe tretende Haft zu bestimmen, soweit sich die StrafVf. nicht gegen einen Jugendlichen richtet (§§ 1, 40 des JugGerG. vom 16. Februar 1923 [RGBl. I, 135]). Die festzusetzende Geldstrafe darf den Betrag von 150 *RM* nicht übersteigen. Die polizeiliche StrafVf. kann auch gegen Beschuldigte im Alter von 14—18 (nicht gegen solche unter 14) Jahren erlassen werden. Ausgeschlossen sind aus dem Anwendungsgebiet dG. die Zuwiderhandlungen gegen das Forstdiebstahl G. vom 15. April 1878 (in der Fassung der Gesetze vom 14. Dezember 1920 [GS. S. 1921, S. 103], vom 1. Juli 1923 [GS. S. 291] und der VO. vom 12. März 1924 [GS. S. 127]), da hier die eventuelle Freiheitsstrafe nach § 13 Gefängnis ist, es sich also nicht um Übertretungen handelt; dagegen sind nicht ausgeschlossen Feld- und ForstPolÜbertretungen im Sinne des Feld- und ForstPolG. vom 1. August 1880 (GS. S. 230) in der Fassung vom 21. Januar 1926 (GS. S. 83). Ferner hat das G. ausgeschlossen: a) die Übertretungen, für deren Aburteilung die Rheinschiffahrtsgerichte, die Elbzollgerichte oder die Gewerbegerichte zuständig sind. Jedoch ist diese Ausnahme durch § 1 dG. vom 26. Juli 1897 (GS. S. 387) für alle strom- und schiffahrtspolizeilichen Vorschriften wiederum außer Kraft gesetzt, also die Zuständigkeit der PolBehörden zur Aburteilung durch polizeiliche StrafVf. begründet worden. Eine Strafgerichtsbarkeit durch Gewerbegerichte wird überhaupt nicht mehr ausgeübt; — b) bei Übertretungen der Vorschriften über die Erhebung öffentlicher Abgaben oder Gefälle. Hier kamen vor allem das preuß. G. betr. das Verwaltungsstrafverfahren bei Zuwiderhandlungen gegen die Zollgesetze und die sonstigen Vorschriften über indirekte Reichs- und Landesabgaben sowie die Bestimmungen über die Schlacht- und Wildbretsteuer vom 26. Juli 1897 (GS. S. 237) in Betracht. Zu beachten ist hier das Verfahren bei Zuwiderhandlungen gegen die Vorschriften über die Erhebung öffentlicher Abgaben und Gefälle nach §§ 419—429 StPO.; für den Geltungsbereich der RAbgO. sind wiederum diese letzterwähnten Vorschriften außer Kraft gesetzt durch § 449 StPO. An ihre Stelle treten insoweit die §§ 426—442 RAbgO.; — c) bei Übertretungen bergpolizeilicher Vorschriften, wobei namentlich § 209 III des AllgBergG. vom 24. Juni 1865 (GS. S. 705) in Frage kommt; — d) ausgenommen sind die durch die Presse begangenen Übertretungen (§ 29 des RPreßG.). Gegen Militärpersonen ist nach Aufhebung der MilitärgerichtsO. vom 1. Dezember 1898 (RGBl. 1189) eine polizeiliche StrafVf. wie gegen Zivilpersonen zulässig, doch können sie den Antrag auf gerichtliche E. auch bei ihrem nächsten disziplinarischen Vorgesetzten stellen (StPO. § 447). Die StrafVf. muß im übrigen außer der Festsetzung der Strafe die strafbare Handlung, Zeit und Ort derselben, die angewendete Strafvorschrift und die Beweismittel sowie die Kasse bezeichnen, an welche die Geldstrafe zu zahlen ist. Sie muß die Eröffnung enthalten, daß der Beschuldigte binnen einer Woche nach der Bek. auf gerichtliche E. antragen könne; daß der Antrag entweder bei der PolBehörde, welche die StrafVf. erlassen hat, oder bei dem zuständigen Amtsgericht bzw. Elbzollgericht und Rheinschiffahrtsgericht anzubringen sei; daß die StrafVf., falls innerhalb der bestimmten Frist ein Antrag auf gerichtliche E. nicht erfolge, vollstreckbar werde (§ 4 dG. vom 23. April 1883). Ist der Amtsanwalt bereits eingeschritten, bevor die polizeiliche StrafVf. dem Beschuldigten behändigt worden, so ist die Vf. wirkungslos. Ist die polizeiliche Vf. vollstreckbar geworden, so findet wegen derselben Handlung eine fernere Anschuldigung nicht statt, es sei denn, daß die Handlung keine Übertretung, sondern ein Vergehen oder Verbrechen darstellt und daher die PolBehörde ihre Zuständigkeit überschritten hat. In diesem Falle ist während des gerichtlichen Verfahrens die Vollstreckung der StrafVf. einzustellen; erfolgt eine rechtskräftige Verurteilung wegen eines Vergehens oder Verbrechens, so tritt die StrafVf. außer Kraft (§ 10 a. a. O.).

B. Neues Recht. Zu Abschnitt XI führte die Begründung, Sp. 45, folgendes aus:

„Die kodifikatorische Aufgabe des Gesetzes erfordert auch die Aufnahme der geltenden Bestimmungen über den Erl. polizeilicher StrafVfen. Die bisherige Regelung wird grundsätzlich beibehalten.

Es erscheint jedoch geboten, auch in diesem G. besonders darauf hinzuweisen, daß in leichteren Fällen entsprechend dem Sinne der Bestimmungen der §§ 153, 154 StPO. nicht immer sofort mit Strafen vorgegangen wird, sondern Vfen. und Verwarnungen genügen. Die Gedanken des Erl. des MindInn. II D 928 vom 28. Dezember 1928 finden auch in diesem G. Eingang.

Abgesehen davon erscheint es geboten, neben dem Antrag auf gerichtliche E., auch die Möglichkeit einer Aufsichtsbeschwerde zu schaffen. Durch die Schaffung dieses neuen Rechtsweges wird die Zahl der gerichtlichen Strafen wegen Übertretungen eingeschränkt werden. Eine Person, die sich zu Unrecht bestraft fühlt oder das Strafmaß beanstandet, kann danach in Zukunft ein formelles Rechtsmittel einlegen, ohne den Makel einer gerichtlichen Vorstrafe befürchten zu müssen."

2. Auf die Bitte eines Ausschußmitgliedes, in den AusfBestimmungen oder in einer besonderen Anordnung des Ministeriums möge zum Ausdruck gebracht werden, daß die polizeilichen Verwarnungen nicht etwa die Form einer Schulmeisterung anzunehmen hätten, erwiderte ein Beauftragter des MindInn., die Vorschriften würden wiederholt werden, daß solche Verwarnungen in taktvoller Form zu erfolgen hätten. (Sp. 117.)

3. Die AusfBest. zu § 59 lauten:

1. Zum Erl. von polizeilichen StrafVfen. sind nach dem Wortlaut des § 59 wie bisher sowohl die ordentlichen wie die SonderPolBehörden zuständig, und zwar jeweils im Rahmen ihres örtlichen und sachlichen Zuständigkeitsbereiches.

2. Für die Handhabung des PolStrafVfsrechts gelten folgende Richtlinien:

a) Eine polizeiliche StrafVf. darf nur erlassen werden, wenn der zuständige PolVerwalter, sofern er die Übertretung nicht selbst beobachtet hat, in glaubwürdiger Weise. d. h. durch einen PolBeamten, oder mindestens durch eine andere glaubwürdige Person, in Erfahrung gebracht hat, wer die Übertretung begangen hat und weiter wo, zu welcher Zeit und unter welchen Umständen die Übertretung begangen ist. Bestehen Zweifel, so können Ermittlungen angestellt werden. Zeugenvernehmungen, durch welche Kosten entstehen, sind dabei zu unterlassen. Die zwangsweise Durchführung der Vorladung ist unzulässig (vgl. § 17 Abs. I des PolVerwG.). Eine Aussagepflicht der Zeugen oder Beschuldigten besteht nicht. Zur eidlichen Vernehmung von Zeugen ist die PolBehörde nicht befugt.

b) Hinsichtlich der Frage, wann gestraft werden soll, bestimmt der § 153 StPO. (in der Fassung der Novelle vom 22. März 1924 — RGBl. I S. 299 —) für Übertretungen, daß von einer Strafe abzusehen ist, wenn die Schuld des Täters gering und die Folgen der Tat unbedeutend sind, es sei denn, daß ein öffentliches Interesse an einer Bestrafung besteht. Das gleiche will § 59 Abs. 1 des PolVerwG., wo in Satz 3 bestimmt ist, daß in leichteren Fällen von einer polizeilichen StrafVf. abzusehen ist.

Die Schuld ist im allgemeinen als „gering" anzusehen, wenn es sich um erstmalige Übertretungen handelt, es sei denn, daß die Übertretung augenscheinlich mutwillig begangen ist oder unter grobfahrlässiger Vernachlässigung von solchen Vorschriften, deren Kenntnis und Beachtung mit Rücksicht darauf, daß sie sich auf ein dem Übertreten örtlich oder sachlich vertrautes Gebiet beziehen, von diesem unbedingt verlangt werden muß.

Die Folgen der Tat sind als „unbedeutend" anzusehen, wenn die Übertretung lediglich geeignet war, eine Gefährdung der öffentlichen Sicherheit oder Ordnung nach sich zu ziehen, nachteilige Folgen aber nicht gehabt hat.

Falls geringe Schuld und unbedeutende Folgen vorhanden sind, ist ein öffentliches Interesse an einer Bestrafung nur in besonderen Ausnahmefällen anzuerkennen, im allgemeinen ist von einer Bestrafung abzusehen.

c) Sind die Voraussetzungen des § 153 StPO. gegeben, so ist eine polizeiliche Verwarnung zu erteilen. Es verwarnt mündlich jeder Exekutivbeamte an Ort und Stelle, es verwarnt mündlich oder schriftlich der PolVerwalter oder die von ihm beauftragte Stelle.

Die Verwarnung hat den Umständen des Falles und der beteiligten Personen entsprechend sachgemäß und taktvoll zu erfolgen. Bei schriftlicher Verwarnung ist für den Fall einer erneuten Zuwiderhandlung Bestrafung in Aussicht zu stellen. Hinsichtlich Art und Form der Verwarnung soll der Praxis und den örtlichen Verhältnissen in weitgehendem Maße die Freiheit der Entwicklung gelassen werden. Hinsichtlich der mündlichen Verwarnung durch die PolVerwalter oder die von ihm beauftragte Stelle ist besondere Vorsicht angebracht, damit nicht eine im Einzelfall für angezeigt erachtete Vorladung, die in die Arbeitszeit oder Freizeit des Übertreters fällt, ihn empfindlicher trifft, als eine geringe polizeiliche Strafe. Die zwangsweise Durchführung der Vorladung ist unzulässig (§ 14 PolVerwG.).

d) Muß gestraft werden, so ist die Strafe nach den besonderen Umständen der Tat und den wirtschaftlichen Verhältnissen und der Person der Täters festzusetzen. Es wird vielfach übersehen, daß die nominell gleiche Strafe den Armen und den Wohlhabenden völlig verschieden trifft. Die wirtschaftlichen Verhältnisse des Täters, die in der Regel genügend bekannt sein werden, sind daher zu berücksichtigen. Übertretungen oder vorherige Verwarnung sind in der Regel mit geringen Strafen zu ahnden, erst im Wiederholungsfalle wird im allgemeinen empfindlicher zu strafen sein.

Bei Jugendlichen ist zu prüfen, ob nicht an Stelle einer Bestrafung Erziehungsmaßnahmen genügen.

3. Über die formelle Behandlung der StrafVfen. und die zu verwendenden Muster folgt besondere Anweisung." (MBliV. Sp. 932 f. und 939.)

4. Zum Schrifttum. a) Auch das Recht der echten polizeilichen StrafVfen., also das Recht zur Festsetzung von Kriminalstrafen, das bisher durch das G. vom 23. April 1883/21. Mai 1923 geregelt ist, zieht das G. in die Kodifikation ein. Die polizeilichen StrafVfen. werden, wenn die polizeilichen Strafen wegen Zuwiderhandlungen gegen PolVOen. fortfallen, nur noch eine sehr viel geringere Rolle spielen. Neu ist die alternative Vorschrift, daß an Stelle des in § 413 StPO. vorgesehenen Antrags auf mündliche Verhandlung vor dem Amtsgericht gegen eine polizeiliche Straf-

Bf. auch die Beschwerde an din unmittelbar vorgesetzte Pol-Aufsichtsbehörde erhoben werden kann (§ 62 I). Ob gegen deren E. auch die Klage im Verwaltungsstreitverfahren mit folgender Revision gegeben sein soll, ist aus dem G. nicht zu ersehen. Es liegt eine solche Regelung aber, da es sich vielfach gerade um Rechtsfragen handeln wird, im dringenden allgemeinen Interesse (Drews, RuPrVerwBl. 52, 6).

b) Vgl. Schorn, Das PolVerwG. Preußens und das Gebiet der polizeilichen StrafVfen., Jur. Rundsch. 1931 S. 177 führt hauptsächlich folgendes aus:

In der heutigen Praxis sind die meisten Übertretungen sogen. PolÜbertretungen, d. h. Zuwiderhandlungen gegen PolVO., denen gegenüber die im 29. Abschnitt des StGB. geregelten Übertretungstatbestände zahlenmäßig erheblich zurücktreten. Nach der bisherigen Übung war die PolVO. nicht eine aus der PolHoheit fließende Verwaltungsordnung, sondern ihrem Wesen nach ein Akt delegierter Kriminalstrafgesetzgebung; sie hatte also ihre Rechtsgrundlage nicht in der Pol., sondern in der Justizhoheit des Staates (Klausener in „Polizei" 1930 S. 403 ff.). Sie war eine unter bestimmten gesetzlichen Formen im öffentlichen Interesse ergehende, sich an die Allgemeinheit wendende Rechtsvorschrift, durch die unter Strafandrohung im polizeilichen Interesse gewisse Handlungen geboten oder verboten wurden (so Stier-Somlo: in Handwörterbuch der Rechtswissenschaft unter „Polizeiverordnung", 1927; Hue de Grais-Peters-Hoche: Handbuch der Verfassung und Verwaltung in Preußen und dem Deutschen Reich, 25. Aufl. S. 422; Fleiner: Institutionen des Deutschen Verwaltungsrechts, 6. u. 7. Aufl. S. 75; Bayr. OLG. in Goltd. Archiv 75 S. 31). Ihr wesentliches Merkmal war also die Androhung einer Strafe für den Fall ihrer Zuwiderhandlung.

„Mit dieser Praxis bricht das PolVerwG. Es erstrebt die Beseitigung des PolStrafrechts wenigstens hinsichtlich derjenigen PolVOen., die nicht auf reichsgesetzlicher Ermächtigung, auf sogen. Blankettvorschriften im Sinne des 29. Abschnitts des StGB. oder auf anderen Blankettstrafgesetzen beruhen. Darum gibt auch das PolVerwG. der PolVO. eine Legaldefinition, die das bisherige Wesensmerkmal des Begriffs der PolVO.: „Androhung einer kriminellen Strafe" nicht mehr enthält; denn nach § 24 sind „PolVOen. polizeiliche Gebote oder Verbote, die für eine unbestimmte Anzahl von Fällen an eine unbestimmte Anzahl von Personen gerichtet sind." Es kann an sich nicht bezweifelt werden, daß die Länder und damit auch Preußen berechtigt sind, eine solche Legaldefinition zu geben; denn es findet sich im Reichsrecht, auch nicht in der Reichsverfassung irgendeine Bestimmung, die den Begriff „Polizeiverordnung" für die Länder bindend festlegt. Anderseits ist aber auch die Landesgesetzgebung befugt, bestimmte Stellen zum Erl. von PolVOen. als RechtsVOen. zu ermächtigen (Laband: Staatsrecht des Deutschen Reiches, 5. Aufl., Bd. 2 S. 89 ff; Giese: Verfassung des Deutschen Reiches, Artikel 77 Anm. II 1; RGSt. 55 S. 246; RGZ. 107 S. 317), ohne daß sie dabei verpflichtet wäre, die so normierten Gebote oder Verbote für den Fall der Zuwiderhandlung unter Strafe stellen zu lassen. Das einzelne Land hat zwar die Strafgesetzgebungsgewalt innerhalb der ihm reichsrechtlich verbliebenen Kompetenzgrenze (§ 2 EGStGB.); es braucht aber von dieser Ermächtigung nicht in der Form Gebrauch zu machen, nunmehr Gebote oder Verbote bei Übertretung mit Strafsanktion zu versehen. Macht es aber von der Ermächtigung Gebrauch, so ist es nicht befugt, wenn es Sühne für eine in der Vergangenheit liegende schuldhafte rechtswidrige Handlung oder Unterlassung haben will, diese in anderer Form als in den im StGB. vorgesehenen Strafarten auszusprechen; denn nach § 6 EGStGB. darf nur auf die im StGB. enthaltenen Strafarten erkannt werden; nur dort, wo in Landesgesetzen anstatt der Gefängnis- oder Geldstrafe Forst- oder Gemeindearbeit angedroht oder nachgelassen ist, behält es hierbei sein Bewenden. Das PolVerwG. ist nun aber dazu übergegangen, in § 33 zu bestimmen, daß in PolVOen. für den Fall einer Nichtbefolgung das in § 55 Abs. 1 u. 3 vorgesehene Zwangsgeld und die in § 56 vorgesehenen Ersatzzwangsmitel angedroht werden können. Dieses „Können" erweitert sich sogar zu einem „Müssen"; denn nach § 76 Abs. 1 wird in den bei Inkrafttreten des PolVerwG. in Geltung befindlichen PolVOen. die Strafandrohung aufgehoben. Statt dessen erhalten die PolVOen. folgenden Zusatz: „Für jeden Fall der Nichtbefolgung dieser PolVO. wird hiermit die Festsetzung eines Zwangsgeldes in Höhe bis zu 150 evtl. 100 *RM*, im Nichtbeitreibungsfalle die Festsetzung von Zwangshaft bis zu 2 bzw. 1 Woche angedroht." Unberührt bleiben lediglich die PolVOen., deren Übertretung in Gesetzen mit Strafe bedroht ist (§ 76 Abs. 2 PolVerwG.). Mit solcher Regelung erzielt das PolVerwG., da nunmehr seiner Auffassung nach die polizeilichen Strafen wegen Zuwiderhandlungen gegen PolVOen., fortfallen, eine erhebliche Einschränkung der polizeilichen StrafVfen.; denn diese beschränken sich nunmehr auf die Übertretungen, die in Gesetzen bzw. in PolVOen., die auf Gesetzen beruhen, normiert sind. Nach § 57 Abs. 1 findet auch gegen die Festsetzung der vorerwähnten Zwangsmittel nicht etwa ein gerichtliches Rechtsmittel oder ein gerichtlicher Rechtsbehelf statt, sondern binnen zwei Wochen die Beschwerde (§ 45 Abs. 1), über die nach § 47 Abs. 2 der Landrat bzw. Regierungs- bzw. Oberpräsident befindet. Gegen den abweisenden Beschwerdebescheid ist binnen zwei Wochen die Klage im Verwaltungsstreitverfahren beim Bezirksausschuß bzw. beim OVG. gegeben. Gegen die Entscheidung des Bezirksausschusses findet das Rechtsmittel der Revision beim OVG. statt (§ 51), die jedoch ausgeschlossen ist, falls lediglich die Höhe des festgesetzten Zwangsmittels angegriffen wird. (§ 57 Abs. 1.) Die Höchstgrenze des Zwangsgeldes selbst bewegt sich nach § 55 Abs. 3 zwischen 50 bis 150 *RM*.

Die Anwendung dieser Vorschriften wird die richterliche Tätigkeit auf dem Gebiete der Übertretungen nahezu ausschalten, also den vom G. begehrten Zustand schaffen; denn man wollte ja durch diese Regelung die „wenig beneidenswerte Rolle des Übertreters, als Angeklagter vor Gericht zu erscheinen", ausräumen (so Abg. Verhülsdonk), man wollte auch dem Übertreter das „Odium einer strafrichterlichen öffentlichen Verhandlung“ (so Kempner in DJZ. 1931 S. 297) und einer Presseberichterstattung nehmen, ihn auch vor Zeitverlust schützen und vor dem „Makel einer gerichtlichen Vorbestrafung“ (so Klausener: a. a. O. S. 406; ähnlich Grzesinski in „Polizei“ 1930 S. 351). Man wollte auch die „Strafrichter von Lappalien befreien, die nur dazu angetan sind, ihr Ansehen zu schädigen“ (Kerstiens in RVerwBl. 1931 Heft 8 S. 146), man wollte schließlich der Abstumpfung des Gefühls für den Ernst und die Bedeutung der Kriminalstrafe vorbeugen“ (Kerstiens a. a. O.). Ob diese Gründe, die mit der Praxis wenig vertraut sind, stichhaltig sind oder nicht, mag dahingestellt bleiben, wobei jedoch zu betonen ist, daß § 413 StPO. im Strafverfügungsverfahren zwar die Beschwerde an die höhere PolBehörde zuläßt, aber auch ausdrücklich den ordentlichen Rechtsweg normiert. Aber selbst eine Stichhaltigkeit der vorerwähnten Gründe vermag nach Schorn nicht darüber hinwegzuhelfen, daß jene gesetzliche Regelung mit dem Reichsrecht unvereinbar ist. Es wird nicht bestritten werden können, daß nunmehr die mit Zwangsgeld in PolVOen. bedrohten Gebote und Verbote mit denjenigen Handlungen identisch sind, die bisher in den PolVOen. den Tatbestand einer Übertretung, also einer kriminell strafbaren Handlung darstellten. Das erhellt schon daraus, daß man auch die Höhe des Zwangsgeldes dem Übertretungsstrafrahmen des § 1 Abs. 3 StGB. anpaßte, wie namentlich daraus, daß nach § 55 Abs. 1 Satz 4 in den PolVOen. der Minister gegen eine Zuwiderhandlung an Stelle der Zwangsmittel eine Geldstrafe bis zu 150 *RM* oder bei besonders schweren Fällen Haft bis zu 2 Wochen angedroht werden können. Hier werden also Zwangsgeld und Geldstrafe auf gleiche Stufe gestellt. Die heutige und die frühere Rechtslage unterscheidet sich also nur durch Worte; denn an die Stelle des Wortes „Geldstrafe“ ist jetzt das Wort „Zwangsgeld“ getreten, das im übrigen begriffsmäßig in der Gesetzesregelung eine Unklarheit darstellt; denn das Zwangsgeld hat nur dort Sinn, wo für die Zukunft eine Handlung erzwungen werden soll;

wo aber eine in der Vergangenheit liegende Gebots- oder Verbotshandlung durch das Zwangsgeld wegen Nichtbefolgung des Gebotes oder Verbotes verhängt werden soll, ist die Bedeutung des Zwangsgeldes sinnwidrig; denn erzwungen wird nichts; vielmehr wird gesühnt für gebotene, nicht beachtete oder verbotene Handlung." Die Annahme, das Zwangsgeld sei im Rahmen der PolVO. nichts anderes als eine verschleierte Geldstrafe im Sinne des StGB.; es sei kriminelle Strafe, mag man die Strafe auch noch so geschickt als Zwangsgeld bezeichnen, kann ich nicht zugeben und verweise auf die Ausführungen § 33 Anm. 2—10, wo ich bereits gegenüber Ausführungen von Stienen meine Auffassung dargelegt habe. Doch sei den Darlegungen von Schorn wegen ihrer Gewissenhaftigkeit im folgenden auch weiterer Spielraum gewährt. „Auf die 1931, Heft 7 S. 121 ff.; aA. Klausener a. a. O.). Auf die Bezeichnung kommt es aber nicht an, sondern auf Wesen und Zweck der einzelnen Maßregel (so auch v. Olshausen: Kommentar zum StGB., 11. Aufl., Note 4 zu § 27; Frank: Lehrbuch des Strafrechts, 18. Aufl., Note 2 zu § 27; RGSt. 22 S. 90). Wesen und Zweck des „Zwangsgeldes" zielen aber auf eine Unrechtsbeseitigung, auf Sühne für eine in der Vergangenheit liegende schuldhafte rechtswidrige Handlung oder Unterlassung hin. Nach § 413 Abs. 1 StPO. kann nun aber die PolBehörde, wenn sie landesrechtlich ermächtigt ist, die Verfolgung einer Übertretung nur im Wege der polizeilichen StrafVf., nicht auch im Wege des Verwaltungsverfahrens vornehmen. Dies tut aber das PolVerwG. Es entzieht damit aber den mit Zwangsgeld Betroffenen seinem gesetzlichen Richter (Art. 105 RV.); denn gesetzlicher Richter ist nach § 413 StPO. neben dem Verwaltungsrichter — in den Fällen der landesrechtlichen Zulassung eines Beschwerdeverfahrens — bei Antrag auf gerichtliche E. gegen eine polizeiliche StrafVf. der ordentliche Strafrichter. Es setzt sich also das PolVerwG. mit dem Reichsrecht, sogar mit dem Verfassungsrecht in Widerspruch. Daran ändert nichts die

Generalklausel des PolVerwG. (§ 30), daß „PolVOen. keine Bestimmungen enthalten dürfen, die mit den Gesetzen oder den RechtsVOen. einer höheren Behörde in Widerspruch stehen"; denn das PolVerwG. umgeht selbst das Reichsrecht in nicht mißzuverstehender Form. Wenn Kerstiens (ReichsVBl. 1931, Heft 16 S. 312) die Gesetzwidrigkeit des Zwangsgeldes dadurch auszuräumen versucht, daß das StGB. neben kriminellen Strafen auch Zwangs- und Ordnungsstrafen kenne, so übersieht Kerstiens, daß es sich bei diesen Ordnungsstrafen („Geldbußen") z. B. §§ 134, 135, 141, 152, 160, 161 VZG.; § 377 RAO. um eigentliche kriminelle Geldstrafen handelt und daß außerhalb des StGB. die Ordnungsstrafen Zwangsmittel und keine kriminellen Strafen darstellen (siehe z. B. § 14 HGB.; § 888 ZPO.; siehe hierzu RGSt. 22 S. 103)."

Es wird in § 79 II Buchstabe 1 PolVerwG. das bisher für Preußen maßgebliche Gesetz, betr. den Erlaß polizeilicher StrafVfen. vom 23. April 1883 bzw. 21. Mai 1923 aufgehoben. Allerdings finden sich in Abschnitt XI PolVerwG., der die polizeiliche StrafVf. in den §§ 59—69 behandelt, manche dieser Bestimmungen, und zwar wortwörtlich wieder; jedoch sind auch hier grundlegende Abweichungen feststellbar. Nach § 59 Abs. 1 Satz 1 PolVerwG. können die PolBehörden wegen der in ihrem Bezirk verübten, unter ihren Zuständigkeitsbereich fallenden Übertretungen die Strafe durch polizeiliche StrafVf. festsetzen. Damit hält sich, wie Schorn a. a. O. annimmt, § 59 Abs. 1 Satz 1 im Rahmen des § 413 Abs. 1 StPO., der für das Landesrecht die Ermächtigung enthält, die PolBehörden zum Erl. von StrafVfen. zu berechtigen. Im Gegensatz zu § 1 des früheren preuß. Gesetzes von 1883/1923 bezeichnet das G. als den Träger der Strafverfügungsbefugnis nicht mehr ausdrücklich den, „der die Polizeiverwaltung auszuüben hat", sondern schlechthin die „Polizeibehörden". Jedoch wird durch diese Wortfassung an der bisherigen Regelung nichts geändert; denn auch nach § 59 PolVerwG. kann nur der Polizeiverwalter die StrafVf. erlassen. Er kann dies jedoch nur wegen der in seinem Bezirk verübten, unter seinen Zuständigkeitsbereich fallenden Übertretungen; er muß also örtlich wie sachlich zuständig sein. Örtlich zuständig ist nach § 22 Abs. 1 PolVerwG. die „Polizeibehörde, in deren Bezirk die polizeilich zu schützenden Interessen verletzt oder gefährdet werden". Die örtliche Zuständigkeit wird also nach § 59 Abs. 1 Satz 1, § 22 Abs. 1 PolVerwG. durch den Ort der Übertretungstat bestimmt. Die sachliche Zuständigkeit regelt sich nach Maßgabe der einzelnen, das polizeiliche Sachgebiet regelnden Gesetze. Soweit daher „Sonderpolizeibehörden" im Gegensatz zu den „ordentlichen Polizeibehörden" (§ 2 Abs. 2, § 2 Abs. 1 PolVerwG.) bestehen, wie beispielsweise die Bahnpolizei, sind diese für ihr Gebiet die sachliche zuständige PolBehörde. Jedoch bestimmt § 60 Buchstabe 1, daß die Übertretung bergpolizeilicher Vorschriften nicht durch StrafVf. erfolgen kann; es steht also auch den BergPolBehörden kein Recht auf StrafVf. zu; dies folgt auch schon aus dem BergG., nach dem die Entscheidung bei Zuwiderhandlungen gegen §§ 207, 207a bis e, § 208 ausschließlich den ordentlichen Gerichten überlassen ist (§ 209).

„Die Pol. hat ein freies Ermessen, ob sie eine polizeiliche StrafVf. erlassen will oder, wie es Schorn a. a. O. ausdrückt: „Ähnlich wie bisher ist auch nach der Neuregelung die PolBehörde zum Erlaß von StrafVfen. „berechtigt", nicht auch „verpflichtet"; dies bringt das G. durch die Wortfassung: „Können festsetzen" zum Ausdruck (siehe hierzu Lindenau in preuß. VBl. 25 S. 141 ff.; dagegen: Pfeiffer in preuß. VBl. 25 S. 199); es ist also der PolVerwalter entgegen der nach § 152 Abs. 2 StPO. für die StA. maßgeblichen Regelung in Ansehung des StrafVfVerfahrens nicht dem Legalitätsprinzip unterworfen. Dieses gilt für ihn lediglich hinsichtlich der gerichtlich verfolgbaren Handlungen (siehe Schorn: Die polizeiliche StrafVf. 1930, S. 48). Diese Regelung steht mit dem Reichsrecht in Einklang; denn wenn die Landesgesetzgebung befugt ist, für das Strafverfügungsverfahren ein von der StPO. abweichendes Verfahren zu regeln (§ 6 Abs. 2 Ziff. 3 EGStPO.), so ist sie auch berechtigt, im Rahmen der ihr erteilten Ermächtigung vom Prinzip des Verfolgungszwangs abzusehen. § 59 Abs. 1, Satz 3 PolVerwG. bestimmt nun, daß in leichteren Fällen von einer polizeilichen StrafVf. abzusehen ist. „Dieser Vorschrift bedurfte es nicht; denn § 153 Abs. 1 StPO. bestimmt bereits, daß Übertretungen nicht verfolgt werden dürfen, wenn die Schuld des Täters gering ist und die Folgen der Tat unbedeutend sind. Die Vorschrift des § 59 Abs. 1 S. 3 PolVerwG. steht aber auch mit dem Reichsrecht in Widerspruch, zum mindesten insoweit, als nach § 153 Abs. 1 StPO. eine Verfolgung der Übertretung eintreten muß, wenn „ein öffentliches Interesse an der Herbeiführung einer gerichtlichen Entscheidung besteht"; denn diese Norm gilt trotz der landesgesetzlichen Freiheit auf dem Gebiete des StrafVfVerfahrens auch für das Land. Die Fassung des § 59 Abs. 1 S. 3 „in leichteren Fällen" mag hingenommen werden, da sie lediglich eine kurze Umschreibung der in § 153 Abs. 1 StPO. für die Nichtverfolgung von Übertretungen gegebenen Voraussetzungen darstellt. Wollte man aber der Pol. die Vorschrift des § 153 StPO. besonders deutlich vor Augen stellen (Klausener a. a. O. S. 406), so hätte man dies mit der Gesetzesfassung des § 153 Abs. 1 StPO. tun müssen."

Nach § 59 Abs. 1 Satz 4 PolVerwG. kann statt oder neben einer polizeilichen StrafVf. eine gebührenfreie polizeiliche Verwarnung erteilt werden. Die Gesetzesfassung läßt damit erkennen, daß die Verwarnung keine res judicata begründet; denn es kann nach dem G. sogar der die Verwarnung erteilende PolHalter trotz der Verwarnung zum Erlaß einer StrafVf. schreiten. Solche Regelung ist nicht etwa in sich widersprechend; denn es können nach der Verwarnung Gesichtspunkte hinzutreten, die mit Rücksicht auf die Art der Tat und ihre Folgen den Erlaß einer StrafVf. nachträglich rechtfertigen (siehe OLG. Dresden in Goltd.Archiv 74 S. 397; 75 S. 111).

„Die letzte hier noch interessierende Bestimmung besteht in der durch § 62 PolVerwG. geschaffenen Möglichkeit, neben dem „Antrag auf gerichtliche Entscheidung" gegen die StrafVf. die Aufsichtsbeschwerde an die unmittelbar vorgesetzte PolAufsichtsBehörde zu erheben. Diese Vorschrift beruht auf § 413 Abs. 1 StPO. Die Beschwerdefrist beträgt nach dem

PolVerwG. zwei Wochen vom Tage der Zustellung der Straf-Vf. an gerechnet, während die Antragsfrist auf gerichtliche Entscheidung auf eine Woche beschränkt ist. Die Verschiedenartigkeit der Fristen könnte der Auffassung Raum geben, als wenn der durch die StrafVf. Betroffene, der den „Antrag“ stellt, aber wegen verspäteter Antragsstellung abgewiesen wird, nunmehr berechtigt wäre, innerhalb der zweiwöchentlichen Frist die Aufsichtsbeschwerde zu erheben. Dem ist aber nicht so. Vielmehr hat der Betroffene in der Art des Rechtsbehelfs lediglich ein Wahlrecht. Macht er von dem Beschwerderecht Gebrauch, so verliert er das gerichtliche Antragsrecht selbst dann, wenn er die Beschwerde zurückzieht (Gerland: Der Deutsche Strafprozeß 1927 S. 465; Graf zu Dohna: Das Strafprozeßrecht 2. Aufl. S. 231; Schorn a. a. O. S. 88). Beantragt er dagegen gerichtliche Entscheidung, so will Stenglein (Lehrbuch des D. StPORechts 1887 S. 128) die Frage, ob damit ipso jure der Beschwerdeweg ausgeschlossen wird, von dem Inhalt des Landesgesetzes abhängig machen. Jedoch dürften für solche differenzierte Behandlung keine Gründe vorliegen. Vielmehr wird man annehmen müssen, daß Beschwerde und Antrag sich gegenseitig ausschließen (von Kries: Lehrbuch des D. StPORechts S. 746). Denn die entgegengesetzte Auffassung würde dazu führen, daß die beiden Rechtsbehelfe nicht elektiv, sondern kumulativ nebeneinander ständen (so Bennecke-Beling: Lehrbuch des StPO-Rechts S. 664 Note 11).“ Vgl. auch Eisentraut über polizeiliche StrafVfen. nach dem Stande vom 1. Oktober 1931, Staats- und Selbstverwaltung 1931, S. 449 ff., 465 f.

Nichtfestsetzung einer Strafe.

§ 60.

Die Festsetzung einer Strafe durch die Polizeibehörden findet nicht statt:

a) bei Übertretungen der Vorschriften über die Erhebung öffentlicher Abgaben oder Gefälle;

b) bei Übertretungen bergpolizeilicher Vorschriften.

Die beiden Ausnahmen ergeben sich daraus, daß bei Übertretungen steuerlicher Vorschriften eine anderweitige Regelung erfolgt. Von Bedeutung ist insbesondere der steuerliche Strafbescheid, vgl. insbesondere § 442 der Reichsabgabenordnung. Auch die Übertretung bergpolizeilicher Vorschriften ist landesrechtlich besonders geregelt.

Behändigung oder Zustellung.

§ 61.

Die polizeiliche Strafverfügung ist nach Maßgabe der zu erlassenden Ausführungsbestimmungen dem Beschuldigten durch einen öffentlichen Beamten zu behändigen oder zuzustellen.

1. Vgl. auch über geschäftsmäßige Behandlung der polizeilichen Strafverfügungen und der polizeilichen Zwangsgeldverfügungen. RdErl. d. MindInn. v. 12. November 1931 — II C I 81 Nr. 34 VI u. X/31.

Die Anweisung vom 1. Oktober 1931 über die geschäftsmäßige Behandlung der polizeilichen Strafverfügungen (§ 59 PVG.) und der polizeilichen Zwangsgeldverfügungen (§ 33 PVG.) — RdErl. vom 1. Oktober 1931 (MBliV. S. 939) — ist von allen ordentlichen PolBehörden zu beachten; die in der Anweisung vorgeschriebenen Vordrucke sind daher durchweg zu verwenden.

Für die Landjägerei ordne ich in Abänderung der Ziff. 1 bis 5 und 7 der Anweisung vom 1. Oktober 1931 folgendes an:

1. Das Merkbuch (Vordruck Pol. Nr. 141) ist neben dem Tagebuch (Anl. I zu Ziff. 23 der Dienstvorschr. f. d. preuß. Landj. vom 20. Juli 1906) nicht zu führen.

2. Der Land-Beamte hat, einerlei, ob es sich um kreispolizeiliche oder ortspolizeiliche Übertretungen handelt, nur ein Anzeigenbuch (Vordruck Pol. Nr. 142) zu führen, in das er alle Übertretungsanzeigen einträgt. Hierneben sind besondere Strafanzeigen nicht zu erstatten.

3. Jede Anzeige ist nach Streichung der Worte „Gesehen"

bis „Datum . . . .“ von dem Landj.-Beamten der zuständigen Pol.-Behörde unmittelbar zu übersenden.

Diese Regelung gilt nicht für Landj.-Beamte, die in staatl. Pol.-Bezirken tätig sind.

Die Kosten für die Vordrucke haben die Ortspol.-Behörden und, soweit kreispolizeiliche Angelegenheiten in Frage kommen, die Kreispol.-Behörden zu tragen.

Ich empfehle, die für die Landj.-Beamten notwendigen Anzeigenbücher von den Landräten beschaffen und die Kosten hierfür auf die beteiligten Pol.-Behörden umlegen zu lassen.

2. Die AusfBest. zu § 61 lauten wie folgt: „1. Eine Ausfertigung der StrafVf. ist dem Beschuldigten durch einen vereideten öffentlichen Beamten zuzustellen. Der Beamte hat die Vf. dem Beschuldigten in Person zu übergeben, wenn dieser in der Wohnung nicht angetroffen wird, einem zu der Familie gehörenden erwachsenen Hausgenossen oder einer in der Familie dienenden erwachsenen Person, falls derartige Personen in der Wohnung des Beschuldigten angetroffen werden. Anderenfalls ist die StrafVf. dem in demselben Hause wohnenden Hauswirt oder Vermieter zu übergeben, diesen indessen nur, wenn sie zur Annahme bereit sind. Für Gewerbetreibende, welche ein besonderes Geschäftslokal haben, kann, wenn sie dort nicht angetroffen werden, die Zustellung an einen darin anwesenden Gewerbegehilfen erfolgen. Wird die Annahme in einem Falle, in welchem die Annahmebereitschaft in den vorstehenden Bestimmungen nicht ausdrücklich vorgeschrieben ist, verweigert, so ist die Ausfertgung der StrafVf. am Orte der Zustellung zurückzulassen.

2. Ist die Zustellung nach diesen Bestimmungen nicht ausführbar, so kann sie dadurch erfolgen, daß die Ausfertigung der StrafVf. bei der Ortsbehörde (Gemeinde- oder Polbehörde) oder bei dem Postamt des Zustellungsorts niedergelegt und die Niederlegung sowohl durch eine an der Tür der Wohnung zu befestigende schriftliche Anzeige, als auch, soweit tunlich, durch mündliche Mitteilung an zwei in der Nachbarschaft wohnende Personen bekanntgemacht wird.

3. Der zustellende Beamte hat auf der Ausfertigung der

StrafVf. unter Beifügung seines Namens den Tag der Zustellung, z. B. zugestellt am 20. Oktober 1931

Müller, Amtsgehilfe

zu vermerken und auf dem mit der Ausfertigung zu übergebenden Aktenbogen über die Zustellung unter Angabe des Tages derselben zu berichten.

4. Die Zustellung kann auch durch die Post erfolgen. Die Postgebühren hat die PolBehörde zu entrichten.

5. Die Zustellung für einen in einer Kaserne wohnenden oder auf einem Kriegsschiff eingeschifften Angehörigen des Reichsheeres oder der Reichsmarine erfolgt an den Chef der zunächst vorgesetzten Kommandobehörde (Chef der Kompagnie, Eskadron, Batterie, Führer des Kriegsschiffes).

6. Eine öffentliche Zustellung findet nicht statt.

7. Auf die Zustellung an inländische Bedienstete exterritorialer Personen, welche in den Räumen dieser Personen wohnen, findet die A. V. D. JM. vom 4. Dezember 1928 — JMBl. S. 454 — zu D. sinngemäße Anwendung." (MBliV. Sp. 934 f.).

Beschwerde statt Antrages auf gerichtliche Entscheidung.

§ 62.

(1) Statt des im § 413 StPO. vorgesehenen Antrags auf gerichtliche Entscheidung kann der Beschuldigte gegen die polizeiliche Strafverfügung binnen einer Frist von zwei Wochen nach Zustellung die Beschwerde an die unmittelbar vorgesetzte Polizeiaufsichtsbehörde erheben. Diese entscheidet endgültig.

(2) Ist gegen einen Beschuldigten im Alter von 14 bis 18 Jahren eine polizeiliche Strafverfügung erlassen, so kann auch sein gesetzlicher Vertreter die Beschwerde einlegen oder den Antrag auf gerichtliche Entscheidung stellen.

1. Die AusfBest. zu § 62 lauten wie folgt:

„1. Gegen die polizeiliche StrafVf. ist gemäß § 413 StPO.

binnen 1 Woche der **Antrag auf gerichtliche Entscheidung** bei dem zuständigen Amtsgericht oder bei der PolBehörde gegeben, die die StrafVf. erlassen hat. An Stelle des Antrages auf gerichtliche Entscheidung ist binnen 2 Wochen die **Beschwerde** an die unmittelbar vorgesetzte PolAufsichtsBehörde gegeben. Der Beschuldigte kann also nur einen der beiden Rechtsbehelfe ergreifen.

a) Der **Antrag auf gerichtliche Entscheidung** kann bei der PolBehörde schriftlich oder mündlich, bei dem Amtsgericht schriftlich oder zu Protokoll des Urkundsbeamten angebracht werden. Stellt der Beschuldigte bei der PolBehörde, welche die StrafVf. erlassen hat, mündlich den Antrag auf gerichtliche Entscheidung, so ist darüber eine Verhandlung aufzunehmen und diese nebst den Vorgängen, welche zu heften und mit der Nummer der Strafliste zu versehen sind, ohne daß es einer weiteren Beischrift bedarf, an den Amtsanwalt abzusenden. Die Absendung ist in der Strafliste zu verzeichnen. Ist der Antrag offensichtlich verspätet, so ist in dieser Weise nur zu verfahren, wenn der Beschuldigte trotz Belehrung seinen Antrag aufrecht erhält.

In gleicher Weise ist die Sache an den Amtsanwalt abzugeben, wenn der Antrag auf gerichtliche Entscheidung schriftlich bei dem PolVerwalter eingereicht wird, oder wenn er bei dem Amtsgericht angebracht worden ist.

Im Militärstrafverfahren gelten die §§ 442, 447 StPO.

b) Die **Beschwerde** kann mündlich oder schriftlich sowohl bei der PolBehörde, die die StrafVf. erlassen hat, wie auch bei der zuständigen Aufsichtsbehörde erhoben werden. Im ersten Fall hat die PolAufsichtsBehörde die Beschwerde, sofern sie dieser nicht abhilft, mit ihrer Stellungnahme und den gehefteten StrafVfVorgängen unverzüglich der PolAufsichtsBehörde vorzulegen. Im letzten Falle hat die PolAufsichtsBehörde die Beschwerde der PolBehörde unverzüglich zur Stellungnahme und Beifügung der StrafVfVorgänge zuzuleiten (vgl. hierzu die folgende Ziffer 4a).

Die PolAufsichtsBehörde entscheidet endgültig.

2. Hat von mehreren Beteiligten ein Teil auf gerichtliche Entscheidung angetragen, während der andere Beschwerde eingelegt hat, so ist über die Beschwerde in der Regel erst nach rechtskräftiger Erledigung des gerichtlichen Verfahrens zu befinden.

3. Gegen die Versäumung der Frist für den Antrag auf gerichtliche Entscheidung gestattet der § 415 der StPO. unter den in den §§ 44, 45 a. a. O. bezeichneten Voraussetzungen Wiedereinsetzung in den vorigen Stand.

a) Hiernach kann die Wiedereinsetzung in den vorigen Stand beantragt werden, wenn der Antragsteller durch Naturereignisse oder andere unabwendbare Zufälle an der Einhaltung der Frist verhindert worden ist. Als unabwendbarer Zufall ist es insbesondere anzusehen, wenn der Antragsteller von der Zustellung der StrafVf. ohne sein Verschulden keine Kenntnis erlangt.

b) Das Gesuch um Wiedereinsetzung in den vorigen Stand muß binnen einer Woche nach Beseitigung des Hindernisses unter Angabe und Glaubhaftmachung der Versäumnisgründe (§ 45 StPO.) bei der PolBehörde oder bei dem Amtsgericht angebracht werden (§ 415 StPO.).

c) Über das Gesuch entscheidet der Amtsrichter. Die dem Gesuche stattgebende Entscheidung unterliegt keiner Anfechtung; gegen die das Gesuch verwerfende Entscheidung findet sofortige Beschwerde bei dem Landgerichte statt (§ 415 Abs. 2 StPO. und § 73 des Gerichtsverfassungsgesetzes vom 27. Januar 1877 in der Fassung der Bekanntmachung vom 22. März 1924, RGBl. I S. 299).

4. Die PolBehörde ist berechtigt, eine polizeiliche StrafVf. zurückzunehmen, solange diese noch nicht rechtskräftig ist, und zwar auch dann, wenn die Vorgänge bereits an den Amtsanwalt oder die PolAufsichtsBehörde abgegeben sind. Sind die Vorgänge an den Amtsanwalt abgegeben, so bedarf es zur Zurücknahme seiner Zustimmung. Nach Erlaß eines Urteils ist eine Zurücknahme nicht mehr zulässig.

5. Bringt der Beschuldigte zum Ausdruck, daß er die StrafVf. anfechten wolle, ohne daß indessen erkennbar wird,

ob er gerichtliche Entscheidung beantragen oder Beschwerde einlegen will, so ist eine nach Ablauf der Antragsfrist eingehende Erklärung als Beschwerde zu behandeln. Geht die Erklärung während der Antragsfrist ein, so ist dem Beschuldigten eine Mitteilung folgenden Inhalts zu machen: „Ihre Eingabe vom ...... läßt nicht erkennen, ob Sie gegen die Strafverfügung vom ...... Antrag auf gerichtliche Entscheidung stellen oder Beschwerde einlegen wollen. Ihre Eingabe wird als Antrag auf gerichtliche Entscheidung aufgefaßt werden, falls Sie nicht binnen 3 Tagen nach Empfang dieses Schreibens hierher mitteilen, daß Ihre Eingabe als Beschwerde gelten soll."

6. Gegen die Versäumung der Beschwerdefrist kann die PolAufsichtsBehörde, wenn die Fristversäumung unverschuldet ist, nach § 52 LVG. Wiedereinsetzung in den vorigen Stand gewähren.

7. Eine Abänderung der mit der Beschwerde angefochtenen StrafVf. zuungunsten des Beschuldigten ist unzulässig." (MBliV. Sp. 935 ff.).

2. Vgl. die Anmerkungen 1 und 4 zu § 59 oben S. 343 bis 349, 351 ff.

Inhalt der polizeilichen Strafverfügung im einzelnen.

§ 63.

Die polizeiliche Strafverfügung muß außer den im § 413 Abs. 3 StPO. vorgeschriebenen Hinweisen die Kasse bezeichnen, an welche die Geldstrafe zu zahlen ist, und die Eröffnung enthalten, daß statt des Antrags auf gerichtliche Entscheidung binnen zwei Wochen nach Zustellung die Beschwerde an die bestimmt zu bezeichnende Polizeiaufsichtsbehörde gegeben ist.

1. Die AusfBest. zu § 63 lauten wie folgt: „1. Die polizeiliche StrafVf. muß außer der Festsetzung der Strafe die strafbare Handlung, das angewendete Strafgesetz, die Beweismittel und die Kasse bezeichnen, an welche die Geldstrafe zu zahlen ist. Sie muß ferner die Mitteilung enthalten, daß

der Beschuldigte gegen die StrafVf. binnen einer Woche nach der Zustellung bei der PolBehörde, welche die Vf. erlassen hat, oder bei dem Urkundsbeamten des zuständigen Amtsgerichts auf gerichtliche Entscheidung antragen oder statt dessen binnen zwei Wochen die Beschwerde an die bestimmt zu bezeichnende PolAufsichtsBehörde erheben könne.

2. Die Urschrift der polizeilichen StrafVf. (Aktenbogen) ist von dem PolVerwalter oder dessen Beauftragten handschriftlich zu vollziehen. Dagegen ist die handschriftliche Vollziehung der zur Aushändigung an den Beschuldigten bestimmten Ausfertigung nicht erforderlich. Die Ausfertigung kann auch mit einem Abdruck des Dienstsiegels, jedoch unter Beifügung des Signums des ausfertigenden Beamten, versehen werden. Formulare mit eingedrücktem Dienstsiegel dürfen für die Ausfertigung nicht verwendet werden.

3. Die polizeiliche StrafVf. kann nach Ablauf der dritten Woche nach ihrer Zustellung vollstreckt werden, es sei denn, daß bei der PolBehörde innerhalb einer Woche nach Zustellung der StrafVf. der Antrag auf gerichtliche Entscheidung gestellt oder die im § 69 des PolVerwGesetzes erwähnte Bescheinigung vorgelegt wird, oder der PolBehörde amtlich bekannt geworden ist, daß innerhalb von zwei Wochen die Beschwerde bei der PolAufsichtsBehörde erhoben ist.

4. Über die Einziehung der Geldstrafen werden besondere Bestimmungen erlassen.

5. Ist keine Geldstrafe, sondern nur Haft festgesetzt, so ist diese im PolGefängnis zu vollstrecken. Leistet der Beschuldigte der Aufforderung zum Strafantritt innerhalb einer bestimmten Frist nicht Folge, so ist er festzunehmen und zur Strafverbüßung einzuliefern.

Das gleiche gilt, wenn die festgesetzte Geldstrafe nicht beigetrieben werden kann. Die Vollstreckung der Ersatzhaftstrafe soll indessen nicht die Regel sein, da die Erfahrungen, die mit kurzen Freiheitsstrafen gemacht sind, es angezeigt erscheinen lassen, die Vollstreckung von kurzen Haftstrafen möglichst einzuschränken. Ist die beschuldigte Person nicht in der Lage, irgendeine Zahlung zu leisten, und zwar auch nicht nach

Stundung oder in Form von Ratenzahlungen, so ist zu prüfen, ob unter Berücksichtigung der Lebensverhältnisse und der Persönlichkeit des Beschuldigten, insbesondere auch der Gesinnung, aus der die Tat gegangen ist, die Vollstreckung der Ersatzstrafe unbedingt geboten erscheint. Bei erstmaligen Bestrafungen wird das in der Regel nicht der Fall sein. Erscheint die Vollstreckung der Ersatzstrafe nicht unbedingt geboten, so wird ein Begnadigungsverfahren einzuleiten sein.

Wegen der Vollstreckung der vom Jugendrichter festgesetzten Ersatzfreiheitsstrafen gegen Jugendliche bewendet es bei der gemeinschaftlichen Vf. vom 28. August 1926 (MBliV. S. 889) und den RdErlassen vom 22. Oktober 1929 (MBliV. S. 907) und vom 11. Januar 1931 (MBliV. S. 44).

6. Ist eine Einziehung festgesetzt und die Vf. vollstreckbar geworden, so ist der einzuziehende Gegenstand, sofern dies noch nicht geschehen sein sollte, in Beschlag zu nehmen und der zuständigen Stelle zu übergeben.

Ist die PolBehörde zweifelhaft darüber, wem der eingezogene Gegenstand zufällt, so hat sie hierüber von der vorgesetzten Behörde weiteren Bescheid einzuholen.

7. Liegt ein gesetzlicher Grund vor, den Beschuldigten vorläufig festzunehmen (StPO. § 127 in Verbindung mit § 113), so findet, da der Festgenommene unverzüglich dem Amtsrichter vorgeführt werden muß (§ 128 ebenda), der Erl. einer polizeilichen StrafVf. nicht statt.

Besteht jedoch die an erster Stelle festzusetzende Strafe nicht in Haft, sondern in Geldstrafe, so kann die PolBehörde von der Festnahme Abstand nehmen und die StrafVf. erlassen, falls der Beschuldigte für die Strafe, deren Betrag ihm bekanntzumachen ist, Sicherheit leistet.

Ergibt sich der Anlaß zur vorläufigen Festnahme erst nach Erl. und Behändigung der StrafVf., jedoch bevor letztere vollstreckbar geworden ist, so kann die PolBehörde von dem Beschuldigten die sofortige Bestellung einer Sicherheit für die Strafe fordern. Wird die Sicherheit nicht bestellt, so kann der Beschuldigte festgenommen werden und ist sodann dem Amtsrichter vorzuführen.

Die Höhe der zu leistenden Sicherheit darf den Betrag der festzusetzenden oder festgesetzten Geldstrafe nicht übersteigen." (MBliV. Sp. 937 f.)

Stempel- und Gebührenfreiheit.

§ 64.

Für dieses Verfahren (§§ 59 bis 63) sind weder Stempel noch Gebühren anzusetzen, die baren Auslagen aber fallen dem Beschuldigten nach näherer Maßgabe der zu erlassenden Ausführungsbestimmungen in allen Fällen zur Last, in welchen eine Strafe endgültig gegen ihn festgesetzt ist.

1. Die AusfBest. zu § 64 lauten wie folgt:

„Als bare Auslagen des Verfahrens dürfen von den Beschuldigten nur eingezogen werden

a) Post- und Schreibgebühren in Höhe von 0,50 *RM*, bei einer Zustellung nach auswärts in Höhe von 0,60 *RM*,

b) die Kosten der Beitreibung der Geldstrafen nach Maßgabe des Gebührentarifs zur VO. über das Verwaltungszwangsverfahren,

c) die Haft- und Transportkosten, welche durch Vollstreckung der Haft entstehen.

Die entstandenen Auslagen sind in der Strafliste und in der StrafVf. zu verzeichnen." (MBliV. Sp. 938.)

Geldstrafen fallen dem Träger der PolKosten zu.

§ 65.

(1) Die auf Grund dieses Gesetzes endgültig festgesetzten Geldstrafen sowie die eingezogenen Gegenstände fallen dem Träger der unmittelbaren Polizeikosten für die Behörde zu, die die polizeiliche Strafverfügung erlassen hat.

(2) Diese Stelle ist verpflichtet, die durch die Festsetzung und Vollstreckung der Strafe entstehenden Kosten zu tragen, soweit sie nicht von dem Beschuldigten beigetrieben werden können.

1. Im Ausschuß erster Lesung bemerkte ein Ausschußmitglied, allgemein herrsche die Ansicht, daß Geldstrafen von OrtsPolBehörden mitunter lediglich zu dem Zwecke festgesetzt würden, der Gemeinde bzw. dem Amtsbezirk einen geldlichen Vorteil zu verschaffen. Besonders zeige sich das an dem Verhalten gewisser OrtsPolBehörden gegenüber Kraftfahrern. Ein solches Verfahren sei besonders deswegen zu verurteilen, weil es unter der Maske der Gesetzlichkeit geübt werde.

Ein zweiter Beauftragter des MindInn. verwies auf den RundErl. II D 949 aus dem Jahre 1928, in dem sehr eingehende Bestimmungen über die Strafpraxis enthalten seien. Die Frage der unmittelbaren PolKosten sei nur in den Gemeinden von Bedeutung, in denen die Pol. verstaatlicht sei; in den übrigen sei die Gemeinde Träger sowohl der mittelbaren als auch der unmittelbaren Kosten. Gegen Mißbräuche bei der Festsetzung von Strafen sei die Möglichkeit der Beschwerde gegeben, die in § 49 vorgesehen sei.

Ein erster Beauftragter des MindInn. fügte hinzu, daß das MindInn., wenn es von Autofallen u. dgl. erfahre, sofort einschreite, und zwar auf das allerschärfste. So sei in verschiedenen Fällen in der Umgebung Berlins verfahren worden.

Ein vorerwähntes Ausschußmitglied regte an, die Geldstrafen der Staatskasse zufließen zu lassen, da kein Interesse daran bestünde, daß sich die Gemeinden auf diese Weise bereicherten.

Ein zweiter Beauftragter des MindInn. hielt dem entgegen, daß das eine Frage des PolKostenausgleichs sei. Ein Einzelausgleich bei so geringen Summen sei nicht notwendig. Er empfehle, sie der Behörde zu belassen, die die PolKosten trage.

Ein Ausschußmitglied bat, die Formulierung des Gesetzentwurfs nicht zu ändern. Abgesehen davon, daß der Staatskasse nur geringe Beträge zufließen würden, würde diese Beschränkung der Einnahmen nur dazu führen, daß sich die Behörden an die Staatsregierung mit der Bitte wenden würden, ihnen anderweit Gelder zuzuführen. (Sp. 84 f.)

§§ 65 bis 69 wurden angenommen.

2. Die AusfBest. lauten wie folgt:

„Sind die in dem Straffestsetzungsverfahren entstandenen Auslagen nicht beizutreiben, so fallen sie dem Träger der unmittelbaren PolKosten zur Last. Ist die StrafVf. von einer anderen Behörde als der beitreibenden OrtsPolBehörde erlassen, so hat jene die nicht beizutreibenden Auslagen zu tragen." (MBliV. Sp. 938 f.)

3. Das PolKostenG. vom 2. August 1929 (GS. S. 162) Schrifttum: Zum bisherigen G. vom 3. Juni 1908/6. November 1921 (GS. S. 449 bzw. 727) Julius Friedrich, Polizeilasten und Polizeikosten in Stier-Somlo, Handb. d. kommunalen Verfassungs- und VerwRs. Bd. I, 1. Hauptteil (1916) S. 270—296, wo auch andere Literatur angegeben ist; v. Brauchitsch, Die Preußischen Verwaltungsgesetze, herausgegeben von Drews und Lassar, Bd. 1 (1925); Friedrichs, Polizeigesetz, 1911, S. 62—71; derselbe, Grundzüge des Polizeirechts, 1923, S. 58 ff.; Bracht und Rottenberg, Das Polizeikostengesetz vom 2. August 1929 (1930), welches durch § 82 Nr. 8 unberührt geblieben ist, hat folgenden Wortlaut:

§ 1. (1) Unmittelbare Kosten der örtlichen Polizeiverwaltung sind sämtliche persönlichen Bezüge (einschließlich der Ruhegehälter, Wartegelder und Versorgungsbezüge) der Polizeibeamten, der bei der Polizei beschäftigten Angestellten und Arbeiter und der Beamten des Nachtwachdienstes, Witwen- und Waisengelder für Hinterbliebene dieser Beamten, Tagegelder, Reise- und Umzugskosten, Wohnungs- und Notstandsbeihilfen, Unterstützungen, Ausgaben auf Grund der Reichsversicherungsgesetzgebung, aus Haftpflichtfällen, zur Beschaffung, Anmietung und Unterhaltung aller Liegenschaften, die polizeilichen Zwecken dienen, einschließlich der Einrichtungsgegenstände, Kosten für Verpflegung, Bekleidung, Ausrüstung und ärztliche Behandlung, Bildung, Fürsorge, Unterricht und Leibesübung, für Geschäftsbedürfnisse, Polizeigefängniskosten, Kosten der örtlichen Schlachtvieh- und Fleischbeschau sowie alle sonstigen Ausgaben, welche entstehen, um die Polizeibehörde zum Erlaß ihrer Anordnungen instand zu setzen, und die Kosten der Anordnungen selbst.

(2) Mittelbare Polizeikosten der örtlichen Polizeiverwaltung sind solche, die infolge der Verwaltungstätigkeit der Polizei zur Herstellung polizeimäßiger Zustände in der Außenwelt entstehen.

§ 2. (1) Die unmittelbaren und mittelbaren Kosten der örtlichen Polizeiverwaltung werden von den Gemeinden und den Gemeindeverbänden, welche einen Ortspolizeibezirk bilden, getragen; ihnen fallen auch die Einnahmen aus der örtlichen Polizeiverwaltung zu.

(2) Soweit in Gemeinden und Gemeindeverbänden die örtliche Polizeiverwaltung von einer staatlichen Behörde geführt wird oder sich daselbst staatliche Einrichtungen für Aufgaben der örtlichen Polizeiverwaltungen, insbesondere staatliche Polizeibereitschaften und Kommandos oder einzelne staatliche Polizeibeamte befinden, bestreitet der Staat die durch die staatliche Verwaltung und die Verwendung staatlicher Beamter entstehenden unmittelbaren Polizeikosten. Er erhebt alle Einnahmen, die aus den von ihm zu erledigenden polizeilichen Aufgaben entstehen.

(3) Die Kosten für die Einrichtung und Unterhaltung von Richtungsschildern (Wegweisern), Gefahrentafeln, von polizeilichen Gebots- und Verbotstafeln, der Bezeichnung von Straßen verschiedener Ordnung, von Einbahnstraßen, Parkplätzen und Übergangswegen, der Signaleinrichtungen und Verkehrstürme einschließlich der Stromkosten für den Betrieb der Verkehrssignale, sowie die Kosten aller derartigen im Interesse der Leichtigkeit und Sicherheit des Verkehrs erforderlichen Einrichtungen, Anlagen und baulichen Maßnahmen trägt der Wegeunterhaltungspflichtige. Alle derartigen Einrichtungen sind dem Wegeunterhaltungspflichtigen, soweit sie nicht schon bisher in seinem Eigentume standen, unentgeltlich zu überlassen. Art, Umfang und technische Ausgestaltung der Einrichtungen richten sich nach den Anforderungen der Verkehrs-

polizeibehörde nach einheitlich vom Minister des Innern zu erlassenden Vorschriften.

§ 3. (1) Zu den dem Staate gemäß § 2 Abs. 2 zur Last fallenden Kosten der örtlichen Polizeiverwaltung leisten die Gemeinden, in denen die örtliche Polizeiverwaltung von einer staatlichen Behörde geführt wird, einen Beitrag. Als örtliche Polizeiverwaltung, jedoch nicht als staatliche Behörde im Sinne dieses Gesetzes, ist der Landrat in der Provinz Hannover und der Distriktskommissar in der Provinz Grenzmark Posen-Westpreußen, als Ortspolizeibezirk im Sinne des § 4 dieses Gesetzes ist in beiden Landesteilen die Gemeinde anzusehen.

(2) Für das Rechnungsjahr 1930 sind 48 Millionen *RM* als Beitrag zu zahlen. Für die folgenden Rechnungsjahre ändert sich der Beitrag in demselben Verhältnis, in dem die um die Isteinnahmen verminderten Istausgaben des Staates für die Polizei im jeweils vorangegangenen Rechnungsjahre zu denen für das Rechnungsjahr 1927 stehen. Die Höhe wird jeweils durch die Minister des Innern und der Finanzen endgültig festgesetzt. Hierbei sind die Einnahmen und Ausgaben der Polizei in dem Verhältnisse der Gesamtzahl des Etats der Polizeibeamten zu dem der Landjägereibeamten zu kürzen. Von der Gesamtzahl der Landjägereibeamten sind jedoch die in verstaatlichten Polizeibezirken stationierten Landjägereibeamten abzurechnen.

(3) Der Beitrag wird auf die beteiligten Gemeinden zur Hälfte nach der Bevölkerungszahl im Sinne der für die Verteilung der Reichseinkommen- und Körperschaftsteuer auf die Gemeinden maßgebenden Bestimmungen des Preußischen Ausführungsgesetzes zum Finanzausgleichsgesetze, zur Hälfte nach Maßgabe der Beiträge verteilt, die ihnen nach dem Stande des 31. März aus dem reinen Gemeindeanteil an Einkommen- und Körperschaftsteuer nach den reichsrechtlichen Rechnungsanteilen für das vorangegangene Rechnungsjahr rechnerisch zugeflossen wären, soweit diese Rechnungsanteile den Berechnungen für die landesrechtliche Verteilung der Einkommen- und Körperschaftsteuer zugrunde gelegt worden

sind. Der Beitrag ist in vierteljährlichen Raten im voraus zu entrichten.

(4) Soweit die örtliche Polizeiverwaltung nur für Teile eines Gemeindebezirkes von einer staatlichen Behörde geführt wird, ist der auf die Gemeinde entfallende Beitrag nur nach der Bevölkerungszahl (Abs. 3) des verstaatlichten Gemeindeteils und nach den im Verhältnisse der Gesamtbevölkerungszahl (Abs. 3) zu der Bevölkerungszahl (Abs. 3) des verstaatlichten Gemeindeteils gekürzten Reichseinkommen- und Körperschaftsteuerbeträgen (Abs. 3) zu berechnen.

§ 4. (1) Die Kosten der Ausführung eines ihr von der polizeilichen Aufsichtsbehörde erteilten polizeilichen Auftrags trägt die örtliche Polizeiverwaltung.

(2) Bei vorübergehender Verwendung von Polizeibeamten in einem anderen Ortspolizeibezirke sind alle aus dieser Verwendung entstehenden Mehrkosten als Polizeikosten desjenigen örtlichen Polizeibezirkes anzusehen, in dem die Beamten Verwendung finden. Vorstehende Bestimmung findet keine Anwendung auf die Verwendung von Landjägereibeamten innerhalb der Landgemeinden desjenigen Landkreises, dem die Beamten zugeteilt sind.

(3) Dient der Zweck eines von der polizeilichen Aufsichtsbehörde erteilten polizeilichen Auftrags (Abs. 1) oder der vorübergehenden Verwendung von Polizeibeamten in einem anderen Ortspolizeibezirk (Abs. 2) seiner Art nach überwiegend der Aufrechterhaltung der Staatssicherheit oder der öffentlichen Ruhe, Sicherheit und Ordnung eines über den Bereich einer örtlichen Polizeiverwaltung hinausgehenden Gebiets, so sind die Mehrkosten dieses Auftrags oder dieser auswärtigen Verwendung auf Antrag der betreffenden örtlichen Polizeiverwaltung auf die Staatskasse zu übernehmen.

(4) Werden Polizeibeamte zur Erfüllung polizeilicher Aufgaben vorübergehend in einer Ortschaft untergebracht, in der keine staatliche Unterkunft vorhanden ist oder die vorhandene nicht ausreicht, so hat die Gemeinde ihnen gegen Entschädigung Unterkunft zu gewähren.

(5) Den zur Probedienstleistung in der Gemeindepolizei

abgeordneten Schutzpolizeibeamten sind Dienstbezüge in der Höhe zu gewähren, wie sie den in andere Dienstzweige der staatlichen Polizei übernommenen kündbaren Schutzpolizeibeamten zustehen. Die Gemeinde hat diesen Beamten ferner für die Dauer des Probedienstes die Wohnungsbeihilfe und im Falle ihrer endgültigen Anstellung im Gemeindedienste die Umzugskosten, beide Bezüge in der Höhe zu gewähren, wie sie gleichbesoldeten Staatsbeamten zustehen.

§ 5. Gemeinden und Gemeindeverbände, in denen die örtliche Polizeiverwaltung einer staatlichen Behörde oder einem Staatsbeamten übertragen worden ist oder wird, sind verpflichtet, die Grundstücke, Gebäude, Gebäudeteile, Einrichtungen und Geräte, die schon zuvor den Zwecken der örtlichen Polizeiverwaltung gedient haben, auf Anfordern dem Staate gegen angemessene Entschädigung nach Bedarf zur Verfügung zu stellen. Die Überlassung der vorhandenen Akten und Karteien geschieht unentgeltlich. Die Gemeinden bleiben ferner verpflichtet, die in ihrem Eigentum stehenden Grundstücke, Gebäude, Gebäudeteile, Einrichtungen und Geräte, die bereits beim Inkrafttreten des Polizeikostengesetzes vom 3. Juni 1908 (Gesetzsamml. S. 149) den Zwecken der staatlichen Ortspolizeiverwaltung unentgeltlich dienten, auch ferner für die Dauer des Bedarfs der staatlichen Ortspolizeibehörde für diese Zwecke unentgeltlich zu belassen.

§ 6. Die bestehenden Verträge über die Hergabe von Grundstücken usw. (§ 5) zur Benutzung für die staatlichen Ortspolizeiverwaltungen werden durch die Bestimmungen dieses Gesetzes nicht berührt.

§ 7. Alle geldlichen Ansprüche aus diesem Gesetz erlöschen, wenn sie nicht innerhalb zweier Jahre, nachdem die den Anspruch begründenden Tatsachen dem Anspruchsberechtigten bekannt geworden sind, gegenüber dem Verpflichteten schriftlich geltend gemacht werden.

§ 8. (1) Der Regierungspräsident entscheidet:

1. bei Streitigkeiten aus den §§ 1, 2, 4 und 5;
2. über die Unterverteilung in den Fällen des § 4 Abs. 1 und 2;

2. über die Übernahme von Kosten auf die Staatskasse, § 4 Abs. 3.

Für Berlin tritt an die Stelle des Regierungspräsidenten der Oberpräsident. Gehören die Parteien oder Streitgenossen mehreren Regierungsbezirken derselben Provinz an, so bestimmt der Oberpräsident, andernfalls der Minister des Innern, den für die Entscheidung zuständigen Regierungs- bzw. Oberpräsidenten.

(2) Gegen die Entscheidung des Regierungspräsidenten ist binnen einer Ausschlußfrist von zwei Wochen die Klage im Verwaltungsstreitverfahren beim Bezirksausschuß und gegen dessen Entscheidung binnen einer Ausschlußfrist von zwei Wochen die Revision an das Oberverwaltungsgericht gegeben. Die Revision kann nur darauf gestützt werden,

a) daß die angefochtene Entscheidung auf der Nichtanwendung oder auf der unrichtigen Anwendung des bestehenden Rechtes beruhe,

b) daß das Verfahren an wesentlichen Mängeln leide.

(3) Die Zulässigkeit der Revision ist durch einen 1000 *RM* übersteigenden Beschwerdegegenstand bedingt.

(4) Gegen die Entscheidung des Oberpräsidenten der Provinz Brandenburg und von Berlin im Falle des Abs. 1 Satz 2 ist innerhalb einer Ausschlußfrist von zwei Wochen die Klage beim Oberverwaltungsgerichte gegeben; die Zulässigkeit der Klage ist durch einen 1000 *RM* übersteigenden Beschwerdegegenstand bedingt.

(5) Die vom Regierungspräsidenten über die Einrichtungen und Maßnahmen, welche die örtliche Polizeiverwaltung erfordert, erlassenen Vorschriften und Anordnungen unterliegen nicht den Rechtsmitteln des Abs. 2.

(6) Gegen die Verfügungen der Verkehrspolizeibehörde auf Grund des § 2 Abs. 3 sind die allgemeinen Rechtsmittel gegen polizeiliche Verfügungen gegeben mit der Maßgabe, daß gegen die Verfügung eines staatlichen Polizeiverwalters stets die Beschwerde an den Regierungspräsidenten (gegen die des Polizeipräsidenten in Berlin an den Oberpräsidenten) oder die Klage beim Bezirksausschusse stattfindet.

(7) Erachtet der in Anspruch Genommene zu der ihm angesonnenen Leistung aus Gründen des öffentlichen Rechtes statt seiner einen anderen für verpflichtet, so ist das Rechtsmittel zugleich gegen diesen zu richten.

§ 9. (1) Aus dem Anteile, der gemäß den Vorschriften des § 11 des Preußischen Ausführungsgesetzes zum Finanzausgleichsgesetz auf die Gesamtheit der Gemeinden mit mehr als 2000 Einwohnern entfällt, erhalten die Gemeinden und Gemeindeverbände für jeden von der Aufsichtsbehörde bestätigten, überwiegend mit polizeilichen Diensten beschäftigten kommunalen Polizeivollzugsbeamten vorweg einen Ausgleichsbetrag von 1000 *RM* im Rechnungsjahre 1930, von 2000 *RM* im Rechnungsjahre 1931 und von 3000 *RM* vom Rechnungsjahre 1932 an.

(2) Die hierfür erforderliche Gesamtsumme wird auf die Gemeinden mit mehr als 2000 Einwohnern nach demselben Maßstab umgelegt wie die zweite Hälfte des Gesamtbeitrags der Gemeinden mit staatlicher Polizei zu den Kosten dieser Polizei (vgl. § 3 Abs. 3).

§ 10. (1) Dieses Gesetz tritt am 1. April 1930 in Kraft. Mit demselben Zeitpunkte treten das Polizeikostengesetz vom 3. Juni 1908 (Gesetzsamml. S. 149), das Gesetz über die Änderung des Polizeikostengesetzes vom 6. November 1924 (Gesetzsamml. S. 727), § 7 Abs. 3 des Gesetzes, betreffend den Erlaß polizeilicher Strafverfügungen wegen Übertretungen, vom 23. April 1883 (Gesetzsamml. S. 65), ferner alle bisherigen Bestimmungen über Verteilung der Polizeikosten, Zuschüsse und Beihilfen zu den Polizeikosten und über Einnahmen aus der Polizeiverwaltung sowie alle auf diesem Gebiete bestehenden örtlichen oder für Teile des Staatsgebiets geltenden Sonderbestimmungen außer Kraft. Die Vorschriften des § 7 Abs. 1 und 2 des Gesetzes, betreffend den Erlaß polizeilicher Strafverfügungen wegen Übertretungen, vom 23. April 1883 (Gesetzsamml. S. 65) bleiben unberührt.

(2) Soweit jedoch in der Rheinprovinz bisher die von den staatlichen Polizeibehörden festgesetzten Polizeistrafen den

Gemeinden zugeflossen sind, erhalten die Gemeinden weiterhin im ersten Jahre des Inkrafttretens dieses Gesetzes zwei Drittel und im zweiten Jahre des Inkrafttretens noch ein Drittel dieser Strafgelder.

§ 11. Die Minister des Innern und der Finanzen sind mit der Ausführung dieses Gesetzes beauftragt.

Vollstreckbarkeit der polizeilichen StrafVf.

§ 66.

(1) Ist die polizeiliche Strafverfügung vollstreckbar geworden, so findet wegen derselben Handlung eine fernere Anschuldigung nicht statt, es sei denn, daß die Handlung keine Übertretung, sondern ein Vergehen oder Verbrechen darstellt und daher die Polizeibehörde ihre Zuständigkeit überschritten hat.

(2) In diesem Falle ist während des gerichtlichen Verfahrens die Vollstreckung der Strafverfügung einzustellen; erfolgt eine rechtskräftige Verurteilung wegen eines Vergehens oder Verbrechens, so tritt die Strafverfügung außer Kraft.

1. Wenn die Handlung ein Verbrechen oder Vergehen darstellt, kann eine fernere Anschuldigung stattfinden. Diese ist aber natürlich nicht Sache der PolBehörde, deren Zuständigkeit dadurch überschritten werden würde. Der § 66 will nur zum Ausdruck bringen, daß mit der Vollstreckbarkeit der polizeilichen StrafVf. die Sache endgültig erledigt ist.

Geldstrafe gegen Militärpersonen.

§ 67.

Gegen Militärpersonen dürfen die Polizeibehörden Geldstrafen nur wegen solcher Übertretungen festsetzen, zu deren Aburteilung im gerichtlichen Verfahren die ordentlichen Gerichte zuständig sind.

1. Wann gegen Militärpersonen nicht im gerichtlichen Verfahren der ordentlichen Gerichte vorgegangen werden

kann, ist nach Aufhebung der Militärgerichtsbarkeit nicht klar ersichtlich.

Wirkungslosigkeit der polizeilichen StrafVf. bei Erhebung der Anklage durch den Amtsanwalt. **§ 68.**

Hat der Amtsanwalt Anklage erhoben, bevor die polizeiliche Strafverfügung dem Beschuldigten zugestellt worden ist, so ist diese wirkungslos.

Bescheinigung bei Antrag auf gerichtliche E. **§ 69.**

Wird bei dem Amtsgerichte gerichtliche Entscheidung beantragt, so ist dem Antragsteller hierüber kostenfrei eine Bescheinigung auszuhändigen.

Abschnitt XII.

Schadensersatzansprüche aus polizeilichen Anordnungen.

Schadensersatz wegen polizeil. Maßnahmen. **§ 70.**

(1) In den Fällen des § 21 kann, sofern die Entschädigungspflicht nicht in anderen gesetzlichen Vorschriften geregelt ist, derjenige, gegen den die polizeiliche Maßnahme getroffen ist, Ersatz des ihm durch die Maßnahme entstandenen Schadens verlangen. Dies gilt nicht, soweit die Maßnahme zum Schutze seiner Person oder seines Vermögens getroffen ist.

(2) Abs. 1 findet Anwendung auch in den Fällen des § 42 Abs. 1 zu c und d mit Ausnahme des Gebiets der Bergpolizei.

1. Im Entw. lautete § 70:

„In den Fällen des § 21 kann, sofern die Entschädigungspflicht nicht in anderen gesetzlichen Vorschriften geregelt ist, derjenige, gegen den die polizeiliche Maßnahme getroffen ist, Ersatz des ihm durch die Maßnahme **unmittelbar** entstandenen Schadens verlangen. Dies gilt nicht, soweit die Maßnahme zum Schutze seiner Person oder seines Vermögens getroffen ist."

Zum Abschnitt XII führte die Begr. (Sp. 45 ff.) folgendes aus:

„Ein wichtiger Punkt der Reform ist die klare Abgrenzung der Entschädigungsansprüche, die für einen durch eine polizeiliche Anordnung verursachten Schaden gegeben werden sollen. Vorweg sei hierzu bemerkt, daß der Entw. dem bisherigen Rechtszustand entsprechend einen Schadensersatzanspruch nur gegenüber polizeilichen Vfen. gewährt, nicht jedoch gegenüber PolVOen., und zwar aus dem Grunde, weil diese in der Praxis durch polizeiliche Vfen. oder die Festsetzung von Zwangsgeld durchgeführt werden und gegebenenfalls die Möglichkeit besteht, gegen diese Einzelmaßnahmen vorzugehen.

Für den durch polizeiliche Vfen. verursachten Schaden war bisher für die altpreußischen Provinzen dG. über die Zulässigkeit des Rechtsweges gegen polizeiliche Vfen. vom 11. Mai 1842 maßgebend; für die übrigen Landesteile galten verschiedene Normen. Nach dem G. von 1842 wurden unterschieden zwischen Schadensersatz aus unberechtigten und aus berechtigten polizeilichen Vfen.

Bei unberechtigten Vfen. gab das G., wenn die betreffende Vf. im Rechtsmittelzuge als gesetzwidrig oder unzulässig aufgehoben war, den Beteiligten einen Schadensersatzanspruch nach den allgemeinen gesetzlichen Bestimmungen über Vertretungsverbindlichkeiten der Beamten. Zur Zeit gilt Artikel 131 der RV. in Verbindung mit den §§ 1 und 4 des Preußischen Gesetzes vom 1. August 1909. Daran soll nichts geändert werden.

Soweit es sich um Schäden handelte, die durch eine berechtigte polizeiliche Vf. verursacht waren, verwies das G. von 1842 in § 4 bezüglich der Zulässigkeit von Entschädigungsforderungen auf die hinsichtlich der Aufopferung von Rechten und Vorteilen des einzelnen im Interesse der Allgemeinheit bestehenden gesetzlichen Vorschriften. Für das landrechtliche Gebiet waren diese Vorschriften in den §§ 74, 75 der Einleitung zum ALR. enthalten; sie besagen, daß einzelne Rechte und Vorteile den Rechten und Pflichten zur Förderung des gemeinschaftlichen Wohles nachstehen müssen, daß aber demjenigen, welcher seine besonderen Rechte und Vorteile dem Wohle des Gemeinwesens aufzuopfern genötigt wird, eine Entschädigung zu gewähren ist.

Die Gerichtspraxis hat die Frage der Ersatzansprüche für die durch berechtigte polizeiliche Vf. verursachten Schäden etwa folgende Grundsätze entwickelt: Es ist ein anerkannter Grundsatz unseres gesamten bürgerlichen und öffentlichen Rechts, daß jedermann sein persönliches Verhalten und den Zustand der von ihm zu vertretenden Sachen polizeimäßig einzurichten hat, d. h. derart, daß dadurch keine „polizeiliche Gefahr" verursacht wird (zu vergleichen die §§ 14 und 18). Das Innehalten dieser der freien Auswirkung der Person und des Eigentums gesetzten Schranken ist eine gesetzliche Verpflichtung; ein Ersatzanspruch für den durch ihre Erfüllung entstehenden Vermögensschaden kann nicht geltend gemacht werden. Falls dagegen jemand, durch dessen persönliches Verhalten oder durch dessen von ihm zu vertretende Sache eine „polizeiliche Gefahr" nicht verursacht wird, durch eine polizeiliche Vf. einen Schaden erleidet, so hat er dafür einen Schadensersatzanspruch. Solche Fälle sind z. B. gegeben, wenn die Pol., um die Ausbreitung eines auf einem Grundstück ausgebrochenen Feuers zu verhüten, auf einem Nachbargrundstück, von dem die „polizeiliche Gefahr" nicht ausgeht, Baulichkeiten niederlegt oder Warenvorräte vernichtet, um die Ausdehnung des Feuers zu verhindern usw. oder wenn die PolBehörde, um eine unter eine Straßenbahn geratene, in Lebensgefahr befindliche Person zu befreien, mangels anderer Hilfsmittel den vorüberfahrenden Wagen eines Unbeteiligten anhält, die Deichsel als Hebebaum benutzt und bei der Rettungsarbeit die Deichsel beschädigt. In diesem Falle handelt es sich um eine Art von Enteignung, die seitens der PolBehörde oder deren Organe ausgeführt werden muß, weil auf andere Weise die polizeiliche Gefahr nicht beseitigt werden kann. Diese in der Praxis entwickelten Grundsätze, die dem allgemeinen Rechtsempfinden entsprechen, sind in den vorliegenden Entw. aufgenommen worden.

Es wird daher im § 70 bestimmt, daß derjenige, gegen den gemäß § 21 die polizeiliche Maßnahme getroffen ist, Ersatz des ihm durch die Maßnahme entstandenen Schadens verlangen kann.

Der Anspruch auf Ersatz steht nur demjenigen zu, der durch die polizeiliche Maßnahme unmittelbar betroffen ist. Es würde zu weit gehen, auch dem mittelbar Betroffenen einen Ersatzanspruch zu gewähren.

Eine Einschränkung muß dieser Grundsatz insofern erfahren, als ein Ersatzanspruch dann nicht gegeben ist, wenn die Maßnahme zum Schutze der eigenen Person oder des Vermögens des Geschädigten getroffen ist."

2. Im Ausschuß erster Lesung lagen folgende Anträge vor:

Nr. 49: Im § 70 ist

1. in Zeile 1 hinter „§ 21" einzufügen: und des § 42a, c und d,
2. der letzte Satz zu streichen.

Nr. 55: Im § 70 Zeile 5 wird das Wort „unmittelbar" gestrichen.

Ein Antragsteller glaubte, ohne weiteres annehmen zu dürfen, daß die allgemeinen Grundsätze über die Ersatzpflicht des Staates bei Verschulden der Beamten nicht berührt würden. Nicht betroffen würden ferner die Fälle, die jetzt nach den allgemeinen Grundsätzen der §§ 74, 75 der Einleitung des ALR. und Artikel 153 der RV. geregelt würden. Dieselben Grundsätze seien in § 4 des Gesetzes vom 11. Mai 1842 festgestellt. Er halte es für besser, diesen Paragraphen nicht aufzuheben, sondern bestehen zu lassen. § 70 des vorliegenden Gesetzentwurfs regele nur einen Spezialfall. In § 42 des Entwurfs werde der Pol. in erheblichem Umfange das Recht gegeben, polizeiliche Erlaubnisse zurückzunehmen. Für diesen Fall enthalte die GewO. die Best., daß dadurch eine Entschädigungspflicht begründet werde. Dies müßte für alle Fälle gelten, in denen die Pol. Erlaubnisse zurücknehme, es sei denn, daß dies durch schuldhaftes Verhalten des Antragstellers notwendig geworden sei. In den Fällen a, c und d des § 42 Abs. 1 müsse ein Verhalten der PolBehörden erblickt werden, durch das eine Entschädigungspflicht begründet werde. Zu erwägen wäre, ob durch § 70 nicht nur für den unmittelbar entstandenen Schaden, wie es vorgeschlagen sei, sondern auch für den mittelbar entstandenen Schaden Ersatz geleistet werden müsse. Wenn einfach gesagt werde „Ersatz des ihm durch die Maßnahme entstandenen Schadens", bleibe es dem Richter überlassen, wie weit er gehen wolle.

Die Best. „Dies gilt nicht, soweit die Maßnahme zum Schutze seiner Person oder seines Vermögens getroffen ist" könne nicht als glückliche Lösung bezeichnet werden. Oft möge die ehrliche Absicht vorliegen, jemanden zu schützen, doch habe man ihm in Wirklichkeit sehr geschadet. Das sei der typische Fall des Notstandes. Der polizeiwidrige Zustand könne nicht beseitigt werden, statt dessen müsse derjenige geschützt werden, der ihn nicht verursacht habe. Einen Unterschied zwischen dem zu machen, was man an sich zu seinem Schutze tue und was man als Notstand gegen andere tue, halte er für ungerecht. Er bitte daher, den letzten Satz zu streichen.

Ein zweiter Beauftragter des MindInn. teilte mit, die Anregungen des Vorredners hätten sich bei der Diskussion mit den beteiligten Ressorts zum Teil als nicht notwendig, zum Teil als zu weitgehend herausgestellt. Gerade beim Fall der Schutzhaft gehe es nicht an, die Pol. für den Schutz, durch den unter Umständen jemandem sein Leben gerettet worden sei, haftbar zu machen, wenn der Betreffende deswegen einen anderen Vorteil nicht habe wahrnehmen können.

Wenn die Erteilung einer Erlaubnis dem bestehenden Rechte widerspreche, so handele es sich in fast allen Fällen um eine Amtspflichtverletzung, auf Grund deren die Schadensersatzpflicht gegeben sei. Anderseits liege eine Amtspflichtverletzung dann nicht vor, wenn z. B. ein neues G. von einer PolBehörde erstmalig anzuwenden sei und diese nach pflichtmäßigem Ermessen zu einer Überzeugung komme, die, wie sich infolge der Einlegung des Rechtsmittels herausstelle, der des OVG. widerspreche. Hier die PolBehörde haften zu lassen, würde zu weit führen.

Ein Beauftragter des Ministers für Handel und Gewerbe erhob gegen Antrag 49 schwerste Bedenken. Die Best., daß eine Schadensersatzpflicht begründet werde, wenn die PolBehörden auf Grund nachträglich eintretender oder ihr bekanntwerdender Tatsachen die Genehmigung widerriefen, würde gerade gegenüber Bergwerken unabsehbare Folgen haben. Dort komme es doch vor, daß ein Bergbaubetrieb betriebsplanmäßig zugelassen werde, auf Grund nachträglich eintretender Gefahren jedoch seine Schließung angeordnet werden müsse. Hier wäre nach der Formulierung des Antrages 49 eine Schadensersatzpflicht gegeben.

Ein genannter Antragsteller gab zu, daß eine Amtspflichtverletzung im Falle des § 42 Abs. 1a schwerlich in Frage komme. Maßgebend sei aber, daß in diesem Fall jemand einen Schaden, den er gar nicht verschuldet habe, tragen müsse, weil den Beamten kein Verschulden treffe. Weil sich jedoch die Schädigung des einzelnen aus der Staatsordnung ergebe, sei der Fiskus moralisch verpflichtet, den Schaden zu ersetzen.

Was das Bergrecht anbetreffe, so sei er der Ansicht, daß dieses unter besonderen Best. stehen müsse. Er glaube auch nicht, daß sich die Funktionen, die der Handelsminister als Bergaufsichtsbehörde ausübe, auf § 10 II 17 ALR. stützen. An sich falle die Materie unter die GewO., doch sei sie dort ausgenommen worden. Unschwer könne aber auch bestimmt werden, daß die Bergwerke auszunehmen seien.

Ein vorgenannter Beauftragter des MindInn. stellte fest, daß das RG. eine Amtspflichtverletzung dann nicht annehme, wenn mindestens ein kollegiales Gericht, also zum mindesten der Bezirksausschuß die Anordnung für gültig erklärt habe. Erklärten jedoch Bezirksausschuß und OVG. eine solche Anordnung für ungültig, so liege nach der ständigen Rechtsprechung des RG. eine Amtspflichtverletzung vor.

Ein Beauftragter des FinM. wandte sich ebenfalls gegen Antrag Nr. 49. Wenn eine Haftpflicht des Staates für Beamte usw. irgendwie zu begründen sei, gäben schon heute Zivil- u. VerwG. dem Kläger recht und verurteilten den Fiskus. Der Antragsteller wolle ferner den mittelbaren Schaden ersetzt wissen. Das würde dazu führen, daß in erhöhtem Umfange auch der entgangene Gewinn zu ersetzen sei. Dadurch aber würde ein Querulantentum großgezogen werden, gegen das sich das Finanzministerium energisch wehren müsse. Wenn der letzte Satz des § 70 gestrichen werden würde, würde man die Initiative und die Aktionsfähigkeit des Beamten, der doch nur zum Schutze jemandes handele, sehr beschränken. Der FinM. sehe keine Veranlassung, die Haftung in einem finanziell untragbaren Rahmen zu erweitern.

Ein Ausschußmitglied stellte sich auf den Standpunkt, daß die Allgemeinheit für Mißgriffe haften müsse Das entspreche dem, was das ALR. in der Einleitung, §§ 74 und 75, ausgesprochen habe. Daß der Schaden unmittelbar entstanden sein müsse, halte er für zu eng; das Wort „unmittelbar" sei zu streichen. Zu weit würde es jedoch führen, wenn der Staat auch für entgangenen Gewinn haften solle. Das müsse im G. ausdrücklich ausgeschlossen werden. Da schwere Schädigungen auch eintreten könnten, wenn eine Maßnahme zum Schutze eines Gefährdeten oder seines Vermögens getroffen würde, betrachte er es als ungerechtfertigt, ihn nicht zu entschädigen. Da die Entschädigungspflicht dann ausgeschlossen sei, wenn ein konkurrierendes Verschulden des Gefährdeten vorliege, trete er in vollem Umfange für den Antrag Nr. 49 ein.

Der zweite Beauftragte des MindInn. wies

darauf hin, daß, wenn der Ersatz des entgangenen Gewinns ausgeschlossen werde, bei der Beschlagnahme eines Zimmers für einen Obdachlosen nur für den Schaden gehaftet werde, der durch das Zerkratzen der Fußböden usw. entstehe, nicht aber für den Ausfall an Miete. Das sei unbillig. Hier sei der Mietausfall zu ersetzen.

Ein weiterer Beauftragter des MindInn. erklärte, § 254 BGB. finde stets Anwendung, gleichgültig, wie der Fall liege. Bei der Frage, ob nicht zahlreiche unberechtigte und allzu weitgehende Forderungen geltend gemacht würden, brauche man nicht zu ängstlich zu sein. Der Schaden müsse ja stets genau substantiiert werden, und es müsse genau nachgewiesen werden, welchen Gewinn der angeblich Geschädigte bei einem normalen Ablauf der Geschehnisse erzielt hätte.

Ein Ausschußmitglied regte an, die besonderen Verhältnisse im Bergbau durch ein Spezialgesetz zu regeln.

Ein Antragsteller betonte, daß das Bergrecht heute noch in den Angeln des § 10 II 17 ALR. schwebe, der allgemeine Befugnisse gebe; das Sonderrecht bleibe ja bestehen, da der vorliegende GEntw. nur Allgemeines regele. Er sei noch immer dafür, die Haftung allgemein für durch die polizeiliche Maßnahme entstandenen Schaden vorzuschreiben. Man überlasse es dann dem Richter, nach Recht und Billigkeit zu urteilen, welcher Schadensersatz für gerechtfertigt gehalten werden könne. Eine Einigung auf Antrag Nr. 55 erscheine ihm aber durchaus möglich.

Antrag Nr. 49 zu 1 und 2 wurde abgelehnt. Antrag Nr. 55 wurde angenommen und mit dieser Änderung § 70. (Ber. Sp. 85—88.)

3. Im Ausschuß zweiter Lesung lagen folgende Anträge vor:

Nr 30: Im § 70 wird

1. in Zeile 1 hinter „§ 21" eingefügt:
   und des § 42a, c und d,
2. der letzte Satz gestrichen.

Nr. 32: Dem § 70 wird folgender zweiter Absatz angefügt:

(2) Das gleiche gilt in den Fällen des § 42 I c und d.

Ein zweiter Beauftragter des MindInn. wies darauf hin, daß der Beschluß des Ausschusses, den § 4 dG. vom 11. Mai 1842 nicht aufzuheben, das Ziel des Entwurfes, das geltende Recht zu kodifizieren, durchbreche. Das stelle eine außerordentlich unerfreuliche Unebenheit dar. Der Rechtsgedanke, der darin zum Ausdruck komme, sei schon ausdrücklich in § 70 in Verbindung mit § 21 des Entwurfs geregelt. Sonstige praktische Bedeutung könne er nur für den Fall des § 42d gewinnen, in sehr geringem Umfange auch für den § 42c. Es würde nun im Sinne der Beschlüsse erster Lesung liegen, den § 4 des Gesetzes vom 11. Mai 1842 nicht aufrechtzuerhalten, sondern einen Zusatz im Sinne des Antrags Nr. 32 zu machen. Sofern nicht die Regierungsvorlage wiederhergestellt werde, worum er an erster Stelle bitte, sei es daher besser, im § 82 die Worte „mit Ausnahme des § 4" zu streichen und den Antrag Nr. 32 anzunehmen.

Auf den Hinweis eines Beauftragten des Ministers für Handel und Gewerbe änderte

der Antragsteller des Antrages Nr. 32 den von ihm gestellten Antrag folgendermaßen ab:

(2) Das gleiche gilt in den Fällen des § 42 Abs. 1 zu c und d, mit Ausnahme des Gebiets der Bergpolizei.

Ein Ausschußmitglied bat, den § 4 aufrechtzuerhalten, weil nicht zu übersehen sei, ob diese allgemeine Klausel nicht in dem einen oder anderen Falle doch notwendig sein werde. Man dürfe sich keine Möglichkeit verbauen. Die Tendenz der Regierung gehe doch dahin, die Haftungspflicht des Fiskus möglichst abzuschwächen. Wenn eine PolVf. wegen Rechtsungültigkeit aufgehoben werde, bestehe nach seiner Ansicht immer eine Haftpflicht.

Ein genanntes Ausschußmitglied vertrat die Auffassung, daß die Fälle der Schadensersatzpflicht durch den Artikel 153 der RV. und des § 75 der Einleitung zum ALR. gedeckt seien. Es gebe darüber eine umfangreiche Literatur. Wenn der § 4 aufgehoben werde, werde das G. übersichtlicher.

Der Antrag Nr. 30 Ziffer 1 wurde zurückgezogen. Der Antrag Nr. 32 wurde mit dem nachträglich beantragten Zusatz angenommen. Der Antrag Nr. 30 Ziffer 2 wurde abgelehnt. Die §§ 70 und 71 wurden nach den Beschlüssen der ersten Lesung angenommen. (Sp. 117 f.)

4. Zum Schrifttum: Bezüglich der Schadensersatzansprüche aus Anlaß polizeilicher Anordnungen besagt das G. nichts über Ansprüche, die sich auf rechtswidrige Anordnungen gründen. Diese Materie ist durch § 839 BGB. erschöpfend geregelt. Wohl aber stellt das G. fest, daß anläßlich berechtigter polizeilicher Anordnungen Schadensersatzansprüche nur zustehen solchen Personen, die als „unbeteiligte Dritte" auf Grund des polizeilichen Notstandsrechts von der Pol. in Anspruch genommen werden (§ 21). Es entspricht dies dem durch § 4 des G. vom 11. Mai 1842 festgelegten, dort aber sehr unklar ausgedrückten Rechtszustande. In einem solchen von den ordentlichen Gerichten zu entscheidenden Rechtsstreit wird vielleicht auch einmal die Frage entschieden werden, ob die Pol. „unbeteiligte Dritte", die sie zu polizeilichen Aufklärungs- oder Ermittlungszwecken vorgeladen hat, für Schaden, der ihnen durch Zeitverlust, Auslagen usw. entstanden ist, zu entschädigen hat. Die Verwaltung hat diese Frage bisher einfach verneint; diese Ansicht ist zum mindesten anfechtbar (Drews, RuPrVerwBl. 52 6).

Verpflichteter zum Schadensersatz.

§ 71.

Im Falle des § 70 ist zum Schadensersatz verpflichtet der Träger der mittelbaren Polizeikosten für den Polizeibezirk, in dem die polizeiliche Maßnahme durchgeführt worden ist.

1. Im Entwurf lautete § 71:

„Im Fall des § 70 ist zum Schadensersatz verpflichtet der Träger der mittelbaren Polizeikosten für den Bezirk, in dem die polizeiliche Maßnahme durchgeführt worden ist."

Die Begr. (Sp. 47) führte aus:

„Die Vertretungsbefugnis wird durch die Vorschrift des § 71 nicht betroffen, da sich § 71 nur über den Träger der Schadensersatzpflicht (Passivlegitimation) ausspricht. Dies ist entsprechend der Vorschrift des PolKostengesetzes der Träger der mittelbaren Kosten der PolVerwaltung, in deren Geschäftsbereich die polizeiliche Maßnahme getroffen ist."

2. Im Ausschuß erster Lesung legte ein zweiter Beauftragter des MindInn. dar, daß der Vorschlag des Deutschen Städtetages, statt „Träger der mittelbaren Polizeikosten": „Träger der unmittelbaren Polizeikosten" zu sagen, bedeuten würde, daß z. B. der Fiskus Ersatz leisten müsse, wenn der PolPräsident von Essen schadensersatzpflichtig würde, während das nach dem GEntw. die Stadt Essen tragen müsse. Das sehe so aus, als ob der Staat die Verantwortung an die Kommunen abschieben wolle. In Wirklichkeit sei es jedoch anders. Die gesamten mittelbaren PolKosten, d. h. alle Kosten, die durch das Tätigwerden der Pol. entstünden, fielen den Kommunen zu. Bei Amtspflichtverletzungen habe die Behörde Schadenersatz zu leisten, die den Beamten angestellt habe. Der ganze PolLastenausgleich sei nach dem im § 71 des Entwurfs aufgestellten Grundsatz durchgeführt. Eine Änderung so grundsätzlicher Art dürfe deshalb nicht erfolgen.

Ein Ausschußmitglied regte an, den Grundsatz, daß die anstellende Behörde für Schadensersatz auf Grund schuldhaften Verhaltens des Beamten hafte, in das G. aufzunehmen.

Der Berichterstatter schlug vor, statt „für den Bezirk" zu sagen: „für die Gemeinde oder den Kreis". Dadurch könnten Mißverständnisse vermieden werden.

Ein Ausschußmitglied stellte anheim, statt „polizeiliche Maßnahme" zu sagen: „orts- und kreispolizeiliche Maßnahme".

Ein genannter Beauftragter des MindInn. wies gegenüber der Anregung, den Grundsatz über die Haftung der Behörde für ihren Beamten in das G. aufzunehmen, darauf hin, daß dieser Grundsatz in Art. 131 der RV. enthalten sei und deshalb nicht noch einmal in das vorliegende G. aufgenommen werden könne. Die Bestimmung der RV. stelle geltendes Recht dar und sei von der Rechtsprechung des RG. anerkannt. Den Vorschlag des Berichterstatters, zu sagen: „für die Gemeinde oder den Kreis" unterstütze er nicht. Er bitte, „Polizeibezirk" zu sagen; das sei am klarsten. Ob man sagen solle: „orts- und kreispolizeiliche Maßnahme", könne durch die AusfBest. klargelegt werden.

Der Berichterstatter stellte darauf folgenden Antrag 58:

Im § 71 Zeile 3 wird statt „Bezirk" gesetzt „Polizeibezirk".

Dieser Antrag wurde angenommen und mit dieser Änderung § 71. (Sp. 88 f.)

Geltung des BGB. für den Schadensersatz.

§ 72.

In den Fällen des § 70 Abs. 1 kann der zum Schadensersatz Verpflichtete Ersatz seiner Aufwendungen nach den Vorschriften des Bürgerlichen Gesetzbuchs über die Geschäftsführung ohne Auftrag von dem gemäß §§ 18 bis 20 dieses Gesetzes Polizeipflichtigen verlangen.

1. Die Begr. (Sp. 47) führte zu § 72 folgendes aus:

„Vorgesehen ist nur, daß der zum Schadensersatz Verpflichtete in den Fällen des § 21 von dem gemäß §§ 18 bis 20 dG. PolPflichtigen Ersatz seiner Leistungen verlangen kann, soweit nach den Vorschriften des BGB. für die Geschäftsführung ohne Auftrag Ersatz zu leisten ist (§§ 677 ff. BGB.). Eine solche Regelung entspricht der Billigkeit. Der Rückgriff gegen Beamte wird nicht berührt."

Ordentlicher Rechtsweg.

§ 73.

Über die Ansprüche auf Grund der §§ 70 bis 72 ist im ordentlichen Rechtswege zu entscheiden.

Abschnitt XIII.

Übergangs- und Schlußbestimmungen.

Geltungsdauer von 30 Jahren.

§ 74.

(1) Die Polizeiverordnungen, die bereits dreißig Jahre in Geltung sind, treten mit Ausnahme der Bergpolizeiverordnungen mit dem Inkrafttreten dieses Gesetzes außer Kraft.

(2) Für die Bergpolizeiverordnungen tritt § 34 Abs. 1 Satz 3 erst mit dem 1. April 1932 in Kraft.

1. Im Entw. lautete § 74:

„Die Polizeiverordnungen, die bei dem Inkrafttreten dieses Gesetzes bereits 30 Jahre in Geltung sind, treten mit dem 1.. 19.. außer Kraft. Das gleiche gilt hinsichtlich derjenigen Polizeiverordnungen, die innerhalb des Jahres, in dem dieses Gesetz in Kraft tritt, eine Geltungsdauer von 30 Jahren erreichen."

Die Begr. (Sp. 48) führte zu den §§ 74, 75 und 76 folgendes aus:

„Die §§ 74, 75 und 76 haben den Zweck, die geltenden PolVOen. an die durch den Abschnitt VII eingeführte Neuregelung anzugleichen. Die von den Oberpräsidenten, Regierungspräsidenten, Landräten und OrtsPolBehörden vor dem 1. Januar 1890 erlassenen PolVOen. sind bereits durch Beschluß vom Januar 1929 mit Wirkung vom 1. Mai 1929 außer Kraft gesetzt worden. Die von diesen Behörden in der Zeit von 1890 bis 1900 erlassenen PolVOen. sind durch Beschluß vom 20. Februar mit Wirkung vom 1. Mai außer Kraft gesetzt. Verwaltungsmäßige Schwierigkeiten hinsichtlich der Durchführung des § 74 sind somit nicht zu erwarten.

Das gleiche gilt hinsichtlich des § 75. Es empfiehlt sich indessen, das Inkrafttreten dieses Paragraphen um etwa ein halbes Jahr hinauszuschieben, da andernfalls den Landräten und Regierungspräsidenten nicht die genügende Zeit zur Verfügung steht für die Prüfung der Frage, welche PolVOen. neu zu erlassen sind."

2. Im Ausschuß erster Lesung hielt es der Berichterstatter zunächst für zweckmäßig, in § 74 das Datum auf den 1. Oktober 1931 festzusetzen, in § 75 dagegen den 1. Oktober 1932 einzusetzen. Sinngemäß müsse es in Zeilen 3 und 4 des § 75 nach den Beschlüssen auch „5000" statt „10 000" heißen. Auch in § 76 seien sinngemäße Änderungen vorzunehmen. In Zeile 14 seien „500 RM" durch „300 RM" zu ersetzen. In Zeile 15 heiße es irrtümlich 6 Wochen. Infolge des Beschlusses des Staatsrats sei das durch 3 Wochen zu ersetzen. In Zeile 18 müsse es statt „500 und 6" heißen: „300 und 3", in Zeile 20 statt „200 und 4": „100 und 2", in Zeile 21 statt „100 und 2": „50 und 1".

Auf Anregung eines Ausschußmitgliedes stellte der Berichterstatter folgenden Antrag 56:

§ 74 wird wie folgt gefaßt:

§ 74.

Die Polizeiverordnungen, die bereits 30 Jahre in Geltung sind, treten mit dem Inkrafttreten dieses Gesetzes außer Kraft.

Antrag 56 wurde angenommen und mit dieser Änderung § 74. (Sp. 89.)

Außerkrafttreten von PolVOen.

§ 75.

Die von den Ortspolizeibehörden erlassenen Polizeiverordnungen treten am 1. Oktober 1932 außer Kraft, sofern die ländlichen oder städtischen Polizeibezirke nicht mehr als 5000 Einwohner umfassen.

1. Vgl. Anm. 1 zu § 74.

2. Im Entw. lautete § 75:

„Die von den Ortspolizeibehörden auf dem Lande mit Ausnahme der Bürgermeister der Ämter mit mehr als 10 000 Einwohnern und in Städten mit nicht mehr als 10 000 Einwohnern erlassenen Polizeiverordnungen treten am 1... 19.. außer Kraft."

Im Ausschuß erster Lesung lag der Antrag Nr. 57 (Berichterstatter) vor:

Im § 75 wird

1. in Zeile 5 als Datum eingefügt „1. Oktober 1932",
2. in Zeilen 3 und 4 die Zahlen „10 000" entsprechend den Beschlüssen zu §§ 28 und 29 in „5000" geändert.

Der Antrag wurde angenommen und mit dieser Änderung § 75. (Sp. 89 f.)

3. Im Ausschuß zweiter Lesung lagen folgende Anträge vor:

Nr. 12 (Berichterstatter): § 75 der Beschlüsse erster Lesung erhält folgende Fassung:

§ 75.

Die von den Ortspolizeibehörden in Gemeinden von nicht mehr als 5000 Einwohnern erlassenen Polizeiverordnungen treten am 1. Oktober 1932 außer Kraft. Das gleiche gilt in den Landesteilen mit Amtsverfassung für die von den Bürgermeistern der Ämter erlassenen Polizeiverordnungen.

Nr. 40: Falls § 75 bestehen bleibt, wird derselbe wie folgt gefaßt:

§ 75.

Die von den Ortspolizeibehörden erlassenen Polizeiverordnungen treten am 1. Oktober 1932 außer Kraft, sofern die ländlichen oder städtischen Polizeibezirke nicht mehr als 5000 Einwohner umfassen.

Der Berichterstatter wies darauf hin, daß der Antrag Nr. 40 erledigt sei, da er nur die Folgerung aus einem vorher gestellten, inzwischen aber abgelehnten Antrag ziehe. Der Antrag Nr. 12 sehe lediglich eine redaktionelle Änderung vor.

Der Antrag Nr. 40 wurde für erledigt erklärt, der Antrag Nr. 12 wurde angenommen und mit dieser Änderung § 75. (Sp. 118 f.)

Ausnahmen. **§ 76.**

(1) In den bei dem Inkrafttreten dieses Gesetzes in Geltung befindlichen Polizeiverordnungen der Oberpräsidenten, Regierungspräsidenten, des Polizeipräsidenten in Berlin, des Verbandspräsidenten des Siedlungsverbandes Ruhrkohlenbezirk, der Landräte und Ortspolizeibehörden wird, soweit es sich nicht um Körordnungen handelt, die Strafandrohung aufgehoben. Statt dessen erhalten die Polizeiverordnungen der Ober- und Regierungspräsidenten, des Polizeipräsidenten in Berlin und des Verbandspräsidenten des Siedlungsverbandes Ruhrkohlenbezirk folgenden Zusatz: „Für jeden Fall der Nichtbefolgung dieser Polizeiverordnung wird hiermit die Festsetzung eines Zwangsgeldes in Höhe bis zu 150 *RM*, im Nichtbeitreibungsfalle die Festsetzung von Zwangshaft bis zu zwei Wochen angedroht." Die Polizeiverordnungen der Landräte und Ortspolizeibehörden erhalten den gleichen Zusatz mit der Maßgabe, daß an Stelle der Zahlen „150" und „2" in den Polizeiverordnungen der Landräte die Zahlen „100" und „2", in den Ortspolizeiverordnungen die Zahlen „50" und „1" treten.

(2) Unberührt bleiben Polizeiverordnungen, deren Übertretung in Gesetzen mit Strafe bedroht ist.

1. Vgl. Anm. 1 zu § 74.

2. Im Entw. lautete § 76:

In den bei dem Inkrafttreten dieses Gesetzes in Geltung befindlichen Polizeiverordnungen der Oberpräsidenten, Regierungspräsidenten, des Polizeipräsidenten in Berlin, des Verbandspräsidenten des Siedlungsverbandes Ruhrkohlenbezirk, der Landräte und Ortspolizeibehörden wird, soweit es sich nicht um Körordnungen handelt, die Strafandrohung aufgehoben. Statt dessen erhalten die Polizeiverordnungen der Ober- und Regierungspräsidenten, des Polizeipräsidenten in Berlin und des Verbandspräsidenten des Siedlungsverbandes Ruhrkohlenbezirk folgenden Zusatz: „Für jeden Fall der Nichtbefolgung dieser Polizeiverordnung wird hiermit die Festsetzung eines Zwangsgeldes in Höhe bis zu 500 *RM*, im Nichtbeitreibungsfalle die Festsetzung von Zwangshaft bis zu 6 Wochen angedroht." Die Polizeiverordnungen der Landräte und Ortspolizeibehörden erhalten den gleichen Zusatz mit der Maßgabe, daß an Stelle der Zahlen „500" und „6" in den Polizeiverordnungen der Landräte die Zahlen „200" und „4", in den Ortspolizeiverordnungen die Zahlen „100" und „2" treten.

Im Ausschuß erster Lesung lag der Antrag Nr. 53 (Berichterstatter) vor:

Im § 76 wird:

1. in Zeile 14 statt „500 *RM*" gesetzt „300 *RM*",
2. in Zeile 15 statt „6 Wochen" gesetzt „3 Wochen",
3. in Zeile 18 statt „500 und 6" gesetzt „300 und 3",
4. in Zeile 20 statt „200 und 4" gesetzt „100 und 2",
5. in Zeile 21 statt „100 und 2" gesetzt „50 und 1".

Ein Ausschußmitglied fand es eigenartig, daß hier die Körordnungen anders behandelt werden sollten als andere PolVOen.

Ein zweiter Beauftragter des MindJnn. erklärte, es sei eine alte Gepflogenheit der PolBehörden gewesen, Körordnungen in Form von PolVOen. zu erlassen. Das OVG. habe diese Körordnungen in einem Urteil vom Jahre 1921 für ungültig erklärt, weil sie nicht zur Abwehr einer Gefahr, sondern lediglich zur Wohlfahrtsförderung — nämlich zur Pflege der Landwirtschaft — erlassen würden. Daraufhin sei im Jahre 1922 ein G. erlassen worden, das dann durch eine Novelle vom Jahre 1927 abgeändert worden sei, das die auf diesem Gebiete erlassenen PolVOen. kraft Gesetzes für gültig erklärt und das gleichzeitig kraft Gesetzes besondere Strafen androhe und je nachdem, ob es sich um Ziegen-, Eber- oder Pferdekörordnungen handle, Straffätze von verschiedener Höhe vorsehe, hinsichtlich deren man verschiedener Meinung sein könne. Es sei hier indessen nicht der Ort, eine Abänderung dieser gesetzlichen Regelung zu treffen.

Der Berichterstatter vermißte im § 76 eine Best. über die PolVOen. der zuständigen Fachminister, die auf Grund besonderer gesetzlicher Bestimmungen erlassen würden. Eine solche Best. erscheine notwendig, da es hier auch denkbar wäre, daß sie mit Zwangsgeldandrohung statt mit Übertretungsstrafen ausgestattet würde.

Ein zweiter Beauftragter des MindJnn. erwiderte, in den Bestimmungen über PolVOen. sei vorgesehen, daß die Minister Zwangsgeld- oder Übertretungsstrafen androhen könnten. Es bestehe danach die Möglichkeit, die angedrohte Übertretungsstrafe in eine Zwangsgeldstrafe umzuwandeln. Falls dies in einem Falle zweckmäßig sein sollte, könne es dem Minister anheimgegeben werden, im Verwaltungswege eine Änderung zu treffen. Dies generell zu tun, würde zu Konsequenzen führen, die man im Augenblick nicht übersehen könne.

Hierauf wurde Antrag 53 angenommen und mit dieser Änderung der § 76. (Sp. 90 f.)

3. Die Fälle, in denen die Strafe in Gesetzen angedroht ist, finden sich z. B. StGB.: § 366 Ziff. 1 Sonntagsruhe, Ziff. 10 Verkehrsregelung, § 367 Ziff. 15 Baupolizei, § 368 Ziff. 4 Schornsteinreinigung, Ziff. 8 Feuerwehr usw.; KraftfahrzeugG., LuftfahrtG., FernmeldeG., LebensmittelG., MilchG., ViehseuchenG., GewO., GaststättenG., MargarineG. usw.; Feld- und ForstPolG., Tier- und PflanzenschutzVO., ForstdiebstahlG., JagdG., FischereiG., WasserG., MeldeG., WegereinigungsG., VerunstaltungsG., SchulpflichtG., BerufsschulerweiterungsG., SchlachthausG. usw. (DJZ. S. 1299).

4. Schnitzker fragt (DJZ. 1931, Sp. 1857), was unter Gesetzen im Sinne des § 76 II zu verstehen ist, und führt aus: „Auch die NotVOen. auf Grund des Art. 48 Abs. 2 RV. gehören dazu; denn unter den Begriff „Gesetze" fallen Ermächtigungen, die auf Grund eines Reichsgesetzes erteilt sind; die RV. ist ein ReichsG. Die Strafdrohungen in allen PolVOen.,

die auf Grund der Ermächtigung des § 8 der NotVO. zur Bekämpfung politischer Ausschreitungen vom 28. März 1931 erlassen sind, bleiben also nach § 76 Abs. 2 unberührt. Der Rechtsweg bleibt erhalten. Zweitens: welches sind die Gesetze, die für die Übertretung von PolVOen. Kriminalstrafen androhen, also den Ausschluß des Rechtsweges durch die §§ 33, 76 verhindern? Von den Reichsgesetzen kommt in Betracht § 366 Ziff. 10 StGB.: „wer die zur Erhaltung der Sicherheit, Bequemlichkeit, Reinlichkeit und Ruhe auf den öffentlichen Wegen, Straßen, Plätzen oder Wasserstraßen erlassenen PolVOen. übertritt". Die Beurteilung der zahlreichen Straßen-, Straßenreinigungs-, WasserstraßenPolVOen. bleibt also den Staatsanwälten und Richtern erhalten. Das gleiche gilt nach § 366a StGB. von den PolVOen. zum Schutze der Dünen und Fluß- und Meeresufer usw. Weitere Best. über die Übertretung von PolVOen. enthält das StGB. nicht. Als nächstes ReichsG. kommt die GewO. in Betracht. Hier beginnen die Schwierigkeiten. Sie bedroht nicht die Übertretung aller in ihr vorgesehenen PolVOen. mit Strafe, sondern nur die Übertretung von PolVOen. auf Grund der §§ 120e Abs. 2, 120f Abs. 2, 139h, und zwar in §§ 146 Nr. 2, 147 Nr. 4. Dagegen wird die Übertretung von PolVOen. auf Grund des § 28 (Anlagen mit Windbetrieb) sowie des § 114c (Lohnbücher und Arbeitszettel) im G. selbst nicht mit Strafen bedroht. Solche PolVOen. werden also von § 33 ergriffen; sie können nicht mehr die Grundlage eines Strafverf. bilden. Weitere Reichsgesetze, die die Übertretung von PolVOen. mit Strafe bedrohen, sind: KinderschutzG. vom 30. März 1903, §§ 17 Abs. 2 S. 2, Strafbest. § 50, HausarbeitsG. vom 27. Juni 1923, § 10 Abs. 2, Strafbest. § 50; auch dieses ReichsG. bedroht jedoch die Übertretung von PolVOen. auf Grund des § 14 nicht mit Strafe; solche PolVOen. werden gleichfalls von § 33 ergriffen. Bei den preuß. Gesetzen, die PolVOen. vorsehen, ist der gleiche Unterschied zu machen. Nur das KörG. vom 4. August 1922/19. März 1927 schaltet § 33 vollständig aus und bedroht Zuwiderhandlungen nur mit Kriminalstrafe;

daraus erklärt sich die Ausnahme der Körordnungen in § 76. Daß PolVOen. auf Grund des BaumbestandsG. vom 29. Juli 1922/25. Juli 1923 noch existieren, in denen ebenfalls Kriminalstrafen angedroht werden konnten, ist nach § 13 dG. kaum anzunehmen. Alle übrigen preuß. Gesetze, auf Grund deren PolVOen. erlassen werden können, bedrohen Zuwiderhandlungen dagegen entweder gar nicht oder nur z. T. mit Strafe. Das WasserG. vom 7. April 1913 nennt nur in § 284 Abs. 4 PolVOen. der Regierungspräsidenten bzw. Oberpräsidenten zur Verhütung von Hochwassergefahren, in denen Geldstrafen bis zu 150 *RM* angedroht werden können. Also werden die zahlreichen, auf Grund des § 248 sowie zur Durchführung der §§ 19 ff. erlassenen WasserPolVOen. von § 33 ergriffen und Zuwiderhandlungen gegen sie dem Rechtsweg entzogen; ferner bedroht das FischereiG. vom 11. Mai 1916, das in § 124 auch den Oberpräsidenten und Regierungspräsidenten ein PolVO-Recht gibt, nur Zuwiderhandlungen gegen PolVOen. auf Grund der §§ 102 Abs. 3, 103, 106, 107 mit Strafe (§ 128), während es Übertretungen von PolVOen. auf Grund der §§ 13 Abs. 3, 35 Abs. 2, 3 nicht unter Strafe stellt. Das gleiche gilt vom Feld- und ForstPolG. von 1926. Es sieht mehrfach PolVOen. vor, bedroht aber nur Zuwiderhandlungen gegen die in §§ 9 Abs. 2, 36 Abs. 2, 37, 39 bezeichneten mit Strafe, während es keine Strafandrohung für PolVOen. auf Grund der §§ 11, 86 (Ausübung der Nachtweide usw.) enthält; für letztere gilt also § 33, auch für die zahlreichen PolVOen., die zur Ausführung des neuen Feld- und ForstPolG. und im Interesse des Feld- und Forstschutzes erlassen sind, gelten §§ 33, 76, soweit nicht die StrafBest. der §§ 9 Abs. 2, 36 Abs. 2, 37, 39 oder § 39 Platz greifen. Damit verliert § 56 des Feld- und ForstPolGesetzes, der das Strafverf. für Zuwiderhandlungen gegen solche PolVOen. regelt, an Bedeutung. Alle übrigen preuß. Gesetze, auf Grund deren PolVOen. erlassen werden können, enthalten keine Strafdrohungen im Fall der Nichtbefolgung, z. B. die in § 83 Nr. 1, 9 15 des neuen PolVerwG. aufgeführten Gesetze, das VeranstaltungsG. vom 2. Juni 1902, das G. betr. Kosten überwachungsbedürftiger Anlagen vom 8. Juli 1905, § 46 Abs. 2 der JagdO. (Versenden von Wild), das WohnungsG. vom 28. März 1918. Alle PolVOen. auf Grund dieser Gesetze können also nur polizeiliche Zwangsmittel androhen; insoweit ist bei Zuwiderhandlungen der Strafrechtsweg ausgeschlossen.

Schnitzler a. a. O. Sp. 1358 stellt die Frage: „Ergreifen die §§ 33, 76 auch andere Bestimmungen, die in Reichs- oder Landesgesetzen oder in NotVOen. nicht als „PolVOen." bezeichnet, aber in Preußen als solche erlassen sind? Besonders die Reichsgesetze regeln vielfach Form und Art des Erlasses der unter Strafe gestellten Verbote und Gebote nicht, sie überlassen dies den Landesgesetzen. So spricht das StGB. in § 366 Ziff. 1 von Zuwiderhandlungen gegen „Anordnungen", die zur Feier der Sonn- und Festtage erlassen sind, in § 367 Ziff. 2, 3 und 16 und in § 368 Ziff. 1 von „polizeilichen Anordnungen", in § 367 Ziff. 5 von „dieserhalb ergangenen VOen.", in § 368 Ziff. 8 von „feuerpolizeilichen Anordnungen", in § 369 Ziff. 3 von „Vorschriften der Polizeibehörde". Ferner redet die GewO. in § 146a von Zuwiderhandlungen gegen die auf Grund der §§ 139 ff. erlassenen Anordnungen der höheren Verwaltungsbehörde, in § 148 Ziff. 8 vom Überschreiten der Taxen, welche durch die „Obrigkeit" oder durch Anzeige bei ihr festgelegt, sowie vom Nichteinreichen der Taxe, zu welcher sie durch die OrtsPolBehörde angehalten sind; § 149 Ziff. 6 erwähnt Zuwiderhandlungen gegen die „polizeilichen Anordnungen" über den Marktverkehr. § 5 TierkadaverG. vom 17. Juni 1911 spricht von Zuwiderhandlungen gegen Vorschriften, die auf Grund des „Landesrechts" sowie von den Landesregierungen erlassen sind, § 21 KraftfahrzeugG. von „polizeilichen Anordnungen", § 31 LuftverkehrsG. von „Vorschriften über Verkehr und Betrieb von Luftfahrzeugen", § 29 GaststättenG. von „Bestimmungen", § 10 MilchG. von „Anordnungen". § 30 Feld- und ForstPolG. bedroht die Übertretung von Anordnungen der den Ministern nachgeordneten Behörden zum Schutze von Tierarten usw. mit Strafe. Die Frage läßt sich nur von Fall zu Fall entscheiden. § 33 spricht von „PolVOen.". Das sind nach der Legaldefinition in § 24 polizeiliche Gebote oder Verbote, die für eine unbestimmte Anzahl von Fällen an eine unbestimmte Anzahl von Personen gerichtet sind und §§ 30—32 des Gesetzes entsprechen müssen. § 76 wendet § 33 an auf die bei Inkrafttreten des Gesetzes in Geltung befindlichen „PolVOen.", also auf „polizeiliche" Vorschriften, die den PolVerwG. und VI. Titel des LVG. entsprechen müssen. Handelt es sich um solche polizeilichen Gebote oder Verbote oder Vorschriften, so werden sie an sich durch die §§ 33, 76 des neuen Gesetzes ergriffen, d. h. im Falle der Nichtbefolgung wird der Rechtsweg vor den Strafgerichten ausgeschlossen. Hier wird aber häufig in die Erscheinung treten, daß Zuwiderhandlungen mit Kriminalstrafe bedroht sind und der Rechtsweg vor den Strafgerichten erhalten bleibt. Der RundErl. des MindInn. vom 21. August 1931 (MinBliV. S. 830) geht von derselben Ansicht aus."

Aufrechterhaltung bestehender staatlicher PolBehörden.

§ 77.

Soweit beim Inkrafttreten dieses Gesetzes die Verwaltung der Polizei staatlichen Polizeibehörden übertragen ist, behält es dabei sein Bewenden.

1. Die Begr. (Sp. 48) bemerkte hierzu:

„Der § 77 erstrebt die vereinfachte Durchführung des Gesetzes."

Besonderheiten des Feld- und ForstPolG.

§ 78.

(1) In den §§ 71 Abs. 2 Satz 1, 75 Abs. 1 und 81 Abs. 2 des Feld- und Forstpolizeigesetzes vom 21. Januar 1926 (Gesetzsamml. S. 83) werden die Worte „der Ortspolizeibehörde" durch die Worte „dem Gemeindevorstand", im § 71 Abs. 2 Satz 2 das Wort „diese" durch das Wort „dieser" ersetzt.

(2) In den §§ 72 und 80 Satz 1 des Feld- und Forstpolizeigesetzes werden die Worte „der Ortspolizeibehörde“ durch die Worte „des Gemeindevorstandes“ ersetzt.

(3) § 76 des Feld- und Forstpolizeigesetzes erhält folgende Fassung:

Der Pfändende hat von der geschehenen Pfändung binnen 24 Stunden dem Gemeindevorstand Anzeige zu erstatten. Der Gemeindevorstand bestimmt über die vorläufige Verwahrung der gepfändeten Tiere.

(4) Im § 78 Satz 1 a. a. O. werden die Worte „der Ortspolizeibehörde“ durch die Worte „dem Gemeindevorstand“ und das Wort „dieselbe“ durch das Wort „dieser“ ersetzt.

(5) Im § 79 Abs. 2 a. a. O. werden die Worte „die Polizeibehörde“, im § 81 Abs. 1 die Worte „die Ortspolizeibehörde“ durch die Worte „der Gemeindevorstand“ ersetzt.

1. In der ersten Ausschußlesung lag der Antrag Nr. 50 vor: § 78 wird gestrichen.

Ein Antragsteller erklärte, einer der ersten Paragraphen des GEntw. bestimme, daß da, wo staatliche Pol. bestellt sei, der Landrat seiner sämtlichen polizeilichen Funktionen entkleidet werden solle. Wenn man dies auch in gewisser Weise rechtfertigen könne, so doch nicht auf SpezialPolGebieten, die von altersher mit dem Landrat und der Landwirtschaft eng verwachsen seien, wie z. B. bei der Jagd-Pol. Dort müsse der Landrat zuständig bleiben. Die Erteilung von Jagdscheinen usw. sei der Natur der Sache nach Aufgabe desjenigen, der mit der Bevölkerung in engem Konnex lebe und die landwirtschaftlichen Verhältnisse kenne. Wenn man die Sonderbestimmungen dieses Paragraphen fallen lasse, bleibe es bei dem, was die Jagdordnung vorschreibe.

Ein zweiter Beauftragter des MindInn. gab zu, daß es sich hier an und für sich um eine ganz belanglose

Angelegenheit handle, meinte aber, es empfehle sich, darauf Rücksicht zu nehmen, daß gewisse staatliche PolBezirke sowohl Städte als auch Landgemeinden umfaßten. Die Jagdscheingebühren erhalte ja der Fiskus ohnehin; ob auf diesem oder jenem Wege, sei gleichgültig. Aber an sich könne man die Regelung in der einen oder in der anderen Weise treffen.

Hierauf wurde § 78 durch Annahme des Antrages Nr. 50 gestrichen. (Sp. 91.)

Inkrafttreten des PolVerwG. und Aufhebung von Gesetzen.

§ 79.

(1) Das vorstehende Gesetz tritt am 1. Oktober 1931 in Kraft.

(2) Mit dem Zeitpunkte des Inkrafttretens dieses Gesetzes werden alle entgegenstehenden oder gleichlautenden gesetzlichen Bestimmungen sowie alle Bestimmungen gleichen Inhalts aufgehoben. Insbesondere werden aufgehoben:

a) der § 10 Teil II Titel 17 des Allgemeinen Landrechts;

b) die Verordnung über die anderweite Organisation der Gendarmerie vom 30. Dezember 1820 (Gesetzsamml. 1821 S. 1);

c) das Gesetz über die Zulässigkeit des Rechtsweges in Beziehung auf polizeiliche Verfügungen vom 11. Mai 1842 (Gesetzsamml. S. 192);

d) das Gesetz zum Schutze der persönlichen Freiheit vom 12. Februar 1850 (Gesetzsamml. S. 45);

e) das Gesetz über die Polizeiverwaltung vom 11. März 1850 (Gesetzsamml. S. 265);

f) der Allerhöchste Erlaß vom 30. Dezember 1850, betr. die anderweite Einrichtung der Gendarmerie in den Fürstentümern Hohenzollern (Gesetzsamml. 1851 S. 703);

g) die Polizeiverordnung für die Residenzstadt Hannover, die Vorstadt Glocksee und den Vorort Linden vom 21. Dezember 1859 (Gesetzsamml. für das Königreich Hannover S. 869);

h) die Verordnung über die Polizeiverwaltung in den neu erworbenen Landesteilen vom 20. September 1867 (Gesetzsamml. S. 1529);

i) die Verordnung, betr. die Organisation der Landgendarmerie in den neu erworbenen Landesteilen vom 23. Mai 1867 (Gesetzsamml. S. 777);

k) das Gesetz über die Polizeiverwaltung im Herzogtum Lauenburg vom 7. Januar 1870 (offizielles Wochenblatt für das Herzogtum Lauenburg S. 13);

l) das Gesetz, betr. den Erlaß polizeilicher Strafverfügungen wegen Übertretungen vom 23. April 1883 (Gesetzsamml. S. 65) — 21. Mai 1923 (Gesetzsamml. S. 271);

m) die Titel IV bis VI des Gesetzes über die allgemeine Landesverwaltung vom 30. Juli 1883 (Gesetzsamml. S. 195), soweit sie sich auf die Polizeibehörden beziehen;

n) das Gesetz, betr. die Übertragung polizeilicher Befugnisse in den Gemeinde- und Gutsbezirken der Umgebung von Potsdam an den Königlichen Polizeidirektor zu Potsdam vom 7. März 1908 (Gesetzsamml. S. 37);

o) das Gesetz über die Polizeiverwaltung in den Regierungsbezirken Düsseldorf, Arnsberg und Münster vom 19. Juli 1911 (Gesetzsamml. S. 147);

p) das Gesetz über die Polizeiverwaltung im Regierungsbezirk Oppeln vom 19. Juni 1912 (Gesetzsamml. S. 182).

1. Die Begr. (Sp. 48) bemerkte:

„§ 79 überträgt im Sinne der „Entpolizeilichung" Zuständigkeiten auf Gebieten nicht polizeilicher Natur von der OrtsPolBehörde auf den Gemeindevorstand."

2. Im Ausschuß erster Lesung wies ein Ausschußmitglied darauf hin, daß es im Abs. 4 heißen müsse: „dem Gemeindevorstand".

Nach Berichtigung dieses Druckfehlers wurde der § 79 in der Fassung der Regierungsvorlage angenommen. (Sp. 91.)

3. Über die Frage der Behandlung der am 1. Oktober 1931 anhängigen Rechtsmittel gegen polizeiliche Vfen. vgl. Thiele und Froelich, RuPrVerwBl. 52 785, 786 ff.

Die Frage: Ist nun über diese bereits anhängigen Rechtsmittel von den bis jetzt zuständigen Rechtsmittelbehörden noch nach den bisherigen Verfahrensvorschriften zu entscheiden? wird verneint.

Die Bestimmungen der §§ 45 bis 54 des PolVerwG. sind verfahrensrechtliche (prozessuale) Vorschriften. Nach allgemeinen Rechtsgrundsätzen und nach ständiger Rechtsprechung ist aber eine prozessuale Vorschrift, soweit sie nicht etwa selbst etwas anderes bestimmt, von dem Augenblick ihres Inkrafttretens an auch auf bereits anhängige Rechtsstreitigkeiten anzuwenden (E. des Reichsgerichts in Zivilsachen, Bd. 16 S. 296, Bd. 48 S. 406, Bd. 101 S. 426, Bd. 102 S. 202, Bd. 107 S. 317 und Bd. 128 S. 167).

Für das materielle Recht gilt wie für das private, so auch für das öffentliche VerwRecht grundsätzlich die Regel von der Nicht-Rückwirkung der Gesetze (Jellinek, VerwRecht,. 3. Aufl. S. 142, 143; Fleiner, Institutionen, 8. Aufl. S. 88). Allerdings kann jedes G. sich selbst rückwirkende Kraft beilegen. Ein dahingehender Wille braucht nicht ausdrücklich erklärt zu sein, sondern kann sich aus dem offenbaren Sinn und Zweck des G. ergeben; letzteres ist im öffentlichen Recht oft der Fall (PrVerwBl. 45 S. 434, 435, betr. Schankstätten-Notgesetz). Das hier interessierende PolVerwG. läßt aber weder durch eine ausdrückliche Best. noch nach seinem sonstigen Inhalt erkennen, daß seine materiell-rechtlichen Bestimmungen auch auf Tatbestände, die in der Vergangenheit liegen, Anwendung finden sollen. Es bleibt daher bei der durch die Rechtsprechung herausgearbeiteten Regel, nach welcher die Gültigkeit polizeilicher Vfen. nach dem zur Zeit ihres Erl., d. h. ihrer Zustellung, geltenden materiellen Rechte zu beurteilen sind.

Die Auffassung der Vf. wird folgendermaßen zusammengefaßt:

Die neuen Verfahrensvorschriften des PolVerwG. finden auch auf die vor dem 1. Oktober anhängigen Verfahren Anwendung.

Die Rechtsmittelentscheidungen, welche von den bisher zuständigen Behörden vor dem 1. Oktober 1931 getroffen worden sind, bleiben als instanzmäßige Entscheidungen bestehen. Die Zuständigkeit der zur E. in den weiteren Instanzen berufenen Rechtsmittelbehörden und das Verfahren vor diesen richtet sich nach den Verfahrensvorschriften des PolVerwG.

Die Rechtsmittel, die bei den nach altem Recht zuständigen Behörden rechtsgültig erhoben sind, gelten mit dem Inkrafttreten des PolVerwG. als bei den nach diesem G. zuständigen Behörden rechtsgültig eingelegt; insbesondere gilt dies auch hinsichtlich der Wahrung der Rechtsmittelfrist.

Anhängige Sachen dieser Art sind gegebenenfalls an die nach neuem Recht zuständigen Behörden zwecks weiterer Bearbeitung abzugeben.

Das OVG. vom 15. Oktober 1931 RuPrVerwBl. 1931 S. 894 hat folgende Grundsätze ausgesprochen:

Die Verfahrensvorschriften des PolVerwG. vom 1. Juni 1931 finden sofort auch auf die beim Inkrafttreten des Gesetzes am 1. Oktober 1931 schwebenden Rechtsmittelverfahren Anwendung.

Hinsichtlich der materiell-rechtlichen Vorschriften des PolVerwG. gilt der allgemeine Grundsatz von der Nichtrückwirkung der Gesetze.

Die Zuständigkeit des vor dem 1. Oktober 1931 gemäß §§ 127, 128, 93 LVG. als Revisionsgericht angerufenen OVG. erleidet keine Einbuße dadurch, daß inzwischen im Laufe des Verfahrens, und zwar am 1. Oktober 1931, das PolVerwG. vom 1. Juni 1931 (GS. S. 77) in Kraft getreten ist. Zwar finden dessen Verfahrensvorschriften gemäß einem allgemeinen, vom OVG. anerkannten Grundsatze sofort vom Tage des Inkrafttretens ab auch auf schwebende Verfahren Anwendung (RuPrVerwBl. 52 S. 793). Diese Regelung nötigt aber nicht dazu, das nach dem PolVerwG. zu beobachtende Verfahren ohne Rücksicht auf das nach den bisherigen Vorschriften bereits abgewickelte Verfahren nunmehr von vorn beginnen zu lassen. Vielmehr entspricht es dem auf Vereinfachung abzielenden Willen des Gesetzes, wenn hinsichtlich der Behandlung der am 1. Oktober anhängigen Sachen von folgenden Gesichtspunkten ausgegangen wird:

Die vor dem 1. Oktober 1931 von den damals zuständigen Behörden getroffenen Rechtsmittelentscheidungen bleiben als instanzenmäßige Entscheidungen bestehen. Die Zuständigkeit der in den weiteren Instanzen zur Entscheidung berufenen Rechtsmittelbehörden und das Verfahren vor diesen richtet sich nach den Verfahrensvorschriften des PolVerwG., welches, wie schon das bisherige Recht, in der Regel drei Rechtsmittelinstanzen vorsieht.

Die Rechtsmittel, welche bei den nach altem Rechte zuständigen Behörden rechtsgültig erhoben sind, gelten mit dem Inkrafttreten des PolVerwG. als bei den nach diesem Gesetze zuständigen Behörden rechtsgültig eingelegt; insbesondere gilt dies auch hinsichtlich der Wahrung der Rechtsmittelfrist.

Hiernach ist im vorliegenden Falle das OVG., welches vor dem 1. Oktober 1931 nach vorangegangenen Entscheidungen des Kreisausschusses und des Bezirksausschusses als Revisionsgericht angerufen war, als solches auch nach den Vorschriften des PolVerwG. zuständig. Denn gemäß §§ 45 ff., 51 PolVerwG. entscheidet in der Regel nach vorheriger Beschwerde mit nachfolgender Klage in dritter Instanz das mit der Revision angerufene OVG. Die vor dem 1. Oktober 1931 rechtsgültig, insbesondere fristgemäß, erfolgte Einlegung der Revision gilt nach obigen Grundsätzen auch für das nunmehr nach den Vorschriften des PolVerwG. sich anschließende Verfahren.

Bezüglich des anzuwendenden materiellen Rechtes gilt regelmäßig der Grundsatz, daß ein neues G. keine rückwirkende Kraft besitzt, soweit es nicht einen dahingehenden Willen ausdrücklich kundgibt oder aus seinem offenbaren Sinne und Zwecke erkennen läßt (Jellinek, VerwRecht, 3. Aufl. S. 142, 143; Fleiner, Institutionen, 8. Aufl. S. 88; PrVerwBl. 45 S. 434, 435). Da letzteres bei dem PolVerwG. vom 1. Juni 1931 nicht zutrifft und die angegriffene polizeiliche Vf. vom 27. Dezember 1929 datiert, muß der damals geltende Rechtszustand im vorliegenden Verfahren zugrunde gelegt werden. Denn polizeiliche Vfen. sind nach feststehender Rechtsprechung des Gerichtshofs regelmäßig nach dem Zeitpunkt ihres Erlasses (Zustellung) zu beurteilen. — E. vom 15. Oktober 1931, III C 35/31. —

Ersatz der aufgehobenen Vorschriften.

§ 80.

An Stelle der nach § 79 aufgehobenen Vorschriften treten für die Zukunft die entsprechenden Bestimmungen dieses Gesetzes.

1. Die Begr. (Sp. 48) bemerkte hierzu:

„Nach der geltenden Fassung des § 9 des Moorschutzgesetzes ist der Landrat MoorPolBehörde. Der § 80 erstrebt keine sachliche Änderung dieser Rechtslage, sondern bezweckt lediglich die Einführung einer einheitlichen Terminologie."

2. Im Ausschuß erster Lesung gab ein Ausschußmitglied zur Erwägung anheim, ob man den Landrat als MoorPolBehörde ausschalten könne, da ein sehr enger Zusammenhang dieser Funktionen mit der ganzen Meliorationstätigkeit des Landrats und des Kreises bestehe.

Ein zweiter Beauftragter des MindInn. entgegnete, die Änderung habe keine praktische, sondern nur terminologische Bedeutung; denn derartige Moorgebiete lägen nicht im Bereiche staatlicher PolBezirke, und sie würden auch in solche nicht hineinkommen.

Ein Ausschußmitglied beantragte die Streichung des § 80, die nach der Auskunft des Regierungsvertreters unbedenklich und überdies eine logische Folge der Streichung des § 78 sei.

Die Streichung des § 80 wurde hierauf einstimmig beschlossen. (Sp. 91 f.)

Änderung des Berggesetzes. § 81.

(1) § 208 des Allgemeinen Berggesetzes für die preuß. Staaten vom 24. Juni 1865 (Gesetzsamml. S. 705) in der Fassung des Gesetzes vom 24. Juni 1892 (Gesetzsamml. S. 131) erhält folgende Fassung:

Zuwiderhandlungen gegen Bergpolizeiverordnungen und die auf Grund der §§ 198 und 199 getroffenen bergpolizeilichen Anordnungen werden mit Geldstrafe bestraft.

(2) Im übrigen bleibt das Allgemeine Berggesetz für die preuß. Staaten vom 24. Juni 1865 in der zur Zeit des Inkrafttretens dieses Gesetzes geltenden Fassung unberührt.

1. Im Ausschuß erster Lesung lagen folgende Anträge vor:

Nr. 11: § 81 erhält folgenden Wortlaut:

§ 81.

Für die Organisation der Ortspolizeibehörden auf dem Lande, in den Landesteilen ohne Amtsverfassung (— Amtsvorsteher —) bleiben die geltenden Bestimmungen in Kraft.

Nr. 59 (Berichterstatter): § 81 wird gestrichen.

Der Berichterstatter empfahl die Streichung dieses Paragraphen, der durch die Beschlüsse zu § 3 hinfällig geworden sei.

Ein Antragsteller äußerte mit Rücksicht auf die Verhältnisse in der Provinz Hannover Bedenken gegen die Streichung.

Ein Beauftragter des MindInn. verwies darauf, daß § 3 das heutige Recht fixiere und für die Provinz Hannover den gegenwärtigen Rechtszustand auf dem Lande erhalte, insofern also der Antrag Nr. 11 hinfällig sei.

Hierauf wurde die Streichung des § 81 beschlossen. (Sp. 92.)

Nichtaufgehobene ältere Bestimmungen.

§ 82.

Unberührt bleiben:

1. die Verordnung, betr. die Einführung des Allgemeinen Berggesetzes vom 24. Juni 1865 in dem Gebiete des vormaligen Königreichs Hannover, vom 8. Mai 1867 (Gesetzsamml. S. 601);
2. das Gesetz, betr. die Rechtsverhältnisse des Stein- und Braunkohlenbergbaues in denjenigen Landesteilen, in welchen das kurfürstlich-sächsische Mandat vom 19. August 1743 Gesetzeskraft hat, vom 22. Februar 1869 (Gesetzsamml. S. 401);
3. das Gesetz, betr. die Ausdehnung verschiedener Bestimmungen des Allgemeinen Berggesetzes vom 24. Juni 1865 auf den Stein- und Kalisalzbergbau in der Provinz Hannover, vom 14. Juli 1895 (Gesetzsamml. S. 295);
4. das Gesetz, betr. die Ausdehnung einiger Bestimmungen des Allgemeinen Berggesetzes vom 24. Juni 1865 auf die Aufsuchung und Gewinnung von Erdöl, vom 6. Juni 1904 (Gesetzsamml. S. 105);
5. das Gesetz, betr. die Ausdehnung einiger Bestimmungen des Allgemeinen Berggesetzes auf die Arbeiten zur Aufsuchung von Stein- und Kalisalzen und von Solquellen in der Provinz Hannover, vom 26. Juni 1904 (Gesetzsamml. S. 135);
6. das Gesetz über phosphorhaltige Mineralien und Gesteine vom 9. Januar 1923 (Gesetzsamml. S. 13);

7. das Gesetz über einen erweiterten Staatsvorbehalt zur Aufsuchung und Gewinnung von Steinkohle und Erdöl vom 22. Juli 1929 (Gesetzsamml. S. 87);
8. das Polizeikostengesetz vom 2. August 1929 (Gesetzsamml. S. 162).

1. Die Begr. (Sp. 48) bemerkte hierzu:

„Die im § 82 des Entwurfes für die Aufhebung vorgesehenen Gesetze sind durch das vorliegende G. überholt."

2. Im Ausschuß erster Lesung lagen folgende Anträge vor:

Nr. 51: Im § 82 Abs. 2 sind dem Buchstaben d folgende Worte anzufügen:

mit Ausnahme des § 7

Nr. 52: Im § 82 Abs. 2 werden dem Buchstaben c folgende Worte angefügt:

mit Ausnahme des § 4

Nr. 54: Im § 82 Abs. 2 werden dem Buchstaben c folgende Worte angefügt:

mit Ausnahme des § 4 dieses Gesetzes

Nr. 60 (Berichterstatter): In § 82 Zeile 1 wird als Datum eingefügt:

1. Oktober 1931

Nr. 61: Im § 82 Abs. 1 wird der zweite Satz gestrichen.

Ein Antragsteller machte darauf aufmerksam, daß sein Antrag Nr. 54 sich mit dem Antrag Nr. 52 inhaltlich decke. Nach diesen Anträgen solle in dem Gesetz vom Mai 1842 der § 4 bestehen bleiben, der nach Auffassung des Antragstellers vor polizeilicher Enteignung schütze. Redner bat um Auskunft, ob etwa durch das EnteignungsG. die Angelegenheit bereits so geregelt sei, daß dieser Paragraph gestrichen werden könne. Wenn das nicht der Fall sei, müsse er bestehen bleiben, weil sonst keine Möglichkeit zur gerichtlichen Erklärung bei polizeilicher Enteignung gegeben sein würde.

Ein dritter Beauftragter des MindInn. erwiderte, die Angelegenheit sei durch Artikel 153 der RV. geregelt, wonach eine Enteignung — ein Begriff, den das RG.

außerordentlich weit fasse — nur gegen Entschädigung zulässig sei. Nur durch ReichsG. könnte eventuell eine entschädigungslose Enteignung zugestanden werden.

Derselbe Antragsteller meinte, es könnte die Streitfrage entstehen, ob überhaupt eine Enteignung stattgefunden habe. Dies sei anderweit gesetzlich nicht klargestellt.

Ein zweiter Beauftragter des MindInn. entgegnete, dies sei durch ein besonderes G. aus dem Jahre 1874 geregelt. Wenn z. B. an einen Hauseigentümer das Verlangen gestellt werde, daß er die Anbringung einer Rosette für die Straßenbahn an seinem Hause dulden solle, so könne er einwenden, dies sei eine Sache der Straßenbahnunternehmer, da er gar nicht polizeipflichtig sei; wenn die Straßenbahn sein Haus in Anspruch nehmen wolle, müsse sie diese Stelle gegen Entschädigung enteignen lassen. Werde jemand polizeilich in Anspruch genommen, der nicht polizeipflichtig sei, so sei nach § 71 des vorliegenden Gesetzes eine Schadenersatzpflicht gegeben. Man müsse diese Frage im Zusammenhang mit § 21 betrachten. Im übrigen sei zu berücksichtigen, daß eine öffentlich-rechtliche Beschränkung des Eigentums insofern vorliege, als der Eigentümer verpflichtet sei, sein Eigentum in polizeimäßigem Zustande zu halten.

Ein Antragsteller betonte, es handle sich um Fälle, in denen auf polizeilichem Wege von jemandem etwas verlangt werde, was ihn mit großen Kosten belaste und wozu er sich der Allgemeinheit gegenüber nicht verpflichtet fühle. Es könne dabei unter Umständen ein Zustand vorliegen, der nach der Gesetzgebung und nach den polizeilichen Vorschriften als ein polizeiwidriger Zustand aufzufassen sei. Redner erinnerte an das bekannte Urteil des Reichsgerichts bezüglich des Wassergrundstücks, das als Freifläche in Anspruch genommen worden sei und nicht habe bebaut werden dürfen, obwohl dem Besitzer damit etwas auferlegt worden sei, was an sich über seine Verpflichtungen auf Grund des ALR. und der RV. hinausgehe. Es erscheine nicht ganz unbedenklich, eine solche Best. aus der Welt zu schaffen, weil dadurch unter Umständen eine unangenehme Lücke entstehen könnte.

Ein dritter Beauftragter des MindInn. meinte, daß eine solche Lücke nicht entstehe, weil der ordentliche Richter in solchen Fällen die Frage nicht nur dem Umfange, sondern auch dem Grunde nach immer geprüft habe. Die in Fällen, wie sie der Vorredner im Auge habe, ergangenen Urteile stützen sich sämtlich auf den Artikel der RV., nach dem eine Enteignung nur gegen Entschädigung zulässig sei, und diese Best. genüge in solchen Fällen immer, da sie, wie mehrfach in Entscheidungen des RG. zum Ausdruck gekommen sei, positives Recht schaffe. Im übrigen sei noch der § 75 der Einleitung zum ALR. in Betracht zu ziehen.

Auf den Satz: „Das Staatsministerium wird ermächtigt, das Inkrafttreten einzelner Bestimmungen auszusetzen" könne die Staatsregierung verzichten.

Auf eine Frage eines Antragstellers erklärte der Beauftragte des MindInn. weiter, die Rechtslage bezüglich des Eindringens von Beamten in Privatwohnungen zur Nachtzeit sei wie folgt. Nach Artikel 115 der RV. sei die Wohnung jedes Deutschen für ihn eine Freistätte und unverletzlich; Ausnahmen hiervon seien nur auf Grund von Gesetzen zulässig. Als solche Gesetze kämen u. a. in Betracht: die StPO., die ReichsabgabenO., die ZPO. für die Gerichtsvollzieher bei Zwangsvollstreckung usw. Die ZPO. enthalte sämtliche erforderliche Bestimmungen, auf Grund deren der Gerichtsvollzieher — eventuell mit Hilfsmannschaften — in die Wohnung eindringen könne. Außerdem gebe es noch eine Reihe von Bestimmungen in Spezialgesetzen. Für das Eindringen der Pol. in die Wohnungen gelte im PolG. grundsätzlich der § 14. Das Eindringen bei Nacht sei aber zu beschränken durch die Bestimmungen, die hier entsprechend dem G. zum Schutze der persönlichen Freiheit aufgestellt seien.

Weitere Ausnahmen von dem Grundsatz der RV. seien absichtlich nicht getroffen worden; denn es sei ein moderner Grundsatz, nicht überflüssigerweise Leuten den Zutritt zu den Wohnungen zu gewähren, soweit dies nicht unbedingt erforderlich sei. Da diese Maßnahmen aufrechterhalten seien, genüge das, was an Bestimmungen in Geltung bleiben solle.

Anträge Nr. 60 und 61 wurden angenommen, ebenso Antrag Nr. 52, durch dessen Annahme sich der Antrag Nr. 54 erledigte. Antrag Nr. 51 wurde abgelehnt. Mit diesen Änderungen wurde der § 82 angenommen. (Sp. 92 ff.).

3. Im Ausschuß zweiter Lesung lag der Antrag Nr. 33 vor: Im § 82 Abs. 2 Buchstabe c Zeile 4 werden die Worte „mit Ausnahme des § 4" gestrichen.

Der Berichterstatter machte darauf aufmerksam, daß der Antrag Nr. 33 lediglich die Folgerung aus den vorhergehenden Beschlüssen ziehe.

Der Antrag Nr. 33 wurde angenommen und mit dieser Änderung § 82 nach den Beschlüssen der ersten Lesung (Sp. 119.)

Unberührt gebliebene Gesetze.

§ 83.

Unberührt bleiben, soweit sich nicht aus § 80 etwas anderes ergibt:

1. das Gesetz über Kleinbahnen und Privatanschlußbahnen vom 28. Juli 1892 (Gesetzsamml. S. 225);
2. das Ausführungsgesetz zum Fleischbeschaugesetz vom 28. Juni 1902 (Gesetzsamml. S. 229) — 23. September 1904 (Gesetzsamml. S. 257);
3. das Gesetz, betr. die Gründung neuer Ansiedlungen, vom 10. August 1904 (Gesetzsamml. S. 227) in der Fassung der Verordnung vom 6. Dezember 1918 (Gesetzsamml. S. 194);
4. das Gesetz über die Bekämpfung übertragbarer Krankheiten vom 28. August 1905 (Gesetzsamml. S. 73) in der zur Zeit geltenden Fassung;
5. das Ausführungsgesetz zum Viehseuchengesetz vom 25. Juli 1911 (Gesetzsamml. S. 149);
6. das Wassergesetz vom 7. April 1913 (Gesetzsamml. S. 53);

7. das Gesetz über die Landeskulturbehörden vom 3. Juni 1919 (Gesetzsamml. S. 101) — 25. Oktober 1920 (Gesetzsamml. S. 619) — 5. Oktober 1923 (Gesetzsamml. S. 143) — 19. Januar 1924 (Gesetzsamml. S. 46);
8. das Gesetz über die Sicherungen der Bewirtschaftung von Fischgewässern vom 18. Juli 1919 (Gesetzsamml. S. 140);
9. das Gesetz, betr. die Verbandsordnung des Siedlungsverbandes Ruhrkohlenbezirk, vom 5. Mai 1920 (Gesetzsamml. S. 286);
10. das Gesetz über den Staatsvertrag, betr. den Übergang der Wasserstraßen von den Ländern auf das Reich, vom 26. September 1921 (Gesetzsamml. S. 519);
11. das Gesetz über die Regelung des Körwesens und des Pferderennwesens durch Polizeiverordnung vom 4. August 1922 (Gesetzsamml. S. 225) und das Gesetz über die Änderung dieses Gesetzes vom 15. März 1927 (Gesetzsamml. S. 37);
12. das Gesetz über die Genehmigung von Siedlungen vom 1. März 1923 (Gesetzsamml. S. 374);
13. das Gesetz zur Bekämpfung der Tuberkulose vom 4. August 1923 (Gesetzsamml. S. 374);
14. das Moorschutzgesetz vom 10. August 1923 (Gesetzsamml. S. 400);
15. die Gesetze über die Verhütung von Hochwasserschäden.

Ausführung durch den MindJnn.

§ 84.

Mit der Ausführung dieses Gesetzes wird der Minister des Innern betraut.

1. Die Begr. (Sp. 48) führte zu §§ 84—86 folgendes aus: „Die aufrechterhaltenen Gesetze betreffen das spezielle PolRecht, das gemäß dem Allgemeinen Teil der Begründung von der Kodifikation nicht erfaßt werden soll."

Die

§§ 83 bis 87

nebst Überschrift und Einleitung wurden ohne Erörterung unverändert angenommen.

Ein Ausschußmitglied meinte, im § 86 enthielten die Worte: „soweit sich nicht aus § 83 etwas anderes ergibt" offenbar einen Druckfehler, da sich aus § 83 nichts ergebe. (Sp. 94.)

Anhang.

Neben den Regelungen, die das PolVerwG. vom 1. Juni 1931 gebracht hat, steht noch 1. die sogenannte Bereinigung des Polizeiverordnungswesens und 2. die Aufhebung veralteter Polizeigesetze. Zu diesen Punkten hat Kerstiens, Die Reform des Polizeirechts in Preußen, VerwArch. **36** 206 ff. (April 1931), folgendes ausgeführt.

„Zu 1. Über die Zahl und Unübersichtlichkeit der PolVOen. und die in diesen teilweise zum Ausdruck kommende Regelfreudigkeit der PolBehörden ist schon seit langen Jahren geklagt worden. Die ersten Anregungen zu grundsätzlichen Reformen hat im Jahre 1912 im Preußischen Landtag der Abgeordnete Schiffer gegeben, der auf die Notwendigkeit der Ausscheidung veralteter und der Zusammenfassung der weiter erforderlichen PolVOen. hinwies und gleichzeitig eine Beschränkung der Gültigkeitsdauer der PolVOen. empfahl. Bei der Erörterung dieser Anträge wurden die verschiedensten Verbesserungsvorschläge gemacht, von denen insbesondere die allgemeine Nachprüfung der bestehenden PolVOen. hervorzuheben ist. (Vgl. Landtagsdrucksachen Nr. 20, 635, 640, 1201, 1202, 1203, 1253, 1254 Session 1912/13; Herrenhausdrucksache Nr. 334, 335 Session 1912/13.) Das einzige Ergebnis dieser Überlegungen war indessen nur ein Ministerialerlaß, der den nachgeordneten Behörden die Nachprüfung der erlassenen PolVOen. aufgab. Praktische Wirkungen hat dieser Erlaß kaum gehabt, da der Ausbruch des Weltkrieges die erforderlichen Arbeiten verhinderte.

In der Nachkriegszeit ist die Frage der Bereinigung des PolVOWesens zuerst von Herrn Staatssekretär Dr. Abegg wieder aufgegriffen worden (vgl. Abegg, „Das Polizeiverordnungswesen in Gegenwart und Zukunft" in „Die Polizei" Jahrg. 1926 Heft 12), der in Anlehnung an die Schifferschen Reformgedanken die Aufhebung aller PolVOen. mit einem Schlage durch Gesetz empfahl, und einer weiteren Vereinheitlichung des PolVOWesens durch den Erl. von MusterPolVOen. das Wort redete. Diese Gedanken fanden in der Öffentlichkeit überwiegend Zustimmung (vgl. ArchStrR. und StrP. Bd. 71 S. 81 ff. Peters in „Die Polizei" 1927 Nr. 23. Bedenklich z. T. Lassaly in DJZ. 1927 S. 1182), wurden aber von dem damaligen Herrn Minister des Innern Grzesinski zunächst mit Lebhaftigkeit abgelehnt. (Vgl. „Die Polizei" 1928 Nr. 1.) Die Bereinigungsaktion ist dann dadurch in Gang gekommen, daß der Verfasser dieses Aufsatzes im Winter 1927/28 Gelegenheit nahm (vgl. dazu Staatsratsprotokoll über die 3. Sitzung vom 15. Januar 1931 Spalte 36 Abs. 2), die damals veröffentlichten Sammlungen der von den sächsischen Regierungs- und Polizeipräsidenten erlassenen PolVOen. im einzelnen auf ihre Rechts- und Zweckmäßigkeit durchzuprüfen. Dabei ergab sich, daß 50—60% dieser PolVOen. ganz oder teilweise als rechtsungültig oder praktisch entbehrlich anzusehen waren. Den betreffenden Behörden wurde in sehr eingehenden Erlassen Paragraph für Paragraph die Abänderung oder Aufhebung der erlassenen PolVOen. aufgegeben. Im Anschluß daran fand die Nachprüfung der von sonstigen PolBehörden erlassenen PolVOen. statt, zum Teil an Ort und Stelle, zum Teil auf Grund von Berichtseinforderungen. Insgesamt wurden auf diese Weise bis jetzt die PolVOen. von 8 Oberpräsidenten, 12 Regierungspräsidenten, 20 staatlichen PolVerwaltern und über 300 Kreis- und Orts-PolBehörden nachgeprüft, mit dem Ergebnis, daß durchschnittlich 50% der bestehenden PolVOen. zur Aufhebung gebracht wurden. (Wegen der immer wiederkehrenden Mängel, die sich bei dieser Nachprüfung ergaben, verweist Kerstiens auf seine Aufsätze „Typische Fehler in Polizeiverordnungen" in Nr. 20 und 22 der Zeitschrift „Die Polizei" Jahrg. 1929.) Das Material, das sich dabei ergab, führte zu den verschiedensten Maßnahmen spezieller und genereller Art, die folgende Ziele erstreben (vgl. dazu die Denkschrift des MindInn. über die Vereinfachung des Polizeiverordnungswesens vom 29. März 1930. Landtagsdrucksache Nr. 4746):

„a) Die Beseitigung aller rechtlich unzulässigen Vorschriften; in dieser Hinsicht sind insbesondere zu nennen die Angleichung der PolVOen. an die durch die Rechtsprechung der obersten Gerichte in ständiger Praxis entwickelten Rechtssätze des materiellen und formellen PolRechts und die Aufhebung der PolVOen., die mit einschlägigen Reichs- und Landesgesetzen oder VOen. der übergeordneten Instanzen in Widerspruch stehen.

b) Die Ausmerzung aller Bestimmungen, die zwar rechtlich zulässig, aber nicht unabweisbar erforderlich sind; in dieser Beziehung war maßgebend die grundsätzliche Überlegung, daß es nicht Aufgabe der modernen Pol. ist, die Staatsbürger in kleinlicher Weise zu bevormunden, und die praktische Erfahrung, daß die übergroße Häufung von PolVorschriften mit Sicherheit deren Nichtbefolgung nach sich zieht, da sich weder die Behörden noch das Publikum in einer zu großen Zahl von Einzelvorschriften zurechtzufinden vermögen.

c) Die Vereinheitlichung des PolVOWesens a) in sachlicher Hinsicht durch Zusammenfassung der PolVOen., die sachlich verwandte Gebiete regeln, b) in regionaler Hinsicht durch den Erl. einheitlicher PolVOen. durch die höheren PolBehörden für größere Bezirke.

d) Die Herbeiführung einer klaren, dem heutigen Stande der Verwaltungsrechtswissenschaft entsprechenden Fassung der PolVOen.; dieses Ziel erschien erstrebenswert einmal aus der grundsätzlichen Erwägung, daß im modernen Rechtsstaat eine derartige Fassung der Rechtsnormen aus Gründen der Rechtssicherheit dringend erforderlich ist, zum anderen mit Rücksicht auf die praktische Überlegung, daß auf diese Weise die von den nachgeordneten Behörden und Gerichten bei der Auslegung der PolVOen. zu leistende Arbeit wesentlich verringert wird, was aus Gründen der Verwaltungsvereinfachung erwünscht ist."

Von den Maßnahmen, die zur Erreichung dieser Ziele durchgeführt sind, erwähnt Kerstiens an erster Stelle die schrittweise Außerkraftsetzung der von den Ober- und Regierungspräsidenten, Landräten und OrtsPolBehörden erlassenen PolVOen., und zwar der vor dem 1. Januar 1890 erlassenen durch den Beschluß II D 14 vom 14. Januar 1929 (MBliV. S. 63), der vor dem 1. Januar 1900 erlassenen durch den Beschluß II D 77 vom 20. Februar 1930 (MBliV. S. 181) und der vor dem 1. Januar 1901 erlassenen durch den Beschluß II D 451 vom 20. November 1930 (MBliV. S. 1109). Diese Außerkraftsetzungen sind erfolgt in extensiver Auslegung des § 145 Abs. 2 des LVG. Dabei ist folgende Formel zur Verwendung gekommen:

Beschluß.

Auf Grund des § 145 Abs. 2 des LVG. vom 30. Juli 1883 (GS. S. 195) in Verbindung mit dem § 16 des PolVerwG. vom 11. März 1850 (GS. S. 265), mit dem § 14 der VO. über die Polizeiverwaltung in den neu erworbenen Landesteilen vom 20. September 1867 (GS. S. 1529) und § 15 des G. über die Polizeiverwaltung im Herzogtum Lauenburg vom 7. Januar 1870 (Offizielles Wochenblatt für das Herzogtum Lauenburg S. 13) setze ich hiermit sämtliche PolVOen. der Oberpräsidenten, Regierungspräsidenten (einschließlich der Landdrosten in Hannover und des Polizeipräsidenten in Berlin), Kreis- und Ortspolizeibehörden, soweit sie vor dem 1. Januar 1901 erlassen sind, mit Ausnahme derejnigen PolVOen., die die Strom-, Schiffahrts- oder Hafenpolizei betreffen, mit Wirkung vom 1. Januar 1931 außer Kraft. Dieser Beschluß bezieht sich auch auf diejenigen vor dem 1. Januar 1901 erlassenen PolVOen., die nach diesem Zeitpunkt abgeändert sind.

Berlin, den .... 1930.

Der Minister des Innern.

Die Rechtsgültigkeit derartiger Beschlüsse, deren Veröffentlichung nach Art der PolVOen. vorgeschrieben ist, hat das Kammergericht in mehrfachen Entscheidungen anerkannt.

An weiteren Maßnahmen, die der Vereinigung der bereits erlassenen PolVOen. dienen, sind zu nennen die Anweisung an die Ober- und Regierungspräsidenten die erlassenen PolVOen. nach mündlich erteilten Richtlinien nachzuprüfen. Hinsichtlich der vor dem 1. Januar 1910 erlassenen PolVOen. verweist Kerstiens dabei auf den Runderlaß II D 77 vom 20. Februar 1930 (MBliV. S. 181), auf Grund dessen 2939 Orts-, 815 Kreis- und 322 LandesPolVOen. aufgehoben sowie 210 Orts-, 29 Kreis- und 32 LandesPolVOen. abgeändert sind mit dem Ergebnis, daß insgesamt aus der Zeit vor dem 1. Januar 1910 noch 2019 Orts-, 308 Kreis- und 415

LandesPolVOen. in Kraft sind. Die noch in Gültigkeit befindlichen PolVOen. werden in besondere Verzeichnisse eingetragen. Die Nachprüfung der vor dem 1. Januar 1925 erlassenen PolVOen. ist zur Zeit im Gange.

„Der Vereinfachung des Polizeiverordnungswesens für die Zukunft dienen die Anweisungen, daß PolVOen. nur in „unabweisbar" notwendigen Fällen zu erlassen sind, daß jede nachgeordnete Behörde den Entw. einer PolVO. zunächst der vorgesetzten Behörde vorzulegen hat, damit diese prüfen kann, ob eine einheitliche PolVO. für einen größeren Bezirk zu erlassen ist und endlich die Anweisung, daß in allen neu zu erlassenden PolVOen. der Tag ihres Außerkrafttretens ausdrücklich zu bestimmen ist, wobei als längste Geltungsdauer der Zeitraum von 30 Jahren festgesetzt ist, zu vgl. die Runderlasse II D 14 vom 14. Januar 1929 (MBliV. S. 63), II D 603 vom 10. August 1929 (MBliV. S. 749) und II D 451 vom 20. November 1930 (MBliV. S. 1109).

Den Abschluß der Vereinfachung des Polizeiverordnungswesens bringt der Entw. des PolVerwG., der die vorstehend angedeuteten Verwaltungsmaßnahmen gesetzlich verankert und gleichzeitig als weitere wesentliche Reformen auf dem Gebiete des Polizeiverordnungsrechts eine Beschränkung der zum Erl. von PolVOen. befugten Behörden und die Sanktionierung der PolVOen. durch polizeiliche Zwangsmittel statt durch Androhung von Kriminalstrafen vorsieht."

Zu 2. Im Anschluß an die Nachprüfung der Polizeiverordnungen ist Kerstiens sodann in eine Nachprüfung der älteren Polizeigesetze eingetreten. Unter „Polizeigesetzen" versteht Kerstiens dabei Rechtsnormen polizeilichen Inhalts, die unter verschiedener Bezeichnung (z. B. Gesetz, Verordnung, Ordnung, Reskript, Reglement usw.) in der für die Veröffentlichung von Gesetzen geltenden Form von den für den Erl. von Gesetzen zuständigen Stellen erlassen und daher nach der heute herrschenden Rechtsauffassung als „Gesetz" im technischen Sinne anzusehen sind, so daß sie nicht im Verordnungs-, sondern nur im Gesetzeswege aufgehoben werden können. Bei dieser Nachprüfung hat sich ergeben, daß bei den älteren Gesetzen nicht streng zwischen „Polizei-" und „Straf-" Gesetzen geschieden worden ist. Infolgedessen mußte die Nachprüfung auch auf die alten Strafgesetze ausgedehnt werden. Von derartigen Polizei- und Strafgesetzen sind gleichmäßig in allen Teilen Preußens noch eine große Anzahl in Kraft, die nach ihrem Inhalt oder ihrer Formulierung als völlig veraltet angesehen werden müssen. Zu einem Teil ist es zweifelhaft, ob es sich dabei um „Gesetze" oder nur um „Verordnungen" handelt. Zum großen Teil handelt es sich sodann um Rechtsnormen, die räumlich nur beschränkte Geltung haben, so daß in diesen Vorschriften die Vielstaaterei des 17. und 18. Jahrhunderts noch jetzt fortlebt. Die Texte dieser Vorschriften sind überwiegend nur in einzelnen Exemplaren vorhanden, die in Staats- oder Stadtarchiven ängstlich behütet und nur aus Anlaß von Einzelfällen zur nicht gerade freudigen Überraschung de betroffenen Staatsbürger wieder ans Tageslicht gezerrt werden. Die Aufhebung dieser Bestimmungen liegt daher ebenso im Interesse der Rechtssicherheit wie im Interesse der Rechtsgleichheit. Polizeilich gesehen, sind diese Vorschriften durchweg entbehrlich, da die erforderlichen Bestimmungen im Wege von PolizeiVOen. erlassen werden können.

Schon in der Denkschrift des MindJnn. über die Vereinigung des Polizeiverordnungswesens ist daher unter V auf die Notwendigkeit der Aufhebung dieser veralteten Gesetze hingewiesen worden. Bei der Erörterung dieser Denkschrift im Rechtsausschuß des Preuß. Landtages ist dieser Auffassung von allen Seiten zugestimmt worden (vgl. Eichhoff DJZ. 1930 S. 888, s. besonders S. 891). Daraufhin ist der Entw. in Angriff genommen, zum Gesetz vom 1. Juni 1931 geworden ist das Polizeiverwaltungsgesetz.

1. Gesetz zur Aufhebung veralteter Polizei- und Strafgesetze.

Vom 23. März 1931 (GS. S. 33).

Der Landtag hat folgendes Gesetz beschlossen:

§ 1.

Folgende Gesetze (Verordnungen, Reglements, Ordnungen usw. mit Gesetzeskraft) werden aufgehoben:

1. Für das Gebiet der ehemaligen Herzogtümer Jülich und Berg:

   Die Jülich-Bergische Polizeiverordnung des Herzogs Wilhelm vom 10. Oktober 1554 und 15. Mai 1558 (Sammlung der Gesetze und Verordnungen, welche in den ehemaligen Herzogtümern Jülich, Cleve und Berg und in dem vormaligen Großherzogtum Berg über Gegenstände der Landeshoheit, Verfassung, Verwaltung und Rechtspflege ergangen sind. Vom Jahre 1475 bis zu der am 15. April 1815 eingetretenen königlich-preußischen Landesregierung S. 37) mit Ausnahme der Vorschriften über Wegerecht.

2. Für die Provinz Hessen-Nassau:

   a) Die Ordnunge Unser Moritzen von Gottes Gnaden, Landtgrauen zu Hessen, Grauen zu Catzenelnbogen, Dietz, Ziegenhain und Nyder usw. Wie wir es mit Reinhaltung Unser Stette Unsers Ober- und Niederfürstenthumbs gehalten haben wollen vom 16. Junii 1614 (Sammlung Fürstlich-Hessischer Landesordnungen und Ausschreiben I. Teil von 1337 bis 1627 S. 529);

b) die Polizeyordnung für die Städte des Diemelstromes vom 15. August 1796 (Sammlg. Fürstlich-Hessischer Landesordnungen und Ausschreiben VII. Teil von 1785—1800 S. 186).

3. Für die Stadt Halle:

Die Gassenordnung vom 10. Dezember 1706 (Continuatio Corporis Constitutionum Magdeburgicarum oder Landesordnungen Edicta Mandata etc. welche im Herzogtum Magdeburg und Grafschaft Mansfeld Magdeburg-Hoheit. Ferner von Anno 1714 bis 1717 publiciert sind, samt einigen so vorhin ausgelassen worden; auf Allergnädigste Permission mit der Magdeburgischen Landesregierung Censur Herausgegeben vom Christian Otto Mülius S. 43) und die im § 16 der Gassenordnung erwähnten älteren Gesetze.

4. Für die Stadt Breslau:

Das Reglement vom 26. Mai 1744 wie es mit Sauberung der Straßen in der königlichen Hauptstadt gehalten (Sammlung aller in dem souverainen Herzogthum Schlesien und dessen incorporierten Grafschaft Glatz in Finanz, Justiz, Criminal-Geistlichen Consistorial-Kirchen Sachen usw. usw. publicierten und ergangenen Ordnungen, Edikten, Mandaten, Rescripten usw. usw. welche von der Zeit der glorwürdigsten Regierung Friedrichs Königes in Preußen als Souverainen Obersten Herzogs von Schlesien vom 1. Dezember 1740 bis incl. 1744 herausgekommen und durch den Druck bekannt gemacht worden. 1744 Seite 76 ff.).

5. Für die Stadt Bonn:

a) Die Verordnung des Kurfürst Clement August vom 3. Decembris 1744 in Betreff der Sauberkeit der Gassen und öffentlichen Plätzen in Bonn (vollständige Sammlung deren die Verfassung des Hohen Erzstifts Cölln betreffender Stucken, mit denen benachbarten Hohen Landes-Herrschaften geschlossener Concordaten und Verträgen, dan in Regal- und Cameral-Sachen, in Justiz-, Polizey- und Militär-Wesen vor- und nach ergangener Verordnungen und Edicten II Band Cölln 1773 Seite 368);

b) Die Verordnung des Kurfürsten Clement August vom 20. Decembris 1744 betreffend „Erneuer, und Schärffung obiger Verordnung" (vollständige Sammlung deren die Verfassung des Hohen Erzstifts Cölln betreffender Stucken, mit denen benachbarten Hohen Landes-Herrschaften geschlossener Concordaten und Verträgen, dan in Regal- und Cameral-Sachen, in Justiz-, Polizey- und Militär-Wesen vor- und nach ergangener Verordnungen und Edicten II Band Cölln 1773 Seite 371).

6. Für die Stadt Düsseldorf:

Das Dekret des Kurfürsten Karl Theodor vom 26. April 1760 (Sammlungen der Gesetze und Verordnungen, welche in den ehemaligen Herzogtümern Jülich-Cleve und Berg und in dem vormaligen Großherzogtum Berg über Gegenstände der Landeshoheit, Verfassung und Verwaltung und Rechtspflege ergangen sind vom Jahre 1475 bis zu der am 15. April 1815 eingetretenen königlich-preußischen Landesregierung S. 494).

7. Für die Stadt Laasphe:

Die Polizeiordnung des Grafen Johann Ludwig zu Sayn, Wittgenstein und Hohenstein vom 28. Februar 1776.

8. Für die Stadt Hanau:

Die Polizeiordnung Unseres Von Gottes Gnaden Wilhelm IX. Landgrafen zu Hessen, Fürsten zu Hersfeld, Grafen zu Katzenelnbogen, Dietz, Ziegenhain, Nidda, Schaumburg und Hanau etc. Ritter des Königl. Großbrittanischen Ordens vom blauen Hosenbande etc. etc. etc. für die beiden Städte Hanau vom 3. Julius 1790 (Hanau, gedruckt in der ev. reform. Waisenhausbuchdruckerei 1790).

9. Für den Bereich des ehemaligen Herzogtums Schlesien und der Grafschaft Glatz:

Die Dorfpolizeyordnung für das Herzogtum Schlesien und die Grafschaft Glatz vom 1. Mai 1804 (Neue schlesische Ediktensammlung Band 9 S. 79).

10. Für den Bereich der ehemaligen Herzogtümer Schleswig und Holstein:

Die Verordnung wegen der Pässe und Beherbergung der Reisenden für die Herzogtümer Schleswig und Holstein vom 17. April 1811 (Chronol. Samml. der im Jahre 1811 ergangenen Verordnungen und Verfügungen für die Herzogtümer Schleswig und Holstein, S. 50).

11. Für die Stadt Homburg vor der Höhe und Umgebung:

Die landesgräfliche, hessen-homburgische Polizeiordnung vom 10. Juli 1816 (Archiv der landgräflichen hessischen Gesetze und Verordnungen 1816 bis 1866, Seite 8).

12. Für das Gebiet des ehemaligen Herzogtums Nassau:

Das Nassauische Gesetz vom 6. Januar 1860 (Verordnungsblatt des Herzogtums Nassau S. 11).

13. Für den Bereich der Provinz Hannover:

Die Verordnung betreffend das Paßwesen und die Fremdenpolizei vom 24. Oktober 1865 (Ges.-Samml. für das Königreich Hannover S. 517).

§ 2.

Der Minister des Innern und der Justizminister können mit Zustimmung der zuständigen Fachminister Polizei- oder Strafgesetze in den alten preußischen Provinzen, soweit sie vor dem 31. Januar 1850, in den Provinzen Hannover, Hessen-Nassau und Schleswig-Holstein, soweit sie vor ihrer Vereinigung mit Preußen erlassen sind, ganz oder teilweise, einzeln oder nach Zeitabschnitten, Sachgebieten, räumlichen Bezirken oder nach mehreren dieser Merkmale zusammengefaßt durch gemeinsamen Beschluß als veraltet aufheben. Beschlüsse, durch die Polizei- oder Strafgesetze aufgehoben werden, sind für die Gerichte und Verwaltungsbehörden bindend. Sie sind in der Preußischen Gesetzsammlung zu veröffentlichen. Soweit in ihnen nicht etwas anderes bestimmt ist, treten sie mit dem Tage ihrer Veröffentlichung in Kraft.

§ 3.

Auf Grund von Vorschriften, die vor dem 1. Januar 1800 erlassen sind, dürfen Strafen nicht mehr verhängt werden.

§ 4.

Dieses Gesetz tritt hinsichtlich des § 1 am 1. Juni 1931, im übrigen sofort in Kraft.

Das vorstehende, vom Landtage beschlossene Gesetz wird hiermit verkündet. Die verfassungsmäßigen Rechte des Staatsrats sind gewahrt.

2. Beschluß über die Aufhebung veralteter Polizei- und Strafgesetze.

Vom 21. Mai 1931 (GS. S. 94).

Auf Grund des § 2 des Gesetzes zur Aufhebung veralteter Polizei- und Strafgesetze vom 23.*) März 1931 (Gesetzsamml. S. 33) heben wir mit Zustimmung des Ministers für Landwirtschaft, Domänen und Forsten folgende in der Provinz Hessen-Nassau geltenden Gesetze (Verordnungen mit Gesetzeskraft) als veraltet auf:

1. das Ausschreiben der Oberrentkammer, wonach das Halten der Windhunde verboten, vom 18. Januar 1815 (Sammlung von Gesetzen, Verordnungen, Ausschreiben und sonstigen Verfügungen für die Kurhessischen Staaten S. 99);
2. das Regierungsausschreiben, das ordnungsmäßige Halten und Austreiben der Ziegen betreffend, vom 18. November 1819 (Sammlung von Gesetzen, Verordnungen, Ausschreiben und sonstigen Verfügungen für die Kurhessischen Staaten S. 72);
3. die Strafordnungen für die Forst-, Jagd- und Fischereivergehungen vom 30. Dezember 1822 (Sammlung von Gesetzen, Verordnungen, Ausschreiben und anderen allgemeinen Verfügungen für Kurhessen S. 79);

---

*) Irrtümlich in der GS. S. 94 5. März gedruckt.

4. Die Verordnung, betreffend die Feld-, Garten- und Hütefrevel, auch andere Vergehungen an fremden, im Freien befindlichen Gegenständen, vom 30. Dezember 1826 (Sammlung von Gesetzen, Verordnungen, Ausschreiben und anderen allgemeinen Verfügungen für Kurhessen S. 29);
5. die Verordnung, betreffend das Gesetz frevelhafter Beschädigung von Bäumen an öffentlichen Wegen und Plätzen, vom 21. November 1827 (Sammlung von Gesetzen, Verordnungen, Ausschreiben und anderen allgemeinen Verfügungen für Kurhessen S. 57);
6. das Ausschreiben des Staatsministeriums wider die Verwendung junger Eichenstämme zu Gerätschaften vom 25. Mai 1829 (Sammlung von Gesetzen, Verordnungen, Ausschreiben und anderen allgemeinen Verfügungen für Kurhessen S. 33);
7. das Gesetz über die allgemeinen Landfolgedienste vom 31. Oktober 1833 (Sammlung von Gesetzen, Verordnungen, Ausschreiben und anderen allgemeinen Verfügungen für Kurhessen S. 164);
8. das Gesetz, betreffend die Bestrafung der Feld-, Garten- und Hütefrevel, vom 26. August 1841 (Sammlung von Gesetzen, Verordnungen, Ausschreiben und anderen allgemeinen Verfügungen für Kurhessen S. 50);
9. das Gesetz, betreffend die Beschränkung des Haltens von Feldtauben, vom 20. Juli 1843 (Sammlung von Gesetzen, Verordnungen, Ausschreiben und anderen allgemeinen Verfügungen für Kurhessen S. 39);
10. das Gesetz, betreffend die Belohnung des Forstschutzpersonals, vom 30. Mai 1850 (Sammlung von Gesetzen, Verordnungen, Ausschreiben und anderen allgemeinen Verfügungen für Kurhessen S. 21);

11. das Forstgesetz vom 28. März 1852 (Ges. Bl. für das Königreich Bayern S. 69);
12. das Herzoglich Nassauische Jagdstrafgesetz, betreffend Forst-, Jagd- und Fischereivergehen, vom 6. Januar 1860 (Verordnungsblatt für das Herzogtum Nassau S. 11).

3. Beschluß über die Aufhebung veralteter Polizei- und Strafgesetze.

Vom 21. Mai 1931 (GS. S. 95).

Auf Grund des § 2 des Gesetzes zur Aufhebung veralteter Polizei- und Strafgesetze vom 23.*) März 1931 (Gesetzsamml. S. 33) heben wir mit Zustimmung des Ministers für Landwirtschaft, Domänen und Forsten folgende im Regierungsbezirk Sigmaringen geltenden Gesetze (Verordnungen mit Gesetzeskraft) als veraltet auf:

1. Fürstliche Landes-Regierungs-Verordnung, die Abwendung der durch große oder bösartige Hunde drohenden Gefahren betreffend, vom 12. September 1838 (Samml. der Gesetze und Verordnungen für das Fürstentum Hohenzollern-Sigmaringen Bd. 5 S. 95);
2. Hochfürstliche Regierungs-Verordnung, Erhaltung der Baumpflanzungen an den Landstraßen und Vicinalwegen betreffend, vom 2. Oktober 1839 (Verordnungs- und Intelligenzblatt für das Fürstentum Hohenzollern-Hechingen von 1839 S. 195);
3. Verordnung, die Abwendung der durch große oder bösartige Hunde drohenden Gefahren betreffend, vom 3. März 1841 (Verordnungs- und Intelligenzblatt für das Fürstentum Hohenzollern-Hechingen von 1841 S. 57);

*) Irrtümlich in der GS. S. 95 5. März gedruckt.

4. Verordnung Fürstlicher Geheimer Conferenz, die Baumpflanzungen an den Straßen betreffend, vom 11. September 1841 (Samml. der Gesetze und Verordnungen für das Fürstentum Hohenzollern-Sigmaringen Bd. 6 S. 49);
5. Verordnung, das Verbot des Beschälens durch nichtlizenzierte Hengste und die Bestimmung des Beschälgeldes für die Bedeckung durch lizenzierte Hengste betreffend, vom 20. Februar 1843 (Samml. der Gesetze und Verordnungen für das Fürstentum Hohenzollern-Sigmaringen Bd. 6 S. 340);
6. Verordnung Fürstlicher Geheimer Conferenz, die Aufnahme und Musterung der Zuchtstuten und Zuchthengste betreffend, vom 5. Januar 1844 (Samml. der Gesetze und Verordnungen für das Fürstentum Hohenzollern-Sigmaringen Bd. 7 S. 8);
7. Verordnung Fürstlicher Geheimer Conferenz, die Baumpflanzung an den Nachbarschafts- (Vizinal-) Wegen betreffend, vom 22. November 1844 (Samml. der Gesetze und Verordnungen für das Fürstentum Hohenzollern-Sigmaringen Bd. 7 S. 88).

4. Beschluß über die Aufhebung veralteter Polizei- und Strafgesetze.

Vom 14. Juli 1931 (GS. S. 131).

Auf Grund des § 2 des Gesetzes zur Aufhebung veralteter Polizei- und Strafgesetze vom 5. März 1931 (Gesetzsamml. S. 33) heben wir mit Zustimmung des Finanzministers und des Ministers für Landwirtschaft, Domänen und Forsten folgende im Regierungsbezirke Sigmaringen und in der Provinz Hessen-Nassau geltende Gesetze (Verordnungen mit Gesetzeskraft) als veraltet auf:

1. Fürstliche Regierungsverordnung, die Erhaltung der trigonometrischen Signalsteine betreffend, vom 11. Mai 1837 (Samml. der Gesetze und Verordnungen für das Fürstentum Hohenzollern-Sigmaringen Bd. 4 S. 525).
2. Verordnung, die Erhaltung der trigonometrischen Signalsteine betreffend, vom 16. November 1837 (Verordnungs- und Intelligenzblatt für das Fürstentum Hohenzollern-Hechingen von 1837 S. 215).
3. das Gesetz, die Beschränkung des Haltens der Hunde betreffend, vom 26. Juni 1840 (Samml. von Gesetzen, Verordnungen, Ausschreiben und anderen allgemeinen Verfügungen für Kurhessen S. 30).
4. das Ausschreiben der Minister der Finanzen und des Innern über die Vollziehung des Gesetzes vom 26. Juni 1840, die Beschränkung des Haltens der Hunde betreffend, vom 1. August 1840 (Samml. von Gesetzen, Verordnungen, Ausschreiben und anderen allgemeinen Verfügungen für Kurhessen S. 33).

5. Beschluß über die Aufhebung veralteter Polizei- und Strafgesetze.

Vom 25. Juli 1931 (GS. S. 140).

Auf Grund des § 2 des Gesetzes zur Aufhebung veralteter Polizei- und Strafgesetze vom 5. März 1931 (Gesetzsamml. S. 33) heben wir mit Zustimmung des Ministers für Landwirtschaft, Domänen und Forsten und des Ministers für Wissenschaft, Kunst und Volksbildung folgende, in der Provinz Hessen-Nassau ergangene Gesetze (Verordnungen mit Gesetzeskraft), soweit sie noch gelten, als veraltet auf:

1. Edikt der Nassauischen Landesregierung, betr. Erneuerung der bestehenden Verordnungen über Handhabung der öffentlichen Sicherheit, vom 6. Juli 1816 (Samml.

der landesherrlichen Edikte und Verordnungen, welchen vom 1. Juli 1816 an im Umfang des Herzogtums Nassau Gesetzeskraft beigelegt worden ist, Band 2 S. 155);

2. Regierungsausschreiben wider das Tragen und das Verfertigen oder den Verkauf der Dolche und der Stöcke mit Degenklingen oder Wurfspießen vom 19. Oktober 1819 (Samml. von Gesetzen, Verordnungen Ausschreiben und sonstigen Verfügungen für die kurhessischen Staaten S. 57);

3. Verordnung, das Aufrichten der Maibäume betr., vom 23. Mai 1827 (Döllinger, Samml. der im Gebiete der inneren Staatsverwaltung des Kgr. Bayern bestehenden Verordnungen. Bd. 13 S. 1421);

4. Verordnung des Landgrafen zu Hessen, betr. den Schutz und die Ausübung der Jagden im Amt Homburg, vom 3. September 1841 (Archiv der landgräfl. hessischen Gesetze und Verordnungen 1816—1866 S. 345);

5. Bekanntmachung der herzoglichen Landesregierung, die Vertilgung der der Jagd schädlichen Tiere betr., vom 26. September 1845 (Verordn.Bl. des Herzogtums Nassau S. 236);

6. Verordnung des Herzogl. Nassauischen Staatsministeriums, betr. das Verfahren bei Polizeivergehen, vom 4. Januar 1855 (Verordn.Bl. für das Herzogtum Nassau S. 1);

7. Verordnung über öffentliche Tanzmusik vom 18. Juni 1862 (Reg.Bl. für das Königreich Bayern S. 1391).

6. Beschluß über die Aufhebung veralteter Polizei- und Strafgesetze.

Vom 30. Oktober 1931 (GS. S. 243).

Auf Grund des § 2 des Gesetzes zur Aufhebung veralteter Polizei- und Strafgesetze vom 5. März 1931 (Gesetzsamml.

S. 33) heben wir mit Zustimmung des Ministers für Handel und Gewerbe und des Ministers für Wissenschaft, Kunst und Volksbildung folgende in der Provinz Hessen-Nassau geltende Gesetze (Verordnungen mit Gesetzeskraft) als veraltet auf:

1. Reformation der Freien Stadt Frankfurt a. M., betr. Maßvorschriften (alte Ruten, Werkschuh usw.) von 1587 bzw. 1612 (Frankfurter Reformation Teil IX Tit. IV von 1587 bzw. 1612);
2. Ausschreiben des Kurhessischen Staatsministeriums wegen der Warenversteigerungen während der Messen und Jahrmärkte vom 26. März 1828 (Kurhessische Gesetzsamml. S. 16);
3. Ausschreiben des Kurhessischen Staatsministeriums über die Zulassung ausländischer Juden in die Dienste christlicher Einwohner vom 30. Dezember 1828 (Kurhessische Gesetzsamml. S. 63);
4. Verordnungen, Vollziehungsvorschriften und Bekanntmachungen der Herzogl. Nassauischen Landesregierung, betr. den Verkehr auf der Eisenbahn zwischen Frankfurt a. M., Kastel und Wiesbaden, vom 19. September 1839 (Verordnungsblatt des Herzogtums Nassau S. 172)
5. Verordnungen, Vollziehungsvorschriften und Bekanntmachungen der Herzogl. Nassauischen Landesregierung, betr. den Verkehr auf der Eisenbahn zwischen Höchst und Soden, vom 16. Februar 1847 (Verordnungsblatt des Herzogtums Nassau S. 20);
6. Verordnungen, Vollziehungsvorschriften und Bekanntmachungen der Herzogl. Nassauischen Landesregierung, betr. Gewerbebetrieb der Schiffsmakler und anderer Personen, welche sich mit der Vermittlung des Transports von Auswanderern aus dem Herzogtum Nassau

befassen, vom 31. Januar 1849 (Verordnungsblatt des Herzogtums Nassau S. 8);

7. Gesetz, die Eisenbahnpolizei betreffend, vom 14. März 1850 (Kurhessische Gesetzsamml. S. 13);

8. Zusatzverordnung der Herzogl. Ministerialabteilung des Innern, betr. Gewerbebetrieb der Schiffsmakler und anderer Personen, welche sich mit der Vermittlung des Transports von Auswanderern aus dem Herzogtum Nassau befassen, vom 8. Juli 1853 (Verordnungsblatt des Herzogtums Nassau S. 182);

9. Verordnung der Herzoglich Nassauischen Landesregierung, betr. den Verkehr auf der zum Gebrauche des Publikums zu eröffnenden Strecke der Wiesbadener Eisenbahn zwischen Mosbach und Rüdesheim, vom 8. August 1856 (Verordnungsbl. des Herzogtums Nassau S. 189);

10. Verordnung der Herzogl. Nassauischen Landesregierung, betr. den Verkehr auf der zum Gebrauche des Publikums zu eröffnenden Strecke der Wiesbadener Eisenbahn zwischen dem Anlehnungspunkte dieser Eisenbahn bei Mosbach und Wiesbaden, vom 9. Februar 1857 (Verordnungsbl. des Herzogtums Nassau S. 13);

11. Verordnung der Herzogl. Nassauischen Landesregierung, betr. den Verkehr auf der zum Gebrauche des Publikums zu eröffnenden Strecke der Lahneisenbahn zwischen Oberlahnstein und Ems, vom 12. Mai 1858 (Verordnungsbl. des Herzogtums Nassau S. 64);

12. Verordnung der Herzogl. Nassauischen Landesregierung, betr. den Verkehr auf der Eisenbahnstrecke Rüdesheim—Oberlahnstein, vom 15. Februar 1862 (Verordnungsblatt des Herzogtums Nassau S. 53);

13. Verordnung der Herzogl. Nassauischen Landesregierung, betr. den Verkehr auf der Eisenbahnstrecke Nassau

—Limburg, vom 21. August 1862 (Verordnungsbl. des Herzogtums Nassau S. 161);

14. Verordnung der Herzogl. Nassauischen Landesregierung, betr. den Verkehr auf der Eisenbahnstrecke Limburg bis zur Nassauischen Grenze bei Löhnberg, vom 3. November 1862 (Verordnungsblatt des Herzogtums Nassau S. 184);

15. Verordnung der Herzogl. Nassauischen Landesregierung, betr. die Sicherung des Verkehrs auf der Eisenbahn (Änderung der Verordnung über den Verkehr auf der Taunuseisenbahn vom 19. September 1839), vom 28. August 1865 (Verordnungsbl. des Herzogtums Nassau S. 390).

7. Beschluß über die Aufhebung veralteter Polizei- und Strafgesetze.

Vom 2. November 1931 (GS. S. 245).

Auf Grund des § 2 des Gesetzes zur Aufhebung veralteter Polizei- und Strafgesetze vom 5. März 1931 (Gesetzsamml. S. 33) heben wir mit Zustimmung des Ministers für Volkswohlfahrt folgende im Regierungsbezirk Sigmaringen geltende Gesetze (Verordnungen mit Gesetzeskraft) als veraltet auf:

1. Gesetz, die allgemeine Einführung der Schutzpockenimpfung betr., vom 31. Mai 1826 (Samml. der Gesetze und Verordnungen für das Fürstentum Hohenzollern-Sigmaringen Bd. 2 S. 246);
2. Fürstliche Landesregierungsverordnung, die Einführung einer geregelten Leichenschauordnung für das Fürstentum Hohenzollern-Sigmaringen betr., vom 20. Januar 1838 nebst der dazu erlassenen Instruktion für die Leichenschauer vom gleichen Tage (Samml. der

Gesetze und Verordnungen für das Fürstentum Hohenzollern-Sigmaringen Bd. 5 S. 6);

3. Verordnung, die Einführung einer geregelten Leichenschauordnung für das Fürstentum Hohenzollern-Hechingen betr., vom 11. April 1843 nebst der dazu ergangenen Instruktion für die Leichenschauer vom gleichen Tage (Verord. und Intelligenzbl. für das Fürstentum Hohenzollern-Hechingen S. 105).

8. Polizeiverordnung, betreffend das Verbot nächtlicher Geländeübungen und Märsche.

Vom 20. November 1931 (GS. S. 247).

Auf Grund der §§ 25 und 33 des Polizeiverwaltungsgesetzes vom 1. Juni 1931 (Gesetzsamml. S. 77) wird für den Bereich des Freistaats Preußen folgende Polizeiverordnung erlassen:

§ 1.

In der Zeit von 17 Uhr bis 7 Uhr sind Gelände- und Ordnungsübungen (Geländespiele, Geländesport usw.) und Vorbereitungen dazu sowie alle Märsche in geschlossener Ordnung unter freiem Himmel verboten.

§ 2.

Ausgenommen von dem Verbote des § 1 sind:

a) behördlich angeordnete Veranstaltungen;

b) Märsche (Ausflüge) von Personen im Kindesalter.

§ 3.

Gegen die Nichtbefolgung der Bestimmungen des § 1 wird die Festsetzung von Zwangsgeld bis zu 150 RM., im Nichtbeitreibungsfall Zwangshaft bis zu drei Wochen angedroht.

§ 4.

Die Polizeiverordnung tritt mit dem Tage der Verkündung in Kraft.

Die Polizeiverordnung tritt nach Ablauf von sechs Monaten außer Kraft.

9. Polizeiverordnung über das Verbot der Abgabe von Hieb- oder Stoßwaffen an Personen unter 20 Jahren.

Vom 20. November 1931 (GS. S. 247).

Auf Grund der §§ 25 und 33 des Polizeiverwaltungsgesetzes vom 1. Juni 1931 (Gesetzsamml. S. 77) wird für das Gebiet des Freistaats Preußen folgende Polizeiverordnung erlassen:

§ 1.

Die entgeltliche oder unentgeltliche Abgabe von Waffen, die ihrer Natur nach dazu bestimmt sind, durch Hieb, Stoß oder Stich Verletzungen beizubringen (Hieb- oder Stoßwaffen) an Personen unter 20 Jahren ist verboten.

§ 2.

§ 1 findet keine Anwendung auf

1. Personen, die kraft ihres öffentlich-rechtlichen Dienstverhältnisses zum Führen von Hieb- oder Stoßwaffen berechtigt sind,
2. Personen, die beruflich Hieb- oder Stoßwaffen zu führen pflegen,
3. Personen, die zum Führen von Hieb- oder Stoßwaffen behördlich ermächtigt sind (§ 2 Ziffer 3 des Gesetzes gegen den Waffenmißbrauch vom 28. März 1931 — Reichsgesetzbl. I S. 77 —),
4. Inhaber von Waffenscheinen im Sinne des § 15 des Gesetzes über Schußwaffen und Munition vom 12. April

1928 (Reichsgesetzbl. I S. 143), soweit nicht im Waffenschein das Führen von Hieb- oder Stoßwaffen ausgeschlossen oder beschränkt ist,

5. Inhaber von Jagdscheinen eines deutschen Landes.

§ 3.

Für jeden Fall der Nichtbefolgung dieser Polizeiverordnung wird hiermit die Festsetzung eines Zwangsgeldes in Höhe bis zu 150 RM., im Nichtbeitreibungsfall die Festsetzung von Zwangshaft bis zu zwei Wochen angedroht.

§ 4.

Diese Verordnung tritt mit dem Tage nach ihrer Veröffentlichung in Kraft.

Sachregister.

(Die Zahlen bezeichnen die Seiten.)

A.

B.

D.

E.

R.

S.

T.

U.

V.

W.

Z.

Gedruckt bei A. W. Hayn's Erben, Potsdam.

Nachweis wichtiger Gesetzesausgaben

mit und ohne Erläuterungen, größere und kleinere Kommentare, Lehrbücher, Sammelwerke, Entscheidungssammlungen, Zeitschriften

Verlag Walter de Gruyter & Co., Berlin W 10 Genthiner Str. 38

Herbst 1931

Inhaltsübersicht

I. Allgemeines, Sammelwerke.

Handwörterbuch der Rechtswissenschaft. Unter Mitberatung von Reichsgerichtspräsident Dr. Dr. E. Bumke, Reichsgerichtsrat Dr. L. Busch, Oberreichsanwalt Prof. Dr. Dr. L. Ebermayer, Geh. Rat Professor Dr. Dr. Fr. Endemann, Geh. Justizrat Professor Dr. Dr. E. Heymann, Senatspräsident am Reichsgericht Dr. O. Strecker, Präsident des Bayerischen Obersten Landesgerichts Staatsrat Dr. K. v. Unzner †, herausgegeben von Dr. jur. **Fritz Stier-Somlo,** o. Professor an der Universität Köln, und Dr. jur. **Alexander Elster,** Berlin. 6 Bände. Lexikon-Oktav. 1926/29. In Halbleder geb. RM. 304.—

Hierzu erschien 1931 ein **Ergänzungsband.** RM. 37.—, in Halbleder geb. RM. 43.—, der nicht weniger als 228 Stichworte enthält. Neben allen durch die Rechtsentwicklung gebotenen Ergänzungen zu den im Hauptwerk behandelten Themen findet sich noch eine Anzahl neuer Aufsätze, die der eine oder andere Leser vielleicht vermißt hat. Das HdR. ist also ein stets auf der Höhe der Rechtsentwicklung stehendes Kompendium des gesamten Rechts.

„Es zeigt sich doch jetzt immer mehr, daß Ihr Handwörterbuch ein ganz großer Wurf war. Wie ich höre, wird es auch in der Praxis in steigendem Maße benutzt." Professor Dr. Nipperdey, Köln.

Die Reichsgerichtspraxis im deutschen Rechtsleben. Festgabe der juristischen Fakultäten zum 50jährigen Bestehen des Reichsgerichts (1. Oktober 1929), unter Mitwirkung der Professoren Gerhard Anschütz, Heidelberg, Ernst Heymann, Berlin, Theodor Kipp, Berlin, Wilhelm Kisch, München, Alfred Schultze, Leipzig, Heinrich Siber, Leipzig, herausgegeben von Otto Schreiber, weiland Professor in Königsberg i. Pr. 6 Bde. Groß-Oktav. 1929.
Geh. RM. 110.—, in Halbfranz geb. RM. 134.—

I. Band: Öffentliches Recht. II. Band: Zivil- und Handelsrecht. III. Band: Zivil- und Handelsrecht (Fortsetzung). IV. Band: Handels- und Wirtschaftsrecht. V. Band: Strafrecht und Strafprozeß. VI. Band: Zivilprozeßrecht.

Die Bände werden einzeln abgegeben.

Mit dieser umfangreichen Festgabe wird eine große, systematisch geordnete Reihe hervorragender Monographien veröffentlicht, die durchweg besonders wichtige und schwierige Fragen aus allen Teilen des Rechts behandeln.

Fünfzig Jahre Reichsgericht am 1. Oktober 1929. Von Dr. Adolf **Lobe,** Senatspräsident am Reichsgericht i. R., M. d. R. unter Mitarbeit von Mitgliedern und Beamten des Reichsgerichts, der Reichsanwaltschaft und der Rechtsanwaltschaft am Reichsgericht. Mit 14 Porträts und 15 Abbildungen. Lexikon-Oktav. VI, 436 Seiten. 1929.
RM. 20.—, in Halbfranz RM. 24.—

Von den beiden Festschriften „Lobe, Fünfzig Jahre Reichsgericht" und der Festgabe der juristischen Fakultäten gibt die vorliegende ein Bild der organisatorischen Gestaltung des Reichsgerichts und seiner Einrichtungen, in deren Schutz sich seine Aufgaben und seine Arbeit gestalten. Ausführlicher Prospekt mit Inhaltsverzeichnis kostenlos.

Bürgerliches Rechtslexikon. (Nach dem Bürgerlichen Gesetzbuch, dem Handelsgesetzbuch und sonstigen Reichs- und Landesgesetzen.) Von E. **Christiani,** weil. Amtsgerichtsrat. Vierte, durchgearbeitete und verbesserte Auflage von Dr. Alexander **Elster,** Rechtsanwalt Dr. Hugo Hoormann, Amtsgerichtsrat Georg **Krause,** Lexikon-Oktav. IV, 474 Seiten. 1930 . . . . Geb. RM. 15.—

„Wir kennen kein zweites Werk, das das gleiche Material in so kurzer, trefflicher und verständlicher Weise enthält und das so brauchbar wäre wie das hiermit warm empfohlene Buch."
Zeitschrift für das gesamte Gebiet der direkten Steuern.

Hedemann, J. W., **Einführung in die Rechtswissenschaft.** Zweite, erweiterte und umgestaltete Auflage. Oktav. XXII, 566 Seiten. 1927. (Lehrbücher und Grundrisse der Rechtswissenschaft Bd. IX.)
RM. 14.—, geb. RM. 16.—

„. . . Das Buch Hedemanns, welches die Aufgabe einer Einführung am reichsten und umfassendsten auffaßt und löst . . ."
Juristische Wochenschrift.

Wegner, Arthur, **Einführung in die Rechtswissenschaft.**
I. Band: Aufbau des Rechtes, geschichtlich und systematisch. Rechtswissenschaftliche Arbeitsweise. Bürgerliches Recht. Handelsrecht. Arbeitsrecht. 144 Seiten. 1931. (Sammlung Göschen Bd. 1047.)
Geb. RM. 1.80
II. Band: Drei Bücher Öffentliches Recht: Staat, Völkergemeinschaft, Kirche. 140 Seiten. 1931. (Sammlung Göschen Bd. 1048.)
Geb. RM. 1.80

Schröder, Richard, und **Künßberg**, F., **Lehrbuch der deutschen Rechtsgeschichte.** Sechste, verbesserte Auflage. Groß-Oktav. Mit einer Abbildung im Text, fünf Tafeln und einem Bildnis. 1124 Seiten. 1922.
RM. 26.—, in Halbleder geb. RM. 30.—

Dieses bekannte Lehrbuch hat sich seit langen Jahren bestens bewährt.

Fehr, Hans, **Deutsche Rechtsgeschichte.** Zweite, verbesserte und ergänzte Auflage. Oktav. 416 Seiten. 1925. (Lehrbücher und Grundrisse der Rechtswissenschaft Bd. X.) RM. 13.—, geb. RM. 14.50

Das Buch gibt eine plastische Darstellung der deutschen Rechtsgeschichte, die eine Anhäufung von Stoff ausdrücklich vermeidet, vielmehr das Schwergewicht auf eine mehr ideengeschichtliche Behandlung des Gegenstandes legt.

Schröder, Richard, und **Glitsch**, Heinrich, **Deutsche Rechtsgeschichte.** Zweite Auflage. Neudruck.
I. Bis zum Ende des Mittelalters. 160 Seiten. 1929. (Sammlung Göschen Bd. 621.) . . . . Geb. RM. 1.80
II. Die Neuzeit. 90 Seiten. 1929. (Sammlung Göschen Bd. 664.)
Geb. RM. 1.80

Eine gemeinverständliche kurze Darstellung der deutschen Rechtsgeschichte.

Giese, Friedrich, **Preußische Rechtsgeschichte.** Übersicht über die Rechtsentwicklung der preußischen Monarchie und ihrer Landesteile. Ein Lehrbuch für Studierende. Groß-Oktav. 256 Seiten. 1920.
RM. 5.—, geb. RM. 6.50

„Das Buch ist nicht ein, sondern das (bisher fehlende) Lehrbuch der preußischen Rechtsgeschichte."
Dr. Karl Strupp im „Verwaltungsarchiv"

von Mayr, Robert, **Römische Rechtsgeschichte.** I. Buch. Die Zeit des Volksrechtes. 1. Hälfte: Das öffentliche Recht. 150 Seiten. 1912. (Sammlung Göschen Bd. 577.) . . . . Geb. RM. 1.80
2. Hälfte: Das Privatrecht. 117 Seiten. 1912. (Sammlung Göschen Bd. 578.) . . . . Geb. RM. 1.80
II. Buch: Die Zeit des Amts- und Verkehrsrechtes. 1. Hälfte: Das öffentliche Recht. 158 Seiten. 1912. (Sammlung Göschen Bd. 645.)
Geb. RM. 1.80

2. Hälfte: Das Privatrecht I. 122 Seiten. 1913. (Sammlung Göschen Bd. 646.) . . . . Geb. RM. 1.80
Das Privatrecht II. 150 Seiten. 1913. (Sammlung Göschen Bd. 647.) Geb. RM. 1.80

III. Buch. Die Zeit des Reichs- und Volksrechtes. 111 Seiten. 1913. (Sammlung Göschen Bd. 648.) . . . . Geb. RM. 1.80

IV. Buch. Die Zeit der Orientalisierung des römischen Rechtes. 155 Seiten. 1913. (Sammlung Göschen Bd. 697.) . . . . Geb. RM. 1.80

Schott, Richard, **Hilfsbüchlein für die Vorlesungen über Institutionen, Geschichte und Zivilprozeß des römischen Rechts.** Oktav. 42 Seiten. 1931 . . . . RM. 1.60

Das „Hilfsbüchlein" ist aus dem vorwiegend für die romanistischen Vorlesungen und Übungen der Breslauer Universität benutzten „Hilfsbüchlein für den römischen Zivilprozeß" von Schott, Fischer und Bruck hervorgegangen, das bereits in mehreren Auflagen erschien. Es enthält in seiner neuen Form Urkunden aus dem römischen Recht, die dem Studenten einen lebendigen Eindruck von der Entwicklung der Gesetzestechnik und der Abwicklung von Rechtsgeschäften vermitteln sollen. Trotz der aus Preisrücksichten gebotenen Beschränkung in der Auswahl wurde auf eine recht vielseitige Beispielgebung geachtet. Das Heft ist von besonderem Wert als Material für die durch die Studiumreform eingeführten Besprechungsstunden.

Stammler, Rudolf, **Lehrbuch der Rechtsphilosophie.** Dritte, vermehrte Auflage. Groß-Oktav. XVI, 396 Seiten. 1928.
RM. 13.—, geb. RM. 15.—

„. . . Ein Werk aus einem Gusse, ein herbes Werk von größter wissenschaftlicher Strenge, eine Schule, durch die jeder gehen muß, der mit den rechtsphilosophischen Problemen der Gegenwart ringt." *Schweizerische Juristenzeitung.*

Stammler, Rudolf, **Rechts- und Staatstheorien der Neuzeit.** Leitsätze zu Vorlesungen. Zweite, vermehrte und verbesserte Auflage. Oktav. IV, 116 Seiten. 1925. . . . . RM. 3.50, geb. RM. 4.50

Ein unentbehrlicher Führer durch die Rechts- und Staatstheorien der Neuzeit.

Stammler, Rudolf, **Wirtschaft und Recht nach der materialistischen Geschichtsauffassung.** Eine sozialphilosophische Untersuchung. Fünfte, durch einen Nachtrag ergänzte Auflage. Oktav. VIII, 704 Seiten. 1924. . . . . RM. 14.—, geb. RM. 16.—

„Das Werk Stammlers darf den Ruhm in Anspruch nehmen, unter allen Büchern, die in der letzten Zeit auf dem hier in Betracht kommenden Gebiet erschienen sind, die stärkste Wirkung hervorgebracht zu haben." *Historische Zeitschrift.*

Friedrichs, Karl, **Der Allgemeine Teil des Rechts.** Eine Darstellung der gemeinsamen Lehren des öffentlichen und des privaten Rechts. Groß-Oktav. X, 306 Seiten. 1927. . . . . . RM. 12.—, geb. RM. 13.50

„Eine solche Arbeit fehlte bisher in der juristischen Literatur. Friedrichs ist wie kein anderer berufen, eine grundlegende Arbeit über dieses Gebiet zu schreiben." *Mitteilungen des Preuß. Richtervereins.*

Maas, Georg, und **Magnus,** Julius, **Abkürzungsverzeichnis der Rechtssprache.** Abkürzungen der Bezeichnungen von Rechtsquellen, Behörden, Entscheidungen usw. des deutschen und österreichischen Rechts. Oktav. IV, 140 Seiten. 1929. . . . . RM. 4.—

„Bis jetzt fehlte eine Zusammenstellung, die in zuverlässiger Weise die gebräuchlichsten Abkürzungen wiedergab. Diese Lücke füllt das neue Buch in glücklicher Weise aus." *Der junge Rechtsgelehrte.*

Endemann, Friedrich, **Grundriß des römischen Privatrechts.** Oktav. X, 256 und 30 Seiten. 1925. (Lehrbücher und Grundrisse der Rechtswissenschaft Bd. XII.) . . . . RM. 9.—, geb. RM. 10.50

„. . . ein nach jeder Richtung hochstehendes Werk."
Der junge Rechtsgelehrte.

Stammler, Rudolf, **Aufgaben aus dem römischen Recht.** Der „Institutionenübungen für Anfänger" vierte Auflage. Oktav. IV, 92 Seiten. Mit Figuren im Text. 1919 . . . . Geb. RM. 5.—

Zum selbständigen Einarbeiten in das System des römischen Privatrechts.

II. Bürgerliches Recht

1. Bürgerliches Gesetzbuch

Lehmann, Heinrich, **Allgemeiner Teil des Bürgerlichen Gesetzbuches.** Dritte, vermehrte und verbesserte Auflage (9. bis 12. Tausend). Oktav. XIV, 439 Seiten. 1928. (Lehrbücher und Grundrisse der Rechtswissenschaft Bd. I.) . . . . RM. 12.—, geb. RM. 13.50

„Es liegt ein großer pädagogischer Wert in diesem Buch. Es wird sich unter den Studenten rasch großer Beliebtheit erfreuen."
Das Recht.

Leonhard, R., **Der Allgemeine Teil des Bürgerlichen Gesetzbuches** in seinem Einflusse auf die Fortentwicklung der Rechtswissenschaft. Groß-Oktav. XVI, 537 Seiten. 1900. (Recht des Bürgerlichen Gesetzbuches in Einzeldarstellungen Nr. X.) . . . . RM. 10.—

Die Sammlung „Recht des Bürgerlichen Gesetzbuches" umfaßt systematische Darstellungen des BGB. aus der Feder erster Juristen der Wissenschaft und Praxis.

Oertmann, Paul, **Allgemeiner Teil des Bürgerlichen Gesetzbuches.**
I. Einleitung. Lehre von den Personen und von den Sachen. Dritte, verbesserte Auflage. 136 Seiten. 1926. (Sammlung Göschen Bd. 447.) Geb. RM. 1.80
II. Erwerb und Verlust, Geltendmachung und Schutz der Rechte. Dritte, verbesserte Auflage. 147 Seiten. 1928. (Sammlung Göschen Bd. 448.) . . . . Geb. RM. 1.80

Nach der die Vorgeschichte des BGB. und einzelne für seine Bedeutung und Anwendung wichtige Hauptfragen behandelnden Einleitung bespricht der Verfasser die Lehre von den Personen und von den Sachen. Er verarbeitet den Inhalt der einzelnen Gesetzesparagraphen wissenschaftlich und erörtert dabei auch mehrfach Fragen, die im BGB. selbst nicht geregelt, höchstens gestreift werden.

Plancks Kommentar zum Bürgerlichen Gesetzbuch nebst Einführungsgesetz. Bisher herausgegeben von E. Strohal. Bearbeitet von E. Brodmann, L. Busch, J. Ebbecke, F. Flad, M. Greiff, K. Gunkel, P. Knoke, M. Landois, A. Lobe, Fr. Oegg, H. Siber, O. Strecker, K. von Unzner. Vierte, völlig neubearbeitete Auflage. Lexikon-Oktav. Bisher sind erschienen:
I. Band: Allgemeiner Teil. 606 Seiten. 1913. RM. 15.—, geb. RM. 17.—
II. Band, 1. Hälfte: Recht der Schuldverhältnisse. (Allgemeiner Teil.) 640 Seiten. 1914 . . . . RM. 15.—, geb. RM. 17.—
II. Band, 2. Hälfte: Recht der Schuldverhältnisse. (Besonderer Teil.) 1296 Seiten. 1928 . . . . RM. 49.—, geb. RM. 52.—
III. Band: Sachenrecht . . . . Neue Auflage im Druck.
IV. Band: Familienrecht. 1. Hälfte §§ 1297—1588. 701 Seiten. 1928. RM. 26.—, geb. RM. 28.—

V. Band: Erbrecht. Vierte, völlig neubearbeitete Auflage. Groß-Oktav. XII, 1136 Seiten. 1930 . . RM. 51.—, geb. RM. 54.—

„Für jeden Praktiker, der tiefer in den Rechtsstoff eindringen muß, um die zur Entscheidung stehende Frage zu prüfen, ist Plancks Kommentar immer ein zuverlässiger Ratgeber und seine Erläuterung und Meinung von hohem Wert und Gewicht, stets sorgfältiger Beachtung wert." Zentralblatt für freiwillige Gerichtsbarkeit.

Das Bürgerliche Gesetzbuch mit besonderer Berücksichtigung der Rechtsprechung des Reichsgerichts. Erläutert von Dr. Busch, Erler, Dr. Lobe, Michaelis, Oegg, Sayn, Schliewen und Seyffarth, Reichsgerichtsräten und Senatspräsidenten am Reichsgericht. Siebente, unveränderte Auflage. 5 Bände. §§ 1—2385. Lexikon-Oktav. 3182 Seiten. 1928 . . . . In Halbleder geb. RM. 150.—
I. Band: Allgemeiner Teil. Recht der Schuldverhältnisse I. (Allgemeiner Teil.) — II. Band: Recht der Schuldverhältnisse II. (Einzelne Schuldverhältnisse.) — III. Band: Sachenrecht. — IV. Band: Familienrecht. — V. Band: Erbrecht. Alphabetisches Sachverzeichnis.
(Das Werk wird nur komplett abgegeben.)

„Eine neue Auflage dieses für die Praxis wertvollsten Kommentars ist ein Ereignis für die Juristenwelt." Blätter für Rechtspflege im Bezirk des Kammergerichts.

Achilles-Greiff, Bürgerliches Gesetzbuch nebst Einführungsgesetz. Mit Einleitung, Anmerkungen und Sachregister. Nach dem Tode des ersten Herausgebers Dr. A. Achilles in Verbindung mit J. Altstötter, Oberamtsrichter in München, O. Meyer, Oberlandesgerichtspräsident in Celle, Dr. J. Kieckebusch, Land- und Amtsgerichtsrat in Kassel, Dr. O. Strecker, Senatspräsident am Reichsgericht i. R. in Leipzig, herausgegeben von Dr. M. Greiff, Wirkl. Geh. Oberjustizrat, Oberlandesgerichtspräsident i. R. in Berlin. Dreizehnte, vermehrte und verbesserte Auflage. Mit Erläuterungen der Verordnung über das Erbbaurecht, des Gesetzes über die religiöse Kindererziehung und des Gesetzes für Jugendwohlfahrt. Groß-Oktav. XXIII, 1304 Seiten. 1930. (Guttentagsche Sammlung Deutscher Reichsgesetze Bd. 38/39.) . . . . . Geb. RM. 24.—, in Halbleder geb. RM. 26.—

„Das ausgezeichnete Buch, das einer weiteren Empfehlung kaum bedarf, wird seine führende Stellung unter den Handausgaben ohne Zweifel behaupten." Juristische Rundschau.

Bürgerliches Gesetzbuch nebst Einführungsgesetz. Vom 18. August 1896 mit Berücksichtigung der bis zum 1. Januar 1928 ergangenen Abänderungen. Textausgabe mit ausführlichem Sachregister. Sechzehnte Auflage. (61. bis 66. Tausend). Taschenformat. 758 Seiten. 1928. (Guttentagsche Sammlung von Textausgaben ohne Anmerkungen mit Sachregister.) . . . . Geb. RM. 2.80

Die vorliegende Ausgabe zeichnet sich durch Vollständigkeit und besondere Ausführlichkeit des Sachregisters aus.

Schulz, F. H., Bürgerliches Gesetzbuch. Taschenformat. XI, 682 Seiten. 1930 . . . . Geb. RM. 8.—
(Lehrausgaben Deutscher Gesetze, Bd. I.)

Dieser Band bringt auch die Bezeichnung der entsprechenden römisch-rechtlichen bzw. gemeinrechtlichen Institute und verwirklicht damit einen Gedanken, der eigentlich wohl schon vor dreißig Jahren hätte ausgeführt werden sollen.

Lindemann, Otto, Ausführungsgesetz zum Bürgerlichen Gesetzbuche vom 20. September 1899 nebst einem Anhang: Verordnung zur Ausführung des Bürgerlichen Gesetzbuchs vom 16. November 1899. Nach dem Tode des früheren Herausgebers Kammergerichtsrat Dr. P. Siméon, erläutert von Geh. Oberjustizrat **Otto Lindemann**, Ministerialdirektor im Pr. Justizministerium. Vierte Auflage. Taschenformat. 208 Seiten. 1930. (Guttentagsche Sammlung Preußischer Gesetze Bd. 23.) Geb. RM. 5.—

Die neue Auflage kommt im richtigen Augenblick, um dem fühlbaren Mangel an neuen Bearbeitungen der Ausführungsgesetze zum Bürgerlichen Gesetzbuch abzuhelfen. Sie ist völlig neu bearbeitet und nach den Ergebnissen von Gesetzgebung und Rechtsprechung bis in die jüngste Zeit ergänzt.

Juristischer Anschauungsstoff. Herausgegeben von Helmut Rühl, o. Prof. d. Rechte a. d. Handelshochschule Mannheim.
Heft 1:
Rühl, H., **Bürgerliches Recht und Arbeitsrecht.** Groß-Oktav. VIII, 148 Seiten. 1931 . . . . RM. 4.—

In der Sammlung „Juristischer Anschauungsstoff" werden für den Gebrauch im akademischen Unterricht Urkunden aus der Rechtspraxis zusammengestellt. So bringt das erste Heft 140 typische Beispiele für fast jedes Rechtsinstitut des BGB. und des Arbeitsrechts (Registereintragungen, Geschäftsbedingungen, Tarifverträge, Satzungen usf.). Die Anordnung folgt dem Gang des Gesetzes. Die gewählten Beispiele sind für die Praxis kennzeichnend. Sie gewähren einen Einblick in das lebendige Recht und zeigen die Abwandlung des Gesetzes durch die Wirtschaft.

Schück, Richard, **Zivilrechtspraktikum.** Zum Selbststudium und zum Lehrgebrauch. Vierte, vermehrte Auflage. Herausgegeben von Gustav Schreiber. Groß-Oktav. 160 Seiten. 1930.
Geb. RM. 6.—

Das „Schücksche Zivilrechtspraktikum" bringt in einem billigen Band über 600 Fälle aus allen fünf Büchern des BGB. und dem Einführungsgesetz. Es hat sich seit seinem Erscheinen durch seine praktische Auswahl überall durchgesetzt und durch drei Auflagen hindurch bewährt. Die vorliegende vierte Auflage weist eine Anzahl Ergänzungen auf, die aber durch die besondere Art ihrer Einordnung den Gebrauch mehrerer Auflagen nebeneinander nicht stören.

von der Mosel, Heinrich, **Lösungen** zu dem von Kammergerichtsrat Dr. Richard Schück herausgegebenen **Zivilrechtspraktikum.** Nach dem Bürgerlichen Gesetzbuch bearbeitet für Studierende und Referendare. Fünfte Auflage. Oktav. 227 Seiten. 1931.
RM. 6.—, kart. RM. 6.50

Die Lösungen behandeln fast alle in dem Praktikum enthaltenen Fälle.

v. Schwerin, Cl., Frhr., **Grundzüge des deutschen Privatrechts.** Zweite Auflage. Oktav. XII, 342 Seiten. 1928. (Lehrbücher und Grundrisse der Rechtswissenschaft Bd. XIII.) RM. 9.50, geb. RM. 11.—

„Was dem Studenten not tut, ist ein kurzgefaßtes Handbuch. ... Ein ausgezeichnetes Hilfsmittel dieser Art ist das vorliegende Buch."
Zeitschrift für Rechtspflege in Bayern.

Wegner, Arthur, **Jugendrecht.** Ein Lehrbuch zur Einführung. Oktav. IX, 219 Seiten. 1929 . . . . RM. 6.—, geb. RM. 7.50

Schuldverhältnisse insbesondere

Hedemann, Justus Wilh., **Schuldrecht des Bürgerlichen Gesetzbuches.** Zweite Auflage. Oktav. XXIV, 503 Seiten. 1931. (Lehrbücher und Grundrisse der Rechtswissenschaft Bd. II.)
RM. 14.50, geb. RM. 16.—

„Die Schrift bietet die beste mir bekannte Einführung in das schwierige Recht der Schuldverhältnisse." Staats- und Selbstverwaltung.

Oertmann, Paul, **Schuldrecht.** (BGB. II.)
I. Allgemeine Lehren. Dritte, verbesserte Auflage. 142 Seiten. 1927. (Sammlung Göschen Bd. 323.) . . . . Geb. RM. 1.80
II. Die einzelnen Schuldverhältnisse. Dritte, verbesserte Auflage. 159 Seiten. 1929. (Sammlung Göschen Bd. 324.) . . Geb. RM. 1.80

„In knapper Form und gemeinverständlicher Ausdrucksweise ist ein vorzüglicher Überblick über den Stoff gegeben."
Leipziger Zeitschrift für deutsches Recht.

Meyer, Georg, **Das Recht der Beschlagnahme von Lohn, Gehalt und Diensteinkommen.** Auf Grund des Reichsgesetzes vom 21. Juni 1869, der Verordnung über Lohnpfändung vom 25. Juni 1919 nebst Abänderungen und der Zivilprozeßordnung dargestellt. Siebente, vermehrte Auflage. Taschenformat. 174 Seiten. 1930. (Guttentagsche Sammlung Deutscher Reichsgesetze Bd. 55.) . . Geb. RM. 4.50

„Das Lohnbeschlagnahmegesetz wird hier in mustergültiger Weise erläutert. Die zahlreichen Zweifelsfragen werden gründlich erörtert." *Hessische Rechtsprechung.*

Seligsohn, Franz, **Kommentar zum Haftpflichtgesetz.** Zweite Auflage. Groß-Oktav. 360 Seiten. 1930 . . . . . RM. 12.—, geb. RM. 13.50

„Das reiche Material hat der Verfasser mit logischer Schärfe und in knapper Form bearbeitet und damit ein mustergültiges Werk geschaffen, das für die meist veralteten Kommentare zum Reichshaftpflichtgesetz einen wertvollen Ersatz bietet."
Blätter für Rechtspflege im Bezirk des Kammergerichts.

Krieg, O., **Mietrecht und Wohnungsmangelgesetzgebung** im Reiche, in Preußen und in Berlin, einschließlich Hauszinssteuer, Kostenwesen und Rechtsentscheiden des Kammergerichts und des Obersten Landesgerichts. Zusammengestellt und mit ausführlichem Schlagwortregister versehen. Vierte Auflage. Taschenformat. XII, 594 Seiten. 1928. (Guttentagsche Sammlung Deutscher Reichsgesetze Bd. 156.) Geb. RM. 10.—

„Eine solche Ausgabe zu besitzen, ist wertvoll. Diese Ausgabe verdient schon wegen ihrer Vollständigkeit besondere Beachtung. Ein vortreffliches Sachregister ist beigegeben." *Juristische Wochenschrift*

Stölzle, Hans, **Viehkauf** nach Bürgerlichem Gesetzbuch und ausländischem Recht. Verordnung, betreffend die Hauptmängel und Gewährfristen beim Viehhandel. Von Eugen Fröhner. Sechste, vermehrte und wesentlich verbesserte Auflage. Taschenformat. 699 Seiten. 1926. (Guttentagsche Sammlung Deutscher Reichsgesetze Bd. 50.)
Geb. RM. 15.—

„Das Buch ist Juristen wie Laien als lichtvoller Ratgeber in allen Fragen nur auf das wärmste zu empfehlen."
Deutsche Juristen-Zeitung.

Crisolli, Karl-August, Das Reichsgesetz, betreffend die **Abzahlungsgeschäfte** vom 16. Mai 1894. Mit Einleitung, Anmerkungen und Sachregister. Unter Mitwirkung von Julius Crisolli. Vierte, völlig umgearbeitete Auflage des Werkes von Hoffmann-Wilke. Taschenformat. 413 Seiten. 1931. (Guttentagsche Sammlung Deutscher Reichsgesetze Bd. 34.) . . . . Geb. RM. 8.—

„Der Vorzug dieses Buches, das schon in seiner Anordnung und in seinem Gesamtaufbau mustergültig ist, liegt ganz besonders darin, daß es alle einschlägigen Fragen kritisch behandelt und zu ihnen erschöpfend Stellung nimmt. Der Verfasser hat die ihm aus der Zeit, den wirtschaftlichen und den weiter entwickelten Rechtsverhältnissen heraus gegebenen Möglichkeiten voll ausgenutzt, er hat zu allen einschlägigen Fragen der Rechtsprechung, die gerade in den letzten Jahren nicht unerheblicher Wandlung unter-

worfen war, Stellung genommen und auch unter Anführung und Namhaftmachung der entsprechenden Entscheidungen das von ihm benutzte Material voll ausgewertet und der Öffentlichkeit durch dieses Buch zur Verfügung gestellt." Die Teilzahlung.

Göppert, H., Gesetz, betreffend die gemeinsamen Rechte der Besitzer von Schuldverschreibungen. Zweite Auflage, bearbeitet von E. Trendelenburg. Taschenformat. 156 Seiten. 1915. (Guttentagsche Sammlung Deutscher Reichsgesetze Bd. 52.) . . . . . Geb. RM. 1.50

Kruse, Fr. Vinding, **Das Eigentumsrecht.** Aus dem Dänischen übersetzt von Knud Larsen. Groß-Oktav. XXIII, 881 Seiten. 1931. Geb. RM. 25.—

Der Verfasser sieht das Eigentumsrecht nicht als ein Rechtsgebiet neben beliebigen anderen an, ihm ist es die Grundlage aller bisherigen Gemeinwesen und so von zentraler Bedeutung für Rechts- und Sozialwissenschaft. Der Begründung dieser Auffassung und einer tiefschürfenden Bestimmung des Begriffs des Eigentumsrechts dient ein Hauptteil des Werkes. In der Folge geht der Verfasser über zu einer Kritik an den gegenwärtig leitenden sozialwissenschaftlichen Ideen, denen er in ihren Umrissen eine Sozialwissenschaft der Zukunft gegenüberstellt. Seine Erkenntnisse gewinnt der Autor nicht nur aus seinem engeren Arbeitsgebiet, der Rechtswissenschaft, und aus deren spezifisch skandinavischer Ausprägung. Gerade der Vergleich mit der Rechtslehre anderer Nationen und die Zusammenfassung der Resultate aller beteiligten wissenschaftlichen Disziplinen geben den Darlegungen besonderes Gewicht.

Beiträge zum ausländischen und internationalen Privatrecht, herausgegeben vom Institut für ausländisches und internationales Privatrecht.

Heft 1:

Nußbaum, Arthur, **Vertraglicher Schutz gegen Schwankungen des Geldwertes.** Goldklauseln und andere Abreden zur Minderung des Valutarisikos. Groß-Oktav. 95 Seiten. 1928 . . . . RM. 5.—

Heft 2:

Wolff, John, **Die Haftung des Verkäufers einer fremden beweglichen Sache in den Vereinigten Staaten von Amerika in Vergleichung mit dem deutschen bürgerlichen Recht.** Groß-Oktav. 84 Seiten. 1930. RM. 4.—

Heft 3:

Friedmann, Wolfgang, **Die Bereicherungshaftung im anglo-amerikanischen Rechtskreis in Vergleichung mit dem deutschen bürgerlichen Recht.** Groß-Oktav. 148 Seiten. 1930 . . . . RM. 7.—

Heft 4:

Raiser, Ludwig, **Die Wirkungen der Wechselerklärungen im internationalen Privatrecht.** Groß-Oktav. 124 Seiten. 1931 . . RM. 9.—

Sachenrecht insbesondere

Hedemann, Justus Wilh., **Sachenrecht des Bürgerlichen Gesetzbuches.** Oktav. XXXII, 507 Seiten. 1924. (Lehrbücher und Grundrisse der Rechtswissenschaft Bd. III.) . . . . . RM. 12.—, geb. RM. 13.50

„Ein trotz seiner Kürze ausgezeichnetes und inhaltreiches Lehrbuch, nicht nur für den Studierenden, sondern auch für ältere Juristen. Die Arbeit ist wissenschaftlich tiefgründig und doch gemeinverständlich geschrieben." Zeitschrift des Deutschen Notarvereins.

Kretzschmar, F., **Sachenrecht.**

I. Allgemeine Lehren. Besitz und Eigentum. Zweite, verbesserte Auflage. 142 Seiten. 1922. (Sammlung Göschen Bd. 480.) Geb. RM. 1.80

II. Begrenzte Rechte. 144 Seiten. 1923. (Sammlung Göschen Bd. 481.) Geb. RM. 1.80

Diese Bändchen bieten die Grundzüge des Sachenrechts in gedrängter und klarer Form.

Lenzen, Georg, **Das Deutsche Pfandleihrecht.** Kommentar zum preußischen Pfandleihgesetz unter Berücksichtigung der außerpreußischen Gesetze. Oktav. XXVI, 266 Seiten. 1929 . . . . Geb. RM. 20.—

„Diese zusammenfassende Darstellung ist die erste ihrer Art und sehr verdienstlich. Das Buch regt zu allerhand Fragen an.“
Juristische Wochenschrift.

Günther, Hermann, **Erbbaurecht.** Taschenformat. 167 Seiten. 1919. (Guttentagsche Sammlung Deutscher Reichsgesetze Bd. 135.)
Geb. RM. 2.—

„. . . Der Praxis wird das Werk von hervorragendem Nutzen sein.“
Beiträge zur Erläuterung des deutschen Rechts.

Arnheim, Hugo, **Grundbuchordnung.** Kommentar zur Grundbuchordnung für das Deutsche Reich nebst den für Preußen erlassenen Ausführungsbestimmungen. Zweite, völlig neubearbeitete Auflage. Lexikon-Oktav. 959 Seiten. 1913 . . . . RM. 15.—

„Der Band weist außerordentliche Gründlichkeit, Klarheit und Übersichtlichkeit auf. Man kann wohl sagen, daß kaum eine Frage auftauchen wird, die nicht wenigstens berührt wäre.“
Zentralblatt für freiwillige Gerichtsbarkeit.

Fischer, Otto, und **Fischer,** Norbert, **Grundbuchordnung für das Deutsche Reich** nebst den preußischen Ausführungsbestimmungen. Neunte, durchgearbeitete und ergänzte Auflage. Taschenformat. 322 Seiten. 1927. (Guttentagsche Sammlung Deutscher Reichsgesetze Bd. 42.)
Geb. RM. 5.—

„Eine der vortrefflichen alteingeführten Handausgaben der Guttentagschen Sammlung, bei der schon die Auflagenziffer für die Brauchbarkeit in der Praxis spricht. Nach wie vor ist das Buch ein vortrefflicher Wegweiser und Berater.“ *Juristische Wochenschrift.*

Ricks, Gerhard, **Die Grundbuchpraxis.** Ein Handbuch für den täglichen Gebrauch in Grundbuchsachen. Achte Auflage. Mit Nachtrag. Groß-Oktav. XII, 412 Seiten. 1929 . . . RM. 12.—, geb. RM. 14.—

„Das Buch hat einen Anspruch darauf, in der Praxis geradezu verschlungen zu werden. Es ist aus der täglichen Praxis heraus für die Praxis lebensfrisch und unterhaltend geschrieben.“
Mitteilg. a. d. Württemb. Notariats-Praxis.

Friedlaender, Martin, **Hypothekenbeschaffung für Wohn- und Geschäftshäuser.** Handbuch für die Praxis der Grundstückswirtschaft. Groß-Oktav. VIII, 151 Seiten. 1929 . . . . . RM. 6.—, geb. RM. 7.50

„Das Buch gibt einen außerordentlich praktischen Überblick über alle Fragen der Hypothekenbeschaffung.“ *Deutsche Sparkassen-Zeitung.*

Familienrecht, Erbrecht

Lehmann, Heinrich, **Familienrecht** des Bürgerlichen Gesetzbuches einschließlich Jugendfürsorgerecht. Oktav. XII, 352 Seiten. 1926. (Lehrbücher und Grundrisse der Rechtswissenschaft Bd. IV.)
RM. 11.—, geb. RM. 12.50

„Die Schilderung Lehmanns ist überall anregend und fesselnd. Das Werk kann allen Rechtsstudenten und Referendaren zur Anschaffung dringend empfohlen werden.“ *Der junge Rechtsgelehrte.*

Titze, Heinrich, **Familienrecht.** (BGB. IV.) 169 Seiten. Neudruck. 1924. (Sammlung Göschen Bd. 305.) . . . . Geb. RM. 1.80

Endemann, Fr., **Erbrecht.** Oktav. XII, 166 Seiten. 1923. (Lehrbücher und Grundrisse der Rechtswissenschaft Bd. V.) RM. 3.—, geb. RM. 4.50

„Dieser Leitfaden behandelt den spröden Stoff des schwierigen Erbrechts in meisterhafter, fesselnder Darstellung.“
Zeitschrift des Bundes Deutscher Justizamtmänner.

v. Blume, Wilh., **Erbrecht.** (BGB. V.)
I. Einleitung. Die Grundlagen des Erbrechts. 75 Seiten. 1913. (Sammlung Göschen Bd. 659.) . . . . Geb. RM. 1.80
II. Die Nachlaßbeteiligten. Mit 23 Figuren. 131 Seiten. 1913. (Sammlung Göschen Bd. 660.) . . . . Geb. RM. 1.80

Riesenfeld, S., **Die Erbenhaftung nach dem Bürgerlichen Gesetzbuch.** Groß-Oktav. 2 Bände. 1916 . . . . . RM. 15.—, geb. RM. 18.—
I. Band: Die Grundsätze der Haftung. XII, 461 Seiten.
II. Band: Das Inventar und die Mittel der Haftungsbeschränkung. VIII, 455 Seiten.

„Ein hervorragendes Werk, das in allen Teilen die vollständige Beherrschung des schwierigen Stoffes erkennen läßt und sich dabei durch klare und gemeinverständliche Darstellung auszeichnet.“
Sächsisches Archiv für Rechtspflege.

Aufwertung

Michaelis, Richard, **Das Aufwertungsrecht** nach den Aufwertungsgesetzen und nach allgemeinem bürgerlichem Rechte. Kommentar zu den Gesetzen vom 16. Juli 1925 über die Aufwertung von Hypotheken und anderen Ansprüchen und über die Ablösung öffentlicher Anleihen sowie systematische Darstellung des Aufwertungsrechts außerhalb dieser Gesetze. Zweite, gänzlich umgearbeitete Auflage des Kommentars zur Dritten Steuernotverordnung vom 14. Februar 1924 (Aufwertung). Mit einer Fristentabelle von H. Hoormann. Groß-Oktav. X, 516 Seiten. 1926. Mit Nachtrag 1927. (de Gruytersche Sammlung Deutscher Gesetze. Handkommentare.) . . . . Geb. RM. 16.—

„Es handelt sich um ein ganz erstklassiges Werk, das sich für jeden Aufwertungsinteressenten als unentbehrlich erweisen wird.“
Deutsche Allgemeine Zeitung.

Michaelis, Richard, Die beiden **Aufwertungsnovellen** vom 18. Juli 1930. (Hypotheken-Fälligkeits- und Verzinsungsgesetz; Grundbuchbereinigungsgesetz.) Taschenformat. VI, 202 Seiten. 1930. (Guttentagsche Sammlung Deutscher Reichsgesetze Bd. 178.) . . . . Geb. RM. 4.—

Reichsgerichtsrat Michaelis, der im „Kommentar über das Bürgerliche Gesetzbuch von Reichsgerichtsräten“ den Abschnitt „Aufwertung“ bearbeitet hat, erläutert in der gleichen autoritativen Art auch die neuen Gesetze, die die Aufwertungsgesetzgebung ändern und abschließen. Die Erläuterung der zuverlässig abgedruckten Gesetzestexte ist übersichtlich und in der Sprache leicht verständlich, wie überhaupt in ihrer ganzen Anlage, nicht zuletzt aber wegen ihres niedrigen Preises, auf die Praxis zugeschnitten.

Berliner, Ludwig, und **Pfaffenberger**, Ernst, **Aufwertung von Versicherungsansprüchen** mit Durchführungsbestimmungen.
I. Teil. Oktav. 235 Seiten. 1925. (Guttentagsche Sammlung Deutscher Reichsgesetze Bd. 164.) . . . . Geb. RM. 6.50
II. Teil: Sach- und Transportversicherung; Unfall- und Haftpflichtversicherung. Oktav. 112 Seiten. 1926. Mit Nachtrag. (Guttentagsche Sammlung Deutscher Reichsgesetze Bd. 164a.) . . Geb. RM. 3.50

„Eine ganz ausgezeichnete, wohldurchdachte Darstellung und Erläuterung des Aufwertungsrechtes des gesamten Versicherungswesens, eine unentbehrliche Ergänzung zu jedem Gesamtkommentar über das Aufwertungsgesetz.“
Zentralblatt für Handelsrecht.

2. Handelsrecht

v. Gierke, Jul., **Handelsrecht und Schiffahrtsrecht.** Dritte, ergänzte Auflage. Groß-Oktav. XIV, 744 Seiten. 1929. (Lehrbücher und Grundrisse der Rechtswissenschaft Bd. VI.) RM. 21.—, geb. RM. 22.50

„... ein außerordentlich hochstehendes, immer den neuesten Stand der Lehre und der Rechtsprechung widerspiegelndes Lehrbuch des Handelsrechts im weitesten Sinn." *Der junge Rechtsgelehrte.*

v. **Gierke**, Jul., **Handelsgesetzbuch** nebst Wechselordnung und Scheckgesetz. Mit systematischen Paragraphenüberschriften und ausführlichem Sachregister. Oktav. VIII, 295 Seiten. 1931. (Lehrausgaben Deutscher Gesetze, Bd. IV.) . . . . Geb. RM. 5.—

Nicht nur dem Lernenden, auch dem Kaufmann, der ohne ermüdende Durcharbeitung des ganzen Gesetzwerkes seine wesentlichen Bestimmungen schnell und sicher kennenlernen und von Fall zu Fall nachlesen will, wird diese Lehrausgabe willkommen sein.

Lehmann, K., und **Hoeniger**, H., **Lehrbuch des Handelsrechts.** Dritte Auflage. Erster Halbband, enthaltend die Lehre vom Handelsstand und von den Handelsgesellschaften. Groß-Oktav. 432 Seiten. 1921 RM. 10.—

Ein großangelegtes Lehrbuch des Handels- und Schiffahrtsrechts.

Lehmann, K., und **Hoeniger**, H., **Deutsches Handelsrecht.**

I. Einleitung. Der Kaufmann und seine Hilfspersonen. Offene Handelsgesellschaft, Kommandit- und stille Gesellschaft. 117 Seiten. 1921. (Sammlung Göschen Bd. 457.) . . . . Geb. RM. 1.80

II. Aktiengesellschaften, Gesellschaften mit beschränkter Haftung, eingetragene Genossenschaften. Handelsgeschäft, 126 Seiten. 1924. (Sammlung Göschen Bd. 458.) . . . . Geb. RM. 1.80

Hein, Joh., **Die Zusammenhänge zwischen Steuerrecht und Handelsrecht und ihre Entwicklung**, untersucht an dem Gewinn und an der Bewertung. Eine bilanzrechtliche und bilanzkritische Darstellung mit praktischen Beispielen. Groß-Oktav. X, 280 Seiten. 1928. RM. 10.—, geb. RM. 12.—

„Das Buch führt in klarer Gestaltung in die Probleme des Bilanzrechts ein. Eine übersichtliche Gliederung ermöglicht eine schnelle und doch gründliche Einführung. Darüber hinaus stellt das Buch eine wesentliche Förderung für die dringend notwendige wissenschaftliche Behandlung des Steuerbilanzrechts und seiner Zusammenhänge mit den verwandten Rechtsmaterien dar." *Zeitschrift für Handelsrecht.*

Staubs Kommentar zum Handelsgesetzbuch. Zwölfte und dreizehnte Auflage. Bearbeitet von Heinrich Koenige, Albert Pinner, Felix Bondi. Vier Bände und ein Registerband. Groß-Oktav. 4000 Seiten. 1927 . . . . Zusammen RM. 157.—, in Halbleder RM. 183.60

Ein Nachtrag, der in ausführlicher Kommentierung die neuen Bestimmungen der Verordnung über das Aktienrecht vom 19. IX. 31 und die dadurch hervorgerufenen Änderungen des HGB. enthält, erscheint im November 1931.

Mosse, Albert, und **Heymann**, Ernst, **Handelsgesetzbuch** (ohne Seerecht). Mit den ergänzenden Vorschriften des Bürgerlichen Gesetzbuchs und einem Anhang, enthaltend das Einführungsgesetz, das Depotgesetz, die Bestimmungen über Börsentermin- und Differenzgeschäfte u. a. Nebst Erläuterungen. Im Anschluß an die Textausgabe von F. Litthauer. Siebzehnte Auflage. Unter Mitwirkung von Karl August Crisolli. Oktav. VIII, 693 Seiten. 1926 (Guttentagsche Sammlung Deutscher Reichsgesetze Bd. 4.) . . . . Geb. RM. 14.—

Diese Ausgabe wurde durch Nachträge ergänzt.

„Die Litthauer-Mossesche Ausgabe des Handelsgesetzbuches hat bei allen Praktikern seit langem den wohlbegründeten Ruf größter Zuverlässigkeit und übersichtlicher Anordnung, die mit möglichster Knappheit des Ausdrucks gepaart sind. Das Buch ist ein zuverlässiger Führer durch das immer schwieriger werdende Gebiet des Handelsrechts." *Vossische Zeitung.*

Handelsgesetzbuch nebst Einführungsgesetz vom 10. Mai 1897, unter

Berücksichtigung der bis 15. Juni 1930 ergangenen Novellen. Textausgabe mit Sachregister. Zwölfte Auflage. 370 Seiten. 1930. (Guttentagsche Sammlung von Textausgaben ohne Anmerkungen mit Sachregister.) . . . . Geb. RM. 3.50
Diese Ausgabe wurde durch einen Nachtrag ergänzt.

Baum, G., **Das vertragliche Wettbewerbsverbot** (Konkurrenzklausel). Nebst Kommentar zum Gesetze vom 10. Juni 1914. Taschenformat. XII, 231 Seiten. 1914. (Guttentagsche Sammlung Deutscher Reichsgesetze Bd. 115.) . . . . Geb. RM. 3.—

Gesellschaften

Brodmann, Erich, **Aktienrecht**. Kommentar. Groß-Oktav. XII, 580 Seiten. 1928. (Gewerbe- und Industrie-Kommentar Bd. IV.) RM. 28.—, geb. RM. 30.—
„Mit unvergleichlichem Geschick hat der Verfasser Großartiges geleistet — Brodmann ist Trumpf!" Zeitschrift für Aktiengesellschaften.

Brodmann, Erich, **Die Sanierung unseres Aktienwesens**. Groß-Oktav. 46 Seiten. 1931 . . . . RM. 3.—

Entwurf eines Gesetzes über Aktiengesellschaften und Kommanditgesellschaften auf Aktien sowie Entwurf eines Einführungsgesetzes nebst erläuternden Bemerkungen. Veröffentlicht durch das **Reichsjustizministerium**. Lexikon-Oktav. 132 Seiten. 1930 . . . . . . RM. 3.—

Pinner, Albert, **Aktiennovelle und Bankenaufsicht**. Verordnung vom 19. 9. 1931. Textausgabe mit Einführung in die Aktiennovelle. Taschenformat. 101 Seiten. 1931. (Guttentagsche Sammlung Deutscher Reichsgesetze Bd. 179.) . . . . Geb. RM. 1.80
Das erste eindringliche und zuverlässige Orientierungsbuch über die Neuregelung des Aktienwesens führt schnell in die wichtigen Hauptfragen ein. Der Herausgeber ist als hervorragender Kenner des Aktienrechts und Mitarbeiter an Staubs berühmtem HGB.-Kommentar der Fachwelt bekannt.

Hachenburg, Max, **Kommentar zum Gesetz, betr. die Gesellschaften mit beschränkter Haftung**. (Früher **Staub-Hachenburg**.) Fünfte Auflage unter Mitarbeit von Fritz Bing und Walter Schmidt. 2 Bände . . . . RM. 43.—, geb. RM. 47.—
I. Band: §§ 1—34. Groß-Oktav. VI, 527 Seiten. 1926.
II. Band: §§ 35—84. Groß-Oktav. II, 452 Seiten. 1927.
„Was Hachenburg in seinen Neubearbeitungen aus diesem Buche gemacht hat, ist erstaunlich. Sein reiches juristisches Wissen, sein überlegener und kritischer Verstand, seine vorzügliche Gestaltungskraft und seine nur wenigen Juristen eigene vielseitige Auslegungskunst haben etwas Großes, Unvergleichliches geschaffen. Man findet selten ein literarisches Werk, in welchem Rechtsgelehrsamkeit und praktisches Können vereint einem Spezialgesetz so zugute kamen wie hier."
Zeitschrift für Aktiengesellschaften.

Brodmann, Erich, **Gesetz, betr. die Gesellschaften mit beschränkter Haftung**. Kommentar. Zweite Auflage. Groß-Oktav. VIII, 304 Seiten. 1930. (Gewerbe- und Industrie-Kommentar Bd. I.) RM. 16.—, geb. RM. 18.—

Parisius, Ludolf, und **Crüger**, Hans, **Das Reichsgesetz, betr. die Gesellschaften mit beschränkter Haftung**. Textausgabe mit Anmerkungen und Sachregister. Achtzehnte Auflage, bearbeitet von Adolf Crecelius und Fritz Citron. Taschenformat. 244 Seiten. 1929. (Guttentagsche Sammlung Deutscher Reichsgesetze Bd. 32.) Geb. RM. 3.50
„Die äußerst sachkundig erläuterte Ausgabe wird von den interessierten Kreisen freudig begrüßt werden. Wir können das Bändchen der bekannten Sammlung bestens empfehlen."
Badische Wirtschafts-Zeitung.

Starke, Arthur, **Offene Handelsgesellschaften, Kommanditgesellschaften und stille Gesellschaften** von der Errichtung bis zur Auflösung. Nebst Vertrags- und Anmeldeformularen und mit Berücksichtigung des Steuerrechts. Oktav. XIV, 167 Seiten. 1928 . . . . RM. 5.—
Eine systematische Darstellung für Studium und Praxis.

Wechselordnung und Scheckrecht

Staubs Kommentar zur Wechselordnung. Fortgesetzt von J. Stranz und M. Stranz. Zwölfte Auflage, bearbeitet von M. Stranz und Martin Stranz. Groß-Oktav. 432 Seiten. 1929.
RM. 16.—, geb. RM. 18.—
„Staub-Stranz ist der Kommentar zur Wechselordnung. Auch die jüngste Auflage des Kommentars gibt einen echten Staub-Stranz. Weiterer Kommentar dazu ist überflüssig." Juristische Wochenschrift.

Stranz, J., und **Stranz,** M., **Wechselordnung** in der Fassung der Bekanntmachung vom 3. Juni 1908. Kommentar. Dreizehnte, der Neubearbeitung sechste Auflage. Taschenformat. 419 Seiten. 1930. (Guttentagsche Sammlung Deutscher Reichsgesetze Bd. 5.)
Geb. RM. 7.—
Diese Ausgabe enthält nicht etwa nur Hinweise und kurze Erläuterungen, sondern ist ihrer ganzen Anlage nach ein verkürzter Kommentar; außer der Wechselordnung bringt sie auch die bekannten Nebengesetze: sie umfaßt also das gesamte Wechselrecht.

Wechselordnung in der Fassung der Bekanntmachung vom 3. Juni 1908 (RGBl. S. 326ff.). Mit einem Anhang, enthaltend den Wechselprozeß und Nebengesetze. Textausgabe mit Einleitung und Sachregister. Taschenformat. 102 Seiten. 1928. (Guttentagsche Sammlung von Textausgaben ohne Anmerkungen.) . . . . Geb. RM. 1.50
Vorteilhafte Anordnung, ein zuverlässiges Sachregister, das das Gesetz erschließt, Handlichkeit und sauberer Druck zeichnen auch die neue Auflage der Wechselordnung aus, deren Einleitung den letzten Stand dieser Materie erfaßt und deren Anhang „Nebengesetze" bis auf die letzte Zeit ergänzt ist.

Michaelis, Richard, **Scheckgesetz** mit allen einschlägigen Nebengesetzen, den ausländischen Gesetzen und dem Deutschen Postscheckgesetz mit Postscheckordnung. Kommentar. Groß-Oktav. VII, 339 Seiten. 1927. (Gewerbe- und Industrie-Kommentar Bd. II.) RM. 16.—, geb. RM. 18.—
„Wenn irgendein Buch, so entspricht dieses einem Bedürfnis."
Berliner Tageblatt.

Der Eigentumsvorbehalt in Wirtschaft und Recht. Herausgegeben von der Industrie- und Handelskammer zu Berlin. Oktav. 280 Seiten. 1931 . . . . RM. 4.—, geb. RM. 5.—
Die Industrie- und Handelskammer zu Berlin bringt in diesem Buche zum Thema „Kreditsicherung durch Eigentumsvorbehalt" eine geschlossene Reihe von Kapiteln erster Autoritäten bei, in denen diese zum Eigentumsvorbehalt von allen Gesichtspunkten (z.B. seiner Bedeutung in der Industrie, im Großhandel, im Einzelhandel, im Bankverkehr, im internationalen Verkehr, im Konkursverfahren, im Steuerrecht, im Strafrecht, seiner zweckmäßigsten Formulierung usw.) ausführlich Stellung nehmen. Seiner Zweckbestimmung nach ist dieses Buch gleicherweise nach der praktischen wie nach der wissenschaftlichen Seite hin orientiert.

Schiffahrtsrecht

Schaps, Georg, **Das deutsche Seerecht.** Kommentar zum vierten Buche des Handelsgesetzbuches (als Ergänzung zu Staub's Kommentar) nebst Erläuterungen zu den seerechtlichen Nebengesetzen. Zweite, vollständig umgearbeitete Auflage herausgegeben von Max Mittelstein † und Julius Sebba.

I. Band. (Handelsgesetzbuch: Viertes Buch.) Groß-Oktav. VIII, 1041 Seiten. 1921 . . . . RM. 25.—; geb. RM. 28.—
II. Band. (Seerechtliche Nebengesetze mit Nachtrag zur Ergänzung des I. Bandes nach dem Stand von 1929.) Bearbeitet von J. Sebba. XVI, 1108 Seiten. 1929 . . . . RM. 52.—, geb. RM. 55.—

„Die alte, auf der Staubschen Kommentierungsmethode beruhende Auflage erfreute sich mit Recht schon großen Ansehens. In diesen bewährten Bahnen leistet die zweite Auflage an Vollständigkeit, Übersichtlichkeit und Genauigkeit das Höchste, was Wissenschaft und Praxis nur wünschen können." Juristische Wochenschrift.

Brandis, Otto, **Das deutsche Seerecht** (mit Ausschluß des Seeversicherungsrechts.) I. Allgem. Lehren: Personen und Sachen des Seerechts. 130 Seiten. 1908. II. Die einzelnen seerechtlichen Schuldverhältnisse: Verträge des Seerechts und außervertragliche Haftung. 156 Seiten. 1908. (Sammlung Göschen Bd. 386/87.) . . . . . Geb. je RM. 1.80

Knitschky-Rudorff, Seegesetzgebung. 6. Auflage von J. Sebba. Im Druck.

Sieveking, Gustav, **Das deutsche Seeversicherungsrecht.** Kommentar zum zehnten Abschnitt des vierten Buches des Handelsgesetzbuches. Lexikon-Oktav. 218 Seiten. 1912 . . . . RM. 5.—, geb. RM. 6.80

Allgemeine Deutsche Seeversicherungs-Bedingungen. Im Jahre 1919 herausgegeben von den deutschen Seeversicherern nach Beratung mit deutschen Handelskammern und Fachverbänden unter Vorsitz der Handelskammer Hamburg. 16.—20. Tausend. 50 Seiten. 1925 . RM. 2.—

General Rules of Marine. Insurance 1919 adopted by the German Underwriters. Authorised Translation by Dr. Alfred Sieveking, larger in Hamburg. 64 Seiten. 1920 . . . . RM. 3.—

Materialien zu den Allgemeinen Deutschen Seeversicherungs-Bedingungen. Im Auftrag der vereinigten Handelskammern herausgegeben von Prof. Dr. E. Bruck. Groß-Oktav. 2 Bände. 678 Seiten. 1920 . . RM. 10.—

v. **Liebig**, Eugen, **Die Transportversicherung.** Teil I: Die Seeversicherung. Systematische Darstellung des Seeversicherungswesens. Groß-Oktav. VIII, 226 Seiten. 1914 . . . . RM. 5.—

Bene, F., **Der Begriff des Versicherungsfalles in der Seeversicherung.** (Hamburger Rechtsstudien, herausgegeben von Mitgliedern der Rechts- und Staatswissenschaftlichen Fakultät der Hamburgischen Universität, Heft 1.) Groß-Oktav. 75 Seiten. 1928 . . . . RM. 4.50

Elkan, H. H., **Die Bedeutung des Interesses für die Veräußerung der versicherten Sache.** (Hamburger Rechtsstudien, herausgegeben von Mitgliedern der Rechts- und Staatswissenschaftlichen Fakultät der Hamburgischen Universität, Heft 2.) Oktav. 58 Seiten. 1928 . . RM. 4.—

Makower, H., **Gesetze, betreffend die privatrechtlichen Verhältnisse der Binnenschiffahrt und der Flößerei.** Nach den Materialien erläutert. Sechste, vermehrte Auflage, bearbeitet von E. Loewe. Taschenformat. 458 Seiten. 1923. (Guttentagsche Sammlung Deutscher Reichsgesetze Bd. 36.) . . . . Geb. RM. 4.—

„Das vorzüglich bearbeitete Buch dürfte mit seinen klaren und verständlichen Erläuterungen für jeden, der in irgendeiner Weise mit der Binnenschiffahrt und der Flößerei zu tun hat, ein nie versagender Ratgeber sein." Schiffbau.

Sebba, Jul., **Seewasserstraßenordnung.** (Polizeiverordnung zur Regelung des Verkehrs auf den deutschen Seewasserstraßen vom 31. März 1927.) Mit Nachtrag, enthaltend die Änderungen vom 31. März 1928 und vom 20. März 1930. Taschenformat. 493 Seiten. 1928. (Guttentagsche Sammlung Deutscher Reichsgesetze Nr. 171.) . . Geb. RM. 8.50

Die vorliegende Ausgabe ist für die an dem neuen Gesetz interessierten beiden Fachgruppen, die der Nautiker und der Juristen, von gleich großer Bedeutung. Diese Verbindung zweier Kenntnisgebiete gibt dem vorliegenden Kommentar seine besondere Note und seinen großen Wert.

Genossenschaften

Parisius, Ludolf, **Crüger,** Hans, **Crecelius,** Adolf, und **Citron,** Fritz, **Reichsgesetz, betreffend die Erwerbs- und Wirtschaftsgenossenschaften.** Kommentar zum praktischen Gebrauch für Juristen und Genossenschaften. Elfte, neubearbeitete Auflage. Groß-Oktav. XV, 598 Seiten. 1928 . . . . RM. 28.—, geb. RM. 30.—

„Crüger beherrscht wie kein anderer Theorie und Praxis des Genossenschaftswesens, auch nach der wissenschaftlichen Seite hin.“
Juristische Wochenschrift.

Parisius, Ludolf, und **Crüger,** Hans, **Das Reichsgesetz, betreffend die Erwerbs- und Wirtschaftsgenossenschaften.** Textausgabe mit Anmerkungen und Sachregister. Zwanzigste, neubearbeitete und erweiterte Auflage von Hans Crüger, Adolf Crecelius und Fritz Citron. Taschenformat. 297 Seiten 1930. (Guttentagsche Sammlung Deutscher Reichsgesetze Bd. 29.) . . . . Geb. RM. 4.—

„In knapper und klarer Form werden die gesetzlichen Bestimmungen abgehandelt und alles zum Verständnis unbedingt Erforderliche in den Anmerkungen beigebracht. Das Werk kann nur empfohlen werden.“ Ministerialblatt f. d. Preuß. innere Verwaltung.

Verschiedenes

Schreiber, Otto, **Handelsrechtliche Nebengesetze.** Taschenformat. VIII, 1002 Seiten. 1926. (Guttentagsche Sammlung Deutscher Reichsgesetze Bd. 162.) . . . . Geb. RM. 14.—

„Die Sammlung ist ein unentbehrliches Hilfsmittel für den Praktiker. Die Zusammenstellung ist sehr zuverlässig; auch das Sachregister von Kleffel verdient volle Anerkennung.“
Zentralblatt für Handelsrecht.

Staffel, W., Verordnung gegen Mißbrauch wirtschaftlicher Machtstellungen vom 2. November 1923. Kommentar. Oktav. 108 Seiten. 1927. (Guttentagsche Sammlung Deutscher Reichsgesetze Bd. 167.) Geb. RM. 3.50

„Die für das Wirtschaftsrecht so wichtige Kartellverordnung findet hier eine eingehende Kommentierung. Die Erläuterungen werden daher um so unentbehrlicher für die wirtschaftliche Praxis auf diesem Gebiete sein.“ Industrie- und Handelszeitung.

Lusensky, F., Gesetz über die Handelskammern. Taschenformat. (Guttentagsche Sammlung Preußischer Gesetze Bd. 21.)
Neue Auflage in Vorbereitung.

Göppert-Seydel, Hypothekenbankgesetz vom 13. Juli 1899 (mit den Änderungen durch die Gesetze vom 14. Juli 1923, vom 26. Januar 1926 und 21. Dezember 1927). Textausgabe mit Einleitung, Anmerkungen und Sachregister. Dritte Auflage bearbeitet von Dr. **Martin Friedlaender.** Taschenformat. VIII, 202 Seiten. 1929. (Guttentagsche Sammlung Deutscher Reichsgesetze Nr. 51.) . . . . . Geb. RM. 5.—

Die vorliegende Auflage des bekannten „Göppert-Seydel“ ist den veränderten Verhältnissen entsprechend vollkommen umgearbeitet worden; sie berücksichtigt sowohl die nach dem Kriege erfolgten Änderungen und Ergänzungen des Gesetzes und des Aufwertungsrechtes wie auch die Judikatur und das Schrifttum bis auf die letzte Zeit. Damit kommen die Vorzüge des „Göppert-Seydel“ der Praxis und Wissenschaft wieder in ihrem ganzen Umfange zugute.

Behlert, Heinz, **Der Konnossement-Teilschein.** Groß-Oktav. 79 Seiten. 1930.
(Hamburger Rechtsstudien, Heft 5.) **RM. 5.—**
Die Schrift löst die Frage, ob ein Konnossement-Teilschein dem Konnossement gleichzusetzen ist, unter Zugrundelegung der Hamburger Verhältnisse und unter Berücksichtigung der Rechtsprechung, der Lehre und des ausländischen Rechtes.

Lion, Robert, **Reine Konnossemente gegen Revers.** Groß-Oktav. 78 Seiten. 1930.
(Hamburger Rechtsstudien, Heft 7.) **RM. 5.—**
Die Abhandlung beginnt mit einer ausführlichen Darstellung der Entwicklung, Anwendung und Funktion des Konnossementsreverses. Es folgt eine Untersuchung der rechtlichen Probleme, die sich bemüht, die wirtschaftlichen Interessen aller Beteiligten gegeneinander abzuwägen; eine eingehende Übersicht über die Rechtsprechung ist mit ihr verbunden. Den Abschluß bildet eine Darstellung und Würdigung der zahlreichen Reformvorschläge. Wirtschaft und Recht des Auslandes sind in weitestgehendem Umfange berücksichtigt.

Bank und Börse

Koch, R., und **Schacht,** Hjalmar, **Die Reichsgesetzgebung über das Münz- und Notenbankwesen.** Textausgabe mit Anmerkungen und Sachregister. Siebente, völlig neubearbeitete Auflage. Taschenformat. XVIII, 617 Seiten. 1925. (Guttentagsche Sammlung Deutscher Reichsgesetze Bd. 26.) . . . . Geb. RM. 14.—
„Dieser Kommentar zeichnet sich durch Vollständigkeit und Reichhaltigkeit aus und bietet außerdem in der Einleitung einen vortrefflichen Überblick über die Entwicklung des deutschen Noten- und Geldwesens während der letzten Jahrzehnte."
Monatsschrift für Handelsrecht und Bankwesen.

Nußbaum, Arthur, **Bank- und Börsenrecht.** Eine Sammlung von Gesetzen und Geschäftsbedingungen. Taschenformat. XII, 622 Seiten. 1927. (Guttentagsche Sammlung Deutscher Reichsgesetze Bd. 169)
Geb. RM. 11.—
Die vorliegende Sammlung der verstreuten bank- und börsenrechtlichen Vorschriften fehlte bisher in der kaufmännischen und juristischen Bankpraxis ebenso wie im handelsrechtlichen und betriebswirtschaftlichen Unterricht. Ihr Erscheinen wurde daher vielseitig begrüßt. Die Sammlung berücksichtigt auch die dem freien Verkehr entstammenden Rechtsbildungen.

Kommentar zum Börsengesetz. Im Auftrage des Centralverbandes des Deutschen Bank- und Bankiergewerbes (E. V.) bearbeitet von H. Rehm, H. Trumpler, Heinrich Dove, Ernst Neukamp, R. Schmidt-Ernsthausen, James Breit. Mit einem Vorwort von J. Rießer. Lexikon-Oktav. VIII, 464 Seiten. 1909.
RM. 12.—, geb. RM. 13.50
„Einen so guten Kommentar zum Börsengesetz hat es noch nie gegeben. Wer sich darein vertieft, wird reiche Belehrung daraus schöpfen über das Börsenwesen im allgemeinen und über seine Rechtsübung und Rechtsprechung im besonderen."
Sächsisches Archiv für Rechtspflege.

Hemptenmacher, Th., **Börsengesetz.** Dritte Auflage von O. Meyer. Taschenformat. XXIII, 373 Seiten. 1915. (Guttentagsche Sammlung Deutscher Reichsgesetze Bd. 41.) . . . . Geb. RM. 3.50
„Das Bändchen bringt neben einem kurzen Überblick und einem vorteilhaft erweiterten Anhang das Börsengesetz nebst Ausführungsbestimmungen." *Bayrische Handelszeitung.*

Lusensky, F., Gesetz, betreffend die Pflichten der Kaufleute bei Aufbewahrung fremder Wertpapiere (Depotgesetz). Neue Auflage in Bearbeitung. (Guttentagsche Sammlung Deutscher Reichsgesetze Bd. 40.)
„Die beste Bearbeitung des sogenannten Depotgesetzes."
Zeitschrift für Aktiengesellschaften.

Frohner, G., Aktiensonderdepot und Legitimationsübertragung. (Hamburger Rechtsstudien, herausgegeben von Mitgliedern der Rechts- und Staatswissenschaftlichen Fakultät der Hamburgischen Universität, Heft 3.) Groß-Oktav. VII, 114 Seiten. 1929 . . . . RM. 7.—

Schwerin, Frh. Cl. von, Recht der Wertpapiere (einschließlich Wechsel- und Scheckverkehr). Oktav. X, 234 Seiten. 1924. (Lehrbücher und Grundrisse der Rechtswissenschaft Bd. 7.) RM. 7.—, geb. RM. 8.50
„Das Buch löst seine Aufgabe, den Studierenden eine Einführung in die Materie des Wertpapierrechts zu geben, ausgezeichnet, vor allem deshalb, weil es eine gute theoretische Fundierung mit einer dem Lehrzweck entsprechenden Darstellung des praktischen Rechts und der Rechtstatsachen verbindet." *Deutsche Juristenzeitung.*

Zeitgemäße Bankrechtsfragen. Festgabe der Rechtsabteilung der Disconto-Gesellschaft zum 70. Geburtstage des Herrn Dr. jur. Arthur Salomonsohn. Quart. 126 Seiten. 1929 . . . RM. 8.—, geb. RM. 10.—
„Der Band enthält 8 vorzügliche Aufsätze. Die Verfasser befassen sich mit Problemen, die in der Rechtsabteilung einer Großbank oft zur Debatte stehen und deren endgültige Klärung ein praktisches Bedürfnis ist." *Wirtschaftl. Nachrichten.*

Verhandlungen des VII. allgemeinen deutschen Bankiertages. Köln 9.—11. September 1928 auf Grund stenographischer Berichte. Groß-Oktav. 436 Seiten. 1928 . . . . RM. 10.—

III. Grenzgebiete des Bürgerlichen Rechts

1. Privat- und Sozialversicherung

Koenige, Heinrich, und Petersen, A., Gesetz über die privaten Versicherungsunternehmungen vom 12. Mai 1901. Textausgabe mit Anmerkungen und Sachregister. Dritte, umgearbeitete Auflage. Taschenformat. 856 Seiten. 1927. (Guttentagsche Sammlung Deutscher Reichsgesetze Bd. 62.) . . . . Geb. RM. 20.—
„Der Verfasser hat es meisterhaft verstanden, reiche Literatur und Judikatur zu dem wichtigen Grundgesetz der Privatversicherung mit seiner eigenen selbständigen Auffassung von der Bedeutung der Gesetzesbestimmungen in Verbindung zu bringen. Für Theorie und Praxis der Privatversicherung wird das Werk dadurch zu einem unentbehrlichen Hilfsmittel." *Deutsche Versicherten-Zeitung.*

Koenige, Heinrich, Petersen, A. und Wirth, K., Gesetz über die Beaufsichtigung der privaten Versicherungsunternehmungen und Bausparkassen vom 6. Juni 1931. Textausgabe, enthaltend den vollständigen, geltenden Gesetzestext sowie Erläuterungen zu den neuen, auf dem Gesetz vom 30. März 1931 beruhenden Vorschriften. Nachtrag zu Koenige-Petersen, Private Versicherungsunternehmungen, dritte Auflage (Bd. 62 der Sammlung). Taschenformat. 238 Seiten. 1931. (Guttentagsche Sammlung Deutscher Reichsgesetze Bd. 62a.) . . . . Geb. RM. 6.—

Die vorliegende Ausgabe enthält den vollständigen Gesetzestext, nicht nur die geänderten und zugefügten Paragraphen. Sie erläutert jedoch nur die in der Neuschöpfung des Gesetzes geänderten Bestimmungen, während hinsichtlich der unverändert gebliebenen gesetzlichen Vorschriften auf den Kommentar von Koenige-Petersen verwiesen wird.

Bruck, E., Reichsgesetz über den Versicherungsvertrag nebst dem zugehörigen Einführungsgesetz vom 30. Mai 1908. Sechste, vollkommen neubearbeitete Auflage. Taschenformat. 708 Seiten. 1929. (Guttentagsche Sammlung Deutscher Reichsgesetze Bd. 83.) Geb. RM. 14.—

„... Obwohl ich mit dem Worte „unentbehrlich" sparsam umgehe, muß ich anerkennen, daß niemand, der in irgendwelcher Art mit Versicherungsgeschäften zu tun hat, den Bruck'schen Kommentar entbehren könnte." Reichsgerichtsrat Schliewen i. d. Jurist. Rundschau.

Moldenhauer, Paul, Das Versicherungswesen.
I. Allgemeine Versicherungslehre. Vierte Auflage. 152 Seiten. 1925. (Sammlung Göschen Bd. 262.) . . . . Geb. RM. 1.80
II. Die einzelnen Versicherungszweige. Zweite Auflage. 130 Seiten. 1923. (Sammlung Göschen Bd. 636.) . . . . Geb. RM. 1.80

„Das Buch ist für jeden, der sich mit dem Versicherungswesen und seinen Zweigen vertraut machen will, ein trefflicher Führer."
Versicherungspost.

Die Entwicklung des privaten Versicherungswesens in dem Jahrfünft 1902—1906. Groß-Oktav. 53 Seiten. Mit 3 Tafeln. 1909. RM. 2.—
— in dem Jahrfünft 1907—1911. Groß-Oktav. 61 Seiten. 1912. RM. 2.50

Veröffentlichungen des Reichs-Aufsichtsamts für Privatversicherung. Groß-Oktav. 29. Jahrgang. Pro Band RM. 40.—, bis RM. 50.—

Gesamtregister zu den Veröffentlichungen des Reichs-Aufsichtsamts für Privatversicherung. 1912—26. 184 Seiten. 1928 . . . . RM. 14.—

Versicherungsstatistik für 1902 über die unter Reichsaufsicht stehenden Unternehmungen. Herausgegeben vom Reichsaufsichtsamt für Privatversicherung. Lexikon-Oktav. LXXVII, 384 Seiten. 1905. RM. 10.—
— für 1903 bis 1917 . . . . Je Jahrgang RM. 10.—
— für 1928 bis 1929. 1930 . . . . RM. 24.—
— für 1930. 1931 . . . . RM. 13.—

v. Liebig, Eugen, Das deutsche Feuerversicherungswesen. Groß-Oktav. 211 Seiten. 1911 . . . . RM. 5.—

„In einer außerordentlich klaren Darstellung gibt der Verfasser einen geschichtlichen Überblick von den Gilden an bis zum gegenwärtigen Stand der Feuerversicherung in Deutschland. Das Buch ist in so flüssiger, schöner Sprache geschrieben, daß auch der Anfänger und selbst der Laie durch die fesselnde Darstellung leicht einen tiefen Einblick in das Wesen der Feuerversicherung gewinnen wird." Archiv für Versicherungswirtschaft.

Weygand, J., Die Grundzüge der Kundenversicherung. (Generalversicherung der Speditions- und Lagergüter.) Mit einer Einleitung über das Interesse als Element der Sachversicherung. Groß-Oktav. 162 Seiten. 1914 . . . . RM. 4.—

„Das interessante Werk bietet namentlich für Juristen wertvolle Hinweise zur Rechtsbehandlung der Kundenversicherungsfrage."
Archiv für Gewerbepolitik und Volkswirtschaft.

Berliner, Ludwig, und Pfaffenberger, Ernst, Aufwertung von Versicherungsansprüchen mit Durchführungsbestimmungen.
I. Teil. Oktav. 235 Seiten. 1926. Mit Nachtrag. (Guttentagsche Sammlung Deutscher Reichsgesetze Bd. 164.) . . . . Geb. RM. 6.50
II. Teil: Sach- und Transportversicherung; Unfall- und Haftpflichtversicherung. Oktav. 112 Seiten. 1926. (Guttentagsche Sammlung Deutscher Reichsgesetze Bd. 164a.) . . . . Geb. RM. 3.50

„Ein bedeutsamer Kommentar, durch den die gesetzlichen Bestimmungen von der juristischen und versicherungstechnischen Seite aus

eingehend erläutert werden. In seinem straffen, systematischen Aufbau, der Geschlossenheit der Darstellung muß man das Buch als ein Standardwerk für das gesamte versicherungsrechtliche Aufwertungsgebiet bezeichnen.

Ein unentbehrlicher Ratgeber in allen interessierten Kreisen."

Versicherungs-Post, Berlin.

Tsirintanis, Alexander, **Die Order-Polize.** Groß-Oktav. 95 Seiten. 1930. (Hamburger Rechtsstudien, Heft 6.) RM. 6.—

Der Verfasser behandelt die Frage, inwieweit das Versicherungsrecht, um den heutigen Verkehrsbedürfnissen zu entsprechen, die Orderklausel und das Indossament verwerten kann. Nach einer Darstellung und kritischen Würdigung der Ergebnisse aus der Anorderstellung des Versicherungsscheins in anderen Ländern, insbesondere in Frankreich, versucht der Verfasser die rechtlichen und wirtschaftlichen Folgen aus der Ausstellung von Order-Polizen darzulegen. In einem besonderen Teil wird die Order-Polize mit anderen, auf denselben wirtschaftlichen Erfolg gerichteten Rechtsinstituten, namentlich der Versicherung für Rechnung wen es angeht, verglichen und die vorhandenen Unterschiede gestreift.

Lippmann, Karl, **Die Reichsversicherungsordnung** in der Fassung der Bekanntmachung vom 15. Dezember 1924 und des Gesetzes über das Reichsschiedsamt vom 22. Januar 1925 nebst dem Einführungsgesetze, den wichtigsten Ausführungsvorschriften, den ergänzenden Gesetzen und Verordnungen sowie den Verordnungen über das Verfahren. Oktav. Guttentagsche Sammlung Deutscher Reichsgesetze Bd. 161.) 2. Aufl. im Druck.

Reuß, Max, und **Hense,** Fritz. **Das Reichsknappschaftsgesetz** vom 1. Juli 1926 nebst Einführungsgesetz. 2. Aufl. Taschenformat. XVI, 640 Seiten. 1926. (Guttentagsche Sammlung Deutscher Reichsgesetze Bd. 155.) . . . . Geb. RM. 12.—

„Die Herausgabe des Gesetzes bedarf keiner besonderen Empfehlung. Das Buch kann allen, die auf dem Gebiete des Knappschaftswesens tätig sind, aufs wärmste empfohlen werden."

Zeitschrift für Bergrecht.

Embden, Helmuth, **Versicherung für Rechnung wen es angeht.** Groß-Oktav. VIII, 39 Seiten. 1930 . . . . RM. 3.— (Hamburger Rechtsstudien, Heft 8.)

Im ersten Teil wird der versicherungsrechtliche Interessenbegriff im streng individualistischen Sinne präzisiert. Im Hauptteil versucht dann der Verfasser, die universelle Vertragsform der Versicherung für Rechnung wen es angeht in Einklang mit einer so engen Auffassung des Interessenbegriffs zu bringen.

Angestelltenversicherungsgesetz vom 28. Mai 1924. Zweite Auflage. Taschenformat. 143 Seiten. 1927. Mit Nachtrag. (Guttentagsche Sammlung Deutscher Reichsgesetze. Textausgaben ohne Anmerkungen.) Geb. RM. 2.50

Manes, Alfred, **Sozialversicherung.** 7., ergänzte Aufl. 1928. Kl.-Oktav. 139 Seiten. (Sammlung Göschen Bd. 267.) . . . . Geb. RM. 1.80

„Es gibt keine andere Darstellung der geltenden Sozialversicherung, die in solch erfreulicher Kürze und Sachlichkeit durch die annähernd 2400 Paragraphen führt."

Hanseatische Rechts- und Gerichts-Zeitschrift.

Schmeißer, Herbert, **Das Gesetz über Arbeitsvermittlung und Arbeitslosenversicherung** in der Fassung der Notverordnung vom 1. Dezember 1930. 2 Bände. Taschenformat. Band I: XVI, 639 Seiten. 1931. Band II erscheint voraussichtlich im Winter 1931. (Guttentagsche Sammlung Deutscher Reichsgesetze Bd. 165.) . . . . Geb. RM. 15.—

Der bekannte Verfasser bringt mit diesem Werk einen Kommentar zum gesamten Arbeitsvermittlungs- und Arbeitslosenrecht, das im Laufe der Jahre umfangreichen Änderungen unterworfen war und so unübersichtlich geworden ist, daß eine straffe, übersichtliche und allgemeinverständliche Kommentierung für den Fach- und Nichtfachmann immer dringlicher wird. Der Verfasser berücksichtigt das gesamte einschlägige Material: Rechtsprechung der Arbeitsgerichte, der Spruchbehörden, der Arbeitslosenversicherung und der Beschluß- und Spruchbehörden der RVO. Die grundsätzlichen Entscheidungen des Spruchsenats für die Arbeitslosenversicherung sind bis Ende Januar 1931 verarbeitet, ferner die Begründung zu den Gesetzentwürfen und die Verhandlungen der gesetzgebenden Körperschaften. — Auch die vielen Ausführungsbestimmungen sind erläutert.

2. Arbeitsrecht

Depène, Hans, **Das Arbeitsgerichtsgesetz.** Taschenformat. (Guttentagsche Sammlung Deutscher Reichsgesetze Bd. 168.) 2. Auflage im Druck.

Arbeitsrechtliche Spruchsammlung. Beiträge zum Deutschen Handwerksblatt . . . . Pro Quartal RM. 0.90

Günther, Adolf, und **Schneider,** Richard, **Arbeiterschutz und Arbeitsrecht.** Zweite Auflage. Taschenformat.

I. Teil: **Arbeitszeitschutz.** Das Arbeitszeitnotgesetz und die übrige arbeitszeitrechtliche Gesetzgebung des Reichs seit dem 9. November 1918. 386 Seiten. 1927 . . . . Geb. RM. 7.50

„Der Kommentar umfaßt die gesamte arbeitszeitrechtliche Gesetzgebung von der Staatsumwälzung bis zur Gegenwart. Er ist ein Führer durch das weite und unübersichtliche Gebiet der arbeitszeitrechtlichen Gesetzgebung. Ein ausführliches Sachregister soll die praktische Benutzung erleichtern." Die Wirtschaftsgenossenschaft.

II. Teil: Gesetz über die **Beschäftigung Schwerbeschädigter** nebst den einschlägigen gesetzlichen Bestimmungen. 404 Seiten. 1928. (Guttentagsche Sammlung Deutscher Reichsgesetze Bd. 138a/138c.) Geb. RM. 8.—

„Das Buch stellt nicht nur beim Studium des Gesetzes ein wertvolles Hilfsmittel dar, sondern ist auch für den Handgebrauch des Arbeitsrechtspraktikers unentbehrlich." Berliner Wohlfahrtsblatt.

IV. Teil: **Betriebsstillegungsverordnung.** 240 Seiten. 1929. (Guttentagsche Sammlung Deutscher Reichsgesetze. Bd. 138 d.) Geb. RM. 6.50

Warneyer, Otto, **Betriebsrätegesetz** vom 4. Februar 1920 nebst der Wahlordnung zum Betriebsrätegesetz, dem Aufsichtsratsgesetz samt Wahlordnung und den Ausführungsverordnungen des Reichs und der Länder. Auf der Grundlage der Güntherschen Textausgabe mit Anmerkungen erläutert unter besonderer Berücksichtigung der Rechtsprechung des Reichsgerichts und des Reichsarbeitsgerichts. Zweite Auflage. Taschenformat. 235 Seiten. 1931. (Guttentagsche Sammlung Deutscher Reichsgesetze Bd. 138 b.) . . . . . . Geb. RM. 5.—

Diese Handausgabe ist ihrer Anlage nach ein verkürzter Kommentar, der die Entwicklung des Gesetzes, der Rechtsprechung — vor allem des Reichsarbeitsgerichts! — und der einschlägigen Literatur bis Ende 1930 berücksichtigt.

Tilly, Dr. Helmuth Tczerclas von, **Internationales Arbeitsrecht.** Unter besonderer Berücksichtigung der Internationalen Arbeitsorganisation. 120 Seiten. 1924. (Sammlung Göschen Bd. 882.) . . . . Geb. RM. 1.80

Es ist das erste Werk, das in klarer, kurzer und allen leicht verständlicher Weise das gesamte grundlegende Tatsachenmaterial — und zwar nur dieses — auf dem umfassenden Gebiete des internationalen Arbeiterschutzes von dessen ersten Anfängen bis in die neueste Zeit bietet.

v. Ungern-Sternberg, Die Auflösung und Fusion von Berufsvereinen und ihre arbeitsrechtliche Bedeutung. Oktav. IV, 52 Seiten. 1931. RM. 3.50

Für laufende Tarifverträge ebenso wie für Schlichtungsverfahren haben Auflösung und Fusion von Gewerkschaften bzw. Arbeitgeberverbänden erhebliche Bedeutung. Deshalb lohnt eine zusammenfassende Durchforschung und Darstellung der Materie wohl. An Hand von Literatur und Rechtsprechung werden alle Zweifelsfragen hier geklärt. Die Schrift bringt den Beteiligten wertvolle Unterlagen für die Praxis.

3. Gewerberecht

Hiller, Fr., und Luppe, H., Gewerbeordnung für das Deutsche Reich nebst Kinderschutzgesetz und Hausarbeitsgesetz sowie den für das Reich und Preußen erlassenen Ausführungsbestimmungen. Einundzwanzigste, veränderte Auflage. (143. bis 148. Tausend.) Taschenformat. 931 Seiten. 1928. Mit Nachtrag vom 11. 2. 1929. (Guttentagsche Sammlung Deutscher Reichsgesetze Bd. 6.) . . . . Geb. RM. 11.—

„Ein Wort der Empfehlung für dieses Buch zu sagen, erübrigt sich. Hervorgehoben sei, daß diese Auflage alle Vorzüge der früheren Auflagen in sich schließt. Die zahlreichen neuen Gesetze sind erschöpfend berücksichtigt.“ *Zeitschrift des Deutschen Notarvereins.*

Brassert, H., Allgemeines Berggesetz für die preußischen Staaten mit Kommentar. Zweite Auflage, bearbeitet von Hans Gottschalk. Groß-Oktav. XXIX, 1291 Seiten. 1914. RM. 27.—, geb. RM. 30.—

Sonnenfeld, Hugo, **Die reichsrechtlichen Bestimmungen, betreffend den Handel mit Drogen und Giften.** Dritte, veränderte Auflage. Taschenformat. 435 Seiten. 1926. (Guttentagsche Sammlung Deutscher Reichsgesetze Bd. 64.) . . . . Geb. RM. 12.—

„Die Arbeit gehört einem Spezialgebiet an, mit dem nicht jeder Jurist zu tun hat. Wird er einmal genötigt, sich auf dieses Gebiet zu begeben, so ist er um so dankbarer für eine Arbeit, die sofort den Eindruck größter Sachkunde und vollständiger Materialsammlung macht, und deren Führung man sich unbedenklich anvertrauen kann.“ *Vossische Zeitung.*

Friedrichs, Karl, **Gaststättengesetz** vom 28. April 1930 mit den Durchführungs- und Ausführungsverordnungen des Reichs und Preußens. Taschenformat. VIII, 144 Seiten. 1930. (Guttentagsche Sammlung Deutscher Reichsgesetze, Textausgabe mit Erläuterungen und Sachregister, Band 176.) . . . . RM. 3.50

Eine vollständige und zuverlässige Erläuterung des neuen Gesetzes; die Durch- und Ausführungsverordnungen für das Reich und Preußen sind wörtlich abgedruckt und, soweit notwendig, erläutert.

Lebbin, Georg, Nahrungsmittelgesetze mit Erläuterungen. Zweite, stark vermehrte Auflage in zwei Bänden.

I. Band: Das Lebensmittelgesetz vom 5. Juli 1927 mit Nebengesetzen (Margarine, Fleisch, Milch, Süßstoff, Essigsäure usw.). Erläutert von G. Lebbin und R. Gießner. Taschenformat. XVI, 419 Seiten. 1928. Geb. RM. 8.50

II. Band: Getränkegesetze und Getränkesteuergesetze (Wein, Bier, Branntwein, Mineralwasser). Unter Mitarbeit von Rechtsanwalt Dr. Kniebe. Taschenformat. XII, 400 Seiten. 1926. (Guttentagsche Sammlung Deutscher Reichsgesetze Bd. 54b.) . . . . Geb. RM. 10.—

„Das Werk ist für unsere Leser und überhaupt die ganze Fachwelt der Getränkeindustrie unentbehrlich, muß doch jedermann mit den einschlägigen Gesetzesbestimmungen sich soweit wie irgend möglich vertraut machen, wenn er nicht in Nachteile geraten will. Die Anschaffung des Buches kann bestens empfohlen werden.“

Branntweinmonopol.

Voß, Werner, **Die reichs- und landesrechtlichen Bestimmungen auf dem Gebiete des Gesundheitswesens.** Taschenformat. 608 Seiten. 1929. (Guttentagsche Sammlung Deutscher Reichsgesetze Bd. 172.) Geb. RM. 11.—

„Das Buch wird seiner Aufgabe, fast den gesamten Gesetzesstoff in einem einzigen kleinen Bande in die Hand zu geben, gewiß gerecht und wird sich schnell als unentbehrliches Hilfsmittel für jeden erweisen, der öfter mit dem Gesundheitswesen zu tun hat." Reichsverwaltungsblatt.

4. Geistig-gewerblicher Rechtsschutz.

Elster, Alexander, **Urheber- und Erfinder-, Warenzeichen- und Wettbewerbsrecht.** (Gewerblicher Rechtsschutz.) Zweite, stark erweiterte und völlig umgearbeitete Auflage. Mit Abdruck der Gesetzestexte. Oktav. XII, 611 Seiten. 1928. Mit Nachtrag 1931. (Lehrbücher und Grundrisse der Rechtswissenschaft Bd. VIII.) RM. 18.—, geb. RM. 19.50

„Seit Kohler und Osterrieth endlich wieder das lang entbehrte Lehrbuch. Hier unternimmt ein wahrhaft selbständiger und ideenreicher Kopf den Versuch, eine wirkliche Synthese zu schaffen." Juristische Rundschau.

Neuberg, J., **Der internationale gewerbliche Rechtsschutz.** 2. Auflage. 128 Seiten. 1923. (Sammlung Göschen Bd. 271.) . . . Geb. RM. 1.80

Daude, Paul, **Die Reichsgesetze über das Urheberrecht an Werken der Literatur und der Tonkunst und das Verlagsrecht vom 19. Juni 1901** in der Fassung des Gesetzes vom 22. Mai 1910 zur Ausführung der revidierten Berner Übereinkunft. Oktav. VIII, 293 Seiten. 1910. RM. 6.—

„Der Zusammenhang der erläuterten Gesetze mit dem Strafgesetzbuch, dem Bürgerlichen Gesetzbuch und anderen Gesetzen ist in leichtverständlicher Weise praktisch dargestellt. Es wird vorzügliche Dienste leisten." Deutsche Literatur-Zeitung.

Lindemann, O., **Gesetz, betr. das Urheberrecht** an Werken der Literatur und der Tonkunst. Vierte Auflage. Taschenformat. 171 Seiten. 1921. (Guttentagsche Sammlung Deutscher Reichsgesetze Bd. 60.) Geb. RM. 1.80

„Die Arbeit ist nicht bloß eine Gesetzesausgabe, sondern ein wertvoller Kommentar des Gesetzes. Das Werk sei jedermann auf das beste empfohlen." Juristische Wochenschrift.

Fuld, Ludwig, **Gesetz, betr. das Urheberrecht an Werken der bildenden Künste und der Photographie.** Zweite Auflage. Taschenformat. 192 Seiten. 1925. (Guttentagsche Sammlung Deutscher Reichsgesetze Bd. 81.) . . . . Geb. RM. 6.—

„Der zwar kleine, aber inhaltreiche und daher sehr beliebte Kommentar von Fuld erscheint in zweiter, völlig neubearbeiteter Auflage. Überall ist dem Stande der heutigen Rechtsprechung und wissenschaftlichen Auffassungen Rechnung getragen. In einem Anhang sind die einschlägigen internationalen Übereinkommen abgedruckt. Alle Interessenten werden mit Freuden die neue Auflage begrüßen." Danziger Juristische Monatsschrift.

Reininger, O., **Der Schutz des Urheberrechts im deutschen Rundfunk.** Oktav. 88 Seiten. 1929 . . . . RM. 4.—

„Eine interessante, zeitgemäße, namentlich auch für geistige Neuschöpfer wichtige Studie." Badische Rechtspraxis.

Andritzky, Christoph, **Die Rechtsstellung des Drehbuchautors.** Oktav. XI, 80 Seiten. 1931 . . . . RM. 3.50

Andritzky äußert sich zu den Streitfragen um die Urheberschaft am Film. Er trennt scharf zwischen künstlerischer Leistung und künstlerisch-urheberischer Schöpfung und kommt zu der These: Der Filmurheber ist der Urheber des kurbelfertigen Drehbuches. — Die

Verhältnisse beim Tonfilm sind, soweit dies möglich erschien, berücksichtigt.

Heinitz, Ernst, und Marwitz, Bruno, Das Reichsgesetz über das Verlagsrecht. Textausgabe mit Einleitung, Anmerkungen und Sachregister. Dritte Auflage. Taschenformat. 136 Seiten. 1922. (Guttentagsche Sammlung Deutscher Reichsgesetze Bd. 61.) . . . . Geb. RM. 1.60

„Dieser kurze Kommentar ist durch seine knappen, das Wichtige klar vortragenden Darlegungen dazu berufen, eine Lücke auszufüllen, die sich für den Praktiker des Verlagsrechts seit Jahren ergab. Man darf deshalb das Erscheinen dieser neuen Auflage aus der Feder des Spezialisten des Verlagsrechts mit größter Freude begrüßen."
Börsenblatt für den Deutschen Buchhandel.

Elster, A., Das deutsche Urheber- und Verlagsrecht. 128 Seiten. 1923. (Sammlung Göschen Bd. 863.) . . . . Geb. RM. 1.80

„Erstaunlich ist, wie Elster diese beiden so viel umstrittenen Gesetze auf so engem Raum in vortrefflicher Weise zur Darstellung gebracht hat." *Deutscher Journalistenspiegel.*

Heymann, E., Die zeitliche Begrenzung des Urheberrechts. Oktav. 74 Seiten. 1927. (Sitzungsberichte der Preußischen Akademie der Wissenschaften zu Berlin.) . . . . RM. 5.—

Pietzcker, Eduard, Patentgesetz und Gebrauchsmusterschutzgesetz. Kommentar unter Berücksichtigung der vorgeschlagenen und weiter beantragten Abänderungen des Patentgesetzes. Erster Halbband: §§ 1—12 PatG. Groß-Oktav. 427 Seiten. 1929. (Gewerbe- und Industrie-Kommentar Bd. V, 1.) Der zweite, das Werk abschließende Band, wird 1932 erscheinen. . . . . . RM. 26.—, geb. RM. 28.—

„Die überall zutage tretende geistige Leistung macht Pietzckers Kommentar für jeden, der sich mit diesem Rechtsgebiet zu beschäftigen hat, zum unentbehrlichen Rüstzeug."
Markenschutz and Wettbewerb.

Seligsohn, Arnold, Patentgesetz und Gesetz, betr. den Schutz von Gebrauchsmustern. Siebente Auflage. Oktav. 1931. In Bearbeitung.

Lutter, R., Patentgesetz. Nebst Ausführungsbestimmungen, völkerrechtlichen Verträgen und Patentanwaltsgesetz, unter eingehender Berücksichtigung der Rechtsprechung des Reichsgerichts und der Praxis des Reichspatentamts. Neunte Auflage. Taschenformat. XV, 467 Seiten. 1928. (Guttentagsche Sammlung Deutscher Reichsgesetze Bd. 22.) Geb. RM. 10.—

„Der jetzige Verfasser hat einen völlig neuen Kommentar geschaffen, der in seiner Knappheit und Sparsamkeit dem ursprünglichen Zweck gerecht wird, aber an wissenschaftlicher Durcharbeitung und Gründlichkeit die vorangegangenen Auflagen weit überragt."
Gewerblicher Rechtsschutz und Urheberrecht.

Elster, A., Das deutsche Erfinderrecht. (Patent- und Musterschutzrecht). 118 Seiten. 1924. (Sammlung Göschen Bd. 891.) . . Geb. RM. 1.80

„Die Aufgabe, einen Überblick über das deutsche Erfinderrecht zu geben, ist im Rahmen der kurzen Erörterungen mit viel Geschick gelöst. Deshalb wird das Büchlein auch bei allen Gruppen der am Patentrecht interessierten Personen seine Freunde finden."
Gewerblicher Rechtsschutz und Urheberrecht.

Seligsohn, Jul., Geheimnis und Erfindungsbesitz. Groß-Oktav. 147 Seiten. 1921 . . . . RM. 3.—

Pinner-Elster, Gesetz gegen den unlauteren Wettbewerb. Achte, sehr vermehrte und umgestaltete Auflage. Taschenformat. 254 Seiten. 1927. (Guttentagsche Sammlung Deutscher Reichsgesetze Bd. 37.) Geb. RM. 5.—

„Das Buch ist mehr als eine bloße ‚Textausgabe mit Anmerkungen', nämlich ein richtiger Kommentar, und wird in der Praxis ausgezeichnete Dienste tun."
Senatspräsident am Reichsgericht Dr. Lobe, Leipzig, i. d. Jurist. Wochenschrift.

Wassermann, Martin, **Der unlautere Wettbewerb** nach deutschem Recht. I. Generalklausel, Reklameauswüchse, Ausverkaufswesen, Angestelltenbestechung. 160 Seiten. 1911. II. Kreditschädigung, Firmen- und Namenmißbrauch, Verrat von Geheimnissen, Ausländerschutz. 151 Seiten. 1911. (Sammlung Göschen Bd. 339 u. 535.) . . . Geb. je RM. 1.80

Wolff, F., und **Crisolli,** K.-A., **Das Recht der Reklame.** Lexikon-Oktav. 424 Seiten. 1929 . . . . RM. 20.—, geb. RM. 22.—
„. . . Mit großer Umsicht ist ein umfänglicher Stoff gesammelt und in gründlicher Arbeit juristisch durchdrungen und dargestellt. Das Buch ist wohl in erster Reihe für Juristen bestimmt, aber auch für wirtschaftliche Kreise und Reklamefachleute wertvoll und jedenfalls für die Beschäftigung mit diesem Sondergebiet ein zuverlässiges Hilfsmittel." Juristische Rundschau.

Hagens, Alfred, **Warenzeichenrecht.** Kommentar. Groß-Oktav. VIII, 408 Seiten. 1927. (Gewerbe- und Industrie-Kommentar Bd. III.) RM. 22.—, geb. RM. 24.—
„Eine ausführliche Darstellung, die zeigt, daß der Verfasser das gesamte Fachschrifttum und die reichhaltige Rechtsprechung restlos beherrscht. Ich habe gefunden, daß nicht ein einziger Fall von Bedeutung fehlt." Markenschutz und Wettbewerb.

Seligsohn, Arnold, **Gesetz zum Schutz der Warenbezeichnungen.** Dritte Auflage, bearbeitet in Gemeinschaft mit Martin Seligsohn in Berlin. Groß-Oktav. IV, 416 Seiten. 1925. RM. 15.—, geb. RM. 16.50
„Der Kommentar zeigt alle Vorzüge des in der Wissenschaft und Praxis des gewerblichen Rechtsschutzes gleich ausgezeichneten Juristen: volle theoretische und praktische Beherrschung des Stoffes, klare Darstellungsgabe, sorgsame Behandlung und treffsicheres Urteil."
Badische Rechtspraxis.

Freund, G. S., **Magnus,** Julius, und **Jüngel,** Friedrich, **Das deutsche Warenzeichenrecht.** Sechste, neubearbeitete Auflage. Teil I: Die internationalen Verträge. VI, 247 Seiten. Mit 4 Tafeln. 1924. (Guttentagsche Sammlung Deutscher Reichsgesetze Bd. 87a.) Geb. RM. 9.—
„Das ganze Werk mit seiner Fülle von Gesetzen, Verordnungen, Verträgen, Bekanntmachungen bildet eine Quellensammlung für das internationale deutsche Zeichenrecht, ohne die man fortan nicht mehr auskommen kann." Gewerblicher Rechtsschutz und Urheberrecht.

Born, A., **Reichspreßgesetz** vom 7. Mai 1874 in der jetzt geltenden Fassung nebst den einschlägigen Bestimmungen der Reichsverfassung, des Reichsstrafgesetzbuches, der Gewerbeordnung usw. Mit Kommentar und Sachregister. Vierte, veränderte Auflage. Taschenformat. 234 Seiten. 1931. (Guttentagsche Sammlung Deutscher Reichsgesetze Bd. 53.) . . . . Geb. RM. 6.—
„Das Werk bringt eine sehr reichhaltige Kommentierung des Stoffes, die um so wertvoller ist, als den Entscheidungen der Wortlaut der Urteilsbegründungen beigefügt ist. Sämtliche einschlägigen Bestimmungen der das Pressewesen berührenden Gesetze sind aufgeführt, eingehend besprochen und in Beziehung zueinander gebracht worden. Als Nachschlagewerk in Zweifelsfällen wird das Buch von großem Nutzen sein." Ministerialblatt für die preußische innere Verwaltung.

IV. Zivilprozeß

Fischer, Otto, **Lehrbuch des deutschen Zivilprozeß- und Konkursrechts.** Groß-Oktav. XII, 488 Seiten. 1918 . . . RM. 8.—, geb. RM. 10.—

Kisch, Wilh., Deutsches Zivilprozeßrecht.
I. Band. Vierte, verbesserte Auflage. 115 Seiten. 1929. (Sammlung Göschen Bd. 428.) . . . . Geb. RM. 1.80
II. Band. Vierte, verbesserte Auflage. 168 Seiten. 1929. (Sammlung Göschen Bd. 430.) . . . . Geb. RM. 1.80
III. Band. Vierte, verbesserte Auflage. 148 Seiten. 1929 (Sammlung Göschen Bd. 430.) . . . . Geb. RM. 1.80
Diese Auflage wird jedem, der sich auf gemeinverständliche Weise über unser geltendes Zivilgerichtswesen unterrichten will, gute Dienste leisten, und kann namentlich den Studierenden des Rechts als Einführung bestens empfohlen werden.

Sydow, R., Busch, L., und Krantz, W., Zivilprozeßordnung und Gerichtsverfassungsgesetz nebst Anhang, enthaltend Entlastungsgesetze und die Notverordnung vom 1. Dezember 1930. Handkommentar unter besonderer Berücksichtigung der Entscheidungen oberster Gerichte. Neubearbeitete, zwanzigste Auflage. Zwei Bände. Groß-Oktav. VIII, VIII und 1540 Seiten. 1930 . . . . Geb. RM. 33.—
(de Gruytersche Sammlung Deutscher Gesetze, Handkommentare.)
„Auch innerlich ist der ausgezeichnete Handkommentar von Sydow-Busch-Krantz verändert. Es sind viele veraltete Entscheidungen ausgemerzt und dafür die Erläuterungen durch eingehendere Darlegungen zweckmäßig erweitert worden. An der Grundanlage des Buches wurde nichts geändert, die Druckanordnung ist noch übersichtlicher als bisher. So wird das Buch seine alten Freunde behalten und ohne Zweifel viele neue hinzuerwerben."
Leipziger Zeitschrift für deutsches Recht.

Rosenberg, L., Zivilprozeßgesetzgebung. Taschenformat. 580 Seiten. 1930. Geb. RM. 8.—
(Lehrausgaben Deutscher Gesetze, Bd. II.)
„Die Besonderheiten dieser handlichen und erschöpfenden Ausgabe der Zivilprozeßgesetzgebung bestehen in der sachlichen Ordnung des umfassenden Stoffes, in der Hervorhebung von besonders Wesentlichem durch Sperrdruck, und vor allem aber darin, daß den einzelnen Paragraphen in systematischer Weise Überschriften vorausgeschickt sind, die die hier besonders wichtige Aufgabe erfüllen, den Aufbau des Gesetzes und den Zusammenhang der einzelnen Vorschriften klar erkennen zu lassen." Juristische Wochenschrift.

Zivilprozeßordnung mit Gerichtsverfassungsgesetz und Einführungsgesetzen in der Fassung der Bekanntmachung vom 13. Mai 1924 mit den bis 1. April 1929 ergangenen Abänderungen. Textausgabe mit Sachregister. Taschenformat. 440 Seiten. 1929. (Guttentagsche Sammlung von Textausgaben ohne Anmerkungen.) . . . Geb. RM. 3.50
Die handliche Ausgabe enthält den genannten Gesetzestext mit einem das Zurechtfinden sehr erleichternden Sachregister.

Der neue Entwurf einer Zivilprozeßordnung. Veröffentlicht durch das Reichsjustizministerium. Lexikon-Oktav. 561 Seiten mit 2 Paragraphen-Verzeichnissen. 1931 . . . . RM. 10.—, geb. RM. 12.—

Sydow, R., Busch, L., und Krantz, W., Gerichtsverfassungsgesetz mit Einführungsgesetz. Unter besonderer Berücksichtigung der Entscheidungen des Reichsgerichts. Zehnte Auflage. Taschenformat. 347 Seiten. 1925. (Guttentagsche Sammlung Deutscher Reichsgesetze Bd. 14.)
Geb. RM. 6.—
„Das Buch bedarf keiner Empfehlung, es empfiehlt sich selbst durch die Fülle dessen, was es bietet. Gesetzgebung und Rechtsprechung sind bis in die neueste Zeit berücksichtigt."
Leipziger Zeitschrift für Deutsches Recht.

Rausnitz, Julius, Gebührenordnung für Notare vom 28. Oktober 1922 (GS. 404) nebst den einschlägigen Vorschriften des Preußischen Gerichtskostengesetzes vom 28. Oktober 1922 (GS. 363), beide in der Fassung der Gesetze vom 12. April 1923 (GS. 107), 18. Dezember 1923 (GS. 556) und der Verordnung vom 28. Juni 1924 (GS. 573). Sechste, umgearbeitete Auflage. Oktav. 158 Seiten. 1925. (Guttentagsche Sammlung Preußischer Gesetze Bd. 4.) . . . Geb. RM. 7.—

„Der in seiner äußeren Form sehr handlich und gut ausgestaltete Kommentar kann nur auf das wärmste empfohlen werden. Er wird sehr bald ein unentbehrlicher, weil nie versagender Ratgeber werden, der die Berufsarbeit sehr erleichtern wird." *Juristische Wochenschrift.*

Sydow, R., **Busch**, L., und **Krieg**, O., **Die Deutsche Gebührenordnung für Rechtsanwälte**, das Gesetz, betreffend die Erstattung von Rechtsanwaltsgebühren in Armensachen, und die Preußische Landesgebührenordnung mit Erläuterungen. Auf der Grundlage der Sydow-Busch'schen Textausgabe mit Anmerkungen in dreizehnter Auflage unter Mitaufnahme des Gesetzes über die Erstattung in Armensachen neubearbeitet. Taschenformat 496 Seiten. 1929. (Guttentagsche Sammlung Deutscher Reichsgesetze Bd. 17.) . . . . Geb. RM. 9.—

„Die Erläuterung der Gebührenordnung bietet besonders Wertvolles. Sie steht schon lange unter den Anmerkungsausgaben mit an erster Stelle. Und das mit Recht."
Zeitschrift des Bundes Deutscher Justizamtmänner.

Sydow, R., **Busch**, L., und **Krieg**, O., **Deutsches Gerichtskostengesetz nebst Gebührenordnung** für Gerichtsvollzieher und für **Zeugen** und **Sachverständige** in den neuesten Fassungen. Auf der Grundlage der Sydow-Busch'schen Textausgabe mit Anmerkungen neubearbeitet in elfter Auflage. Taschenformat. XI, 433 Seiten. 1928. (Guttentagsche Sammlung Deutscher Reichsgesetze Bd. 15.) . . . . . . Geb. RM. 7.50

„Die neue Auflage bietet unter gründlicher Berücksichtigung der gesamten einschlägigen Rechtsprechung eine zeitgemäße, übersichtliche und erschöpfende Erläuterung des Gesetzes. Für den täglichen Gebrauch in der Praxis erscheint diese Textausgabe mit Anmerkungen als unentbehrlich."
Dr. Natter in der „Württembergischen Zeitschrift für Rechtspflege".

Lindemann, Otto, **Preußisches Gerichtskostengesetz** (neueste Fassung). Nach dem Tode des früheren Herausgebers P. Siméon erläutert. Achte, völlig umgearbeitete Auflage. Taschenformat. 439 Seiten. 1928. (Guttentagsche Sammlung Preußischer Gesetze Bd. 17.)
Geb. RM. 8.—

„Die achte Auflage dieser bekannten Ausgabe des Preußischen Gerichtskostengesetzes ist entsprechend den bedeutsamen Änderungen der letzten Jahre völlig umgearbeitet. Die gesamte Rechtsprechung wurde eingehend berücksichtigt, so daß hier eine Erläuterung vorliegt, die Zuverlässigkeit und Vollständigkeit in sich verbindet."
Mitteilungen des Preußischen Richtervereins.

Freiwillige Gerichtsbarkeit

Jastrow, Hermann, und **Günther**, Hermann, **Die Gesetze des Reiches und Preußens über die freiwillige Gerichtsbarkeit.** Textausgabe mit Einleitung, Anmerkungen und Sachregister. Siebente, vermehrte Auflage. Taschenformat. 548 Seiten. 1928. (Guttentagsche Sammlung Deutscher Reichsgesetze Bd. 46.) . . . . Geb. RM. 9.—

„Die Anmerkungen unterrichten in zuverlässiger Weise über die wichtigste Rechtsprechung des Reichsgerichts und der deutschen Oberlandesgerichte auf dem Gebiete der freiwilligen Gerichtsbarkeit. Ein ausführliches Sachregister erhöht die Brauchbarkeit des bewährten Buches, das auch in der neuen Auflage seinen Zweck auf das beste erfüllen wird." *Juristische Wochenschrift.*

Die Gesetze des Reiches und Preußens über die freiwillige Gerichtsbarkeit. Textausgabe mit Sachregister. Taschenformat. 168 Seiten. 1930.

(Guttentagsche Sammlung von Textausgaben ohne Anmerkungen mit Sachregister.) . . . . RM. 3.—

Das Buch enthält in der bekannten Art der Guttentagschen Gesetzesausgaben außer dem „Gesetz über die Angelegenheiten der freiwilligen Gerichtsbarkeit" alle in dieses Gebiet fallenden sonstigen Gesetze, Ausführungsbestimmungen, Abkommen, Verordnungen usw. in absolut zuverlässigem Abdruck und ein das Zurechtfinden sehr erleichterndes Sachregister.

Szkolny, Felix, und Kober, Leopold, Das Notariatrecht, unter besonderer Berücksichtigung des materiellen Rechts und des Steuer- und Stempelrechts erläutert. Oktav. 236 Seiten. 1926. (Guttentagsche Sammlung Deutscher Reichsgesetze Bd. 163.) . . . . Geb. RM. 8.50

„Die Darlegung des materiellen Rechts, soweit es in der täglichen Anwendung den Notar hauptsächlich beschäftigt. Es wird die Beurkundung einzelner Rechtsgeschäfte und anderer Rechtsvorgänge behandelt. Die Ausführungen verwerten die neueste Lehre und Rechtsprechung eingehend, die Darstellung ist leicht faßlich und klar, einzelne Muster vervollkommnen das anschauliche Bild."
Zeitschrift des Deutschen Notarvereins.

Szkolny, Felix, **Die Belehrungspflicht des Notars.** Oktav. 52 Seiten. 1927. . . . . RM. 2.—

„Ein trotz seines geringen Umfanges sehr nützliches Buch, für das wir dem Verfasser Dank wissen müssen."
Zeitschrift des Deutschen Notarvereins.

Konkursordnung und Zwangsvollstreckung

Jaeger, Ernst, **Kommentar zur Konkursordnung** und den Einführungsgesetzen. Mit einem Anhang, enthaltend das Anfechtungsgesetz, die Vergleichsordnung, Auszüge aus den Kostengesetzen, Ausführungsgesetze und Geschäftsordnungen. Sechste und siebente, neubearbeitete Auflage. Lexikon-Oktav. Der Umfang des Gesamtwerkes umfaßt etwa 100 Bogen. Die Ausgabe erfolgt in Lieferungen.
Erster Band: §§ 1—46. XXVIII, 828 Seiten. 1928—1931.
RM. 45.—, geb. RM. 54.—
(Der Kauf des ersten Bandes verpflichtet zum Bezug des ganzen Werkes, das Erscheinen von Band 2 (Schlußband) ist 1932 zu erwarten.)

„. . . Kurz gesagt: das Buch ist das unübertreffliche Standardwerk, der Kommentar zur Konkursordnung." Deutsche Richterzeitung.

„Das Jaegersche Werk ist ohne Zweifel der beste von den mehreren guten Kommentaren zur Konkursordnung, die wir besitzen."
Zeitschrift für Deutschen Zivilprozeß.

Sydow, R., **Busch**, L., und **Krieg**, O., **Konkursordnung** und Anfechtungsgesetz mit Erläuterungen. Auf der Grundlage der Sydow-Buschschen Textausgabe mit Anmerkungen in fünfzehnter Auflage unter Mitaufnahme der Vergleichsordnung neubearbeitet. Taschenformat. 816 Seiten. 1929. (Guttentagsche Sammlung Deutscher Reichsgesetze Bd. 13.) . . . . Geb. RM. 12.—

„Die Erläuterungsbücher von Sydow-Busch sind als Kommentare mittleren Umfanges seit vielen Jahren in der Juristenwelt rühmlichst bekannt." Juristische Rundschau.

Fischer, K., und **Schäfer**, L., **Die Gesetzgebung, betr. die Zwangsvollstreckung in das unbewegliche Vermögen** im Reiche und in Preußen. Bearbeitet von J. Krech und O. Fischer. Zweite Auflage. Lexikon-Oktav. XVI, 728 Seiten. 1910 . . . RM. 15.—, geb. RM. 18.—

„Unter den zahlreichen Bearbeitungen des Zwangsvollstreckungsgesetzes ist der Kommentar von Fischer und Schäfer wohl der wissenschaftlich bedeutendste. Überall sind die Erläuterungen systematisch, manchmal

geradezu lehrbuchartig aufgebaut, die leitenden Gedanken treten trotz der Fülle der behandelten Einzelfragen klar und deutlich hervor.“

Zeitschrift für Rechtspflege in Bayern.

Krech, J., und **Fischer**, O., **Die Gesetzgebung, betr. die Zwangsvollstreckung in das unbewegliche Vermögen** im Reiche und in Preußen. Textausgabe mit Einleitung, Anmerkungen und Sachregister. Zehnte Auflage, bearbeitet von O. Fischer. Taschenformat. 266 Seiten. 1929. (Guttentagsche Sammlung Deutscher Reichsgesetze Bd. 43.) Geb. RM. 5.—

„Einer besonderen Empfehlung dieser handlichen Ausgabe, deren Hauptteil das Gesetz über die Zwangsversteigerung und Zwangsverwaltung bildet, bedarf es nicht, Gesetzgebung, Rechtsprechung und Rechtslehre sind bis zur Gegenwart berücksichtigt.“

Sächsisches Archiv für Rechtspflege.

Kretzschmar, F., **Die Zwangsversteigerung und die Zwangsverwaltung.** 110 Seiten. 1911. (Sammlung Göschen Bd. 523.) . . Geb. RM. 1.80

Huyke, W., Offenbarungseid und Haft im Zivilprozeß. Taschenformat. 1930. (Guttentagsche Sammlung Deutscher Reichsgesetze, Bd. 177.) RM. 4.—

Dieser Band bietet eine ganz auf die Praxis zugeschnittene Erläuterung der das Offenbarungseidsverfahren betreffenden Paragraphen der ZPO. und gibt in einem allgemeinen Teil zuverlässig Auskunft über die sich auf diesem Gebiete ergebenden Streit- und Zweifelsfragen. Die Rechtsprechung der höheren Gerichte und die Literatur ist berücksichtigt worden.

V. Strafrecht und Strafprozeß

Strafgesetzbuch

Ebermayer, Ludwig, **Lobe**, Adolf und **Rosenberg**, Werner, **Das Reichsstrafgesetzbuch**, Leipziger Kommentar mit besonderer Berücksichtigung der Rechtsprechung des Reichsgerichts. Vierte, vermehrte und verbesserte Auflage. Lexikon-Oktav. X, 1282 Seiten. 1929. RM. 56.—, in Halbleder geb. RM. 63.—

„Zusammenfassend wird man sagen müssen, daß der Kommentar nun wohl endgültig an die Spitze der großen Kommentare zum StGB. getreten ist.“ *Zeitschrift für Rechtspflege in Bayern.*

Kohlrausch, Eduard, **Strafgesetzbuch für das Deutsche Reich mit Nebengesetzen.** Textausgabe mit Anmerkungen und Sachregister. Früher von Dr. Fr. v. Liszt u. Dr. E. Delaquis. Neunundzwanzigste Auflage. Taschenformat. X, 562, *48 Seiten. 1930. (Guttentagsche Sammlung Deutscher Reichsgesetze Bd. 2.) . . . Geb. RM. 8.—

„Ein Buch, an Hand dessen eine schnelle und zuverlässige Orientierung über die wichtigsten Auslegungsfragen möglich ist. Es dient in gleicher Weise dem Studierenden zur Einführung in eine Lektüre des Gesetzes wie dem Praktiker zur schnellen Auffindung einer Entscheidung.“

Rechtsanwalt Dr. Max Alsberg in der „Juristischen Wochenschrift“.

v. **Liszt**, Fr., **Lehrbuch des deutschen Strafrechts.** Sechsundzwanzigste, vollkommen durchgearbeitete und zum Teil umgestaltete Auflage, besorgt von Dr. E. Schmidt, Professor an der Universität Kiel. Im Druck.

Gerland, H. B., **Das deutsche Reichsstrafrecht.** Oktav. 600 Seiten. 1922. (Lehrbücher und Grundrisse der Rechtswissenschaft Bd. XVI.) RM. 10.—, geb. RM. 11.50

„Durch knappe, geradezu klassische Kürze zeigende Darstellung gelang es Gerland, auf engem Raume eine ungeheure Fülle des Stoffes zu bieten und auf jede Frage Antwort zu geben.“

Juristische Wochenschrift.

Gerland, H., Der Entwurf 1925. Allgemeiner Teil. Kritische Bemerkungen. Oktav. 96 Seiten. 1925 . . . . RM. 5.—

„Eine außerordentlich interessante Abhandlung. Die Schrift stellt ein fast unentbehrliches Hilfsmittel für jeden dar, der sich mit den einschlägigen Fragen zu beschäftigen hat."

Mitteilungen des Preußischen Richtervereins.

Aschrott, P. F., u. Kohlrausch, Ed., Reform des Strafrechts. Kritische Besprechung des Amtlichen Entwurfs eines Allgemeinen Deutschen Strafgesetzbuchs. Auf Veranlassung der Deutschen Landesgruppe der Internationalen Kriminalistischen Vereinigung unter Mitwirkung erster Fachgenossen herausgegeben. Gr.-Oktav. V, 415 S. 1926. RM. 18.—

„Die gestellte Aufgabe ist glänzend gelöst. Kaum ein Punkt ist übersehen worden, der die Kritik herausfordert. — Niemand, der an der endgültigen Gestaltung unseres Strafrechts Anteil nimmt, darf an dieser Sammelkritik achtlos vorübergehen."

Geh. Hofrat Prof. Dr. v. Lilienthal in der „Deutschen Juristen-Zeitung".

Sammlung außerdeutscher Strafgesetzbücher in deutscher Übersetzung. Herausgegeben von den Schriftleitungen der Zeitschrift für die ges. Strafrechtswissenschaft u. d. Mitteilungen der Internationalen Kriminalistischen Vereinigung. Nr. 1—43. 1881—1914 . . Preise auf Anfrage.

Nr. 44:

Japanische Strafgesetze. I. Schwurgerichtsordnung vom 18. April 1923 und strafrechtliche Nebengesetze. Übersetzt von Hyoichiro Kusano, Reichsgerichtsrat in Tokio, Tadao Sugiura, Oberlandesgerichtsrat in Sapporo, und Dr. jur. Fritz Bartelt in Berlin. II. Strafvollzugsgesetz vom 28. März 1908 nebst Ausführungsverordnung vom 16. Juni 1908. Übersetzt von Dr. jur. Toshita Tokiwa, Gerichtsassessor in Tokio, und Dr. jur. Werner Gentz, Justizrat beim Strafvollzugsamt in Kiel. Groß-Oktav. 55 Seiten. 1927. RM. 3.—

Nr. 45:

Die Auslieferungsgesetze Norwegens, Schwedens und Finnlands. Mit einer systematischen Darstellung der Grundzüge des nordischen Auslieferungsrechts im Hinblick auf den Erlaß eines deutschen Auslieferungsgesetzes Von Dr. jur. Ernst Wolgast, Privatdozent in Königsberg i. Pr. Groß-Oktav. VIII, 487 Seiten. 1928. . . RM. 20.—

Nr. 46:

Das Türkische Strafgesetzbuch vom 1. März 1926. Gesetz Nr. 765. (Türkisches Gesetzblatt Nr. 320 vom 13. März 1926.) Das Ausführungsgesetz zum Türkischen Strafgesetzbuch vom 26. April 1926. Deutsche Übersetzung von Dr. K. Ziemke. Groß-Oktav. 138 Seiten. 1927 . . . . RM. 5.—

Nr. 47:

Entwurf eines griechischen Strafgesetzbuches. Übersetzt und eingeleitet von Demetrius G. Venturas, Rechtsanwalt in Korfu, Griechenland. Groß-Oktav. 123 Seiten. 1928 . . . . RM. 7.—

Nr. 48:

Italienischer Vorentwurf zu einem neuen Strafgesetzbuch. (Progetto di un nuovo codice penale.) In deutscher Übersetzung von Dr. K. Bunge, Landgerichtsrat in Berlin. Groß-Oktav. XXXII, 244 Seiten. 1928 . . . . RM. 10.—

Nr. 49:

Strafgesetzbuch (Ugolownyj Kodex) **der Russischen Sozialistischen Föderativen Sowjet-Republik** (R.S.F.S.R.) vom 22. November 1926, übersetzt von Dr. Wilhelm Gallas, Gerichtsassessor in Berlin. Groß-Oktav. 68 Seiten. 1930 . . . . RM. 4.—

Lindemann, Otto, Sammlung der wichtigsten preußischen Strafgesetze. Zweite Auflage. Taschenformat. 372 Seiten. 1912. (Guttentagsche Sammlung Preußischer Gesetze Bd. 34.) . . . . . Geb. RM. 3.50

„... Nur mittels einer solchen ausgezeichneten Sammlung ist es möglich, auch die zerstreuten Gebiete des Strafrechts völlig zu beherrschen." *Deutsche Juristen-Zeitung.*

Fraustädter, Werner, **Deutsches Auslieferungsgesetz** vom 23. Dezember 1929 und andere neuere Vorschriften der Rechtshilfe in Strafsachen, einschließlich der Auslieferung. Textausgabe mit Einleitung, Erläuterungen und Sachregister. Taschenformat. 143 Seiten. 1930. (Guttentagsche Sammlung Deutscher Reichsgesetze Bd. 86.) . Geb. RM. 4.—

Die neue Auflage enthält eine ausführliche Erläuterung der neuen Bestimmungen sowie einen Abdruck der wichtigsten Verträge und Vorschriften und ermöglicht einen vollständigen Überblick über den gegenwärtigen Stand des deutschen Auslieferungsrechtes.

Lindemann, Otto, **Polizeiverordnungen in Preußen.** Zweite Auflage. Taschenformat. 189 Seiten. 1912. (Guttentagsche Sammlung Preußischer Gesetze Bd. 36.) . . . . Geb. RM. 2.50

Abhandlungen des Kriminalistischen Instituts an der Universität Berlin. Herausgegeben von Dr. **Franz von Liszt,** o. Professor der Rechte. Sonderverzeichnis kostenlos. Vierte Folge. I. Band.

Heft 1:

Dannenberg, Herbert, **Liberalismus und Strafrecht im 19. Jahrhundert unter Zugrundelegung der Lehren Karl Georg von Waechters.** Oktav. IV, 66 Seiten. 1925 . . . . RM. 3.—

Heft 2:

Tarnowski, Hans, **Die systematische Bedeutung der adäquaten Kausalitätstheorie für den Aufbau des Verbrecherbegriffs.** Oktav. X, 340 Seiten. 1927 . . . . RM. 18.—

Heft 3:

Ehrlich, Lore, **Der Verrat von Betriebsgeheimnissen nach englischem und nordamerikanischem Recht.** Oktav. VIII, 75 Seiten. 1930. RM. 4.—

Heft 4:

Kuttner, Stephan, **Die juristische Natur der falschen Beweisaussage.** Ein Beitrag zur Geschichte und Systematik der Eidesdelikte, zugleich zur Frage einer Beschränkung der Strafbarkeit auf erhebliche falsche Aussagen. Oktav. VI, 76 Seiten. 1931 . RM. 6.—

Vierte Folge II. Band.

Heft 1:

Gallas, Wilhelm, **Kriminalpolitik und Strafrechtssystematik** unter besonderer Berücksichtigung des sowjetrussischen Rechts. Oktav. VIII, 88 Seiten. 1931 . . . . RM. 5.—

Heindl, Robert, **System und Praxis der Daktyloskopie** und der sonstigen technischen Methoden der Kriminalpolizei. Dritte, neubearbeitete und vermehrte Auflage. 900 Abbildungen im Text und 21 Bildertafeln. 780 Seiten. Groß-Oktav. 1927 . . . . RM. 36.—, geb. RM. 40.—

„Ein Werk, mit dem wohl für geraume Zeit die Literatur dieses Gebiets ihren krönenden Abschluß gefunden haben dürfte. — Es darf erwartet werden, daß jeder Richter, Rechtsanwalt und Verteidiger sich dieses vorzüglichen Werkes bedient." *Deutsche Juristenzeitung.*

Kleine kriminalistische Bücherei.

Band 1:

Schneickert, Hans, **Die strafrechtlichen Aufgaben der Polizei.** Für den Polizeiunterricht und die Polizeipraxis. Taschenformat. 182 Seiten. 1921. RM. 2.—

Band 2:

Philipp, Lothar, **Beobachtungs- und Ermittlungspraxis im Polizei- und Detektivdienst.** Taschenformat. 180 Seiten. 1923 . . . RM. 2.—

Band 3:

Manteuffel, H. v., **Falschspieler.** Formen und Technik des Spielbetruges, nebst einem Anhange: Der Spielprofessor und sein angeblich sicheres System beim Spiele gegen eine öffentliche Roulettebank. Taschenformat 90 Seiten. 1923 . . . . RM. 2.—

Band 4:

Schneickert, Hans, Kriminalistische Spurensicherung. Sammlung dienstlicher Anweisungen und sachverständiger Ratschläge für den Dienstgebrauch und für Polizeischulen. Zweite, vermehrte und verbesserte Auflage. Taschenformat. 96 Seiten. Mit 2 Abbildungen. 1925. Geb. RM. 3.—

Band 5:

Rehfeld, P., Gerichtsärztliche Tatbestandsfeststellungen im Dienste der Polizei. Ein Leitfaden für Polizei- und Kriminalbeamte. Taschenformat. 133 Seiten. 1927 . . . . Geb. RM. 3.50

Strafprozeßordnung

Kohlrausch, Eduard, **Strafprozeßordnung** und Gerichtsverfassungsgesetz. Textausgabe mit Einleitung, Anmerkungen und Nebengesetzen. In Verbindung mit Dr. Hermann Mannheim, Landgerichtsrat und Professor in Berlin, bearbeitet von Dr. Eduard Kohlrausch, Professor der Rechte in Berlin. Zweiundzwanzigste Auflage (101. bis 104. Tausend). Taschenformat. XI, 510 Seiten. 1930. (Guttentagsche Sammlung Deutscher Reichsgesetze Bd. 12.) RM. 7.50

„Das Buch ist nicht nur für den Praktiker, der sich rasch unterrichten will, sondern auch für den Studierenden, zumal wenn ihm die wirtschaftlichen Verhältnisse die Anschaffung umfangreicher Kommentare nicht ermöglichen, von größtem Wert.“
Oberreichsanwalt Dr. Ebermayer in der „Juristischen Wochenschrift“.

Feisenberger, Albert, **Strafprozeßordnung und Gerichtsverfassungsgesetz.** Handkommentar. Groß-Oktav. IX, 517 Seiten. 1926. Mit Nachtrag. 1927. (de Gruytersche Sammlung Deutscher Gesetze. Handkommentare.) . . . . Geb. RM. 17.—

„Eine glänzende Arbeit, die bald in der Hand jedes Strafrichters und Rechtsanwalts sein wird. Geradezu vorbildlich ist der Handkommentar für den Umfang der Heranziehung der Rechtsprechung. Alles Wesentliche ist berücksichtigt.“ Danziger Juristische Monatsschrift.

Beling, E., Deutsches Reichsstrafprozeßrecht mit Einschluß des Strafgerichtsverfassungsrechts. Oktav. XIV, 568 Seiten. 1928. (Lehrbücher und Grundrisse der Rechtswissenschaft Bd. XVII.)
. RM. 15, geb. RM. 16.50

Die Eigenart des vorliegenden Lehrbuches des Reichsstrafprozeßrechts ist, daß es dem Verständnis der Gesetzestexte vorarbeiten und zu ihnen hinführen will. Gerade das, was nicht im Gesetz steht, ist die Hauptsache; die Gesetzesparagraphen sind Ziel, nicht Ausgangspunkt. Insbesondere aber stellt der Verfasser die Regelungsinhalte des geltenden Rechts in die heutige rechtspolitische Gedankenwelt hinein und gibt ein auch äußerlich scharf hervortretendes System, das den Lernenden befähigt, die Fülle der Einzelheiten unter allgemeinen Ordnungsgesichtspunkten zusammenzusetzen.

Rosenfeld, E. H., **Deutsches Strafprozeßrecht.** 2 Bände. 128 und 148 Seiten. 1926. (Sammlung Göschen Bd. 938/939.) Geb. je RM. 1.80

„Eine wissenschaftlich hochstehende, auf einem knappen Raum zusammengedrängte, klar und originell geschriebene Einführung in den deutschen Strafprozeß.“ Schweizer. Zeitschrift für Strafrecht.

Löwe, F., und **Rosenberg,** Werner, **Die Strafprozeßordnung für das Deutsche Reich** vom 22. März 1924 nebst dem Gerichtsverfassungsgesetz. Kommentar. Achtzehnte, neubearbeitete Auflage. Lexikon-Oktav. 1332 Seiten. 1929 . . . . RM. 44.—, in Halbleder geb. RM. 50.—

*„Der Kommentar steht nach wie vor an erster Stelle und ist ein **Meisterwerk in der Kunst einer klaren, übersichtlichen und erschöpfenden Darstellung dieses außerordentlich spröden Stoffes.**"*
Zeitschrift des deutschen Notarvereins.

Feisenberger, Albert, **Strafprozeßordnung und Gerichtsverfassungsgesetz,** in alter und neuer Fassung synoptisch gegenübergestellt. Mit ausführlichem Sachregister. Taschenformat. 265 Seiten. 1924. Mit Nachtrag. 1927. (Guttentagsche Sammlung Deutscher Reichsgesetze Bd. 158.) . . . . Geb. RM. 4.50

„Die Ausgabe ist für die Praxis auf längere Zeit unentbehrlich. Die synoptische Darstellung erleichtert die Arbeit und schützt vor Gedächtnisfehlern."
Juristische Wochenschrift.

Aschrott, P. F., Die Reform des Strafprozesses. Kritische Besprechungen der von der Kommission für die Reform des Strafprozesses gemachten Vorschläge. Auf Veranlassung der Internationalen Kriminalistischen Vereinigung, Gruppe Deutsches Reich. Groß-Oktav. XII, 120 und 784 Seiten. 1906 . . . . RM. 12.—

Beiträge zur Reform des Strafprozesses. Herausgegeben von Dr. Franz **Adickes,** Dr. P. F. **Aschrott,** Dr. K. **von Lilienthal,** Dr. Fr. **von Liszt.** 2 Bände. Groß-Oktav. I. Bd. Heft 1—6. 1908. RM. 9.70. — II. Bd. Heft 1—5. 1909. RM. 15.10.

Boehringer, Margrit, Die Eidesreform im Strafprozeß und Strafrecht. Oktav. 203 Seiten. 1931 . . . . RM. 10.—

In der vorliegenden Arbeit wird versucht, einen möglichst vollständigen Überblick über die Grundfragen und die komplizierten Einzelfragen der Reform des Strafprozesses im Beeidigungsverfahren und dem damit unmittelbar zusammenhängenden Teil der Eidesreform im Strafrecht zu geben.

Hierbei wurde ein wesentlicher Bestandteil der Aufgabe in der Systematisierung dieser meist so unübersichtlich und durcheinanderlaufend behandelten Probleme gesehen und weiter versucht, durch möglichst vollständige Literaturangabe und Behandlung ein sachliches Urteil zu ermöglichen.

Frede, L., u. **Grünhut,** M., **Reform des Strafvollzugs.** Kritische Beiträge zu dem Amtlichen Entwurf eines Strafvollzugsgesetzes. Oktav. VII, 264 Seiten. 1927 . . . . RM. 10.—

Die in dem vorliegenden Buch zusammengefaßten Beiträge üben nicht nur eine Einzelkritik an den Bestimmungen des Entwurfs, sondern dienen zugleich unter dem Gesichtspunkt der gegenwärtigen gesetzgeberischen Aufgabe der wissenschaftlichen Grundlegung des ganzen Strafvollzugsproblems.

VI. Öffentliches Recht.

1. Staats- und Völkerrecht.

Fischbach, O. G., **Allgemeine Staatslehre.** Zweite Auflage. 136 Seiten. 1928. (Sammlung Göschen Bd. 358.) . . . . . Geb. RM. 1.80

„Das Buch darf einer breiten Öffentlichkeit als ausgezeichnete Einführung, den Fachgenossen aber, jung und alt, als Musterbeispiel wissenschaftlichen Bemühens um die denkbar beste Leistung anempfohlen werden, wie man ihm heute nicht allzu häufig mehr begegnet."
Reichsverwaltungsblatt.

Fischbach, O. G., **Allgemeines Staatsrecht.**
I. Teil. 139 Seiten. 1923. (Sammlung Göschen, Bd. 415.)
Geb. RM. 1.80
II. Teil. 151 Seiten. 1923. (Sammlung Göschen Bd. 416.)
Geb. RM. 1.80

Diese Bearbeitung bringt nicht bloß einen leicht faßlichen gemeinverständlichen Überblick über alle Zweige des Staatsrechtes, sondern auch in den einzelnen Partien viele gründliche wissenschaftliche Erörterungen der einschlagenden Probleme und kritischen Beleuchtung der verschiedenen Rechtsansichten.

Bühler, O., Staatsrecht des Reichs und Preußens. Taschenformat. 608 Seiten. 1931. (Lehrausgaben Deutscher Gesetze Bd. IIIa.) Geb. RM. 9.—

Stier-Somlo, Fritz, Deutsches Reichs- und Landesstaatsrecht I. Oktav. XVI, 726 Seiten. 1924. (Lehrbücher und Grundrisse der Rechtswissenschaft Bd. XVIII.) . . . . RM. 16.50, geb. RM. 18.—

„. . . *Von den zurzeit vorhandenen größeren Lehrbüchern des Reichsstaatsrechts das geeignetste.*" *Juristische Wochenschrift.*

Stier-Somlo, Fritz, Reichsstaatsrecht. I. Grundbegriffe des Staatsrechts. Verfassungsgeschichte vom Ende des 18. Jahrhunderts bis zur Reichsverfassung vom 11. August 1919. 108 Seiten. 1927. (Sammlung Göschen Bd. 967.) . . . . Geb. RM. 1.80

II. Das geltende Reichsstaatsrecht. 114 Seiten. 1927. (Sammlung Göschen Bd. 968.) . . . . Geb. RM. 1.80

Stier-Somlo, Fritz, Preußisches Staatsrecht. Zweite Auflage. 136 Seiten. 1927. (Sammlung Göschen Bd. 298.) . . . . . Geb. RM. 1.80

Die Verfassung des Deutschen Reichs vom 11. August 1919 mit den wichtigsten Nebengesetzen. Textausgabe mit Einleitung und Sachregister. Dritte Auflage. Taschenformat. 104 Seiten. 1931. (Guttentagsche Sammlung von Textausgaben ohne Anmerkungen mit Sachregister.) . . . . RM. 1.—

Die handliche Ausgabe enthält den genauen Gesetzestext mit einem das Zurechtfinden sehr erleichternden Sachregister. Sie entspricht dem letzten Stand.

Arndt, Adolf, Die Verfassung des Deutschen Reiches. Dritte Auflage. Taschenformat. 1927. (Guttentagsche Sammlung Deutscher Reichsgesetze Bd. 137.) . . . . RM. 8.—

„*Für alle, die sich auf dem schwierigen Gebiet der Reichverfassung orientieren wollen, liegt hier ein vorzügliches Nachschlagewerk von gediegener Wissenschaftlichkeit vor.*"

Staats- und Selbstverwaltung.

Stier-Somlo, Fritz, Kommentar zur Verfassung des Freistaates Preußen. Groß-Oktav. 319 Seiten. 1921 . . . . Geb. RM. 3.—

„*Die Darstellung ist flüssig und knapp und ist als treffliche Orientierung über das neue Verfassungswerk, eine Orientierung, die ihre notwendige Ergänzung in dem vorzüglichen Kommentar Stier-Somlos findet, sehr zu empfehlen.*" *Zeitschrift für öffentliches Recht.*

Arndt, Adolf, Die Verfassung des Freistaats Preußen vom 30. November 1920. Mit Einleitung, vollständigem Kommentar, Landeswahlgesetz und Sachregister. Taschenformat. 158 Seiten. 1921. (Guttentagsche Sammlung Preußischer Gesetze Bd. 1.)

Geb. RM. 2.—

„. . . *Der Kommentar wird denjenigen, die sich mit den einzelnen Bestimmungen der Verfassung vertraut machen wollen, ein willkommener Ratgeber sein.*"

Zeitschrift für Polizei- und Verwaltungsbeamte.

Veröffentlichungen der Vereinigung deutscher Staatsrechtslehrer.

Heft 1: Der deutsche Föderalismus. Oktav. 1924 . . . RM. 5.—
Heft 2: Der Schutz des öffentlichen Rechts. Oktav. 1925. RM. 12.—

Heft 3: Die Gleichheit vor dem Gesetz. Der Einfluß des Steuerrechts auf die Begriffsbildung des öffentlichen Rechts. Oktav. 1927. RM. 7.—
Heft 4: Das Recht der freien Meinungsäußerung. — Der Begriff des Gesetzes in der Reichsverfassung. Oktav. 1928 . . . . . . RM. 10.—
Heft 5: Wesen und Entwicklung der Staatsgerichtsbarkeit. — Überprüfung von Verwaltungsakten durch die ordentlichen Gerichte. Oktav. 1929 . . . . RM. 12.—
Heft 6: Bundesstaatliche und gliedstaatliche Rechtsordnung. Verwaltungsrecht der öffentlichen Anstalt. Berichte von Fritz Fleiner, Josef Lukas, Lutz Richter und Arnold Köttgen. Verhandlungen der Tagung der deutschen Staatsrechtslehrer zu Frankfurt a. M. am 25. und 26. April 1929. Mit einem Auszug aus der Aussprache. Oktav. IV, 166 Seiten. 1929 . . . . RM. 9.—

Sehling, Emil, Kirchenrecht. Zweite Auflage.
I. Teil. Einleitung. Quellen, Verfassung und Verwaltung der katholischen Kirche. Anhang: Die griechisch-orthodoxe Kirche. 119 Seiten. 1922. (Sammlung Göschen Bd. 377.) . . . . Geb. RM. 1.80
II. Teil: Das evangelische Kirchenrecht. Die Stellung des Staates zur Kirche und das Verhältnis der Religionsgesellschaften zueinander. 87 Seiten. 1927. (Sammlung Göschen Bd. 954.) . . . Geb. RM. 1.80

Edler v. Hoffmann, H., **Deutsches Kolonialrecht.** 150 Seiten. 1907. (Sammlung Göschen Bd. 318.) . . . . Geb. RM. 1.80

Delius, H., **Die Beamtenhaftpflichtgesetze** des Reiches und der Länder. Vierte, vermehrte und vollkommen neubearbeitete Auflage. Taschenformat. 384 Seiten. 1929. (Guttentagsche Sammlung Deutscher Reichsgesetze Bd. 94.) . . . . Geb. RM. 10.—

Wörterbuch des Völkerrechts und der Diplomatie. Begonnen von Professor Dr. **Julius Hatschek** †. Fortgesetzt und herausgegeben von Dr. Karl **Strupp,** Professor an der Universität Frankfurt a. M., Associé de l'institut de droit international, membre de l'Academie Diplomatique Internationale. Lexikon-Oktav.
Band I: Aachen—Lynchfall. VI, 860 Seiten. 1924.
RM. 35.—, in Halbleder geb. RM. 40.—
Band II: Maas—Utschiali. 779 Seiten. 1925.
RM. 35.—, in Halbleder geb. RM. 40.—
Band III (Schluß): Vasallenstaaten—Zwangsverschickung. Ferner Anhang: Abessinien—Weltgerichtshof; Sachverzeichnis und Mitarbeiterregister. II, 1316 Seiten. 1929.
RM. 62.—, in Halbleder geb. RM. 67.—

„Der Vorsprung, den entsprechende Werke in französischem Sprachgewande bisher hatten, ist nunmehr in Deutschland eingeholt. Die Form der alphabetischen Zergliederung des Stoffes ermöglicht eine breitere Behandlung der Einzelfälle, die im internationalen Rechtsleben nicht selten von größerer Bedeutung als vorzeitig aufgestellte Abstraktionen sind." *Zeitschrift für Völkerrecht.*

Anzilotti, D., **Lehrbuch des Völkerrechts.** Übersetzt und herausgegeben vom Institut für ausländisches öffentliches Recht und Völkerrecht, Berlin. I. Band. Groß-Oktav. 444 Seiten. 1929. RM. 19.—, geb. RM. 20.—

Das Buch ist nicht schlechthin eine Übersetzung der italienischen Originalausgabe, sondern berücksichtigt auch die gesamte Rechtsprechung und Literatur der letzten Zeit und stellt somit das zurzeit modernste Lehrbuch des Völkerrechts überhaupt dar.

Niemeyer, Theodor, **Völkerrecht.** 168 Seiten. 1925. (Sammlung Göschen Bd. 865.) . . . . Geb. RM. 1.80

Dieses Bändchen gibt in gedrängter Form eine vollständige Übersicht über das Völkerrecht.

Beiträge zum ausländischen öffentlichen Recht und Völkerrecht. Herausgegeben im Auftrage des Instituts für ausländisches öffentliches Recht und Völkerrecht in Berlin in Gemeinschaft mit Friedrich Glum, Ludwig Kaas, Rudolf Smend, Heinrich Triepel von Viktor **Bruns.** Groß-Oktav.

Eine Sammlung einschlägiger wissenschaftlicher Abhandlungen, Materialsammlungen, Übersetzungen besonders wertvoller ausländischer Werke u. a.

Heft 1:
Triepel, H., **Staatsrecht und Politik.** Rede beim Antritt des Rektorats der Friedrich-Wilhelms-Universität zu Berlin am 15. Oktober 1926. 40 Seiten. 1927 . . . . RM. 2.—

Heft 2:
Schmitt, Carl, **Volksentscheid und Volksbegehren.** Ein Beitrag zur Auslegung der Weimarer Verfassung und zur Lehre von der unmittelbaren Demokratie. 54 Seiten. 1927 . . . . RM. 2.60

Heft 3:
Heck, K., **Der Aufbau des britischen Reiches.** (Der Verhandlungsbericht der Reichskonferenz von 1926.) 152 Seiten. 1927. RM. 6.—

Heft 4:
Heller, H., **Die Souveränität.** Ein Beitrag zur Theorie des Staats- und Völkerrechts. 177 Seiten. 1927. . . . . RM. 8.50

Heft 5:
Grentrup, Theodor, **Die Missionsfreiheit** nach den Bestimmungen des geltenden Völkerrechts. 112 Seiten. 1928 . . . . RM. 5.50

Heft 6:
Robinson, Jakob, **Das Minoritätenproblem** und seine Literatur. Kritische Einführung in die Quellen und die Literatur der europäischen Nationalitätenfrage der Nachkriegszeit, unter besonderer Berücksichtigung des völkerrechtlichen Minderheitenschutzes.

Allgemeiner Teil. 265 Seiten. 1928 . . . . RM. 9.—

Heft 7:
Bilfinger, Karl, **Der Reichssparkommissar.** 68 Seiten. 1928. RM. 3.60

Heft 8:
Bumiller, J. M., **Die völkerrechtliche Stellung der fremden Truppen im Saargebiet.** 156 Seiten. 1928 . . . . RM. 9.—

Heft 9:
Das Recht des Ausnahmezustands im Auslande (Frankreich, Belgien, Niederlande, Italien, England, Irland). 296 Seiten. 1928. RM. 14.—

Heft 10:
Gerland, B., **Die Beziehungen zwischen dem Parlament und den Gerichten in England.** Eine rechtsvergleichende Studie. 137 Seiten. 1928. RM. 8.—

Heft 11:
Leibholz, Gerhard, **Zu den Problemen des fascistischen Verfassungsrechts.** Akademische Antrittsvorlesung. 112 Seiten. 1928. RM. 5.—

Heft 12:
Glum, Friedrich, **Der deutsche und der französische Reichswirtschaftsrat.** Ein Beitrag zu dem Problem der Repräsentation der Wirtschaft im Staat. 188 Seiten. 1929 . . . . RM. 9.—

Heft 13:
Leibholz, Gerhard, **Das Wesen der Repräsentation** unter besonderer Berücksichtigung des Repräsentativsystems. Ein Beitrag zur allgemeinen Staats- und Verfassungslehre. Groß-Oktav. 214 Seiten. 1929. RM. 14.—

Heft 14:
Schenk, v. Stauffenberg, G., **Das Recht der russischen Handelsvertretungen.** Oktav. 95 Seiten. 1930 . . . . RM. 6.—

Heft 16:
Menzel, Kurt, Das deutsche Vorkriegs-Vermögen in Rußland und der deutsche Entschädigungsvorbehalt. Eine Übersicht, zugleich über die Entschädigungsbemühungen der anderen Staaten. Oktav. IV, 236 Seiten. 1931 . . . . RM. 9.—

Heft 17:
Kaufmann, Erich, **Zur Problematik des Volkswillens.** Oktav. 19 Seiten. 1931 . . . . RM. 1.50

Kraus, H., **Internationale Schiedssprechung.** Eine Sammlung der für das Deutsche Reich verbindlichen Verträge und Vertragsbestimmungen, die sich auf internationale Gerichtsbarkeit, Schiedsgerichtsbarkeit, sowie Vergleichsverfahren beziehen, nebst den dazugehörigen deutschen Regierungsdenkschriften. Taschenformat. XXXVI, 348 Seiten. 1929. (Guttentagsche Sammlung Deutscher Reichsgesetze Bd. 174.) . . . . Geb. RM. 10.—

„Die vorliegende Dokumentensammlung füllt eine Lücke aus, da es bisher schwer war, alle schiedsrichterlichen Verpflichtungen des Deutschen Reiches auf einmal einzusehen." Friedenswarte.

Strupp, Karl, Das Werk von Locarno. Eine völkerrechtlich-politische Studie. Oktav. 180 Seiten. 1926 . . . . RM. 10.—

„Die lückenlose Mitteilung aller für das Verständnis und die Auslegung wichtiger Urkunden macht das aktuelle Buch zu einem außerordentlich wertvollen Mittel der Erkenntnis des Inhalts und der Tragweite dieser grundlegenden Staatsverträge." D. A. Z.

Sering, Max, **Deutschland unter dem Dawes-Plan.** Entstehung, Rechtsgrundlagen, wirtschaftliche Wirkungen der Reparationslasten. Oktav. VIII, 237 Seiten. 1928 . . . . RM. 10.—

„Nicht nur dem Juristen und Volkswirtschaftler, sondern auch dem Laien verständlich, gibt das Werk einem jeden wertvollen Einblick in Deutschlands wirtschaftspolitische Abhängigkeit, die sich bis in die kleinsten Betriebe hineinzieht, die jedes einzelne Glied des deutschen Volkes betrifft." Prakt. Rundschau.

2. Verwaltungsrecht.

Reichsrecht

Bühler, O., **Verwaltungsgesetze des Reiches und Preußens.** Taschenformat. XI, 682 Seiten. 1930. Mit Nachtrag 1931. Geb. RM. 11.—
(Lehrausgaben Deutscher Gesetze, Bd. III.)

Außer den preußischen Verwaltungsgesetzen bringt der vorliegende Band als erster auch die immer wichtiger werdenden Verwaltungsgesetze des Reichs. Durch Weglassung aller für den Unterricht überflüssigen Gesetze, Weglassung auch unwichtiger Bestimmungen in den oft sehr weitschweifigen Verwaltungsgesetzen (wobei aber der Inhalt weggelassener Bestimmungen jeweils kurz angedeutet ist) ist es ermöglicht worden, auch hier einen Band erstehen zu lassen, der nicht schon durch seinen Umfang abschreckt.

Blume, E., und **Weirauch,** W., **Die Eisenbahn-Verkehrsordnung** vom 16. Mai 1928 mit Allgemeinen Ausführungsbestimmungen sowie dem Internationalen Übereinkommen über den Eisenbahnfrachtverkehr vom 30. Mai 1925 und dem Internationalen Übereinkommen über den Eisenbahn-Personen- und Gepäckverkehr vom 12. Juni 1925. Textausgabe mit Anmerkungen. Vierte Auflage. Taschenformat. X, 482 Seiten. 1928. (Guttentagsche Sammlung Deutscher Reichsgesetze Bd. 91.) Geb. RM. 9.—

„Ein treffliches Hilfsbuch für alle, die sich mit dem Eisenbahnverkehrsrecht theoretisch und praktisch zu beschäftigen haben. Der Kommentar wird besonders auch den Gerichten und den Anwälten

gute Dienste leisten, da die Ausführungsbestimmungen zur Eisenbahnverkehrsordnung, die vollständig abgedruckt werden, sonst nur in den Tarifen veröffentlicht werden, die in den Kreisen der Juristen weniger bekannt sind. Allen, die es angeht, kann daher die Anschaffung der neuen Auflage dringend empfohlen werden."

Juristische Wochenschrift.

Fischbach, O. G., **Das Reichsbeamtengesetz vom 31. März 1873 in der Fassung der Bekanntmachung vom 18. Mai 1907 mit allen Abänderungen und Ergänzungen.** Taschenformat. 311 Seiten. 1930. (Guttentagsche Sammlung Deutscher Reichsgesetze, Bd. 82.) Geb. RM. 6.—

Die vorliegende Erläuterung des Beamtengesetzes entspricht den neuesten Fortschritten der Wissenschaft und Rechtsprechung. Bemerkenswert ist, daß auch verwandte Gesetze und Verordnungen der einheitlichen Erläuterung unterzogen wurden, so daß dieses Buch für die Praxis ein der Sache wie der Erläuterungsart wichtiges Hilfsmittel darstellt.

Fischer, D., und **Staedler,** E., **Die deutsche Post- und Telegraphengesetzgebung.** Teil I: Postrecht (mit Ausschluß des internationalen Rechts). Siebente Auflage. 47*, 586 Seiten. 1929. (Guttentagsche Sammlung Deutscher Reichsgesetze Bd. 7.) . . . . Geb. RM. 15.—

„Die Texte sind mit großer Sorgfalt und mit dem Streben nach einschlägiger Vollständigkeit zusammengestellt. Eine Verbesserung gegenüber den früheren Auflagen bedeutet der der Sammlung neu vorangestellte systematische Abriß des geltenden Postrechts."

Württembergische Industrie.

Teil II: **Telegraphen- und Fernsprechrecht** (mit Ausschluß des internationalen Rechts). Taschenformat. 495 Seiten. 1930. (Guttentagsche Sammlung Deutscher Reichsgesetze Band 7a.) . . RM. 13.—

Wie im ersten Teil, so werden auch hier die Erläuterungen unter die folgenden Gesichtspunkte gestellt: 1. die wechselseitige juristische und tatsächliche Berührung zwischen den sehr zersplitterten Rechtsquellen. 2. die rechtsgeschichtlichen Zusammenhänge, die zur kritischen Beurteilung des Gegenstandes unerläßlich sind. 3. die öffentlich-rechtliche Eigenschaft des gesamten Rechtsstoffes. Rechtsprechung und Literatur sind bis in die letzte Zeit berücksichtigt.

Sebba, Julius, **Seewasserstraßenordnung.** (Polizeiverordnung zur Regelung des Verkehrs auf den deutschen Seewasserstraßen vom 31. März 1927.) Taschenformat. 493 Seiten. 1928. (Guttentagsche Sammlung Deutscher Reichsgesetze Bd. 171.) . . . . Geb. RM. 8.50

„Es bedarf hierbei wohl nicht der besonderen Hervorhebung, daß die Kommentierungsmethode des rühmlichst bekannten Neu-Herausgebers von Schaps-Seerecht auch in dem vorliegenden Werke eine knappe und doch gründliche geworden ist."

Verkehrsrechtliche Praxis.

Busse, Rudolf, **Luftrecht einschließlich Luftverkehrsgesetz und Pariser Luftverkehrsabkommen.** Taschenformat. XVIII, 448 Seiten. 1928. (Guttentagsche Sammlung Deutscher Reichsgesetze Bd. 170.) Geb. RM. 10.—

Das vorliegende Buch sucht in einem nationalen und internationalen Teil einen klaren Überblick über das gesamte Luftrecht zu geben; der neueste Stand der Rechtsprechung ist hierbei berücksichtigt. Den erläuterten Gesetzesabkommenstexten ist eine systematische Einführung in das gesamte Luftrecht mit seinen vielseitigen Rechtsdisziplinen vorausgeschickt.

Volkmann, Kurt, **Die Straßenverkehrsordnungen** nebst den einschlägigen Nebenbestimmungen. Taschenformat. 312 Seiten. 1929. (Guttentagsche Sammlung Deutscher Reichsgesetze Bd. 175.) . . . Geb. RM. 7.—

„Das übersichtliche Werkchen, das uns eine schnelle Information über auftauchende Rechtsfragen auf diesem besonderen Verkehrgebiete verschafft, kann Polizeibeamten, Gerichten, Anwälten, Fuhrwerksbesitzern, Kraftfahrern und Radfahrern zur Anschaffung empfohlen werden."
Verkehrsrechtl. Rundschau.

Holzapfel, W., Die Siedlungsgesetzgebung im Reich und in Preußen. 347 Seiten. 1920. (Guttentagsche Sammlung Deutscher Reichsgesetze Bd. 140.) . . . . Geb. RM. 3.—

„Die zur Ausführung jener Gesetze bestimmten Behörden und auch die literarische Forschung wird dem Verfasser für seine mühevolle Arbeit Anerkennung zollen." *Archiv für öffentliches Recht.*

Behrend, Ernst, und **Stranz-Hurwitz,** Helene, **Sammlung von Wohlfahrtsgesetzen** des Deutschen Reichs und Preußens nebst den allgemeinen Wohlfahrtsgesetzen von Sachsen, Thüringen, Hamburg, Mecklenburg-Schwerin und -Strelitz, Oldenburg, Lippe und Lübeck.
Teil I: Taschenformat. 560 Seiten. 1923 . . . . . Geb. RM. 5.—
Teil II: Nebst Ausführungsgesetzen sämtlicher Länder zum Reichsjugendwohlfahrtsgesetz. Taschenformat. XVI, 551 Seiten. 1925. (Guttentagsche Sammlung Deutscher Reichsgesetze Bd. 152 und 152a.)
Geb. RM. 9.—
Teil I und II zus. RM. 12.—

„Die kurzen, alles Wesentliche zusammenfassenden Einleitungen zu den einzelnen Gesetzen sind mit außerordentlicher Sachkunde und Klarheit geschrieben; sie genügen zusammen mit den Literaturangaben völlig für den Praktiker, um die Gesetzestexte richtig handhaben zu können. Das Werk ist für alle in der Wohlfahrtspflege Arbeitenden unentbehrlich und sehr praktisch."
Nachrichtendienst des Deutschen Vereins für öffentliche Fürsorge.

Wegner, Arthur, **Jugendrecht.** Ein Lehrbuch zur Einführung. Oktav. IX, 219 Seiten. 1929 . . . . RM. 6.—, geb. RM. 7.50

Drewes, Paul, und **Sandré,** Emil, **Das Reichsgesetz für Jugendwohlfahrt** vom 9. Juli 1922 und **Jugendgerichtsgesetz** vom 16. Februar 1923 nebst Nebengesetzen. Zweite Auflage. Taschenformat. XVI, 496 Seiten. 1928. (Guttentagsche Sammlung Deutscher Reichsgesetze Bd. 154.)
Geb. RM. 11.—

„Eine sehr handliche Gesetzesausgabe. Sie bietet in ausführlichen geschichtlichen und rechtlichen Vorbemerkungen und Einleitungen wertvolles Material zur Einführung in den Willen und Geist beider Gesetze und gibt in knappen, aber ausreichenden Erläuterungsbemerkungen zu den einzelnen Bestimmungen dem Praktiker die erforderlichen Unterlagen zur richtigen Anwendung. Das Werk dürfte sich in der Praxis beliebt machen." *Blätter für öffentliche Fürsorge*

Sandré, Emil **Verordnung über die Fürsorgepflicht.** Vom 14. Februar 1924. Mit Einschluß der für die Durchführung dieser Verordnung in Frage kommenden reichs- und landesgesetzlichen Bestimmungen. Taschenformat. 342 Seiten. 1925. (Guttentagsche Sammlung Deutscher Reichsgesetze Bd. 160.) . . . . Geb. RM. 6.—

„Die Zusammenstellung der bis in die jüngste Zeit ergangenen gesetzlichen Bestimmungen, die in Beziehung zur Fürsorgepflichtverordnung stehen, gibt der Sandréschen Arbeit ihre besondere Bedeutung. Die Anmerkungen sind zahlreich und zeichnen sich durch einen feinen, klaren Stil aus. Das Buch ist übersichtlich geordnet und leicht zu handhaben." *Schleswig-Holsteinsche Wohlfahrtsblätter.*

Szczesny, Viktor, **Das Lichtspielgesetz** vom 12. Mai 1920 mit der Ausführungsverordnung Einleitung, Gebührenordnung und Sachregister. Taschenformat. 106 Seiten. 1920. (Guttentagsche Sammlung Deutscher Reichsgesetze Bd. 147.) . . . . Geb. RM. 1.50

„Das neue Lichtspielgesetz hat hier eine ausführliche Kommentierung gefunden. Das Buch kann bei der gründlichen Behandlung des Stoffes als ein geeignetes Hilfsmittel für die Praxis bezeichnet werden." *Preußische Gemeinde-Zeitung.*

Wündisch, Ernst, **Das Gesetz über Schußwaffen und Munition** vom 12. April 1928 (RGBl. I S. 143) nebst der Ausführungsverordnung der Reichsregierung vom 13. Juli 1928 (RGBl. I S. 198) und dem Preußischen Erlaß zur Durchführung des Gesetzes vom 7. September 1928 (MBliV. S. 925). Taschenformat. 139 Seiten. 1928. (Guttentagsche Sammlung Deutscher Reichsgesetze Bd. 173.) . . . . Geb. RM. 5.—

Ein klares zuverlässiges Erläuterungsbuch für den praktischen Gebrauch.

Fraustädter, W., und **Kreutzberger,** M., **Das deutsche Ausländerrecht.** Die Bestimmungen des Reichsrechts und preußischen Landesrechts. Textausgabe mit Erläuterungen und Sachregister. Taschenformat. 396 Seiten. 1927. (Guttentagsche Sammlung Deutscher Reichsgesetze Bd. 166.) Geb. RM. 9.—

„Eine höchst begrüßenswerte Veranstaltung, aus dem Bedürfnis der Praxis hervorgegangen und mit vollendetem Sachverständnis unternommen. Sowohl die Vollständigkeit der mannigfach verstreuten gesetzlichen Bestimmungen als deren Anordnung, Registrierung und Erläuterung durch Ausführungsbestimmungen, Gerichtsentscheidungen, Verwaltungspraxis ist vortrefflich." *Niemeyers Zeitschrift für internationales Recht.*

Voß, Werner, **Die reichs- und landesrechtlichen Bestimmungen auf dem Gebiete des Gesundheitswesens.** Zusammengestellt und mit Anmerkungen versehen. Taschenformat. 608 Seiten. 1929. (Guttentagsche Sammlung Deutscher Reichsgesetze Bd. 172.) . . . . . . Geb. RM. 11.—

„Der Band enthält eine Sammlung der Gesetze, Verordnungen und Bestimmungen auf dem Gebiete des Gesundheitswesens, wie sie in dieser Vollständigkeit sonst nicht besteht. Dadurch erst ist ein zuverlässiger und rascher Überblick über die einschlägigen weit verstreuten Bestimmungen gewährleistet." *Württ. Zeitschr. f. Rechtspflege.*

Hippel, W. von, **Reichsviehseuchengesetz** vom 26. Juni 1909 nebst Ausführungsvorschriften und dem preußischen Ausführungsgesetz. Zweite Auflage. Taschenformat. 486 Seiten. 1913. (Guttentagsche Sammlung Deutscher Reichsgesetze Bd. 103.) . . . . Geb. RM. 4.—

Boxberger, L. von, **Vogelschutzgesetz** vom 30. Mai 1908 nebst den das Flugwild betreffenden Bestimmungen der Preußischen Jagdordnung. Taschenformat. 57 Seiten. 1909. (Guttentagsche Sammlung Deutscher Reichsgesetze Bd. 89.) . . . . Geb. RM. 1.—

Landesrecht

Bitter, von, **Handwörterbuch der Preußischen Verwaltung.** Dritte, vollständig umgearbeitete Auflage. Unter Mitwirkung zahlreicher hoher Reichs- und preußischer Staatsbeamten herausgegeben von Dr. Bill Drews, Staatsminister a. D., Präsident des Pr. Oberverwaltungsgerichts, und Dr. Franz Hoffmann, Wirklicher Geheimer Oberregierungsrat, Berlin. Lexikon-Oktav. 1928.
RM. 120.—, in Halbleder geb. RM. 132.—

Erster Band, 1. Halbband: Abbaugerechtigkeiten—Fleisch- und Viehagenten. 552 Seiten.

2. Halbband: Fleischvergiftung—Kyffhäuserbund. Seite 553 bis 1134 und IX Seiten.

Zweiter Band: Lackfabriken—Zwischenkredit. VII, 1220 Seiten.

(Im Verlage der Firmen: Walter de Gruyter & Co., Berlin; Carl Heymanns Verlag, Berlin; Roßberg'sche Verlagsbuchhandlung, Leipzig.)

Das zentrale Werk der Praxis des Verwaltungsrechts.

Reichelt, H., **Verwaltungsgesetzbuch für Preußen.** Systematische Zusammenstellung der wichtigsten Verwaltungsgesetze und Verordnungen für Praxis und Unterrichtszwecke. Lexikon-Oktav. VII, 1302 Seiten. 1914 . . . . Geb. RM. 7.60

„Das Buch ist sehr wertvoll, dem Praktiker unentbehrlich und leistet demjenigen, der sich auf eine Prüfung vorbereitet, vorzügliche Dienste. Allen Verwaltungsbehörden wird das Buch warm empfohlen."
Preußische Verwaltungs- und Finanz-Zeitung.

Friedrichs, K., **Die Gesetzgebung über die allgemeine Landesverwaltung** und Zuständigkeit der Verwaltungs- und Verwaltungsgerichtsbehörden. Dritte, durchgesehene Auflage. Taschenformat. XXIII, 295 Seiten. 1927. (Guttentagsche Sammlung Preußischer Gesetze Bd. 42.) Geb. RM. 5.—

„Der Wert dieser Arbeit liegt darin, daß er eine erschöpfende und klare Übersicht über das tatsächlich geltende Verwaltungsrecht bringt. Das Werk ist ein vorzügliches und nie versagendes Hilfsmittel."
Gesetz und Recht.

Pfafferoth, Carl, **Preußische Beamtengesetzgebung.** Fünfte Auflage. XIV, 280 Seiten. 1916. (Guttentagsche Sammlung Preußischer Gesetze Bd. 2.) . . . . Geb. RM. 2.40

Dultzig, Eugen von, **Das preußische Disziplinargesetz für die nichtrichterlichen Beamten.** Taschenformat. XIV, 364 Seiten. 1914. (Guttentagsche Sammlung Preußischer Gesetze Bd. 51.) . . . . Geb. RM. 4.20

„Der Verfasser kennt das Disziplinarrecht aus eigener Tätigkeit und aus langer Erfahrung. Diese hat er zu einem praktischen Nachschlagebuch für alle praktischen Fragen des Disziplinarrechts ausgestaltet. Bei tunlichster Kürze sind doch recht erschöpfende, klare und anschauliche Erläuterungen entstanden, die das Verständnis und die Anwendung des Disziplinarrechts in zweckmäßiger Weise erleichtern. Das Büchlein verdient volle Beachtung."
Zeitschrift für Polizei- und Verwaltungsbeamte.

Hagemann, Rudolf, **Hinterlegungsordnung** vom 21. April 1913. Taschenformat. 175 Seiten. 1914. (Guttentagsche Sammlung Preußischer Gesetze Bd. 53.) . . . . Geb. RM. 2.20

„Das in der vorteilhaft bekannten Guttentagschen Sammlung erschienene Buch darf als ein Hilfsmittel zu dem nicht immer ganz einfachen Verständnis der neuen Hinterlegungsvorschriften bestens empfohlen werden; es ist klar, übersichtlich und ausführlich."
Zentralblatt für freiwillige Gerichtsbarkeit.

Aschrott, P. F., **Gesetz über die Fürsorgeerziehung Minderjähriger.** Vom 2. Juli 1900. Nebst Ausführungsanweisungen. Dritte Auflage. Taschenformat. 374 Seiten. 1917. (Guttentagsche Sammlung Preußischer Gesetze Bd. 28.) . . . . Geb. RM. 2.80

„Das Buch gewährt nicht nur einen klaren Einblick in die gegenwärtige Gestaltung der Fürsorgeerziehung in Preußen, sondern es gibt auch über die Zweifelsfragen, welche bei der Auslegung des technisch ziemlich unvollkommenen Fürsorgeerziehungsgesetzes in besonders reicher Fülle auftauchen, durchweg eine erschöpfende und zutreffende Auskunft." *Das Recht.*

Marcks, A., **Gesetz, betr. die Unterhaltung der öffentlichen Volksschulen.** Taschenformat. 194 Seiten. 1906. (Guttentagsche Sammlung Preußischer Gesetze Bd. 39.) . . . . Geb. RM. 1.80

„Das handliche Büchlein wird, von sachkundiger Seite herrührend und praktisch angelegt, Verwaltungsbeamten, Schulvorständen, Lehrern beim Gebrauch gute Dienste leisten."
Schulblatt der Provinz Brandenburg.

Ledermann, W., und Brühl, L., Die Städteordnung für die sechs östlichen Provinzen Preußens. Zweite Auflage. Taschenformat. 593 Seiten. 1913. (Guttentagsche Sammlung Preußischer Gesetze Bd. 32.) Geb. RM. 6.—

„Der Kommentar, eine hervorragende Arbeit, ist von der Kritik und der Praxis so einmütig günstig aufgenommen worden, daß er auch in seiner zweiten durch Gesetzgebung, Literatur und Rechtsprechung der letzten zehn Jahre bereicherten Ausgabe keiner weiteren Empfehlung bedarf." *Kommunale Praxis.*

Wölbling, P., Bildung der neuen Stadtgemeinde Berlin. Zweite Auflage. Taschenformat. 114 Seiten. 1920. (Guttentagsche Sammlung Preußischer Gesetze Bd. 59.) . . . . Geb. RM. 1.40

„Die Ebenmäßigkeit mit den Kommentaren anderer Gesetze der Guttentagschen Sammlung erringt der Verfasser durch seine strenge Sachlichkeit. Damit muß seinem Werk die Beachtung bei der Durchführung des Gesetzes und bleibender Wert gesichert erscheinen."
Soziale Praxis.

Caro, H., Gesetz, betr. Austritt aus der Landeskirche, vom 14. Mai 1873. Taschenformat. 190 Seiten. 1911. (Guttentagsche Sammlung Preußischer Gesetze Bd. 46.) . . . . Geb. RM. 2.40

„Ein sehr praktisches Buch, das in den Anmerkungen zum Wortlaut des Gesetzes eine reiche Fülle von Material bietet für alle möglichen Fragen, die mit Aus- und Übertritt zusammenhängen. Das genau gearbeitete Inhaltsverzeichnis ermöglicht bei gelegentlicher Benutzung ein leichtes Auffinden des Nötigen."
Deutsch-Protestantische Bücherschau.

Meyer, O., Gesetz, betr. die Anlegung und Veränderung von Straßen und Plätzen in Städten und ländlichen Ortschaften. Taschenformat. 211 Seiten. 1913. (Guttentagsche Sammlung Preußischer Gesetze Bd. 50.) RM. 3.—

Strauß-Torney, Hugo von und **Saß,** Carl, früher **Friedrichs,** R., **Gesetz, betr. Anlegung und Veränderung von Straßen und Plätzen** in Städten und ländlichen Ortschaften. (Straßen- und Baufluchtengesetz.) Kommentar. Sechste Auflage. Groß-Oktav. 211 Seiten. 1920. RM. 8.—, geb. RM. 9.50

„Das Werk zeigt eine Reichhaltigkeit und Vollständigkeit, die sonst wenigen Kommentaren eigen ist, und übertrifft hierin noch weit die früheren Auflagen. Besonders erwähnenswert ist die geschickte Anordnung der Erläuterungen und das praktische Inhaltsverzeichnis."
Wochenschrift des Architektenvereins zu Berlin.

Heinz, H. Die preußischen Baupolizeigesetze nebst den sonstigen einschlägigen Reichs- und Landesgesetzen. Taschenformat. 404 Seiten. 1928. (Guttentagsche Sammlung Preußischer Gesetze Bd. 64.) Geb. RM. 8.—

Diesem Band ist die Aufgabe gestellt, die in erster Linie in Betracht kommenden Gesetze und sonstigen Vorschriften und die im Zusammenhang hiermit entstehenden Rechtsfragen in übersichtlicher Weise zusammenzufassen und zu erörtern. Die Rechtsprechung des Oberverwaltungsgerichts und anderer Gerichte ist hierbei berücksichtigt worden.

Goldschmidt, O., Gesetze gegen die Verunstaltung landschaftlich hervorragender Gegenden mit Ausführungsanweisungen. Taschenformat. 152 Seiten. 1912. (Guttentagsche Sammlung Preußischer Gesetze Bd. 49.) Geb. RM. 2.40

„Der Kommentar bietet eine sachgemäße, sorgfältige und erschöpfende Erläuterung der einzelnen gesetzlichen Bestimmungen. Er wird als ein durch Vollständigkeit und Zuverlässigkeit ausgezeichnetes Hilfsmittel jedem Freunde des Heimatschutzes ein willkommener Ratgeber sein." *Jahrbuch des Verwaltungsrechts.*

Wulff, G., und Herold, F., Wassergesetz vom 7. April 1913. Mit Einleitung, Erläuterungen und Sachregister. Zweite, umgearbeite Auflage von G. Wulff. Taschenformat. XVI, 665 Seiten. 1928. (Guttentagsche Sammlung Preußischer Gesetze Bd. 52.) . . Geb. RM. 12.—

„Gründlichkeit und trefflichere Kürze bilden einen besonderen Vorzug des Werkes." *Ministerialblatt f. d. preuß. innere Verwaltung.*

Holtgreven, A., und Wolff, Th., Das Wildschadengesetz vom 11. Juli 1891. Kommentar. Vierte, vermehrte und verbesserte Auflage. Oktav. VIII, 216 Seiten. 1902 . . . . RM. 4.—

„Dieses Werkchen will einerseits die juristisch zweifelhaften Punkte des Wildschadengesetzes wissenschaftlich erörtern und klarstellen und andererseits allen denjenigen, welche bei der Handhabung dieses Gesetzes in irgendeiner Weise, sei es als Private, Beamte, Grundbesitzer oder als Jagdberechtigte, beteiligt sind, ein praktischer Berater sein."
Allgemeine Forst- und Jagdzeitung.

Born, A., Das preußische Fischereigesetz vom 11. Mai 1916 in der geltenden Fassung. Taschenformat. 428 Seiten. 1928. (Guttentagsche Sammlung Preußischer Gesetze Nr. 62.) . . . . Geb. RM. 7.50

Die Ausgabe bietet eine übersichtliche, zusammenfassende Darstellung des Fischereigesetzes, in der die Rechtsprechung eingehend verwertet ist. Außer dem Fischereigesetz, das eine ausführliche Erläuterung gefunden hat, sind die wichtigen Ausführungsverordnungen und im Anhang die einschlägigen Bestimmungen anderer für die Anwendung des Fischereigesetzes in Frage kommenden Gesetze berücksichtigt.

Born, A., Die preußischen Jagdgesetze in ihrer geltenden Fassung. Mit Erläuterungen versehen. Taschenformat. 433 Seiten. 1928. (Guttentagsche Sammlung Preußischer Gesetze Nr. 63.) . . . Geb. RM. 8.—

„Das Buch kann zur Belehrung und Handgebrauch den Gerichten, Landratsämtern, Gemeinden und Forstbehörden sowie allen jagdlich interessierten Personen warm empfohlen werden."
Leipziger Ztsch. f. dtsch. Recht.

Kunze, F., Das Jagdscheingesetz. Zweite Auflage. Taschenformat. 157 Seiten. 1899. (Guttentagsche Sammlung Preußischer Gesetze Bd. 19.) . . . . Geb. RM. 2.—

„Die eingehenden Anmerkungen und die im Titel hervorgehobenen Beigaben machen den kleinen Kommentar zu einem vortrefflichen, in der Praxis schwer entbehrlichen Hilfsmittel zur Auslegung des Gesetzes." *Zeitschrift für die gesamte Strafrechtswissenschaft.*

Holzapfel, W., Umlegungsordnung. Taschenformat. 144 Seiten. 1921. (Guttentagsche Sammlung Preußischer Gesetze Bd. 60.) . . RM. 1.80

„Holzapfel, der hervorragende Kenner der Auseinandersetzungsgesetze, erläutert die Vorschriften der Umlegungsordnung in seiner scharfsinnigen Art in durchaus erschöpfender Weise und gibt in diesen Erläuterungen ein außerordentlich anschauliches Bild von der Umlegung der Grundstücke. Das Buch ist auch für Laien leicht und gut verständlich und kann jedem, der für die Umlegung Interesse hat, zur Benutzung angelegentlich empfohlen werden."
Preußisches Verwaltungsblatt.

Holzapfel W., Gesetz über Landeskulturbehörden. Taschenformat. 176 Seiten. 1919. (Guttentagsche Sammlung Preußischer Gesetze Bd. 57.) Geb. RM. 2.—

„Der Titel gibt den Inhalt des Werkchens vollständig an, hinzuzufügen ist aber, daß die Erläuterung, die umfangreich und eingehend ist und der praktischen Handhabung des Gesetzes Schritt für Schritt folgt, aus der Feder eines Mannes herrührt, der durch seine sachliche Qualifikation als gründlicher Kenner der Materie für eine zuverlässige Führung die größte Gewähr bietet. Dankenswert ist die Gründlichkeit der im bescheidenen Rahmen geleisteten Arbeit."

Verwaltungs-Archiv.

Kollenscher, M., Rechtsverhältnisse der Juden in Preußen. Taschenformat. VIII, 199 Seiten. 1910. (Guttentagsche Sammlung Preußischer Gesetze Bd. 45.) . . . . RM. 2,40

„Eine zusammenfassende, erschöpfende Darstellung der in den verschiedensten Quellen zerstreuten zahlreichen Judengesetze und Verordnungen. Jede Synagogengemeinde und jeder, der sich mit jüdischen Angelegenheiten beschäftigt, müßte dieses Buch besitzen."

Jüdische Rundschau.

3. Steuerrecht

Nieberl, A., Reichsabgabenordnung vom 13. Dezember 1919 nebst Einführungsverordnung vom 18. Dezember 1919 und Übergangsverordnung vom 11. Oktober 1921. Textausgabe mit Anmerkungen und ausführlichem Sachregister. Zweite, neubearbeitete Auflage. Taschenformat. 1927. (Guttentagsche Sammlung Deutscher Reichsgesetze Bd. 143.) . . . . Mit folgendem Nachtrag geb. RM. 12.—

„Die Darstellung ist leicht verständlich und klar. Das Sachregister ist gründlich bearbeitet. Jedenfalls wird das Buch, das einen mit der praktischen Handhabung der RAbgO. vertrauten Verfasser erkennen läßt, nicht nur den Steuerbeamten, sondern auch dem rechtsuchenden Publikum und seinen Beratern ein willkommener guter Führer auf diesem Gebiet sein." *Juristische Wochenschrift.*

Nieberl, A., Die Änderungen der **Reichsabgabenordnung** durch die Verordnung vom 1. Dezember 1930. Taschenformat. 127 Seiten. 1931. RM. 2.—

Michaelis, Richard, **Die Dritte Steuernotverordnung** vom 14. Februar 1924. Mit besonders ausführlicher Berücksichtigung der Vorschriften über die Aufwertung und die öffentlichen Anleihen. Taschenformat. VIII, 388 Seiten. 1924. (Guttentagsche Sammlung Deutscher Reichsgesetze Bd. 157.) . . . . Geb. RM. 7.—

„Ganz besonders zu rühmen ist der Kommentar von Michaelis, der dank seiner eingehenden und gründlichen Bearbeitungsweise erheblichen Einfluß auf die Praxis gewonnen hat." *Juristische Wochenschrift.*

Hollaender, Adolf, **Einkommensteuergesetz und Körperschaftsteuergesetz** nebst den zugehörigen Aus- und Durchführungsbestimmungen, Verordnungen und Erlassen. Taschenformat. XXXIX, 697 Seiten. 1926. Mit Nachtrag. 1928. (Guttentagsche Sammlung Deutscher Reichsgesetze Bd. 151.) . . . . Geb. RM. 24.—

„Das auf die Bedürfnisse der Praxis abgestellte und ihnen gerecht werdende Buch wird jedem gute Dienste leisten, der sich handelnd oder leitend auf dem äußerst unsicheren, ohne Hilfsmittel überhaupt nicht begehbaren Boden der heutigen Einkommensteuer zurechtfinden muß." *Juristische Rundschau.*

Pick, Reichsbewertungsgesetz. Textausgabe mit Anmerkungen. In Bearbeitung.

Schachian, Herbert, **Erbschaftsteuergesetz,** Fassung 1931, mit Anmerkungen. Fünfte Auflage. Taschenformat. 1931. Im Druck.

„Eine vollständige Darstellung des Erbschaftssteuerrechts und der zugrunde liegenden bürgerlich-rechtlichen Vorschriften des Erbrechts.

Als wissenschaftliche und praktische Leistung steht der klar und scharf geschriebene Kommentar in vorderster Reihe unter seinen Rivalen; er ist als Wegweiser besonders zu empfehlen."
Juristische Wochenschrift.

Hoffmann, U., **Die preußischen Erbschaftsteuergesetze.** Taschenformat. 561 Seiten. 1905. (Guttentagsche Sammlung Preußischer Gesetze Bd. 20.) . . . . RM. 3.—

Lindemann, Otto, **Umsatzsteuergesetz** (neueste Fassung) mit Ausführungsbestimmungen. Vierte, vermehrte und verbesserte Auflage. Taschenformat. 518 Seiten. 1926. (Guttentagsche Sammlung Deutscher Reichsgesetze Bd. 132.) . . . . Geb. RM. 10.—

„Es handelt sich um einen ausführlichen, gediegenen und klar abgefaßten Kommentar, der den weiteren Vorzug besitzt, auf dem laufenden zu sein. Das Werk kann allen Interessenten nur warm empfohlen werden." Industrie- und Handelszeitung.

Lindemann, Otto, **Grunderwerbsteuergesetz** (neueste Fassung) mit den Ausführungsbestimmungen. Zweite, völlig umgearbeitete Auflage. Taschenformat. 186 Seiten. 1926. Mit Nachtrag 1927. (Guttentagsche Sammlung Deutscher Reichsgesetze Bd. 139.) . . . . Geb. RM. 4.—

„Das Buch wird manchem in den mannigfachen Streitfragen des in der Praxis sehr einschneidenden Gesetzes ein willkommener Ratgeber sein. Die Erläuterungen zeichnen sich durch Klarheit und Gemeinverständlichkeit im besten Sinne aus." Württembergische Industrie.

Hagelberg, E., und **Krämer,** L., **Grunderwerbsteuergesetz** vom 12. September 1919 (RGBl. S. 1617) in der Fassung des Gesetzes vom 11. März 1927 (RGBl. I S. 72) nebst Einleitung, Sachregister und Ausführungsbestimmungen und der einschlägigen Vorschriften des Finanzausgleichs-Steuermilderungsgesetzes und Steuerstrafrechts. Für die Praxis erläutert. Zweite, völlig umgearbeitete und erweiterte Auflage. Groß-Oktav. 355 Seiten. 1928 . . . . Geb. RM. 15.—

„Die verhältnismäßige Kürze ihrer Erläuterungen bei großer Vollständigkeit ist zu rühmen. Das Buch ist nicht nur für den Juristen, sondern auch für den gebildeten Laien, namentlich Grundstücksmakler und Hausbesitzer, von großem, praktischem Wert."
Zeitschrift d. Deutsch. Notarvereins.

Hagelberg, E., und **Krämer,** L., **Wertzuwachssteuerrecht.** Kommentar. Groß-Oktav. 256 Seiten. 1929 . . . . . . RM. 12.—, geb. RM. 13.50

Die Verfasser kommentieren die neue Wertzuwachssteuerordnung für Berlin und die preußische Mustersteuerordnung. Ihr Buch ist ein Leitfaden für die Steuerpflichtigen und ihre Rechtsberater und die mit der Wertzuwachssteuer befaßten Behörden. Es stellt die rechtliche und wirtschaftliche Bedeutung der Bestimmungen klar: Die Rechtsprechung des Preußischen Oberverwaltungsgerichts wurde erschöpfend berücksichtigt. Auch Spezialfragen wie die Aufwertung und das Schwarzkaufwesen wurden behandelt.

Hoepker, Heinrich, **Die Industriebelastungsgesetze** vom 30. August 1924 nebst den Durchführungsbestimmungen zum Gesetz über die Industriebelastung. Taschenformat. XV, 200 Seiten. 1925. Mit Nachträgen. (Guttentagsche Sammlung Deutscher Reichsgesetze Bd. 159.) Geb. RM. 4.—

„Die Anmerkungen sind erschöpfend und führen den Leser mit Geschick in die schwierige und neue Materie ein. Rechtsanwälte sowie Kaufleute, für welche die Industriebelastung in Frage kommt, werden das mit einem guten Sachregister ausgestattete Werk mit gleichem Nutzen gebrauchen!" Industrie- und Handels-Zeitung.

von Lympius, W., von Elbe, K., Das Kommunalabgabengesetz und das Kreis- und Provinzialabgabengesetz. Dargestellt in der Rechtsprechung des Oberverwaltungsgerichts. Groß-Oktav. X, 440 Seiten. 1930. RM. 22.50, geb. 24.—

„Man muß es als einen besonders glücklichen Gedanken bezeichnen, wenn die Verfasser die gesamte Rechtsprechung des OVG., ja auch die nichtveröffentlichten Entscheidungen auszugsweise in einer Form wiedergegeben haben, die in hohem Grade die Arbeit der Praxis wie auch der Wissenschaft erleichtert. Wenn dieses Werk in hervorragendem Maße geglückt ist, so ist es wohl in erster Linie darauf zurückzuführen, daß beide Verfasser als Mitglieder des OVG. zu den Berufensten in der Abfassung einer solchen Arbeit gehören." *Reichsverwaltungsblatt.*

Eiffler, Kurt, Staatliche Verwaltungsgebühren. Gesetz über staatliche Verwaltungsgebühren vom 29. September 1923 nebst Gebührenordnungen und Ausführungsbestimmungen. Taschenformat. 192 Seiten. Mit Nachtrag. 1925. (Guttentagsche Sammlung Preußischer Gesetze Bd. 61.) Geb. RM. 6.—

„Das Buch ist für alle preußischen staatlichen und kommunalen Behörden unentbehrlich." *Deutsches Beamtenarchiv.*

Loeck, P., und Eiffler, K., Preußisches Stempelsteuergesetz mit den gesamten Ausführungsbestimmungen. Unter besonderer Berücksichtigung der Entscheidungen der Verwaltungsbehörden und der Gerichte herausgegeben. Elfte Auflage. Taschenformat. 1931. (Guttentagsche Sammlung Preußischer Gesetze Bd. 18.) In Bearbeitung.

Lebbin, Georg, Nahrungsmittelgesetze mit Erläuterungen. Zweite, stark vermehrte Auflage in zwei Bänden.
Zweiter Band: Getränkegesetze und Getränkesteuergesetze (Wein, Bier, Branntwein, Mineralwasser). Unter Mitarbeit von Rechtsanwalt Dr. Kniebe. Taschenformat. XII, 400 Seiten. 1926. (Guttentagsche Sammlung Deutscher Reichsgesetze Bd. 54b.) . . . . . . Geb. RM. 10.—

„Die wichtigsten Gesetze sind eingehend kommentiert und so vollständig ergänzt, daß die Sammlung als unentbehrliches Hilfsmittel, wie es in dieser Art bislang noch fehlte, für den Sachbearbeiter bei Behörden und Verbänden sowohl als auch für den Kaufmann der Branche zu begrüßen ist." *Württembergische Wirtschafts-Zeitschrift.*

Wündisch, Friedrich, Das Tabaksteuergesetz vom 12. September 1919 nebst den Ausführungsbestimmungen vom 26. Februar 1920. Taschenformat. 286 Seiten. 1920. Mit Nachtrag 1925. (Guttentagsche Sammlung Deutscher Reichsgesetze Bd. 146.) . . . . Geb. RM. 4.—

„Endlich ein Kommentar zum Tabaksteuergesetz! Die Ausgabe kommt den Wünschen der Praxis nach einer erschöpfenden Darstellung des neuen Gesetzes in umfassender Weise entgegen. Das Buch bildet eine ausgezeichnete Informationsquelle für alle Fragen, die in der Praxis vorkommen." *Deutsche Tabak-Zeitung.*

VII. Entscheidungs-Sammlungen und Zeitschriften.

Entscheidungen des Reichsarbeitsgerichts. Herausgegeben von den Mitgliedern des Reichsarbeitsgerichts. Oktav.

Band I. 1928. Band II. 1928/29. Band III. 1929. Band IV. 1929/30. Band V u. VI 1930, Band VII 1931 . . Je RM. 6.50, geb. RM. 8.—

Entscheidungen des Reichsgerichts. Herausgegeben von den Mitgliedern des Gerichtshofes u. d. Reichsanwaltschaft. Oktav. (2 Sammlungen.)
1. **Entscheidungen in Zivilsachen.** (Werden in Heften im Umfange

von etwa 5 bis 6 Bogen sowie in vollständigen Bänden, geheftet und gebunden, ausgegeben. Jährlich 4 Bände.) 1.—132. Band.

Je RM. 6.50, geb. RM. 8.—

2. Entscheidungen in Strafsachen. (Werden in Heften im Umfange von 5 bis 6 Bogen sowie in vollständigen Bänden, geheftet und gebunden, ausgegeben. Jährlich 1 Band.) 1.—65. Band. Je RM. 6.50, geb. RM. 8.—

Generalregister zum 111.—120. Bande der von den Mitgliedern des Gerichtshofes und der Reichsanwaltschaft herausgegebenen **Entscheidungen des Reichsgerichts in Zivilsachen.** Bearbeitet von **Hans Triebel.** Oktav. XXIII, 509 Seiten. 1929. . RM. 15.—, in Halbleder RM. 18.—

— Zum 121.—130. Band. Oktav. XXIV, 755 Seiten. 1931.

Geb. RM. 22.—

Durch die umfassenden Register über je 10 Bände der amtlichen Sammlung von Reichsgerichtsentscheidungen wird das in dieser enthaltene umfängliche reiche Material der praktischen Benutzung erst voll erschlossen. Die Register verarbeiten das Material in 1. einem systematischen Register (mit einer dazugehörigen alphabetischen Übersicht), 2. einem alphabetischen Register, 3. einem Quellenregister, 4. einer chronologischen Übersicht, 5. einer Zusammenstellung der Entscheidungen nach Oberlandesgerichtsbezirken. Damit ist der höchste Grad von Sicherheit und Schnelligkeit für die Benutzung der Entscheidungssammlung erreicht.

Schiedsgericht für Oberschlesien. Trybunal Rozjemczy dla Górnego Slaska. Amtliche Sammlung von Entscheidungen des Schiedsgerichts für Oberschlesien, veröffentlicht gemäß der Bestimmung des Art. 592 des Genfer Abkommens vom 15. Mai 1922. Zbiór urzedowy orzeczeń Trybunalu Rozjemczego dla Górnego Ślaska ogloszony wedle postanowienia art. 592 Konwencji Genewskiej z dnia 15 maja 1922r. Oktav. Band I. Tom. I. Nr. 1/4. 129 Seiten. 1929.

Pro Band RM. 12.—

Diese amtliche Sammlung veröffentlicht Entscheidungen des Schiedsgerichts für Oberschlesien, soweit sie von grundsätzlicher Bedeutung sind, in deutscher und polnischer Sprache. Die veröffentlichten Entscheidungen sind insofern für alle Gerichte und Verwaltungsbehörden von besonderer Bedeutung, als sie für sie bindend sind und jede Abweichung dem Schiedsgericht zur Entscheidung vorzulegen ist.

Zeitschrift für die gesamte Strafrechtswissenschaft. Gegründet von Fr. von **Liszt** und **A. Dochow.** Unter ständiger Mitarbeiterschaft hervorragender Fachmänner herausgegeben von Prof. Dr. K. **von Lilienthal,** Prof. Dr. Ed. **Kohlrausch** und Prof. Dr. W. **Gleispach.** Der Jahrgang besteht aus 8—9 Heften. Quart.

Bd. 1—43. 1881—1922. Je RM. 15.—. Bd. 44. 1922. RM. 25.—. Bd. 45. 1924. RM. 21.—. Bd. 46—49. 1925—1929. Je RM. 30.—. Bd. 50. 1929/30. RM. 36.—.

Juristische Rundschau. Herausgegeben von Otto **Lindemann,** Ministerialdirektor, Geh. Oberjustizrat, Berlin, Dr. Friedrich **Flad,** Senatspräsident beim Reichsgericht, Leipzig, **Fritz Hartung,** Reichsgerichtsrat, Leipzig und

Höchstrichterliche Rechtsprechung. Herausgegeben von Eugen **Friedrichs,** Senatspräsident, Breslau, Dr. Albert **Feisenberger,** Reichsanwalt, Leipzig. — Erscheint am 1. und 15. jeden Monats.

Jahrgang 1931. Vierteljährlich RM. 7.50, Einzelheft RM. 1.50

Beilage „Höchstrichterliche Rechtsprechung" einzeln vierteljährlich 5.—

Zeitschrift für ausländisches öffentliches Recht und Völkerrecht. Im Auftrage des Instituts für ausländisches öffentliches Recht und Völkerrecht herausgegeben von Dr. Viktor **Bruns**, Professor an der Universität Berlin, Leiter des Instituts. Lexikon-Oktav.

Band I, Teil 1: Abhandlungen. XXVIII, 657 Seiten. 1929. RM. 43.—

Band I, Teil 2: Urkunden. XVI, 858 Seiten. 1929 . . . RM. 54.—

Band II, Teil 1/2: Abhandlungen und Urkunden. 368 Seiten. 1930. RM. 45.—

Der neuen Zeitschrift für ausländisches öffentliches Recht und Völkerrecht ist es als Aufgabe gesetzt, die wichtigsten, die Wissenschaft und die Praxis beschäftigenden Probleme des Völkerrechts und des außerstaatlichen öffentlichen Rechts zu behandeln. Sie wird zu all diesen Fragen eingehend Stellung nehmen und über alle wichtigen Ergebnisse der Gesetzgebung und der Rechtsprechung auf diesem Gebiete im In- und Ausland eingehend berichten. Der I. Jahrgang der Zeitschrift wird in zwei Bänden herausgegeben; künftig erfolgt das Erscheinen vierteljährlich.

Zeitschrift für ausländisches und internationales Privatrecht. Herausgegeben in Gemeinschaft mit Ernst **Heymann**, Heinrich **Titze**, Martin **Wolff**, ordentliche Professoren an der Universität Berlin, wissenschaftliche Berater des Instituts, Max **Pagenstecher**, o. Professor an der Universität Hamburg, Franz **Schlegelberger**, Ministerialdirektor im Reichsjustizministerium, Honorarprofessor an der Universität Berlin, von Ernst **Rabel**, o. Professor an der Universität Berlin, Direktor des Instituts. Jährlich 6 Hefte im Umfang von etwa 65 Bogen.

Preis des fünften Jahrganges RM. 54.—

Sonderhefte: **Die deutsche Rechtsprechung auf dem Gebiete des internationalen Privatrechts in den Jahren 1926 und 1927.** 1928. RM. 8.— do. **im Jahre 1928.** 1930. RM. 11.—, do. **im Jahre 1929.** RM. 12.50

Zeitschrift für Bergrecht. Bis zu seinem Tode herausgegeben von dem Wirkl. Geh. Rat, Berghauptmann a. D. Dr. jur. H. Brassert. Redigiert und herausgegeben von den rechtskundigen Ministerialräten der Bergabteilung des Preußischen Ministeriums für Handel und Gewerbe. Jährlich ein Band von mehreren Heften. Die Hefte erscheinen in zwangloser Folge. 1928/29. RM. 20.—, Jahrgang 70. 1929. RM. 20.—, Jahrgang 71. 1930 . . . . RM. 20.—

Zeitschrift für Bergrecht. Register zu Jahrgang 37—40 . . . RM. 14.—

Zeitschrift für das gesamte Luftrecht (ZLR.). Herausgegeben von weiland Dr. jur. Otto **Schreiber**. Erscheint in Bänden zu je vier Heften.

Band I. 1926/28 . . . . RM. 50.—, geb. RM. 55.—

Band II, Heft 1 . . . . RM. 10.—

Bank-Archiv. Zeitschrift für Bank- und Börsenwesen. Unter Mitwirkung von hervorragenden Fachmännern herausgegeben von Geh. Justizrat Prof. Dr. **Rießer**, Berlin. Schriftleitung: Rechtsanwalt Otto **Bernstein**, geschäftsführendes Mitglied des Centralverbandes des Deutschen Bank- und Bankiergewerbes. Quart. Jährlich 24 Nummern. XXX. Jahrgang. 1930/31 . . . . Pro Halbjahr RM. 12.—

Veröffentlichungen des Reichs-Aufsichtsamts für Privatversicherung. Groß-Oktav. 29. Jahrgang. Heft 1—4 . . . . RM. 23.—

Jahrgang 1—28. Preise auf Anfrage.

FSC
www.fsc.org
MIX
Papier | Fördert
gute Waldnutzung
FSC® C083411

Kolibri 360 GmbH
Ferdinand-Jühlke-Straße 7
99095 Erfurt, Deutschland
produktsicherheit@kolibri360.de